W0304278

Schlemmer Atlas 2023

Unsere ausgewählten **1.500 Restaurants** für jeden Geschmack und jeden Anlass.

Deutschland • Österreich • Südtirol

BUSCHE

49. Auflage, 2023
© Busche Verlagsgesellschaft mbH, Schleefstraße 1, D-44287 Dortmund
www.busche.de
facebook.com/busche.de

BNR 12292, ISBN 978-3-89764-410-6

Haben Sie Fragen oder Anregungen zum Schlemmer Atlas?
Über Leserhinweise freut sich die Redaktion jederzeit. An dieser Stelle bedankt sich der Verlag für eingereichte Zuschriften, diese unterstützen stets die redaktionelle Arbeit.

Zuschriften bitte an:
Busche Verlagsgesellschaft mbH
Redaktion Schlemmer Atlas
Postfach 410164
D-44271 Dortmund

redaktion@schlemmer-atlas.de

facebook.com/schlemmer-atlas

Die Auswahl der Restaurants erfolgte auf der Grundlage aktueller Angaben und sorgfältiger Prüfungen. Sämtliche Inhalte wurden nach bestem Wissen und Gewissen recherchiert und bearbeitet. Verlag und Redaktion können für die absolute Vollständigkeit und Richtigkeit aller Informationen keine Gewähr leisten. Die genannten Preise wurden bis Ende September 2022 ermittelt und können sich der Kostensituation im Laufe des Jahres 2023 anpassen. Das Werk einschließlich aller seiner Teile ist urheberrechtlich geschützt. Jede urheberrechtswidrige Verwertung ist unzulässig. Das gilt insbesondere für Vervielfältigungen, Übersetzungen, Nachahmungen, Mikroverfilmungen und die Einspeicherung und Verarbeitung in elektronischen Systemen.

Titelabbildung: © fotosr52/stock.adobe.com

Vorwort

Restaurant Luce d'Oro, Küchenchef Christoph Rainer

Welches Erlebnis darf es heute sein?

Der Besuch eines Restaurants soll uns unterhalten – kulinarisch und anderweitig. Denn es geht längst nicht mehr ausschließlich um die Art, Vielfalt und Qualität der Speisen, den Service oder das Ambiente, sondern auch um die Teilhabe des Gastes am Gesamtgeschehen. In der gehobenen Gastronomie sind seit Jahren offene Showküchen und Anrichteinseln en vogue. Küchenchefs kommunizieren mit dem Gast an Tresen und Chef's Table. Die Herkunft und Auswahl der Zutaten sind in eine (gute) Story eingebettet, die erzählt, gelebt und erlebbar wird.

Mit dem Besuch eines Restaurants führen wir uns selbst aus in eine schicke und interessante Welt. Die zahlreichen Krisen der realen Welt bleiben, zumindest für eine Weile, vor der Tür. Das gilt heute mehr denn je. Und gerne lernen wir auch dazu: Über Produkte, Lieferanten, Nachhaltigkeit. Gerne sehen wir den Köchen beim Braten, Soufflieren und Anrichten zu, blicken neugierig in Fleisch- und Käsevitrinen oder lassen uns von den Weinkundigen des Hauses mit auf eine Reise nehmen.

Der vorliegende Schlemmer Atlas möchte diesem Verlangen nach guter Unterhaltung entsprechen und bietet eine flächendeckende Auswahl dieser Erlebnisorte – in allen Großstädten und auf dem Land. Unter den über 1.500 aufgeführten Adressen finden sich nahezu alle hochkarätigen Restaurants sowie ein Quantum an guten Gasthäusern und stylishen Lokalen. In Deutschland, Österreich und Südtirol.

Übrigens: Unter **schlemmer-atlas.de** finden Sie viele weitere gute Restaurants. Sollten Sie ein Restaurant im Buch vermissen, ist es häufig online schon gelistet.

Ihr Redaktionsteam Schlemmer Atlas

Inhaltsverzeichnis

Belebt den Weingenuss.

Ein guter Wein – das ist Genuss pur. Und zu jedem guten Wein empfiehlt sich ein ebenso gutes Wasser. Staatl. Fachingen ist perfekt, denn es wirkt ausgleichend auf den Geschmackssinn, indem es die Geschmacksnerven neutralisiert. Eine ideale Basis, um die vielschichtigen Aromen des Weines genießen zu können. Staatl. Fachingen – belebt den Weingenuss!

STAATL. FACHINGEN

Das Wasser. Seit 1742.

Klimaneutral
Unternehmen
ClimatePartner.com/14828-2012-1001

Anwendungsgebiete: Staatl. Fachingen STILL regt die Funktion von Magen und Darm an, fördert die Verdauung und hilft bei Sodbrennen. Es fördert die Harnausscheidung bei Harnwegserkrankungen, beugt Harnsäure- und Calciumoxalatsteinen vor und unterstützt die Behandlung chronischer Harnwegsinfektionen. Zu Risiken und Nebenwirkungen lesen Sie das Etikett und fragen Sie Ihren Arzt oder Apotheker. Stand der Information: 01/2013.

Fachingen Heil- und Mineralbrunnen GmbH · Brunnenstraße 11 · 65626 Fachingen · www.fachingen.de

Zeichenerklärung

S

1 Schönhausen

2 Saarland

3 **Seerestaurant Schönhausen**

4 Seehotel Schönhausen

5 XXXX ⬆

6 Musterstr. 28 / ✉ 54321 Ortsteil Gartenstadt
www.muster.de / T.: +49 131 4444 / info@muster.de

7 **Fine-Dining-Restaurant mit deutscher, mediterraner Küche. Hauptgerichte von € 18 bis € 35; Menüs von € 57 bis € 95; besondere Mittagskarte, vegane Hauptgerichte. Geschlossen: Mo, Do. Chef's Table, Kochkurse.** 8

1. Ortsname
2. Bundesland, Kanton
3. Restaurantname
4. Hotelname bzw. Name der Location
5. Bewertung der Küchenleistung (siehe Zeichenerklärung)
6. Adresse mit Ortsteil, PLZ, Internetseite, Telefon und E-Mail-Adresse
7. Informationen zum Restaurant: Küchenrichtung(en), Preise, Schließzeiten, Ausstattung
8. Weitere Ausstattungsmerkmale (siehe Zeichenerklärung)

5 Schlemmer Atlas Kochlöffel Restaurant mit einer der besten Küchen

Erstklassige Qualität und Frische der verwendeten Produkte. Höchste Kreativität und Professionalität bei der Zubereitung und Präsentation der Speisen. Perfekte Garzeiten bei großer Harmonie der Speisen und Menüfolgen. Ausgewählte passende Weine mit fachmännischer Beratung. Erstklassiger Service bei dementsprechender Atmosphäre.

4 Schlemmer Atlas Kochlöffel Restaurant mit einer hervorragenden Küche

Erstklassige Grundprodukte. Hohe Kreativität und Qualität bei bestmöglicher Zubereitung und exakter Garzeit. Gerühmte und einfallsreiche Zubereitung der Speisen. Ausgewählte große Weine. Ausgezeichneter Service bei dementsprechender Atmosphäre.

3 Schlemmer Atlas Kochlöffel Restaurant mit einer sehr guten Küche

Sehr gute Qualität der Grundprodukte, ideenreiche Zubereitung und exakte Garzeiten sowie ausgesuchte Weine. Gepflegte Atmosphäre mit entsprechendem Service.

2 Schlemmer Atlas Kochlöffel Restaurant mit einer guten Küche

Gute bis sehr gute Qualität bei vielfältiger Zubereitung der Grundprodukte. Gepflegte Getränke, guter Service bei angenehmer Atmosphäre.

1 Schlemmer Atlas Kochlöffel Restaurant mit empfehlenswerter Küche

Ambitionierte Küche mit gutem Angebot, teils mit empfehlenswerter regionaler Küche.

„Schlemmer Atlas Kochlöffel" mit Pfeil

Das Restaurant steht zwischen zwei Bewertungen. Der Pfeil ist eine halbe Bewertungsnote.

Ergänzende Symbole

Übernachtungsmöglichkeit, Veranstaltungsräume, Ladestation für Elektroautos

Rollstuhlgerecht, Hunde erlaubt

Hinweise zur Benutzung

Ortsnamen

Die im Schlemmer Atlas genannten Orte (selbstständige Städte und Gemeinden) werden in alphabetischer Reihenfolge aufgeführt. Ausnahmen wurden lediglich zur besseren Darstellung gemacht.

Ortsnamen mit Zusatz

Orte mit dem Zusatz „Bad" sind unter ihrem Hauptnamen aufgeführt. So ist der Ort „Bad Dürkheim" unter dem Buchstaben „D" zu finden. Orte mit der Beifügung „St." sind unter „Sankt" eingeordnet.

Zugehöriger Hotelname

Unterhalb des Restaurantnamens ist gegebenenfalls der Name des zugehörigen Hotels bzw. der Name der Location aufgeführt, in der sich das Restaurant befindet (zum Beispiel Casino, Kaufhaus).

Reihenfolge der Restaurants

Innerhalb der Orte sind die Restaurants in alphabetischer Reihenfolge aufgeführt. Ausnahmen wurden lediglich zur besseren Darstellung gemacht. Die Reihenfolge ist keine Rangfolge.

Allgemeine Angaben

Vor Redaktionsschluss wurden die im Schlemmer Atlas genannten Restaurants mittels Datenerhebung oder Telefonrecherche um Angaben zum Beispiel zu den Schließzeiten gebeten. Uns übermittelte Angaben erheben jedoch keinen Anspruch auf Vollständigkeit und sind ohne Gewähr.

Preiserhöhungen

Allgemeine Kostensteigerungen im Laufe eines Jahres können zur Anhebung der Preise führen. Diese sind daher lediglich als Richtwerte anzusehen.

Redaktionsschluss

Der Redaktionsschluss war Ende September 2022. Informationen, die unsere Redaktion später erreichten, konnten nicht mehr berücksichtigt werden. An der Zusammenstellung des Schlemmer Atlas wurde mit der größtmöglichen Sorgfalt gearbeitet.

MÜLLERS
auf der RÜ

Schote
RESTAURANT

MÜLLERS
auf der Burg
by Nelson Müller

Relais & Châteaux Hotel Burg Schwarzenstein
Rosengasse 32 · 65366 Geisenheim-Johannisberg

Relais & Châteaux Restaurants Nelson Müller
Rüttenscheider Straße 62 · 45130 Essen

© iStock.com/andresr

Auszeichnungen des Jahres – Deutschland

Spitzenköche des Jahres

Sommelière des Jahres

Entertainment des Jahres

Gastronom des Jahres

Nachhaltigkeitskonzept des Jahres

Pâtissier des Jahres

Neueröffnung des Jahres

Bar des Jahres

Köchin des Jahres

Weingut des Jahres

Spitzenkoch des Jahres

Christian Bau

Victor's Fine Dining by Christian Bau

Perl

Fotos: © Kirchgasser Photography Wien

Christian Bau (*1971 in Offenburg) gehört seit 17 Jahren zur absoluten Spitze der Gastronomie in Deutschland. Sein Schaffen und seine Verdienste als „Meister der Kochkultur und kulinarischer Botschafter Deutschlands" wurden 2018 sogar mit dem Bundesverdienstkreuz geadelt. Seine Wirkungsstätte an der Obermosel, im Dreiländerbereich Deutschland-Luxemburg-Frankreich, macht seit über zwei Jahrzehnten von sich Reden – und ist eine gezielte Anreise aus jedem Winkel der Republik unbedingt wert. Ein Ort zurückhaltender Eleganz und authentischer Légèreté. Die atemberaubend aufwendige und hochklassige Küche von Christian Bau liegt vor allem in ihrem schön inszenierten Wechselspiel französischer und fernöstlicher Aromen.

EMOTIOONALE
GENUSSMOMENTE.
OONA
Innert 48h
in D, A & CH
frisch lieferbar
ab €300,-
versandkostenfrei
OONA
CAVIAR
ECHTER SCHWEIZER
ALPEN KAVIAR
Rein. Natürlich. Nachhaltig.
Tropenhaus Frutigen
CH-3714 Frutigen
Tel: +41 33 672 11 47
info@oona-caviar.ch
www.oona-caviar.de

© Werner Krug

Bobby Bräuer

EssZimmer

München XXXXX

Fotos: © EssZimmer by Käfer

Bobby Bräuer (*1961 in München) sammelte Erfahrungen in Frankreich, Italien und Österreich. Er diente einst in Kultrestaurants wie den Schweizer Stuben unter Dieter Müller oder Eckart Witzigmanns Aubergine. Als Küchenchef trat er unter anderem im Victorian in Düsseldorf und in der Quadriga in Berlin in Erscheinung. Im Jahr 2013 übernahm er den Posten des Küchendirektors im Restaurant EssZimmer in der BMW Welt am Münchener Olympiapark – und landete mit seinem herausragenden Kochstil auf Anhieb großen Erfolg.

SPITZENGENUSS IM
ESSZIMMER BY KÄFER.
DIE BMW WELT GRATULIERT BOBBY BRÄUER
ZUM SPITZENKOCH MIT FÜNF LÖFFELN 2022.
Bobby Bräuer
K

Sven Elverfeld

Aqua

Wolfsburg XXXXX

Sven Elverfeld (*1968 in Hanau) erlernte vor seiner Karriere als Koch den Beruf des Konditors. Ausbildung: 1985–1988 Stadtbäckerei Schadeberg in Bruchköbel und 1988–1990 bei der LSG Lufthansa Service GmbH. Seine wichtigsten Stationen: Gutsschänke Schloss Johannesberg in Geisenheim, Restaurant Humperdinck in Frankfurt, Restaurant Dieter Müller im Schlosshotel Lerbach, Gourmet-Restaurant La Bouillabaisse auf Kreta, Gourmet-Restaurant La Baie, The Ritz-Carlton in Dubai. Seit 2000 ist er Chef de Cuisine im Restaurant Aqua im The Ritz-Carlton, Wolfsburg. Jeder Teller ist ein Unikat mit eigenem Charakter, jedes Menü erzeugt ein atemberaubend harmonisches und künstlerisches Gesamtbild.

Spitzenkoch des Jahres

Klaus Erfort

Gästehaus Klaus Erfort

Saarbrücken

Klaus Erfort (*1972 in Saarbrücken) stand als Kind nur ungern in der Küche und schaute seiner Mutter beim Kochen zu. Erst bei einem zufälligen Schulpraktikum in einem Restaurant entdeckte er seine Leidenschaft für das Kochen. Ausbildung: 1987–1990 im Restaurant Thiel in Saarbrücken. Seine wichtigsten Stationen: Hotellerie Hubertus im Saarland, Restaurant Bareiss in Baiersbronn, Orangerie im Parkhotel Gengenbach im Saarland, Imperial im Schlosshotel Bühlerhöhe in Bühl. Seit 2002 ist er selbstständiger Gastronom mit dem Gästehaus Klaus Erfort in Saarbrücken.

© Rene Riis for Lavazza

Kevin Fehling

The Table Kevin Fehling

Hamburg XXXXX

Kevin Fehling (*1977 in Delmenhorst) entdeckte seine Leidenschaft fürs Kochen während seiner Kochlehre. Später bewunderte er den Perfektionismus von Harald Wohlfahrt. Ausbildung: 1994–1997 im Hotel Thomsen, Delmenhorst. Seine wichtigsten Stationen: Restaurant Piment in Hamburg, Restaurant Schwarzwaldstube in Baiersbronn, Restaurant La Belle Epoque in Travemünde. Seit Juli 2015 ist er Küchenchef im eigenen Restaurant The Table Kevin Fehling in Hamburg. Seine Menüs sind gekennzeichnet durch Internationalität, atemberaubende Kreativität und superbe Aromenmixturen.

Martin Herrmann

Le Pavillon

Bad Peterstal-Griesbach

Fotos: © Hotel Dollenberg

Martin Herrmann (*1966 im Kinzigtal) nutzte den Lockdown, um Zeit mit seiner Frau und seinen zwei Kindern zu verbringen aber auch, um neue Gerichte und Kompositionen zu kreieren. Täglich widmete der Spitzenkoch sich den Auszubildenden und stellte somit die Weichen für den Nachwuchs der Branche. Seit 1996 ist Martin Herrmann Küchenchef im Hotel Dollenberg und leitet neben der hoteleigenen Kamin- und Bauernstube und der Renchtalhütte auch das Gourmet-Restaurant „Le Pavillon". Seine erstklassige, traditionelle französische Küche mit modernen Akzenten begeistert seit Jahren die Feinschmeckerwelt.

Spitzenkoch des Jahres

Christian Jürgens

Restaurant Überfahrt Christian Jürgens

Rottach-Egern 🇩🇪 XXXXX

Fotos: © Restaurant Überfahrt – Christian Jürgens

Christian Jürgens (*1968 in Unna) – ein gebürtiger Westfale – lebt seit über 20 Jahren in Bayern. Am meisten bewegt hat ihn in dem turbulenten und ereignisreichen Jahr 2021 die Geburt seines dritten Kindes. Sein berufliches Motto „Geh die Wege, die noch niemand ging, damit du Spuren hinterlässt und nicht nur Staub" spiegelt sich Tag für Tag in seiner kreativen Arbeit wider. Seit 2008 ist Christian Jürgens Küchenchef und Geschäftsführer im Restaurant Überfahrt im Althoff Seehotel Überfahrt in Rottach-Egern und kreiert dort einzigartige kulinarische Kunstwerke, die auf der Weltkarte ihresgleichen suchen.

Mon Amie Maxi
French Brasserie & Raw Bar
Vive la redéfinition
Bockenheimer Landstraße 31 • 60325 Frankfurt am Main • +49 (0) 69 71402121
www.mook-group.de

Spitzenkoch des Jahres

© Restaurant Facil, Hiroshi Toyoda

Michael Kempf

Restaurant FACIL

Berlin

© Restaurant Facil, Lukas Roth

© Restaurant Facil, Hiroshi Toyoda

Michael Kempf (*1977 in Sigmaringen) ist bereits seit 2003 (!) im Restaurant FACIL (The Mandala Hotel) als Küchendirektor tätig und hat dem Hause bis heute die allerhöchsten kulinarischen Ehren eingefahren. Seine Ausbildung absolvierte der Vater von Zwillingen im Hotel Kleber Post in Bad Saulgau (1993–1996). Weitere Stationen waren das Schlosshotel Friedrichsruhe unter Lothar Eiermann sowie das Restaurant Dieter Müller in Bergisch Gladbach. Beim Aufbau eines neuen Küchenteams im Jahr 2022 konnte Kempf auf zwei seiner langjährigen Mitarbeiter zählen. Seine ausgetüftelten bis zu acht Gänge umfassenden Menüs sind von bewundernswerter Vielfalt und großer Präzision. *(Bild: Rücken vom Poltinger Lamm, Blaubeeren, Kohlrabi, Polenta)*

© RedondoBueno

Andreas Krolik

Restaurant Lafleur

Frankfurt am Main 🇩🇪 XXXXX

© RedondoBueno

© David Egui

Andreas Krolik (*1974 in Erdeborn) wuchs in einem kleinen Dorf in der Nähe von Halle an der Saale auf. Im elterlichen Garten kam er schon früh mit dem Anbau von Obst und Gemüse sowie der Viehzucht für den Eigenbedarf der Familie in Berührung. Der Vater von zwei Töchtern und leidenschaftliche Angler kreiert heute unter anderem erstklassige vegane Degustationsmenüs, die feinsinnig und überraschend sind. Er tut dies im schicken „Lafleur" in Deutschlands Finanzmetropole ebenso wie bei internationalen Top-Events, etwa der Madrid Fusion oder der World's Best in London (beide in 2022). Seine Arbeit ist erfolgreich und gefragt. *(Bild: Carabinero, Macadamia-Reis-Crunch, Tandoori-Kaffirlimetten-Sauce, Erbsen, Ananaschutney, Blumenkohl)*

Claus-Peter Lumpp

Restaurant Bareiss

Baiersbronn XXXXX

Fotos: © Hotel Bareiss

Claus-Peter Lumpp (*1964 in Tübingen) strebt nach Vollkommenheit und besinnt sich auf das Bodenständige. Ausbildung: 1982–1985 im Kurhotel Mitteltal in Baiersbronn. Seine wichtigsten Stationen: Victorian in Düsseldorf, Tantris in München, Aubergine in München, Kunststuben in Zürich, Louis XV in Monte Carlo, Antica Osteria del Ponte in Cassinetta di Lugagnano, Val d'Or in Guldental. Seit 1992 ist er Chef de Cuisine im Restaurant Bareiss in Baiersbronn. Aufregende Geschmackserlebnisse mit royalem Wohlfühlcharakter sind den Gästen hier garantiert.

Camers
Fotografie: Kirchgasser Photography, Wien
camers.de

Spitzenkoch des Jahres

© Traube Tonbach, René Riis

Torsten Michel

Schwarzwaldstube

Baiersbronn

© Traube Tonbach, Julian Beekmann

© Traube Tonbach, René Riis

Torsten Michel (*1977 in Dresden) absolvierte seine Ausbildung und seine ersten Stationen als Koch in seiner Heimatstadt Dresden. 2004 kam er in die Brigade der Schwarzwaldstube, avancierte 2007 zum Souschef und wurde 2016 Küchenchef des legendären Restaurants in der Traube Tonbach. Neben seiner Meisterprüfung 2010 nutzte Michel auch Praktika, um seinen kulinarischen Horizont zu erweitern. Prägende Eindrücke sammelte er in den Restaurants Fat Duck in Bray (UK), L'Arnsbourg in Baerenthal (F) sowie dem Noma in Kopenhagen (DK).

HELA

WIR GRATULIEREN
ZUM KNALLHART ANDERS SEIN
MIT

★★★

46 BRANDNEUEN
PRODUKTEN & WILDEN PROJEKTEN

★★★

UND NEUEN KOOPERATIONEN
MIT ECHTEM HANDWERK UND STARKEM HELA VERTRIEB

★★★

UND EINEM GANZ NEUEN
BANG
PROJEKT NÄCHSTES JAHR

★★★

Ludwig Maurer

Theo F. Berl

THEO
DIE ESSIGMEISTEREI

www.hela.eu

Hela Gewürzwerk Hermann Laue GmbH
Tel.: +49(0)4102 496-0, E-Mail: infoservice@hela.eu

Spitzenkoch des Jahres

© Dirk Mathesius Fotos

Marco Müller

Rutz Restaurant

Berlin 🇩🇪 XXXXX

© Fotos: Rutz

Marco Müller (*1970 in Babelsberg) hat einen Großteil seiner Laufbahn in der Berliner Gastronomie absolviert. Etwa im Schlosshotel Grunewald, im Grand Slam unter Johannes King oder als Souschef im traditionsreichen Alten Zollhaus am Landwehrkanal. Es folgten unter anderem Stationen als Souschef im Schlosshotel Bühlerhöhe im Schwarzwald und als Chef de Cuisine im Restaurant Harlekin im Grand Hotel Esplanade in Berlin. Seit 2004 gebietet der kreative Kopf mit größtem Erfolg über das jüngst neu gestaltete „Rutz Restaurant" in Berlin-Mitte – mit seiner exzellenten, regional geprägten Küche.

DICK
Traditionsmarke der Profis

TYPISCH F. DICK!
Messer – so individuell wie der Mensch

reddot winner 2022

www.dick.de
Messer . Werkzeuge
Wetzstähle . Schleifmaschinen

Sebastian Obendorfer

Obendorfers Eisvogel

Neunburg vorm Wald XXXXX

© Fotos: German Popp

Sebastian Obendorfer (*1990 in Regensburg) hat 2021 die „dritte Runde" der Gastronomenfamilie Obendorfer eingeläutet und führt die Geschicke des „Eisvogels" auf absolutem Top-Niveau fort. Eine hochklassige, französisch basierte Küche, zugleich modern und weltoffen, fokussiert auf das Gute der Region zur entsprechenden Jahreszeit. Sebastian Obendorfer, der jeden Arbeitsschritt akribisch austüftelt, ist stolz auf seine 10-köpfige Crew. Drei- bis viermal pro Woche ist der passionierte Jäger nach Mitternacht auf dem offenen Hochsitz anzutreffen. „Kein Internet und den Wind im Gesicht, das ist für mich der perfekte Ausgleich zur Küche", sagt der frisch gekürte Spitzenkoch. *(Bild: Saibling auf Couscous, Safran, Fenchel, Poverade)*

Christoph Rainer

Luce d'Oro, Schloss Elmau
Krün XXXXX

© Fotos: Schloss Elmau

Christoph Rainer (*1974 in Hanau) hat schon als Kind in der elterlichen Gastronomie mitgeholfen. Seit 2017 ist er Küchenchef im Luce d'Oro in Schloss Elmau, einem der exquisitesten Orte der Republik. Ein edles Ambiente aus Rot- und Goldtönen, viel Naturholz und ein gemütliches Kaminfeuer umrahmen seine Speise-Kunstwerke. Diese bestehen unter anderem aus einer Melange französischer und japanischer Produkte – dargeboten als siebengängiges Menü oder als „Japanisches Jausenbrettl". Ein geografisch weit gespannter Bogen, der für den Gast als harmonisches Ganzes von einzigartiger Qualität erlebbar wird. Eine herausragende Welt für sich, in einem außergewöhnlichen Hideaway, in einer der schönsten Regionen Deutschlands.

Clemens Rambichler

Waldhotel Sonnora
Dreis

Clemens Rambichler (*1988 in Bad Reichenhall) begann seine Ausbildung 2005 im Intercontinental Resort Berchtesgaden (heute Kempinski Hotel Berchtesgaden). Auch im Anschluss arbeitete er dort im Restaurant Le Ciel. Von 2011 bis 2017 wirkte er im Restaurant Sonnora in Dreis als Souschef an der Seite von Spitzenkoch Helmut Thieltges. Der leidenschaftliche Koch und Produktfetischist Rambichler verzaubert seine Gäste mit einer Highend-Cuisine à la française. Ansonsten ist der Familienvater schon mal beim Fliegenfischen in einem Eifel-Bach oder beim Skifahren in den Bergen anzutreffen.

ÜBERRAGEND SCHÖNE MOMENTE

beim Schlemmen und Schlummern.

Genießen Sie Ihre Auszeit, nicht irgendwo, sondern im Burghotel Staufeneck – 5-Sterne-Superior und die überragende Lage sprechen für sich. Der beheizte Infinity Pool und die Panorama-Sauna mit Blick über das Filstal laden zum Träumen ein. Im Wellnessbereich mit Blockhaussauna, Dampfbad und Aromagrotte kann jeder seine Seele baumeln lassen.

Im Gourmetrestaurant „fine dining RS" können Sie die, mit einem Michelin Stern, ausgezeichnete Küche in mehreren Gängen genießen. Staufenecker Klassiker und traditionell schwäbische Gerichte stehen im Burgrestaurant „oifach andersch" auf der Speisekarte. In beiden Restaurants können sich auch die Weinliebhaber auf eine 1.000 Positionen umfassende Weinkarte freuen.

Aktuelle Angebote finden Sie auf unserer Homepage unter www.burg-staufeneck.de

Burghotel und Restaurant Staufeneck GmbH & Co. KG | 73084 D-Salach | + 49 7162/9 33 44-0

Spitzenkoch des Jahres

© Ingo Hilger

Thomas Schanz

schanz. restaurant.

Piesport

© Fotos: Lukas Kirchgasser

Thomas Schanz (*1980 in Trier) hat bei den Besten gelernt und gehört heute selbst zur absoluten Crème de la Crème der Kochzunft. Der Spross einer Weinbauern- und Hoteliersfamilie im malerischen Piesport (Weinlage Goldtröpfchen!) hatte zunächst eine Hotellehre absolviert, bevor er in der Traube Tonbach das Kochhandwerk erlernte – und so zu seinem Traumberuf kam. Schanz machte unter anderem Station bei Klaus Erfort und diente sechs Jahre bei Helmut Thieltges als Souschef. Mit seiner Expertise, seinem Talent, viel Akribie sowie einer Riesenportion Leidenschaft verzaubert er seine Gäste mit wunderschönen und unverwechselbaren Aromen-Harmonien. *(Bild: Boule von kreolischer Ananas, Basilikum, Ziegenmilch)*

KÖNIGLICHE
PORZELLAN-MANUFAKTUR
BERLIN

★★★★★
HOTEL
HOHEN
HAUS

www.hohenhaus.de
info@hohenhaus.de
hotelhohenhaus

Nachhaltig genießen

Nachhaltigkeit und ressourcenschonender Umgang mit der Natur – und das im Rahmen einer gesunden Kreislaufwirtschaft. Dieser Anspruch verbindet das HOTEL HOHENHAUS und die DESIETRA Aquakultur.

Im osthessischen Fulda gelegen, züchtet DESIETRA seit 20 Jahren Störe und ist damit die erste deutsche Kaviarmanufaktur, die einen einzigartigen Kaviar in artgerechter, nachhaltiger und umweltfreundlicher Art produziert. Das im Nordosten Hessens gelegene HOTEL HOHENHAUS mit Gastgeber Peter Niemann weiß das zu schätzen, denn, was anderswo als „Farm to Table-Konzept“ angepriesen und mit viel Aufwand betrieben wird, ist in HOHENHAUS Teil des Selbstverständnisses – und das bereits seit 40 Jahren.

FRISCHER KAVIAR
DESIETRA
EDLE STORPRODUKTE

www.desietra.de
info@desietra.de
desietracaviar

Spitzenkoch des Jahres

Christian Scharrer

Courtier

Weissenhaus XXXXX

Christian Scharrer (*1969 in Waldshut) führten seine Wege quer durch Deutschland, von seinem Geburtsort im südlichsten Zipfel Baden-Württembergs nach Sylt, vom Schwarzwald nach Travemünde, dann in das schweizerische Ascona und wieder zurück zur Ostseeküste – in das Weissenhaus Grand Village Resort & Spa am Meer. „Wenn ich über all die Jahrzehnte die gastronomische Entwicklung beobachte, bleiben ein paar Elemente besonders wichtig: die Qualität der Produkte – egal ob Tomate oder geangelter Loup de Mer. Und: Teamgeist schlägt Einzelleistung. Der größte Verdienst von guten Führungskräften ist, sich selbst zurück zu nehmen und die eigene Erfahrung und Routine dem Team zur Verfügung zu stellen und es damit als Einheit zu stärken."

Heinz Winkler

Residenz Heinz Winkler

Aschau

Heinz Winkler (*1949 in Brixen/Südtirol, † 28.10.2022) war Träger des Bundesverdienstkreuzes und erhielt diese Auszeichnung als erster Koch in Deutschland. Ausbildung: Im Hotel Laurin in Bozen. Seine wichtigsten Stationen: Schlosshotel Pontresina und Kulm Hotel in St. Moritz, Hotel Bad Schachen in Lindau, Tätigkeit bei Paul Bocuse, Tantris in München, Tristan auf Mallorca. Im Jahr 1991 eröffnete Winkler das eigene Hotel und Restaurant Residenz Heinz Winkler in Aschau im Chiemgau. Ein mit Liebe zum Detail aufgebautes Traumrefugium mit einer traumhaften Küche, das in seinem Sinne fortgeführt wird.

Joachim Wissler

Restaurant Vendôme

Bergisch Gladbach

© Katherina Wagner

© Emil Chmik

Joachim Wissler (*1963 in Nürtingen) bemerkte die Leidenschaft und das Geschick für seinen Beruf beim Helfen in der elterlichen Gastwirtschaft. Ausbildung: 1980–1983 in der Traube Tonbach in Baiersbronn. Seine wichtigsten Stationen: Weißes Rössle in Hinterzarten, Brenners Parkhotel in Baden-Baden, Restaurant Marcobrunn in Erbach-Rheingau. Seit 2000 ist er Küchenchef im Restaurant Vendôme im Grandhotel Schloss Bensberg in Bergisch Gladbach. Seine kunstvollen Menüs mit bis zu zehn Gängen sind von Weltrang und ein ganz besonderes Erlebnis.

★★★★★S

Dollenberg

SCHWARZWALD RESORT

Bewegende
Dollenberg-Inspirationen

JRE

RELAIS & CHATEAUX

Dollenberg Schwarzwald Resort*****S
Dollenberg 3 | 77740 Bad Peterstal-Griesbach | Deutschland
Tel. +49 7806 780 | Fax +49 7806 1272 | info@dollenberg.de **www.dollenberg.de**

© Anna C. Liedtke

Bärbel Ring

Söl'ring Hof
Rantum (Sylt)

© Ydo Sol

© Anna C. Liedtke

Bärbel Ring entdeckte ihre Leidenschaft für Wein schon während ihrer Ausbildung zur Restaurantfachfrau. Weine verkosten, Düfte beschreiben, den passenden Tropfen zum Essen empfehlen – das wollte sie auch können. Seit 2009 lebt und arbeitet sie auf Sylt, leitet die vorzügliche Gastronomie Söl'ring Hof und beherrscht diese, inzwischen gelernte Kunst, aus dem Effeff. Sie sieht sich als Dolmetscher zwischen Gast und Wein und möchte junge Menschen mit sich reißen, damit diese Geschichten weitererzählt werden. „Im Mittelpunkt steht die Freude am Wein, die sollte man fördern", ist die studierte Sozialpädagogin und Sommelière überzeugt. „Und auf keinen Fall sollte man den Spaß bei der Arbeit vergessen."

AUSERWÄHLT FÜR DIE BESTE SOMMELIÈRE

champagnelaurentperrier www.laurent-perrier.com Fotograf: Iris Velghe / Design Luma

Tim Raue

Interaktives Kochformat „Herr Raue reist!“, MagentaTV

Fotos: © MagentaTV

Tacos in Mexiko, Krustentiere in New Orleans, Fisch und Wein in Sizilien: Ausnahmekoch Tim Raue macht die Probe – und die Zuschauer dürfen ihm folgen. Raue entert Restaurantküchen, ist bei Privatleuten zu Gast, streift durch Straßen, Wiesen oder Gemüsefelder. Er nimmt den Mund voll, charakterisiert, schildert seine Eindrücke farbenfroh und anregend. Manchmal ist auch nur ein „Boah, ist das scharf!“ zu vernehmen. Der 48-Jährige lässt sich selbst überraschen und das ein oder andere Food-Klischee bleibt auf der Strecke. Dem „Mitreisenden“ bleibt das Staunen und beste Unterhaltung. „Herr Raue reist!“ ist seit Oktober 2021 bei MagentaTV als Stream verfügbar. Staffel eins wird seit September 2022 zudem bei RTL+ ausgestrahlt.

„Schlemmer Atlas Award"-Gewinner in der Kategorie ***Entertainment des Jahres***

Die Auszeichnung macht uns sehr stolz. Herzlichen Dank an das Verlagshaus Busche sowie an die Macher der Serie: Sterne-Koch Tim Raue und Produzent Jens Bujar!

Hier entdecken!

Michael Wilhelmer

Unternehmensgründer Wilhelmer-Gruppe
Stuttgart

Michael Wilhelmer (*1970 in Stuttgart) ruht in sich selbst, ist ansonsten aber immer in Bewegung. Er hat das Gastgebersein bereits von seiner Mutter Erika in die Wiege gelegt bekommen und mit ihrem schwäbischen Spezialitäten-Restaurant als Basis die Wilhelmer-Gruppe geschaffen. Dazu gehören neben dem Amici Dinner & Dance in Stuttgart, dem Ampulle Dry Gin & Beef Club, dem Stuttgarter Schlachthof und der 6.000 Gäste fassenden SchwabenWelt auf dem Cannstatter Wasen das international operierende Wilhelmer Catering. Mit der Gastronomie im Mallorca Country Club und dem für 2023 geplanten Dry Age & Beef Club Berlin treibt er den Ausbau der Wilhelmer Gastronomie über die Grenzen Süddeutschlands hinaus konsequent voran.

MOËT & CHANDON GRATULIERT **MICHAEL WILHELMER**
ZUR AUSZEICHNUNG **GASTRONOM DES JAHRES 2022**

Enjoy responsibly - www.moët.com

FRANCE 1743
MOËT & CHANDON
CHAMPAGNE

Gutsküche Wulksfelde

Tangstedt
Küchenchef: Matthias Gfrörer

© Fotos: Sven Schomburg

Die Gutsküche Wulksfelde, vor den Toren Hamburgs gelegen, ist ein kulinarisches Kleinod inmitten eines großangelegten Biohofs. Familie Gfrörer verkörpert mit ihrer Gastronomie enkeltaugliche Werte durch und durch. Küchenchef Matthias Gfrörer, Frau Rebecca und ihr Team verarbeiten unter anderem hunderte lokale Gemüsesorten im Jahr, konsequent im Spiegel der Jahreszeiten, und machen daraus ein Erlebnis für den Gast. Sie präsentieren ihre zu 100 Prozent nachhaltige Landhausküche mit regionalem Bio-Fleisch, Fisch aus nachhaltiger Fischerei, Bioweinen sowie reichlich Charme und Leidenschaft. Achtsamkeit im Umgang mit dem Produkt, Transparenz und Genuss sind Trumpf. Viel ist einsehbar, alles wird erklärt und nichts dem Zufall überlassen.

DER BIRKENHOF

SPA & GENUSS RESORT

★ ★ ★ ★ ★

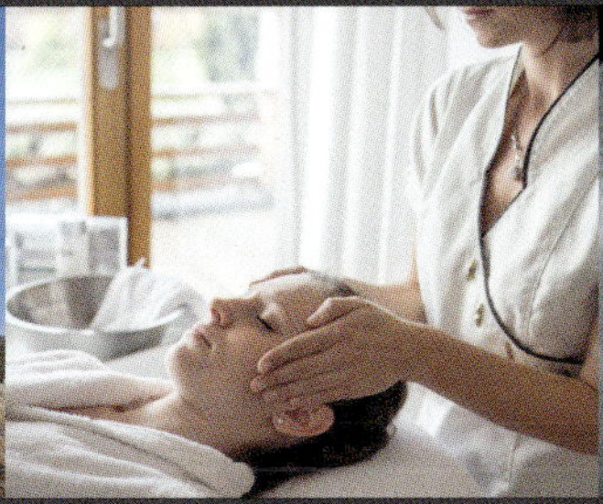

»Zu Gast in der Natur« ist im **familiengeführten 5-Sterne-Hotel** »Der Birkenhof – Spa & Genuss Resort« in Hofenstetten Programm. Umgeben von unberührter Natur fällt es leicht den gewohnten Alltag zu vergessen und sich der Ruhe und Stille hinzugeben.

Mit allen Sinnen genießen

Der **großzügig** gestaltete **Spa-Bereich** – mit Bio Badesee, Außenpool, Solepool, Onsenbecken, Innenpool mit Wasserfall, Whirlpool, Finnischer Sauna, Panoramasauna, Turmsauna, Textilsauna, Dampfbad, Infrarotsitzen, Eis-Lounge, Tauchbecken und verschiedenen Ruheräumen – lädt ein zum Verweilen und einfach »da sein«.

Die Beautylounge **Betula Spa** bietet exklusive Wirkstoffe, erlesene Düfte, leise Klänge, individuelle Behandlungen – alles **perfekt auf Sie abgestimmt**, z.B. ayurvedische Massagen, hawaiianische Körperarbeit, intensive Gesichtsbehandlungen, Peelings, pflegende Ganzkörperanwendungen oder orientalische Bäder.

Gourmetküche

Das Restaurant »Obendorfers Eisvogel« – mehrfach ausgezeichnet – bietet ein einzigartiges, unvergessliches Genuss-Event auf allerhöchstem Niveau. **Weltläufig innovativ mit tiefen Wurzeln zur Region** zeigt sich die Kochkunst von Sebastian Obendorfer.

»Spitzenkoch des Jahres«

Der Birkenhof
Spa & Genuss Resort
Hubert Obendorfer e.K.
Hofenstetten 55
92431 Neunburg v. Wald
T 09439 9500
www.der-birkenhof.de

© Jennifer Rumbach

Fabian Scheithe

Excelsior Hotel Ernst
Köln

© Excelsior Hotel Ernst

© Mirko Gaul

„Bei meinen Kreationen setze ich auf drei bis vier Grundprodukte von bester Qualität", sagt der Executive Pastry Chef des Excelsior Hotel Ernst. Gehen diese durch seine Hände, darf sich der Gast über filigran und liebevoll zusammengefügte Kreationen freuen, die auf der Zunge zergehen. Sie vollenden ein hochkarätiges Menü oder kommen als Törtchen zum Afternoon-Tea daher, welchen er für das Excelsior Hotel Ernst neu interpretiert hat. Denn Scheithe ist zuständig für sämtliche Süßspeisen im Hotel und in den beiden Restaurants „taku" und „Hanse Stube". Sein beruflicher Weg führte ihn durch Europa, besonders geprägt hat den gebürtigen Kölner die Zeit im Londoner „The Lanesborough". Übrigens kann man bei ihm einen Pâtisseriekurs absolvieren – Champagner und Snacks inklusive!

VALRHONA

Imaginons le meilleur du chocolat®

Ketut Pantiana Sophie Mainguett Michael Re
Recchiuti Aoki Yusuke Susum Rojas Lino Jose
Callum Liddicoat Dominique Ducroix Minglei L
César Garcia Eric Rousseau Thalia Ho Nanc
Lu Tomazina Sánchez inez Andrea Besusch
Jennifer Lo Guito Gi ll Ramecourt Kelly
lly Fields Dominiq Clayton Williams
Kamel Guerziz C Dumaire Céline
ine Duhamel Dom sel Jean-Baptiste
Michel Marie Müller ga Junji Patrice De
Demers Paul A. Young Olga Campos Flavie
Millet Raul Ramiron Luis Emily Bain Maj
Vaze José Del Valle Hernandéz Eva Martinez
Diabate Vafing Nora Valson Luis Manuel Gros
nita Eduardo Espinoza Tamariz Catherine Boiss

Komuntu 80%

MIT IHNEN UND FÜR SIE KREIERT

Die Kuvertüre Komuntu ist das Ergebnis eines engagierten Kollektivs und das Sinnbild einer verantwortungsvollen Schokolade: 100 % der Gewinne, die im Jahr unseres 100. Geburtstags gesammelt wurden, gehen an die Kakaoproduzenten. Der einzigartige Geschmack dieser Schokolade steht symbolisch für das Engagement der gesamten Branche und versinnbildlicht somit die Begegnungen der beteiligten Frauen und Männer auf der ganzen Welt. Diese Assemblage aus Grands Crus offenbart ein ausgewogenes Aromaprofil aus kräftigen Kakaonoten und harmonischen Aromen: Holz- und Bitternoten, zu denen sich gerösteter Kakaobruch gesellt.

UM MEHR ÜBER KOMUNTU UND UNSER 100-JÄHRIGES ENGAGEMENT ZU ERFAHREN, BESUCHEN SIE UNS AUF VALRHONA.COM ODER KONTAKTIEREN SIE UNS UNTER +49 785 162 73001

Zertifizierte B Corporation

Solo DU

Bischofswiesen
Küchenchef: Norman Beitz (bis 09/2022)

Fotos: © Kulturhof Stanggass

Das Gourmet-Stüberl „Solo Du“ in Bischofswiesen ist schon etwas Besonderes. Es gehört zum nachhaltig errichteten Gebäudeensemble des Kulturhof Stanggass, einem perfekten Ort zum Durchatmen und Genießen. Viel Holz, noch mehr Natur und ein herrlicher Blick auf schneebedeckte Gipfel sind hier des Besuchers Glück. Küchenchef Norman Beitz und sein Team fügen diesem Glück noch den Genuss hinzu. Sie überraschen mit einem hochwertigen und inspirierenden Menü, das auf Show-Effekte verzichtet und den gegebenen Rahmen aus Bodenständigkeit und Gemütlichkeit ideal ausfüllt. Virtuose, leise Töne, die noch lange nachhallen. Die Speisekarte kommt derweil in einer originellen Spielkartenbox daher. *(Bild rechts: Steinbutt, Krebs, Estragon)*

christians restaurant
GASTHAUS GRAINER

Blättern Sie einfach auf Seite 168.

Sie müssen nicht den kompletten Schlemmer Atlas auf den Kopf stellen, um ein ausgezeichnetes Restaurant zu finden.

exquisite Küche · **erlesene Weine** · **erstklassiger Service**

Dorfstraße 1 • D-83527 Kirchdorf (bei Haag) • Tel. +49 (0) 8072 85 10 • www.christians-restaurant.de

Design: Electronic & Design GmbH

Barrel Bar

Frankfurt am Main

Fotos: © Mook Group

Das spektakuläre Panorama-Restaurant „Franziska" im Henninger Turm verfügt gleich über mehrere Highlights: Dazu zählen der 360-Grad-Ausblick, die spannend inszenierten deutschen Speisen, eine offene Showküche und die beeindruckende „Barrel Bar". Barchef Yannik Wewerink und sein Barteam verwöhnen ihre Gäste mit innovativen Eigenkreationen, legendären Klassikern und personalisierten Bespoke-Cocktails. In dem eigens dafür eingerichteten Bar-Labor werden unter anderem mit Hilfe von Zentrifugen, Dehydratoren, Sous-vide-Garern, Espuma-Siphons und flüssigem Stickstoff eigene Aromaschäume, Sirups, Dörrfrüchte sowie Flavour-Infusions produziert. Ein eiskaltes Pils vom Fass geht natürlich auch!

Köchin des Jahres

Sigi Schelling

Werneckhof Sigi Schelling
München

Fotos: © Volker Debus

„Kochen, das ist mein Leben", sagt Sigi Schelling (*1976 in Hittisau). Diese Aussage untermalt die sympathische Ausnahmeköchin Tag für Tag in ihrem stilvollen Restaurant in Schwabing. Mit ihren atemberaubenden und zugleich schnörkellosen, modern-französischen Gerichten, die so produktfokussiert und verständlich sind. Sigi Schelling wuchs auf dem elterlichen Bauernhof mit fünf Geschwistern auf. Ihre Lehrjahre und beruflichen Stationen verbrachte sie vor allem in Österreich, bevor sie 2006 nach München übersiedelte und 14 Jahre (!) als Souschefin an der Seite von Hans Haas im legendären Tantris kochte. Die große Show ist nicht ihr Ding. Menschen mit ihren herrlichen Speisen zu begeistern dafür umso mehr!

© Andreas Durst

Weingut Joh. Jos. Prüm

Dr. Katharina Prüm, Dr. Manfred Prüm
Bernkastel-Kues (Wehlen)

Manfred Prüms älteste Tochter Katharina führt die Geschicke des traditionsreichen Weinguts Johann Josef Prüm mit seiner über 110-jährigen Geschichte. Es liegt an der Mittelmosel und umfasst etwa 21 Hektar Rebfläche, die ausschließlich mit Riesling bepflanzt sind – größtenteils ungepfropfte, alte Reben. Der Besitz gliedert sich in die nebeneinanderliegenden Top-Lagen Wehlener Sonnenuhr, Graacher Himmelreich, Zeltinger Sonnenuhr und Bernkasteler Badstube. Zu den Spezialitäten der Prüms zählt es, die unterschiedlichen Standort-Charaktere einer einzigen Rebsorte prägnant zum Ausdruck zu bringen und daraus Spitzenweine zu erzeugen. Das gelingt ihnen durch kompromissloses Qualitätsbewusstein, reichlich Know-how und viel Geduld.

JRE
JEUNES RESTAURATEURS

VON GENUSSMENSCHEN FÜR GENUSSMENSCHEN

Die Jeunes Restaurateurs stehen in Deutschland für Spitzenküche und kulinarische Höchstleistungen. Unsere Gerichte sind geprägt von Regionalität und Individualität. Bei jedem unserer Mitglieder wird Genuss deshalb zu einer ganz persönlichen Angelegenheit. Doch ganz gleich, von welchem Jeunes Restaurateurs sich unsere Gäste begeistern lassen – uns alle verbindet handwerkliches Können, die Freude Gastgeber zu sein und die Leidenschaft für unseren Beruf. Gemeinsam mit unseren Partnern laden wir Sie herzlich ein, die kulinarische Welt der JRE zu entdecken und unvergessliche Genussmomente zu erleben.

JETZT MITGLIEDER IN IHRER NÄHE FINDEN

WWW.JRE.EU

Restaurants mit hervorragender Küche

Deutschland

Gourmet-Restaurant Münchhausen	Achim Schwekendiek	Aerzen
PURS Restaurant	Yannick Noack	Andernach
Restaurant August by Christian Grünwald	Christian Grünwald	Augsburg
Restaurant Schlossberg	Jörg u. Nico Sackmann	Baiersbronn
CODA Dessert Dining	René Frank	Berlin
Hugos Restaurant	Eberhard Lange	Berlin
Lorenz Adlon Esszimmer	Reto Brändli	Berlin
Restaurant Horváth	Sebastian Frank	Berlin
Restaurant Tim Raue	Tim Raue	Berlin
Panorama-Gourmet-Restaurant „Sterneck“	Marc Rennhack	Cuxhaven
L.A. Jordan	Daniel Schimkowitsch	Deidesheim
Restaurant Schwarzer Hahn	Stefan Neugebauer	Deidesheim
Ostseelounge	André Beiersdorff	Dierhagen
ÖSCH NOIR	Manuel Ulrich	Donaueschingen
Restaurant Rosin	Oliver Engelke, Frank Rosin	Dorsten
Landhaus Feckl	Franz Feckl	Ehningen
Restaurant Gustav	Jochim Busch	Frankfurt am Main
Mountain Hub Gourmet	Stefan Barnhusen	Freising
Meierei Dirk Luther	Dirk Luther	Glücksburg
ES:SENZ	Edip Sigl	Grassau
100/200 Kitchen	Thomas Imbusch	Hamburg
Bianc	Matteo Ferrantino	Hamburg
Lakeside	Julian Stowasser	Hamburg
Restaurant Haerlin	Christoph Rüffer	Hamburg
ZEIK Restaurant	Maurizio Oster	Hamburg
Jante	Tony Hohlfeld	Hannover
La Vallée Verte	Denis Jahn, Peter Niemann	Herleshausen
Kronen-Restaurant	Fabio Daneluzzi	Herxheim (Landau)
Inzlinger Wasserschloss	Simone Beha	Inzlingen
Christians Restaurant	Christian F. Grainer	Kirchdorf (bei Haag)
Landhaus Kuckuck - Maître	Erhard Schäfer	Köln
Le Moissonnier	Eric Menchon	Köln
Ox & Klee	Daniel Gottschlich	Köln
Ophelia Fine Dining	Dirk Hoberg	Konstanz
Falco	Peter Maria Schnurr	Leipzig
Stadtpfeiffer	Detlef Schlegel	Leipzig
Opus V	Dominik Paul	Mannheim
Casala	Markus Philippi	Meersburg
Atelier	Anton Gschwendtner	München
Les Deux – Restaurant & Brasserie by Kieffer	N. Leblond, G. Goncharov	München
Schwarzreiter Restaurant	Hannes Reckziegel	München
Tantris Restaurant	Benjamin Chmura	München
Tohru in der Schreiberei	Tohru Nakamura	München
Werneckhof Sigi Schelling	Sigi Schelling	München
Hist. Gasthaus Sanct Peter: Restaurant Brogsitter	n/a	Bad Neuenahr-Ahrweiler
Steinheuers Restaurant Zur Alten Post	Christian Binder	Bad Neuenahr-Ahrweiler
Essigbrätlein	Andree Köthe, Yves Ollech	Nürnberg
Restaurant Etz	Felix Schneider	Nürnberg
Ess Atelier Strauss	Peter A. Strauss	Oberstdorf
Balthasar	Elmar Simon	Paderborn
Storstad	Josef Weig, Anton Schmaus	Regensburg
Der Butt	André Münch	Rostock
Gourmetrestaurant Dichter	Thomas Kellermann	Rottach-Egern
ammolite - The Lighthouse Restaurant	Peter Hagen-Wiest	Rust

Deutschland, Österreich, Südtirol

Deutschland

ESPLANADE Restaurant	Silio Del Fabro	Saarbrücken
LOUIS restaurant	Martin Stopp	Saarlouis
fine dining RS	Markus Waibel	Salach
Restaurant Kunz	Alexander Kunz	St. Wendel
Juwel	Robert Hauptvogel	Schirgiswalde-Kirschau
Gourmetrestaurant Nico Burkhardt	Nico Burkhardt	Schorndorf
Wielandshöhe	Vincent Klink	Stuttgart
Restaurant Hirschen	Douce Steiner	Sulzburg
BODENDORF'S	Holger Bodendorf	Sylt
Söl'ring Hof	Jan-Philipp Berner	Sylt
Schwingshackl Esskultur	Erich Schwingshackl	Bad Tölz
Becker's Restaurant	Wolfgang Becker	Trier
Lamm Rosswag	Steffen Ruggaber	Vaihingen an der Enz
Haus Stemberg	Sascha Stemberg	Velbert
Schwarzer Adler	Christian Baur	Vogtsburg im Kaiserstuhl
MARKOS - Das Restaurant	Marco Akuzun	Weingarten (Württemberg)
Restaurant Alexander Herrmann by Tobias Bätz	Tobias Bätz	Wirsberg
Le Cerf	Boris Rommel	Zweiflingen

Österreich

Die Weinbank - Restaurant	Gerhard Fuchs	Ehrenhausen a. d. Weinstraße
Geschwister Rauch vulgo Steira Wirt	Richard Rauch	Bad Gleichenberg
MÖRWALD Relais & Châteaux Gourmet „Toni M."	Toni Mörwald	Grafenwörth
Pfefferschiff	Jürgen Vigne	Hallwang
Schlossherrnstube	Patrick Raaß	Ischgl
Stiar	Gunther Döberl	Ischgl
Rote Wand Chef's Table	Julian Stieger	Lech am Arlberg
Mesnerhaus	Josef Steffner	Mauterndorf
Kilian Stuba	Sascha Kemmerer	Mittelberg
Ois im Mühltalhof	Philip Rachinger	Neufelden
Gut Purbach	Max Stiegl	Purbach am Neusiedler See
Am Pfarrhof	Harald Irka	St. Andrä-Höch
Hotel Tannenhof	Gustav Jantscher	St. Anton am Arlberg
Kräuterreich by Vitus Winkler	Vitus Winkler	St. Veit im Pongau
Interalpen Chef's Table	Mario Döring	Telfs
Restaurant Bootshaus	Lukas Nagl	Traunkirchen
Caramé Restaurant	Thomas Guggenberger	Velden am Wörther See
Genießerhotel Die Forelle	Hannes Müller	Weißensee
Edvard	Thomas Pedevilla	Wien
Mraz und Sohn	Markus Mraz	Wien
Restaurant Konstantin Filippou	Konstantin Filippou	Wien
TIAN Restaurant	Paul Ivić	Wien
Mayer's Restaurant	Andreas Mayer	Zell am See

Südtirol

Luisl Stube	Luis Haller	Algund
Kuppelrain	Jörg Trafoier	Kastelbell-Tschars
Restaurant 1908	Stephan Zippl	Ritten
Quellenhof Gourmetstube 1897	Michael Mayr	St. Martin in Passeier
Terra Restaurant	Heinrich Schneider	Sarntal

Restaurants für jeden Geschmack

© fotosr52/stock.adobe.com

A

Aachen
Nordrhein-Westfalen

La Bécasse
Hanbrucher Str. 1 / ✉ 52064
www.labecasse.de / T.: +49 241 74444

Französische Küche. Hauptgerichte von € 32 bis € 44; Menüs von € 105 bis € 125; besondere Mittagskarte. Geschlossen: Mo, So.

Restaurant St. Benedikt
Benediktusplatz 12 / ✉ 52076 Ortsteil Kornelimünster
www.stbenedikt.de / T.: +49 2408 2888 / info@stbenedikt.de

Französische, weltoffene Küche. Hauptgerichte von € 42 bis € 58; Menüs von € 107 bis € 152; besondere Mittagskarte, vegetarisches Menü. Geschlossen: Mo, So; Di+Mi abends.

Waldrestaurant Gut Entenpfuhl
Entenpfuhler Weg 11 / ✉ 52074
www.gut-entenpfuhl.de
T.: +49 241 71393 / rest.gutentenpfuhl@t-online.de

Deutsche Küche. Hauptgerichte von € 15 bis € 30; besondere Mittagskarte, vegetarisches Menü. Geschlossen: Mi+Do.
Ehemaliger Gutshof mit über einhundertjähriger Geschichte, Gartenterrasse unter alten Bäumen, Tieren, Minigolf, Karussell und Autoscooter.
Das Haus empfiehlt: Gebratene Pilze der Saison auf Blattsalaten, Walnussdressing, Brot und Butter; Lachstranche in Limonen-Senfsauce, Kartoffeln, Brokkoli in Mandelbutter; Rumpsteak mit frischen Champignons, Sauce béarnaise, Pommes frites, gemischter Salat

Souschef: stellvertretender Küchenchef

Bad Abbach
Bayern

Schwögler
Stinkelbrunnstr. 18 / ✉ 93077 / www.schwoegler.de
T.: +49 9405 962300 / info@schwoegler.de

Bayerische, mediterrane Küche. Hauptgerichte von € 13 bis € 26; Menüs von € 39 bis € 69; besondere Mittagskarte, vegetarisches Menü. Geschlossen: Mo+Di; So abends; Mi-Sa mittags. Kochkurse.

Achern
Baden-Württemberg

Kininger's Hirsch
Oberacherner Str. 26 / ✉ 77855 Ortsteil Oberachern
www.kiningers-hirsch.de / T.: +49 7841 21579
info@kiningers-hirsch.de

Deutsche, badische Küche. Hauptgerichte von € 19 bis € 34; Menüs ab € 40. Geschlossen: Mo+Di.
Hotel-Restaurant mit Stube, Saal und marktfrischen Speisen. Lauschiger Innenhof mit Kräutergarten, hausgemachte Spezialitäten zum Mitnehmen.
Das Haus empfiehlt: Rindertafelspitzscheiben mit Bärlauchvinaigrette und Salatbukett; Bretonischer Fischteller - gebratene Jakobsmuscheln, Gamba, Seeteufel, Doradefilet, Krustentiersauce, Kartoffeln, Gemüse; Renchtäler Rumpsteak mit Urloffer Meerrettichkruste, Gemüse vom Markt und Pommes frites

Restaurant Sonne Eintracht
Hotel Sonne Eintracht

Hauptstr. 112 / ✉ 77855
www.hotel-sonne-eintracht.com
T.: +49 7841 6450
info@hotel-sonne-eintracht.com

Weltoffene, mediterrane Küche. Hauptgerichte von € 16 bis € 35; Menüs von € 26 bis € 49; besondere Mittagskarte. Geschlossen: Mo, So.
Ob Wild-, Fisch-, Pilz- oder Spargelgerichte – im Hotel-Restaurant wird seit Jahrzehnten klassisch und ganz frisch gekocht.
Das Haus empfiehlt: Gebratene Rotschwanzgarnelen, mediterrane Kräuter, Rucola, Zitronen-Aioli, hausgemachtes Tomaten-Ciabatta; Gebratenes Rückenmedaillon vom irischen See-Saibling, Blattspinat, Kräuterbutter-Schaum, Rosmarin-Kartoffeln, Trüffel-Chips; Wiener Schnitzel vom Holsteiner Kalbsrücken, Zitrone, Kalbsjus, Pommes frites, Gartensalat

Rossini: Gänseleberscheiben, Trüffel, Croûtons, Madeirasauce zu Fleisch oder Geflügel

Timbale: feine Ragouts oder Pürees, die kalt aus Porzellannäpfen gestürzt und mit Gelee überzogen werden

Aerzen
Niedersachsen

Gourmet-Restaurant Münchhausen
Schlosshotel Münchhausen

Schwöbber 9 / 31855 Ortsteil Königsförde
www.schlosshotel-muenchhausen.com
T.: +49 5154 70600 / info@schlosshotel-muenchhausen.com

Fine-Dining-Restaurant mit französischer, mediterraner Küche. Menüs ab € 130. Geschl.: Mo, So; Di-Sa mittags.

Bad Aibling
Bayern

Street Kitchen
Das Lindner Romantik Hotel & Restaurant

Marienplatz 5 / 83043 / www.street-kitchen-grill.com
T.: +49 8061 90630 / info@street-kitchen-grill.com

Weltoffene Küche. Hauptgerichte von € 15 bis € 36. Geschlossen: Mo, So; Di-Sa mittags.

Aldersbach
Bayern

das asam - Restaurant
das asam - Hotel im Kloster Aldersbach

Freiherr-von-Aretin-Platz 2 / 94501 / www.das-asam.de
T.: +49 8543 6247624 / kontakt@das-asam.de

Bayerische, mediterrane Küche. Hauptgerichte von € 15 bis € 25; Menüs von € 35 bis € 57; besondere Mittagskarte. Geschlossen: Di+Mi; Mo, Do-Sa mittags.

Alpirsbach
Baden-Württemberg

Restaurant Rössle
Hotel Rössle

Aischbachstr. 5 / 72275
www.roessle-alpirsbach.de
T.: +49 7444 956040 / info@roessle-alpirsbach.de

Schwäbische Küche. Hauptgerichte von € 16 bis € 27; Menüs von € 26 bis € 50; vegetarisches Menü. Geschlossen: Mi; Mo+Di, Do mittags. Kochkurse.

Amorbach
Bayern

Abt- und Schäferstube
Der Schafhof Amorbach

Schafhof 1 / 63916 / www.schafhof.de
T.: +49 9373 97330 / rezeption@schafhof.de

Deutsche, französische Küche. Hauptgerichte von € 23 bis € 42; Menüs von € 69 bis € 79. Geschlossen: Mo-Fr mittags.

Amtzell
Baden-Württemberg

Schattbuch

Schattbucher Str. 10 / 88279 Ortsteil Schattbuch
www.schattbuch.de / T.: +49 7520 953788
info@schattbuch.de

Weltoffene Küche. Hauptgerichte von € 19 bis € 69; Menüs von € 98 bis € 118; besondere Mittagskarte, vegetarisches Menü. Geschlossen: Mo, So; Sa mittags. Kochkurse.

Andernach
Rheinland-Pfalz

PURS Restaurant
PURS Luxury Boutique Hotel

Steinweg 30 / 56626
www.purs.com / info@purs.com
T.: +49 2632 9586750

Fine-Dining-Restaurant mit weltoffener, französischer Küche. Hauptgerichte von € 52 bis € 65; Menüs von € 210 bis € 260; vegetarisches Menü. Geschlossen: Mo+Di; So abends; Mi-Sa mittags.
Wer Harmonie sucht, findet sie im Restaurant PURS in der Rhein-Stadt Andernach – sowohl in architektonischer als auch in kulinarischer Hinsicht. Dafür wurde vor einigen Jahren die „Alte Kanzlei" auserkoren, deren denkmalgeschützte Gemäuer ihren Ursprung im 17. Jahrhundert haben. Star-Designer Axel Vervoordt entwarf auf dieser Basis das Luxury Boutique Hotel PURS mit elf Zimmern, Fine-Dining-Restaurant sowie Bar & Smokers Lounge. Seit September 2022 bestimmt Ex-Souschef Yannick Noack den Kurs in der Küche. Ausgebildet im Schloss Lerbach und bei Joachim Wissler, arbeitete er in der Villa Rothschild und machte anschließend bei Christian Bau und Klaus Erfort Station. Unterstützt wird sein Team darüber hinaus durch den neuen Chef-Pâtissier Sebastian Kraus. Der Gast entscheidet sich für sechs, sieben oder acht Gänge, die er aus dem Menü frei wählen kann. Doch für welches Speisen-Arrangement er sich auch immer entscheidet – ein großartiges Erlebnis ist ihm gewiss. Nach der eindrucksvollen Gourmetreise lockt die Bar mit erlesenen Getränkekreationen.
Das Haus empfiehlt: Kalb, Eigelb, Kohlrabi, Liebstöckel; St. Pierre, Kopfsalat, Ochsenmark, Pinienkerne; Reh, Rote Bete, Kirsche, geräucherte Crème fraîche

Confit: gepökelte Fleischstückchen bei schwacher Hitze im eigenen Fett gegart und so haltbar gemacht

Angelbachtal
Baden-Württemberg

Heckerstuben
Wasserschloss Eichtersheim

Schlossstr. 1 / 74918
www.heckerstuben.de
T.: +49 7265 499907
restaurant@heckerstuben.de

Badische Küche. Hauptgerichte von € 26 bis € 34. Geschlossen: Mo-Mi; Do-Sa mittags.

Ansbach
Bayern

La Corona Restaurant & Vinothek

Johann-Sebastian-Bach-Platz 20 / 91522
www.lacorona.de / T.: +49 981 9090130
info@lacorona.de

Mediterrane, weltoffene Küche. Hauptgerichte von € 22 bis € 40. Geschlossen: Mo-Mi, So; Do-Sa mittags.

Cassoulet: ursprünglich: französisches Eintopfgericht

Charlottenform: glattwandige, zylindrische Süßspeisenform

Chutney: süß-säuerliche, dickflüssige Würzmarmelade

Appenweier
Baden-Württemberg

Gasthof Engel

Dorfstr. 43 / 77767 Ortsteil Nesselried
www.gasthof-engel.de / T.: +49 7805 919181
info@gasthof-engel.de

Gasthof mit badischer, französischer Küche. Hauptgerichte von € 18 bis € 35; Menüs von € 25 bis € 40; vegetarisches Menü. Geschlossen: Mi+Do.
Inmitten der Weinberge und unweit von Offenburg liegt die Gaststätte mit 100-jähriger Tradition, schönem Garten und eigener Schnapsbrennerei.
Das Haus empfiehlt: Rehragout vom Nesselrieder Reh mit Butterspätzle; Seeteufelmedaillons auf Blattspinat mit Rieslingsauce und Bandnudeln; Williams-Christ-Parfait mit Guanaja-Schokoladenmousse

Arendsee
Sachsen-Anhalt

Flair Hotel Deutsches Haus
Flair Hotel Deutsches Haus

Friedensstr. 89 /91 / 39619
www.dh-arendsee.de
T.: +49 39384 2500 / info@dh-arendsee.de

Deutsche Küche. Hauptgerichte von € 12 bis € 26; Menüs von € 25 bis € 49.
Stilvolles Restaurant hinter schmuckem Fachwerk, nur 150 Meter vom Seeufer entfernt. Frische bodenständige Küche.
Das Haus empfiehlt: Karamellisierter, gereifter Ziegenkäse, Tomatenwürfel, karamellisierte Walnüsse, Bärlauch-Dressing; Gebratenes Kabeljaufilet auf Königsschoten, Safranschaum, Erbsencrème, schwarzem Venere-Reis; Geschmorte Rinderroulade nach Omas Art, Gewürzgurke und Senf mit Apfelrotkohl und Salzkartoffeln

Restaurant Gustaf
Wellness-und Sporthotel Haus am See

Lindenstr. 28 / 39619
www.wellnesshotel-arendsee.de
T.: +49 39384 9890
info@wellnesshotel-arendsee.de

Deutsche, französische Küche. Hauptgerichte von € 24 bis € 35; Menüs von € 45 bis € 95. Geschlossen: So abends; Mo-Do mittags. Kochkurse.
Hochzeitssuppe, Fischspeisen oder Lammgerichte werden in dem gemütlichen Restaurant am See zubereitet. Es gibt bis zu sieben Gänge. Saisonal gibt's Hecht und Kleine Maräne.
Das Haus empfiehlt: Sushivariation - Maräne, Aal, Lachs, Wasabi, Ingwer, Teriyaki; Praline vom Altmarkreh, Blumenkohl, Preiselbeer-Trüffel-Marmelade, Serviettenknödel; Topfensoufflé, Ginbeeren, Sauerrahmeis

Crumble: Gebäck mit Streuseln

Arnsberg
Nordrhein-Westfalen

Restaurant Menge
Hotel Menge

Ruhrstr. 60 / ✉ 59821 / www.hotel-menge.de
T.: +49 2931 52520 / info@hotel-menge.de

Westfälische, deutsche Küche. Hauptgerichte von € 27 bis € 40; Menüs von € 39 bis € 67; vegetarisches Menü. Geschlossen: Mo, So; Di-Sa mittags.

Asbach (Westerwald)
Rheinland-Pfalz

Zum Alten Fritz

Eitorfer Str. 11 / ✉ 53567 Ortsteil Löhe
www.alter-fritz.com / T.: +49 2683 7230
info@alter-fritz.com

Deutsche Küche. Hauptgerichte von € 12 bis € 26; Menüs zu € 29. Geschlossen: Mo+Di; Mi-Sa mittags.
In dem modernen Landgasthaus mit Biergarten wird kreativer „Kräuter-Genuss" zelebriert – familiär und mit Übernachtungsmöglichkeit.
Das Haus empfiehlt: Feldsalat mit geräucherten Entenbruststreifen und Ziegenkäse, Pflaumen-Cranberry-Chutney, geriebener Parmesan, Walnüsse; Lammragout aus der Keule mit Zitronen-Knoblauch-Gremolata, Brätlinge mit Rosmarin und Speckbohnen-Gemüse; Lauwarmer Schokoladenkuchen mit Vanilleeis

Aschau im Chiemgau
Bayern

Residenz Heinz Winkler
Residenz Heinz Winkler

Kirchplatz 1 / ✉ 83229 Ortsteil Aschau
www.residenz-heinz-winkler.de / T.: +49 8052 17990
info@residenz-heinz-winkler.de

Fine-Dining-Restaurant mit mediterraner, französischer Küche. Hauptgerichte von € 38 bis € 92; Menüs von € 175 bis € 205; besondere Mittagskarte, vegetarisches Menü. Geschlossen: Mo-Sa mittags. Kochkurse.
Die Residenz in Aschau steht für Tradition und Modernität. Als Heinz Winkler 1989 das ehemalige Hotel Post übernahm, erschuf er ein neues Hotel im Stil einer mittelalterlichen Anlage, aber mit all den luxuriösen Ansprüchen dieser Zeit. Mit seiner Liebe zur Schönheit der Vergangenheit wurde auch das Gourmet-Restaurant im venezianischen Stil gestaltet. Über viele Jahrzehnte hinweg bis heute hat Heinz Winkler sein Traumrefugium aufgebaut und internationale Anerkennung gefunden. Sein Küchenstil war immer auf der Höhe der Zeit, ohne jedoch irgendwelchen Trends hinterherzurennen. Ein klassisches Abendmenü à la Winkler beinhaltet beispielsweise confierte Entenleber mit Aubergine, einen gebratenen Rochenflügel mit Zitronenbutter oder die Chalon-Entenbrust mit Wirsing und Aprikose. Je nach Gusto kann man zwischen fünf und sieben Gänge wählen, die zahlreichen Amuse-bouches nicht eingerechnet. Fast eintausend Weinpositionen lagern im Keller, darunter auch ganz besondere Tropfen. Insgesamt umfasst der beeindruckende Vorrat nahezu 25.000 Flaschen. (Mehr Informationen über Heinz Winkler unter „Auszeichnungen des Jahres Deutschland".)
Das Haus empfiehlt: Label-Rouge-Lachs mit Bergamotte, Paprika und Erbsenpüree; Heimischer Rehrücken mit Wacholdersauce und Sellerie; Haselnuss-Karamell-Schnitte mit Mascarpone und Schokoladeneis

Attendorn
Nordrhein-Westfalen

Rittersaal
Burghotel Schnellenberg

Burg Schnellenberg / ✉ 57439
www.burg-schnellenberg.de / T.: +49 2722 6940
info@burg-schnellenberg.de

Deutsche Küche. Hauptgerichte von € 22 bis € 35; Menüs von € 35 bis € 48; besondere Mittagskarte, vegetarisches Menü. Geschlossen: Mo-Do mittags.
Die Burg Schnellenberg gehört zu den größten erhaltenen und schönsten Burganlagen Westfalens und präsentiert sich als Stätte stilvoller Gastlichkeit.
Das Haus empfiehlt: Mais-Taco, Schweinebauch, Salsa verde, grüne Tomaten, Ananas; Doradenfilet, Fregola Sarda, Snocciolate-Oliven, Safran-Beurre-blanc, Spitzpaprika, Zitrone; Kalbsbacke, confierte Kartoffel, grüner Spargel, Speck

Asperg
Baden-Württemberg

Schwabenstube
Hotel Adler

Stuttgarter Str. 2 / ✉ 71679 / www.adler-asperg.de
T.: +49 7141 26600 / info@adler-asperg.de

Weltoffene Küche. Hauptgerichte von € 33 bis € 46; Menüs von € 65 bis € 125; vegetarisches Menü. Geschlossen: Mo+Di, So; Mi-Sa mittags.

Aue
Sachsen

St. Andreas
Hotel Blauer Engel

Altmarkt 1 / 08280
www.hotel-blauerengel.de
T.: +49 3771 5920
info@hotel-blauerengel.de

Fine-Dining-Restaurant mit französischer Küche. Hauptgerichte von € 35 bis € 60; Menüs von € 95 bis € 150. Geschlossen: Mo+Di, So; Mi-Sa mittags. Kochkurse.
Das Traditionshotel Blauer Engel ist eine Institution in der Erzgebirgsstadt und darüber hinaus. Genau wie der hiesige Top-Fußballclub Erzgebirge Aue, der sich seit Jahren wacker im Profifußball hält. Die Geschichte des Hotels ist verbrieft bis ins 17. Jahrhundert. Heute wird es von der Familie Unger geführt. Sie hat geklotzt und hier unter anderem eine der besten Küchen Sachsens ins Leben gerufen. Patron und Chef de Cuisine Benjamin Unger bereitet Feinschmeckern im Restaurant „St. Andreas" ein erlesenes Menü mit bis zu sieben Gängen zu, dass nur so strotzt vor heimischen Zutaten und intensiver Aromen. Weitere Speise-Optionen gibt es im Lokal „Tausendgüldenstube" mit Kachelofen und für exklusiven Weingenuss steht die Weinstube zur Verfügung. Wer in Aue weilt, sollte sich dieses kulinarische Angebot keinesfalls entgehen lassen.
Das Haus empfiehlt: Waldspaziergang; Zweierlei Kalb, Sellerie, Birne, Trüffel; Heidelbeeren und Vanille

Auerbach in der Oberpfalz
Bayern

SoulFood

Unterer Markt 35 / 91275 Ortsteil Auerbach
www.restaurant-soulfood.com
T.: +49 9643 2052225
info@restaurant-soulfood.com

Deutsche, französische Küche. Hauptgerichte von € 18 bis € 34; Menüs von € 89 bis € 89. Geschlossen: Mo+Di; Mi+Do mittags.

Augsburg
Bayern

Alte Liebe

Alpenstr. 21 / 86159 / alte-liebe-augsburg.de
T.: +49 821 65057850 / info@alte-liebe-augsburg.de

Fine-Dining-Restaurant mit deutscher Küche. Hauptgerichte von € 26 bis € 30; Menüs von € 120 bis € 140. Geschlossen: Mo+Di, So; Mi-Sa mittags.

Feinkost Kahn

Annastr. 16 / 86150
www.feinkost-kahn.de
T.: +49 821 312031
Restaurant@feinkost-kahn.de

Weltoffene Küche. Hauptgerichte von € 20 bis € 43; Menüs von € 50 bis € 120. Geschlossen: So; Mo-Sa abends. Chef's Table.
Restaurant, Bistro und Feinkost im Herzen der Stadt. Zünftige Frühstücksangebote, wechselnde Wochenkarte, Gourmetspeisen und weiße Tischdecken.
Das Haus empfiehlt: Dreierlei vom schottischen Lachs, gebeizt, geräuchert und Tatar, Gurkenrelish, Jaipur-Currymayonnaise; Meeresfrüchte und Fische frisch vom Markt

Magnolia

Beim Glaspalast 1 / 86153
www.restaurant-magnolia.de / T.: +49 821 3199999
info@restaurant-magnolia.de

Mediterrane Küche. Hauptgerichte von € 19 bis € 40; Menüs von € 54 bis € 88; besondere Mittagskarte.

maximilian°s
Hotel Maximilian's

Maximilianstr. 40 / 86150
www.maximilians-augsburg.de / T.: +49 821 5036-650
info@maximilians-augsburg.de

Weltoffene Küche. Hauptgerichte von € 17 bis € 69; Menüs von € 51 bis € 61; besondere Mittagskarte, vegetarisches Menü. Geschlossen: So abends. Chef's Table.

Kalbsbries: delikate Innerei von der Thymusdrüse des Kalbs

Nose & Belly

Heilig-Kreuz-Str. 10 / ✉ 86152
www.noseandbelly.de
T.: +49 821 50895791 / info@no-bel.de

Weltoffene Küche. Hauptgerichte von € 22 bis € 38; Menüs von € 83 bis € 125. Geschlossen: Mo-Mi, So; Do-Sa mittags.

Restaurant August by Christian Grünwald

Johannes-Haag-Str. 14 / ✉ 86153
restaurantaugust.de
T.: +49 821 35279 / info@restaurantaugust.de

Fine-Dining-Restaurant mit weltoffener Küche. Menüs von € 189 bis € 229; vegetarisches Menü. Geschlossen: Mo-Mi, So; Do-Sa mittags.

Sartory

Hotel Maximilian's

Maximilianstr. 40 / ✉ 86150
www.sartory-augsburg.de
T.: +49 821 50360 / info@sartory-augsburg.de

Fine-Dining-Restaurant mit französischer, weltoffener Küche. Hauptgerichte von € 30 bis € 51; Menüs von € 129 bis € 179. Geschlossen: Mo-Mi, So; Do-Sa mittags. Chef's Table.

Frapper: kühlen, bei Getränken

Fleurons: (frz. fleurir = schmücken) ungesüßte Blätterteigstückchen zur Garnierung von Speisen

Aying

Bayern

Brauereigasthof Aying

Brauereigasthof Hotel Aying

Zornedinger Str. 2 / ✉ 85653
www.brauereigasthof-aying.de
T.: +49 8095 90650
brauereigasthof@ayinger.de

Gasthof mit bayerischer Küche. Hauptgerichte von € 22 bis € 38; Menüs von € 69 bis € 79. Geschlossen: Mo-Do mittags. Chef's Table, Kochkurse.
Aying, das liegt etwa 25 Kilometer südöstlich von München. Hier prägen vor allem ländliche Traditionen und gutes Essen das Leben. Die erste kulinarische Adresse am Ort befindet sich im Brauereigasthof Hotel Aying. Dieser steht schon seit fast einem Jahrhundert für urtypisch bayerische Gastlichkeit und zünftigen Bier- und Essgenuss (seit sieben Generationen im Besitz der Familie). Im Ayinger Brauereistüberl werden das würzige Getränk zusammen mit Schmankerl à la Kässpatzen, Fleischpflanzerl und Schnitzel serviert. Die bayerische Haute Cuisine mit Bodenhaftung hingegen findet in den elegant-gemütlichen Räumen des Restaurants statt. Sie widmet sich mit Hingabe und Raffinesse dem, was die Heimat hergibt – Bayerischer Zander leicht gebeizt mit Rote-Rüben-Gewürzsud und Steinpilzcrème, gebratene Rehkeule, Birnentarte. Zu empfehlen ist auch die Carte Blanche des Hauses: ein Überraschungsmenü in drei oder vier Gängen. Wer mag mit Bierbegleitung.
Das Haus empfiehlt: Rosa Filet vom Kalb im Kräutermantel mit grünem Spargel und roter Bete; Handgeschabtes Ochsentatar mit Brunnenkressecrème und Speckkonfitüre; Ayinger Rübli, Karotten-Walnuss-Biskuit mit Frischkäsecrème und Pinienkern-Streuseln

B

Bad Soden am Taunus
Hessen

bellasLOKAL

65812 Ortsteil Altenhain / bellaslokal.de
T.: +49 6174 9529141 / info@bellaslokal.de

Deutsche Küche. Hauptgerichte von € 18 bis € 32. Geschlossen: Di+Mi; Mo, Do-So mittags.

Baden-Baden
Baden-Württemberg

Fritz & Felix
Brenners Park-Hotel & Spa

Schillerstr. 4/6 / 76530
www.fritzxfelix.com
T.: +49 7221 900999
restaurant@fritzxfelix.com

Fine-Dining-Restaurant mit weltoffener Küche. Hauptgerichte von € 26 bis € 45; vegetarisches Menü. Geschlossen: mittags.
Food Sharing ist en vogue, auch und gerade in der gehobenen Gastronomie. In dieser Hinsicht Vorreiter im mondänen und schicken Baden-Baden, und noch dazu im renommierten Brenners Park-Hotel & Spa, ist sicherlich das angesagte „Fritz & Felix". Vorbei sind die Zeiten des Menüzwangs und der Etikette. Lässigkeit wird hier gelebt ohne auch nur das Mindeste an Qualität aufzugeben, im Gegenteil: Der Steinbutt mit Hummerschaum, das Dry-aged-Schwarzfederhuhn oder die hochwertigen Cuts vom Rind überzeugen anspruchsvolle Genießer. Gespeist wird à la carte und zum auf den Punkt grillierten Steak darf man beispielsweise Zitronenrisotto, Kartoffelcroûtons oder Pfifferlinge wählen. Und vom Teller des Gegenübers picken? Ausdrücklich erwünscht! Der Erlebnisfaktor wird noch erhöht durch einen riesigen, einsehbaren Charcoa Grill aus Spanien, dem Herzstück der Showküche. Die preisgekrönte Weinkarte und extravagante Drinks aus der urbanen Fritz & Felix-Bar runden die kulinarische Reise ab.
Das Haus empfiehlt: Tatar von der bretonischen Sandkarotte, Kräutercrème, Roscoff Zwiebel; Gegrillte Rotbarbe, Zitronen-Kapern-Vinaigrette, Olivenkartoffel, Ratatouille; Brownie und badisches Kirschen-Karamell, Popcorneis

Pommes dauphines: Kartoffelkrapfen

Gasthaus Auerhahn

Geroldsauer Str. 160 / 76534
Ortsteil Geroldsau
www.gasthaus-auerhahn.de
T.: +49 7221 7435
info@gasthaus-auerhahn.de

Badische Küche. Hauptgerichte von € 10 bis € 25.
Schmuckes Gasthaus außerhalb der Stadt mit Blumenkästen, Fensterläden, Stuben, Kachelofen und lauschigem Biergarten.
Das Haus empfiehlt: Hausgebeizter Lachs mit Limonen-Crème-fraîche, dazu Reibeküchle und kleiner Salatstrauß; Schwarzwaldforelle „Müllerin" in brauner Fassbutter gebraten mit Salzkartoffeln und buntem Salatteller; Badischer Sauerbraten im Spätburgundersößle mit Spätzle vom Brett, Preiselbeerbirne und buntem Salatteller

Maltes hidden kitchen
Kaffeehaus in Baden-Baden

Gernsbacher Str. 24 / 76530
www.malteshiddenkitchen.com
T.: +49 7221 7025020
info@malteshiddenkitchen.com

Fine-Dining-Restaurant mit weltoffener, französischer Küche. Hauptgerichte von € 30 bis € 70; Menüs von € 115 bis € 145. Geschlossen: Mo+Di, So; Mi-Sa mittags.
Das zentral gelegene Kaffeehaus in der Gernsbacher Straße (Fußgängerzone) mit seinen großen Ladenfenstern und hölzernen Verkaufsregalen ist die Bühne für Küchenchef Malte Kuhn und sein Team. In einem wunderschönen, teils nostalgischen Ambiente wähnt man sich in einer fast familiären Atmosphäre. Backstage, hinter einer verschiebbaren Wand, liegt sie, die „hidden kitchen", in der die Speisen zubereitet werden. Ein Menü mit bis zu sechs Gängen inklusive Einstimmung und Petits Fours am Schluss offenbart das Können der Köche. Die optisch wunderschöne Vielfalt auf dem Teller verdichtet sich geschmacklich auf den Kern des Ganzen, das jeweilige Produkt und seine Aromen. Hummer, Kalb und Lachs zergehen auf der Zunge und lassen sich mit einem guten Tropfen aus dem beachtenswerten Weinvorrat auf ein noch höheres Level heben.
Das Haus empfiehlt: Jakobsmuschel, Entenleber, Wintertrüffel „eingelegt", Bio-Zitrone; Taube von Jean-Claude Miéral, Rote Bete, Stachelbeere, Kaffee; Birne, Schokolade „Vierung 70 %", Vanille, Veilchen

Le Jardin de France im Stahlbad

Augustaplatz 2 / ✉ 76530
www.lejardindefrance.de
T.: +49 7221 3007860 / info@lejardindefrance.de

Fine-Dining-Restaurant mit französischer Küche.. Hauptgerichte von € 52 bis € 59; Menüs von € 89 bis € 119; Mittagskarte, vegetar. Menü. Geschl.: Mo, So. Kochkurse.

Restaurant JB Messmer

Maison Messmer Baden-Baden

Werderstr. 1 / ✉ 76530
hommage-hotels.com/maison-messmer
T.: +49 7221 30120
info.Maison-Messmer@hommage-hotels.com

Fine-Dining-Restaurant mit französischer Küche. Hauptgerichte von € 20 bis € 70; Menüs ab € 59. Geschlossen: mittags.

Restaurant Wintergarten

Brenners Park-Hotel & Spa

Schillerstr. 4/6 / ✉ 76530
www.oetkercollection.com
T.: +49 7221 900890
concierge.brenners@oetkercollection.com

Mediterrane, badische Küche. Hauptgerichte von € 27 bis € 59; Menüs von € 80 bis € 165; besondere Mittagskarte, vegetarisches Menü.
Es ist kein Geheimnis: Das Brenners ist Baden-Badens allererste Sahne in Sachen Hotel- und Gastronomiekultur. Das Restaurant Wintergarten fügt sich in dieses Bild. Es gibt weiße Tischdecken, feines Silberbesteck und ein schönes Tisch-Arrangement mit Blumen. Die bodentiefen Fenster und das verglaste Dach (ein Wintergarten eben) lassen viel natürliches Licht und das satte Gartengrün der zauberhaften Parkanlage herein. In diesem Lichtzauber glänzen die hochkarätigen Speisen von Stefan Naatz und seiner Mannschaft. Gebratene Gänsestopfleber mit Mandel, Chicoree und Amaranth, ein Wintergartenmenü in fünf Gängen, mit Fleisch oder vegetarisch, vier oder drei Gänge – der Gast quält sich mit der Wahl. Übrigens darf es mittags auch ein Wiener Schnitzel mit Kartoffel-Gurkensalat und Preiselbeeren sein. Oder Brenners legendären Apfelpfannkuchen mit Sauerrahmeis.
Das Haus empfiehlt: Bisque von Krustentieren mit Soft-Shell-Crab-Tempura, Lauchfondue, Mango und Estragonöl; Onsen-Ei mit Blumenkohltexturen, Le Puy Linsen und Piemonteser Haselnüssen; Bauch vom Duroc-Schwein „Neue Finkenwerder Art“ mit Umami-Jus, Calamaretti, Lauchfondue und Pinienkernen

Restaurant Nigrum

Schloßstr. 20 / ✉ 76530 / www.restaurant-nigrum.de
T.: +49 7221 3979008 / info@restaurant-nigrum.de

Fine-Dining-Restaurant mit französischer, weltoffener Küche. Hauptgerichte von € 50 bis € 65; Menüs von € 99 bis € 149. Geschlossen: Mo+Di, So; Mi-Sa mittags.
Ein aufregendes Ambiente in schwarz und gold in einem Kreuzgewölbe, bunte Designerstühle, Kunst und Naturstein. Illuminierte Bar und Fine Dining.
Das Haus empfiehlt: Hummercrème, Kalbsbries, Erbse, Brioche; Loup de Mer, Süßkartoffel, Kakao, Curry; Lamm, Chorizo, Artischocke, Rosmarin

Badenweiler

Baden-Württemberg

Hotel-Restaurant Luise

Luisenstr. 17 / ✉ 79410 / luise-badenweiler.de
T.: +49 7632 828552 / info@luise-badenweiler.de

Deutsche, schwäbische Küche. Hauptgerichte von € 19 bis € 42; Menüs von € 32 bis € 52; vegetarisches Menü, vegane Hauptgerichte. Geschlossen: Di+Mi; Mo, Do-Sa mittags. Kochkurse.
Eine feine, kleine Speiseauswahl rund um Rindertatar, Forelle und Rehrücken hat das sympathische Restaurant im Ortszentrum zu bieten.
Das Haus empfiehlt: Rehfilet roh mariniert, Kakaobohnen & Edamame; Taubenbrust, Kirschjus, Schmorzwiebel, Kartoffelbaumkuchen; Gebackene Austern, Apfel-Gurke-Ingwer, Sauerrahm

Restaurant Schwarzmatt

Hotel Schwarzmatt

Schwarzmattstr. 6 a / ✉ 79410 / www.schwarzmatt.de
T.: +49 7632 82010 / info@schwarzmatt.de

Mediterrane, französische Küche. Hauptgerichte von € 24 bis € 34; Menüs von € 50 bis € 74; Mittagskarte.

Baierbrunn
Bayern

Waldgasthof Buchenhain
Waldgasthof Buchenhain

Am Klettergarten 7 / ✉ 82065 Ortsteil Buchenhain
www.hotelbuchenhain.de / T.: +49 89 7448840
info@hotelbuchenhain.de

Bayerische Küche. Hauptgerichte von € 14 bis € 25; Menüs von € 17 bis € 22; vegetarisches Menü. Geschlossen: So; Mo mittags.
Verkehrsgünstig und im Grünen gelegener Landgasthof mit herrlichem Biergarten und klassisch bayerischen Schmankerln und Pfanderln.
Das Haus empfiehlt: Gebratene Maispoulardenbrust mit Champignon-Tagliatelle und Korianderbutter; Pikantes Lammcurry mit grünen Bohnen und Speckrösti; Rinderlendensteak vom Grill mit Mais-Kidneybohnen-Gemüse und gebackenen Chili-Käse-Schoten

Baiersbronn
Baden-Württemberg

Dorfstuben
Hotel Bareiss im Schwarzwald

Hermine-Bareiss-Weg / ✉ 72270 Ortsteil Mitteltal
www.bareiss.com / info@bareiss.com
T.: +49 7442 470

Badische, schwäbische Küche. Hauptgerichte von € 15 bis € 28; Menüs ab € 54. Kochkurse.
Seit 1992 wird im Reich von Dorfstubenwirtin Ingrid Jedlitschka und ihrem Team der Inbegriff der Gemütlichkeit konkret. Wer den Schwarzwald in seiner typischen Form erleben möchte, dem sei ein Abend in den Dorfstuben im Hotel Bareiss empfohlen, denn zu dem traditionsgerechten Stubencharakter, einer museumsreifen Uhrensammlung und dem adrett gekleideten Personal kommt original Schwarzwälder Speis' und Trank hinzu, den man probiert haben muss: frische Buhlbachforellen aus der eigenen Zucht, Wildgerichte aus

der eigenen Bareiss-Jagd oder eine knusprige Bauernente aus dem Rohr. Dazu ein gezapftes Pils, ein badisches Viertele oder die Weine der Bareiss-Edition. Der Stammtisch soll auch die Mitteltaler ins Restaurant locken. Denn ob kalte oder warme Schwarzwälder Spezialitäten – zur Vesper in den Dorfstuben geht's schon recht zünftig zu.
Das Haus empfiehlt: Badische Rahmschnitzele vom Milchkalbsrücken mit frischen Champignons und geschmälzten Nudeln; Murgtäler Zwiebelrostbraten mit hausgemachter Maultasche, handgeschabten Spätzle und Salatteller; Schwäbische Apfelküchle mit Vanillesauce und Rahmeis

Forellenhof Buhlbach

Schliffkopfstraße 64 / ✉ 72270 Ortsteil Obertal
www.bareiss.com/forellenhof-buhlbach
T.: +49 7442 470 / info@bareiss.com

Badische, schwäbische Küche. Hauptgerichte von € 11 bis € 24. Geschlossen: abends.
Ein herrliches Ziel für Wanderer und Forellenliebhaber. Auf den Tisch kommen frische Forellen in allen Variationen und Vespergerichte.
Das Haus empfiehlt: Geräuchertes Filet von der Buhlbachforelle aus dem Buchenrauch mit Sahnemeerrettich und Forellenhof-Brot; Buhlbacher Forellenküchle mit Kartoffel-Blattsalat und Remouladensauce; Filet vom Saibling auf der Haut gebraten mit Rahmwirsing und Petersilienkartoffeln

Kaminstube
Hotel Bareiss im Schwarzwald

Hermine-Bareiss-Weg / ✉ 72270 Ortsteil Mitteltal
www.bareiss.com / info@bareiss.com
T.: +49 7442 470

Weltoffene, deutsche Küche. Hauptgerichte von € 21 bis € 36; Menüs von € 54 bis € 89; besondere Mittagskarte, vegetarisches Menü. Geschlossen: Mo-Fr mittags.

Murgstube
Romantik Hotel Sackmann

Murgtalstr. 602 / ✉ 72270 Ortsteil Schwarzenberg
www.hotel-sackmann.de / T.: +49 7447 2890
info@hotel-sackmann.de

Schwäbische, badische Küche. Hauptgerichte von € 16 bis € 29; Menüs von € 49 bis € 62; besondere Mittagskarte. Geschlossen: mittags.

Wachtel: kleinstes Federwild aus der Familie der Feldhühner

Restaurant 1789

Traube Tonbach

Tonbachstr. 237 / ✉ 72270 / www.traube-tonbach.de

T.: +49 7442 492665 / reservations@traube-tonbach.de

Fine-Dining-Restaurant mit asiatischer, weltoffener Küche. Hauptgerichte von € 28 bis € 48; Menüs von € 130 bis € 180; vegetarisches Menü. Geschlossen: Mi+Do; Mo+Di, Fr-So mittags.

Sot-l'y-laisse: filetartige Fleischstücke vom Geflügel

Restaurant Bareiss

Hotel Bareiss im Schwarzwald

Hermine-Bareiss-Weg / ✉ 72270 Ortsteil Mitteltal

www.bareiss.com / info@bareiss.com

T.: +49 7442 470

Fine-Dining-Restaurant mit französischer, mediterraner Küche. Hauptgerichte von € 110 bis € 140; Menüs von € 165 bis € 265; besondere Mittagskarte, vegetarisches Menü. Geschlossen: Mo+Di.
Claus-Peter Lumpp ist seit nunmehr 30 Jahren für die kulinarischen Highlights im Hotel Bareiss zuständig. Das Gourmet-Restaurant steht seit Jahrzehnten ganz oben in den Listen der Besten Deutschlands und darüber hinaus. Die kulinarische Welt ist sich einig: Ein Besuch des Restaurant Bareiss ist ein absolutes Highlight. Der Gast hat die Wahl zwischen vier verschiedenen Menüs und einer separaten À-la-carte-Speisekarte. Natürlich ist auch eine vegetarische Speisefolge darunter. Zahllose kleine Grüße aus der Küche wie die Apéro-Etagère oder die Friandises verwöhnen den Feinschmecker zusätzlich. Ein Abend im Restaurant Bareiss ist ein ganzheitliches Erlebnis. Denn abgesehen von den Speisen, deren Qualität, Zubereitung und Präsentation, spielt der Verwöhnaspekt durch den professionellen Service unter der Leitung von Thomas Brandt und Sommelier Teoman Mezda eine große Rolle. Es ist doch eine wahre Wohltat von einem Fachpersonal bedient zu werden, das neben professioneller Aufmerksamkeit auch wahre Herzlichkeit in sich trägt. (Mehr Informationen über Claus-Peter Lumpp unter „Auszeichnungen des Jahres Deutschland".)
Das Haus empfiehlt: Sautierter Gamba Carabiniero mit Aubergine, Sesam und Ducca; „Reh aus der Bareiss Jagd"; Topfensoufflé mit Pfirsichsauce, Joghurt-Limettenpraline, Weinbergpfirsichsorbet und Campari-Pfirsichgranité

Restaurant Jakob-Friedrich

Ailwaldhof Parkhotel & Spa

Ailwald 3 / ✉ 72270 Ortsteil Klosterreichenbach

www.ailwaldhof.de / T.: +49 7442 8360 / info@ailwaldhof.de

Badische, mediterrane Küche. Hauptgerichte von € 14 bis € 34; Menüs von € 35 bis € 76; besondere Mittagskarte. Geschlossen: abends.
Am Waldrand mit Blick auf Klosterreichenbach thront das Resort Ailwaldhof mit gemütlichem Kamaminrestaurant.
Das Haus empfiehlt: In Tannenholz frisch geräuchertes Forellenfilet, Kräuterkartoffeln, Apfelsmetana; Kalbsfilet in Salbeimantel, Sauce Pomodori, Antipasti, Korianderspaghetti; Rehmedaillons in Schokoladenkruste, glasierte Steinpilze, handgeschabte Spätzle

Restaurant Schlossberg

Romantik Hotel Sackmann

Murgtalstr. 602 / ✉ 72270 Ortsteil Schwarzenberg

www.hotel-sackmann.de / T.: +49 7447 2890

info@hotel-sackmann.de

Fine-Dining-Restaurant mit weltoffener, französischer Küche. Hauptgerichte von € 45 bis € 62; Menüs von € 130 bis € 182; vegetarisches Menü. Geschlossen: Mo+Di; Mi-So mittags. Kochkurse.
Baiersbronn ist ein Brennpunkt des guten Geschmacks. Das Romantik Hotel Sackmann ist seit vielen Jahren Teil dieses erstaunlichen – und für den Genießer so interessanten – Gedrubbels auf der Deutschlandkarte. Jörg Sackmann himself, Sohn Nico und ihre Brigade verköstigen Hotelgäste und pilgernde Feinschmecker auf vortreffliche Art. Zum Beispiel mit dem opulenten achtgängigen Schlossberg-Menü, das vor Zutaten nur so strotzt. Gelbflossenmakrele mit Rambutan, Gänseleberflocken, Sakegelee und Aniscrunch – das sollte man sich mal auf der Zunge zergehen lassen. Weiter geht es mit einer großen und einfallsreichen vegetarischen Speisefolge und einem Genießer-Menü, das vom Amuse bouche bis zum Petit Four die Kochkunst des Hauses eindrucksvoll widerspiegelt. Heimatbewusst und weltoffen zugleich. Am besten überzeugt man sich davon im Rahmen eines Wellness-

Arrangements im frisch renovierten Hause Sackmann: Die Restaurant-Räumlichkeiten erstrahlen bereits seit Mai 2020 in einem neuen, beeindruckenden und modernen Glanz.
Das Haus empfiehlt: Räucherstör und Kaviar, Banane, Bottarga, Blutampfer; Balfego Thunfisch, Netz, Melone, Bronzefenchel, Korianderkresse, Grüner Curry; Melatte Taube, Abon-Traubenjus, Senffrüchte, Wurzelwerk

Restaurant Löwen

Wanderhotel Löwen

Murgtalstr. 604 / 72270 Ortsteil Schwarzenberg
www.sackmanns-wanderhotel-loewen.de
T.: +49 7447 9320 / info@loewen-schwarzenberg.de

Badische, deutsche Küche. Hauptgerichte von € 20 bis € 35; Menüs von € 35 bis € 68; besondere Mittagskarte, vegetarisches Menü.
Eine schöne Stube mit Kachelofen und die typische Holzvertäfelung schaffen den gemütlichen Rahmen für eine marktfrische Küche.

Schwarzwaldstube

Traube Tonbach

Tonbachstr. 237 / 72270 Ortsteil Tonbach
www.traube-tonbach.de / T.: +49 7442 492665
reservations@traube-tonbach.de

Fine-Dining-Restaurant mit französischer Küche. Hauptgerichte ab € 86; Menüs von € 215 bis € 265; vegetarisches Menü. Geschlossen: Mo+Di; Mi-Fr mittags.
Es ist vollbracht. Nach über zwei Jahren enormer Kraftanstrengung. Drei Restaurants strahlen den Gast im neuen Stammhaus der Traube Tonbach an. Das Flagschiff unter ihnen, die legendäre „Schwarzwaldstube", gleicht nunmehr auch in architektonischer Hinsicht einer modernen Kathedrale des guten Geschmacks. Keine Decke, nur das hohe Dach limitiert. Der Blick schweift durch den verglasten Giebel in die grüne Landschaft. Alles ist schlicht, lichtdurchflutet, zeitlos und schön. Eine Atmosphäre wie geschaffen für den Auftritt von Torsten Michel und seiner Mannschaft. Dem Gast offerieren sie ein kleines oder ein großes Degustationsmenü (fünf oder sieben Gänge). Oder eine atemberaubende vegetarische Speisefolge in sechs Gängen. Darüber hinaus gibt es noch eine À-la-carte-Auswahl und die Möglichkeit, einzelne Gänge nachzubestellen oder nach Belieben zu tauschen. Zutatenvielfalt, Kombinationsgeschick und Präsentationskunst formieren sich zu einem Erlebnis sondergleichen. (Mehr Informationen über Torsten Michel unter „Auszeichnungen des Jahres Deutschland".)
Das Haus empfiehlt: Gebeizter Thunfischbauch und -rücken, Thunfischschmalz, Thunfischspeck, Imperialkaviar, Salat von Artischocken, Kapern, Sardelle; Krosse Wolfsbarschschnitte „Ikejime France", Tarte mit provenzalischem Gemüsefächer, Gewürztomaten, Pistoumarinade, Couscous; Passionsfrucht-soufflé „Île de la Réunion" mit Bananen-Maracujasorbet auf Victoria-Ananas-Kompott mit Kokosschaum

Balduinstein

Rheinland-Pfalz

Landhotel zum Bären

Landhotel zum Bären

Bahnhofstr. 24 / 65558
www.landhotel-zum-baeren.de
T.: +49 6432 800780 / info@landhotel-zum-baeren.de

Französische, mediterrane Küche. Hauptgerichte von € 29 bis € 48; Menüs von € 55 bis € 89. Geschlossen: Mo+Di; Mi-Fr mittags.

Bamberg

Bayern

Die Küche - Esszimmer

Obere Sandstr. 27 / 96049
www.die-kueche-bamberg.de / T.: +49 951 29993966
info@die-kueche-bamberg.de

Weltoffene Küche. Hauptgerichte von € 16 bis € 25. Geschlossen: Mo+Di.

Kropf - Bamberger Köstlichkeiten

Untere Königstr. 28 / 96052
www.kropf-restaurant.de
T.: +49 951 2083095 / info@kropf-restaurant.de

Deutsche Küche. Hauptgerichte von € 24 bis € 36; Menüs von € 45 bis € 79; vegetarisches Menü. Geschlossen: Mo+Di; Mi-So mittags. Kochkurse.

Barmstedt

Schleswig-Holstein

Lay's Loft

Schlickumstr. 1 / 25355 / www.lays-loft.de
T.: +49 4123 9290577 / loftlocationlay@googlemail.com

Französische Küche. Hauptgerichte von € 14 bis € 46; Menüs von € 50 bis € 95; vegetarisches Menü. Geschlossen: Mo+Di.

Barsinghausen

Niedersachsen

Gasthaus Müller

Golterner Str. 2 / 30890 Ortsteil Göxe
www.gasthausmueller.de / T.: +49 5108 2163
info@gasthausmueller.de

Weltoffene, deutsche Küche. Hauptgerichte von € 17 bis € 33; Menüs von € 49 bis € 79. Geschlossen: Mo+Di; Mi-Sa mittags.

Bayerisch Gmain
Bayern

Klosterhofstuben
Klosterhof - Alpine Hideaway & Spa

Steilhofweg 19 / 83457
www.klosterhof.de
T.: +49 8651 98250 / info@klosterhof.de

Weltoffene, bayerische Küche. Hauptgerichte von € 19 bis € 48; Menüs von € 48 bis € 140; vegetarisches Menü, vegane Hauptgerichte. Geschlossen: mittags. Chef's Table.

Bayreuth
Bayern

Restaurant Goldener Anker
Hotel Goldener Anker

Opernstr. 6 / 95444 Ortsteil City
www.anker-bayreuth.de / T.: +49 921 7877740
info@anker-bayreuth.de

Französische, fränkische Küche. Hauptgerichte von € 26 bis € 66; Menüs von € 35 bis € 85; vegetarisches Menü. Geschlossen: Mo+Di; Mi-So mittags.

Beilstein (Württemberg)
Baden-Württemberg

Mayer's Burgrestaurant Hohenbeilstein

Langhans 1 / 71717 Ortsteil Beilstein
www.burg-beilstein.de
T.: +49 7062 5770
info@burg-beilstein.de

Schwäbische Küche. Hauptgerichte von € 14 bis € 33; Menüs von € 44 bis € 66. Geschlossen: Mo+Di; Mi-Fr mittags.
Auf einer Burg gelegenes Lokal mit mittelalterlichem Flair, Gewölbekeller und Biergarten sowie einer Küche zwischen Sauerbraten und Hummer.
Das Haus empfiehlt: Gebackener Kalbskopf mit Kartoffel-Gurkensalat und Remoulade; Hohenloher Gänsepfeffer mit feinem Gemüse, Butternudeln; Wildragout mit Waldpilzen, Spätzle vom Brett

Blanchieren: kurz im heißen Wasser ankochen, zum Beispiel zur Farberhaltung von Gemüse

Bad Bellingen
Baden-Württemberg

Berghofstüble

Markus-Ruf-Str. / 79415
www.berghofstueble-bad-bellingen.de / T.: +49 7635 1293

Deutsche, badische Küche. Hauptgerichte von € 22 bis € 44. Geschlossen: Mo+Di.

Bendorf
Rheinland-Pfalz

La Toscana
Romantik Hotel Villa Sayn

Koblenz-Olper-Str. 111 / 56170 Ortsteil Sayn
www.villasayn.com / T.: +49 2622 94490 / info@villasayn.de

Mediterrane, französische Küche. Hauptgerichte von € 20 bis € 49; Menüs von € 49 bis € 87; vegetarisches Menü. Geschlossen: Mo-Mi; Do-So mittags.
Geschichte, Romantik, zeitlose Eleganz und kulinarischer Genuss vereinen sich in der Villa Sayn zu einem ganzheitlichen Erlebnis.
Das Haus empfiehlt: Vitello Tonnato mit Rucola und gebackenen Kapern-Äpfeln; Rinderfilet unter einer Zwiebelkruste an einer Schwarzbier-Sauce mit geschmortem Gemüse und Kartoffelmousseline; Kotelett vom Thüringer Duroc Schwein mit Kräuterbutter, Röstzwiebeln und Kartoffelrösti

Berchtesgaden
Bayern

Biohotel Kurz

Locksteinstr. 1 / 83471 / www.biohotel-kurz.de
T.: +49 8652 9800 / info@biohotel-kurz.de

Deutsche, mediterrane Küche. Rein vegetarisch. Menüs zu € 55; vegane Hauptgerichte. Geschlossen: mittags. Kochkurse.
Produkte aus der Umgebung und eigens gemahlenes Dinkelmehl kommen hier zum Einsatz, gekocht wird fleischlos und täglich anders.
Das Haus empfiehlt: Zitroniger Hummus mit gebratenen Pilzen, dazu warmes Thymian-Fladenbrot; Gefüllte Rote Rübe auf rahmigem Lauch; Feigen in Grapefruit-Vanillesirup mit Mascarpone-Nockerl

Gourmet Restaurant PUR

Kempinski Hotel Berchtesgaden

Hintereck 1 / ✉ 83471 Ortsteil Salzberg
www.kempinski.com/de/berchtesgaden
T.: +49 8652 97550 / info.berchtesgaden@kempinski.com

Fine-Dining-Restaurant mit bayerischer, französischer Küche. Hauptgerichte von € 45 bis € 65; Menüs von € 125 bis € 195; vegetarisches Menü. Geschlossen: Mo+Di, So; Mi-Sa mittags. Chef's Table.

Das Fine-Dining-Restaurant im Kempinski Hotel Berchtesgaden liegt auf 1.000 Metern Höhe und lässt eine fantastische Aussicht auf Himmel, Berge und Wiesen zu – erhaben und überwältigend. Ein Anblick, bei dem der Mensch wieder geerdet wird und sein Herz öffnet für Schönheit und Natur. Auch das Gourmet-Restaurant hat sich geerdet. Die warmen Brauntöne des schlichten Designs spiegeln das Konzept wider. Chefkoch Ulrich Heimann konzentriert sich auf den puren Geschmack. Mit Produkten aus der Region bereitet er eine europäische, klassische Küche, die sich auf den ursprünglichen Geschmack konzentriert und mit möglichst wenig Würze auskommt. Eingebettet in den Farben der Natur und Erde sitzt der Gast in dieser wohligen Atmosphäre und genießt – ein pures Gesamterlebnis.

Das Haus empfiehlt: Langostino, Erbse, Estragon, Lardo; Kaninchen, Morchel, junge Rüben, Schnittlauch; Berchtesgadener Rehbock, rote Bete, Fichte, Himbeere

Johann Grill

Kempinski Hotel Berchtesgaden

Hintereck 1 / ✉ 83471 Ortsteil Salzberg
www.kempinski.com/de/berchtesgaden
T.: +49 8652 97550 / info.berchtesgaden@kempinski.com

Weltoffene Küche. Hauptgerichte von € 26 bis € 45; vegetarisches Menü. Geschlossen: Mo-Sa mittags.

Berg (Starnberger See)

Bayern

Strandhotel Berg

Seestr. 17 / ✉ 82335 Ortsteil Berg
www.strandhotel-berg.de / T.: +49 8151 44629-0
hallo@strandhotel-berg.de

Bayerische, mediterrane Küche. Hauptgerichte von € 20 bis € 38; Menüs von € 45 bis € 65; besondere Mittagskarte, vegetarisches Menü.

Am Ostufer des Starnberger See und direkt am Wasser liegt diese erlebenswerte Gastronomie mit Hotel, Eisdiele und privatem Bootsanleger.

Das Haus empfiehlt: Böfflamott (40 Stunden geschmorte Rinderschulter), Polenta, dreierlei Zwiebelgewächs; Forelle in Butter gebraten oder Blau, Sauerrahm, Kaviarkartoffel; Backhendlsalat „Strandhotel Berg Style“, Feldsalat, Brotwürfel, Kürbiskern

Bergisch Gladbach

Nordrhein-Westfalen

Malteser Komturei

Malteser Komturei

Herrenstrunden 23 / ✉ 51465 Ortsteil Herrenstrunden
www.malteser-komturei.de / T.: +49 2202 959780
info@malteser-komturei.de

Italienische Küche. Hauptgerichte von € 12 bis € 23; besondere Mittagskarte. Geschlossen: Mo-Sa.

Restaurant Vendôme

Althoff Grandhotel Schloss Bensberg

Kadettenstr. / ✉ 51429 Ortsteil Bensberg
www.schlossbensberg.com / T.: +49 2204 420
info@schlossbensberg.com

Fine-Dining-Restaurant mit französischer, deutscher Küche. Menüs von € 260 bis € 285; vegetarisches Menü. Geschlossen: Mo+Di; Mi-So mittags.

Ein König unter den Köchen und doch auf dem Boden geblieben – das macht Spitzenkoch Joachim Wissler so sympathisch. Er, der alles erreicht hat und standesgemäß in einem Schloss residiert, weiß, dass er seinen Erfolg nicht nur seinem eigenen Fleiß, seiner Disziplin und seiner Beharrlichkeit zu verdanken hat, sondern auch Menschen, die ihm geholfen haben und dem Glück, das im hold war. Und so betrachtet er seinen Erfolg auch mit Demut. Der Gast empfindet beim Anblick des prächtigen Schlosses so etwas wie Ehrfurcht – vor der Schönheit der Ästhetik, der Geschichte und der Architektur. In dieser barocken Welt wirkt das Gourmet-Restaurant in seinem schlichten, modernen Stil fast schon außerirdisch. Hier möchte Joachim Wissler Menschen aus ihrer gewohnten Geschmackswelt entreißen, um sie Neues erfahren zu lassen. Hier geht es um ein perfektes

Erlebnis, um Wohlbefinden und grandiose Überraschungen. (Mehr Informationen über Joachim Wissler unter „Auszeichnungen des Jahres Deutschland".)
Das Haus empfiehlt: Piccata vom Milchkalb, kleine Pfifferlinge, Schwarzwurzeln, Kalbsschultersaft, Arganöl; Atlantik Glattbutt und Tabourieche Auster, Sangohachi-Butter, gepickelter Spargel, Zuckererbsen, Poltinger Rehwild, Lindenblatt-Pistou, Buchweizencroûton, Rauchmandelcrème

Trattoria Enoteca

Althoff Grandhotel Schloss Bensberg

Kadettenstr. / 51429 Ortsteil Bensberg
www.schlossbensberg.com / T.: +49 2204 420
info@schlossbensberg.com

Mediterrane, italienische Küche. Hauptgerichte von € 22 bis € 49; Menüs von € 65 bis € 75; besondere Mittagskarte. Geschlossen: Mo-Fr mittags.

Guacamole: Zubereitung aus Avocadopüree

Berlin

Berlin

12seasons - Restaurant & Bar

Giesebrechtstr. 3 / 10629 Ortsteil Charlottenburg
www.12seasons.berlon / T.: +49 177 2951345
office@12seasons.berlon

Weltoffene Küche. Hauptgerichte von € 20 bis € 28; Menüs von € 60 bis € 100. Geschlossen: Mo+Di, So; Mi-Sa mittags.

Aufwind

Windscheidstr. 31 / 10627 Ortsteil Charlottenburg
aufwind.berlin / T.: +49 30 54710800
kontakt@aufwind.berlin

Weltoffene Küche. Hauptgerichte von € 16 bis € 33; vegetarisches Menü. Geschlossen: Mo, So; Di-Sa mittags.

Bandol sur mer

Torstr. 167 / 10115 Ortsteil Mitte
www.bandolsurmer.de / T.: +49 30 67302051
mail@bandolsurmer.com

Fine-Dining-Restaurant mit französischer Küche. Menüs von € 120 bis € 159; vegetarisches Menü. Geschlossen: Sa+So; Mo-Fr mittags.

Bob & Thoms

Welserstr. 10-12 / 10777 Ortsteil Schöneberg
www.bobthoms.berlin / T.: +49 30 20929492
info@bobthoms.berlin

Fine-Dining-Restaurant mit französischer, weltoffener Küche. Menüs ab € 88; vegetar. Menü. Geschl.: Mo, So; Di-Sa mittags.

Brasserie Am Gendarmenmarkt

Taubenstr. 30 / 10117 Ortsteil Mitte
www.brasserieamgendarmenmarkt.de
T.: +49 30 20453501
info@brasserieamgendarmenmarkt.de

Brasserie mit deutscher, französischer Küche. Hauptgerichte von € 19 bis € 49; Menüs ab € 30; besondere Mittagskarte, vegetarisches Menü. Geschlossen: Mo, So; Sa mittags.
Ein internationaler Treffpunkt für den ungezwungenen Genuss französischer Brasserie-Küche. Mit Terrasse, Hofgarten, Bar- und Bistrobereich.
Das Haus empfiehlt: Ziegenkäse mit Barbecue-Senf gratiniert, auf Saisongemüse, Kirschtomaten und Aprikosensauce; Krosses Filet vom Lachs auf eingelegten Radieschen, mit Erdnüssen, Sellerie-Nussbuttercrème und Zitronensauce; Blutwurst auf Kartoffelpüree und Apfel-Cassis-Chutney

Brasserie Colette Tim Raue

Passauer Str. 5 / 10789 Ortsteil Schöneberg
www.brasseriecolette.de
T.: +49 30 21992174
berlin@brasseriecolette.de

Brasserie mit französischer Küche. Hauptgerichte von € 18 bis € 38; Menüs von € 37 bis € 56; besondere Mittagskarte, vegetarisches Menü. Chef's Table.
Starkoch Tim Raue gibt der klassisch-französischen Küche einen coole, unkomplizierte Bühne – eine, die man vielleicht eher in Paris erwarten würde.
Das Haus empfiehlt: Garnele Marocain, Litschi und Rose; Pulpo, Kalbskopf, Sauce béarnaise und Topinambur; Tarte au Chocolat, Kondensmilcheis, Kaffee und Mandelkrokant

Bricole

Senefelder Str. 30 / 10437 Ortsteil Prenzlauer Berg
www.bricole.de / T.: +49 30 84421362 / info@bricole.de

Weltoffene, französische Küche. Menüs von € 112 bis € 112; vegetarisches Menü. Geschlossen: Sa+So; Mo-Fr mittags.

Cole-slaw: Krautsalat

Carl & Sophie
Ameron Hotel Abion Spreebogen Berlin

Alt-Moabit 99 / ✉ 10559 Ortsteil Moabit / carlundsophie.de
T.: +49 30 39920798 / eat@carlundsophie.de

Deutsche Küche. Hauptgerichte von € 18 bis € 56; Menüs von € 48 bis € 58; besondere Mittagskarte, Geschlossen: Sa+So mittags.

Charlotte & Fritz
The Regent Berlin

Charlottenstr. 49 / ✉ 10117 Ortsteil Mitte
www.regenthotels.com / T.: +49 30 20336363
info.berlin@regenthotels.com

Deutsche, weltoffene Küche. Hauptgerichte von € 17 bis € 38; Menüs von € 90 bis € 130. Geschlossen: Mo-Mi; Do-Sa mittags. Chef's Table.

Chiaro
Hotel de Rome, a Rocco Forte Hotel

Behrenstr. 37 / ✉ 10117 Ortsteil Mitte
www.roccofortehotels.com / T.: +49 30 4606091212
chiaro.berlin@roccofortehotels.com

Italienische Küche. Hauptgerichte von € 18 bis € 44.

CODA Dessert Dining

Friedelstr. 47 / ✉ 12047 Ortsteil Neukölln
www.coda-berlin.com / T.: +49 30 91496396
table@coda-berlin.com

Fine-Dining-Restaurant mit weltoffener Küche. Menüs von € 118 bis € 238; vegetarisches Menü. Geschlossen: Mo+Di, So; Mi-Sa mittags. Kochkurse.

Cookies Cream

Behrenstr. 55 / ✉ 10117 Ortsteil Mitte
www.cookiescream.com / T.: +49 30 680730448
cream@cookies.ch

Weltoffene Küche. Rein vegetarisch. Hauptgerichte von € 25 bis € 25; Menüs von € 79 bis € 99. Geschlossen: Mo, So; Di-Sa mittags.

Cordo

Große Hamburger Str. 32 / ✉ 10115 Ortsteil Mitte
cordo.berlin / T.: +49 30 27581215 / cordo@cordo.berlin

Crossover-Küche. Menüs von € 145 bis € 165; vegetarisches Menü. Geschlossen: Mo, So; Di-Sa mittags.

Eins44

Elbestr. 28/29 / ✉ 12045 Ortsteil Neukölln
www.eins44.com / T.: +49 30 62981212 / info@eins44.com

Fine-Dining-Restaurant mit deutscher, Crossover-Küche. Menüs von € 89 bis € 105; vegetarisches Menü. Geschlossen: Mo, So; Di-Sa mittags.

Ernst

Gerichtstraße 54 / ✉ 13347 Ortsteil Wedding
www.ernstberlin.de / info@ernstberlin.de

Japanische, weltoffene Küche. Menüs ab € 185. Geschlossen: Mo+Di, So; Mi-Sa mittags.

Faelt

Vorbergstr. 10 a / ✉ 10823 Ortsteil Schöneberg
www.faelt.de / T.: +49 30 78959001 / booking@faelt.de

Fine-Dining-Restaurant mit weltoffener Küche. Menüs von € 99 bis € 114. Geschlossen: mittags.

Gendarmerie Brasserie & Bar

Behrenstr. 42 / ✉ 10117 Ortsteil Mitte
www.gendarmerie-berlin.de / T.: +49 30 76775270
info@gendarmerie-berlin.de

Französische, weltoffene Küche. Hauptgerichte von € 19 bis € 38; Menüs ab € 69; besondere Mittagskarte.

Golvet

Potsdamer Str. 58 / ✉ 10785 Ortsteil Tiergarten
www.golvet.de / info@golvet.de
T.: +49 30 89064222

Fine-Dining-Restaurant mit weltoffener Küche. Hauptgerichte von € 35 bis € 65; Menüs ab € 139; vegetarisches Menü. Geschlossen: Mo+Di, So; Mi-Sa mittags.

Heritage Restaurant & Bar
Hotel Luc, Autograph Collection

Charlottenstr. 50 / ✉ 10117
www.marriott.de / T.: +49 30 587097710

Weltoffene, Crossover-Küche. Hauptgerichte von € 28 bis € 45. Geschlossen: mittags.

Hugos Restaurant
InterContinental Berlin

Budapester Str. 2 / ✉ 10787 Ortsteil Tiergarten
www.hugos-restaurant.de / T.: +49 30 26021263
info@hugos-restaurant.de

Fine-Dining-Restaurant mit weltoffener Küche. Menüs von € 155 bis € 190; vegetarisches Menü. Geschlossen: Mo-Mi, So; Do-Sa mittags. Kochkurse.

Wagyu: japanische Rinderrasse, die hochwertiges Fleisch liefert

Irma La Douce

Potsdamer Str. 102 / ✉ 10785 Ortsteil Tiergarten
irmaladouce.de / T.: +49 30 23000555
info@irmaladouce.de

Französische, weltoffene Küche. Hauptgerichte von € 35 bis € 62. Geschlossen: Mo, So; Di-Sa mittags.

Kin Dee

Lützowstr. 81 / ✉ 10785 Ortsteil Tiergarten
www.kindeeberlin.com
T.: +49 30 2155294
reservations@kindeeberlin.com

Thailändische Küche. Menüs ab € 72. Geschlossen: Mo, So; Di-Sa mittags.

Kopps

Linienstr. 94 / ✉ 10115 Ortsteil Mitte
www.kopps-berlin.de
T.: +49 30 43209775
m.kuemmel@kopps-berlin.de

Fine-Dining-Restaurant mit rein veganer Küche. Hauptgerichte von € 18 bis € 22; Menüs von € 75 bis € 95; vegane Hauptgerichte. Geschlossen: Mo-Mi, So; Do-Sa mittags. Kochkurse.

Lode & Stijn

Lausitzer Str. 25 / ✉ 10999 Ortsteil Kreuzberg
www.lode-stijn.de / T.: +49 30 65214507
reservation@lode-stijn.de

Deutsche, mediterrane Küche. Menüs von € 100 bis € 115; vegetarisches Menü. Geschlossen: Mo+Di, So; Mi-Sa mittags.

Lorenz Adlon Esszimmer

Adlon Kempinski Berlin

Unter den Linden 77 / ✉ 10117 Ortsteil Mitte
www.lorenzadlon-esszimmer.de
T.: +49 30 22611960
lorenz.adlon@kempinski.com

Fine-Dining-Restaurant mit weltoffener Küche. Hauptgerichte von € 85 bis € 140; Menüs von € 190 bis € 270. Geschlossen: Mo+Di, So; Mi-Sa mittags.

Lovis Restaurant & Bar

Hotel Wilmina

Kantstr. 79 / ✉ 10627 Ortsteil Charlottenburg
lovisrestaurant.com / T.: +49 30 201805160
info@lovisrestaurant.com

Fine-Dining-Restaurant mit deutscher Küche. Hauptgerichte ab € 25; Menüs von € 72 bis € 99; vegetarisches Menü. Geschlossen: Mo-Mi, So; Do-Sa mittags.

Nobelhart & Schmutzig

Friedrichstr. 218 / ✉ 10969 Ortsteil Kreuzberg
www.nobelhartundschmutzig.com / T.: +49 30 25940610
dubist@nobelhartundschmutzig.com

Deutsche Küche. Menüs von € 135 bis € 155; vegetarisches Menü. Geschlossen: Mo, So; Di-Sa mittags. Chef's Table.

Oukan Dining

Ackerstr. 144 / ✉ 10115 / oukan.de / T.: +49 30 54774716
contact@oukan.de

Vegane, japanische Küche. Hauptgerichte von € 22 bis € 26; Menüs von € 49 bis € 89; vegetarisches Menü, vegane Hauptgerichte. Geschlossen: So; Mo-Sa mittags.

Prism

Fritschestr. 48 / ✉ 10627 Ortsteil Charlottenburg
www.prismberlin.de / T.: +49 30 54710861
reservierung@prismberlin.de

Fine-Dining-Restaurant mit israelischer, mediterraner Küche. Menüs von € 135 bis € 165. Geschlossen: Di+Mi; Mo, Do-So mittags.

Restaurant 136

Linienstr. 136 / ✉ 10115 Ortsteil Mitte / 136-berlin.com
T.: +49 30 279096-83 / booking@136-berlin.com

Fine-Dining-Restaurant mit italienischer, peruanischer Küche. Menüs von € 89 bis € 110. Geschlossen: Mo, So; Di-Sa mittags.

Restaurant am Steinplatz

Hotel am Steinplatz, Autograph Collection

Steinplatz 4 / ✉ 10623 Ortsteil Charlottenburg
www.restaurantsteinplatz.com
T.: +49 30 5544447053
restaurant.steinplatz@hotelsteinplatz.com

Weltoffene Küche. Hauptgerichte von € 25 bis € 30; Menüs von € 40 bis € 139; besondere Mittagskarte. Geschlossen: So; Mo abends; Sa mittags.

Restaurant Bieberbau

Durlacher Str. 15 / ✉ 10715 Ortsteil Wilmersdorf
www.bieberbau-berlin.de / T.: +49 30 8532390
restaurant@bieberbau-berlin.de

Deutsche Küche. Hauptgerichte von € 25 bis € 25; Menüs von € 57 bis € 72; besondere Mittagskarte, vegetarisches Menü. Geschlossen: Mi, Sa+So; Mo+Di, Do+Fr mittags.

Skrei: arktischer Kabeljau

Restaurant BRIKZ

Grolmanstr. 53/54 / ✉ 10623 Ortsteil Charlottenburg
restaurantbrikz.com / T.: +49 30 31803780
restaurant@restaurantbrikz.com

Weltoffene Küche. Menüs ab € 85; vegetarisches Menü. Geschlossen: Mo, So; Di-Sa mittags.

Restaurant Buchholz

Gutshof Britz

Alt-Britz 81 / ✉ 12359 Ortsteil Britz
www.matthias-buchholz.de / T.: +49 30 60034607
buchholz-gutshof-britz@t-online.de

Deutsche Küche. Hauptger. von € 15 bis € 31; Menüs von € 35 bis € 73; vegetar. Menü. Geschl.: Di+Mi. Kochkurse.

Restaurant FACIL

The Mandala Hotel

Potsdamer Str. 3 / ✉ 10785 Ortsteil Tiergarten
www.facil.de / T.: +49 30 590051234 / welcome@facil.de

Fine-Dining-Restaurant mit weltoffener, französischer Küche. Menüs von € 116 bis € 258; besondere Mittagskarte, vegetarisches Menü. Geschlossen: Sa+So. Kochkurse.
Eleganter, lichtdurchfluteter Speisesaal mit offenem Glasdach und Blick in den Bambusgarten. Abends bieten Michael Kempf und seine Brigade eine fulminante Speisefolge mit bis zu acht Gängen. (Mehr Informationen über Michael Kempf unter „Auszeichnungen des Jahres Deutschland".)

Restaurant Horváth

Paul-Lincke-Ufer 44 a / ✉ 10999 Ortsteil Kreuzberg
www.restaurant-horvath.de / T.: +49 30 61289992
mail@restaurant-horvath.de

Fine-Dining-Restaurant mit österreichischer Küche. Hauptgerichte von € 38 bis € 49; Menüs von € 160 bis € 205; vegetarisches Menü. Geschl.: Mo+Di, So; Mi-Sa mittags.

Restaurant Le Faubourg

Dorint Kurfürstendamm Berlin

Augsburger Str. 41 / ✉ 10789 Ortsteil Charlottenburg
www.lefaubourg.berlin / T.: +49 30 8009997700
lefaubourg@sofitel.com

Französische Küche. Hauptgerichte von € 23 bis € 30; Mittagskarte. Geschlossen: Mo-Mi; Do-So mittags.

Restaurant Tim Raue

Rudi-Dutschke-Str. 26 / ✉ 10969 Ortsteil Kreuzberg
www.tim-raue.com / office@tim-raue.com
T.: +49 30 25937930

Fine-Dining-Restaurant mit asiatischer, Crossover-Küche. Menüs von € 228 bis € 248; Mittagskarte, vegetarisches Menü. Geschl.: Mo, So; Di-Do mittags. Chef's Table.

Restaurant Volt

Paul-Lincke-Ufer 21 / ✉ 10999 Ortsteil Kreuzberg
www.restaurant-volt.de / T.: +49 30 338402320
office@restaurant-volt.de

Deutsche Küche. Hauptgerichte von € 35 bis € 45; Menüs von € 79 bis € 94; vegetarisches Menü, vegane Hauptgerichte. Geschlossen: Mo, So; Di-Sa mittags.

Richard

Köpenicker Str. 174 / ✉ 10997
www.restaurant-richard.de / T.: +49 30 49207242
rsvp@restaurant-richard.de

Mediterrane, französische Küche. Menüs von € 90 bis € 98; vegetarisches Menü. Geschlossen: Mo, So; Di-Sa mittags.

Rutz Restaurant

Chausseestr. 8 / ✉ 10115 Ortsteil Mitte / T.: +49 30 24628760
www.rutz-restaurant.de / info@rutz-restaurant.de

Fine-Dining-Restaurant. Menüs von € 275 bis € 295. Geschlossen: Sa+So; Mo-Fr mittags.
Die Frage ist nicht, ob es ein Erlebnis wird, sondern in welchen Facetten es sich dem Gast präsentiert. Das trifft auf das Rutz Restaurant besonders zu. Unweit des Knotenpunkts Oranienburger Tor, und somit fußläufig nah am Berliner City-Geschehen, liegt dieses herausragende Fine-Dining-Lokal mit seinem schlichten Schick und seiner legeren Attitüde. Während seines Aufenthalts darf der Gast die in großen Gläsern ausgestellten Zutaten der Küche betrachten, die hoch über dem Geschehen in der Wand zur Schau gestellt werden. Küchenchef Marco Müller und sein Team beeindrucken mit sieben oder acht Gängen ausgefeilter und vor allem kontrastreicher Kochkunst, die man sich mit einer entsprechenden Weinbegleitung vergolden lassen kann. Überhaupt spielen gute Weine eine große Rolle im Rutz. Daher ist es sehr zu empfehlen, sich ausgiebig von der großartigen Sommelière Nancy Großmann in diese Welt entführen zu lassen. (Mehr Informationen über Marco Müller unter „Auszeichnungen des Jahres Deutschland".)
Das Haus empfiehlt: Neue Karotten & Quellforelle, Tagetes; Dorsch und Muschelaromen, gegrillte Dünenkräuter; Wagyu Rind und junge Triebe, Lindenblütenessig

Skykitchen flavored by a.choice

Vienna House Andel's Berlin

Landsberger Allee 106 / ✉ 10369 Ortsteil Lichtenberg
www.skykitchen.berlin / T.: +49 30 4530532621
restaurant@skykitchen.berlin

Deutsche, weltoffene Küche. Menüs ab € 139; vegetarisches Menü. Geschlossen: Mo, So; Di-Sa mittags.

Solar Bar & Restaurant

Stresemannstr. 76 / ✉ 10963 Ortsteil Kreuzberg
www.solarberlin.com / T.: +49 163 7652700
info@solarberlin.com

Deutsche, Crossover-Küche. Hauptgerichte von € 24 bis € 90; Menüs von € 72 bis € 72; vegetar. Menü, vegane Hauptgerichte. Geschlossen: Mo+Di, So; Mi-Sa mittags.

Tante Fichte Speiselokal

Fichtestr. 31 / ✉ 10967 Ortsteil Kreuzberg
www.tantefichte.berlin / T.: +49 30 69001522
dinner@tantefichte.berlin

Deutsche Küche. Menüs von € 88 bis € 118. Geschlossen: Mo+Di, So; Mi-Sa mittags.

The Cord

EUREF-Campus

EUREF-Campus 23-24 / ✉ 10829 Ortsteil Schöneberg
www.thecord.de / T.: +49 30 26476792 / olaf.rode@euref.de

Fine-Dining-Restaurant mit mediterraner, weltoffener Küche. Hauptgerichte von € 29 bis € 98; Menüs von € 58 bis € 85. Geschlossen: Mo+Di; Mi-So mittags.
Ein legendäres und innovatives Automobil aus dem Amerika der 1930er Jahre, der Cord 810 (wer ihn sieht, erkennt ihn sofort), ist der Namensspender dieses im urbanen Schick eingerichteten Restaurants. Ein Originalexemplar steht zum Bestaunen im Gastraum. Während sich im nahen Umfeld des Restaurants mehr als 150 Unternehmen den Themen Energie und Mobilität widmen, kümmern sich Thomas Kammeier (Gastronomie-Chef) und Florian Peters (Küchenchef) um die kulinarischen Dinge. Sie bieten Food-Sharing-Erlebnisse mit Ribeye, Wagyu oder Riesengarnelen sowie Sardinen-Canapés, Kaviar, Austern oder Oktopus im Tomatenragout. Natürlich gibt es auch ein herrliches Menü mit vier oder fünf Gängen plus exklusiver Weinbegleitung. Wer nur ein Glas Champagner oder Wein trinken möchte, kann das auch tun. Der Gast entscheidet (und teilt) nach Lust und Laune.
Das Haus empfiehlt: Erbsen-Tortelloni und Kräuterseitling, Bioeigelb, Poverade, Urmöhre; Filet vom weißen Heilbutt aus dem Atlantik; Crème brûlée und Kokos, Erdbeere, roter Portwein, Cashew-Müsli

Etouffé: geschmort, gedämpft

theNOname

Oranienburger Str. 32 / ✉ 10117 Ortsteil Mitte
www.the-noname.de / T.: +49 30 279099027
info@the-noname.de

Fine-Dining-Restaurant mit weltoffener Küche. Menüs von € 89 bis € 110; vegetarisches Menü. Geschlossen: Mo, So; Di-Sa mittags.

Tulus Lotrek

Fichtestr. 24 / ✉ 10967 Ortsteil Kreuzberg
www.tuluslotrek.de / T.: +49 30 41956687 / mail@tuluslotrek.de

Weltoffene Küche. Menüs ab € 195; vegetarisches Menü. Geschlossen: Di+Mi; Mo, Do-So mittags.

Bernkastel-Kues

Rheinland-Pfalz

siehe auch D-54486 Mülheim an der Mosel

Restaurant „La Bonne Adresse“

Roussel Weingut und Feriendomizil

Am Ring 37 / ✉ 54470 Ortsteil Andel
www.roussel.de/restaurant / T.: +49 6531 97260
info@roussel.de

Französische, mediterrane Küche. Hauptgerichte von € 24 bis € 34; Menüs von € 57 bis € 97; vegetarisches Menü. Geschlossen: Mo+Di; Mi-Sa mittags.

Bertsdorf-Hörnitz

Sachsen

Hörnitzer Schlossstube

Schlosshotel Althörnitz

Zittauer Str. 9 / ✉ 02763 Ortsteil Hörnitz
www.schlosshotel-althoernitz.com / T.: +49 3583 5500
info@schlosshotel-althoernitz.com

Deutsche Küche. Hauptgerichte von € 12 bis € 26; Menüs von € 25 bis € 36; vegetarisches Menü.
Das Hotel-Restaurant mit Terrasse ist eingebettet in das ehrwürdige Ambiente des Schlosshotel Althörnitz inmitten einer ausgedehnten Parkanlage.
Das Haus empfiehlt: Merrettichmousse an Räucherlachs und Kräutersalat; Rosa gebratener Lammrücken mit Zucchini-Tomaten-Gemüse und Couscous; Tafelspitz vom Kalb auf Bouillonkartoffeln und Meerrettichsauce

Bescheid
Rheinland-Pfalz

Zur Malerklause

Im Hofecken / ✉ 54413
www.malerklause.de
T.: +49 6509 558
malerklause@t-online.de

Französische, mediterrane Küche. Hauptgerichte von € 29 bis € 46; Menüs von € 79 bis € 119. Geschlossen: Mo-Mi; So abends; Do-Sa mittags.
Familiärer Gasthof mit Pension in ländlicher Umfgebung, Kräutergarten und einer ganz klassischen Haute Cuisine.
Das Haus empfiehlt: Variation von der Gänsestopfleberterrine mit Riesling-Auslese-Gelee, Baumkuchen mit schwarzem Trüffel, Portwein-Apfelgelee; Taubenbrust und Keule, gebackene Entenstopfleber, Linsenvinaigrette, Taubenjus, Kalbskopfwürfel; Früchtetörtchen, Grand-Marnier-Parfait, Vanillecrème

Bielefeld
Nordrhein-Westfalen

Brackweder Hof
Brackweder Hof

Gütersloher Str. 236 / ✉ 33649 Ortsteil Brackwede
www.brackweder-hof.de / T.: +49 521 942660
info@brackweder-hof.de

Deutsche, französische Küche. Hauptgerichte von € 15 bis € 33; Menüs ab € 35; vegetarisches Menü. Geschlossen: So; Mo mittags.
Beliebtes, bodenständiges Restaurant in moderner Optik mit knallbunten Gemälden und traditionellen westfälischen Gerichten. Hotel und Gartenwirtschaft.
Das Haus empfiehlt: Tagliatelle, mediterrane Gemüse, Schafskäse; Gebratene Dorade, Kräuter-Zitronen-Sauce, Rosmarinkartoffeln; Zabaione, Weinschaum, Cassis, Vanilleeis

Foie gras: Enten- oder Gänsestopfleber

Fond: Flüssigkeit, welche beim Kochen, Dünsten oder Braten der Fleisch- oder Fischstücke entsteht

Höptners Abendmahl

Johannisstr. 11 a / ✉ 33611 Ortsteil Schildesche
www.abendmahl-restaurant.de / T.: +49 521 86105
info@abendmahl-restaurant.de

Deutsche, weltoffene Küche. Hauptgerichte von € 25 bis € 50; Menüs von € 90 bis € 119; vegetarisches Menü. Geschlossen: Mo, So; Di-Sa mittags.
Manchmal ist man auf der Suche nach einem sehr guten Esslokal mit familiärer und herzlicher Atmosphäre. In Bielefeld trifft dies auf das kleine, aber feine Gourmetlokal „Höptners Abendmahl" zu. Es liegt im nördlichen Stadtgebiet unweit des Obersees. Von außen tritt das historische Gebäude durch hölzerne Fensterläden, Naturstein und ein Auslegerschild in Erscheinung. Drinnen bestätigt sich der urgemütliche Charakter durch einen großen offenen Kamin, rauh verputze Wände, kreative Deko und fein gedeckte Tische. Deren sind es vier, es bleibt also in jedem Fall eine „kleine" Runde. Auf liebenswerte Art versorgt wird der Gast durch erfahrene Gastgeber. Das gebotene Menü umfasst sechs oder acht Gänge und wird von leckeren Amuse-bouches begleitet. Wie wäre es mit Heilbutt an Beurre blanc und einem Champagnersorbet? Wer kann, sollte sich das Mahl mit einer Weinbegleitung vergolden, denn genug erlesene Tropfen lagern im Hause – und im Weinhandel nebenan.
Das Haus empfiehlt: Tranche vom Adlerfisch, Tomaten-Estragonbutter, Canelli-Bohnen; Filet und gebackenes Bries vom Kalb, Spargel, Hollandaise, gebackene Kichererbsen; Heucrème, Erdbeersorbet, Waldmeister, karamellisierte weiße Schokolade

Kreuzkrug

Wertherstr. 462 / ✉ 33619 Ortsteil Großdornberg
www.kreuzkrug.de / T.: +49 521 102264 / info@kreuzkrug.de

Deutsche, westfälische Küche. Hauptgerichte von € 18 bis € 33; besondere Mittagskarte, vegetarisches Menü. Geschlossen: Mo+Di.
Traditioneller Gasthof im ländlich geprägten Ortsteil mit westfälischer Spezialitätenküche, urigem Flair und einer familiären Gemütlichkeit.

Das Haus empfiehlt: Vitello Tonnato; Zwei Schweinefilets im Speckmantel auf Bohnengemüse, dazu Bratkartoffeln; Lammfilet unter einer Kräuterkruste auf mediterranem Gemüse und Kartoffelgratin

Restaurant Sparrenburg

Am Sparrenberg 38 a / ✉ 33602
www.restaurant-sparrenburg.de / T.: +49 521 65939
restaurant-sparrenburg@t-online.de

Deutsche, westfälische Küche. Hauptgerichte von € 11 bis € 28; besondere Mittagskarte. Geschlossen: Mo+Di.

Tomatissimo

Am Tie 15 / ✉ 33619 Ortsteil Kirchdornberg
www.tomatissimo.de / T.: +49 521 163333
info@tomatissimo.de

Italienische, mediterrane Küche. Hauptgerichte von € 19 bis € 56; Menüs von € 65 bis € 98; vegetar. Menü. Geschlossen: Mo+Di; Mi-Sa mittags. Chef's Table, Kochkurse.

Wernings Weinstube

Alter Markt 1 / ✉ 33602
www.wernings-weinstube.de
T.: +49 521 1365151 / info@wernings-weinstube.de

Weinstube mit westfälischer, deutscher Küche. Hauptgerichte von € 10 bis € 25.
Gemütliches, gutbürgerliches Weinlokal im Gewölbekeller aus dem 13. Jahrhundert. Deftige Wild-, Fleisch- und Fischgerichte. Dazu gibt's eine riesige Weinauswahl.
Das Haus empfiehlt: Ziegenkäse im Speckmantel mit roter und gelber Bete und bunten Blattsalaten; Mediterran geschmorte Lammkeule mit Ratatouille und Polenta; Cheesecake im Glas mit Erdbeersorbet und Knusper

Bietigheim-Bissingen
Baden-Württemberg

Maerz - Das Restaurant
Hotel Rose

Kronenbergstr. 14 / ✉ 74321 Ortsteil Bietigheim
www.maerzundmaerz.de / T.: +49 7142 42004
info@hotel-rose.de

Deutsche, weltoffene Küche. Hauptgerichte von € 26 bis € 39; Menüs von € 129 bis € 149; vegetarisches Menü. Geschlossen: Mo+Di, So; Mi-Sa mittags. Kochkurse.

Billerbeck
Nordrhein-Westfalen

Restaurant Domschenke
Hotel Domschenke

Markt 6 / ✉ 48727
www.domschenke-billerbeck.de
T.: +49 2543 93200 / domschenke@t-online.de

Crossover-, westfälische Küche. Hauptgerichte von € 12 bis € 34; Menüs von € 51 bis € 68; besondere Mittagskarte, vegetarisches Menü.

Billerbeck ist eine sehenswerte Kleinstadt mit einem historischen Stadtkern und dem mächtigen St. Ludgerus-Dom. Vis-à-vis des ehrwürdigen Gotteshauses liegt das Restaurant und Hotel Domschenke. Seit über 150 Jahren ist das Hotel im Familienbesitz. Gut auf Kurs gehalten wird das Haus von dem charmanten Ehepaar Petra und Frank Groll, die es in fünfter Generation führen. Während sich die Gastgeberin um das Hotel und den Service kümmert, verwöhnt Küchenchef Groll mit einer feinen Crossover-Küche. Frische, moderne und anspruchsvolle Spezialitäten, die auf regionalen Produkten basieren. Der Patron und sein Küchenteam sind nicht nur westfälisch geerdet, sie verstehen es meisterlich, in eine verlockende Bandbreite von frischen Fisch- und Fleischgerichten überzugehen. Gekonnt geht der Küchenchef auf die Wünsche seiner indischen Stammgäste ein, die ihn gerne mit speziellen Gewürzen aus ihrer Heimat versorgen. Diesen entlockt er alle Aromen und kocht auf wunderbare Weise vegetarisch-indische Gerichte.
Das Haus empfiehlt: Lauwarmer Salat von Jakobsmuschel und Pulpo mit grünem Spargel, Tomate, Yuzuvinaigrette und Apfelschaum; Auf der Haut gebratenes Filet vom norwegischen Kabeljau mit zweierlei Brokkoli, Blutwurstravioli, Zitronenschaumsauce, Croûtons; Rosa gebratenes Filet und geschmortes Bäckchen vom Rind, mit Kartoffelpüree und kleinen Gemüsen

Bingen am Rhein
Rheinland-Pfalz

Bootshaus
Papa Rhein Hotel & Spa

Hafenstr. 47 / ✉ 55411 Ortsteil Bingen
www.paparheinhotel.de / T.: +49 6721 35010
hallo@paparheinhotel.de

Weltoffene, deutsche Küche. Hauptgerichte von € 18 bis € 32; besondere Mittagskarte.

Forsthaus Heiligkreuz

Heilig-Kreuz-Weg 8 / ✉ 55411 Ortsteil Bingerbrück
forsthaus-heiligkreuz.com / T.: +49 6721 4003828
info@forsthaus-heiligkreuz.com

Deutsche Küche. Hauptgerichte von € 10 bis € 24. Geschlossen: Mo.

Binz
Mecklenburg-Vorpommern

freustil
Hotel Vier Jahreszeiten

✗✗✗ ⬆

Zeppelinstr. 8 / ✉ 18609 / www.freustil.de
T.: +49 38393 50444 / info@freustil.de

Skandinavische, deutsche Küche. Menüs von € 80 bis € 120; Mittagskarte, vegetarisches Menü. Geschl.: Mo+Di.

Strandhalle

✗✗

Strandpromenade 5 / ✉ 18609 / www.strandhalle-binz.de
T.: +49 38393 31564 / toni.muensterteicher@t-online.de

Mecklenburgische, deutsche Küche. Hauptgerichte von € 16 bis € 28; Menüs ab € 34; vegetarisches Menü, vegane Hauptgerichte.
Hübsches Häuschen in Bäderoptik am Ende der Strandpromenade mit sprachgewandtem Koch und Kolumnist. Gemütliches Flohmarkt-Ambiente.
Das Haus empfiehlt: Getrüffelter Ziegenfrischkäse auf gebackener Rauke mit Rapshonig und rosa Pfefferkrokant; Bücklingsfilet von Hiddenseer Fischern (in der Dose serviert) mit einer Crème nach Hausfrauenart, Gurkensalat, Bratkartoffeln; Medaillons vom Kalbsrücken in Jus mit Kräutermatjestatar und Spiegelei auf Rote-Bete-Kartoffelstampf, Gewürzgurke

Bischofswiesen
Bayern

Solo DU
Kulturhof Stanggass

ohne Bewertung

Berchtesgadener Str. 111 / ✉ 83483
www.kulturhof.bayern/solo-du
T.: +49 8652 958524 / info@kulturhof.bayern

Fine-Dining-Restaurant mit französischer, deutscher Küche. Menüs von € 69 bis € 89; vegetarisches Menü. Geschlossen: Mo+Di, So; Mi-Sa mittags.
Karten werden im Gourmet-Restaurant „Solo Du" im Kulturhof Stanggass an allen Tagen ausgespielt. Normalerweise sollen es die Schafkopf-Spielkarten sein, die in geselligen Runden auf dem Tisch landen. An vier Abenden pro Woche jedoch stehen die Gänge des vier- bis fünfgängigen Menüs von Küchenchef Zsolt Fodor (bis September 2022 wurde die Küche von

von Norman Beitz geleitet) darauf geschrieben. Also alle Infos, Speisefolgen und begleitende Weinetiketten in einer Papierkartenbox. Das ist originell. Der kleine holzverkleidete Raum mit seinen vier Tischen ist die Bühne für eine Küche, die Bodenständigkeit und Regionalität betont, aber ganz fein und raffiniert gemacht ist. Eine Lachsforelle mit Kalbsbries, herzhafte kleine Macarons mit Saibling oder Steinbutt, Krebs und Estragon – die Produkte sind bekannt und die Aromen so intensiv. Ein Erlebnis! (Mehr Informationen über die Neueröffnung des Jahres unter „Auszeichnungen des Jahres Deutschland".)
Das Haus empfiehlt: Kaviar vom Stör, Blumenkohl, Topinambur, Schnittlauch; Kabeljau, Umamifond, Waldpilz-Essenz, Sellerie; Wagyu Beef, Polenta, Brokkoli, Zwiebel

Blankenbach
Bayern

Behl's Restaurant
Behl's Genusshotel im Brennhaus

✗✗ ⬆

Krombacher Str. 2 / ✉ 63825
www.behl.de / T.: +49 6024 4766 / info@behl.de

Deutsche, weltoffene Küche. Hauptgerichte von € 18 bis € 39; Menüs von € 39 bis € 65; vegetarisches Menü, vegane Hauptgerichte. Geschlossen: So abends; Mo-Sa mittags.
Mitten im Spessart am Flüsschen Kahl liegt der traditionsreiche Landgasthof mit eigener Destille, Weinkeller und gehobener, heimatbetonter Küche.
Das Haus empfiehlt: Dreierlei von der Berghof-Ziege mit gratiniertem Ziegenkäse, Ragout-Praline und Ziegen-Dim-Sum; Behl's Fischteller mit Edelfischfilets, Safranschaum, Blattspinat, Wildkräuterspaghetti; Crème brûlée, Haselnusseiscrème, Beerencocktail

Blankenhain
Thüringen

Restaurant Masters
Spa & GolfResort Weimarer Land

✗✗✗

Weimarer Str. 60 / ✉ 99444
www.golfresort-weimarerland.de
T.: +49 36459 6164-0 / info@spahotel-weimar.de

Französische, mediterrane Küche. Menüs von € 75 bis € 159; vegetarisches Menü. Geschlossen: Di+Mi; Mo, Do-So mittags.
Logieren, Golfen, Schmausen – so könnte der Dreiklang lauten bei einem Aufenthalt im Spa & GolfResort Weimarer Land am Rande von Blankenhain. Die Voraussetzungen sind gegeben: Schicke Doppelzimmer, luxuriöse Wellness-Suiten, ein 45-Loch-Grün mit herrlichem Naturpanorama und sieben Restaurationen. Darunter ist das „Masters" das Gour-

metabteil und eher so eine Art Wohnzimmer-Lounge. Bequeme, große Sessel laden zum Zurücklehnen ein, schwere Vorhänge und das frisch gestärkte Tischtuch schaffen eine wohltuende Melange aus Eleganz und Gemütlichkeit. Das Küchenteam kredenzt gehobene Kochkunst in vier bis sechs Gängen. Feinschmecker können sich an zartem Lachs, Kikok Huhn oder Jakobsmuschel gütlich tun und sich dazu einen guten Tropfen von der gut bestückten und breit gefächerten Weinkarte genehmigen.
Das Haus empfiehlt: Lachs, Blaubeere, Dill; Kikok Huhn, Pistazie, Aprikose, Romanesko; Himbeere, Estragon, Joghurt, Itakuja

Zum güldenen Zopf

Rudolstädter Str.2 / 99444 / www.zumzopf.de
T.: +49 36459 61644800 / info@zumzopf.de

Thüringische, deutsche Küche. Hauptgerichte von € 13 bis € 19. Geschlossen: Di+Mi; Mo, Do-Sa mittags.
In dem stilechten Fachwerkhaus erwarten den Gast ein geschmackvolles, innovatives Vintage-Stuben-Ambiente und Thüringer Spezialitäten.
Das Haus empfiehlt: Geschmorte Haxe vom Lamm auf Röstgemüse und Backkartoffeln; Rollbraten vom Wild mit Rotkohl und Klößen; Apfelcrumble mit Eierlikör und Vanilleeis

Blieskastel
Saarland

Hämmerle's Barrique

Bliestalstr. 110 a / 66440 Ortsteil Webenheim
www.hämmerles.de / T.: +49 6842 52142
info@haemmerles-restaurant.de

Französische Küche. Menüs von € 95 bis € 115; vegetarisches Menü. Geschlossen: Mo, Sa+So; Di-Fr mittags.
Geschmäcker und Anlässe sind verschieden. Hämmerle's bietet verschiedene Möglichkeiten: Für den feinen Gaumen wählt der Gast das elegante Restaurant „Barrique" mit stilvoller Tafelkultur. Wer es etwas schlichter mag, begibt sich in das Lokal „Landgenuss". Das große vegetarische Menü in sieben Gängen ist im Feinschmecker-Restaurant Barrique angesiedelt, gleich neben dem französisch geprägten Menü. Cliff Hämmerle sorgt für den kulinarischen Genuss. In beiden Restaurants schafft Gastgeberin Stephanie Hämmerle eine familiäre Atmosphäre. Immer aufmerksam, berät sie in Essens- und Weinfragen. Der Wein lagert übrigens gut sichtbar in einem gläsernen Weinschrank. Blieskastel ist eine kleine barocke Stadt mit Wallfahrtsort. Gläubige pilgern zur Heilig-Kreuz-Kapelle, andere Menschen wandern zum 4.000 Jahre alten Gollenstein, der größte Menhir Mitteleuropas. Ja, viel Bewegung macht hungrig. Da kommt das Hämmerle gerade recht. Wer übernachten möchte, sollte gleich eins der beiden Zimmer mitreservieren.

Das Haus empfiehlt: Bunte Bete, Jakobsmuschel, Rettich; Artischocke, Loup de Mer, Pistou; Weiße Bohne, Hereford Rinderfilet, Zwiebelgewächse

Böbing
Bayern

Bromberg-Alm

Bromberg 10 / 82389 Ortsteil Bromberg
www.bromberg-alm.de / T.: +49 8867 92045
je@bromberg-alm.de

Deutsche, bayerische Küche. Hauptgerichte von € 12 bis € 25; Menüs von € 22 bis € 65; besondere Mittagskarte, vegetarisches Menü. Geschlossen: Di-Do.
Herrliche Ausblicke, Gemütlichkeit, über 300 Jahre altes Holz und eine betont heimatliche Küche gibt es hier im Pfaffenwinkel.
Das Haus empfiehlt: Wildgerichte aus den Jagdrevieren rund ums Haus; 4-Gang-Abendmenü von Freitag bis Sonntag; 5-Gang-Candle-Light-Dinner für Alm-Gourmets an jedem Freitag und Samstag

Böblingen
Baden-Württemberg

Restaurant Zum Reussenstein
Hotel Zum Reussenstein

Kalkofenstr. 20 / 71032 / www.reussenstein.com
T.: +49 7031 66000 / info@reussenstein.com

Schwäbische Küche. Hauptgerichte von € 25 bis € 34; Menüs von € 60 bis € 80; besondere Mittagskarte. Geschlossen: Mo, So; Di-Fr mittags.

Bocholt
Nordrhein-Westfalen

Restaurant „Siebelts"
Hotel Residenz

Kaiser-Wilhelm-Str. 32 / ✉ 46395
www.hotelresidenz.de
T.: +49 2871 99750
info@hotelresidenz.de

Mediterrane, französische Küche. Hauptgerichte von € 18 bis € 30; Menüs von € 25 bis € 45. Geschlossen: Sa+So; Mo-Fr mittags.
Restaurant mit Blick in den Garten, großzügige Tischverteilung für ein ungestörtes Abendessen.
Das Haus empfiehlt: Roastbeef-Tataki, Belugasalat, Senfsaat, Eigelbcrème, Mayonnaise; Rehrücken, Kartoffel-Wan-Tan, Schwarzwurzel, Haselnuss, Wildjus, Kräuterseitlinge; Münsterländer Herrencrème, Sahnepudding, Schokolade, Rum

Bochum
Nordrhein-Westfalen

Five

Hellweg 28-30 / ✉ 44787 /www.five-bochum.de
+49 234 9535685 / info@five-bochum.de

Weltoffene Küche. Menüs von € 69 bis € 79; vegetarisches Menü. Geschlossen: Mo+Di, So; Mi-Sa mittags.

Gut Mausbeck

Kornweg 36 / ✉ 44805 Ortsteil Gerthe
www.mausbeck.de / T.: +49 234 97616700
info@mausbeck.de

Westfälische, weltoffene Küche. Hauptgerichte von € 16 bis € 36. Geschlossen: Mo+Di; Mi-Sa mittags.

Livingroom

Luisenstr. 9-13 / ✉ 44787 / www.livingroom-bochum.de
T.: +49 234 9535685 / info@livingroom-bochum.de

Deutsche, mediterrane Küche. Hauptgerichte von € 15 bis € 55; Menüs von € 35 bis € 65; besondere Mittagskarte, vegetarisches Menü. Geschlossen: So.

Wasabi: Japanischer Meerrettich

Bodman-Ludwigshafen
Baden-Württemberg

s'Äpfle
Seehotel Villa Linde

Kaiserpfalzstr. 50 / ✉ 78351 Ortsteil Bodman
www.seehotelvillalinde.de
T.: +49 7773 959930
info@seehotelvillalinde.de

Weltoffene Küche. Hauptgerichte von € 32 bis € 58; Menüs von € 119 bis € 179; vegetarisches Menü. Geschlossen: Mo, So; Di-Sa mittags.

Bodolz
Bayern

Villino

Mittenbuch 6 / ✉ 88131
www.villino.de / info@villino.de
T.: +49 8382 93450

Asiatische, italienische Küche. Hauptgerichte von € 34 bis € 58; Menüs von € 114 bis € 158; vegetarisches Menü. Geschlossen: mittags. Chef's Table, Kochkurse.

Bonn
Nordrhein-Westfalen

Halbedel's Gasthaus

Rheinallee 47 / ✉ 53173 Ortsteil Bad Godesberg
www.halbedels-gasthaus.de
T.: +49 228 354253
info@halbedels-gasthaus.de

Fine-Dining-Restaurant mit französischer, weltoffener Küche. Hauptgerichte von € 48 bis € 52; Menüs von € 95 bis € 140; vegetarisches Menü. Geschlossen: Mo; Di-So mittags.
Seit 1987 empfängt Rainer-Maria Halbedel seine Gäste im Bonner Stadtteil Bad Godesberg zum gehobenen Schmausen. In einer der hiesigen gründerzeitlichen Villen kocht er seine klassische Hochküche, mit der er bereits – und noch lange – zu Bonner Hauptstadtzeiten das feinschmeckende Volk von nah und fern beeindruckte. Seine Speise- und Weinkarten schreibt der Mittsiebziger von Hand. Zusammen mit Frau Irmgard rockt er den Laden auf eine bestechend herzliche Art und Weise. Das versteht sich für sie von selbst. Persönlich kümmern sie sich im Wohnzimmer-Ambiente um die Belange ihres gutessenden Publikums. Eine fünfgängige Menüfolge, gerne auch als vegetarische Variante, ist gespickt mit verlockenden Aromenkompositionen, die Halbedel aus dem Effeff herzaubert. Bleiben noch die beeindruckenden 800 Weinpositionen, über die es so viel zu berichten gäbe.
Das Haus empfiehlt: Bluefin-Thunfisch, Zucciniblüte, Avocado, Wasabi; Mieraltaube, getrüffelter Spitzkohl, Gänselebersauce; Ashanti-Schokolade, Kirschen, Joghurt, Minze

Kleinpetersberg

Austr. 46 / 53179 Ortsteil Mehlem
www.kleinpetersberg.de / T.: +49 228 345647
mail@kleinpetersberg.de

Fine-Dining-Restaurant mit deutscher, kroatischer Küche. Hauptgerichte von € 17 bis € 32; Menüs ab € 39; besondere Mittagskarte, vegetarisches Menü, vegane Hauptgerichte. Geschlossen: Mo.
Traumhafter Panoramablick von Terrasse und Restaurant über Rhein und Siebengebirge, mit Aussicht auf Schloss und Burg Drachenfels.
Das Haus empfiehlt: Gegrillte Jakobsmuscheln auf Knoblauchspinat; Schweinefilet-Medaillon mit Champignons, Sauce hollandaise, Kroketten und Salat; Gegrilltes Dorade-Royal-Filet auf Tagliarini, Pestobutter und Blattspinat

Parkrestaurant Rheinaue

Ludwig-Erhard-Allee 20 / 53175 Ortsteil Plittersdorf
www.rheinaue.de / T.: +49 228 374030
parkrestaurant@rheinaue.de

Deutsche, weltoffene Küche. Hauptgerichte von € 15 bis € 28; Menüs von € 30 bis € 49; besondere Mittagskarte, vegetarisches Menü, vegane Hauptgerichte. Geschlossen: Mo; So abends.
Auf einem kleinem Hügel thront das im Pagodenstil designte Restaurant mit Terrasse, großem Biergarten und Blick auf das Siebengebirge.
Das Haus empfiehlt: Rote-Bete-Carpaccio mit Apfel, Haselnuss und Friséesalat; Maultaschen gefüllt mit Spinat auf tomatisiertem Gemüse; Gebratenes von Lachs und Dorade mit Wok-Gemüse und Yuzu-Sauce

Konrad's Restaurant & Bar

Bonn Marriott Hotel

Platz der Vereinten Nationen 4 / 53113 Ortsteil Zentrum
www.konrads-bonn.de/restaurant / T.: +49 228 28050
info@konrads-bonn.de

Französische Küche. Hauptgerichte von € 20 bis € 46. Geschlossen: Mo, So; Di-Sa mittags.

Redüttchen

Kurfürstenallee 1 / 53177 Ortsteil Bad Godesberg
www.reduettchen.de / T.: +49 228 68898840
willkommen@reduettchen.de

Weltoffene, deutsche Küche. Hauptgerichte von € 42 bis € 50; Menüs von € 63 bis € 105; vegetarisches Menü. Geschlossen: Mo, So; Di-Sa mittags.

Strandhaus

Georgstr. 28 / 53111 Ortsteil Zentrum
www.strandhaus-bonn.de / T.: +49 228 3694949
anfrage@strandhaus-bonn.de

Weltoffene Küche. Hauptgerichte von € 22 bis € 34; Menüs von € 35 bis € 72; vegetarisches Menü. Geschlossen: Mo, So; Di-Sa mittags.

Yunico - Japanese Fine Dining

Kameha Grand Bonn

Am Bonner Bogen 1 / 53227 Ortsteil Oberkassel
www.kamehabonn.de/yunico/ / T.: +49 228 43345500
info@kamehagrand.com

Fine-Dining-Restaurant mit japanischer, Crossover-Küche. Hauptgerichte von € 49 bis € 65; Menüs von € 89 bis € 169; vegetarisches Menü. Geschlossen: Mo+Di, So; Mi-Sa mittags. Chef's Table, Kochkurse.
Der euro-asiatische Hotspot für Gourmetmäuler liegt in der fünften Etage des modern-futuristischen Kameha-Grand-Komplexes. Positioniert direkt am Rhein, auf halber Strecke zwischen Königswinter und der Bonner Stadtmitte. Hier strömen Hotelgäste und externe Besucher ein, und um die japanisch-mediterrane Kochkunst von Christian Sturm-Willms zu erleben. Das „Omakase-Menü" beispielsweise überrascht in vier bis sechs Etappen, wahlweise mit Wein- oder Sakebegleitung. Apropos: Das Yunico verfügt über eine der umfangreichsten Sake-Auswahlen in Deutschland. Wer interessiert ist, kann sich die spannenden Teller-Inszenierungen bis ins Detail erklären lassen. Restaurantchefin Melanie Hetzel und ihr sympathisches Team stehen zur Verfügung. Kontrastreich präsentiert sich das in weiß, schwarz und rot getünchte Ambiente der Räumlichkeiten. Von der Terrasse schweift der Blick über die abendländische Rheinkulisse.
Das Haus empfiehlt: Balfego-Bluefin-Thunfisch; Sashimi; Myoga; Kizami Wasabi; Jap. Condiments; Ozaki Kobe Beef; Teriyaki-Knoblauch-Jus; Yasai Sentaku; Kirsche; Valrhona Schokolade 75 %; Ume; Süßholz-Eis; Miso-Aubergine; Yuzu-Honig-Sud

Boppard
Rheinland-Pfalz

Le Chopin
Bellevue Rheinhotel

Rheinallee 41 / ✉ 56154
www.lechopin-boppard.de
T.: +49 6742 1020 / info@bellevue-boppard.de

Fine-Dining-Restaurant mit französischer Küche. Hauptgerichte von € 32 bis € 42; Menüs von € 79 bis € 99; vegetarisches Menü. Geschlossen: Mo-Mi, So; Do-Sa mittags.
Romantischer geht es kaum. Nur wenige Meter von der großen Rheinschleife bei Boppard entfernt, thront das Bellevue Rheinhotel als realer Beweis für den Glanz und Prunk der Belle Epoque. Mit großem Engagement und viel Gespür für die Historie des Ortes schuf Familie Gawel im Laufe der rund 130 Jahre eines der romantischsten Hotels am Mittelrhein, das in fünfter Generation von Doris Gawel und Sohn Marek geleitet wird. Bekannt für stilvolle Logis in königlichem Rahmen, genießt das Bellevue Rheinhotel auch in Gourmetkreisen einen sehr guten Ruf. Durch das Wirken des Chef-Cuisiners Sebastian Messinger hat sich das Hotelrestaurant „Le Chopin" einen festen Platz unter den besten Restaurants am Mittelrhein erobert. Man präferiert Produkte aus der Region und pflegt einen französischen Küchenstil mit internationalem Einschlag.
Das Haus empfiehlt: Gelbflossenmakrele und Gurke, schwarzer Rettich, eingelegte Gurke, Ingwer-Limetten-Joghurtsud; Rücken vom Salzwiesenlamm mit Vadouvan gewürzt, Paprika, Avocado gegrillt, Mispel; Loup de Mer und wilder Brokkoli, Zwiebel-Ponzu, Brokkoli-Mandelcrème, Senf

French toast: Armer Ritter

Bottrop
Nordrhein-Westfalen

Bahnhof Nord

Am Vorthbach 10 / ✉ 46240 Ortsteil Eigen
www.bahnhofnord.de / T.: +49 2041 988944
info@bahnhofnord.de

Mediterrane, deutsche Küche. Hauptgerichte von € 16 bis € 42; Menüs von € 30 bis € 69. Geschlossen: Mo-Do, So; Fr+Sa mittags.

Gasthof Berger

Schlossgasse 35 / ✉ 46244 Ortsteil Feldhausen
www.gasthof-berger.de / T.: +49 2045 2668
info@gasthof-berger.de

Deutsche Küche. Hauptgerichte von € 14 bis € 29; Menüs von € 11 bis € 25; besondere Mittagskarte. Geschlossen: Mo, Do.

Schmücker Hof

Auf der Höhe 9 / ✉ 46244 Ortsteil Feldhausen
www.schmuecker-hof.de / T.: +49 20 45401880
info@schmuecker-hof.de

Deutsche Küche. Hauptgerichte von € 11 bis € 35; Menüs ab € 59. Geschlossen: Di; Mo, Do, So abends. Kochkurse.

Bramsche
Niedersachsen

Akzent Hotel Haus Surendorff
Akzent Hotel Haus Surendorff

Dinklingsweg 1 / ✉ 49565 Ortsteil Hesepe
www.surendorff.de
T.: +49 5461 93020
info@hotelsurendorff.de

Mediterrane, deutsche Küche. Hauptgerichte von € 14 bis € 32. Geschlossen: Do.
Das ländlich am Ortsrand gelegene Restaurant mit Wintergarten, Lounge und Terrasse bietet unter anderem Lamm- und Fischspezialitäten.
Das Haus empfiehlt: Lammkarree rosa gebraten, auf Belugalinsengemüse, Grilltomate, Rosmarinjus, Macaire Kartoffeln; Französische Entenbrust rosa gebraten, an Brombeersauce, Gemüse und Krusteln; Dialog von weißem Schokoladen- und Cassisparfait an Pfirsichsauce und Früchten

Brandenburg an der Havel
Brandenburg

Inspektorenhaus

Altstädtischer Markt 9 / ✉ 14770 Ortsteil Altstadt
inspektorenhaus.de / T.: +49 3381 3282139
info@inspektorenhaus.de

Mediterrane, deutsche Küche. Hauptgerichte von € 18 bis € 30; Menüs von € 55 bis € 60; vegetarisches Menü. Geschlossen: Mo+Di, So; Mi-Sa mittags. Kochkurse.

Braubach
Rheinland-Pfalz

Zum Weißen Schwanen
Zum Weißen Schwanen

Brunnenstr. 4 / ✉ 56338
www.zum-weissen-schwanen.de
T.: +49 2627 9820 / zum-weissen-schwanen@rz-online.de

Deutsche, französische Küche. Hauptgerichte von € 17 bis € 26; Menüs von € 32 bis € 46. Geschlossen: Mo-Do; Fr-So mittags.

Braunschweig
Niedersachsen

Das Alte Haus
Alte Knochenhauer Str. 11 / 38100 / www.altehaus.de
T.: +49 531 6180100 / restaurant@altehaus.de

Weltoffene Küche. Menüs von € 105 bis € 130. Geschlossen: Mo, So; Di-Sa mittags.

Überland
Willy-Brandt-Platz 18 / 38102 / www.ueberland-bs.de
T.: +49 531 18053410 / reservierung@ueberland-bs.de

Deutsche, mediterrane Küche. Hauptgerichte von € 19 bis € 35. Geschlossen: mittags.

Zucker Restaurant
Frankfurter Str. 2 / 38122 / www.zucker-restaurant.de
T.: +49 531 281980 / info@zucker-restaurant.de

Deutsche, weltoffene Küche. Hauptgerichte von € 22 bis € 45; Menüs von € 76 bis € 87; besondere Mittagskarte. Geschlossen: So.
Eine ehemalige Zuckerraffinerie bietet den hippen Industriecharme, ein feines Menü, viel Platz zum Feiern und Parkplätze vor der Tür.
Das Haus empfiehlt: Mediterraner Rochenflügel mit Pinienkernvinaigrette, Artischocken und Sauce Rouille; Filet vom Kalb mit gegrilltem Braunschweiger Spargel, Bärlauch und feinem vom Kalb; Joghurttörtchen mit Amarena und Pistazien

Bremen
Bremen

siehe auch D-28816 Stuhr

Das Kleine Lokal
Besselstr. 40 / 28203 Ortsteil Fesenfeld
www.das-kleine-lokal.de / T.: +49 421 7949084
service@das-kleine-lokal.de

Französische, weltoffene Küche. Hauptgerichte von € 33 bis € 38; Menüs von € 65 bis € 93; vegetarisches Menü. Geschlossen: Mo-Mi, So; Do-Sa mittags.

Due Fratelli
Am Markt 13 / 28205 Ortsteil Peterswerder
due-fratelli-bremen.de
T.: +49 421 67352817
Info@due-fratelli-bremen.de

Italienische, mediterrane Küche. Hauptgerichte von € 13 bis € 29; Menüs von € 49 bis € 125; vegetarisches Menü, vegane Hauptgerichte. Geschlossen: So. Chef's Table, Kochkurse.
Der direkt am Marktplatz gegenüber dem Rathaus gelegene Italiener bietet Steinbutt, Pasta im Parmesanlaib und Focaccia-Burger in elegantem Flair.
Das Haus empfiehlt: Handgemachte Pasta - Tagliatelle mit Hummer, Cherry-Tomaten, Knoblauch, Hummerbisque; Seezungenfilet, Prosecco-Senfsauce, Butter; Iberico-Filet, Walnuss-Gorgonzola-Sauce

Park Restaurant
Parkhotel Bremen
Im Bürgerpark / 28209 Ortsteil Schwachhausen
www.hommage-hotels.com/parkhotel-bremen
T.: +49 421 3408513 / info.bremen@hommage-hotels.com

Deutsche, französische Küche. Hauptgerichte von € 13 bis € 37; Menüs von € 59 bis € 69; vegetarisches Menü.
Mobiliar im Empire-Stil, wertvolle Antiquitäten, edle Stoffe und warme Farben prägen das Ambiente des eleganten Restaurants im Bürgerpark.
Das Haus empfiehlt: Auster, Acquerello, Verbene, Haselnuss; Steinbutt, Charlotte-Kartoffel, Krebs, Patisson; Weiße Schokolade, Kaffee, Birne, Pesto

Apéritif: Getränke zur Einstimmung vor dem Essen

Digestif: alkoholisches Getränk, das nach dem Essen zur Anregung der Verdauung getrunken wird

Zum Sundowner an den Ostseestrand – ein Privileg

© haiderose / stock.adobe.com

Bremerhaven
Bremen

Fiedler - Fisch & Steak in der Aalkate

Schaufenster Fischereihafen, Abtlg. 7
27572 Ortsteil Fischereihafen
www.restaurant-fiedler.de / T.: +49 471 9322350
info@restaurant-fiedler.de

Seafood-Restaurant mit norddeutscher Küche. Hauptgerichte von € 14 bis € 27.
Uriges Restaurant mit antiken Möbeln am schönen Fischereihafen. Auf der Karte unter anderem Räucherfisch vom eigenen Fischmarkt.
Das Haus empfiehlt: Tatar vom Räucherlachs aus hauseigener Räucherei, mit Gurke, Dill und roten Zwiebeln marinierte Rauke; Rotbarsch aus dem Nordmeer - Filets in Eihülle gebraten, Remoulade, Bratkartoffeln, Salat mit zweierlei Dressing; Sylter Rote Grütze, Vanilleeiscrème und Schlagsahne

Fine Dining by Phillip Probst
The Liberty Hotel

Columbusstraße 67 / 27568 Ortsteil Mitte
www.liberty-bremerhaven.com / T.: +49 471 90224-0
info@liberty-bremerhaven.com

Fine-Dining-Restaurant mit französischer, weltoffener Küche. Menüs von € 99 bis € 145; vegetarisches Menü, vegane Hauptgerichte. Geschlossen: Mo+Di, So; Mi-Sa mittags.
Das Hotel „The Liberty" symbolisiert den Aufbruch in die neue Welt. Millionen Menschen machten sich von Bremerhaven, und war ganz genau an diesem Standort, auf nach Amerika. Schlicht, aber in wunderschönem Design, einer langen Balkon-Reeling auf jeder Etage und deckenhohem Glas im Erdgeschoss, präsentiert sich das direkt am Wasser gelegene Haus modern und weltoffen. Wie auch die Gastronomie. Eine gehobene Küche in zwanglosem Ambiente gibt es im Restaurant Nummer Zwei des Hauses, „Mulberry Street" (wie die gleichnamige Straße in New York). Doch das ganz große kulinarische Kino findet im Gourmetbereich „Fine Dining by

Phillip Probst" statt. An vier Abenden in der Woche tritt Küchenchef Phillip Probst hier voll in Aktion. Er und sein Team bereiten ihren Gästen ein Menü mit vier bis sieben durchdachten und aromenstarken Speisen zu. Es werden geflämmtes Salzwiesenrind, Fjordforelle oder Ferkel und Aal gereicht, dazu auf Wunsch die passenden Weine. Für den Absacker empfiehlt sich die „New York Bar" in der fünften Etage.
Das Haus empfiehlt: Lauwarme Fjordforelle, Blumenkohl, Kaviar, Nussbuttersud; Galantine de Volaille von Odefey & Töchter, Bresse-Gauloise, Gersten-Graupen-Risotto, Frankfurter Grüne Kräuter; Rücken vom Reh aus der Weser-Elbe-Jagd, Mairübchen mit weißen Zwiebeln, glasierte Waldpilzknödel, Pfifferlinge, Blaubeeren

Natusch Fischereihafen-Restaurant

Am Fischbahnhof 1 / 27572 Ortsteil Fischereihafen
www.natusch.de / T.: +49 471 71021 / info@natusch.de

Seafood-Restaurant mit deutscher Küche. Hauptgerichte von € 18 bis € 43; Menüs von € 48 bis € 58; vegetarisches Menü, vegane Hauptgerichte. Geschlossen: Mo+Di.
Maritimes Restaurant, seit fast 70 Jahren im Herzen des Fischereihafens. Ein Must Go für Fischliebhaber und solche, die es werden wollen.
Das Haus empfiehlt: Filet vom Tiefsee-Rotbarsch gebraten, an Merlot-Ochsenschweifjus, Blattspinat und Kürbis-Chutney; Eismeer-Seewolf mit rosa Beerenpfeffer gebraten, auf Bärlauch-Beurre-blanc, Spargel vom Grill, Pastinakenpüree, Kartoffeln; Cremige Mousse von weißer und brauner Schokolade, Garten-Rhabarber, Haferflocken-Krokant

PIER 6

Barkhausenstr. 6 / 27568 Ortsteil Lehe
www.pier6.eu / info@pier6.eu
T.: +49 471 48364080

Deutsche Küche. Hauptgerichte von € 12 bis € 36; Menüs von € 42 bis € 64; besondere Mittagskarte, vegetarisches Menü, vegane Hauptgerichte. Geschlossen: So.
Modernes Lokal am Hafenpier mit Panoramafenstern, weltoffener Küche, mehrgängigen Menüs und großer Weinauswahl. Außenbereich am Wasser.
Das Haus empfiehlt: Kräutersalat mit Hausdressing, Kirschtomaten, Croûtons, Körnermix; Zanderfilet unter der Kartoffelkruste und Miesmuscheln, Safranrisotto, wilder Brokkoli, Tomate; Carpaccio von Seeteufel und Rotgarnele, Baby-Leaf, Safran-Schmand, Forellenkaviar, geröstete Cashews

Restaurant Weinrot
Hotel Haverkamp

Schleswiger Str. 29 / ✉ 27568 Ortsteil Mitte
www.hotel-haverkamp.de / T.: +49 471 48330
info@hotel-haverkamp.de

Weltoffene Küche. Hauptgerichte von € 19 bis € 32.
Elegante Rottöne und Kronleuchter bieten hier, unweit des Stadtzentrums, ein elegantes, kosmopolitisches Flair. Küche ohne geografische Grenzen.
Das Haus empfiehlt: Rind und Pak Choi - Tranchen vom Rinderrücken, Frischkäsecreme, Pak Choi, Cherrytomaten, Pasta; Dorade und Ratatouille - Doradenfilet, Ratatouille, Estragon-Gnocchi; Churros und Vanilleeis - Spanische Spritzkuchen, Vanilleeiscrème, Schokoladensauce, Sahne

Bretten
Baden-Württemberg

Maxime de Guy Graessel

Melanchthonstr. 35 / ✉ 75015
www.guy-graessel.de
T.: +49 7252 7138 / kontakt@guy-graessel.de

Badische, französische Küche. Hauptgerichte von € 21 bis € 36; Menüs ab € 68; besondere Mittagskarte, vegetarisches Menü. Geschlossen: Mo-Mi; So abends.
Ein Tag in Bretten kann so schön und lecker sein. Danken dürfen die Leckermäuler einem gebürtigen Franzosen – na klar. Guy Graessel ist nicht nur im Feinschmeckerland geboren, sondern er bestätigt auch noch das Klischee, für das die Franzosen allgemein bekannt sind, nämlich sehr viel Wert auf gutes Essen zu legen. Guy hat seine Liebe zum Kochen schon als Siebenjähriger entdeckt und bis heute, Jahrzehnte und einige Restaurants später, nicht verloren. Seit Mitte 2018 verwirklicht der Elsässer seine Art von Savoir-vivre im Restaurant Maxime. Guy kocht mit Leidenschaft, immer mit Respekt vor dem Produkt, immer ein bisschen französisch, frisch und natürlich. Das Restaurant befindet sich im Haus des einstigen Cafés Hesselbacher. Diese Tradition verpflichtet: Inzwischen bereitet Guy Graessel nicht nur leckere Desserts und Patisserien, sondern auch ganz großartige Torten und Kuchen zu.
Das Haus empfiehlt: Gebratene Jakobsmuschel, Saiblingstatar, Blatt- und Rohkostsalat; Kalbsbäckle, Tomaten-Lauchzwiebel-Confit, geschabte Spätzle, Marktgemüse; Garnelen-Maultaschen, gebratene Garnele, Safransauce, Marktgemüse

Brilon
Nordrhein-Westfalen

Almer Schlossmühle

Schloßstr. 13 / ✉ 59929 Ortsteil Alme
www.almer-schlossmuehle.de
T.: +49 2964 9451430
info@almer-schlossmuehle.de

Österreichische, deutsche Küche. Hauptgerichte von € 16 bis € 34; Menüs von € 37 bis € 54. Geschlossen: Mo+Di; Mi-Fr mittags. Kochkurse.
Wenn der Geschmack der Sauerlands auf Österreich trifft, dann sind wir in Brilon in der Almer Schlossmühle. Das Sauerland mit seinen Bergen und Seen ist das Naherholungsgebiet für das Ruhrgebiet und für die Niederländer. Wandern im Sommer und Skifahren im Winter, aber das ganze Jahr über gutes Essen. Martin Steiner sorgt mit seinen vielfältigen Erfahrungen dafür, dass das Sauerland das gewisse Etwas, einen kulinarischen Schliff erhält. Der gebürtige Österreicher bringt so einiges aus seiner Heimat mit, anderes aus seiner Zeit der Wanderschaft durch allerlei Gourmettempel. Längst hat es sich herumgesprochen, dass hier, am Flüsschen Alme nördlich von Brilon, eine schmackhafte Küche die Feinschmecker erfreut. Das rustikale Interieur des Restaurants versprüht einen warmen Zauber und ist doch gleichzeitig mit seinen schön eingedeckten Tischen ganz und gar elegant.
Das Haus empfiehlt: Steinpilz-Schaumsüppchen mit Rehsate und Brioche; Original Wiener Schnitzel vom Kalbsrücken mit lauwarmen Kartoffel-Gurkensalat und Wildpreiselbeeren; Martin Steiners Schmankerlteller

Bruchsal
Baden-Württemberg

das kleine feine

Langental-Siedlung 2a / ✉ 76646 / www.daskleinefeine.de
T.: +49 7251 3022723 / info@dierestaurants.net

Weltoffene Küche. Hauptgerichte von € 29 bis € 35; Menüs von € 57 bis € 80; vegetarisches Menü. Geschlossen: Mo+Di; Mi-So mittags.

Sautieren: kurz und kräftig anbraten

Stammhaus
Hotel Ritter

Au in den Buchen 73 / ✉ 76646 Ortsteil Büchenau
www.ritterbruchsal.de / T.: +49 7257 880
info@ritterbruchsal.de

Deutsche, mediterrane Küche. Hauptgerichte von € 13 bis € 28. Geschlossen: Do; So abends.
Dörflich gelegenes, familiengeführtes Lokal unweit der A5 mit Biergarten, Vesper-Angeboten, Grillspezialitäten und Fischgerichten.
Das Haus empfiehlt: Geschmorte Rinderbäckchen in Wurzelgemüse-Rotweinsauce mit Bratkartoffeln; Schwäbisches Zwiebelrostbratenpfännle mit gebratener Maultasche, Röstzwiebeln und Spätzle; Tagliatelle in Safranrahmsauce mit frischem Spinat, Kirschtomaten und gebratenem Zanderfilet

Brühl (Baden)
Baden-Württemberg

Krone das Gasthaus

Ketscher Str. 17 / ✉ 68782 / www.krone-dasgasthaus.de
T.: +49 6202 6070252 / kontakt@krone-dasgasthaus.de

Badische, mediterrane Küche. Hauptgerichte von € 28 bis € 37; Menüs von € 58 bis € 69; vegetarisches Menü. Geschlossen: Mo+Di; Mi-Sa mittags.

Bühl
Baden-Württemberg

Panorama-Restaurant
Hotel Burg Windeck

Kappelwindeckstr. 104 / ✉ 77815 Ortsteil Stadtgebiet
www.burg-windeck.de / T.: +49 7223 94920
kontakt@burg-windeck.de

Mediterrane, deutsche Küche. Hauptgerichte von € 17 bis € 35; Menüs von € 43 bis € 97. Geschlossen: Di; So abends.
Vom rustikalen Ritteressen bis zum gehobenen Fünfgangmenü reicht das Angebot auf der erhabenen, 800 Jahre alten Burg mit großartigem Außenbereich.
Das Haus empfiehlt: Fischvariation „Burg Windeck" an Champagnersauce mit gebratenem Gemüse und feinen Nudeln; Kalbsrückensteak unter der Pilzkruste an leichter Pfefferrahmsauce mit Marktgemüse und hausgemachten Spätzle; Crème brûlée von Himbeere und Bergamotte mit kleinem Guanaja-Kuchen und Gin-Sorbet

Restaurant Jägersteig

Kappelwindeckstr. 95 a / ✉ 77815
www.jaegersteig.de
T.: +49 7223 98590
info@jaegersteig.de

Badische, deutsche Küche. Hauptgerichte von € 13 bis € 28; Menüs von € 34 bis € 52; vegetarisches Menü. Geschlossen: Do; Mo mittags.
Von dem exponiert gelegenen Lokal mit großer Terrasse hat der Gast einen weiten Blick über die Rheinebene. Feine und heimatbetonte Speisen.
Das Haus empfiehlt: Filet vom Wolfsbarsch gebraten, mit grünem Spargel und Gnocchi; Duett vom Kalb - Bäckle und Medaillon mit Ofengemüse und Rahmblättle; Zweierlei vom Lamm - Rücken rosa gebraten und geschmorte Schulterkrokette, Frühlingsgemüse und Gnocchi

Bünde
Nordrhein-Westfalen

Zum Adler

Moltkestr. 1 / ✉ 32257
www.adler-restaurant.de
T.: +49 5223 4926453
reservierung@adler-restaurant.de

Weltoffene Küche. Hauptgerichte von € 12 bis € 52; Menüs von € 36 bis € 92; besondere Mittagskarte, vegetarisches Menü, vegane Hauptgerichte.
Modernes Ledergestühl und ein ebensolches Ambiente kennzeichnen das an einem Kreisverkehr gelegene Lokal mit feinen Steaks und Wochenkarte.
Das Haus empfiehlt: Jakobsmuschel, Kartoffelflan, Spitzkohl Trüffel; Schellfisch, Ratatouille, Tomate, Süßkartoffel, Gelbe Paprika, Zitrone; Lammrücken, Erbse, Krapfen, Rüben, Espresso

Schwäbisch-Hällisches Landschwein: Alte Hausschweinrasse aus dem nördlichen Baden-Württemberg mit sehr guter Fleischqualität. Sie darf nur in bestimmten Landkreisen gezüchtet werden

Burghausen
Bayern

Restaurant 271

Mautnerstr. 271 / ✉ 84489
www.restaurant271.de
T.: +49 8677 9179949 / info@restaurant271.de

Weltoffene, deutsche Küche. Hauptgerichte von € 18 bis € 34; Menüs von € 53 bis € 73. Geschlossen: Mo, So; Di-Do mittags.

Burrweiler
Rheinland-Pfalz

Ritterhof zur Rose

Weinstr. 6 a / ✉ 76835
www.ritterhofzurrose.de
T.: +49 6345 407328 / info@ritterhofzurrose.de

Deutsche, französische Küche. Hauptgerichte von € 29 bis € 35; Menüs von € 49 bis € 79; vegetarisches Menü. Geschlossen: Di+Mi; Do+Fr mittags.

Cuvée: Mischen von Schaumweinen, um eine gleichbleibende Qualität zu erreichen (meist verschiedene Jahrgänge)

Chambrieren: von frz. chambre = Zimmer, auf Zimmertemperatur bringen (18 °C), bei Rotweinen

Kreszenz: Rebsorte, Gewächs

Büsum
Schleswig-Holstein

Kolles Alter Muschelsaal

Hafenstr. 27 / ✉ 25761
www.kolles-alter-muschelsaal.de
T.: +49 4834 2440 / info@hotel-alter-muschelsaal.de

Norddeutsche Küche. Hauptgerichte von € 21 bis € 40; Menüs von € 20 bis € 39. Geschlossen: Mo; Sa+So abends; Di mittags.
Maritimes Lokal nahe am Hafen, dekoriert mit Gallionsfigur, Schiffsmodellen und Muscheln. Serviert werden Deichlamm, Fisch und Meeresfrüchte.
Das Haus empfiehlt: Matjesvariation - Matjesfilet, drei verschiedene Saucen, Schwarzbrot; Gebratenes Welsfilet, Ratatouille, Dillkartoffeln; Rotzungenfilet „Singapur" in Kokoshülle gebraten, gebackene Ananas, Currysauce, Reis, Salatteller

Schnüsch
Lighthouse Hotel & Spa

Am Museumshafen 11 / ✉ 25761
www.hotel-lighthouse.de/gastro/schnuesch
T.: +49 4834 9842-0 / info@hotel-lighthouse.de

Fine-Dining-Restaurant mit deutscher, weltoffener Küche. Menüs von € 111 bis € 175; vegetarisches Menü. Geschlossen: Mo-Mi, So; Do-Sa mittags.

C

Castrop-Rauxel
Nordrhein-Westfalen

Parkbad Süd

Am Stadtgarten 20 / 44575 / www.parkbad-sued.de
T.: +49 2305 9989613 / kontakt@parkbad-sued-castrop.de

Mediterrane, weltoffene Küche. Hauptgerichte von € 13 bis € 27; Menüs von € 31 bis € 37. Geschlossen: Mo, So; Di-Sa mittags.

Celle
Niedersachsen

Taverna & Trattoria Palio
Althoff Hotel Fürstenhof Celle

Hannoversche Str. 55/56 / 29221
www.fuerstenhof-celle.com / T.: +49 5141 2010
info@fuerstenhof-celle.com

Mediterrane, italienische Küche. Hauptgerichte von € 38 bis € 42; Menüs von € 65 bis € 79; besondere Mittagskarte. Geschlossen: Mo+Di, Fr; Mi+Do mittags.
Das Ambiente ist typisch italienisch, toskanisch rustikal. Die dunklen Holztische stehen, wie man es aus den italienischen Tavernen kennt, in langen Reihen nebeneinander. Sie sind mit Platzsets, Gläsern, Bestecken und Servietten bereits eingedeckt. Besonders einladend, aber auch sehr begehrt sind die lauschigen Plätze auf der hübschen Gartenterrasse unter den Kastanien. Das Vier-Gang-Lombardei-Menü gibt es mit und ohne Weinreise. Man könnte auch à-la-carte mit argentinischem Rinderfilet Veltiner Art mit Spinat und Rotweinsoße glücklich werden oder mit Ravioli- und Risottogerichten. Ein Dessert sollte man in jedem Fall probieren. Zur Auswahl stehen zum Beispiel ein Tiramisu mit Rum-Ananas für die „Süßen" oder eine herrliche Formaggio-Selektion mit Feigensenf und Trauben.
Das Haus empfiehlt: Carne Cruda al tartufo estivo italiano - Carne Cruda, Piemonteser Haselnüsse, Ringelbeete Italienischer Sommertrüffel; Ravioli alla Palio - Kalbfleischravioli, Salbeibutter, Spinat, Parmesan; Filetto siracusa - Rinderfilet 180 g, Safran-Mandelsauce, Bohnen, Olivenöl, Oregano-Kartoffeln

Romantik Hotel Köllner's Landhaus

Im Dorfe 1 / 29223 Ortsteil Boye / www.koellners-landhaus.de
T.: +49 5141 951950 / info@koellners-landhaus.de

Deutsche, weltoffene Küche. Hauptgerichte von € 19 bis € 36; Menüs von € 36 bis € 75; vegetarisches Menü. Geschlossen: Mo+Di; So abends; Mi-Fr mittags.

Cham
Bayern

Am Ödenturm

Am Ödenturm 11 / 93413 Ortsteil Chammünster
www.oedenturm.de / T.: +49 9971 89270
info@oedenturm.de

Deutsche, mediterrane Küche. Hauptgerichte von € 12 bis € 30; Menüs von € 25 bis € 55; vegetarisches Menü. Geschlossen: Mo, So; Di, Do mittags.

Chemnitz
Sachsen

La bouchée

Innere Klosterstr. 9 / 09111 Ortsteil Zentrum
www.la-bouchee.de / T.: +49 371 6948181
info@la-bouchee.de

Brasserie mit französischer, weltoffener Küche. Hauptgerichte von € 10 bis € 30; Menüs von € 28 bis € 40; vegetarisches Menü. Geschlossen: So.

Villa Esche

Parkstr. 58 / 09120 Ortsteil Kapellenberg
www.restaurant-villaesche.de
T.: +49 371 2361363
info@restaurant-villaesche.de

Französische, weltoffene Küche. Hauptgerichte von € 17 bis € 42; Menüs von € 45 bis € 67; besondere Mittagskarte. Geschlossen: Mo, So. Kochkurse.

Chieming
Bayern

Ristorante Il Cavallo
Hotel Gut Ising

Kirchberg 3 / 83339 Ortsteil Ising
www.il-cavallo.com
T.: +49 8667-809962 / info@il-cavallo.com

Seafood-Restaurant mit mediterraner, italienischer Küche. Hauptgerichte von € 6 bis € 26. Geschlossen: Mo; Di-Fr mittags. Kochkurse.

Zum Goldenen Pflug
Hotel Gut Ising

Kirchberg 3 / 83339 Ortsteil Ising
www.gut-ising.de
T.: +49 8667 790 / hotel@gut-ising.de

Gasthof mit bayerischer Küche. Hauptgerichte von € 12 bis € 34; besondere Mittagskarte.

Coburg
Bayern

Backstüble
Hotel Stadt Coburg

Lossaustr. 12 / ✉ 96450 / www.hotel-stadt-coburg.de
T.: +49 9561 8740 / stadtcoburg@ringhotels.de

Fränkische Küche. Hauptgerichte von € 17 bis € 29. Geschlossen: So; Mo-Sa mittags.

Restaurant Kräutergarten

Rosenauer Str. 30 c / ✉ 96450
www.kraeutergarten-coburg.de / T.: +49 9561 426080
info@kraeutergarten-coburg.de

Deutsche, mediterrane Küche. Hauptgerichte von € 14 bis € 28; Menüs von € 35 bis € 55. Geschlossen: Mo, So; Di-Sa mittags.

Cottbus
Brandenburg

Bellessa

Friedrich-Ebert-Str. 36 / ✉ 03044 Ortsteil Mitte
www.restaurant-bellessa.de / T.: +49 355 49480285
info@restaurant-bellessa.de

Südamerikanische, deutsche Küche. Hauptgerichte von € 12 bis € 20; besondere Mittagskarte.

Klosterkeller

Klosterplatz 5 / ✉ 03046 Ortsteil Mitte
www.klosterkeller.com / T.: +49 355 793372
info@klosterkeller.com

Brandenburgische, deutsche Küche. Hauptgerichte von € 14 bis € 26. Geschlossen: Mo, So.

Lou im Cavalierhaus
Pension Cavalierhaus

Zum Kavalierhaus 9 / ✉ 03042 / www.cavalierhaus-branitz.de
T.: +49 355 49397030 / info@cavalierhaus-branitz.de

Fine-Dining-Restaurant mit französischer, deutscher Küche. Hauptgerichte von € 33 bis € 42; Menüs von € 76 bis € 125. Geschlossen: Mo-Mi; Do-So mittags.

Cottbus ist die grüne Universitätsstadt im Südosten Brandenburgs. Hier gibt es viel Natur – der Spreewald und die Spreeauen liegt in der Nachbarschaft. Das legendäre Fürst-Pückler-Eis, heute bestehend aus den drei Eissorten Erdbeere, Vanille und Schokolade, hat hier (oder in Bad Muskau) seinen Ursprung. Ein preußischer Koch kreierte die süße Spezialität im 19. Jahrhundert und widmete sie dem Landschaftsarchitekten und Schriftsteller Hermann von Pückler-Muskau.

Cuxhaven
Niedersachsen

EIX Bar, Bistro und Lounge
Badhotel Sternhagen

Cuxhavener Str. 86 / ✉ 27476 Ortsteil Duhnen
www.badhotel-sternhagen.de
T.: +49 4721 4340
sternhagen@badhotel-sternhagen.de

Bistro mit Crossover-, norddeutscher Küche. Hauptgerichte von € 11 bis € 23. Geschlossen: mittags.
Cocktail-Klassiker, reichlich Spirituosen und feines Bar-Food sind in einem Ambiente aus alten Eichenbalken und Kachelofen angesagt.
Das Haus empfiehlt: Tafelspitz-Maultaschen auf Zwiebelcrème mit Bärlauchschaum; Coq au vin mit Champignons, Brokkoli-Röschen und Spätzle; Rote-Bete-Hummus mit Matjes, Bohnen, Speck und Zwiebeln

Panorama-Restaurant „Schaarhörn"
Badhotel Sternhagen

Cuxhavener Str. 86 / ✉ 27476
Ortsteil Duhnen
www.badhotel-sternhagen.de
T.: +49 4721 4340
sternhagen@badhotel-sternhagen.de

Norddeutsche, weltoffene Küche. Hauptgerichte von € 23 bis € 36; Menüs von € 42 bis € 62; vegetarisches Menü.
Salate, Sandwiches, herrliche Fischgerichte oder hausgemachte Kuchen bekommt der Gast in dem hellen Lokal mit Blick aufs Wattenmeer.
Das Haus empfiehlt: Weideochse auf zwei Arten - geschmortes Short Rib á la barbeque und rosa gebratenes Rinderfiletmedaillon; Gebratene Poulardenbrust unter einer Rauchmandel-Olivenhaube mit Pfefferrahmsauce, dazu Karotten-Lauchgemüse und Kartoffelnocken; Gebratenes Kabeljaufilet mit asiatischen Aromen, Salzzitronensauce, dazu Zucchini-Garnelen-Fregola-Sarda

Panorama-Gourmet-Restaurant „Sterneck“

Badhotel Sternhagen

Cuxhavener Str. 86 / ✉ 27476 Ortsteil Duhnen
www.badhotel-sternhagen.de / T.: +49 4721 4340
sternhagen@badhotel-sternhagen.de

Fine-Dining-Restaurant mit französischer, weltoffener Küche. Menüs von € 95 bis € 205; vegetarisches Menü. Geschlossen: Mo-Mi; Do-Sa mittags.
Seeluft, Wattenmeer und in der Ferne die großen Pötte, die in die Elbe einfahren. Wir sind in Cuxhaven im Ortsteil Duhnen. Der Strand ist breit, der Entspannungsfaktor hoch. Direkt an der Promenade liegt das familiengeführte Fünf-Sterne-Badhotel Sternhagen. Es verkörpert seit 60 Jahren(!) gediegene Eleganz, bietet original Meerwasser-Wellness und lockt mit drei unterschiedlichen Restaurants, die jeden Geschmack bedienen. Das Flaggschiff unter ihnen ist das Edellokal „Sterneck“. Es ist sozusagen das Wohnzimmer des guten Geschmacks im Hause: mit großen, tiefen Fenstern, gülden gerahmten Gemälden mit Segelschiff-Motiven, klassisch-elegantem Mobiliar und blütenweiß eingedeckten Tischen. Dazu gibt es Silberbesteck und feines Porzellan. Die Küche unter der Regie von Marc Rennhack (seit 2012 im Hause) bietet zwei Menüs mit drei bis sieben Gängen oder – die vegetarische Variante – mit drei bis sechs Gängen an. So steht es auf dem Papier. Doch tatsächlich verdoppelt sich die Anzahl der Genüsse, bezieht man all die Küchengrüße, Zwischendurch-Erfrischungen, das Pre-Dessert oder die süßen Schmeicheleien am Schluss mit ein. Im Panorama-Gourmet-Restaurant „Sterneck“ gibt es das, was der Name verspricht: Ein aufwendig für den Gast inszeniertes Fine-Dining-Erlebnis.
Das Haus empfiehlt: Kabeljau, Aal, Vichyssoise, Meerrettich; Etouffée Taube, rote Bete, Topinambur, Süßholz; Himbeer-Mohn, Pflaume

Strandperle - Wintergarten

Hotel Strandperle

Duhner Strand Str. 15 / ✉ 27476 Ortsteil Duhnen
www.strandperle-hotels.de
T.: +49 4721 40060
info@strandperle-hotels.de

Norddeutsche, deutsche Küche. Hauptgerichte von € 12 bis € 57; Menüs von € 35 bis € 67.
In dem hellen Restaurant an der Strandpromenade werden unter anderem feine Fischgerichte, Meeresfrüchte und französische Desserts kredenzt.
Das Haus empfiehlt: Tomaten-Karottenschaumsuppe mit Ingwer und Flusskrebsschwänzen; Limandesfilet in der Eihülle gebacken mit Petersilienkartoffeln und Gurkensalat; Rumpsteak auf Portweinjus mit gebratenen Pilzen, Bohnen im Speckmantel und Bratkartoffeln

Antipasti: (italienisch) Vorspeisen

Bottarga: ital.: flacher brauner Riegel aus getrockneten und gepressten Meeräschen- oder Thunfischrogen

Carpaccio: rohes Fleisch/Fisch in hauchdünne Scheiben geschnitten, mariniert

Polenta: italienischer Maisbrei

Piccata: (ital.) mit Zitronensaft zubereitetes Schnitzel

Trattoria: (ital.) einfaches Restaurant

Salsiccia: pikant gewürzte italienische Mettwurst

D

Dannenfels
Rheinland-Pfalz

Restaurant Bastenhaus
Hotel Bastenhaus

Bastenhaus 1 / ✉ 67814
www.bastenhaus.de
T.: +49 6357 975900
bastenhaus@bastenhaus.de

Deutsche Küche. Hauptgerichte von € 11 bis € 33; Menüs von € 38 bis € 48; vegetarisches Menü. Geschlossen: So.

Am Waldrand zwischen zwei Ortschaften gelegen, bietet das gemütlich eingerichtete Lokal saisonale Menüs und Pfälzer Spezialitäten.

Das Haus empfiehlt: Frühlingssalat mit gebratenen Waldpilzen Gemüse, Croûtons, Vinaigrette; Gefüllte Kalbsröllchen, Süßkartoffeltaler, Ratatouille, Sesamsegel; Käseauswahl, Apfel-Mandelbrot, Feigensenf

Darmstadt
Hessen

Das Krü

Ludwigstr. 8 / ✉ 64283 / www.daskrue.de
T.: +49 6151 272441 / kontakt@daskrue.de

Weltoffene, österreichische Küche. Hauptgerichte von € 14 bis € 36; Menüs von € 48 bis € 55; besondere Mittagskarte, vegetarisches Menü. Geschlossen: So; Sa abends.

Obendrüber
Modehaus Henschel

Marktplatz 2 / ✉ 64283 / henschel-darmstadt.de
T.: +49 6151 9981777 / info@henschel-darmstadt.de

Weltoffene Küche. Hauptgerichte von € 14 bis € 25; besondere Mittagskarte. Geschlossen: So; Mo abends.

Orangerie

Bessunger Str. 44 / ✉ 64285
www.orangerie-darmstadt.de / T.: +49 6151 3966446
info@orangerie-darmstadt.de

Mediterrane, italienische Küche. Hauptgerichte von € 29 bis € 41; Menüs von € 55 bis € 98; vegetarisches Menü. Geschlossen: Mo. Kochkurse.

Darscheid
Rheinland-Pfalz

Kucher's Gourmet Restaurant
Kucher's Genuss- und Businesshotel

Karl-Kaufmann-Str. 2 / ✉ 54552
www.kucherslandhotel.de / T.: +49 6592 629
info@kucherslandhotel.de

Crossover-Küche. Hauptgerichte von € 48 bis € 52; Menüs von € 92 bis € 122. Geschlossen: Mo+Di, So; Mi-Sa mittags. Chef's Table, Kochkurse.

Deidesheim
Rheinland-Pfalz

Restaurant Schwarzer Hahn
Hotel Deidesheimer Hof

Am Marktplatz / ✉ 67146
www.deidesheimerhof.de
T.: +49 6326 96870
info@deidesheimerhof.de

Französische, Pfälzer Küche. Hauptgerichte von € 39 bis € 62; Menüs von € 120 bis € 170. Geschlossen: Mo+Di, So; Mi-Sa mittags. Chef's Table, Kochkurse.

Der Deidesheimer Hof an der Deutschen Weinstraße ist eine kulinarische Institution in der Region Pfalz. Gutes Essen spielt hier seit fast 100 Jahren eine große Rolle. Prominente, Politiker und internationale Gäste kehren und kehrten hier gerne ein. Genauer gesagt, speisten sie im Gourmetlokal „Schwarzer Hahn", welches seit 1990 für gehobene Esskultur steht. Im großangelegten Gewölbe-Ambiente bringt Küchenchef Stefan Neugebauer sein überzeugendes Haute-Cuisine-Handwerk zur Geltung. Ein vier- bis sieben Gänge umfassendes Menü steht auf dem Programm, regional und saisonal ausgerichtet, modern akzentuiert. Natürlich kommt der Weinkarte in dem hiesigen, rebenaffinen Landstrich – und nicht zuletzt wegen der Klientel aus aller Herren Länder – eine besondere Bedeutung zu. Zahlreiche Tropfen heimischer Winzer aber auch die ganz teuren Bordeaux Weine und Schaumweine haben dort ihren festen Platz. Den legendären „Saumagen mit Sauerkraut" – einst regelmäßig von Helmut Kohl hier verzehrt – gibt's im Zweitrestaurant „Sankt Urban". Aber natürlich nicht nur den ...

Das Haus empfiehlt: Elsässer Foie gras, Rhabarber, Süßweineis, Crème fraîche, Brioche; Auf der Haut gebratener Loup de Mer, geschmorte Spitzpaprika, Majoranöl, Fenchelmousseline, Bouillabaisse-Fumé; Bretonischer Hummer à la Romanoff

L.A. Jordan

Hotel Ketschauer Hof

Ketschauerhofstr. 1 / 67146 / www.ketschauer-hof.com
T.: +49 6326 70000 / info@ketschauer-hof.com

Asiatische, weltoffene Küche. Hauptgerichte von € 35 bis € 65; Menüs von € 95 bis € 205; vegetarisches Menü. Geschlossen: Mo, So; Di-Sa mittags. Kochkurse.

Restaurant 1718

Hotel Ketschauer Hof

Ketschauerhofstr. 1 / 67146
www.ketschauer-hof.com / info@ketschauer-hof.com

Französische, weltoffene Küche. Hauptgerichte von € 32 bis € 38; Menüs von € 56 bis € 76. Geschlossen: Mo-Mi, Fr; Do mittags.

Restaurant St. Urban

Hotel Deidesheimer Hof

Am Marktplatz / 67146 / www.deidesheimerhof.de
T.: +49 6326 96870 / info@deidesheimerhof.de

Deutsche, elsässische Küche. Hauptger. von € 20 bis € 34; Menüs von € 35 bis € 69; vegetar. Menü. Kochkurse.

Delbrück
Nordrhein-Westfalen

Das Essperiment

Schöningerstr. 74 / 33129
www.restaurant-essperiment.de / T.: +49 5250 9956377
info@restaurant-essperiment.de

Deutsche, weltoffene Küche. Hauptgerichte von € 26 bis € 35; Menüs von € 74 bis € 115. Geschl.: Mo-Mi; Do-Sa mittags.

Denzlingen
Baden-Württemberg

Rebstock-Stube

Rebstock-Stube

Hauptstr. 74 / 79211 / www.rebstock-stube.de
T.: +49 7666 900990 / info@rebstock-stube.de

Badische, französische Küche. Hauptgerichte von € 22 bis € 42; Menüs von € 35 bis € 86. Geschlossen: Mo, So; Di-Sa mittags.

Dermbach
Thüringen

BjoernsOx

Rhöner Botschaft

Bahnhofstr. 2 / 36466
www.rhoener-botschaft.de
T.: +49 36964 869230 / info@rhoener-botschaft.de

Deutsche, weltoffene Küche. Menüs ab € 149. Geschlossen: Mo+Di, So; Mi-Sa mittags. Kochkurse.

Dernbach (Pfalz)
Rheinland-Pfalz

Restaurant Schneider

Hauptstr. 88 / 76857
www.schneider-dernbachtal.de
T.: +49 6345 8348 / restaurant@schneider-dernbachtal.de

Deutsche, französische Küche. Hauptgerichte von € 17 bis € 30; Menüs zu € 75. Geschlossen: Mo+Di; Mi+Do mittags.

Tief im Pfälzer Wald liegt dieses hübsche Fachwerkhaus mit Blumenkästen und bietet Gänseleber, Zanderklößchen sowie gute Pfälzer Weine.
Das Haus empfiehlt: Jakobsmuschel und Schweinebauch, Erbse, Zuckerschote, Mais; Entrecôte vom Kalb, Kohlrabi, Trüffel-Parmesan-Pommes; Sanft geschmorte Lammstelze, Kartofflpüree, glasierte Karotten, Lammjus

Detmold
Nordrhein-Westfalen

Jan's Restaurant

Hotel Detmolder Hof

Lange Str. 19 / 32756 / www.jandiekjobst.de
T.: +49 5231 980990 / info@detmolder-hof.de

Deutsche, weltoffene Küche. Hauptgerichte von € 28 bis € 38; Menüs von € 85 bis € 125; besondere Mittagskarte, vegetarisches Menü. Geschlossen: Mo, So; Di+Mi, Fr mittags. Chef's Table, Kochkurse.

Porte Neuf

Woldermarstr. 9 / 32756 / www.porteneuf.de
T.: +49 5231 3027553 / reservierung@porteneuf.de

Fine-Dining-Restaurant mit weltoffener, französischer Küche. Hauptgerichte von € 25 bis € 32; Menüs ab € 58. Geschlossen: Mo, So; Di-Sa mittags.

Dieblich
Rheinland-Pfalz

Landhaus Halferschenke

Hauptstr. 63 / 56332 / halferschenke-dieblich.de
T.: +49 2607 7499154 / info@halferschenke-dieblich.de

Deutsche, französische Küche. Hauptgerichte von € 18 bis € 30; Menüs von € 49 bis € 69. Geschlossen: Di+Mi; Mo, Do-Sa mittags.

Dierhagen
Mecklenburg-Vorpommern

Marktplatzrestaurant
Strandhotel Fischland

Ernst-Moritz-Arndt-Str. 6 / ✉ 18347
www.strandhotel-fischland.de / T.: +49 38226 520
info@strandhotel-ostsee.de

Mediterrane Küche. Hauptgerichte von € 18 bis € 36; Menüs von € 54 bis € 70; vegetarisches Menü.
Täglich geöffneter kulinarischer Treffpunkt mit abendlichem À-la-carte- und Menüangebot sowie Frontcooking-Stationen und großer Terrasse.

Ostseelounge
Strandhotel Fischland

Ernst-Moritz-Arndt-Str. 6 / ✉ 18347 Ortsteil Dierhagen Ost
www.strandhotel-ostsee.de / T.: +49 38226 52666
info@strandhotel-ostsee.de

Fine-Dining-Restaurant mit deutscher, weltoffener Küche. Menüs ab € 148; vegetarisches Menü. Geschlossen: Mo, So; Di-Sa mittags.
Hoch über der Ostsee, bietet das Strandhotel Fischland seinen kulinarisch begeisterten Gästen ganz oben, auf dem Dach des Hauses, einen wahren Höhepunkt: das Gourmet-Restaurant Ostseelounge. Hier vereinen sich eine traumhafte Lage, eine faszinierende Panoramaaussicht über Strand und Meer sowie kulinarische Erlebnisse auf höchstem Niveau. Ja, Lounge gleich ruhig, gleich exklusiv. Noch bevor man einen Happen verdrückt hat. Ein Kaminfeuer lodert im großen Speise-Wohnzimmer. Der Blick schweift durch die großen Fenster über Düne und Strand aufs Wasser. Dem Meer und der Region verbunden sind auch die Speisen des Hauses. Ob Kaisergranat, Zander oder Müritzbarsch – das Küchenteam unter der neuen Leitung von André Beiersdorff und Matthias

Stolze versteht es, sie auf kreative und erlebenswerte Weise in Szene zu setzen. Restaurantleiterin und Sommelière Vanessa Riedemann führt ihre Gäste kompetent und leger durch den Abend.
Das Haus empfiehlt: Foie gras, Rhabarber, Ziegenfrischkäse, Virunga 70 %; Rauchaal und Juvenilferkel, Dim Sum, Dashisud, Zwiebelgewächse; Reh aus heimischen Wäldern, Rücken und Keule, Pfifferling, Granatapfel, Fichtensprossen

Restaurant Strandläufer
Strandhotel Dünenmeer

Birkenallee 20 / ✉ 18347 Ortsteil Neuhaus
www.strandhotel-ostsee.de
T.: +49 38226 501661
berit.stoeckel@strandhotel-ostsee.de

Deutsche Küche. Hauptgerichte von € 25 bis € 54; Menüs ab € 54; besondere Mittagskarte, vegetarisches Menü.
An den Dünen auf einer großen Terrasse in Korbstühlen sitzen, über einen kurzen Steg geht es zum Strand. Viergangmenü und Dinner mit Meerblick.
Das Haus empfiehlt: Tatar vom Rind, Wachtelei, Kapern, Sailbings-Kaviar, Scharlotten; Rumsteak oder Rinderfilet vom US-Rind, Scharlotten, Bohnen, Nussbutter, getrüffeltes Kartoffelgratin; Ganze Seezunge für zwei Personen, buntes Gemüse, Butterkartoffeln

Dießen am Ammersee
Bayern

Gasthof Seefelder Hof
Hotel Seefelder Hof

Alexander-Koester-Weg 6 / ✉ 86911 Ortsteil Dießen
www.seefelder-hof.de / T.: +49 8807 1022
info@seefelder-hof.de

Deutsche, mediterrane Küche. Hauptgerichte von € 14 bis € 42; Menüs von € 29 bis € 60. Geschlossen: Do+Fr.

Nur einen Katzensprung vom Ammersee entfernt liegt der hübsche Gasthof mit Eckbänken, Terrasse sowie bayerisch-mediterraner Atmosphäre.
Das Haus empfiehlt: Fischsuppe nach Art der Bouillabaisse mit Rouille und Knoblauchröstbrot; Filet vom Ammersee-Zander auf Wermutsahne mit gebratener Garnele, Fenchelgemüse und Wildreis; medium gebratenes Rumpsteak mit Sauce béarnaise, Grilltomate, grünen Bohnen und Röstkartoffeln

Dietersheim
Bayern

Landgasthof Fiedler
Landgasthof Fiedler

Oberroßbach 3 / ✉ 91463 Ortsteil Oberroßbach
www.landgasthof-fiedler.de / T.: +49 9161 2425
info@landgasthof-fiedler.de

Fränkische Küche. Hauptgerichte von € 19 bis € 27; Menüs zu € 58. Geschlossen: Do; So abends; Mo-Mi, Fr mittags.

Ein gemütlicher Raum mit Kachelofen, ein lichtdurchfluteter Wintergarten, eine Wirtsstübla und ein Biergarten locken die Gäste.
Das Haus empfiehlt: Carpaccio vom Rehrücken mit Olivenöl mariniert; Kalbsschnitzel mit Kartoffelsalat und Sellerie und Endivien; Oberroßbacher Zwiebelrostbraten mit Marktgemüse und Bratkartoffeln

Dillingen an der Saar
Saarland

La Bécasse

Berckheimstr. 1 / ✉ 66763 Ortsteil Dillingen
www.la-becasse.de / T.: +49 6831 60147
info@la-becasse.de

Französische Küche. Menüs von € 55 bis € 76; besondere Mittagskarte, vegetarisches Menü. Geschlossen: Mo; So abends; Sa mittags. Chef's Table, Kochkurse.

Bad Ditzenbach
Baden-Württemberg

Gasthof-Restaurant Hirsch

Unterdorfstr. 2 / ✉ 73342 Ortsteil Gosbach
www.hirsch-badditzenbach.de / T.: +49 7335 96300
info@hirsch-badditzenbach.de

Gasthof mit schwäbischer Küche. Hauptgerichte von € 16 bis € 36; Menüs von € 48 bis € 59. Geschlossen: Mo-Mi. Kochkurse.
Traditioneller Fachwerk-Gasthof am grünen Dorfrand, in dem Flädlesuppe, Schwäbischer Rostbraten oder Rehschäufele serviert werden.

Das Haus empfiehlt: Ziegenkitzleber-Apfelmostsauce, glacierte Apfelspalten, Kartoffel-Butter-Püree, Brokkoli; Geschmorte Kalbsbäckle, Thymiansauce, glasiertes Wurzelgemüse, Brezelknödel; Rotbarsch, Steinbuttfilet in Thymianöl gedämpft, Couscous-Bohnenkern-Risotto, Birnen, Krustentierschaum

Bad Doberan
Mecklenburg-Vorpommern

Friedrich Franz
Grand Hotel Heiligendamm

Prof.-Dr.-Vogel-Str. 6 / ✉ 18209 Ortsteil Heiligendamm
www.grandhotel-heiligendamm.de
T.: +49 38203 7406210
tablereservation@grandhotel-heiligendamm.de

Fine-Dining-Restaurant mit französischer, weltoffener Küche. Hauptger. von € 45 bis € 95; Menüs von € 169 bis € 245. Geschl.: Mo+Di, So; Mi-Sa mittags. Kochkurse.
Das Grand Hotel Heiligendamm ist ein Luxushotel an der Ostsee, zwischen Kühlungsborn und Rostock. Genauer gesagt, ist es ein Ensemble herrschaftlicher, weiß getünchter Gebäude. Darunter das Kurhaus, das Grand Hotel, das Severin Hotel oder die Burg Hohenzollern. Im 18. Jahrhundert pflegte an diesem Ort jener Herzog im Meer zu baden, der heute Namensgeber des Gourmet-Restaurants ist. Das „Friedrich Franz" empfängt seine Gäste im Belle-Époque-Ambiente mit Seidentapeten, Kronleuchtern, Silberbesteck und natürlich mit einem fantastischen Blick auf die Ostsee. Wie der Deckel auf den Topf passt dazu die edle und weltoffene Cuisine à la française, die ihre maximale Ausprägung in Form eines fünfgängigen Menüs findet: Gänseleber mit Trüffel und Himbeer-Rotkohl, Bresse Taubenbrust mit Spitzkohlpraline, Apfel-Birnen-Tarte mit Bananen-Rosmarin-Sorbet. Übrigens: Für Picknick-Freunde wird eine hochwertige japanische Lunchbox bestückt – unter anderem mit Rindertatar, Canapées und einer Flasche Dom Pérignon.
Das Haus empfiehlt: Gänseleber, grüner Pfeffer, Trüffel-Tapenade, Holunderblütensorbet, Perigord-Trüffel; Loup de Mer in Dillblütensalz mariniert, gegrillte Avocado, geröstete Tomatencrème, Grapefruit, fruchtiger Bouillabaisse-Sud; Mecklenburger Rehrücken, gestocktes Ragout, Haschee, Steinpilzcrème, Aprikose, Karotte

Kurhaus Restaurant
Grand Hotel Heiligendamm

Prof.-Dr.-Vogel-Str. 6 / ✉ 18209 Ortsteil Heiligendamm
www.grandhotel-heiligendamm.de / T.: +49 38203 7406210
tablereservation@grandhotel-heiligendamm.de

Deutsche, französische Küche. Hauptgerichte von € 30 bis € 58; besondere Mittagskarte, vegetarisches Menü. Geschlossen: mittags.

Rollmops direkt vom Ostseekutter, Lammfleisch vom Bio-Gut und Regionales ganz fein gemacht – dafür steht das elegante Restaurant.
Das Haus empfiehlt: Filet vom Kabeljau mit Spargel-Morchelragout, Kartoffelcrème und Kräuterknusper; Rücken vom Salzwiesenlamm mit Petersilienhaube, Ofenspargel und Bärlauchnocken; Gebackener Pilzstrudel, karamellisierte Zwiebel, sautierte Pilze und Kräuteröl

Donaueschingen

Baden-Württemberg

Esszimmer

Der Öschberghof

Golfplatz 1 / 78166
www.oeschberghof.com
T.: +49 771 840 / info@oeschberghof.com

Mediterrane, deutsche Küche. Hauptgerichte von € 26 bis € 48. Geschlossen: mittags.
Sand- und Erdtöne tauchen das Restaurant in ein warmes Licht. Im Sommer locken zwei Terrassen mit Ausblick auf die Golfanlage.
Das Haus empfiehlt: Geflämmter Label-Rouge-Lachs, junger Kohlrabi, Kefir, Prunier Kaviar; Gegrilltes Kalbskotelett von der Metzgerei Glasstetter, Spargel, junge Erbsen, Pfifferlinge, Velouté; Filet vom Atlantik Heilbutt, Gartentomaten, Sepiarisotto, Caldeiradasud

Flair Hotel Grüner Baum

Flair Hotel Grüner Baum

Friedrich-Ebert-Str. 59 / 78166
www.flairhotel-gruenerbaum.de
T.: +49 771 80910
info@flairhotel-gruenerbaum.de

Badische Küche. Hauptgerichte von € 16 bis € 30; Menüs von € 39 bis € 50; vegetarisches Menü. Geschlossen: So; Mo-Sa mittags.
Familienbetrieb mit traditionellem Ambiente. Inmitten der Holzvertäfelung erhält der Gast fein angerichtete, moderne Speisen.
Das Haus empfiehlt: Gebeizter Rote-Bete-Lachs mit Calamansi-Schmand, Grapefruit, Sesamspinat und Reisplätzchen; Eingelegter Schweinebauch mit Erdnusskruste, Teriyakijus, Pak Choi, Süßkartoffelpüree, Blumenkohlkrokette; Donauwelle mal anders - Marmorschnitte mit Mokkakirschen, Vanillecrème, Kirschsorbet und Pistazieneis

ÖSCH NOIR

Der Öschberghof

Golfplatz 1 / 78166 / www.oeschberghof.com
T.: +49 771 84-610 / guestrelation@oeschberghof.com

Fine-Dining-Restaurant mit weltoffener, französischer Küche. Hauptgerichte von € 35 bis € 65; Menüs von € 165 bis € 210; vegetarisches Menü. Geschlossen: Mo+Di; Mi-So mittags. Chef's Table.
Im Fine Dining Restaurant ÖSCH NOIR erlebt der Gast Kulinarik auf höchsten Niveau in einzigartiger Atmosphäre und Umgebung. An den dunklen, geheimnisvollen Schwarzwald lehnt sich der Style des ÖSCH NOIR an. Bis zur Decke reichende Baumstämme säumen den Weg bis zum Gastraum, vorbei an einer Reihe von Fenstern, die einen Blick in die Küche freigeben. Hier kann der Gast Köchen bei der Arbeit zusehen. Wer sich von diesem Handwerk unwiderstehlich angezogen fühlt, kann gleich an den hohen, kleinen Tischen mit Barhockern Platz nehmen und das Schauspiel genießen. Oder zusammen mit sechs anderen Gästen den exklusiven Chef's Table wählen. Für alle anderen führt der Weg weiter zu den runden Tischen, die mystisch von an der Decke hängenden Glasperlenketten umschlungen werden. Das Küchen- und Serviceteam arbeiten Hand in Hand an einer modernen Art, Essen zu präsentieren. Der Serviceteam hüllt den Gast mit lockerer Fürsorge und unbedingter, aber diskreter Aufmerksamkeit ein. Die Küche bietet zwei Sieben-Gänge-Menüs an. Eins grün wie Gemüse und eins schwarz für die Vielfalt des Schwarzwaldes und des ÖSCH NOIRS.
Das Haus empfiehlt: Balfego Thunfisch, Aubergine, schwarzer Rettich, Safran; Rochenflügel, Spargel, Schnittlauch, Yuzu; Imperial Taube, Spinat, Schwarzwurzel, Périgord Trüffel

Loup de Mer: Wolfsbarsch, Seewolf

Hexenweiher Ristorante & Pizzeria

Der Öschberghof

Golfplatz 1 / ✉ 78166
www.oeschberghof.com / T.: +49 771 84610
guestrelation@oeschberghof.com

Italienische Küche. Hauptgerichte von € 9 bis € 42; besondere Mittagskarte, vegetarisches Menü. Geschlossen: Mi.

Lockeres Trattoria-Ambiente mit kleinen einfachen Tischen und Sitzbänken. Die Pizzeria mit traditionellem Steinofen.
Das Haus empfiehlt: Handgemachte Kartoffelgnocchi, Salsiccia aus der Toscana, Steinchampignons, getrocknete Tomaten, Sahne; Risotto Carnaroli, rote Garnele, Zucchini, Parmesan; Gegrillter Wolfsbarsch, Lachs, Garnelen, Calamaretti, Langostino, Fächerkartoffeln, Aioli

Öventhütte

Der Öschberghof

Golfplatz 1 / ✉ 78166
www.oeschberghof.com
T.: +49 771 84610
guestrelation@oeschberghof.com

Bayerische, österreichische Küche. Hauptgerichte von € 15 bis € 33; besondere Mittagskarte, vegetarisches Menü. Geschlossen: Mo+Di.

Rustikale Alpenhütte direkt an Joggingpfad und Golfplatz. Hier genießt man im typisch holzigen Ambiente eine Vesper oder eine Jause.
Das Haus empfiehlt: Gesottener Rindertafelspitz mit Rahmspinat, Apfel-Meerrettichkompott und Salzkartoffeln; Zwiebelrostbraten vom Rinderrücken mit gebackenen Zwiebeln auf einer würzigen Pfeffersauce; Wiener Schnitzel vom Milchkalb mit Zitrone und Preiselbeeren

Chipolata: Chipolata Würstchen, glacierte Perlzwiebeln, Maronen und Speckwürfel zu gebratenem Geflügel oder Fleisch

Restaurant Die Burg

Hotel Die Burg

Burgring 6 / ✉ 78166 Ortsteil Aasen / www.burg-aasen.de
T.: +49 771 17510050 / info@burg-aasen.de

Deutsche, weltoffene Küche. Hauptgerichte von € 20 bis € 45; Menüs von € 80 bis € 140; besondere Mittagskarte, vegetarisches Menü, vegane Hauptgerichte. Geschlossen: Mo+Di; Mi mittags.

Zwischen Schwarzwald und Schwäbischer Alb in eines Dorfes Mitte (Aasen, zu Donauschingen) liegt ein kleines aber feines Hotel und dazu eine Gastronomie, die gerne auch von weiter außerhalb angesteuert wird. Das liegt an der vielseitigen und hochkarätigen Küche des Hauses, die ihre Gäste am Abend mit bis zu sieben (vegetarisch bis zu fünf) kreativen Speisefolgen verwöhnt. Jason (Küchenchef) und Niklas Grom (Sommelier) haben ihre Nasen schon über viele Kochtöpfe, beziehungsweise Weingläser, in der gehobenen Gastronomie gehalten. Sie verstehen ihr Handwerk. Mittags geht es mit Flädelsuppe und einem gut gemachten Zwiebelrostbraten dann recht gutbürgerlich zu. An sieben Tagen in der Woche hat außerdem die Weinbar des Hauses geöffnet und lädt zum Genuss von Burgern, Cocktails und guten Weinen ein.
Das Haus empfiehlt: Marinierte bayerische Garnelen mit Krustentiereis, Zitrusfrüchten, Rettich und Mango; Ballotine vom französischen Marensin-Maishuhn mit Entenleber, Brokkoli, wilden Heidelbeeren und Pilzen; Badische Erdbeeren mit Ziegenjoghurt, Gurke und Dill

Donzdorf
Baden-Württemberg

Schloss Donzdorf

Schloss 1 / ✉ 73072 / www.schlossdonzdorf.de
T.: +49 7162 9468100 / info@schlossdonzdorf.de

Schwäbische, deutsche Küche. Hauptgerichte von € 12 bis € 27; besondere Mittagskarte, vegetarisches Menü. Geschlossen: Mo-Mi abends; Sa mittags.

In dem hübschen kleinen Schloss sitzt der Gast unter hohen Kreuzgewölben. Schöne Terrasse zur Parkanlage.

Dorfen
Bayern

Wailtl Bräu

Marienplatz 2 / ✉ 84405
www.wailtl-gaststaette.de
T.: +49 8081 9569261
info@wailtl-gaststaette.de

Bayerische Küche. Hauptgerichte von € 10 bis € 37; besondere Mittagskarte. Geschlossen: Mo+Di.
Urgemütliches Traditionsgasthaus, das mit einer zünftigen bayerischen Küche, auf offenem Feuer gegrillten Fleisch und leckeren Salatvariationen punktet.
Das Haus empfiehlt: Salat Wailtl mit gebratenem Lachs, Terriyaki-Hähnchenspieß, gebackenen Frischkäse-Jalapeñjos und dreierlei Dips; Gemischter Fischteller mit buntem Gemüse und Petersilienkartoffeln; Lauwarmes Schokoladentörtchen mit Früchten und einer Kugel Eis

Dörscheid
Rheinland-Pfalz

FETZ - Das Loreley Hotel
FETZ - Das Loreleyhotel

Oberstr. 19 / ✉ 56348
fetz-hotel.de / T.: +49 6774 267
hallo@fetz-hotel.de

Deutsche, mediterrane Küche. Hauptgerichte von € 16 bis € 35; Menüs von € 31 bis € 55; vegetarisches Menü, vegane Hauptgerichte. Geschlossen: Di; Mo, Mi-Fr mittags.

Unweit des sagenumwobenen Loreley-Felsens, direkt am Rheinsteig gelegener Familienbetrieb mit Hotel, Restaurant und Destillerie.
Das Haus empfiehlt: Rosa Hirschrücken mit Aprikosen-Spitzkohl, Spätburgundersauce und Schupfnudeln; Filet vom Wolfsbarsch auf der Haut gebraten mit Safran-Fenchel-Risotto und Rieslingschaum; Vegane Falafel auf buntem Gemüse mit gebratenen Pfifferlingen und Dip von Dörscheider Kräutern.

À la broche: am Spieß gebraten

À la minute: unmittelbar nach der Bestellung frisch zubereitet

Dorsten
Nordrhein-Westfalen

Goldener Anker

Lippetor 4 / ✉ 46282 Ortsteil Altstadt
www.bjoern-freitag.de / T.: +49 2362 22553
af@bjoern-freitag.de

Deutsche, französische Küche. Menüs von € 120 bis € 165; vegetarisches Menü. Geschlossen: Sa+So; Mo-Fr mittags. Kochkurse.

Björn Freitag ist weit über die Grenzen der Stadt Dorsten hinaus bekannt. Er, der im Fernsehen uns Verbraucher über Lebensmittel informiert und mit leckeren Rezepten versorgt, führt in Dorsten ein Gourmet-Restaurant. Der Name „Goldene Anker" lässt eine längere Vergangenheit vermuten. Tatsächlich kann die Geschichte bis 1911 zurückverfolgt werden. Familie Freitag betreibt das Restaurant in zweiter Generation. Es ist Björn Freitags Verdienst, das Restaurant in die „bessere Gesellschaft" eingeführt zu haben. Äußerlich wirkt es wie ein typisches Gasthaus, innerlich behutsam elegant hergerichtet für die feinschmeckenden Menschen im Ruhrgebiet. Der Gast sitzt bequem und ungestört, und vor allem ruhig. Teppich und Vorhänge haben eben auch etwas für sich. Besonders in unserer hektischen Zeit weiß der Gourmet entspanntes Genießen unter Freunden zu schätzen.
Das Haus empfiehlt: Yellowfin-Thunfisch, Melone, Erbse, Minze, Dashibutter; Steinpilzravioli, Ochsenschwanz, Eigelb, Pfifferlinge, Pfirsich; Aprikose, Nektarine, Joghurt, Mandel

Henschel

Borkener Str. 47 / ✉ 46284 Ortsteil Holsterhausen
www.restaurant-henschel.de / T.: +49 2362 62670
info@restaurant-henschel.de

Französische Küche. Menüs von € 80 bis € 99. Geschlossen: Mo-Mi, So; Do-Sa mittags.
Am Herd dieses Restaurants steht Leonore Henschel – seit über 50 Jahren! Immer neue Nuancen bereichern ihr Repertoire aus der französisch-internationalen Küche für die Gäste ihres eleganten, hellen Restaurants. Nur ihrer Liebe und Lust am Kochen ist es zu verdanken, dass Dorsten erstmals auf der Gourmet-Landkarte erwähnt wurde. Von außen wirkt das beliebte Lokal in der Borkener Straße 47 schon fast ein bisschen unscheinbar. Erst am Abend, wenn der Betrieb beginnt, haben der hell erleuchtete Eingang und das stimmungsvolle Licht aus den Fenstern eine äußerst einladende Wirkung.

➞

Innen konnte selbst nach einer kleinen Modernisierung im Jahr 2016 der elegante 60er-Jahre-Stil erhalten bleiben. Blumen und Kerzenlicht, tadellos eingedeckte Tische mit Silberbesteck, silberne Butterdöschen und perfekt gefaltete Stoffservietten prägen die Atmosphäre. Sohn Marco teilt als Gastgeber vor allem eines mit seiner Mutter: die Leidenschaft für das, was sie tun. Mit viel Weinkenntnis umsorgt er seine Gäste mit einer imposanten Auswahl deutscher, italienischer und französischer Weine.
Das Haus empfiehlt: Steinbutt und Nordseekrabben, grüner Spargel, Champagnersauce; Kalbsfilet mit frischen Morcheln, Erbse und Spargel; Marinierte Erdbeeren mit Erdbeersorbet, Mousse von weißer Valrhona Schokolade

Restaurant Rosin

Hervester Str. 18 / ✉ 46286 Ortsteil Wulfen
www.frankrosin.de / T.: +49 2369 4322
reservierung@frankrosin.de

Fine-Dining-Restaurant mit weltoffener, französischer Küche. Menüs von € 104 bis € 170; vegetarisches Menü. Geschlossen: Mo, So; Di-Sa mittags.

Suprême: Gericht aus dem besten Stück eines Tieres

Tarteletteformen: kleine runde flache Backförmchen

Wellington: gebratenes Fleisch in Blätterteighülle

Dortmund
Nordrhein-Westfalen

Das Hoesch Restaurant

Phoenixplatz 3 / ✉ 44263 Ortsteil Hörde
www.das-hoesch.restaurant / T.: +49 231 70088888
info@das-hoesch.restaurant

Deutsche, mediterrane Küche. Hauptgerichte von € 26 bis € 52. Geschlossen: Mo, So; Di-Sa mittags.

Der Schneider
Hotel Ambiente

Am Gottesacker 70 / ✉ 44143 Ortsteil Wambel
www.derschneider-restaurant.com
info@derschneider-restaurant.com

Fine-Dining-Restaurant mit weltoffener Küche. Menüs von € 110 bis € 145; vegetarisches Menü. Geschlossen: Mo, So; Di-Sa mittags.

Grammons Restaurant & Weinbar

Wieckesweg 29 / ✉ 44309 Ortsteil Brackel
www.grammons.de / info@grammons.de
T.: +49 231 93144465

Fine-Dining-Restaurant mit französischer Küche. Menüs von € 105 bis € 129; besondere Mittagskarte. Geschlossen: Mo+Di, So; Fr+Sa mittags.

La Cuisine Mario Kalweit

Lübkestr. 21 / ✉ 44141 Ortsteil Mitte
www.mariokalweit.de / T.: +49 231 5316198
restaurant@mariokalweit.de

Französische, italienische Küche. Hauptgerichte von € 34 bis € 45; Menüs von € 62 bis € 74; vegetarisches Menü. Geschlossen: Mo+Di, So; Mi-Sa mittags. Kochkurse.

The Stage

Karlsbader Str. 1 a / ✉ 44225 Ortsteil Hombruch
www.thestage-dortmund.com / T.: +49 231 7100111
contact@thestage-dortmund.com

Fine-Dining-Restaurant mit weltoffener Küche. Menüs von € 80 bis € 139; vegetarisches Menü. Geschlossen: Mo, So; Di-Sa mittags.

Vida by Dyllong & De Luca

Hagener Str. 231 / ✉ 44229 Ortsteil Kirchhörde
www.vida-dortmund.com / T.: +49 231 95009940
contact@vida-dortmund.com

Weltoffene Küche. Hauptgerichte von € 19 bis € 49; Menüs von € 57 bis € 76. Geschlossen: Mo, So; Di-Sa mittags.

Wibbelings Hof

Wittichstr. 23 / ✉ 44339 Ortsteil Holthausen
www.wibbelings-hof.de
T.: +49 152 22501188
kontakt@wibbelings-hof.de

Fine-Dining-Restaurant mit deutscher, weltoffener Küche. Menüs von € 69 bis € 89; vegetarisches Menü. Geschlossen: Mo-Do, So; Fr+Sa mittags.
Kuchen und Torten – die gibt es im Wibbelings Hof im ländichen Dortmunder Norden in Eins A Qualität. Wenn die Kuchentheke schließt, bieten Sandra und Jörn Haumann in ihrem Bauernhof (mit Hofladen und Café) zwei feine Menüs, die jeweils bis zu sechs Gänge umfassen. Die Gäste dürfen sich auf feine und liebevoll arrangierte Speisen wie Schweinebauch mit Aal, Schellfisch oder Lammrücken freuen, zubereitet von Chefin Sandra und Jonas Friedhoff. Man wähnt sich in einem familiären, modernen Landhausambiente, das zum Entschleunigen und Genießen einlädt. Des Weiteren empfiehlt sich der naturnah gelegene Wibbelings Hof als tolle Location für Hochzeiten und private Feiern. Sogar standesamtliche Trauungen sind hier möglich.
Das Haus empfiehlt: Wechselndes Menü; Vegetarisches Menü

Dreis
Rheinland-Pfalz

Waldhotel Sonnora
Waldhotel Sonnora

Auf dem Eichelfeld 1 / ✉ 54518 / www.hotel-sonnora.de
T.: +49 6578 98220 / info@hotel-sonnora.de

Fine-Dining-Restaurant mit französischer Küche. Hauptgerichte von € 98 bis € 128; Menüs ab € 258. Geschlossen: Mo-Do; Fr-So abends.

Das Waldhotel Sonnora liegt (wie der Name vermuten lässt) mitten im Wald und muss gezielt, am besten mittels Navi, angesteuert werden. Nicht einmal an der Ortschaft Dreis mit ihren 1.500 Einwohnern kommt man zufällig vorbei. Doch Übernachten ist im Waldhotel Sonnora seit Jahrzehnten nur vornehme Nebensache. Denn Alleinstellungsmerkmal ist neben der Lage die exzellente Haute Cuisine, die der junge Clemens Rambichler und sein Team hier produzieren. Während der ersten Lockdown-Phase haben er und Partnerin Magdalena dem Restaurant und dem Hotel aus ihrem barocken Kleid in gold und rot geholfen: Das Interieur erstrahlt nunmehr in einem schicken und modernen Fine-Dining-Glanz. Die Speisekarte offeriert – je nach Verfügbarkeit – die vollendeten Zubereitungen und Produkte der französischen Edelküche, was genau die Attraktion des Hauses ausmacht: Rindertatar mit Imperial-Gold-Kaviar, Kaisergranat mit Kaviarcrème, Steinbutt, Hummer, Langostinos, Seezunge, Etouffée Taube – zu wählen à la carte oder als Menü in bis zu acht Gängen. Stilvoll und herzlich umrahmt wird der Aufenthalt durch eine kompetente Service-Mannschaft. (Mehr Informationen über Clemens Rambichler unter „Auszeichnungen des Jahres Deutschland".)
Das Haus empfiehlt: Gegrillte Langoustines „Royal" mit Mango „Par Avion" und Limonen-Butter-Sauce „Beurre Bordier"; Sanft gegarter Steinbutt aus der Vendée mit Bouchot-Muscheln „St. Brieuc", Fenchel, Anis und iranischem Safran; Karree und Rücken vom Limousin Lamm, über Holzkohle „Binchotan" gegrillt, auf Jus von Kalbskopf, Lammzunge und getrockneten Tomaten

Dresden
Sachsen

Elements DELI & Restaurant

Königsbrücker Str. 96 / ✉ 01099 Ortsteil Äußere Neustadt
www.restaurant-elements.de / T.: +49 351 2721696
lebensart@restaurant-elements.de

Weltoffene Küche. Hauptgerichte von € 35 bis € 45; Menüs ab € 95; vegetarisches Menü. Geschlossen: Mo, So.

Pâtisserie: Feinbäckerei, Konditorei

Caroussel Nouvelle
Bülow Palais

Königstr. 14 / ✉ 01097 Ortsteil Innere Neustadt
www.buelow-palais.de/restaurants-bar/#caroussel
T.: +49 351 8003140 / info.palais@buelow-hotels.de

Weltoffene, deutsche Küche. Hauptgerichte von € 26 bis € 38; Menüs von € 94 bis € 110; besondere Mittagskarte, vegetarisches Menü. Kochkurse.

Im Bülow Palais wurde bereits 2021 die Gastronomie unter der Leitung des ehemaligen Souschefs Sven Vogel neu aufgestellt. Das „Caroussel Nouvelle" steht für eine Küche, die, je nach Gusto, sowohl den Gourmetanspruch (abends) als auch das Verlangen nach guten bodenständigen Gerichten erfüllt (täglich mittags und abends). Kunst, abstrakte Skulpturen und blütenweiße Tische sorgen auch für das modern-elegante Flair des Restaurants Caroussel Nouvelle im lichtdurchfluteten Wintergarten. Genauso wie das Meissener Porzellan, jenes Geschirr von Fürsten, Königen, Staatsgästen und Feinschmeckern. Der Gast darf hier neben einem exquisiten Hummersüppchen außerdem ein gut gemachtes Wiener Schnitzel wählen.
Das Haus empfiehlt: Carpaccio vom Pulpo, Mojo, Paprika und Blutorange; Rochenflügel, Artischocke, Bergamotte und Gremolata; Rinderbrust BBQ-Style, Pfifferling, Wassermelone, Mais und Aktivkohle

Genuss-Atelier

Bautzner Str. 149 / ✉ 01099 Ortsteil Radeberger Vorstadt
www.genuss-atelier.net / T.: +49 351 25028337
info@genuss-atelier.net

Weltoffene, deutsche Küche. Hauptgerichte von € 17 bis € 32; Menüs von € 57 bis € 97. Geschlossen.: Mo, So; Di-Fr mittags. Kochkurse.

Kaminrestaurant
Schloss Hotel Dresden-Pillnitz

August-Böckstiegel-Str. 10 / ✉ 01326
www.dresden-kaminrestaurant.de / T.: +49 351 26140
reservierung@schlosshotel-pillnitz.de

Deutsche Küche. Hauptger. ab € 19; Menüs ab € 48; vegetar. Menü. Geschl.: Mo+Di; Mi-So mittags. Kochkurse.

Kastenmeiers
Taschenbergpalais Kempinski Dresden

Taschenberg 3 / ✉ 01067 Ortsteil Innere Altstadt
www.kastenmeiers.de / T.: +49 351 48484801
restaurant@kastenmeiers.de

➞

Seafood-Restaurant mit deutscher, mediterraner Küche. Hauptgerichte von € 14 bis € 52; Menüs ab € 55. Geschlossen: mittags. Kochkurse.

Landhaus Lockwitzgrund
Landhaus Lockwitzgrund

Lockwitzgrund 100 / ✉ 01257 Ortsteil Lockwitz
www.landhaus-lockwitzgrund.de
T.: +49 351 2710010
tkaiser@landhaus-lockwitzgrund.de

Mediterrane, deutsche Küche. Hauptgerichte von € 15 bis € 30; Menüs von € 30 bis € 50. Geschlossen: Mo.
Die restaurierten Stallgebäude der alten „Makkaroni-Fabrik" sind heute Restaurant und Hotel, etwa zehn Kilometer von der City entfernt.
Das Haus empfiehlt: Gegrillter Riesengarnelen-Spieß mit Aioli, an knackigem Blattsalat oder Pesto-Spaghettini; Schweinsmedaillons auf Gorgonzolasauce mit jungem Gemüse und Rahmnudeln; Erdbeer-Mascarpone-Parfait und Quittensorbet an frischen Erdbeeren

Petit Frank

Bürgerstr. 14 / ✉ 01127 Ortsteil Pieschen-Süd
www.petit-frank.de / T.: +49 351 8211900
info@petit-frank.de

Französische, elsässische Küche. Hauptgerichte zu € 30; Menüs von € 55 bis € 135; vegetar. Menü, vegane Hauptgerichte. Geschl.: Mo, So; Di-Sa mittags. Kochkurse.

Bad Driburg
Nordrhein-Westfalen

Caspar's Restaurant
Gräflicher Park Health & Balance Resort

Brunnenallee 1 / ✉ 33014
www.graeflicher-park.de
T.: +49 5253 95230 / info@graeflicher-park.de

Deutsche, mediterrane Küche. Hauptgerichte von € 18 bis € 33; Menüs von € 25 bis € 55; besondere Mittagskarte, vegetarisches Menü.

Duggendorf
Bayern

Hummels Gourmetstube

Heitzenhofener Str. 16 / ✉ 93182 Ortsteil Wischenhofen
gasthaushummel.de / T.: +49 9473 324
post@gasthaushummel.de

Fine-Dining-Restaurant mit weltoffener, mediterraner Küche. Menüs von € 85 bis € 95. Geschlossen: Mo-Mi, So; Do-Sa mittags.

Duisburg
Nordrhein-Westfalen

Küppersmühle Restaurant
Museum Küppersmühle für Moderne Kunst

Philosophenweg 49-51 / ✉ 47051 Ortsteil Altstadt
www.kueppersmuehle-restaurant.de
T.: +49 203 518888-0 / info@kueppersmuehle-restaurant.de

Fine-Dining-Restaurant mit französ., weltoffener Küche. Hauptger. von € 28 bis € 43; Menüs von € 69 bis € 89; Mittagskarte, vegane Hauptger. Geschl.: Mo+Di; So abends.

MOD by Sven Nöthel

Grafschafter Str. 197 / ✉ 47199 Ortsteil Baerl
www.mod-dining.com / T.: +49 176 23557864
info@mod-dining.com

Fine-Dining-Restaurant mit weltoffener Küche. Menüs von € 85 bis € 125; vegetarisches Menü. Geschlossen: Mo; So abends; Di-Sa mittags. Kochkurse.

Villa Patrizia

Mülheimer Str. 213 / ✉ 47058 Ortsteil Duissern
www.villa-patrizia.de / T.: +49 203 330480
info@villa-patrizia-online.de

Italienische, mediterrane Küche. Hauptgerichte von € 19 bis € 46; Menüs von € 68 bis € 95; besondere Mittagskarte, vegetarisches Menü. Geschlossen: So; Sa mittags.
Elegantes, am Zoo gelegenes Restaurant mit großen Fenstern, in dem der Chef persönlich seine Spezialitäten und Menüs anpreist.
Das Haus empfiehlt: Jakobsmuscheln, Belugalinsen, Artischocken und Knoblauchcrème; Linguini mit Muscheln und kanadischem Hummer; Steinbeißer-Loins auf pikanten roten Linsen

Durbach
Baden-Württemberg

[maki:'dan] im Ritter
Hotel Ritter Durbach

Tal 1 / ✉ 77770 / www.ritter-durbach.de/makidan
T.: +49 781 93230 / info@ritter-durbach.de

Fine-Dining-Restaurant mit weltoffener Küche. Hauptgerichte von € 7 bis € 19; Menüs von € 28 bis € 76. Geschlossen: Mo, So; Di-Sa mittags.

Bad Dürkheim
Rheinland-Pfalz

Restaurant Savarin ... die Gesundheitsküche

Weinstraße Nord 12 / ✉ 67098 / www.restaurantsavarin.de
T.: +49 6322 7908925 / info@savarin.de

Fine-Dining-Restaurant mit weltoffener, italienischer Küche. Hauptgerichte von € 22 bis € 49; Menüs von € 69 bis € 179; besondere Mittagskarte, vegetarisches Menü. Geschlossen: Mo+Di; Mi-Fr mittags. Chef's Table.
Das Restaurant „Savarin“ verfügt über die erste europäisch-ayurvedische Küche der Welt. Es ist die einzige Küche Europas, in der 150 Heil- und Gewürzpflanzen aus eigenem Anbau und 180 Heilöle eingesetzt werden. Auch die Zubereitungsweise der Speisen ohne Wasser, Sud, Milch, Sahne, Butter, Dotter, Farb-, Aroma-, Konservierungs-, Pökel, Geschmacksstoffe, Salz, Zucker und Transfette sowie raffinierte-, verarbeitete-, vorbehandelte-, verpackte oder gelagerte Zutaten jeglicher Art machen das Restaurant einzigartig in Europa. Zur Alleinstellungsmerkmalen von Savarin zählen auch die echte Bio-Filet-Raritäten von Rind, Kalb und Lamm. Dazu kommen Edelfische, Krustentiere, Meeresfrüchte aus Wildfang in direkter Lieferung und ohne Zwischenhandel. Man bekennt sich schon seit vielen Jahren zum Umwelt-, Natur-, Klima- und Tierschutz – ohne wenn und aber.
Das Haus empfiehlt: 150 Heilpflanzen aus eigenem Anbau; Filetraritäten Bio und Wild, Wagyu (Kobe)-Filet, Rehfilet, Bisonfilet, Hirschfilet und 25 weitere; Edelfische, Krustentiere und Meeresfrüchte aus Wildfang, in direkter Lieferung ohne Zwischenhandel

Düsseldorf
Nordrhein-Westfalen

1876 Daniel Dal-Ben

Grunerstr. 42 a / ✉ 40239 Ortsteil Düsseltal
1876.restaurant / T.: +49 211 1717361 / info@1876.restaurant

Fine-Dining-Restaurant mit weltoffener Küche. Menüs von € 160 bis € 175. Geschlossen: Mo-Mi, So; Do-Sa mittags.

Agata's Restaurant
Living Hotel Düsseldorf

Kirchfeldstr. 59 / ✉ 40217 Ortsteil Friedrichstadt
www.agatas.de / T.: +49 211 20030616 / info@agatas.de

Weltoffene Küche. Menüs von € 129 bis € 159. Geschlossen: Mo, So; Di-Sa mittags.

Berens am Kai

Kaistr. 16 / ✉ 40221 Ortsteil Hafen / www.berensamkai.de
T.: +49 211 3006750 / info@berensamkai.de

Französische Küche. Hauptgerichte von € 29 bis € 65; Menüs von € 95 bis € 149. Geschlossen: Di, So; Sa mittags.

Dr. Kosch Gastrobar

Roßstr. 39 / ✉ 40476 Ortsteil Derendorf / www.dr-kosch.de
T.: +49 176 80487779 / restaurant@dr-kosch.de

Weltoffene, französische Küche. Menüs von € 82 bis € 116. Geschlossen: Mo-Mi, So; Do-Sa mittags.

Fritz's Frau Franzi
The Fritz Hotel

Aderstr. 8 / ✉ 40215 Ortsteil Friedrichstadt / fritzsfraufranzi.de
T.: +49 211 370750 / info@fritzsfraufranzi.de

Fine-Dining-Restaurant mit weltoffener Küche. Hauptgerichte von € 15 bis € 19; Menüs von € 114 bis € 146; Mittagskarte, vegetar. Menü. Geschl.: Mo+Di, So; Mi-Sa mittags.

Im Schiffchen

Kaiserswerther Markt 9 / ✉ 40489 Ortsteil Kaiserswerth
www.im-schiffchen.com / T.: +49 211 401050
restaurant@im-schiffchen.de

Französische, mediterrane Küche. Hauptgerichte von € 36 bis € 69; Menüs von € 113 bis € 145; vegetarisches Menü. Geschlossen: Mo, So; Di-Sa mittags.
Der landschaftliche Reiz des Rheins und der malerische Ort mit seinen Barockhäusern sind das adäquate Passepartout für einen Aufenthalt im „Schiffchen“. Wie ein Stein in der Brandung hat Jean Claude Bourgeuil die französische Hochküche über Jahrzehnte hier in Kaiserswerth hochgehalten und gleichzeitig mit der deutschen und internationalen Küche gespielt. Restaurantleiter Enzo Caso und Küchenchefin Nina Ranger, beide langjährige Mitarbeiter, führen die Tradition des großen Meisters fort. Die Haute Cuisine wurde ins Parterre des Hauses verlegt. Jean Claudes beliebte Klassiker füllen einen Teil der Speisekarte, ein anderer Teil ist inspiriert von den Jahreszeiten, von Reisen in ferne und nahe Länder, von Freunden und Mitarbeitern. Das schöne Kaiserswerth erfährt mit dem „Im Schiffchen“ eine echte Aufwertung.
Das Haus empfiehlt: Königsdorade in Salzteig, Felsenpulpo, Schalentiere und Amalfi-Zitrone; Gefüllte Conchiglioni in Hummercrème mit 1/2 Hummer; Brasato vom Wagyu Rind in Aglianico-Sauce

Le Flair

Marc-Chagall-Str. 108 / ✉ 40477 Ortsteil Pempelfort
www.restaurant-leflair.de / T.: +49 211 51455688
mail@restaurant-leflair.de

Französische Küche. Menüs von € 96 bis € 144; besondere Mittagskarte. Geschlossen: Mo+Di; Mi-So mittags.

Lido Hafen

Am Handelshafen 15 / ✉ 40221 Ortsteil Hafen
www.lido1960.de / T.: +49 211 15768730
welcome@lido1960.de

Deutsche, französische Küche. Hauptgerichte von € 32 bis € 44; Menüs von € 75 bis € 125; vegetar. Menü. Geschlossen: Mo-Mi, So; Do-Sa mittags. Chef's Table, Kochkurse.

Nagaya

Klosterstr. 42 / ✉ 40211 Ortsteil Stadtmitte
www.nagaya.de / T.: +49 211 8639636 / info@nagaya.de

Japanische, Crossover-Küche. Menüs von € 179 bis € 218; besondere Mittagskarte. Geschlossen: Mo, So; Mi mittags.

Phoenix Restaurant & Weinbar

Dreischeibenhaus

Dreischeibenhaus / ✉ 40211 Ortsteil Stadtmitte
www.phoenix-restaurant.de / T.: +49 211 30206030
info@phoenix-restaurant.de

Fine-Dining-Restaurant mit weltoffener, französischer Küche. Hauptgerichte von € 30 bis € 45; Menüs von € 93 bis € 112; Mittagskarte, vegetarisches Menü. Geschlossen: Mo, So; Sa mittags.

Pink Pepper

Steigenberger Parkhotel Düsseldorf

Königsallee 1 a / ✉ 40212 Ortsteil Stadtmitte
www.pinkpepper-restaurant.com / T.: +49 211 13810
pinkpepper@steigenberger.com

Fine-Dining-Restaurant mit französischer, weltoffener Küche. Menüs von € 139 bis € 174; vegetarisches Menü. Geschlossen: Mo, So; Di-Sa mittags.

Restaurant Kö59

Hotel Kö59 Düsseldorf

Königsallee 59 / ✉ 40215 Ortsteil Friedrichstadt
koe59.com / T.: +49 211 82851220
koe59.duesseldorf@ihg.com

Weltoffene, rheinische Küche. Hauptger. von € 24 bis € 38; Menüs ab € 51. Geschlossen: Mo, So; Di-Sa mittags.

Pastete: feine Fleisch-, Fisch- oder Gemüsefarce in Teighülle

Rossini

Kaiserstr. 5 / ✉ 40479 Ortsteil Pempelfort
www.restaurant-rossini.de
T.: +49 211 494994
info@restaurant-rossini.de

Fine-Dining-Restaurant mit italienischer Küche. Hauptgerichte von € 20 bis € 35; Menüs von € 49 bis € 65; vegetarisches Menü. Geschlossen: Mo, So; Di-Sa mittags. Kochkurse.

Rubens

Kaiserstr. 5 / ✉ 40479 Ortsteil Pempelfort
www.rubens-restaurant.de / T.: +49 211 15859800
info@rubens-restaurant.de

Österreichische, mediterrane Küche. Hauptgerichte von € 25 bis € 29; Menüs von € 55 bis € 65. Geschlossen: Mo, So; Di-Sa mittags.

Setzkasten

Zurheide Feine Kost

Berliner Allee 52 / ✉ 40212
www.setzkasten-duesseldorf.de / T.: +49 211 2005716
setzkasten@zurheide-feine-kost.de

Weltoffene Küche. Hauptgerichte von € 18 bis € 30; Menüs von € 45 bis € 129; besondere Mittagskarte. Geschlossen: Do, So. Chef's Table.

Staudi's Restaurant

Münsterstr. 115 / ✉ 40476
www.staudisrestaurant.de
T.: +49 211 15875065 / info@staudisrestaurant.de

Deutsche Küche. Hauptgerichte von € 24 bis € 38; Menüs von € 59 bis € 89; vegetarisches Menü. Geschlossen: Mo, So; Di-Sa mittags.

The Duchy Restaurant & Bar

Breidenbacher Hof

Königsallee 11 / ✉ 40212 Ortsteil Stadtmitte
www.theduchy-restaurant.com
T.: +49 211 16090-500
theduchy@breidenbacherhof.com

Französische, deutsche Küche. Hauptgerichte von € 24 bis € 89; vegetarisches Menü. Geschlossen: Mo, So. Kochkurse.

Yoshi by Nagaya

Kreuzstr. 17 / ✉ 40210 Ortsteil Stadtmitte
www.nagaya.de / T.: +49 211 86043060

Japanische Küche. Hauptgerichte von € 40 bis € 78; Menüs von € 138 bis € 158; besondere Mittagskarte, vegetarisches Menü. Geschlossen: Mo, So; Do mittags.

E

Edesheim
Rheinland-Pfalz

Schloss Edesheim - Gourmet-Restaurant
Hotel Schloss Edesheim

Luitpoldstr. 9 / 67483
www.schloss-edesheim.de
T.: +49 6323 94240
info@schloss-edesheim.de

Mediterrane, französische Küche. Hauptgerichte von € 25 bis € 35; Menüs von € 41 bis € 69; vegetarisches Menü. Geschlossen: So.
Ein Kamin, Wandmalereien, historische Möbel, die Terrasse im Schlosshof und mediterranes Flair prägen das Ambiente des herrschaftlichen Anwesens.
Das Haus empfiehlt: Curry-Kokossuppe, Garnele; Saibling, Blattspinat, Beurre blanc; Kalbsfilet im Pfeffermantel, Bohnencassoulet, Kartoffelkrapfen

Wein-Castell Diehl

Staatsstr. 21 / 67483
www.wein-castell.de
T.: +49 6323 938940
wein-castell-edesheim@t-online.de

Pfälzer, mediterrane Küche. Hauptgerichte von € 5 bis € 25; Menüs von € 18 bis € 50; besondere Mittagskarte. Geschlossen: Mo+Di. Kochkurse.

Pfälzer Spezialitäten sowie Weine und Edelbrände vom eigenen Weingut werden im historischen Stubenambiente des schmucken Hotels aufgetragen.
Das Haus empfiehlt: Rinderbäckchen in Spätburgundersauce; Zanderfilet im Kartoffelmantel auf Rieslingsekt-Sauce und confierten Tomaten; Crème brûlée mit Pistazieneis und Grand-Marnier-Erdbeeren

Poissonnière: Fischkasserolle

Edenkoben
Rheinland-Pfalz

Restaurant Mama's
Das Prinzregent

Unter dem Kloster 1 / 67480 / www.dasprinzregent.de
T.: +49 6323 9520 / info@dasprinzregent.de

Pfälzer Küche. Hauptgerichte von € 19 bis € 32; Menüs zu € 40; besondere Mittagskarte.

Ediger-Eller
Rheinland-Pfalz

Moselromantik-Hotel Zum Löwen
Moselromantik-Hotel Zum Löwen

Moselweinstr. 23 / 56814 Ortsteil Ediger
www.mosel-hotel-loewen.de
T.: +49 2675 208
info@mosel-hotel-loewen.de

Deutsche, französische Küche. Hauptgerichte von € 15 bis € 40; vegane Hauptgerichte. Geschlossen: Di.

Den Moselblick durch Panoramaglas oder von der Terrasse, auf dem Teller Reh, Lamm oder Forelle, und im Glas einen guten Riesling.
Das Haus empfiehlt: Carpaccio vom Hirsch aus heimischer Jagd an kleinem Salat mit frischen Pfifferlingen und Balsamicodressing; Coq au vin - Hähnchen in Rieslingsauce mit Gemüse und Pilawreis; Gulasch vom Wild aus heimischer Jagd, dazu Preiselbeerbirne und hausgemachte Spätzle

Weingut Borchert, Restaurant & Café

Oberbachstr. 30 / 56814 Ortsteil Ediger
www.moselhof.de / T.: +49 2675 1560 / info@moselhof.de

Deutsche, Crossover-Küche. Hauptgerichte von € 15 bis € 26; Menüs von € 32 bis € 50; vegetarisches Menü, vegane Hauptgerichte. Geschlossen: Di.

Plat du jour: Tagesgericht

Efringen-Kirchen
Baden-Württemberg

Restaurant Traube
Hotel Traube

Alemannenstr. 19 / 79588 Ortsteil Blansingen
www.traube-blansingen.de / T.: +49 76289423780
info@traube-blansingen.de

Deutsche, weltoffene Küche. Menüs von € 140 bis € 150; vegetarisches Menü. Geschl.: Mo+Di; Mi-So mittags.

Eggenstein-Leopoldshafen
Baden-Württemberg

Landgasthof Zum Goldenen Anker

Hauptstr. 18-20 / ✉ 76344 Ortsteil Eggenstein
www.hotel-anker-eggenstein.de / T.: +49 721 706029
info@hotel-anker-eggenstein.de

Badische Küche. Hauptgerichte von € 15 bis € 31; Menüs von € 40 bis € 47. Geschlossen: Sa.
Traditionsgasthof, einige Kilometer nördlich von Karlsruhe gelegen, mit modernem Interieur, Innenhof, Lammrücken und Pfälzer Weinen.
Das Haus empfiehlt: Mosaik von Saibling und Forelle, Wasabi, Rhabarber, Gurke; Zweierlei vom Lamm - Ragout und Rücken, Speckbohnen und Maispolenta; Zanderfilet auf der Haut gebraten, Ragout von grünem und weißem Spargel, Petersilienkartoffel

Restaurant garbo zum Löwen
Hotel zum Löwen

Hauptstr. 51 / ✉ 76344 Ortsteil Eggenstein
www.garbo-loewen.de / info@garbo-loewen.de

Französische Küche. Hauptgerichte von € 21 bis € 45; Menüs von € 89 bis € 109; besondere Mittagskarte. Geschlossen: Mo, So; Di abends; Mi-Sa mittags.
Es gibt immer wieder angenehme Überraschungen aus der Regionalküche im „garbo" und es macht einfach Spaß, das Restaurant im Hotel Löwen zu besuchen. Die Küchencrew um Küchenchef Marcel Kazda hat sich längst eine Fangemeinde erkocht. Sie bietet in dem schmucken, zum Teil nostalgisch mit Holz ausstaffierten Gasthaus mittags und abends gepflegte bis gehobene Einkehr. Gepflegt deshalb, weil man hier eine bodenständige, badische Landküche bekommt, mit Tafelspitz, Kalbsrahmgulasch und Wiener Schnitzel. In puncto Fine-Dining beweist das „Menü à la Kazda" in bis zu sechs Folgen und auf eindrucksvolle Weise, was die Küchenbrigade unter einer badisch-mediterranen Küche versteht: Ob Gelbflossenmakrele, Juvenil Schwein oder gebratener Hirschrücken – Marcel Kazda versteht es zu überraschen. Und genau das ist der Punkt: Es ist

nicht immer gleich, sondern immer besser!
Das Haus empfiehlt: Piemonteser Kalbstatar, getrocknete Tomaten, Parmesan, Kapern, Limone, Trüffel-Vinaigrette, Champagner-Senf-Eis; Atlantik Steinbutt, Gartenerbse, Morchel, Waldpilz-Beurre-blanc; Eggensteiner Landei mit Jakobsmuschel, Ochsenschwanzragout, junger Spinat, Nussbutterschaum, Trüffel

Ehningen
Baden-Württemberg

Landhaus Feckl
Hotel Landhaus Feckl

Keltenweg 1 / ✉ 71139
www.landhausfeckl.de
T.: +49 7034 23770
info@landhausfeckl.de

Fine-Dining-Restaurant mit französischer, deutscher Küche. Hauptgerichte von € 39 bis € 48; Menüs von € 88 bis € 120; besondere Mittagskarte, vegetarisches Menü. Geschlossen: Mo+Di, So. Kochkurse.
Die hohe Kunst der Gastlichkeit liegt irgendwo zwischen Verwöhnen und Behaglichkeit. Von beidem wird dem Gast im Landhaus Feckl eine Menge geboten. Im Mittelpunkt des Hauses steht die regional-französische Küche von Patron und Küchenchef Franz Feckl, die täglich frisch aus einem reichhaltigen baden-württembergischen Marktangebot anspruchsvolle Gäste verwöhnt. Sie hat seit vielen Jahrzehnten ein hervorragendes Renommee und begeistert mit Feckl's Klassikern à la carte wie zum Beispiel Hummersalat, Zwiebelrostbraten oder Feinem vom Wildfasan, oder auch mit einem Menü in sechs Folgen, sowie mit einem vegetarischen und einem Low-Carb-Menü. Qualität und Frische stimmen hier hundertprozentig überein. Gespeist wird in elegantem Landhaus-Ambiente mit feiner Tischkultur. Für Gesellschaften bieten die Gewölbestube, der Saal „Sonnenaue" oder der Wintergarten den richtigen Rahmen. Erwähnenswert ist auch die gute Weinauswahl und der hervorragende Service.
Das Haus empfiehlt: Sinfonie von Edelfischen in Hummersauce mit Spargelgemüse und gemischtem Reis; Ochsenschwanzragout mit Frühlingsgemüse und handgeschabten Spätzle; Mousse von dreierlei Schokoladen

Rissolé: braun gebacken, gebraten

Eisenach
Thüringen

Erlebnis-Restaurant Lutherstuben
Lutherhotel Eisenacher Hof

Katharinenstr. 13 / ✉ 99817 / www.lutherstuben.de
T.: +49 3691 73400 / info@lutherstuben.de

Deutsche Küche. Hauptgerichte von € 8 bis € 26; Menüs von € 29 bis € 39. Geschlossen: mittags.

Landgrafenstube
Romantik Hotel auf der Wartburg

Auf der Wartburg 2 / ✉ 99817 / www.wartburghotel.de
T.: +49 3691 7970 / info@wartburghotel.de

Deutsche, thüringische Küche. Hauptgerichte von € 17 bis € 25; Menüs ab € 55; besondere Mittagskarte.

Weinrestaurant Baron

Karlsplatz 13 / ✉ 99817 / www.baron-eisenach.de
T.: +49 3691 2453240 / info@baron-eisenach.de

Deutsche, mediterrane Küche. Hauptgerichte von € 19 bis € 26. Geschlossen: So; Mo-Sa mittags.

Weinrestaurant Turmschänke

Karlsplatz 28 / ✉ 99817 / www.turmschaenke-eisenach.de
T.: +49 3691 213533 / info@turmschaenke-eisenach.de

Deutsche Küche. Hauptgerichte von € 24 bis € 32; Menüs von € 42 bis € 65. Geschlossen: Mo, So; Di-Sa mittags. Kochkurse.

Eisenschmitt
Rheinland-Pfalz

Molitors Mühle
Molitors Mühle Hotel & Spa

Eichelhütte / ✉ 54533 / www.molitors-muehle.de
T.: +49 6567 9660 / hotel@molitors-muehle.de

Mediterrane Küche. Hauptgerichte von € 20 bis € 35; Menüs von € 41 bis € 55; vegetarisches Menü.

Elmau siehe Krün
Bayern

Eltville am Rhein
Hessen

Adler Wirtschaft - Franz Keller

Hauptstr. 31 / ✉ 65347 Ortsteil Hattenheim
www.franzkeller.de / T.: +49 6723 7982
adlerwirtschaft@franzkeller.de

Französische, deutsche Küche. Menüs von € 54 bis € 102; vegetar. Menü. Geschl.: Mo+Di, So; Mi-Sa mittags.

Restaurant „Jean"
Hotel Frankenbach - Mainzer Hof & Gutenberg Hof

Wilhelmstr. 13 / ✉ 65343 Ortsteil Eltville
www.hotel-frankenbach.de / T.: +49 6123 9040
info@hotel-frankenbach.de

Französische Küche. Hauptgerichte von € 27 bis € 49; Menüs von € 69 bis € 149; vegetarisches Menü. Geschlossen: Mo-Mi; Do-Sa mittags.

Restaurant Kronenschlösschen
Hotel Kronenschlösschen

Rheinallee / ✉ 65347 Ortsteil Hattenheim / T.: +49 6723 640
www.kronenschloesschen.de / info@kronenschloesschen.de

Französische Küche. Hauptgerichte von € 32 bis € 64; Menüs von € 105 bis € 138. Geschlossen: Mo+Di, So; Mi-Sa mittags. Kochkurse.

Emmendingen
Baden-Württemberg

Restaurant Krone Maleck
Parkhotel Krone Maleck

Brandelweg 1 / ✉ 79312 Ortsteil Maleck / www.kronemaleck.de
T.: +49 7641 9309690 / info@kronemaleck.de

Crossover-, badische Küche. Hauptgerichte von € 24 bis € 34; Menüs ab € 49; vegetarisches Menü. Geschlossen: Mo, So; Di, Fr+Sa mittags.

Emsdetten
Nordrhein-Westfalen

Restaurant Lindenhof
Hotel Lindenhof

Alte Emsstr. 7 / ✉ 48282
www.lindenhof-emsdetten.de
T.: +49 2572 9260 / info@lindenhof-emsdetten.de

Mediterrane, deutsche Küche. Hauptgerichte von € 20 bis € 35; Menüs von € 49 bis € 69; vegetarisches Menü, vegane Hauptgerichte. Geschlossen: Mo, So; Di-Sa mittags.

Wer sich zum Essen in die Obhut von Christine und Udo Hankh begibt, macht alles richtig. In dem gemütlichen, altdeutsch geprägten Ambiente des Restaurants, mit seinem stilechten Parkett, den Antiquitäten und frisch gestärkten Tischdecken, fühlt man sich gleich wohl. Dieser liebevoll gepflegte, historische Charakter ist die perfekte Kulisse für ein feines viergängiges Menü – zum Beispiel mit Heilbutt, Iberico und Pfifferlingcrèmesuppe. Dazu gibt es gute Tropfen aus der Alten und Neuen Welt, die einer sorgfältig zusammengestellten Weinkarte entspringen. Familie Hankh legt Wert auf Frische, Saisonalität und Nachhaltigkeit, die als gelebte Philosophie den gesamten Hotel- und Restaurantbetrieb prägt. Eine Übernachtung bietet sich an, vor allem für Fahrradreisende.
Das Haus empfiehlt: Geflämmter Seesaibling, Gurke, Sellerie, grüner Apfel, Gin-Sorbet; Duett von Rinderfilet und Ochsenbacke, Trüffeljus, Lauch, geräuchertes Kartoffelpüree; Drei hausgemachte Sorbets mit Fruchtsaucen

Endingen am Kaiserstuhl
Baden-Württemberg

Merkles Restaurant

Hauptstr. 2 / ✉ 79346 Ortsteil Endingen
www.merkles-restaurant.de / T.: +49 7642 7900
info@merkles-restaurant.de

Weltoffene Küche. Hauptgerichte von € 40 bis € 50; Menüs von € 85 bis € 135; vegetarisches Menü. Geschlossen: Mo-Mi, So; Do-Sa mittags. Kochkurse.

Engelskirchen
Nordrhein-Westfalen

Bergische Schweiz

Oberstaat 25 / ✉ 51766 Ortsteil Engelskirchen-Loope
www.bergische-schweiz.de / T.: +49 2263 2478
info@bergische-schweiz.de

Deutsche Küche. Hauptgerichte von € 10 bis € 26; Menüs ab € 17. Geschlossen: Mo.
Fachwerkhaus mitten im Naturpark, die Bergische Kaffeetafel gibt's auf der teils überdachten Terrasse oder im gemütlichen Restaurant.
Das Haus empfiehlt: Vegane Blumenkohl-Kokos-Suppe; Rheinischer Sauerbraten vom Rind mit Apfelrotkohl, dazu Kartoffelklöße; Crème brûlée auf Fruchtspiegel

Erfurt
Thüringen

Bachstelze

Hamburger Berg 4 / ✉ 99094 Ortsteil Bischleben-Stedten
www.bachstelze-erfurt.de / T.: +49 361 7968386
info@bachstelze-erfurt.de

Deutsche Küche. Hauptgerichte von € 5 bis € 25; Menüs von € 65 bis € 90; vegetarisches Menü. Geschlossen: Mo+Di, So; Mi-Sa mittags. Chef's Table, Kochkurse.

ESTIMA by Catalana

Allerheiligenstr. 3 / ✉ 99084 Ortsteil Altstadt
www.estima-erfurt.de / T.: +49 361 5506335
info@estima-erfurt.de

Mediterrane, weltoffene Küche. Menüs von € 70 bis € 121; vegetar. Menü. Geschlossen: Mo+Di, So; Mi-Sa mittags.

Restaurannt Magda

Brauhausgasse 3 / ✉ 99090 Ortsteil Alach
www.restaurant-magda.de / T.: +49 36208 243896
nfo@restaurant-magda.de

Weltoffene, mediterrane Küche. Menüs ab € 69. Geschlossen: Mo+Di; So abends; Mi-Fr mittags.

Clara - Restaurant im Kaisersaal

Futterstr. 15/16 / ✉ 99084 Ortsteil Altstadt
www.restaurant-clara.de / T.: +49 361 5688207
info@restaurant-clara.de

Fine-Dining-Restaurant mit weltoffener Küche. Menüs von € 109 bis € 155; vegetarisches Menü. Geschlossen: Mo+Di, So; Mi-Sa mittags. Kochkurse.
Als historische Stätte in Mitteldeutschland schrieb der Kaisersaal Geschichte. Napoleon und Zar Alexander I. hatten hier eine Zusammenkunft. Auch Goethe, Schiller oder Clara Schumann hinterließen in dem traditionsreichen Kultur- und Eventzentrum der Thüringer Landeshauptstadt ihre Spuren. Der letzteren Persönlichkeit ist das Gourmetlokal gewidmet. In dem äußerst gradlinigen Gastraum des „Clara" mit seinem roten Teppich, dem dunklen Gestühl und den weißen Decken ist das raumhohe Porträt der berühmten deutschen Pianistin der einzige Blickfang. Seit Dezember 2021 führt Küchenchef Christopher Weigel die Fine-Dining-Linie des Hauses fort und setzt mit seinem fünf- bis siebengängigen Menü beeindruckende Akzente in puncto Aromenvielfalt. Ein genussvolles Erlebnis für Auge und Gaumen.
Das Haus empfiehlt: Hummer, Rote Bete, Dashi; Zwiebel, blaue Kornblume, Blumenkohl; Thüringer Wagyu, Wassermelone, Koriander, Ingwer

Erkelenz
Nordrhein-Westfalen

TROYKA by Burgstuben Residenz

Rurstr. 19 / ✉ 41812 / www.troyka.de
T.: +49 2431 9455355 / info@troyka.de

Fine-Dining-Restaurant mit französischer, russischer Küche. Menüs ab € 149; vegetarisches Menü. Geschlossen: Mo-Mi; Do-Sa mittags. Chef's Table, Kochkurse.

Erkrath
Nordrhein-Westfalen

Hopmanns Olive

Zigeleiweg 1-3 / ✉ 40699 Ortsteil Hochdahl
www.hopmannsolive.de / T.: +49 2104 803632
info@hopmannsolive.de

Mediterrane, weltoffene Küche. Hauptgerichte von € 26 bis € 49; Menüs ab € 68; besondere Mittagskarte. Geschlossen: Di+Mi; Mo, Do-Sa mittags.

Erlangen
Bayern

Bio-Restaurant Muskat

Hauptstr. 60 / ✉ 91054
www.das-muskat.de
T.: +49 9131 974343 / mail@das-muskat.de

Deutsche, weltoffene Küche. Hauptgerichte von € 20 bis € 45; Menüs von € 35 bis € 75; Mittagskarte, vegetarisches Menü, vegane Hauptgerichte. Geschl.: Mo+Di; So abends.

Polster Gourmet-Restaurant
Landhotel Polster

Am Deckersweiher 26 / ✉ 91056 Ortsteil Kosbach
www.gasthaus-polster.de
T.: +49 9131 75540
info@gasthaus-polster.de

Französische, fränkische Küche. Hauptgerichte von € 20 bis € 37; Menüs von € 52 bis € 62. Geschlossen: Mo.
Am Stadtrand in fast dörflichem Umfeld kann man auf der grünen Terrasse sowohl Spanferkel mit Kloß als auch frischen Hummer aus dem Atlantik speisen.
Das Haus empfiehlt: Gelbflossenmakrele mit Glasnudel-Wan-Tan, Avocado und Mangochutney; Zweierlei vom Rind - Filet und Backerl mit Zwiebelconfit an Selleriepüree; Variation von der Zwetschge mit cremigem Schmandeis

Eslohe
Nordrhein-Westfalen

Haus Hochstein

Südstr. 6 / ✉ 59889 Ortsteil Wenholthausen
www.haus-hochstein.de
T.: +49 2973 97110
info@haus-hochstein.de

Deutsche Küche. Hauptgerichte von € 12 bis € 39; vegetarisches Menü. Geschlossen: Di+Mi; Mo, Do+Fr mittags. Kochkurse.
Landschaftlich schön gelegenes Restaurant mit Fachwerkambiente, das auch mit einer persönlichen und herzlichen Atmosphäre punktet.
Das Haus empfiehlt: Rinderfilet-Carpaccio mit Limonendressing, frischem Parmesan, Salatgarnitur und Stangenbrot; Kikok-Maishähnchenbrust auf Pfifferlingen in Rahm mit Salat und hausgemachten Bandnudeln; Hochsteins Kräuterpfanne, verschiedene Filets in Zwiebel-Knoblauch-Olivenöl, mit Salat und Stangenbrot (auch als Surf and Turf)

Essen
Nordrhein-Westfalen

Capobianco Ristorante

Rottstr. 7 / ✉ 45127 Ortsteil Stadtkern
www.ristorante-capobianco.com / T.: +49 201 226603
info@ristorante-capobianco.com

Mediterrane, italienische Küche. Hauptgerichte von € 9 bis € 30; Menüs von € 33 bis € 59; besondere Mittagskarte.
Unter Kopien der weltberühmten Deckenfresken aus der Sixtinischen Kapelle speist man Meeresfrüchte, Linguine oder getrüffeltes Rindertatar.
Das Haus empfiehlt: Frische Bandnudeln in Cognac flambiert mit Lachs in Tomaten-Sahnesauce; Frische Linguine mit Schwarzer-Trüffel-Püree in Sahnesauce; Gebackene Dorade mit frischen Kräutern

Casino Zollverein

Gelsenkirchener Str. 181 / ✉ 45309 Ortsteil Schonnebeck
www.casino-zollverein.de / T.: +49 201 830240
info@casino-zollverein.de

Weltoffene, mediterrane Küche. Hauptgerichte von € 15 bis € 39; Menüs von € 38 bis € 69; besondere Mittagskarte. Geschlossen: Mo.

Hannappel

Dahlhauser Str. 173 / ✉ 45279 Ortsteil Horst
www.restaurant-hannappel.de / T.: +49 201 534506
info@restaurant-hannappel.de

Mediterrane, weltoffene Küche. Hauptgerichte von € 38 bis € 45; Menüs von € 79 bis € 128; vegetarisches Menü. Geschlossen: Mo+Di; Mi-Sa mittags.

Kettner's Kamota

Hufergasse 23 / ✉ 45239 Ortsteil Werden
kettnerskamota.de / T.: +49 201 72044700
info@kettnerskamota.de

Österreichische, steirische Küche. Hauptgerichte von € 25 bis € 35. Geschlossen: Mo, So; Di-Sa mittags. Kochkurse.

Petits fours: kleines Gebäck

La Grappa

✕✕ ⬆

Rellinghauser Str. 4 / ✉ 45128 Ortsteil Südviertel
www.la-grappa.de / info@la-grappa.de
T.: +49 201 231766

Italienische Küche. Hauptgerichte von € 29 bis € 48; Menüs von € 49 bis € 88; besondere Mittagskarte, vegetarisches Menü. Geschlossen: So; Sa mittags.

Seit 1978 gibt es dieses familiäre Restaurant, dessen Wände mit Fotos von Prominenten, Urkunden und Kunst verziert sind.

Das Haus empfiehlt: Carpaccio „Original" mit Gänseleberterrine; Gnocchi mit Trüffelsauce; Steinbutt auf Seeigelmark

Restaurant 1831

Schlosshotel Hugenpoet

✕✕✕

August-Thyssen-Str. 51 / ✉ 45219 Ortsteil Kettwig
www.hugenpoet.de/kulinarik/restaurant-1831/
T.: +49 2054 12040 / info@hugenpoet.de

Fine-Dining-Restaurant mit deutscher, weltoffener Küche. Hauptgerichte von € 28 bis € 45; Menüs ab € 83; vegetarisches Menü. Geschlossen: Mo-Do mittags.

Charme und Gastfreundschaft sind in dem historischen Wasserschloss aus dem 17. Jahrhundert Philosophie und Programm. Das trifft auch auf das „Restaurant 1831" zu, selbst wenn es hier durchaus leger und locker zugeht. Hinter geschichtsträchtigen Mauern erwartet ein junges und sympathisches Team seine Gäste mit einem erlebenswerten Menü (vier oder sechs Gänge) plus Weinbegleitung oder einem kleinen, feinen À-la-carte-Angebot. Dominik Schab heißt der Taktgeber in der Küche. Seine klassischen und zugleich weltoffenen Speisen sind eine Reise ins Essener Ruhrtal unbedingt wert: Rindertatar, geräucherte Forelle und Rehrücken überzeugen durch gutes Handwerk und modernen Twist. Herrliche Weiße, vor allem aus dem Rheingau und von der Nahe, dürften Weintrinker begeistern. Nach dem Menü kann man noch ein Weilchen im Schlosspark flanieren.

Das Haus empfiehlt: Geräucherte Bachforelle, Apfel, Meerrettich, Zwiebel; Seehecht, Lattuga, Brombeere, Couscous, Rauchmandel; Kirsche, Schokolade, Pistazie, Shiso

Restaurant M

Mintrops Stadt Hotel Margarethenhöhe

✕✕

Steile Str. 46 / ✉ 45149 Ortsteil Margarethenhöhe
mintrops-stadthotel.de / T.: +49 201 43860
info@stadt.mm-hotels.de

Crossover-, deutsche Küche. Hauptgerichte von € 27 bis € 37; Menüs von € 40 bis € 70; Mittagskarte, vegetarisches Menü, vegane Hauptgerichte. Kochkurse.

Restaurant Pierburg

✕✕✕ ⬆

Schmachtenbergstr. 184 / ✉ 45219 Ortsteil Kettwig
www.pierburg-essen.com / T.: +49 2054 5907
info@pierburg-essen.com

Deutsche, französische Küche. Hauptgerichte von € 30 bis € 40; Menüs von € 99 bis € 120. Geschlossen: Mo+Di.

Schote

✕✕✕ ⬆

Rüttenscheider Str. 62 / ✉ 45130 Ortsteil Rüttenscheid
nelson-mueller.de / T.: +49 201 780107
schote@nelson-mueller.de

Fine-Dining-Restaurant mit Crossover-Küche. Menüs von € 159 bis € 179; vegetarisches Menü. Geschlossen: Mo, So; Di-Sa mittags. Kochkurse.

Ettlingen

Baden-Württemberg

Restaurant Erbprinz

Hotel Erbprinz

✕✕✕ ⬆

Rheinstr. 1 / ✉ 76275 / www.erbprinz.de
T.: +49 7243 3220 / info@erbprinz.de

Mediterrane, französische Küche. Hauptgerichte von € 41 bis € 68; Menüs von € 130 bis € 170. Geschlossen: Mo+Di, So; Mi-Sa mittags.

Euskirchen

Nordrhein-Westfalen

Bembergs Häuschen

Landlust Burg Flamersheim

✕✕✕ ⬆

Burg Flamersheim / ✉ 53881 Ortsteil Flamersheim
www.burgflamersheim.de / T.: +49 2255 945752
k.roeder@burgflamersheim.de

Weltoffene, französische Küche. Menüs von € 139 bis € 205; vegetarisches Menü. Geschlossen: Mo+Di, So; Mi-Sa mittags. Kochkurse.

Pastete: feine Fleisch-, Fisch- oder Gemüsefarce in Teighülle

Parfait: eine feine Farce, mit Gelatine oder Eigelb gebunden und nach dem Erkalten in Scheiben geschnitten

F

Falkensee
Brandenburg

Sawito
Spandauer Str. 14 / ✉ 14612 / restaurant-sawito.com
T.: +49 3322 1218566 / kontakt@restaurant-sawito.com

Mediterrane, Crossover-Küche. Hauptgerichte von € 22 bis € 30. Geschlossen: Mo, So; Di-Sa mittags.

Feldberger Seenlandschaft
Mecklenburg-Vorpommern

Klassenzimmer
Alte Schule Fürstenhagen
Zur Alten Schule 5 / ✉ 17258 Ortsteil Fürstenhagen
www.restaurant-alteschule.com / T.: +49 39831 22023
info@hotelalteschule.de

Fine-Dining-Restaurant mit deutscher, weltoffener Küche. Hauptgerichte von € 36 bis € 38; Menüs von € 100 bis € 130. Geschlossen: Mo+Di; Mi-So mittags. Kochkurse.

Marinieren: Einlegen von Fleisch, Fisch oder Gemüse in würzige Saucen, ehemals zur Haltbarmachung

Feldkirchen-Westerham
Bayern

Gasthof Zur schönen Aussicht
Schöne Aussicht 9 / ✉ 83620 Ortsteil Kleinhöhenrain
www.zur-schoenen-aussicht.com
T.: +49 8063 8663
schoene.aussicht@t-online.de

Gasthof mit bayerischer, deutscher Küche. Hauptgerichte von € 10 bis € 25; vegetarisches Menü. Geschlossen: Mi.
Einzigartig ist der Blick im Frühherbst über die Wiesen, Wälder und nebligen Senken bis hin zu den Berchtesgadener Alpen.
Das Haus empfiehlt: Schweinekrustenbraten vom bayrischen Strohschwein; Saisonal wechselnde Speisekarte (Wild-, Spargel- Kräuter-, Kürbisgerichte); Höhenrainer Bienenschnitzel

Restaurant Aschbacher Hof
Hotel Aschbacher Hof
Aschbach 3 / ✉ 83620 Ortsteil Aschbach
www.aschbacher-hof.de / T.: +49 8063 80660
info@aschbacher-hof.de

Bayerische, deutsche Küche. Hauptgerichte von € 18 bis € 32; Menüs von € 26 bis € 50.
Von der Voralpen-Natur umgebenes Landhotel mit eleganten, holzverkleideten Stuben, Terrasse mit Bergblick und hausgemachten Torten.
Das Haus empfiehlt: Saftiges Hirschgulasch mit sautierten Pfifferlingen, glasiertem Kohlrabi und gebratenen Serviettenknödel; Kross gebratenes Wolfsbarschfilet auf Gewürz-Couscous, gebratenen Artischocken und Paprika-Krustentierschaum; Carpaccio vom gebeizten Schwertfisch mit Paprika-Ingwermousse und Passionsfrucht-Chili-Vinaigrette

Fellbach
Baden-Württemberg

Oettinger's Restaurant
Hotel Hirsch
Kanalstr. 1-7 / ✉ 70736 Ortsteil Schmiden
www.hirsch-fellbach.de / T.: +49 711 95130
info@hirsch-fellbach.de

Französische, mediterrane Küche. Hauptgerichte von € 28 bis € 38; Menüs von € 49 bis € 89; vegetarisches Menü. Geschlossen: Mo+Di, So; Mi-Sa mittags.

Finning
Bayern

Kaminzimmer im Staudenwirt
Hotel Staudenwirt
Staudenweg 6 / ✉ 86923 / staudenwirt.de
T.: +49 8806 92000 / info@staudenwirt.de

Deutsche Küche. Menüs von € 95 bis € 110. Geschlossen: Mo-Do; Fr+Sa mittags.

Finsterwalde
Brandenburg

Goldener Hahn
Bahnhofstr. 3 / ✉ 03238
www.goldenerhahn.com
T.: +49 3531 2214 / info@goldenerhahn.com

→

Brandenburgische, weltoffene Küche. Hauptgerichte von € 30 bis € 45; Menüs von € 60 bis € 135; vegetarisches Menü. Geschlossen: Mo+Di, So; Mi-Sa mittags. Kochkurse.

Flensburg
Schleswig-Holstein

Das Grace Restaurant & Bar
Hotel Das James

Fördepromenade 30 / ✉ 24944 Ortsteil Mürwik
www.dasjames.com / T.: +49 461 1672360
contact@dasjames.com

Deutsche, weltoffene Küche. Hauptgerichte von € 26 bis € 46; Menüs von € 105 bis € 140. Geschlossen: Mo+Di; Mi-So mittags.

Frankenberg an der Eder
Hessen

Philipp Soldan
DIE SONNE FRANKENBERG

Marktplatz 2-4 / ✉ 35066 Ortsteil Frankenberg
sonne-frankenberg.de/philipp-soldan/ / T.: +49 6451 7500
info@sonne-frankenberg.de

Fine-Dining-Restaurant mit weltoffener Küche. Menüs von € 69 bis € 129; besondere Mittagskarte, vegetarisches Menü. Geschlossen: Mo-Mi; So abends; Do-Sa mittags. Chef's Table, Kochkurse.

Die 18.000-Einwohner-Stadt Frankenberg an der Eder liegt in Nordhessen und war im Mittelalter als Kreuzungspunkt zweier Handelswege von strategischer Bedeutung. Heute liegt die Strategie der Menschen darin, sich zu erholen und zu genießen. Vor allem im Hotel „Die Sonne Frankenberg". Mitten in dem liebevoll renovierten Fachwerk-Ensemble im Ortszentrum stecken Welten voller Genuss und Wellbeing: Ein luxuriöses Hotel, ein umfangreicher Spa-Bereich und drei Restaurants. Die Poleposition unter letztgenannten bekleidet das im lässigen Chic eingerichtete Gourmetlokal „Philipp Soldan" im lichten Souterrain des Hauses. Küchenchef Erik Arnecke werkelt mit seinem Team in der einsehbaren Küche an beeindruckenden und erlebenswerten Menüs mit heimatlichen Klängen. Wie wäre es mit einem Havelland Zander, leicht geräuchert oder rosa gebraten, mit confierter roter Bete oder Rieslingkraut? Für Kochkurse und Gruppen-Events gibt's einen Chef's Table.

Das Haus empfiehlt: Mariniertes Rohfleisch vom Wagyu, mild geräucherte Paprika, Sauerrahm, Lauchvinaigrette; Gebratene bretonische Makrele, grüne Olivenemulsion, Essigkarotten, Artischocke und fermentierter Knoblauch; Rücken vom Battenberger Maibock, karamellisierter grüner Spargel, Kirschblütensirup, geräucherte Nüsse und Spätzle

Frankfurt am Main
Hessen

Aureus
Goldmuseum

Kettenhofweg 27 / ✉ 60325 Ortsteil Westend-Süd
www.aureus-restaurant-im-goldmuseum.com
T.: +49 69 79533979
office@aureusfrankfurt.de

Fine-Dining-Restaurant mit französischer, weltoffener Küche. Hauptgerichte von € 35 bis € 48; Menüs von € 159 bis € 179; besondere Mittagskarte, vegetarisches Menü. Geschlossen: Mo+Di, So; Mi-Sa mittags. Kochkurse.

Unweit der Deutschen Bank, umgeben von moderner Architektur, liegt diese Villa aus der Gründerzeit. Das Restaurant „Aureus" befindet sich im ersten Stock, darunter hat das Goldmuseum der Degussa Goldhandel Gesellschaft namens „Goldkammer" seinen Platz. Es ist einen Besuch wert. Oben glänzt die Küche von Christian Senff. Natürlich darf man in diesem hellen und gemütlichen, nicht allzu eleganten Ambiente aus Samtstühlen, Eichentischen und hohen Weingläsern auch nur einen Cappuccino schlürfen oder ein Glas Champagner trinken. Die Innenräume bieten schließlich ein wenig Erholung vom Trubel der hektischen Metropole. Am Abend geht es dann richtig los, wenn Christian Senff und sein Team mit einer französisch geprägten Hochküche in vier bis sieben Gängen aufwarten.

Das Haus empfiehlt: Lachsforelle aus der Nussbutter „süß und sauer" mit Impressionen von der Steckrübe; Presa del Ibérico mit Spitzkohl und Piemonteser Haselnuss; Griechischer Joghurt, Sanddorn-Bergamotte-Joghurt

Carmelo Greco

Ziegelhüttenweg 1-3 / ✉ 60598 Ortsteil Sachsenhausen
www.carmelo-greco.de / T.: +49 69 60608967
info@carmelo-greco.de

Italienische Küche. Hauptgerichte von € 34 bis € 44; Menüs von € 105 bis € 135; besondere Mittagskarte, vegetarisches Menü. Geschlossen: So; Sa mittags. Kochkurse.

Erno's Bistro

Liebigstr. 15 / ✉ 60323 Ortsteil Westend-Süd
www.ernosbistro.de / T.: +49 69 721997
info@ernosbistro.de

Mediterrane, französische Küche. Hauptgerichte von € 69 bis € 79; Menüs von € 125 bis € 159; besondere Mittagskarte. Geschlossen: Sa+So.

Franziska Restaurant

im Henninger Turm

Hainer Weg 72 / ✉ 60599 Ortsteil Sachsenhausen
www.mook-group.de/franziska / info@mook-group.de

Deutsche Küche. Hauptgerichte von € 24 bis € 40; Menüs ab € 90. Geschlossen: Mo-Sa mittags. Chef's Table. Spektakuläres Panorama-Restaurant im Henninger Turm mit 360-Grad-Blick, offener Showküche und Bar mir „Bar-Labor". Ein Erlebnis. (Mehr über die „Barrel Bar" unter „Auszeichnungen des Jahres Deutschland".)

La Cevi

Weberstr. 84 / ✉ 60316 Ortsteil Nordend-Ost
www.la-cevi.de / T.: +49 69 66377778 / service@la-cevi.de

Seafood-Restaurant mit peruanischer Küche. Hauptgerichte von € 10 bis € 34. Geschlossen: Mo; Di-So mittags.

Main Tower Restaurant & Lounge

Neue Mainzer Str. 52-58 / ✉ 60311
www.maintower-restaurant.de / T.: +49 69 36504777
maintower.restaurant@compass-group.de

Französische, asiatische Küche. Menüs ab € 138; vegetarisches Menü. Geschlossen: Mo, So; Di-Sa mittags.

Masa Japanese Cuisine

Hanauer Landstr. 131 / ✉ 60314 Ortsteil Ostend
masa-frankfurt.de / T.: +49 69 60666247
info@masa-frankfurt.de

Japanische Küche. Hauptgerichte von € 38 bis € 68; Menüs von € 130 bis € 149. Geschlossen: Mo, So; Di-Sa mittags.

Medici

Weißadlergasse 2 / ✉ 60311 / www.restaurantmedici.de
T.: +49 69 21990794 / info@restaurantmedici.de

Mediterrane, französische Küche. Hauptgerichte von € 16 bis € 43; Menüs ab € 65; Mittagskarte. Geschlossen: Mo, So.

Meyer's Restaurant

Große Bockenheimer Str. 54 / ✉ 60313 / T.: +49 69 91397070
www.meyer-frankfurt.de / meyers@meyer-frankfurt.de

Weltoffene Küche. Hauptgerichte von € 15 bis € 45; Menüs von € 39 bis € 60. Geschlossen: So.

Mon Amie Maxi

Bockenheimer Landstr. 31 / ✉ 60325 / T.: +49 69 71402121
www.mook-group.de / info@mook-group.de

Französische Küche. Hauptgerichte von € 10 bis € 50; vegetarisches Menü. Geschlossen: mittags.

Nihonryori KEN

Wallstr. 22 / ✉ 60594 Ortsteil Sachsenhausen
www.ken-japan.de / T.: +49 69 97694660
reservierung@ken-japan.de

Fine-Dining-Restaurant mit japanischer Küche. Hauptgerichte von € 31 bis € 48; Menüs von € 128 bis € 149. Geschlossen: Mo, So; Di-Sa mittags.

Restaurant Gustav

Reuterweg 57 / ✉ 60323 / www.restaurant-gustav.de
T.: +49 69 74745252 / kontakt@restaurant-gustav.de

Weltoffene Küche. Menüs von € 140 bis € 185; vegetarisches Menü. Geschlossen: Mo, So; Di-Sa mittags.

Restaurant Lafleur

Palmengartenstr. 11 / ✉ 60325 Ortsteil Westend-Süd
www.restaurant-lafleur.de / T.: +49 69 90029100
info@restaurant-lafleur.de

Fine-Dining-Restaurant mit französischer, veganer Küche. Hauptgerichte von € 67 bis € 80; Menüs von € 205 bis € 215; vegetarisches Menü. Geschlossen: Mo+Di, So; Mi-Sa mittags. Das Restaurant Lafleur im Palmengarten ist eines dieser Fine-Dining-Restaurants mit Rundum-Erlebnisfaktor: Die Lage im Grünen mit Blick in die Pflanzenwelt, das schicke Ambiente mit historischem Parkett, der erstklassige Service, der sein Handwerk aus dem Effeff beherrscht und natürlich die herausragende Küche von Andreas Krolik und seinem Team berühren alle Sinne. Seit 2014 ist Andreas Krolik ein Pionier in der Kreation hochwertiger veganer Speisen – mit Fokus auf Nachhaltigkeit und biologischen Produkten aus der Region. Aber eben nicht nur. Der Naturliebhaber und leidenschaftliche Angler hegt eine besondere Affinität zu Fisch und Meeresfrüchten, die häufig Einzug in seine beeindruckenden und aromenstarken Menüs halten. An vier Abenden pro Woche stehen zwei fünf bis sieben Gänge umfassende Speisefolgen zur Auswahl. Eines davon ist vegan, beide mit absolutem Wow-Effekt. (Mehr Informationen über Andreas Krolik unter „Auszeichnungen des Jahres Deutschland".)
Das Haus empfiehlt: Glasiertes Kalbsbries, Périgord-Trüffelsauce, Bio-Dinkelrisotto mit Morcheln, grünem Spargel, Karotte; Roh marinierter Königslachs, Rhön-Kaviar, Brunnenkresse, geeister Joghurt und Orange; Weißer Spargel im Chicoree-Sud, geräucherte Paprika, Gewürzmacadamia-Crunch, schwarze Misocrème

Restaurant Opéra

Opernplatz 1 / ✉ 60313 / www.kuffler.de
T.: +49 69 58804330 / opera@kuffler.de

Weltoffene, französische Küche. Hauptgerichte von € 25 bis € 46; Menüs von € 36 bis € 54; besondere Mittagskarte, vegetarisches Menü. Geschlossen: Sa mittags.

Der historische Römerberg in Frankfurt am Main – ein Fleckchen Urtümlichkeit inmitten der Moderne

© SeanPavonePhoto/stock.adobe.com

Seven Swans

Mainkai 4 / 60311 / www.sevenswans.de
T.: +49 69 21996226 / service@sevenswans.de

Deutsche Küche. Rein vegan. Menüs von € 79 bis € 89. Geschlossen: Mo, So; Di-Sa mittags. Chef's Table.

Speisekammer

Alt Heddernheim 41 / 60439 Ortsteil Heddernheim
www.speisekammer-frankfurt.de / T.: +49 69 573888
info@speisekammer-ffm.de

Hessische, deutsche Küche. Hauptgerichte von € 12 bis € 32. Geschlossen: Mo+Di; Mi-Sa mittags.
Das Traditionswirtshaus im Nordwesten der Stadt bietet einen großen Garten mit Bäumen, Schmiedekunst sowie Handkäs, „gri Soß" und Schnitzel.
Das Haus empfiehlt: Tatar vom Räucherlachs, mit Zwiebeln, Dill, Olivenöl und Zitrone angemacht, hausgemachte Kartoffelpuffer und Dillrahm; Zwei kleine Kalbschnitzel mit Frankfurter grüner Soße, Bratkartoffeln; Vegane Tortelloni gefüllt mit Caponata, dazu Paprika und Kalamata-Oliven

Sushiko

Schweizer Str. 61 / 60594 Ortsteil Sachsenhausen
www.sushiko.eu / T.: +49 69 60605460 / info@sushiko.eu

Japanische Küche. Hauptgerichte von € 10 bis € 40; besondere Mittagskarte.

The Ivory Club

Taunusanlage 15 / 60325 Ortsteil Westend-Süd
www.mook-group.de / T.: +49 69 77067767
info@mook-group.de

Indische Küche. Hauptgerichte von € 19 bis € 50; Menüs ab € 80; vegetarisches Menü. Geschl.: Sa+So mittags.

Frankfurt am Main: Diese Spezialitäten tragen ihre Herkunft im Namen: Die Frankfurter Würstchen, eine Brühwurst mit Schweinefleisch, die Frankfurter Grüne Soße, ein uraltes Rezept für eine kalte Kräutersauce sowie die Frankfurter Brenten – üppige Marzipankekse, die schon zu Goethes Zeiten Konjunktur hatten. Der Frankfurter Kranz, jene weltbekannte ringförmige Buttercremetorte, wurde vor 300 Jahren zu Ehren von Kaiser und Stadt erstmals gebacken.

Tiger-Gourmetrestaurant

Tigerpalast

Heiligkreuzgasse 16-20 / 60313
www.tigerpalast.de / info@tigerpalast.de
T.: +49 69 9200220

Französische, vegane Küche. Hauptgerichte von € 34 bis € 45; Menüs von € 89 bis € 89; vegane Hauptgerichte. Geschlossen: Mo-Mi; Do-So mittags.
Seit über 30 Jahren verzaubert der Tigerpalast mit seiner Varietéshow seine Besucher. Bis heute hat die Faszination, die von Artisten und Live-Band ausgeht, nicht nachgelassen. Künstler aus aller Welt sorgen allabendlich für ein staunendes und zufriedenes Publikum. Im Tiger-Gourmetrestaurant ist Küchenchef Coskun Yurdakul für das Wohlgefühl seiner Gäste verantwortlich. Seine moderne, zeitgemäße und weltoffene Küche gefällt und auch die bemerkenswerte Auswahl von über 800 erlesenen Weinen. Im Tiger-Gourmetrestaurant spürt der Gast ein ganz besonderes Flair. Wertvolle historische Plakate aus der großen Zeit des Varietés zieren die Wände, ansonsten dominiert puristische Eleganz. Keine verspielten Eitelkeiten, die Kunst der französisch geprägten Küche steht unaufdringlich im Vordergrund. Das Restaurant zwischen schicker und ungezwungener Atmosphäre ist ein Ort des spürbar guten Geschmacks.
Das Haus empfiehlt: Rosa gebratenes Rinderfilet und geschmorte Bäckchen mit Rotwein-Schalottenjus, Schwarzwurzelcrème und Edelpilzen; Dinkelrisotto mit Röstgemüseschaum, Navetten, Portweinbirne, Radicchio (Travisio) und gepuffter Wildreis und Haselnussschaum; Vegane Cassis-Heidelbeerschnitte mit Maronencrème marinierte Wildfeigen, Kalamansisorbet und Gewürzcrumble

vadder Tisch+Tresen

Würzburger Str. 38 / 60385 Ortsteil Ostend
www.vadder-frankfurt.de / T.: +49 69 446331
gude@vadder-frankfurt.de

Mediterrane, deutsche Küche. Hauptgerichte von € 18 bis € 32. Geschlossen: Mo, So; Di-Sa mittags.
Familiäres kleines Ecklokal mit Tresen, einfachem Holzinterieur, feinen Speisen und schön angerichteten Tellern – als Menü mit bis zu sechs Gängen.
Das Haus empfiehlt: Kalbstatar mit Trüffelmayo, Baby Leaf und Graubrot; Reginette mit Lammraguut, Kartoffeln und dicken Bohnen; Rumpsteak mit gegrilltem Spargel, Erbse und Sauce béarnaise

Via Monte Napoleone

XX

Bockenheimer Landstr. 55 / ✉ 60325 / T.: +49 69 27275561
via-montenapoleone.de / reservation@via-montenapoleone.de

Italienische, mediterrane Küche. Hauptgerichte von € 27 bis € 40. Geschlossen: So; Sa mittags.

Villa Merton

Union Intenational Club

XXX ⬆

Am Leonhardsbrunn 12 / ✉ 60487 Ortsteil Bockenheim
restaurant-villa-merton.de / T.: +49 69 703033
info@restaurant-villa-merton.de

Fine-Dining-Restaurant mit französischer, deutscher Küche. Hauptgerichte von € 26 bis € 46; Menüs von € 105 bis € 180; besondere Mittagskarte, vegetarisches Menü. Geschlossen: So; Sa mittags. Chef's Table, Kochkurse.
Die ehrwürdige Villa Merton ist seit vielen Jahren ein Fixpunkt in der gehobenen Frankfurter Gastronomie. Die herrschaftliche Villa von 1927, gelegen im Diplomatenviertel, wird sowohl mittags gerne zum Businesslunch als auch abends zum Fine Dining aufgesucht. Küchenchef Philippe Giar und sein Team kochen an sechs Abenden in der Woche groß auf – drei bis acht Gänge mit Fisch und Fleisch oder ganz und gar vegetarisch. Wer etwas Besonderes zu feiern hat, verabredet sich mit André Großfeld persönlich zum Chef's Table direkt in der Restaurantküche und kann den Köchen hautnah beim Braten, Soufflieren und Anrichten zuschauen.
Das Haus empfiehlt: Halber Atlantik-Hummer, Aubergine, Soja-Zwiebel, FingerLimes, Grünes Thai-Curry-Öl, Kokos-Limettensud; Gegrilltes Bresse-Perlhuhn, Fève Bohne, Steinpilze, Mispel, roh marinierte Kartoffel, Petersilienemulsion, fermentierter Pfeffer; Glasiertes US-Short-Rib, Geflämmtes Rinderfilet, Zuckermais, süß-saure Spitzpaprika, Cole-slaw, gebackene Polenta

Weinsinn

XXX ⬆

Weserstr. 4 / ✉ 60329 Ortsteil Bahnhofsviertel
www.weinsinn.de / T.: +49 69 56998080
restaurant@weinsinn.de

Weltoffene, deutsche Küche. Menüs von € 105 bis € 135. Geschlossen: Mo, So; Di-Sa mittags.

Zenzakan

XXX

Taunusanlage 15 / ✉ 60325 Ortsteil Westend-Süd
www.mook-group.de / T.: +49 69 97086908 / info@mook-group.de

Asiatische Küche. Hauptgerichte von € 23 bis € 50; Menüs zu € 150; vegetar. Menü. Geschl.: So; Mo-Sa mittags.

Zur Golden Kron

XXX

Alt-Eschersheim 58 / ✉ 60433 Ortsteil Eschersheim
www.goldenkron.de / T.: +49 69 95106886
goldenkron@alfred-friedrich.de

Badische, mediterrane Küche. Hauptger. von € 31 bis € 49; Menüs von € 89 bis € 129. Geschl.: Mo+Di; Mi-So mittags.

Frankweiler

Rheinland-Pfalz

Weinstube Brand

XX ⬆

Weinstr. 19 / ✉ 76833 / T.: +49 6345 959490
www.rieslingdorf.de/brand-weinstube

Mediterrane Küche. Hauptgerichte von € 9 bis € 23. Geschlossen: Mo, So; Di mittags.

Frasdorf

Bayern

Michael's Leitenberg

XXX ⬆

Weiherweg 3 / ✉ 83112 Ortsteil Leitenberg
michaels-leitenberg.de / T.: +49 8052 2224
office@michaels-leitenberg.de

Fine-Dining-Restaurant mit französischer, japanischer Küche. Menüs von € 119 bis € 165. Geschlossen: Mi+Do; Mo+Di, Fr+Sa mittags. Chef's Table, Kochkurse.
Unweit des Chiemsees, nur acht Kilometer von Prien entfernt, verbindet sich die Schönheit der Landschaft mit einem besonderen kulinarischen Erlebnis. Hier, im Ortsteil Leitenberg des kleinen Ferienortes Frasdorf, hat sich ein Gourmet-Restaurant etabliert, das vielleicht noch als Geheimtipp durchgeht. „Michael's Leitenberg" ist ein Restaurant, für das sich ein Umweg auf jeden Fall lohnt. Michael Schlaipfer hat das gutbürgerliche Wirtshaus seiner Eltern und Großeltern zu einem Restaurant mit Anspruch gewandelt. Bereits mit 20 Jahren hat er die Nachfolge angetreten und den Betrieb mithilfe seines Talents und seiner Experimentierfreude zu dem gemacht, was er heute ist. Die lichtdurchfluteten Räume, im eleganten Grau und Weiß gehalten, werden durch brillante türkisfarbene Tupfer erhellt. Die monatlich wechselnde Speisekarte, bestehend aus einem sechs- bis achtgängigen Menü, überrascht durch Weltoffenheit – inklusive einer guten Brise Frankreich und Japan. Trotzdem liebt Michael Schlaipfer die Rezepte seiner Kindheit und bereichert diese um eigene Ideen. Sein Kochbuch „Die Knödel-Revolution" mit 36 Rezepten zeugt von dieser Kreativität.
Das Haus empfiehlt: Forelle, Tomate, Kapern, Kaviar, Sauerrahm; Tristan Languste, Verjus, Lauch, Erbse; Jakobsmuschel und Pulpo, Sellerie, grüner Spargel, Limette

Gourmet-Restaurant im Karner

Landgasthof Karner

Nußbaumstr. 6 / 83112
www.landgasthof-karner.com
T.: +49 8052 17970 / info@landgasthof-karner.com

Hauptgerichte von € 32 bis € 36; Menüs von € 80 bis € 98. Geschlossen: Mo-Mi; Do-So mittags.

Frechen

Nordrhein-Westfalen

Dolce Vita

Hauptstr. 1-7 / 50226
dolce-vita-frechen.de
T.: +49 2234 271274
info@dolce-vita-frechen.de

Mediterrane, italienische Küche. Hauptgerichte von € 18 bis € 33; vegetarisches Menü. Geschlossen: Mo; Sa mittags.
Ein riesiges poppiges Gemälde unterstreicht die südländische Lebensfreude und Herzlichkeit in dem beliebten Italiener im Ortszentrum.
Das Haus empfiehlt: Kalbsschnitzel mit Salbei und Parmaschinken mit Weißweinsauce; Lachs mit rosa Pfeffersauce; Große Scampi im Speckmantel

Freiamt

Baden-Württemberg

Gasthaus zur Krone

Mussbach 6 / 79348 Ortsteil Mußbach
www.krone-freiamt.de
T.: +49 7645 227
info@krone-freiamt.de

Badische, französische Küche. Hauptgerichte von € 20 bis € 35; Menüs von € 38 bis € 60. Geschlossen: Di-Do; Mo, Fr mittags.
Immer saisonal, ob traditionell oder kreativ, sind die Speisen des Gasthauses. Eine von Grund auf ehrliche Küche in einem Vorort von Freiamt.
Das Haus empfiehlt: Gefüllte Wachtel nach Art des Hauses – nur auf Vorbestellung; Reh aus heimischer Jagd; Lamm-Spezialitäten

Freiburg im Breisgau

Baden-Württemberg

siehe auch D-79232 March

Eichhalde

Stadtstr. 91 / 79104 Ortsteil Herdern
www.eichhalde-freiburg.de / T.: +49 761 58992920
info@eichhalde-freiburg.de

Italienische, mediterrane Küche. Hauptgerichte von € 19 bis € 40; Menüs ab € 95; besondere Mittagskarte. Geschlossen: Mi; Do, Sa+So mittags.

Gasthaus Hirschen

Hotel Hirschen

Breisgauer Str. 47 / 79110 Ortsteil Lehen
www.clarion-hotel-freiburg.de / T.: +49 761 8977690
info@clarion-hotel-freiburg.de

Badische, französische Küche. Hauptgerichte von € 25 bis € 39; Menüs von € 62 bis € 74; Mittagskarte.

Gourmetrestaurant Zirbelstube

Colombi Hotel

Rotteckring 16, Am Colombi Park / 79098
www.colombi.de / T.: +49 761 21060 / info@colombi.de

Fine-Dining-Restaurant mit französischer, badischer Küche. Hauptgerichte von € 42 bis € 48; Menüs von € 85 bis € 139; vegetarisches Menü, vegane Hauptgerichte. Geschlossen: Mo, So; Di-Sa mittags.
Im luxuriösen Freiburger Traditionshotel Colombi gibt es gleich drei Örtlichkeiten für den Genuss feiner Speisen: die Hans-Thoma-Stube, die Falkenstube und die Zirbelstube. Allen gemein ist der aufwendige Holzdekor und ein gemütliches Ambiente. Die Eleganz gipfelt in der Zirbelstube mit ihren schlanken Fauteuils und blütenweißen Tischen. In jedem Fall darf sich der Gast auf eine klassische Hochküche mit Edelzutaten und pfiffigen Ideen freuen – sowie auch auf ein veganes Menü. Harald Derfuß heißt der verantwortliche Küchenchef und verwöhnt das Freiburger Publikum nach Strich und Faden. Übrigens: 600 Positionen umfasst die Weinkarte. Die älteste Flasche Wein des Hauses hat über 80 Jahre auf dem Buckel. Am besten der Gast lässt sich einen passenden Tropfen empfehlen.

Hans Thoma-Stube und Falkenstube

Colombi Hotel

Rotteckring 16, Am Colombi Park / ✉ 79098
www.colombi.de / T.: +49 761 21060 / info@colombi.de

Deutsche, badische Küche. Hauptgerichte von € 28 bis € 50; besondere Mittagskarte, vegetarisches Menü. Geschlossen: Mo, So.

Die urig-gemütliche Bauernstube im Stil des 18. Jahrhunderts mit Kachelofen und vertäfelten Wänden bildet den ansprechenden Rahmen für die feinen, französisch inspirierten Spezialitäten von Küchenchef Harald Derfuß. Hier sind auch die guten alten Klassiker zuhause: Im Speisenangebot fehlt ein Wiener Schnitzel vom Kalbsrücken ebenso wenig wie der gebratene Lammrücken mit provenzalischen Kräutern oder eine Bouillabaisse mit Meeresfrüchten. Die wechselnden drei- und viergängigen Menüs – darunter auch eine vegane Option – sorgen für Abwechslung und nicht zuletzt für baldige Wiedereinkehr. Die blütenweiß eingedeckten Tische und eine edle Tafelkultur unterstreichen den hohen kulinarischen Anspruch des Hauses.

Das Haus empfiehlt: Sauté vom Lammfilet, Pommery-Senf-Jus, breite Bohnen, Artischocken-Polenta; Côte de Bœuf, geschmorte Schalotten, Kohlrabi, feine Möhrchen, Schupfnudeln; Joghurt-Crème-brûlée, Exotiksalat, Mangosorbet

Hotel Zum Schiff - Restaurant

Hotel Zum Schiff

Basler Landstr. 35-37 / ✉ 79111 Ortsteil St. Georgen
www.hotel-zumschiff.de / T.: +49 761 400750
info@hotel-zumschiff.de

Badische, deutsche Küche. Hauptgerichte von € 15 bis € 30.

Das alteingesessene Lokal im Westen der Stadt bietet einen Gastraum mit Kachelofen, dort werden Forelle blau und warmer Kalbskopf serviert.

Das Haus empfiehlt: Elsässer Wurstsalat garniert, dazu Bauernbrot mit Bratkartoffeln; Putenschnitzel in Kräuterrahm Kartoffelkroketten; Rumpsteak vom Weiderind „Café de Paris", Pommes frites

Kuro Mori

Grünwälderstr. 2 / ✉ 79098 Ortsteil Altstadt
kuro-mori.de / info@kuro-mori.de
T.: +49 761 38848226

Asiatische, badische Küche. Hauptgerichte von € 18 bis € 26; Menüs von € 72 bis € 90; besondere Mittagskarte. Geschlossen: Mo, So.

Restaurant Kreuzblume

Hotel Kreuzblume

Konviktstr. 31 / ✉ 79098 Ortsteil Altstadt
www.kreuzblume-freiburg.de
T.: +49 761 31194
info@kreuzblume-freiburg.de

Badische, französische Küche. Hauptgerichte von € 20 bis € 34; Menüs von € 49 bis € 105; besondere Mittagskarte. Geschlossen: Mo+Di; Mi-So mittags.

Restaurant „Regional"

Hotel Schloss Reinach

St.-Erentrudis-Str. 12 / ✉ 79112 Ortsteil Munzingen
www.schlossreinach.de
T.: +49 7664 4070
info@schlossreinach.de

Badische Küche. Hauptgerichte von € 19 bis € 39; Menüs von € 49 bis € 61; besondere Mittagskarte, vegetarisches Menü. Geschlossen: Di-Do. Kochkurse.

Schlossbergrestaurant Dattler

Am Schlossberg 1 / ✉ 79104 Ortsteil Neuburg
www.dattler.de / info@dattler.de
T.: +49 761 1371700

Badische, mediterrane Küche. Hauptgerichte von € 28 bis € 45; Menüs von € 64 bis € 84; besondere Mittagskarte, vegetarisches Menü. Geschlossen: Mo+Di.

Gehobenes Restaurant in Hanglage mit Blick über die Stadt, vielen Mittagsmenüs, Krimidinner sowie hausgemachten Torten und Kuchen.

Das Haus empfiehlt: In Hibiskusblütenfond eingelegte Feige und flambierter Ziegenfrischkäsetaler an Walnuss-Honigchip und Salaten; Zandermédaillon mit Gamba-Mousse, souffliert auf Blattspinat, Krustentierjus und confierten Kartoffeln; Rosa gebratenes Rehnüsschen mit Wacholderrahmsauce, glasiertem Rosmarinapfel, Preiselbeeren, Pilzen, Gemüsebouquet und Spätzle

Zur Wolfshöhle

XXX ⬆

Konviktstr. 8 / ✉ 79098 Ortsteil Altstadt
www.wolfshoehle-freiburg.de / T.: +49 761 30303
info@wolfshoehle-freiburg.de

Französische Küche. Hauptgerichte von € 38 bis € 52; Menüs von € 130 bis € 185. Geschlossen: Mo, So; Di-Do mittags.

Freinsheim
Rheinland-Pfalz

Atable
Hotel Amtshaus Freinsheim

XXX

Hauptstr. 29 / ✉ 67251
www.amtshaus-freinsheim.de
T.: +49 6353 5019355
info@amtshaus-freinsheim.de

Fine-Dining-Restaurant mit französischer Küche. Hauptgerichte von € 34 bis € 40; Menüs von € 56 bis € 90; besondere Mittagskarte, vegetarisches Menü. Geschlossen: Mo, So; Di mittags.

Direkter und einleuchtender kann eine Botschaft nicht sein: „Zu Tisch" heißt es im Restaurant von Swen (Küchenchef) und Sybille Bultmann (Sommelière). Im historischen Ortszentrum, unter einem Sandsteingewölbe ehemaliger Stallungen, empfangen sie ihre Gäste mit einer legeren Haute Cuisine und einer gut sortierten Weinauswahl aus Deutschland und Frankreich. Drei bis sechs Gänge stehen auf dem Programm, zum Beispiel mit Wachtelterrine, Wildfanggarnelen und gratiniertem Kalbsfilet. Klassisch schön darf man das Menü schließen mit affiniertem Käse, einer Schokoladen-Kaffee-Délice oder einer Crème brûlée mit hausgemachtem Sorbet. Für Mittagsgäste gibt es ein feines Dreigangmenü. In dem über 250 Jahre alten Haus des früheren Kurpfälzischen Amtsschreibers sind außerdem 20 stilvolle Zimmer untergebracht, die sich fürs Nächtle anbieten.

Das Haus empfiehlt: Kross gebratenes Kalbsbries mit Kompott und Ravioli von roten Zwiebeln und Sommertrüffel; Perlhuhnbrust mit breiten Bohnen, Dauphine-Kartoffeln und Albufeirasauce; Mousse und Schaum von Valrhona-Guanaja-Schokolade mit Aprikosen, Streuseln und rotem Johannisbeersorbet

Bouquet: Fachbegriff aus der Weinterminologie: die sich entfaltenden Duftstoffe

DOC: Abkürzung für Denominatione d'origine controllata

Dry: trocken, Geschmacksbezeichnung für Schaumweine, Südweine, Cocktails

Freising
Bayern

Mountain Hub Gourmet
Hilton Munich Airport

XXXX

Terminalstr. Mitte 20 / ✉ 85356
mountainhub.de
T.: +49 89 97824510
mountain.hub@hilton.com

Fine-Dining-Restaurant mit weltoffener Küche. Hauptgerichte von € 65 bis € 85; Menüs von € 165 bis € 195; vegetarisches Menü. Geschlossen: Mo, Sa+So; Di mittags.

Mountain Hub Gourmet – so nennt sich der immer noch junge Feinschmecker-Hotspot am Flughafen München, untergebracht im Hilton Munich Airport. An fünf Tagen in der Woche verwöhnen Küchenchef Stefan Barnhusen und seine Crew hier ihre Gäste aus Deutschland und aller Welt mit außergewöhnlich hochwertigen und grandios ausgetüftelten Speisen. Goldforelle und Blumenkohl, Jakobsmuschel und Kalbskopf, galizischer Pulpo und Kopfsalat – eine Menüreise umfasst bis zu acht Gänge und wird auf Wunsch mit tollen Weinen veredelt. Umgeben von modern-alpinem Design wird dem Gast noch dazu der allerbeste Service zuteil. Ein „Zwischenstopp" ist also unbedingt zu empfehlen, eine gezielte Anreise ist wohl eher die Regel. Manch einer mag sich fragen, warum er für den Urlaub überhaupt noch in den Flieger steigen soll ...

Das Haus empfiehlt: Saibling, Meerrettich, Kräuteremulsion; Taube, Macadamia, Wirsing, Curry; Kokos, Shiso, Blutorange

Freital
Sachsen

Brasserie Ehrlich

XX ⬆

Wiesenweg 1 / ✉ 01705 Ortsteil Wurgwitz
brasserie-ehrlich.de / T.: +49 351 30934232
info@brasserie-ehrlich.de

Brasserie mit deutscher, französischer Küche. Menüs von € 45 bis € 79. Geschlossen: Mo-Mi; So abends; Do-Sa mittags. Kochkurse.

Freudenstadt
Baden-Württemberg

Hotel Grüner Wald - Restaurant
Hotel Grüner Wald

XX

Kinzigtalstr. 23 / ✉ 72250 Ortsteil Lauterbad
www.gruener-wald.de / T.: +49 7441 860540
hotel@gruener-wald.de

Badische, schwäbische Küche. Hauptgerichte von € 19 bis € 38. Geschlossen: Di; Mo, Mi-Fr mittags.

Restaurant Warteck

Hotel Warteck

Stuttgarter Str. 14 / 72250
www.warteck-freudenstadt.de / T.: +49 7441 91920
info@warteck-freudenstadt.de

Französische, deutsche Küche. Hauptgerichte von € 21 bis € 45; Menüs ab € 55. Geschlossen: Di+Mi.

Freyung

Bayern

Landgasthaus Schuster

Ort 19 / 94078 Ortsteil Ort / www.landgasthaus-schuster.de
T.: +49 8551 7184 / info@landgasthaus-schuster.de

Deutsche, bayerische Küche. Hauptgerichte von € 27 bis € 40; Menüs von € 44 bis € 94; vegetarisches Menü. Geschlossen: Mo-Mi; So abends. Kochkurse.

Frickenhausen am Main

Bayern

Ehrbar Fränkische Weinstube

Hauptstr. 17 / 97252 / www.ehrbar-weinstube.de
T.: +49 9331 651 / info@ehrbar-weinstube.de

Fränkische, deutsche Küche. Hauptgerichte von € 12 bis € 28; Menüs von € 25 bis € 38; vegetarisches Menü. Geschlossen: Mo+Di; Mi-Sa mittags.
Urig-gemütliches Lokal mit Fachwerk, Fensterläden und volkstümlichem Interieur. Deftig-fränkische Küche, Außenbereich unter Weinreben.
Das Haus empfiehlt: Frickenhäuser Mostsuppe vom Müller Thurgau mit Zimtcroûtons; Tranche vom Kalbstafelspitz an zweierlei Blumenkohl, Pommes macaire und Schnittlauch-Velouté; Gesottene Rinderbrust an Meerrettichsauce mit Bandnudeln und Preiselbeeren

Friedberg

Bayern

Gasthaus Goldener Stern

Dorfstr. 1 / 86316 Ortsteil Rohrbach
www.gasthaus-goldenerstern.de / T.: +49 8208 407
mail@gasthaus-goldenerstern.de

Deutsche, weltoffene Küche. Hauptgerichte von € 9 bis € 30; Menüs von € 26 bis € 45; besondere Mittagskarte. Geschlossen: Mo+Di; So abends. Kochkurse.

Friedberg in Hessen

Hessen

Bastian's Restaurant

Erbsengasse 16 / 61169 Ortsteil Dorheim
www.bastians-restaurant.de / T.: +49 6031 6726551
info@bastians-restaurant.de

Französische, deutsche Küche. Hauptgerichte von € 15 bis € 35; Menüs von € 49 bis € 99; vegetarisches Menü. Geschlossen: Mo, So; Di-Sa mittags. Kochkurse.
Mit rustikalen Holzbalken und weißen Tischdecken ausgestattetes, dörflich gelegenes Lokal, das drei- bis siebengängige Menüs bietet.
Das Haus empfiehlt: Makrele, Melone, Estragon; Lamm, Risone, Brokkoli, Holunderbeere; Fenchel, Apfel, Kataifi

Friedland (Niedersachsen)

Niedersachsen

Genießer Stube

Landhaus Biewald

Weghausstr. 20 / 37133 Ortsteil Friedland
www.geniesserstube.de / T.: +49 5504 93500
kontakt@geniesserstube.de

Fine-Dining-Restaurant mit französischer, mediterraner Küche. Hauptgerichte von € 45 bis € 49; Menüs von € 125 bis € 175; besondere Mittagskarte. Geschlossen: Mo, So.
Die Genießer Stube in dem familiengeführten Landhaus Biewald in Südniedersachsen ist seit Jahren ein Ort für den besonderen Genuss. Den Fokus setzt der talentierte Küchenchef Daniel Raub auf beste Qualität aus seiner niedersächsischen Heimat, auf hochwertige Edelprodukte und natürlich auf seine Kreativität. Das abendliche Menü umfasst je nach Gusto sechs bis acht Gänge und schmeichelt dem Gaumen mit knusprigem

Loup de Mer, gebratener Gänseleber oder bretonischem Hummer. Klassisch schön zubereitet und präsentiert, aber vor allem von großer Geschmacksintensität. Wer ein paar Tage im Leinebergland verbringen möchte, bezieht am besten in einem der hübschen und barrierefreien Gastzimmer des Hotels Quartier.
Das Haus empfiehlt: Getauchte Jakobsmuschel und Kalbskopf, grüner Apfel, Frühlingssalat; Filet vom Büffel, Portweinzwiebel, roter Spitzkohl, Spitzmorchel, Polenta; Klassische Crème brûlée an Himbeersorbet und frischen Beeren

Restaurant Schillingshof

Hotel Schillingshof

Lappstr. 14 / ✉ 37133 Ortsteil Groß Schneen
www.schillingshof.de / T.: +49 5504 228
info@schillingshof.de

Deutsche, weltoffene Küche. Hauptgerichte von € 24 bis € 45; Menüs von € 57 bis € 158; besondere Mittagskarte. Geschlossen: Mo+Di; So abends; Mi-Sa mittags.
Wer sich von Göttingen Richtung Süden orientiert, erreicht nach zehn Kilometern das Dorf Groß Schneen (zu Friedland). Der hier ansässige, familiengeführte Schillingshof hat sich vor allem als gehobenes Restaurant einen Namen gemacht, bietet aber auch moderne Hotelzimmer, einen Tagungsraum sowie Catering für Familienfeiern. Das Traditionshaus aus dem Jahr 1648 präsentiert sich drinnen wie draußen sehr geschmackvoll. Im Speiseraum harmoniert das schwere rustikale Deckengebälk mit den elegant eingedeckten Tischen. Das Küchenteam trägt eine erlebenswerte klassische Küche auf, die von der gebratenen Gänseleber mit Quittengelee, über das Rinderfilet in Rotweinsauce und den glasierten Rehrücken, bis zum Valrhona-Schokoladenkuchen reicht. Auf Wunsch wird in der Saison reichlich vom weißen Alba Trüffel gehobelt (Trüffel-Tagliatelle) und zum Abschluss französischer Rohmilchkäse gereicht – voilà.
Das Haus empfiehlt: Süßwassersaibling auf Wokgemüse in Zitronengrassauce; Rücken vom Salzwiesenlamm mit Frühlingsmorchelkruste auf Artischockencouscous; Crème brûlée von Passionsfrucht und Möhre mit Sauerrahmeis

Fingerbowle: Wasserschale zum Fingerreinigen (meist mit Zitrone)

Flammekueche: hauchdünner Brotteig mit Crème fraîche, Zwiebeln und Speckwürfeln (elsässische Spezialität)

Fleurons: (frz. fleurir = schmücken) ungesüßte Blätterteigstückchen zur Garnierung von Speisen

Fond: Flüssigkeit, welche beim Kochen, Dünsten oder Braten der Fleisch- oder Fischstücke entsteht

Friedrichshafen

Baden-Württemberg

Felders Restaurant

Karlstr. 42 / ✉ 88045 / www.felders-restaurant.de
T.: +49 7541 391955 / info@felders-restaurant.de

Mediterrane, weltoffene Küche. Hauptgerichte von € 15 bis € 26; besondere Mittagskarte. Geschlossen: Mo; So abends.
Restaurant gleich neben dem Hafen gelegen, mit Aussicht, drinnen wie draußen, auf den Bodensee, seine Schiffe und das Alpenpanorama.
Das Haus empfiehlt: „Kinilaw" – das philippinische Ceviche, Kalamansi, Koriander, Zwiebel, Tomaten, Garnele; Gebratenes Wolfsbarschfilet, Aubergine, Sobrasada-Risotto; Weißes Schokoladen-Kokosmousse, Mangoeis, Zwergorangen

Friedrichstadt

Schleswig-Holstein

Ursprung Restaurant & Bar

Hotel Aquarium

Am Mittelburgwall 2-8 / ✉ 25840
hotel-aquarium.de/ursprung/ / T.: +49 4881 93050
info@hotel-aquarium.de

Französische, deutsche Küche. Hauptgerichte von € 35 bis € 96; Menüs von € 49 bis € 99; besondere Mittagskarte. Geschlossen: Mo.
Friedrichstadt (2.600 Einwohner), eingebettet zwischen den Flüsschen Eider und Treene, ist aufgrund seines pittoresken historischen Stadtbildes und seiner Grachten einen Zwischenstopp wert. Mittendrin befindet sich das Hotel Aquarium inklusive Gastronomie, geführt in dritter Generation. Dünne Scheiben vom Wagyu Rind, auf einem Salzblock am Tisch gegart, gehören zu den Erlebnisfaktoren in puncto Essgenuss im Restaurant „Ursprung". Ob à la carte oder Menü-Überraschung, der junge Küchenchef und Patron Jan Boddenberg geizt nicht mit aromatischen Reizen und schmückt seine Teller darüber hinaus zu echten Hinguckern.

Das Ergebnis: Drei bis fünf Gänge Surprise plus begleitende Weine in einer überaus gemütlichen Atmosphäre – was will man mehr? Eine eher bodenständige Mittagskarte rund um Scholle und Roastbeef erfreut die Tagesgäste.
Das Haus empfiehlt: Rücken vom Salzwiesenlamm, Jus, Sommertrüffel, Blumenkohl; Zander, Pasta, Birne, Bohne, Speck; Rinderfilet, Jus, grüner Spargel, Kartoffel

Friesenheim (Baden)
Baden-Württemberg

Landhotel Mühlenhof

Oberweierer Hauptstr. 33 / ✉ 77948 Ortsteil Oberweier
www.landhotel-muehlenhof.de / T.: +49 7821 6320
info@landhotel-muehlenhof.de

Deutsche Küche. Hauptgerichte von € 10 bis € 26; Menüs von € 13 bis € 46; besondere Mittagskarte. Geschlossen: Di.

Fulda
Hessen

Christian & Friends Tastekitchen

Nonnengasse 5 / ✉ 36037
www.christianandfriends.de
T.: +49 162 4139588
kontakt@christianandfriends.de

Französische, weltoffene Küche. Hauptgerichte von € 25 bis € 29; Menüs ab € 109. Geschlossen: Mo+Di, So; Mi-Sa mittags. Chef's Table.
Im Herzen der osthessischen Kreisstadt, schräg gegenüber der Abtei St. Maria, befindet sich der Schauplatz der Kochkunst von Christian Steska. Ein kleines gemütliches Lokal, das eher einem Wohnzimmer gleicht. Das ist natürlich Teil des Konzeptes. Denn was für den Fuldaer Chefkoch zählt, ist der persönliche Kontakt zu den Gästen, die dem Macher bei seiner Arbeit gerne über die Schulter schauen dürfen. Vor allem aber bekommen sie ihr siebengängiges Abendmenü – denn nur eins gibt es auf der Karte – auf Schritt und Tritt erklärt und vermittelt. Nach dem Motto: probieren, genießen, teilhaben. Sehr gute Weine lagern im Keller und werden gerne menübegleitend gereicht. Das Menü wird in Steskas „Boutique-Restaurant" mittwochs bis samstags abends aufgetischt. Oder eben an dem Abend, auf den man sich einigt.
Das Haus empfiehlt: Welsfilet Blutwurst, Grüne-Sauce-Eis, Kartoffelschaum; Rehrücken-Tatar, Rote Bete, Cranberries, Pastinake, Himbeere; Wagyu Beef, Aubergine, Spargel, Shitake, Parmesan, Bärlauch

Dashi: Japanischer Fischsud

Dachsbau

Pfandhausstr. 8 / ✉ 36037 / www.dachsbau-fulda.de
T.: +49 661 74112 / dachsbau-stubert-fulda@t-online.de

Deutsche, weltoffene Küche. Hauptgerichte von € 18 bis € 33; Menüs von € 52 bis € 62; besondere Mittagskarte. Geschlossen: Mo+Di, So.

Romantik Hotel Goldener Karpfen

Simpliziusbrunnen 1 / ✉ 36037
www.hotel-goldener-karpfen.de
T.: +49 661 86800 / info@goldener-karpfen.de

Deutsche, mediterrane Küche. Hauptgerichte von € 14 bis € 45; Menüs von € 26 bis € 85; Mittagskarte.

Maki: Rollen aus Seetang und Reis mit verschiedenen Einlagen

Fürstenfeldbruck
Bayern

Marthabräu

Augsburger Str. 41 / ✉ 82256
www.marthabraeu.de
T.: +49 8141 8884868
personal@mahavi-group.de

Bayerische Küche. Hauptgerichte von € 14 bis € 26; Menüs von € 28 bis € 47; besondere Mittagskarte, vegetarisches Menü. Geschlossen: Mo. Kochkurse.
Traditionsreiche Brauerei aus dem 16. Jahrhundert mit authentischer Gaststube, Stammtischen und einer handgemachten bayerischen Wirtshausküche.
Das Haus empfiehlt: ¼ bayerische Ente, Apfelblaukraut, Kartoffel-Butterknödel; Zwiebelrostbraten von der bayerischen Rinderlende, Spätzle, Zwiebeln; Marillenknödel, Kompott, Eis

Fürth
Bayern

Restaurant Kupferpfanne

Königstr. 85 / ✉ 90762 / www.ew-kupferpfanne.de
T.: +49 911 771277 / restaurant@ew-kupferpfanne.de

Deutsche, französische Küche. Hauptgerichte von € 28 bis € 44; Menüs von € 36 bis € 78; besondere Mittagskarte. Geschlossen: So.

Tim's Kitchen

Werners Boutique Hotel

XX

Friedrichstr. 22 / ✉ 90762

www.timskitchenfuerth.com

T.: +49 911 740560 / hallo@timskitchenfuerth.com

Fine-Dining-Restaurant mit weltoffener, Crossover-Küche. Menüs von € 85 bis € 120; vegetarisches Menü. Geschlossen: Mo-Mi, So; Do-Sa mittags.

Tandoori: indischer Lehmofen

Tarteletteformen: kleine runde flache Backförmchen

Bad Füssing

Bayern

Holzapfel's Restaurant Glockenturm

Holzapfel Wellness- und Thermenhotel

XX

Thermalbadstr. 5 / ✉ 94072

www.hotel-holzapfel.de

T.: +49 8531 9570 / info@hotel-holzapfel.de

Deutsche, französische Küche. Hauptgerichte von € 19 bis € 36; Menüs von € 69 bis € 102. Geschlossen: Mo+Di; Mi-Sa mittags.

Restaurant „Toskana"

Parkhotel

XX

Waldstr. 16 / ✉ 94072

www.parkhotel.stopp.de

T.: +49 8531 9280

team@parkhotel.stopp.de

Mediterrane, Crossover-Küche. Hauptgerichte von € 15 bis € 34; Menüs von € 25 bis € 45; besondere Mittagskarte.

Unweit des Kurparks findet der Gast das Parkhotel und den eleganten, barock anmutenden Speisesaal mit Säulen und Kristalllüstern.

Das Haus empfiehlt: Eingelegte Pilze und Artischockenherzen mit gebratenen Wachtelbrüstchen und knusprigen Pancetta; Gebratenes Ikarimi Lachsfilet mit aufgeschlagener Prosecco-Sauce sautiertem Marktgemüse und Safranreis; Gebratenes Lammkotelett „Florentiner Art" mit Naturjus, Blattspinat und Rosmarinkartoffeln

G

Garmisch-Partenkirchen
Bayern

4Eck - Restaurant & Bar

Klammstr. 8 / ✉ 82467 Ortsteil Garmisch
www.4-eck.com / T.: +49 8821 7984240
zentrum@4-eck.com

Weltoffene Küche. Hauptgerichte von € 29 bis € 59; Menüs von € 65 bis € 149; besondere Mittagskarte, vegetarisches Menü, vegane Hauptgerichte. Geschlossen: Mo; Di-So mittags. Kochkurse.
In Downtown Garmisch-Partenkirchen gibt es ein Restaurant, das ganz auf zwangloses aber hochwertiges und nachhaltiges Fine Dining setzt. Wer von der Vorspeise kostet, merkt gleich, dass diese Küche gehobene Genießer-Ansprüche bedient. Es ist eine kreative Küche, die Produkte regionaler Erzeuger verarbeitet und auf der anderen Seite den Blick bis zum Meer und in die weite Welt richtet (Sylter Austern, Steinbutt, Pulpo). Die Atmosphäre ist absolut leger und kommunikativ, das Design durchdacht mit künstlerischen Akzenten. Drinnen sitzt der Gast in Samtsesseln unter großen Lampen an individuell zugeschnittenen Massivholztischen und wird vom Service kompetent und nonchalant umsorgt. Er darf sich abends unbekümmert ein drei- oder viergängiges Menü zusammenstellen, die Beilagen für das Hauptgericht auswählen und den passenden Tropfen aus einem guten Weinangebot wählen.
Das Haus empfiehlt: Tatar vom Farchanter Charolais Rind, Joghurt-Sphäre, Salzblüten-Chip, Pastinake, Kirsch-Essig-Gel, Farchanter Onsen-Ei; Weißer Nordsee Heilbutt, Orangen-Chicorée, Kokos, Kaffeegelee, Fenchel, Crunch; Farchanter Onsen-Ei, Belperknolle, Spinat, schwarzer Knoblauch, Getreide aus Offs Kornmühle in Sindelsdorf

Husar

Fürstenstr. 25 / ✉ 82467 Ortsteil Garmisch
www.restauranthusar.de / info@restauranthusar.de

Deutsche Küche. Hauptgerichte von € 22 bis € 48. Geschlossen: Mo, So; Di-Sa mittags.
Das Haus mit seiner Lüftelmalerei ist typisch für die Gegend. Und doch ist der Husar in Garmisch-Partenkirchen ein besonderes Schmuckstück. Das Haus wurde in einem Ölgemälde festgehalten, auf Postkarten gedruckt und ist ein beliebtes Motiv bei vielen Hobbyfotografen. Das helle und freundliche Restaurant präsentiert sich mit einer schönen Kastendecke, als Abschlusszierleiste ein Regal voller Bierbembel, einer rundum laufenden Sitzbank und Holzstühlen vor den Tischen. Das Stüberl nebenan zeigt sich noch ein wenig rustikaler mit dunkler Wandvertäfelung und schweren, dunklen Holzplanken unter der Decke. Die Küche von Verena Merget zeichnet sich vor allem durch die Qualität der Produkte aus. Ihre alpenländische und internationale Speisekarte ist auf eine vielseitige Gästeschar aus allen Herren Länder abgestimmt. Frisch gekocht und fein auf dem Teller präsentiert, dazu ein guter deutscher Wein aus dem reichhaltigen Sortiment des Kellers.
Das Haus empfiehlt: Im Speckmantel gegrillter Ziegenkäse mit Trüffelhonig, Feldsalat, Walnuss-Himbeer-Dressing; Zander auf Rote-Bete-Risotto mit Safransauce; Geschmortes Lammhaxerl mit frischem Speck-Bohnengemüse und Kartoffelgratin

Joseph-Naus-Stub'n
Hotel Zugspitze

Klammstr. 19 / ✉ 82467 Ortsteil Garmisch
www.hotel-zugspitze.de/restaurant
T.: +49 8821 901429
restaurant@hotel-zugspitze.de

Weltoffene Küche. Hauptgerichte von € 18 bis € 37; Menüs von € 46 bis € 63; besondere Mittagskarte, vegetarisches Menü. Geschlossen: mittags.

Junge, gehobene Küche in urig-gemütlichem Hotelrestaurant, im Ortszentrum gelegen. Die hochwertigen Produkte kommen größtenteils aus der Heimat.
Das Haus empfiehlt: Steinpilz-Trüffel-Ravioli, gebratener Kohl, Quitte, Sprossen; Walchensee-Lachsforelle trifft Garnele - Lakudia-Oliven-Risotto, getrocknete Tomate, Kräuter; Rosa Ettaler Hirschsteak, Kürbispüree, gebratene Steinpilze, Navette

Carpaccio: rohes Fleisch oder roher Fisch in hauchdünne Scheiben geschnitten, mariniert

Geestland
Niedersachsen

Dobbendeel Restaurant und Cafe
✗✗
Dobbendeel 1 / ✉ 27624 Ortsteil Bad Bederkesa
www.dobbendeel.de / T.: +49 4745 488
info@dobbendeel.de

Deutsche Küche. Hauptgerichte von € 11 bis € 27; Menüs ab € 36.
Zwischen Kanal und See gelegenes Restaurant mit großen Fenstern und Blick aufs Wasser. Man speist Fisch, Schnitzel, Lamm, Pasta oder Burger.
Das Haus empfiehlt: Großer Salatteller mit gebratenem Saibling, Karotten, Gurken, Tomaten und bunten Blattsalaten, Hausdressing; Hausgemachte Rigatoni mit Tomaten-Gemüse-Ragout u. Ziegenkäse-Crumble, oder vegan mit gebratenem Tofu; Kutterscholle mit Speckbutter, Petersilienkartoffeln, Salatteller

Ras-el-Hanout: Marokkanische Gewürzmischung

Geisenheim
Hessen

Burgrestaurant
Burg Schwarzenstein
✗✗
Rosengasse 32 / ✉ 65366 Ortsteil Johannisberg
www.burg-schwarzenstein.de / T.: +49 6722 99500
info@burg-schwarzenstein.de

Deutsche Küche. Hauptgerichte von € 24 bis € 49; Menüs von € 58 bis € 78; vegetarisches Menü. Kochkurse.
Natursteinmauern mit Weinreben, eine Terrasse mit Panoramablick über den Rhein, lokale Weinspezialitäten und abwechslungsreiches Kochhandwerk.
Das Haus empfiehlt: Gegrillter Pulpo, Krustentier-Mayonnaise, Avocado und Wildkräutersalat; Geschmorte Rinderroulade, Rotkohl und Petersilienkartoffeln; Bachsaibling, grüner Spargel, Kartoffelravioli

MÜLLERS auf der Burg
Burg Schwarzenstein
✗✗✗ ⬆
Rosengasse 32 / ✉ 65366 Ortsteil Johannisberg
www.burg-schwarzenstein.de / T.: +49 6722 99500
stephanie.teigelkamp@burg-schwarzenstein.de

Bistro mit französischer, deutscher Küche. Hauptgerichte von € 18 bis € 65. Geschlossen: Mo+Di; Mi-Sa mittags. Chef's Table.
Die Aussicht auf die Reben des Rheingau und das gesamte Rheintal ist grandios und einer der Gründe, warum die Burg Schwarzenstein gerne aufgesucht wird. Eingebunden in eine Kunstruine aus dem 19. Jahrhundert ist das Relais & Chateaux Hotel, das mit Burghotel, Parkresidenz und Gästehaus 51 Möglichkeiten zur Übernachtung bietet. Gleich zwei Restaurants stehen zur Auswahl, an erster Stelle das „MÜLLERS auf der Burg". Niemand geringerer als Nelson Müller hat hier die Räumlichkeiten mit kulinarischem Leben erfüllt. Genauer gesagt mit einer gehobenen und zugleich legeren Brasserieküche, die für Spaß und Genuss sorgt. Klassiker der französischen Küche wie Gänseleberterrine und Bouillabaisse haben hier genauso ihren Platz wie Mediterranes oder Edelprodukte wie Hummer und Kaviar. Es darf aber auch die Edel-Currywurst vom Kalb mit belgischen Fritten sein – vielleicht mit Austern als Vorspeise? Gespeist wird drinnen im schicken, lichtdurchfluteten Ambiente, auf der riesigen Terrasse oder am Chef's Table.
Das Haus empfiehlt: Kalbs-Currywurst - berlinerisch ohne Darm, hausgemachte Currysauce, belgische Pommes Frites, Curry-Bar; Gelackte Entenbrust, Tandoori-Honig, Süßkartoffeln, Sesam, Kräuterseitlinge; Rübenkraut-Tiramisu, Himbeer-Rhabarber, Tahiti Vanille

Die vier Garstufen für dunkles Fleisch:
1. stark blutig, französisch: bleu, englisch: rare
2. blutig, französisch: saignant, englisch: medium rare
3. innen voll rosa, französisch: à point, englisch: medium
4. durch, innen grau, französisch: bien cuit, englisch: well done

Gelsenkirchen
Nordrhein-Westfalen

Restaurant Unverhofft
Golfclub Haus Leythe
✗✗ ⬆
Middelicher Str. 72 / ✉ 45891 Ortsteil Erle
www.unverhofft.de / T.: +49 209 77390 / info@unverhofft.de

Deutsche, weltoffene Küche. Hauptgerichte von € 13 bis € 38; Menüs von € 39 bis € 149; vegane Hauptgerichte. Geschlossen: Mo. Kochkurse.

Speisegaststätte Zum Hexenhäuschen

Marienstr. 6 / 45894 Ortsteil Buer
www.zumhexenhaeuschen.de / T.: +49 209 31266
info@zumhexenhaeuschen.de

Deutsche, griechische Küche. Hauptgerichte von € 13 bis € 35; besondere Mittagskarte. Geschlossen: Mo+Di.
Urig-gemütliches Lokal im Zentrum mit Schieferfassade und Fensterläden. Aufgetragen werden Zwiebelbraten, Matjes und Kaninchenfilet.
Das Haus empfiehlt: Schmackhafte Grützwurst mit Zwiebeln in der Pfanne gebraten, dazu Röstkartoffeln und Krautsalat; Kaninchenfilet „Provence" mit Ziegenkäse gratiniert auf einer dunklen Mango-Chutney-Portweinsauce, Kräuternudeln; Warmes Schokoladentörtchen, Mousse au Chocolat und Schokoladeneis mit verschiedenen Früchten und Saucen garniert, dazu Sahne

Gengenbach
Baden-Württemberg

Restaurant Die Reichsstadt
Hotel Die Reichsstadt

Engelgasse 33 / 77723
www.die-reichsstadt.de
T.: +49 7803 96630
info@die-reichsstadt.de

Badische, französische Küche. Hauptgerichte von € 20 bis € 48; Menüs von € 74 bis € 96; besondere Mittagskarte, vegetarisches Menü. Geschlossen: Mo; Di-So mittags.
Geschmackvoll geht es in der Reichsstadt zu. Sowohl im Hotel als auch im Restaurant. Die Hotelzimmer sind im neuen Landhausstil eingerichtet, jedes für sich ein Unikat. Holzig, mit Farbakzenten, frisch und modern – nur das Hirschgeweih erinnert an ehemalige Rustikalität. Besonders ist auch die wunderschöne Außengastronomie, wo der Gast wahrhaft zwischen den blühenden Beeten sitzt. Hier findet jeder sein blumiges Lieblingsplätzchen. Gerhard und Carmen Hummel haben aus dem ehemaligen Gasthaus ein schickes,

aber vor allem charmantes Hotel und Restaurant gemacht. Gerhard Hummel, Gastgeber und Küchenchef, zaubert hier, in dem Fachwerkstädtchen Gengenbach, nur 30 Kilometer von Straßburg entfernt, was Franzosen und einheimische Gutesser so gerne mögen. Da steht die gute Gänseleber-variation neben Wiener Schnitzel und Zwiebelrostbraten auf der Gourmetkarte.
Das Haus empfiehlt: Bouillabaisse, Jakobsmuschel, Petersilie; Weißer Heilbutt, Pak Choi, Tortelloni; Rhabarber, Kaffee, Mandel

Restaurant Pfeffermühle
Stadthotel Pfeffermühle

Victor-Kretz-Str. 17 / 77723
www.pfeffermuehle-gengenbach.de / T.: +49 7803 93350
info@pfeffermuehle-gengenbach.de

Badische Küche. Hauptgerichte von € 8 bis € 32; Menüs von € 27 bis € 69. Geschlossen: Do.

Germersheim
Rheinland-Pfalz

PAN Vinothek Bistro Restaurant

Klosterstr. 2 / 76726
www.pandievinothek.de
T.: +49 7274 9192095
pan@pandievinothek.de

Mediterrane, französische Küche. Hauptgerichte von € 19 bis € 37; Menüs von € 64 bis € 99; besondere Mittagskarte. Geschlossen: Mo, So.
Offene Weine im wöchentlichen Wechsel sowie feine Speisen rund um Gänseleber, Jakobsmuschel und Kalbsfilet zeichnen das im Ortszentrum gelegen Restaurant aus.
Das Haus empfiehlt: Zweierlei Gänseleber, Spargel, Rhabarber, Brioche; Krustentierbisque, Tomatenkompott, gebackene Garnelen; Käseauswahl vom Affineur Hansi Baumgartner aus Südtirol

Choucroute: Sauerkraut

Baeckeoffe: typisch elsässischer Fleischeintopf, der in der Tonschüssel serviert wird

Flammekueche: hauchdünner Brotteig mit Crème fraîche, Zwiebeln und Speckwürfeln (elsässische Spezialität)

Foie gras: Enten- oder Gänsestopfleber

Crêpe: hauchdünner Pfannkuchen

Gernsbach
Baden-Württemberg

Gasthof Sternen
Hotel Sternen

Staufenberger Str. 111 / ✉ 76593 Ortsteil Staufenberg
www.sternen-staufenberg.de / T.: +49 7224 3308
info@sternen-staufenberg.de

Gasthof mit badischer, deutscher Küche. Hauptgerichte von € 18 bis € 27; Menüs ab € 34. Geschlossen: Mi+Do.
Unweit von Baden-Baden in einem Traditionshaus gut und bodenständig speisen, geboten werden Wildgulasch, Lachsforelle und Forellenschaumklößchen.
Das Haus empfiehlt: Gebratene Gänsestopfleber auf Apfelscheibe, Preiselbeerjus und Salatbouquet; Lachsforelle mit Krebsrahmsauce, Rotzunge auf Kräutersauce, Forellenschaumklößchen auf Blattspinat, Butternudeln und Salatteller; Zarte Medaillons vom Hirschkalb mit Waldpilzen, Bratapfel mit Preiselbeeren, Spätzle und Salatteller

Werners Restaurant
Hotel Schloss Eberstein

Schloss Eberstein / ✉ 76593
www.schlosseberstein.com
T.: +49 7224 995950
info@schlosseberstein.com

Fine-Dining-Restaurant mit badischer, französischer Küche. Hauptgerichte von € 45 bis € 65; Menüs von € 98 bis € 120; vegetarisches Menü. Geschlossen: Mo+Di; Mi-Sa mittags. Kochkurse.
In exponierter Lage thront das Schloss Eberstein seit mehr als 700 Jahren über dem Murgtal. Es ist nicht nur ein Blickfang und beliebtes Fotomotiv für Touristen, sondern auch Anziehungspunkt für Feinschmecker. In Werners Restaurant genießt der Gast Menüs mit französischer Prägung, mit und ohne Fleisch und bis zu fünf Gängen. Dabei setzt die Küche nicht auf Extravaganzen, sondern auf frische Produkte, fundiertes Fachwissen und handwerkliches Können – wobei die Kreativität nicht zu kurz kommt. Feinste Teller, liebevoll hergerichtet

und geschmacklich verführerisch, verlassen die Küche. An lauen Sommerabenden genießt man die Köstlichkeiten auch auf der Terrasse: mit traumhaftem Blick über den hauseigenen Weinberg hinab ins malerische Murgtal. Seit Ostern 2022 erstrahlt „Werners Restaurant" nach umfassender Renovierung in einem ganz neuen, modernen und edlen Glanz.
Das Haus empfiehlt: Gänselebermousse, Kirsche, dunkle Schokolade, grüner Pfeffer; Loup de Mer, Kartoffel-Zitronenpüree, junge Erbse, Chorizo, Lavendel; Aprikose, Verbene, griechischer Joghurt, Mandel

Gießen
Hessen

Restaurant Heyligenstaedt
Hotel Heyligenstaedt

Aulweg 41 / ✉ 35392 / www.restaurant-heyligenstaedt.de
T.: +49 641 4609650 / info@restaurant-heyligenstaedt.de

Mediterrane, italienische Küche. Hauptgerichte von € 19 bis € 43; Menüs von € 69 bis € 85; Mittagskarte, vegetar. Menü. Geschlossen: Mo, So; Di+Mi, Sa mittags.

Tandreas Restaurant
Tandreas Hotel

Licher Str. 55 / ✉ 35394 / www.tandreas.de
T.: +49 641 94070 / info@tandreas.de

Mediterrane Küche. Hauptgerichte von € 17 bis € 29; Menüs von € 38 bis € 75; Mittagskarte. Kochkurse.

Glashütten (Taunus)
Hessen

Restaurant Glashüttener Hof
Hotel Glashüttener Hof

Limburger Str. 86 / ✉ 61479 Ortsteil Glashütten
www.glashuettenerhof.com / T.: +49 6174 6922
info@glashuettenerhof.com

Deutsche, mediterrane Küche. Hauptgerichte von € 19 bis € 37; vegetar. Menü. Geschl.: Di+Mi; So abends.

Glottertal
Baden-Württemberg

Restaurant Hirschen
Hotel Hirschen

Rathausweg 2 / ✉ 79286
www.hirschen-glottertal.de
T.: +49 7684 810
info@hirschen-glottertal.de

Französische, deutsche Küche. Hauptgerichte von € 24 bis € 40; Menüs von € 45 bis € 76; vegetarisches Menü. Geschlossen: Mo.
Zur Auswahl stehen drei Stuben: Blumenzimmer, Schwarzwaldstube und Ofenzimmer. Klassische, badische Cuisine und Weine vom eigenen Weinberg.
Das Haus empfiehlt: Salat mit Artischocken, Gurken, Rucola, Radieschen, Limettencouscous, Tomatenchutney und

Schmand von Ziegenkäse; Rücken vom Skrei an Kapernbutter mit Chorizo, Blumenkohlpüree, Blumenkohlgeröstel und Gnocchi; Zweierlei Sorbets auf Ananascarpaccio, Passionsfruchtsauce, frische Beeren und Schokoladenbrownie

Glücksburg
Schleswig-Holstein

Brasserie
Alter Meierhof Vitalhotel

Uferstr. 1 / ✉ 24960 Ortsteil Meierwik / T.: +49 4631 6199410
www.alter-meierhof.de / brasserie@alter-meierhof.de

Mediterrane Küche. Hauptgerichte von € 23 bis € 39; Menüs von € 50 bis € 66; besondere Mittagskarte.

Meierei Dirk Luther
Alter Meierhof Vitalhotel

Uferstr. 1 / ✉ 24960 Ortsteil Meierwik
www.alter-meierhof.de / T.: +49 4631 6199411
restaurant@alter-meierhof.de

Fine-Dining-Restaurant mit französischer Küche. Menüs von € 215 bis € 240. Geschlossen: Mo+Di, So; Mi-Sa mittags.
Nicht schlecht, so ein Wellness-Short-Stay an der Ostsee. Vor allem, wenn man ihn im Meierhof Vitalhotel verbringen darf, idyllisch gelegen an der Flensburger Förde zwischen Glücksburg und Flensburg. Das imposante, von einem großen Garten umgebene Anwesen mit seinen ausgezeichneten Spa Einrichtungen samt Außenpool erwartet aber auch die Genießer einer anspruchsvollen Küche. Im eleganten, lichtdurchfluteten Ambiente der „Meierei Dirk Luther" schweift der Blick durch die großen Fenster bis zur dänischen Küste. Sechs oder acht Gänge sind aus der individuell bereicherten, französischen Hochküche zu verkosten, die Dirk Luther hier seit vielen Jahren auf so eindrucksvolle Weise präsentiert. Und der gebürtige Hamburger schafft es immer wieder, sein Publikum zu überraschen und zu begeistern. Bewundernswert. Im Zweitrestaurant „Brasserie" geht es mit regionalen und mediterranen Klassikern etwas gediegener zu.

Das Haus empfiehlt: Scheiben vom Hamachi, Shrimps, Salicorn, Misosud; Confiertes Filet vom Steinbutt, Holunder-Beurre-blanc, glasierte Trauben; Rückenfilet vom Poltinger Lamm, Paprika, Steinpilze, Petersilie

Gmund am Tegernsee
Bayern

Ostiner Stub'n

Schlierseer Str. 60 / ✉ 83703
www.ostiner-stubn.de
T.: +49 8022 7059810 / FM@ostiner-stubn.de

Weltoffene Küche. Hauptgerichte von € 18 bis € 38; Menüs von € 69 bis € 79; besondere Mittagskarte. Geschlossen: Di. Chef's Table, Kochkurse.

Göttingen
Niedersachsen

Georgia Augusta-Stuben
Romantik Hotel Gebhards

Goetheallee 22-23 / ✉ 37073
www.romantikhotels.com/goettingen
T.: +49 551 49680 / gebhards@romantikhotels.com

Deutsche Küche. Hauptgerichte von € 22 bis € 53; Menüs von € 48 bis € 65; besondere Mittagskarte. Geschlossen: Mo-Fr mittags.

Intuu
Hotel FREIgeist Göttingen

Berliner Str. 30 / ✉ 37073
www.freigeist-goettingen.de
T.: +49 551 99953-0 / info@freigeist-goettingen.de

Japanische, peruanische Küche. Hauptgerichte von € 14 bis € 35; besondere Mittagskarte, vegetarisches Menü. Geschlossen: So; Mo-Sa mittags.

Restaurant Gaudí

Rote Str. 16 / ✉ 37073
www.restaurant-gaudi.de
T.: +49 551 5313001
info@restaurant-gaudi.de

Spanische, italienische Küche. Hauptgerichte von € 29 bis € 38; Menüs von € 29 bis € 49; besondere Mittagskarte. Geschlossen: Mo, So.
Mitten in der historischen Altstadt zwischen Fachwerkhäusern künstlerisches Flair erleben. Am Abend ist außerdem die Tapasbar geöffnet.
Das Haus empfiehlt: Kaninchenrücken in Pinienkern-Sauce mit Ratatouille und Safranrisotto; Rehrücken in Madeira-Pflaumensauce mit Spitzkohl und Petersilienwurzelpüree; Variation von Sorbets mit Früchten

Grafenberg
Baden-Württemberg

Gasthaus Krone

Bergstr. 48 / ✉ 72661 / www.krone-grafenberg.de
T.: +49 7123 31303 / info@krone-grafenberg.de

Schwäbische Küche. Hauptgerichte von € 7 bis € 16; Menüs zu € 29. Geschlossen: Mo; So abends.
Nahe Nürtingen bietet dieses dörfliche Lokal mit Gastgarten traditionell Schwäbisches, Wildspezialitäten und selbstgebrannten Schnaps.
Das Haus empfiehlt: Rinderkraftbrühe mit Maultäschle; Entenbrust, rosa gebraten mit geschrotetem Pfeffer, auf buntem Gemüse, dazu Schupfnudeln; Ochsenbacken in Rotwein geschmort mit Rahmpilzen, dazu Sätzle und Salat

Grafenhausen
Baden-Württemberg

Brauereigasthof Rothaus

Rothaus 2 / ✉ 79865 / www.rothaus.de/genusswelt
T.: +49 7748 5229600 / info@rothaus.de

Gasthof mit badischer Küche. Hauptgerichte von € 14 bis € 24; Menüs ab € 32; besondere Mittagskarte.

Grainau
Bayern

Restaurant Henri-Philippe
Romantik Alpenhotel Waxenstein

Höhenrainweg 3 / ✉ 82491
www.waxenstein.bayern
T.: +49 8821 9840 / info@waxenstein.de

Französische, mediterrane Küche. Hauptgerichte von € 28 bis € 36; Menüs von € 56 bis € 128; besondere Mittagskarte, vegetarisches Menü. Geschlossen: mittags.
Vor grandioser Alpenkulisse dürfen die Gäste hier von einer französischen Vielfalt kosten, in bis zu vier Gängen am Stück oder à la carte.
Das Haus empfiehlt: Alpenheu-Rahm, Wachtel, Steckrübe; Lammrücken, Gremolata, Dauphine-Kartoffeln; Brillat Savarin (Weichkäse), Nuss-Crumble

Grambow (bei Schwerin)
Mecklenburg-Vorpommern

Schmiede 16
Gut Grambow

Lange Str.16 / ✉ 19071 / www.schmiede16.de
T.: +49 385 64010983 / schmiede16@gutgrambow.de

Deutsche Küche. Hauptgerichte von € 17 bis € 27; Menüs von € 42 bis € 49. Geschlossen: Mo, So.

Grassau
Bayern

ES:SENZ
Das Achental Resort

Mietenkamer Str. 65 / ✉ 83224 Ortsteil Mietenkam
www.das-achental.com / T.: +49 8641 401609
essenz@das-achental.com

Fine-Dining-Restaurant mit bayerischer, weltoffener Küche. Hauptgerichte von € 45 bis € 75; Menüs von € 185 bis € 245; vegetarisches Menü. Geschlossen: Mo+Di, So; Mi-Sa mittags.
„Essenz“ oder „auf das Wesentliche konzentriert“ lautet das Motto. Und doch ist der Zauber groß, wenn Edip Sigl und seine Brigade ihr Sechsgang-Kunstwerk nebst Amuses auffahren. Berührungsängste hingegen gibt es nicht, herzlich und nonchalant begleitet das Team unter der Leitung von Simon Adam und Sommelier Iiro Lutter seine Gäste durch den Abend. Edip Sigl und sein Team führen den Gutesser durch das Chiemgau – mit Chiemsee Renke, Tomate und Felsenbirne, Saibling von der Talhammer Mühle oder einer feinen Wachtel an der Karkasse gegart. Ausflug Nummer Zwei zieht größere geografische Kreise: Kalbstatar, Langostino und Rotbarbe sind Teil der achtgängigen internationalen Menükomposition, welche in einem traumhaften Poltinger Lamm mit kräftigen Jus gipfelt. Das elegante und lässige Gourmetlokal „ES:SENZ“ im Achental Resort ist perfekt, um eine kurze aktive Auszeit mit einem exquisiten Dinner zu vergolden.
Das Haus empfiehlt: Chiemsee Kiesel, Räucherfisch auf Essigstand; Talhammer Flusskrebse, Blumenkohl, Buchenpilze, Bisque; Wachtel an der Karkasse gegart, Bohnenkraut, Zucchiniblüte, Paprikasauce

Greetsiel siehe Krummhörn
Niedersachsen

Julienne: feine Gemüse- oder Fleischstreifen

Jus: Fleisch- oder Bratensaft

Greifswald
Mecklenburg-Vorpommern

Natürlich Büttners
Pommersches Landesmuseum

Rakower Str. 9 / ✉ 17489
natuerlich-buettners.de
T.: +49 3834 8870737 / info@natuerlich-buettners.de

Deutsche, weltoffene Küche. Hauptgerichte von € 16 bis € 37; Menüs von € 35 bis € 85. Geschlossen: Mo+Di.

Sauce béarnaise: Klassisch französische Sauce auf Butterbasis, unter anderem mit Estragon, serviert zu Fleisch und Fisch

Sauce hollandaise: Klassisch französische Sauce auf Butterbasis, gereicht zu Fisch und Gemüse

Grenzach-Wyhlen
Baden-Württemberg

Eckert Fine Dining
Hotel Eckert

Basler Str. 20 / ✉ 79639 Ortsteil Grenzach
www.eckert-grenzach.de / T.: +49 7624 91720
office@wio-group.de

Crossover-Küche. Hauptgerichte von € 28 bis € 46; Menüs von € 98 bis € 140; besondere Mittagskarte, vegetarisches Menü, vegane Hauptgerichte. Geschlossen: Mo+Di; Sa mittags. Kochkurse.

Rührberger Hof
Rührberger Hof

Inzlinger Str. 1 / ✉ 79639 Ortsteil Wyhlen
www.ruehrbergerhof.com
T.: +49 7624 91610
info@ruehrbergerhof.com

Badische Küche. Hauptgerichte von € 19 bis € 34; Menüs ab € 55; vegetarisches Menü. Geschlossen: Mo+Di.
Familienbetrieb mit einer saisonalen Speisekarte, auf der Publikumslieblinge wie Wiener Schnitzel oder Kalbsgeschnetzeltes nicht fehlen.
Das Haus empfiehlt: Kikok Hähnchenbrust an Rosmarinjus mit grünem Spargel und Kartoffelpüree; Chateaubriand an Rosmarinjus mit Gemüse und Kartoffelpüree; Schokoladenmousse mit kreolischer Ananas, Kokoseis und Kaffeeschaum im Glas

Greven
Nordrhein-Westfalen

Altdeutsche Schänke

Dorfstr. 18 / ✉ 48268 Ortsteil Gimbte
www.altdeutsche-schaenke.de / T.: +49 2571 2261
info@altdeutsche-schaenke.de

Westfälische, deutsche Küche. Hauptgerichte von € 17 bis € 35. Geschlossen: Mo+Di.
Familiär geführte Gastwirtschaft im typischen Münsterland-Ambiente mit Kamin und dunklen Eichenbalken. Erdverbundene Küche und schöner Garten.
Das Haus empfiehlt: Kalbsbäckchen in Burgunderjus, Selleriepüree, Brokkoli; Kalbsleber Berliner Art mit Apfel- und Zwiebelringen, Salat und Kartoffelpüree; Zanderfilet in Knoblauchbutter gebraten, mit Spinat und Salzkartoffeln

Landhaus Rickermann

Bahnhofstr. 72 / ✉ 48268 Ortsteil Reckenfeld
www.landhausrickermann.com
T.: +49 2575 2203
landhaus-rickermann@t-online.de

Deutsche, Crossover-Küche. Hauptgerichte von € 14 bis € 30. Geschlossen: Mo; Di-Sa mittags. Kochkurse.
Abseits der Stadt bietet das Landhaus Raum für musikalische Events aber vor allem für den Genuss deutscher Küchen-Klassiker.
Das Haus empfiehlt: Rumpsteak in der Espresso-Chili-Kruste; Lammfilet in der Kräuterkruste mit Bohnen und Bratkartoffeln; Herrencrème nach altem Hausrezept

Grimma
Sachsen

Restaurant Raffinesse

Colditzer Weg 1 / ✉ 04668 / www.raffinesse-grimma.de
T.: +49 3437 9483797 / info@raffinesse-grimma.de

Deutsche, weltoffene Küche. Hauptgerichte von € 15 bis € 30. Geschlossen: Di+Mi; So abends; Mo, Do+Fr mittags.

Groß Nemerow
Mecklenburg-Vorpommern

The View
Hotel Bornmühle

Bornmühle 35 / 17094 Ortsteil Tollenseheim
www.bornmuehle.de
T.: +49 39605 60359
service@bornmuehle.de

Mecklenburgische, mediterrane Küche. Hauptgerichte von € 17 bis € 27; vegetarisches Menü. Kochkurse.
Am Seeufer gelegen, setzt das schicke Lokal auf hochwertige Produkte und die Vielfalt Mecklenburgs. Die Bar bietet 200 verschiedene Cocktails.
Das Haus empfiehlt: Saiblingsfilet in Mandelbutter gebraten, Safransauce, zweierlei Spargel, Frühlingskräuterrisotto; Kikok-Hähnchenbrustschnitzel mit Trüffelschinken und Müritzkäse gefüllt, Béarnaise, Spargel, Schwenkkartoffeln; Crème brûlée von der Tonkabohne, Ingwer-Mangokompott, Pistazieneis

Groß-Gerau
Hessen

Pizarro Fine Dining & Weinbar

Frankfurter Str. 13 / 64521 / weinbar-pizarro.de
T.: +49 177 2440697 / info@weinbar-pizarro.de

Fine-Dining-Restaurant mit weltoffener Küche. Menüs von € 45 bis € 67. Geschlossen: Mo, So; Di-Sa mittags.

Groß-Umstadt
Hessen

Farmerhaus Restaurant
Farmerhaus Lodge

Am Farmerhaus 1 / 64823 / www.farmerhaus.de
T.: +49 6078 911191 / dining@farmerhaus.de

Südafrikanische, Crossover-Küche. Hauptgerichte von € 32 bis € 44; Menüs von € 65 bis € 120; vegetarisches Menü. Geschlossen: Mo, So; Di-Sa mittags. Kochkurse.

Pot au feu: Feuertopf, französisches Eintopfgericht oder großer hitzebeständiger Suppentopf

Gschwend
Baden-Württemberg

Herrengass

Welzheimer Str. 11 / 74417
www.herrengass-gschwend.de / T.: +49 7972 912520
info@herrengass-gschwend.de

Französische, mediterrane Küche. Hauptgerichte von € 14 bis € 27; Menüs von € 38 bis € 90. Geschlossen: Mo-Mi; Do+Fr mittags. Kochkurse.

Marinieren: Einlegen von Fleisch, Fisch oder Gemüse in würzige Saucen

Mirepoix: In Würfel geschnittenes Röstgemüse zur Würze von Saucen und Fleischspeisen

Mise en place: Vorbereitungen für einen reibungslosen Service- oder Küchenablauf

Gummersbach
Nordrhein-Westfalen

Die Mühlenhelle
Hotel Die Mühlenhelle

Hohler Str. 1 / 51645 Ortsteil Dieringhausen
www.muehlenhelle.de
T.: +49 2261 290000
kontakt@muehlenhelle.de

Deutsche, weltoffene Küche. Hauptgerichte von € 28 bis € 48; Menüs von € 52 bis € 159; vegetarisches Menü, vegane Hauptgerichte. Geschlossen: Mo+Di mittags. Kochkurse.
Einladend wirkt das Gebäude mit dem schmucken Turmerker, in dem sich auch das Gourmet-Restaurant befindet. Der Gast hat die Wahl zwischen Restaurant, Bistro oder Vinothek. Am besten bringt man etwas Zeit mit und lässt sich eines der harmonisch komponierten Menüs von Michael Quendler schmecken. An vier Abenden verwöhnt er den Gast mit einer modernen europäischen Küche. In mehreren Menüs, darunter auch eine vegane Option, lebt er seine Kreativität aus. Neben den Küchengrüßen zum Auftakt erwartet den Gast zum Beispiel Zander nach Ike-Jime oder eine Kombination aus Rinderfilet und Entenstopfleber mit einem Hauch von Kaffee. Gastgeberin Birgitta Quendler gibt gerne Tipps zu passenden Weinen. Zudem veranstaltet sie regelmäßig Weinproben in der eigenen Vinothek. Die erfahrene Sommelière schöpft aus einem großen Vorrat deutscher und österreichischer Weine, einer Auswahl an Schaumweinen sowie ausgewählten Tropfen der klassischen europäischen Anbaugebiete und der Neuen Welt.
Das Haus empfiehlt: Lambachtaler Lachsforelle, Gurke, Dill, Schmand, Zitrone; Eifeler Lamm, pikante Aubergine, Olive, Tomate; Vegane Original-Beans-Schokolade, Beeren, Rosmarin

Schwarzenberger Hof

Hagener Str. 39 / ✉ 51645 Ortsteil Dümmlinghausen
www.schwarzenberger-hof.de
T.: +49 2261 53098
info@schwarzenberger-hof.de

Deutsche, mediterrane Küche. Hauptgerichte von € 9 bis € 28; Menüs von € 27 bis € 39; besondere Mittagskarte, vegetarisches Menü. Geschlossen: Di+Mi.
Familiengeführtes Traditionslokal im Bergischen, mit Biergarten, holzverkleidetem Gastraum und Tischdecken sowie Kerzenlicht und Krimidinner.
Das Haus empfiehlt: Jakobsmuscheln mit Mozzarella überbacken auf Blattspinat; Lachsroulade mit Spinat und Fischmousse gefüllt, dazu Hummerschaum, Reis und Salat; Wildragout von Reh und Hirsch mit gebratenen Pilzen, Rotkohl, Preiselbeeren und Serviettenklößen

Gundelfingen
Baden-Württemberg

Restaurant Sonne Wildtal

Talstraße 60 / ✉ 79194 Ortsteil Wildtal
www.sonnewildtal.com / T.: +49 761 61257060
info@sonnewildtal.com

Badische, französische Küche. Hauptgerichte von € 19 bis € 34. Geschlossen: Mo+Di; Mi-Fr mittags.

Saltimbocca: ital.: Spring in den Mund, dünnes kleines Kalbsschnitzel mit Schinken und Salbeiblatt

Gutenzell-Hürbel
Baden-Württemberg

Restaurant Klosterhof

Hotel Klosterhof

Schlossbezirk 2 / ✉ 88484 Ortsteil Gutenzell
www.klosterhof-gutenzell.de / T.: +49 7352 92330
info@klosterhof-gutenzell.de

Schwäbische Küche. Hauptgerichte von € 15 bis € 27; Menüs von € 20 bis € 45. Geschlossen: Mo; Di-Do mittags.
Dorfgasthaus mit Tradition, gemütlichen Stuben und Kaminzimmer, in dem Zwiebelrostbraten, Lammhüfte und Backhendl aufgetragen werden.
Das Haus empfiehlt: Mariniertes Ochsenfleisch mit mildem Balsamico, roten Zwiebelchen, Schnittlauch und Tomate, dazu Weißbrot; Wolfsbarschfilet auf der Haut und Garnelen gebraten, mit feinem Kräuterschaum, hausgemachte Gemüsenudeln mit frischem Dill; Schwäbischer Zwiebelrostbraten vom heimischen Rind, mit Bratensauce und Röstzwiebeln, dazu hausgemachte Eierspätzle

Gütersloh
Nordrhein-Westfalen

Restaurant GüTsel

Hotel Appelbaum

Neuenkirchener Str. 59 / ✉ 33332
www.hotel-appelbaum.de / T.: +49 5241 95510
appelbaum@hotel-appelbaum.de

Westfälische, deutsche Küche. Hauptgerichte von € 15 bis € 32. Geschlossen: mittags.

H

Hagen
Nordrhein-Westfalen

Restaurant Dresel
Hotel Dresel

Rummenohler Str. 31 / ✉ 58091 Ortsteil Dahl
www.hotel-dresel.de / T.: +49 2337 1318 / info@hotel-dresel.de

Deutsche, weltoffene Küche. Hauptgerichte von € 14 bis € 30; Menüs ab € 38. Geschlossen: Mo-Mi mittags.

Halle an der Saale
Sachsen-Anhalt

Alchimistenklause

Reilstr. 47 / ✉ 06114 / www.alchimistenklause.de
T.: +49 345 5233648 / restaurant@alchimistenklause.de

Deutsche Küche. Hauptgerichte von € 18 bis € 29. Geschlossen: Mo, So.

Restaurant Speiseberg
Die Bergschenke

Kröllwitzer Str. 45 / ✉ 06120 Ortsteil Kröllwitz
www.bergschenke-halle.com / T.: +49 151 56519090
speiseberg@googlemail.com

Fine-Dining-Restaurant mit französischer, Crossover-Küche. Menüs ab € 125; vegetarisches Menü. Geschlossen: Mo+Di, So; Mi-Sa mittags.

Haltern am See
Nordrhein-Westfalen

Ratsstuben
Ratshotel

Mühlenstr. 3-5 / ✉ 45721 Ortsteil Haltern
www.hotel-haltern.de / T.: +49 2364 3465
mail@hotel-haltern.de

Weltoffene Küche. Hauptgerichte von € 29 bis € 48; Menüs von € 79 bis € 158. Geschlossen: Mo, So; Di-Sa mittags.

Uhlenhof Holtwick

Holtwicker Str. 420 / ✉ 45721 Ortsteil Holtwick
www.uhlenhof-haltern.de / T.: +49 2364 2534
info@uhlenhof-haltern.de

Deutsche Küche. Hauptgerichte von € 15 bis € 30; Menüs von € 38 bis € 48. Geschlossen: Mo+Di; Mi-Fr mittags.

Saucieren: Gericht im letzten Augenblick mit Sauce begießen

Hamburg
Hamburg

100/200 Kitchen

Brandshofer Deich 68 / ✉ 20539 Ortsteil Rothenburgsort
www.100200.kitchen / T.: +49 40 30925191 / mail@100200.kitchen

Deutsche, weltoffene Küche. Menüs von € 150 bis € 200; vegetarisches Menü. Geschlossen: Sa+So; Mo-Fr mittags.

Anna Sgroi

Milchstr. 7 / ✉ 20148 Ortsteil Rotherbaum
www.annasgroi.de / T.: +49 40 28003930 / anna@annasgroi.de

Italienische Küche. Hauptgerichte von € 28 bis € 39. Geschlossen: Mo, So; Di-Sa mittags. Kochkurse.

Bianc

Am Sandtorkai 50 / ✉ 20457 Ortsteil HafenCity
www.bianc.de / T.: +49 40 18119797 / office@bianc.de

Fine-Dining-Restaurant mit mediterraner Küche. Menüs ab € 230; vegetar. Menü. Geschl.: Mo+Di, So; Mi-Sa mittags.

Bullerei

Lagerstr. 34 B / ✉ 20357 / www.bullerei.com
T.: +49 40 33442110 / info@bullerei.com

Weltoffene Küche. Hauptgerichte von € 16 bis € 46; Menüs von € 49 bis € 59; besondere Mittagskarte.

Cantine Papa Lisbeth

Deichstr. 32 / ✉ 20459 Ortsteil Hamburg-Altstadt
www.cantinepapalisbeth.de / T.: +49 40 36096767
andre@cplisbeth.de

Norddeutsche Küche. Menüs von € 42 bis € 69; besondere Mittagskarte. Geschlossen: So; Mo abends.

Dal Fabbro

Blankeneser Bahnhofstr. 10 / ✉ 22587 Ortsteil Blankenese
www.dal-fabbro.de / T.: +49 40 868941 / info@dal-fabbro.de

Italienische Küche. Hauptgerichte von € 14 bis € 30; besondere Mittagskarte.
Alteingesessener Italiener im historischen Ziegelhaus, der seit über drei Jahrzehnten das Blankeneser Publikum begeistert.
Das Haus empfiehlt: Hausgemachte Steinpilzravioli in Trüffelcrème, Pikante Maispoulardenbrust vom Grill auf Paprikarisotto; Dorade Royal im Ganzen vom Grill mit gemischtem Salat oder Gemüse

Carls Brasserie

Am Kaiserkai 69 / 20457 Ortsteil HafenCity
www.carls-brasserie.de / T.: +49 40 300322400
carls@carls-brasserie.de

Französische, norddeutsche Küche. Hauptgerichte von € 20 bis € 40; Menüs zu € 65; besondere Mittagskarte.

epura

Privathotel Eggers

Rahlstedter Str. 78 / 22149
www.epura-hamburg.de
T.: +49 40 67578420
info@epura-hamburg.de

Crossover-, weltoffene Küche. Hauptgerichte von € 25 bis € 49; Menüs von € 44 bis € 99; vegane Hauptgerichte. Geschl.: Mo, So. Klassisches, Dreigangmenüs, Hausgemachtes, gute Weine – all das ist zu haben in dem eleganten Hotel-Restaurant im Hamburger Nordosten.
Das Haus empfiehlt: Frisch angemachtes Tatar vom Rind „epura style" mit Sauce Tatare und Pommes Allumettes; Gegrillte Brust von der Tandoori Maispoularde mit Raita, Süßkartoffelfritten und Caesar's Salad; „Chocoholic Mark" von der Callebaut Schokolade

Fischereihafen Restaurant

Große Elbstr. 143 / 22767
www.fischereihafenrestaurant.de / T.: +49 40 381816
info@fischereihafenrestaurant.de

Seafood-Restaurant mit norddeutscher Küche. Hauptgerichte von € 17 bis € 55; Menüs von € 45 bis € 84; besondere Mittagskarte, vegetarisches Menü.
Wer nicht im Hamburger Fischereihafen-Restaurant war, hat etwas verpasst. Das elegante und herzliche Ambiente, gepaart mit dem einzigartigen Ausblick auf die Elbe, wäre an sich schon Grund genug für einen Besuch. Doch es ist vor allem die legendäre Fisch- und Meeresfrüchte-Küche des Hauses, die den Besucher in die Große Elbstraße 143 lockt. In der Oyster-Bar nehmen Genießer einen Cocktail oder einen Aperitif, während im Restaurantbereich später Steinbutt mit Krustentierragout, Thunfischsteak oder Kutterscholle Finkenwerder Art aufgetragen werden. Selbstverständlich gibt es auch Fine de Claire oder Sylter Royal Austern, die man stilvoll mit Champagner hinunterspülen kann. Eine absolute Spezialität im Fischereihafen-Restaurant ist das Hummermenü im Winter: mit Hummermedaillons, Hummersüppchen oder einer knusprigen Hummerschere auf Belugalinsen. Einfach nur gut!

Das Haus empfiehlt: Gebratene Calamari auf Spargelrisotto mit geschmorten Strauchtomaten und Bärlauchschaum; Französische Fines de Claires auf Eis, serviert mit Schalotten-Vinaigrette und Chesterbrot; Seeteufel-Kotelett auf buntem Spargelragout mit Rotwein-Buttersauce und Röstkartoffeln

Haco

Clemens-Schultz-Str. 18 / 20359 Ortsteil St. Pauli
www.restaurant-haco.com / T.: +49 40 74203939
booking@restaurant-haco.com

Norddeutsche Küche. Hauptgerichte ab € 18; Menüs ab € 119; vegetarisches Menü. Geschlossen: Mo, So; Di-Sa mittags.

Hæbel

Paul-Roosen-Str. 31 / 22767 Ortsteil St. Pauli
haebel.hamburg / T.: +49 151 72423046
eat@haebel.hamburg

Französische, skandinavische Küche. Menüs von € 95 bis € 109. Geschlossen: Mo-Mi; Do-So mittags.

Heimatjuwel

Stellinger Weg 47 / 20255 Ortsteil Eimsbüttel
www.heimatjuwel.de / T.: +49 40 42106989
info@heimatjuwel.de

Fine-Dining-Restaurant mit skandinavischer, deutscher Küche. Rein vegetarisch. Menüs von € 79 bis € 89; besondere Mittagskarte. Geschlossen: Mo, So; Di-Sa mittags.

Heldenplatz

Brandstwiete 46 / 20457 Ortsteil Hamburg-Altstadt
www.heldenplatz-restaurant.de
info@heldenplatz-restaurant.de

Weltoffene, mediterrane Küche. Hauptgerichte von € 29 bis € 39; Menüs von € 79 bis € 119. Geschlossen: Mo+Di; Mi-So mittags.

Henssler & Henssler

Große Elbstr. 160 / 22767 / www.hensslerhenssler.de
T.: +49 40 38699000 / info@hensslerhenssler.de

Japanische Küche. Hauptgerichte von € 20 bis € 35; Menüs von € 69 bis € 89; besondere Mittagskarte, vegetarisches Menü. Geschlossen: Mo, So.

Café de Paris: In der Schweiz entstandenes Saucenrezept auf Basis einer speziellen Buttermischung

Hygge - Brasserie & Bar
Landhaus Flottbek

Baron-Voght-Str. 179 / ✉ 22607 Ortsteil Groß Flottbek
www.hygge-hamburg.de / T.: +49 40 82274160
info@landhaus-flottbek.de

Weltoffene Küche. Hauptgerichte von € 28 bis € 52; Menüs von € 39 bis € 85; vegetarisches Menü, vegane Hauptgerichte. Geschlossen: mittags.
Es strahlen die riesigen Glühbirnen über der Bar, während man von seinem Drehsessel am Tresen auf das erleuchtete Sortiment blickt. Zum Auftakt des Abends schmecken ein Pisco Sour oder der klassische Cosmopolitan. Später, am rustikalen Holztisch sitzend, fällt der Blick auf den freistehenden Kamin, die sauber gestapelten Scheite im Regal und die hohen, blitzblanken Weingläser. Zu der gemütlichen Atmosphäre tragen nicht zuletzt die freistehenden Balken und die vorm Feuer platzierten Ledersessel bei. Die „Hygge - Brasserie & Bar" im Stadtteil Groß Flottbek ist schlicht ein Ort zum Wohlfühlen und zum Genießen. Bestellt wird einzeln, à la carte oder die verschiedensten Speisen in Schüsseln und allerlei Töpfchen, an denen sich jeder bedienen kann. Die Küche ist modern und schlicht, sie überzeugt durch gute Produkte und gute Einfälle. Der Küchenchef bereitet auch ein Überraschungsmenü in drei oder vier Gängen zu – eben so, wie man es gerade mag.
Das Haus empfiehlt: Steinpilze, Crème fraîche und Kaspressknödel; Verschiedenes vom Wiesenkalb - Filet, Bries, Kopf, Sommertrüffel, Kohlrabi und Pommes Maxim; Buchteln (für zwei Personen) Blaubeeren, Schlagsahne und Vanilleeis

Jacobs Restaurant
Hotel Louis C. Jacob

Elbchaussee 401-403 / ✉ 22609 Ortsteil Nienstedten
jacobs-restaurant.de / T.: +49 40 822550
restaurant@hotel-jacob.de

Französische Küche. Hauptgerichte von € 29 bis € 65; Menüs von € 112 bis € 142; besondere Mittagskarte. Geschlossen: Mo, So; Di-Sa mittags. Chef's Table, Kochkurse.

Labskaus, Pannfisch, Fischbrötchen oder Bismarckhering zeigt das geistige Auge, wenn man **Hamburg** mit Essen verbindet. Der Hafen mit seinem Fischmarkt und das nahe Meer haben schon immer viele Einflüsse und Zutaten in die Hansestadt gespült.

Jahreszeiten Grill
Fairmont Hotel Vier Jahreszeiten

Neuer Jungfernstieg 9-14 / ✉ 20354 Ortsteil Neustadt
hvj.de / T.: +49 40 34943312
gastronomie.hvj@fairmont.com

Deutsche, französische Küche. Hauptgerichte von € 27 bis € 90; besondere Mittagskarte.
Französisches Grillrestaurant im Art-Déco-Stil, in dem vor den Augen des Gastes tranchiert, flambiert und angerichtet wird.
Das Haus empfiehlt: Knuspriges Kalbsbries, frittierte Drillinge, weißer Spargel, Selleriecrème und glasierte Weintrauben; Handgeklopftes Carpaccio vom Rinderfilet, Parmigiano Reggiano, Rucola und Pinienkerne; Meeresfrüchte-Étagère für zwei Personen

Jellyfish

Weidenallee 12 / ✉ 20357 Ortsteil Eimsbüttel
www.jellyfish-restaurant.de / T.: +49 40 4105414
info@jellyfish-restaurant.de

Fine-Dining-Restaurant mit weltoffener Küche. Hauptgerichte von € 32 bis € 46; Menüs von € 109 bis € 189; besondere Mittagskarte. Geschlossen: Mo+Di; Mi-Fr mittags. Kochkurse.
Das „Jellyfish" ist eine Institution. Die exzellenten Zubereitungen von Lachs, Wolfsbarsch oder Seezunge – fein zurecht gemacht mit heimischen Gemüsen – begeistern das Hamburger Publikum. In dem schlicht aber ansprechend eingerichteten Restaurant unweit des Sternschanzen-Viertels werden vier bis acht Gänge aufgetischt. Stefan Fäth heißt der Inhaber und Küchenchef, der mit seinem Team hungrigen Feinschmeckern sowohl Gourmet- als auch mittägliche Bistroangebote macht. Apropos mittags: Das Speiseangebot ist die perfekte Einstiegsdroge für die große Abendshow. Man darf vom Makrelentatar, einer Hummer-Pasta oder dem hausgemachten Kuchen kosten. Ein bis zwei Alternativen zum Fisch sind übrigens auch immer dabei.
Das Haus empfiehlt: Saibling „geräuchert" mit Kopfsalat, Gurke, Kalamansi; Pulpo „Salsa verde" mit Poveraden, Holzkohle, Sanddorn; Müritz Wels „Teriyaki" mit Aprikose, Aal, Bohne

Kinfelts Kitchen & Wine

Am Kaiserkai 56 / ✉ 20457 Ortsteil HafenCity
www.kinfelts.de / T.: +49 40 30068369 / info@kinfelts.de

Französische, weltoffene Küche. Hauptgerichte von € 19 bis € 39; besondere Mittagskarte. Geschlossen: Di; Mo, Mi-Sa mittags.

Lakeside
The Fontenay

Fontenay 10 / 20354 Ortsteil Rotherbaum
www.thefontenay.com
T.: +49 40 60566050
lakeside@thefontenay.com

Fine-Dining-Restaurant mit weltoffener, französischer Küche. Menüs von € 169 bis € 189; vegetarisches Menü. Geschlossen: Mo, So; Di-Sa mittags.
Die Bel Etage im siebten Stock des Luxushotels „The Fontenay" an der Hamburger Außenalster ist quasi eine verglaste Aussichtsplattform. Durch die bodentiefen Panoramafenster blickt man übers Wasser und die jenseitige Häuser-Skyline mit ihrem üppigen Baumgrün. Das Ambiente ist hell, modern, reduziert und elegant. Bequeme Sessel, hochwertige Stoffe und Silberbsteck haben erwartungsgemäß hier ihren Platz. Chef de Cuisine Julian Stowasser verleiht seiner Kreativität in einer raffinierten vier- bis sechsgängigen Menüfolge Ausdruck, die keine geografischen Grenzen kennt. Ob orientalische Tandoori-Wachtel oder bretonische Makrele – der Gast sieht, schmeckt und spürt, welch großen Aufwand die Küche betreibt. Tipp: Nach dem Essen den Ausblick von der Bar-Terrasse im sechsten Stock des Hauses genießen!
Das Haus empfiehlt: Bernsteinmakrele - Ceviche, Mandel, Jalapeño; Limousin Lamm - Bohne, Kartoffel, Gewürzbrot; Schwarzwälder Kirsche - Vanille, Kirschwasser, Schokolade

Landhaus Scherrer

Elbchaussee 130 / 22763
www.landhausscherrer.de
T.: +49 40 883070030
verwaltung@landhausscherrer.de

Norddeutsche Küche. Hauptgerichte von € 33 bis € 56; Menüs von € 98 bis € 138; vegetarisches Menü. Geschlossen: So. Kochkurse.

Nikkei Nine
Fairmont Hotel Vier Jahreszeiten

Neuer Jungfernstieg 9-14 / 20354 Ortsteil Neustadt
nikkei-nine.de / T.: +49 40 34943399
nikkei.nine@fairmont.com

Japanische, südamerikanische Küche. Hauptgerichte von € 38 bis € 140; Menüs von € 89 bis € 150; vegetar. Menü, vegane Hauptgerichte. Geschl.: mittags. Chef's Table.

Osteria da Francesco

Milchstr. 3-4 / 20148 Ortsteil Rotherbaum
www.da-francesco.de / T.: +49 40 25304380
info@da-francesco.de

Italienische, mediterrane Küche. Hauptgerichte von € 29 bis € 60.

Parkview
The Fontenay

Fontenay 10 / 20354 Ortsteil Rotherbaum
www.thefontenay.de / T.: +49 40 60566050
info@thefontenay.de

Mediterrane, französische Küche. Hauptgerichte von € 18 bis € 97. Vegane Hauptgerichte.

Philipps Restaurant

Turnerstr. 9 / 20357 Ortsteil St. Pauli
www.philipps-restaurant.de / T.: +49 40 63735108
moinmoin@philipps-restaurant.de

Mediterrane, deutsche Küche. Hauptgerichte von € 21 bis € 34; Menüs von € 45 bis € 82. Geschlossen: Mo, So; Di-Sa mittags.

Piment

Lehmweg 29 / 20251 Ortsteil Hoheluft-Ost
www.restaurant-piment.de / T.: +49 40 42937788
info@restaurant-piment.de

Französische, marokkanische Küche. Hauptgerichte ab € 48; Menüs ab € 170. Geschlossen: Mi, So; Mo+Di, Do-Sa mittags.

Restaurant Cornelia Poletto

Eppendorfer Landstr. 80 / 20249 Ortsteil Eppendorf
www.cornelia-poletto.de / T.: +49 40 4802159
veranstaltung@poletto.de

Mediterrane, italienische Küche. Hauptgerichte von € 25 bis € 54; Menüs von € 69 bis € 164; Mittagskarte, vegetarisches Menü. Geschl.: Mo. Chef's Table, Kochkurse.

Restaurant Morellino

Falkenried 54 / 20251 Ortsteil Hoheluft-Ost
morellino.hamburg / T.: +49 40 4206295
info@morellino.hamburg

Fine-Dining-Restaurant mit weltoffener, Crossover-Küche. Menüs von € 145 bis € 178. Geschlossen: Mo, So; Di-Sa mittags.

Salsiccia: pikant gewürzte italienische Mettwurst

Restaurant Haerlin
Fairmont Hotel Vier Jahreszeiten

Neuer Jungfernstieg 9-14 / ✉ 20354 Ortsteil Neustadt
hvj.de / T.: +49 40 34943310
gastronomie.hvj@fairmont.com

Fine-Dining-Restaurant mit französischer Küche. Menüs ab € 215. Geschlossen: Mo, So; Di-Sa mittags. Chef's Table.
Könnte es in der Hamburger City einen eleganteren Platz zum Essen geben, als im Fairmont Hotel Vier Jahreszeiten? Sicher nicht, denn dieser Claim ist seit Jahren abgesteckt: Seidentapeten, cremefarbene Vorhänge, Lampenschirme, gemütliche Fauteuils und halbrunde Sofas – das ist wirklich edel gemacht. Gülden leuchtet so manches, ein gläserner Weinschrank glänzt, von Messing umrahmt. Große Fenster geben den Blick frei auf die Alster. Seit 2002 leitet Christoph Rüffer das Team in der Küche. Der in Essen geborene Mittvierziger und seine Mannschaft erschaffen an fünf Abenden pro Woche essbare Kunstwerke in fünf oder sechs Speisefolgen. Rüffer hat's raus, könnte man sagen. Er kombiniert vortrefflich Aromen und Konsistenzen, erreicht perfekte Garzustände und überrascht mit kühnen Fusionen. Wer in kleiner Runde hautnah am Kochgeschehen sein möchte, reserviert am Chef's Table.
Das Haus empfiehlt: Thunfischbauch mit Austerncrème, Spitzkohlsud und Imperial-Kaviar; Seezunge und Königskrabbe mit Nussbutter-Wacholderschaum, Löwenzahn und Limonenvinaigrette; Taubenbrust in Gewürzsud gegart mit Aprikose, geräucherte Pistazie und Gänseleber

Restaurant Port
Hotel Hafen Hamburg

Seewartenstr. 9 / ✉ 20459 Ortsteil St. Pauli
www.hotel-hafen-hamburg.de
T.: +49 40 3111370400
port@hotel-hamburg.de

Norddeutsche Küche. Hauptgerichte von € 16 bis € 39; besondere Mittagskarte.
Labskaus, Pannfisch oder ein Steak vom Grill, garniert mit Hafenblick. Von der Terrasse erblickt man Elbphilharmonie und die Landungsbrücken.
Das Haus empfiehlt: Port Labskaus - Rollmops, Spiegelei, rote Bete; Nordsee Bouillabaisse mit dem Catch of the Day, Garnele, Dill-Aioli; Hamburger Pannfisch, Kartoffelstampf, Blattspinat, Dijon-Senfsauce

Restaurant Waterkant
Empire Riverside Hotel

Bernhard-Nocht-Str. 97 / ✉ 20359 Ortsteil St. Pauli
www.empire-riverside.de
T.: +49 40 3111970480
waterkant@hotel-hamburg.de

Seafood-Restaurant mit weltoffener Küche. Hauptgerichte von € 23 bis € 48. Geschlossen: Mo, So; Di-Sa mittags.
Showküche auf der einen Seite, interessante Betriebsamkeit in den Docks auf der Fensterseite. Im Mittelpunkt stehen kreative Fischgerichte.
Das Haus empfiehlt: Faröer Lachsfilet auf der Haut gebraten, Safran-Fenchel, Schnittlauchpüree, Estragon-Aioli; Spinatknödel, gebratene Pilze, Parmesan, Nussbutterschaum; Mandel-Himbeer-Blondie, Dattel-Schokolade, Himbeersorbet

Skyline Bar 20up
Empire Riverside Hotel

Bernhard-Nocht-Str. 97 / ✉ 20359 Ortsteil St. Pauli
www.empire-riverside.de / T.: +49 40 3111970470
20up@hotel-hamburg.de

Bar-Restaurant mit japanischer Küche. Menüs von € 35 bis € 72. Geschlossen: mittags.
Gemischtes Sushi naschen, dazu einen guten Cocktail schlürfen und on top die sensationelle Aussicht auf die Hamburger Skyline genießen.
Das Haus empfiehlt: Sushi- und Sahimi-Mix; Gin-Basil-Smash - Tanqueray London Dry Gin, Basil, Lemon, Sugar; Salma Hayek - Coffee Infused Sierra Milenario Resposado, Select Bitter Aperitif, Cucielo Vermuth Rosso

The Table Kevin Fehling

Shanghaiallee 15 / ✉ 20457 Ortsteil HafenCity
www.the-table-hamburg.de
T.: +49 40 22867422
info@the-table-hamburg.de

Fine-Dining-Restaurant mit weltoffener Küche. Menüs zu € 250. Geschlossen: Mo, So; Di-Sa mittags. Chef's Table.
Das modern gestylte Gourmetlokal ist vom Hauptbahnhof in nur 15 Fußminuten zu erreichen. Die Köche platzieren, formen und tupfen unter hellem Licht. Kevin Fehling ist ein leidenschaftlicher Tüftler. Stundenlang beschäftigt er sich mit neuen Rezepturen und Menükompositionen. (Mehr Informationen über Kevin Fehling unter „Auszeichnungen des Jahres Deutschland".)

Witthüs

Elbchaussee 499 a / 22587 Ortsteil Blankenese
www.witthues.de / T.: +49 40 860173 / info@witthues.de

Deutsche, mediterrane Küche. Hauptgerichte von € 18 bis € 34; Menüs von € 35 bis € 45; vegetarisches Menü. Geschlossen: mittags.

Reetgedecktes Haus im gemütlichen Landhausstil mit eigener Konditorei. Ideal fürs romantische Candle-Light-Dinner.
Das Haus empfiehlt: Hummerconsommé mit Frühlingsgemüse und Kardamomflädle; Glacierte Milchkalbsleber in Salbeibutter Geschmorter Chicorée und Apfel-Kartoffelstampf; Red-Snapper-Filet, Wildreis, getrüffelter Rahmspinat, Mairübchen und Wermutsauce

ZEIK Restaurant

Sierichstr. 112 / 22299 Ortsteil Winterhude
www.zeik.de / T.: +49 40 46653531 / info@zeik.de

Fine-Dining-Restaurant mit norddeutscher, weltoffener Küche. Menüs von € 99 bis € 116; vegetarisches Menü. Geschlossen: Mo, So; Di-Sa mittags.
Im „ZEIK" zeigt sich, dass Essen zuzubereiten eine Kunst sein kann und angesichts dessen das Umgebende zur Nebensächlichkeit verschwimmt. Natürlich sitzt man in dem kleinen Restaurant an der Sierichstraße in Hamburg-Winterhude in einem einem schönen, hellen Ambiente, drinnen wie draußen. Doch viel gestalterisches Tamtam wird dennoch nicht gemacht und die Atmosphäre ist spürbar zwanglos. Maurizio Oster und seine Crew bieten nordisch geprägte, echt regionale Genüsse im Spiegel der Jahreszeiten. Sechs kreative Speisen in Folge, auf Wunsch auch fleischlos, zu denen der Küchenchef gerne persönlich Rede und Anwort steht. Auf Edelprodukte wie Kaviar oder teures Gemüse aus der Ferne wird bewusst verzichtet, stattdessen stammen Kohlrabi und Spinat quasi von nebenan. Maurizio Oster, ein echter Hamburger Jung, zeigt, wie gut sich Fine-Dining-Anspruch und nachhaltiges Wirtschaften kombinieren lassen. Chapeau!

Das Haus empfiehlt: Raps, Meerrettich, Rauch; Jakobsmuschel, Kohlrabi, Eigelb; Pilz, schwarzer Knoblauch, Spinat

Wolfs Junge

Zimmerstr. 30 / 22085 Ortsteil Uhlenhorst
www.wolfs-junge.de / T.: +49 40 20965157
restaurant@wolfs-junge.de

Deutsche, weltoffene Küche. Hauptgerichte ab € 26; Menüs ab € 99; vegetarisches Menü. Geschlossen: Mo+Di, So.

Hamm
Nordrhein-Westfalen

Gasthof Hagedorn

Bockumer Weg 280 / 59065 Ortsteil Hamm-Norden
www.gasthof-hagedorn.de
T.: +49 2381 64856
gasthof-hagedorn@t-online.de

Gasthof mit mediterraner, französischer Küche. Hauptgerichte von € 13 bis € 28; Menüs ab € 25; besondere Mittagskarte. Geschlossen: Mo+Di; Sa mittags.

Traditions-Restaurant mit Saal und Biergarten. Die gut gemachten, bodenständigen Speisen werden im eleganten Ambiente serviert.
Das Haus empfiehlt: Burrata-Feigen-Carpaccio, Zitronenpfeffer, Olivenöl, Pinienkerne; Pot au feu - Pfahlmuschel, Scampi, Dorade, Lachs, Gemüse, Kartoffeln; Geschmorte Kalbsbäckchen, Balsamicosauce, Mascarpone-Polenta, Kräuterseitlinge

Haus Splietker

In Süddinker 36 / 59069 Ortsteil Süddinker
www.haus-splietker.de / T.: +49 2385 2340
info@haus-splietker.de

Hauptgerichte von € 10 bis € 26. Geschlossen: Mo+Di; Mi-Sa mittags.
Eine klassische und moderne Küche lockt in dieses Traditionshaus mit zwei wunderschönen Biergärten. Tolle Fest- und Feiersäle.
Das Haus empfiehlt: Hähnchenbrustfilet mit Birne und Gorgonzola überbacken, mit hausgemachten Reibekuchen und Beilagensalat; Dreierlei von Rind, Schwein und Hähnchen, dazu Bratkartoffeln und Beilagensalat; Splietker's Herrencrème

Der größte historische Lagerhauskomplex
der Welt – die Hamburger Speicherstadt

© Marco2811/stock.adobe.com

Wielandstuben

Wielandstr. 84 / ✉ 59077 Ortsteil Wiescherhöfen
www.wielandstuben.de / T.: +49 2381 401217
info@wielandstuben.de

Fine-Dining-Restaurant mit französischer Küche. Hauptgerichte von € 24 bis € 44; Menüs von € 35 bis € 118. Geschlossen: Mo+Di; Mi-Sa mittags. Kochkurse.
Seit vielen Jahrzehnten gehört das Restaurant Wielandstuben zu Hamm wie das Salz in der Suppe. Seit Jahrzehnten hat es den Ruf, das beste Restaurant „weit und breit" zu sein. Zurecht. Ein Gourmet-Restaurant, wie es im Buche steht, hat sich hier in dem unauffälligen Arbeiter- und Wohnviertel Wiescherhöfen etabliert. Das schicke Ambiente, das immer wieder geschmackvoll mit Designerhändchen dekoriert wurde, hat eine klassische Note. Die ausgewogene Mischung aus Tradition und Moderne spiegelt sich wider in jedem der drei Gasträume und der romantischen Hofterrasse. Dort sorgen die IHK geprüfte Sommelière Ronja Erfurth und Serviceleiter Hermann Oberle mit ihrem Team für das Wohlergehen der Gäste. Die Küche der Wielandstuben ist klassisch-französisch geprägt auf Basis hochwertiger frischer Produkte. Zu der mediterranen Leichtigkeit gesellt sich auf der Speisekarte auch gern einmal deftige Hausmannskost, frisch interpretiert von Lukas Erfurth und Michael Fischer, gemeinsam mit ihrem Küchenteam.
Das Haus empfiehlt: Dorade Wildfang, Bärlauch-Erbsen-Risotto; Suprême vom Perlhuhn, Süßkartoffelcrème, Spinat, Kartoffelkrusteln; Tonkabohne, Valrhona Schokolade, Passionsfrucht, Himbeere

Hann. Münden
Niedersachsen

Biorestaurant Flux
Flux - Biohotel im Werratal

Buschweg 40 / ✉ 34346 Ortsteil Laubach
www.flux-biohotel.de / T.: +49 5541 9980
info@flux-biohotel.de

Deutsche Küche. Hauptgerichte von € 10 bis € 28; Menüs von € 28 bis € 46; vegetarisches Menü, vegane Hauptgerichte. Geschlossen: Mo, So; Di-Sa mittags.

Hannover
Niedersachsen

Insel Beach Club

Rudolf-von-Bennigsen-Ufer 81
✉ 30519 Ortsteil Südstadt / www.inselbeachclub.de
T.: +49 511 831214 / info-insel@aspria.de

Mediterrane Küche. Hauptgerichte von € 12 bis € 17; vegane Hauptgerichte. Geschlossen: Mo-Mi; Do+Fr mittags.

Enrico Leone

Königstr. 46 / ✉ 30175 Ortsteil Mitte
www.enrico-leone.de
T.: +49 511 3885345
info@enrico-leone.de

Mediterrane, weltoffene Küche. Hauptgerichte von € 16 bis € 32; Menüs von € 49 bis € 99. Geschlossen: Mo+Di; Mi-So mittags.
Thunfischsteak, Saibling und Kalbsfilet werden in Bahnhofsnähe auf verspielt-kreative Art zubereitet und von guten Weinen begleitet.
Das Haus empfiehlt: Hausgebeizter Lachs mit Schnittlauch-Crème-fraîche und Mangochutney; Jakobsmuscheln auf Safranrisotto, frischer Spinat und Hummerschaum; Cheesecake mit weißer Schokolade und Himbeersorbet

Jante

Marienstr. 116 / ✉ 30171 Ortsteil Südstadt
www.jante-restaurant.de / T.: +49 511 54555606
info@jante-restaurant.de

Fine-Dining-Restaurant mit weltoffener Küche. Menüs von € 195 bis € 195. Geschlossen: Mo+Di, So; Mi-Sa mittags. Kochkurse.

Restaurant Handwerk

Altenbekener Damm 17 / ✉ 30173 Ortsteil Südstadt
handwerk-hannover.com / T.: +49 511 26267588
info@handwerk-hannover.com

Weltoffene Küche. Menüs von € 110 bis € 125. Geschlossen: Mo+Di; Mi-So mittags.

Restaurant Marie

Wedekindplatz 1 / ✉ 30161 Ortsteil Oststadt
www.restaurantmarie.de / T.: +49 511 65399074
info@restaurantmarie.de

Fine-Dining-Restaurant mit französischer, weltoffener Küche. Menüs von € 45 bis € 70; vegetarisches Menü. Geschlossen: Mo, So; Di-Sa mittags.

Restaurant Titus im Röhrbein

Joachimstr. 6 / ✉ 30159
www.restaurant-titus.com
T.: +49 511 835524
restaurant-titus@t-online.de

Weltoffene Küche. Hauptgerichte ab € 26; Menüs von € 78 bis € 108. Geschlossen: Mo, So; Di-Sa mittags.

Schorse
Leineschloss (am Niedersächsischen Landtag)

Hannah-Arendt-Platz 1 / ✉ 30159 Ortsteil Mitte
schorse-im-leineschloss.de / T.: +49 511 30302411
info@leineschloss.de

Weltoffene Küche. Hauptgerichte von € 20 bis € 32. Geschlossen: So.

VOTUM
Leineschloss - am Niedersächsischen Landtag

Hannah-Arendt-Platz 1 / ✉ 30159 Ortsteil Mitte
vo-tum.de / T.: +49 511 30302412
info@vo-tum.de

Fine-Dining-Restaurant mit französischer, weltoffener Küche. Menüs von € 140 bis € 155. Geschlossen: Mo, So; Di-Sa mittags.
Das Leineschloss ist der Ort, an dem vor allem Politik und gutes Essen gemacht werden. In und an der klassizistischen Anlage sind nicht nur der Niedersächsische Landtag, sondern auch das Gourmetlokal VOTUM untergebracht. Chefkoch Benjamin Gallein (vormals Küchenchef im Restaurant Ole Deele) und seine Mannschaft verköstigen hier unweit der Leine begeisterte Lustesser mit einem kreativen sechsgängigen Menü, das um drei weitere Gänge „getunt“ werden kann. Sie inszenieren Heilbutt, Taube und Wagyu zu einem außergewöhnlichen Fine-Dining-Erlebnis. Dazu gibt es auf Wunsch eine Wein- oder eine alkoholfreie Getränkebegleitung. Umrahmt wird die feine Küche von einem ebenso modernen wie schnörkellosen Ambiente – mit deckenhohen Fenstern und einer großen Terrasse. Zur Mittagszeit kann man sein Votum im benachbarten Restaurant „Schorse“ abgeben, welches mit Garnelen-Ceviche, Wiener Schnitzel und Welfencrème aufwartet.
Das Haus empfiehlt: Ungestopfte Entenleber, Apfel, Bittersalate, weiße Schokolade; Frikassee vom Odefey Weidehuhn, Carabinero, Morchel, grüner Spargel; Seestern, Ananas, Yuzu, Apfelholz

Hannover: Die Welfencrème, ein süßes Dessert aus Eiweiß-Vanille und Weinschaum, entstammt offiziell der niedersächsischen Landeshauptstadt. Auch der Calenberger Pfannenschlag, eine scharf gewürzte Grützwurst, sowie Grünkohl mit Kartoffeln, Kassler und Bregenwurst lassen sich, wenn auch nicht exklusiv, Hannover zuordnen. Typisch ist ebenfalls das Gersterbrot, ein Roggenmischbrot, das noch vor dem Backen abgeflämmt wird. Nicht zuletzt zählt die Lüttje Lage, ein Trinkritual unter Beteiligung eines speziellen Bieres und Kornbrand, zum Spektrum der Spezialitäten.

Harsewinkel
Nordrhein-Westfalen

Restaurant Poppenborg
Hotel Poppenborg

Brockhäger Str. 9 / ✉ 33428 / www.poppenborg.com
T.: +49 5247 2241 / hotel@poppenborg.com

Mediterrane, deutsche Küche. Hauptgerichte von € 34 bis € 44; Menüs von € 69 bis € 99. Geschlossen: Mi; Mo+Di, Do-Sa mittags.
Harsewinkel, das liegt an der Ems auf halber Strecke zwischen Warendorf und Bielefeld. Der Mähdrescherhersteller Claas und Heinrich Poppenborg sind die Platzhirsche der 24.000-Einwohner-Stadt – der eine in wirtschaftlicher und der andere in kulinarischer Hinsicht. „Poppi“ und Frau Annegret sind Vollblutgastronomen. Zusammen schmeißen sie Gourmet-Restaurant, Stübchen, 18 Hotelzimmer, Kneipe und Saalgeschäft. Und das seit Jahrzehnten. Der gebürtige Harsewinkler machte einst seine Schulaufgaben in der Küche, übernahm in den 70er Jahren das Geschäft vom Vater und weihte sich selbst früh während diverser „Arbeitsurlaube“ in Frankreich in die Geheimnisse der Haute Cuisine ein. Seine Gäste profitieren bis heute davon. Sie dürfen sich – auf Tischanfrage – über Taubenbrust, Gänseleber, Bouillabaisse und Petits fours in bis zu fünf Gängen freuen.
Das Haus empfiehlt: Rote Garnelen, Yuzu-Beurre-blanc; Entenbrust rosa, Cassissauce, Kartoffelgratin; Kirschgrütze, Kokos-Eis, Petits Fours

Bad Harzburg
Niedersachsen

Restaurant Behnecke
Romantik Hotel Braunschweiger Hof

Herzog-Wilhelm-Str. 54 / ✉ 38667
www.hotel-braunschweiger-hof.de / T.: +49 5322 7880
info@hotel-braunschweiger-hof.de

Deutsche Küche. Hauptgerichte von € 15 bis € 37; Menüs von € 34 bis € 76; vegetarisches Menü, vegane Hauptgerichte.
Harztypische Spezialitäten oder ein feines Menü mit Amuse-bouche? Beides gibt es in dem eleganten Restaurant des Hauses. Schöne Parkterrasse.
Das Haus empfiehlt: Geschmorte Schulter vom Bündheimer Edel Angus in Rotweinsauce, zweierlei Spargelgemüse, Kartoffelnestchen, Bärlauch-Zwergtomaten; Medaillon vom Rot-

hirsch und tranchiertes Brüstchen von der Wildente in Spitzmorchelsauce, gegrillter Birnenfächer; Schnitte von Pistazien und Baumkuchen, Salat von der Flugmango und Papaya, Limetteneiscrème

Hattenhofen (Bayern)
Bayern

Gasthof Eberl Hattenhofen

Hauptstr. 8 / ✉ 82285 Ortsteil Hattenhofen
www.eberl-hattenhofen.de
T.: +49 8145 995700
briefkasten@gasthof-eberl.de

Gasthof mit bayerischer, schwäbischer Küche. Hauptgerichte von € 9 bis € 20; Menüs von € 20 bis € 45; besondere Mittagskarte, vegetarisches Menü. Geschlossen: So abends; Mo-Mi mittags.
In der typisch bayerischen Dorfwirtschaft mit Biergarten und hauseigener Metzgerei werden saisonale Schmankerln serviert. **Das Haus empfiehlt:** Rigatoni, Bärlauchrahm, Kirschtomaten, Spargelstückchen; Schweinelende natur, gebraten, mit Rahmschwammerlsoß', Spätzle und Pommes; Cordon bleu klassisch, gefüllt mit gekochtem Schinken und Emmentaler Käse, Röstkartoffeln

Hattingen
Nordrhein-Westfalen

Diergardts Kühler Grund

Am Büchsenschütz 15 / ✉ 45527 Ortsteil Welper
www.diergardt.com / info@diergardt.com
T.: +49 2324 96030

Mediterrane Küche. Hauptgerichte von € 18 bis € 42; Menüs von € 39 bis € 48; besondere Mittagskarte. Geschlossen: Mo+Di; Mi-Fr mittags.

Häusern
Baden-Württemberg

Gourmet-Restaurant Adler
Adler Häusern Gourmet & Spa

St.-Fridolin-Str. 15 / ✉ 79837
www.adler-schwarzwald.de
T.: +49 7672 4170
info@adler-schwarzwald.de

Fine-Dining-Restaurant mit deutscher Küche. Rein vegetarisch. Menüs von € 179 bis € 199; besondere Mittagskarte. Geschlossen: Mo-Fr; Sa+So mittags. Kochkurse.

Hausen ob Verena
Baden-Württemberg

Restaurant Hofgut Hohenkarpfen
Hotel Hofgut Hohenkarpfen

Hohenkarpfen 1 / ✉ 78595 / www.hohenkarpfen.de
T.: +49 7424 9450 / info@hohenkarpfen.de

Weltoffene Küche. Hauptgerichte von € 28 bis € 34; Menüs von € 45 bis € 69; vegetarisches Menü. Geschlossen: Sa mittags. Kochkurse.
Wunderschön gelegen mit herrlichem Blick ins Donaubergland und die Schwäbische Alb präsentiert sich diese feine Gastronomie. Menü- und À-la-carte-Angebot.
Das Haus empfiehlt: Kohlrabipasta, Parmesan, Schmortomate, Trüffel; Hirschrücken, Blaubeeren, Knollensellerie, Mangold; Heilbutt, Fenchel, Apfel, Dill, Fondant, Kartoffel

Hauzenberg
Bayern

Anetseder Wirtshauskultur

Lindenstr. 15 / ✉ 94051 Ortsteil Haag
www.anetseder-wirtshauskultur.de / T.: +49 8586 1314

Bayerische, mediterrane Küche. Hauptger. von € 11 bis € 25; Menüs von € 30 bis € 52. Geschl.: Mo+Di; Mi-Sa mittags.

Hayingen
Baden-Württemberg

Bio-Fine-Dining-Restaurant 1950
Biohotel Rose

Aichelauer Str. 6 / ✉ 72534 Ortsteil Ehestetten
www.tress-gastronomie.de / T.: +49 7383 94980
tisch@tress-gastronomie.de

Fine-Dining-Restaurant mit deutscher Küche. Menüs ab € 89; vegetarisches Menü, vegane Hauptgerichte. Geschlossen: Mo-Do; Fr+Sa mittags. Kochkurse.
Ein Miteinander für Mensch und Natur ist Simon Tress ein ehrliches Anliegen. Das stellt der offizielle Genussbotschafter des Landes Baden-Württemberg oft genug unter Beweis. Mit seiner From-Nose-to-Tail-Küche, seiner Lebensmittelmanufaktur, seiner lokalen Warenlogistik, seinen guten Beziehungen zu ehrlichen Produzenten und – um es noch einmal ganz deutlich zu sagen – der Liebe zum Produkt aus einer intakten Natur. Natürlich schmälert das den Genuss nicht, im Gegenteil. So ein Gemüseteller aus Tress'scher Hand ist in geschmacklicher und optischer Hinsicht ein exklusives Highlight. (Wie auch ein solcher mit Fleisch.) Simon Tress' neues Projekt, das „Bio-

Fine-Dining-Restaurant 1950" geht noch einen Schritt weiter: Der Mittdreißiger präsentiert hier ein fünf- bis sechsgängiges Menü, bei dem kein Lebensmittelabfall anfällt. Stattdessen wird die Menge des emittierten CO2 haarklein in Gramm sowie der prozentuale Anteil jeder Zutat in der jeweiligen Speise aufgeführt. Auf Wunsch bekommt der Gast auch eine Fleischoption dazu. Und die korrespondierende Story zum Produkt, vom Chef persönlich versteht sich.
Das Haus empfiehlt: CO2-Menü mit fünf oder sechs Gängen, optional dazu drei Fleischbeilagen

Biohotel-Restaurant Rose

Biohotel Rose

Aichelauer Str. 6 / ✉ 72534 Ortsteil Ehestetten
www.biorestaurant-rose.de / T.: +49 7383 94980
tisch@tress-gastronomie.de

Schwäbische Küche. Hauptgerichte von € 20 bis € 35; Menüs zu € 50; vegetarisches Menü, vegane Hauptgerichte. Geschlossen: Mo+Di; Mi-Fr mittags.
Der 400-Seelen-Ort Ehestetten, tief in der Schwäbischen Alb und etwa 70 Kilometer südlich von Stuttgart gelegen, ist die Heimat der Familie Tress. Das nachhaltige Wirtschaften und die Bio-Küche haben hier eine lange Tradition. Bereits im Jahre 1950 stellte Landwirt Johannes Tress seinen Hof gemäß biologisch-dynamischer Richtlinien um. Seine Enkel Christian, Dominik, Simon, Daniel und Mutter Inge schreiben heute die Geschichte mit alten Rezepten und einer ganzen Reihe neuer Unternehmungen erfolgreich fort. Fast alle Zutaten kommen aus der nahen Umgebung, sprich aus einem Umkreis von in der Regel maximal 20 Kilometern. Das Motto: ‚Lokal' ist das ehrliche ‚Regional'. Der Aufbau guter, verlässlicher und dauerhafter Beziehungen zu seinen Lieferanten ist Küchenchef Simon Tress genauso wichtig wie eine familiäre Atmosphäre und klimaneutrales Wirtschaften. Einige Produkte stammen auch vom eigenen Hof. Kräuter und Gurken wachsen im eigenen Gewächshaus und Inge Tress backt das Brot in der hauseigenen Backstube.
Das Haus empfiehlt: Tagliatelle mit feiner Bärlauchsauce, dazu Piccata vom Fenchel und Frühlingsgemüse; Rosa gebratener Rücken und Ragout vom Ehrenfelser Bioland Weidelamm; Mohn-Streusel-Schnitte mit Zitronensorbet und Beerenkaramellsauce (vegan)

Hechingen

Baden-Württemberg

Restaurant Der Brielhof

Hotel Der Brielhof

Brielhof 2 / ✉ 72379 / www.brielhof.de
T.: +49 7471 98860 / info@brielhof.de

Schwäbische, deutsche Küche. Hauptgerichte von € 14 bis € 35. Geschlossen: Do.
Anwesen mit 400-jähriger Geschichte unweit der Burg Hohenzollern. Gemütliche, holzvertäfelte Stuben mit Kachelofen und bodenständiger Kost.
Das Haus empfiehlt: Lauwarmer Pfifferlingssalat mit Ziegenkäse, Honig und Rucola; Schwabenteller - kleiner Rostbraten, Schweinefilet an Pilzrahmsauce, gebratene Maultasche und Spätzle; Maispoulardenbrust an Rahmtunke mit Schwenkgemüse und Nudeln

Tagine: Marokkanisches Schmorgericht mit Fleisch und Gemüse

Heidelberg

Baden-Württemberg

Adriatic Seven

Karlsruher Str. 82 / ✉ 69126 Ortsteil Rohrbach
www.adriatic-seven.de / info@adriatic-seven.de
T.: +49 6221 4303782

Italienische, mediterrane Küche. Hauptgerichte von € 18 bis € 38; Menüs von € 57 bis € 147; vegetarisches Menü, vegane Hauptgerichte. Geschlossen: Mo+Di, So; Mi-Sa mittags. Chef's Table, Kochkurse.
Ein Chef's-Table-Menü mit sieben Gängen feiner südländischer Kochkunst bietet die Küche am Wochenende. Immer sonntags gibt es die Cooking Academy.
Das Haus empfiehlt: Mittwoch und Donnerstag: 3- bis 4-Gänge Menü, Freitag und Samstag: 5- bis 7-Gänge-Menü; Auf Anfrage veganes oder vegetarisches 3- bis 7-Gänge-Menü

Chambao

Dreikönigstraße 1-3 / 69117 Ortsteil Altstadt
www.chambao-heidelberg.com / T.: +49 6221 7258271
info@chambao-heidelberg.com

Mediterrane, spanische Küche. Hauptgerichte von € 19 bis € 32; Menüs von € 55 bis € 75. Geschl.: Mo; Di-So mittags.

Die Kurfürstenstube

Hotel Europäischer Hof Heidelberg

Friedrich-Ebert-Anlage 1 / 69117 Ortsteil Altstadt
www.europaeischerhof.com / T.: +49 6221 5150
f-b@europaeischerhof.com

Fine-Dining-Restaurant mit deutscher, französischer Küche. Hauptgerichte ab € 36; Menüs ab € 96; besondere Mittagskarte, vegetarisches Menü, vegane Hauptgerichte.

Der Europäische Hof in der Altstadt von Heidelberg ist seit über 150 Jahren Garant für stilvolle Logis und ein ebensolches Essvergnügen. Wer heute in den noblen Speiseraum des Fine-Dining-Restaurants „Die Kurfürstenstube" schreitet, registriert dessen historischen Charme, der sich unter anderem in knarzendem Parkett, antikem Gestühl sowie hochwertig verzierten Holzverkleidungen manifestiert. Die langen weißen Tischtücher, das Silberbesteck und eine geschmackvolle Dekoration sorgen für authentische Eleganz. Die feine Küche überzeugt mit einer weltoffenen Haute Cuisine und französischen Einflüssen. Saisonal werden verschiedene Spezialitäten angeboten, von frischen Austern über aromatischen Hummer bis hin zu fein duftendem Trüffel. Dazu wählt man aus einer Weinkarte, in der hunderte Positionen aus aller Welt für vollendete Genussmomente sorgen.

Le Gourmet

Hotel Hirschgasse

Hirschgasse 3 / 69120 Ortsteil Neuenheim
www.hirschgasse.de / T.: +49 6221 454165
info@hirschgasse.de

Französische, weltoffene Küche. Menüs von € 120 bis € 170. Geschlossen: Mo, So; Di-Sa mittags.

Oben

Kohlhof 5 / 69117 Ortsteil Altstadt / T.: +49 172 9171744
www.restaurant-oben.de / info@restaurant-oben.de

Deutsche, japanische Küche. Menüs ab € 150. Geschlossen: Mo+Di, So; Mi-Sa mittags. Chef's Table.

Restaurant 959

Friedrich-Ebert-Anlage 2 / 69117 Ortsteil Altstadt
www.959heidelberg.com / T.: +49 6221 6742959
hello@959heidelberg.com

Französische, mediterrane Küche. Hauptgerichte von € 29 bis € 73; Menüs von € 89 bis € 154; besondere Mittagskarte. Geschlossen: Mo, So.

Scharff's Schlossweinstube im Heidelberger Schloss

Schloßhof 1 / 69117 Ortsteil Altstadt
www.heidelberger-schloss-gastronomie.de
T.: +49 6221 8727010
schlossweinstube@heidelberger-schloss-gastronomie.de

Französische, weltoffene Küche. Hauptgerichte von € 29 bis € 42; Menüs von € 69 bis € 110; vegetarisches Menü. Geschlossen: Mo, So; Di-Sa mittags. Kochkurse.

Zur Herrenmühle

Hauptstr. 239 / 69117 Ortsteil Altstadt
www.herrenmuehle.net
T.: +49 6221 602909
mail@herrenmuehle.net

Deutsche, badische Küche. Hauptgerichte von € 29 bis € 37; Menüs von € 70 bis € 88. Geschlossen: Mo+Di; Mi-Sa mittags.

Heidelbergs Hauptstraße mit all ihren Geschäften, Lokalen und Cafés findet am Karlstor ihr östliches Ende. Kurz vorher macht das Gasthaus „Zur Herrenmühle" mit seinen Fensterläden, Blumenkästen und dichtem Efeubewuchs auf sich aufmerksam. Drinnen verströmen auf zwei Etagen jahrhundertealte Stützpfeiler, Holzbalken, Vertäfelungen und antike Türen viel historisches Flair. Die Speisen und Menüs, die aus dieser Küche kommen, offenbaren ein gekonntes, klassisches Handwerk. Es sind drei bis vier Gänge mit vielen regionalen Produkten, welche die Brigade um Joachim Heß daher zaubert: vom Lachstatar über Kalbsrücken in Senfkruste bis zum Mascarponemousse, oder den Hirschrücken auf kräftigem Backpflaumenjus, gefolgt von einem Schokoauflauf mit Rotweinbirne. Zur Einstimmung empfiehlt sich ein schöner Pfälzer Winzersekt. Und bei schönem Wetter sitzt man im lauschigen Gastgarten im Innenhof des Hauses.

Das Haus empfiehlt: Langustinen-Carpaccio mit in Ponzu-Schaum eingelegten Kirschtomaten und Wiesenkräutern; Wolfsbarschfilet auf Rioja-Risotto mit Safran und Orangenfenchel; Hirschrücken in Mandeln gebraten mit Rotwein-Gewürzbirne, Selleriepürre und Brioche-Knödelauflauf

Heilbronn
Baden-Württemberg

Rebstock La petite Provence

Eppinger Str. 43 / ✉ 74080 Ortsteil Böckingen
www.rebstock-provence.de / T.: +49 7131 4054351
info@rebstock-provence.de

Provenzalische Küche. Hauptgerichte von € 28 bis € 32; Menüs von € 48 bis € 85; vegetarisches Menü. Geschlossen: Mo-Mi, So; Do-Sa mittags. Kochkurse.

Restaurant Bachmaier

Untere Neckarstr. 40 / ✉ 74072
www.restaurant-bachmaier.de / T.: +49 7131 6420560

Mediterrane, deutsche Küche. Menüs von € 40 bis € 66; besondere Mittagskarte. Geschlossen: Mo, So; Di-Sa mittags.

Restaurant Trappensee

Jägerhausstr. 159 / ✉ 74074
www.trappensee-restaurant.de / T.: +49 7131 7452300
info@restaurant-trappensee.de

Schwäbische, mediterrane Küche. Hauptgerichte von € 14 bis € 36. Geschlossen: Mo-Mi; Do+Fr mittags.

Heiligendamm siehe Bad Doberan
Mecklenburg-Vorpommern

Heiligenhaus
Nordrhein-Westfalen

Restaurant „Blattwerk"
Waldhotel Heiligenhaus

Parkstr. 38 / ✉ 42579 Ortsteil Mitte
www.wald-hotel.de
T.: +49 2056 5970
reservierung@wald-hotel.de

Deutsche Küche. Hauptgerichte von € 22 bis € 34; Menüs von € 49 bis € 65; vegetarisches Menü. Kochkurse.

Mitten im Wald findet der Gast in dem lichtdurchfluteten Restaurant eine ehrliche, frische Küche. Im Sommer unter Platanen.

Das Haus empfiehlt: Gebeizter Fjord-Lachs, Limette und brauner Rohrzucker, Avocado, rosa Grapefruit; Thüringer Duroc-Schweinekotelett, Kräuterbutter, Stangenbohnen, überbackene Sahnekartoffeln; Tonkabohnen-Crème-brûlée, Nektarinensalat, weißes Schokoladeneis

Profiteroles: winzige Windbeutel

Heitersheim
Baden-Württemberg

Landhotel Krone
Landhotel Krone

Hauptstr. 12 / ✉ 79423 / www.landhotel-krone.de
T.: +49 7634 51070 / info@landhotel-krone.de

Mediterrane, französische Küche. Hauptgerichte von € 17 bis € 35; Menüs von € 42 bis € 58; besondere Mittagskarte, vegetarisches Menü. Geschlossen: Di; Mo, Mi-So mittags.

„Hausgemacht" steht ganz oben auf der Karte des auf Nachhaltigkeit bedachten Hauses im Markgräfler Land. Heimatverbunden und lecker.

Das Haus empfiehlt: Ceviche von Meeresfrüchten, Seespargel, Limettenvinaigrette; Spanferkelhaxe kross gebacken, lauwarmer mediterraner Kartoffelsalat, Dijonsenf; Badische Ochsenbrust in Meerrettich, Spitzkohl, Rösti, Preiselbeeren

Heringsdorf
Mecklenburg-Vorpommern

Blauer Salon
Seetelhotel Ahlbecker Hof

Dünenstr. 47 / ✉ 17419 / www.seetel.de
T.: +49 38378 620 / ahlbecker-hof@seetel.de

Französische Küche. Hauptgerichte von € 35 bis € 38; Menüs von € 82 bis € 145. Geschlossen: Mo, Fr-So; Di-Do mittags.

Kulmeck

Kulmstr. 17 / ✉ 17424 Ortsteil Ostseebad Heringsdorf
www.kulmeck.de / T.: +49 38378 488040
dining@kulmeck.de

Weltoffene Küche. Menüs zu € 150. Geschlossen: Mo+Di, So; Mi-Sa mittags.

Restaurant Belvedere
Travel Charme Strandidyll Heringsdorf

Delbrückstr. 10 / ✉ 17424 Ortsteil Ostseebad Heringsdorf
www.travelcharme.com/strandidyll / T.: +49 38378 4760
strandidyll@travelcharme.com

Fine-Dining-Restaurant mit deutscher Küche. Hauptgerichte von € 30 bis € 55; Menüs von € 85 bis € 140. Geschlossen: Mo+Di, So; Mi-Sa mittags.

The O'Room

Marc O'Polo Strandcasino

Kulmstr. 33 / ✉ 17424 Ortsteil Ostseebad Heringsdorf
www.strandcasino-marc-o-polo.com/oroom
T.: +49 38378 183912 / info@strandcasino-marc-o-polo.com

Weltoffene Küche. Menüs ab € 165. Geschlossen: Mo+Di, So; Mi-Sa mittags.

Herleshausen

Hessen

La Vallée Verte

Hotel Hohenhaus

✉ 37293 Ortsteil Holzhausen
www.hohenhaus.de
T.: +49 5654 9870
info@hohenhaus.de

Fine-Dining-Restaurant mit deutscher, französischer Küche. Hauptgerichte von € 79 bis € 149; Menüs von € 175 bis € 255; vegetarisches Menü. Geschlossen: Mo+Di, So; Mi-Sa mittags.
Zwischen Bad Hersfeld und Eisenach, inmitten einer wildromantischen Naturlandschaft, liegt Schloss Hohenhaus mit Hotel und Restaurant. Ein Ort zum Entspannen und Entschleunigen. Es ist auch die elegante Genussadresse von Hoteldirektor und Chefkoch Peter Niemann, der seine Küchenmannschaft im Februar 2022 um fünf neue, hochkarätige Mitarbeiter und Mitarbeiterinnen aufgestockt hat. Darunter der neue Küchenchef Denis Jahn, der zuvor 15 Jahr als Souschef unter Joachim Wissler im Restaurant Vendôme diente. Die Tafel, sprich das sieben bis elfgängige Menü, ist bestückt mit allerbesten Erzeugnissen, die größtenteils aus der unmittelbaren Umgebung stammen und um Fisch und Meeresfrüchte aus der Bretagne bereichert werden. Das stimmige Zusammenspiel aus feiner Kulinarik, kompetent zusammengestellter Weinkarte, den Möglichkeiten der verschiedenen Gasträume und des weitläufigen Parks – und nicht zu vergessen die persönliche Betreuung durch das Team – prädestinieren das Haus für festliche und geschäftliche Veranstaltungen. Noch ein paar Zahlen gefällig? Zum Gut Hohenhaus gehören 3.600 Hektar eigenes Jagdgebiet mit vier festangestellten Jägern, einem Imker mit 80 Völkern und 1.200 Hektar Landwirtschaft. Auf dem eigenen Grund wird Demeter-zertifiziertes Gemüse angebaut. Insgesamt 15 Bioland-zertifizierte Rinder, 500 Bioland-zertifizierte Hühner „Lohmann Braun", freilaufende Wollschweine sowie 80 Braune Bergschafe sind auf Schloss Hohenhaus zuhause.
Das Haus empfiehlt: Loup de Mer, Ohren vom Wollschwein, Weckewerk, Fumé à l'huître; Rehrücken aus Hohenhauser Jagd, Waldkerbel, Trüffel, Grauburgundertrauben; Fürst Pückler, Paprika, Rhabarber

Hohenhaus Grill

Hotel Hohenhaus

✉ 37293 Ortsteil Holzhausen / www.hohenhaus.de
T.: +49 5654 9870 / info@hohenhaus.de

Deutsche Küche. Hauptgerichte von € 16 bis € 34; Menüs ab € 39; vegetarisches Menü. Geschlossen: Mo; So abends; Di-Sa mittags.

Herne

Nordrhein-Westfalen

Elsässer Stube

Wiescherstr. 156 / ✉ 44623 / www.elsaesser-stube.de
T.: +49 2323 10580 / elsaesser-stube@t-online.de

Französische, elsässische Küche. Hauptger. ab € 19; Menüs ab € 36 vegetar.Menü. Geschl.: Mo+Di; Mi-Sa mittags.

Gute Stube

Parkhotel Herne

Schaeferstr. 109 / ✉ 44623 Ortsteil Herne-Mitte
www.parkrestaurant-herne.de / T.: +49 2323 955333
rezeption@parkhotel-herne.de

Weltoffene, deutsche Küche. Hauptger. von € 9 bis € 25; Menüs zu € 53; Mittagskarte, vegetar. Menü. Geschl.: Mo.

Rosmarino

Berliner Platz 7 / ✉ 44623 Ortsteil Herne-Mitte
www.rosmarinoherne.de / T.: +49 2323 9595046
kontakt@rosmarinoherne.de

Mediterrane Küche. Hauptger. von € 9 bis € 35; Menüs von € 28 bis € 69; Mittagskarte, vegetar. Menü. Geschl.: Mo.

Bad Herrenalb

Baden-Württemberg

Restaurant Lamm

Hotel Lamm

Mönchstr. 31 / ✉ 76332 Ortsteil Rotensol / T.: +49 7083 92440
www.lamm-rotensol.de / info@lamm-rotensol.de

Badische, schwäbische Küche. Hauptgerichte von € 15 bis € 42; Menüs von € 36 bis € 78; besondere Mittagskarte. Geschlossen: Mo.
Schwarzwaldtypische Stuben mit Nischen und Winkeln. Auf den Tisch kommen verfeinerte bodenständige Gerichte als Menü oder à la carte.
Das Haus empfiehlt: Hausgemachte Maultaschen aus dem Pfännle mit Ei und Kräutern, dazu Kartoffel-Blattsalat; Gefüllte Ricottateigtäschle mit Gemüse, Sugotomaten und Pilzen; Kalbsrücken mit frischen Steinpilzen, Nüdele und buntem Gemüse

Villa Lina

Weg zur Schanz 1 / ✉ 76332
www.villalina.de
T.: +49 7083 9330805
info@villalina.de

Badische, mediterrane Küche. Hauptgerichte von € 15 bis € 25.
Eine kleine, feine Speiseauswahl und besondere Veranstaltungen rund um Kultur und Genuss. Gegenüber liegt das zugehörige schmucke Gästehaus.
Das Haus empfiehlt: Gebratener Pulpo mit Zucchini, Tomate, Oliven, Pecorino; Bistecca alla fiorentina vom Wagyu Rind; Schokoladenschnitte mit frischen Erdbeeren

Herrenberg
Baden-Württemberg

Restaurant Römerhof
Hotel Römerhof

Rigipsstr. 1 / ✉ 71083 Ortsteil Gültstein
www.roemerhof-herrenberg.de
T.: +49 7032 71837
info@roemerhof-herrenberg.de

Schwäbische, mediterrane Küche. Hauptgerichte von € 18 bis € 29; Menüs von € 53 bis € 60; besondere Mittagskarte.
Rund 30 Kilometer von Stuttgart entfernt an der A 81 liegt das moderne, helle Restaurant mit wechselnden bodenständigen Angeboten.
Das Haus empfiehlt: Hausgebeizter norwegischer Lachs und Lachstatar mit kleinem Rösti und Senf-Dillsauce; Saltimbocca von der Maispoularde auf Pfifferling-Spargelragout und Kartoffeltortellini; Ganze Forelle „Müllerin Art" mit Schwenkkartoffeln und Blattsalat

Rôtisserie: Restaurant, das auf Grillspezialitäten setzt

Herrieden
Bayern

Gasthaus Limbacher

Vordere Gasse 34 / ✉ 91567 / www.gasthaus-limbacher.de
T.: +49 9825 5373 / info@gasthaus-limbacher.de

Gasthof mit fränkischer, deutscher Küche. Hauptgerichte von € 16 bis € 23; Menüs von € 25 bis € 40. Geschlossen: Mo, So.
Im fränkischen Altmühltal in der Nähe von Ansbach werden im bodenständigen Ambiente gebratene Entenleber, Rehkraftbrühe und Ochsenschwanz serviert.
Das Haus empfiehlt: Gebratene Entenleber und Salbei; Gefüllter Ochsenschwanz; Quarkknödel auf Zwetschgenkompott

Herrsching am Ammersee
Bayern

Gourmet Restaurant Chalet am Kiental
Romantik Boutique Hotel Chalet am Kiental

Andechsstr. 4 / ✉ 82211 Ortsteil Herrsching
www.chaletamkiental.de / T.: +49 8152 982570
info@chaletamkiental.de

Deutsche, mediterrane Küche. Hauptgerichte von € 25 bis € 42; Menüs von € 69 bis € 132; besondere Mittagskarte, vegetarisches Menü. Geschlossen: Mi; Mo+Di, Do-So mittags. Chef's Table.
Ruhig, idyllisch, stilvoll – all diese Attribute vereint das Romantik Hotel Chalet am Kiental unter einem Dach. Dabei ist die Lage am drittgrößten See Bayerns, im Zentrum von Herrsching am Ammersee, schon ein Standortvorteil. Man kann in Sachen Logis und Kulinarik aber noch eins draufsetzen: Hinter der schmucken Fassade des 200 Jahre alten einst bäuerlichen Anwesens verbirgt sich ein Kleinod alpenländischer Eleganz und Gemütlichkeit, das seinesgleichen sucht. Naturstein und viel Holz prägen die individuell gestalteten Zimmer und das gesamte Haus. Einen feierlichen Anlass braucht man nicht unbedingt, um das nobel-ländlich eingerichtete Gourmetlokal aufzusuchen. Die Lust auf eine sehr gute Küche reicht schon, denn das Küchenteam sorgt schließlich für feine Speisen. Am Abend wird mit einem drei- bis siebengängigen Menü aufgewartet, das jegliche Lust auf Vielfalt und Geschmack befriedigen sollte.
Das Haus empfiehlt: Ceviche vom Ammersee-Saibling, Dillöl, Gurkensorbet, Saiblingskaviar; Filet vom Charolais Rind,

➡

Kartoffelgratin, Pfifferlinge, Pfefferrahmsauce; Zweierlei Birne aus dem Chalet-Bauergarten, Vanille, Eischnee

Bad Hersfeld
Hessen

L'étable
Romantik Hotel Zum Stern

Linggplatz 11 / ✉ 36251 / www.zumsternhersfeld.de
T.: +49 6621 1890 / info@zumsternhersfeld.de

Weltoffene Küche. Hauptgerichte von € 42 bis € 42; Menüs von € 86 bis € 139. Geschlossen: Mo-Mi; Do-Sa mittags. Kochkurse.

Herxheim bei Landau in der

Kronen-Restaurant
Hotel Krone

Hauptstr. 62-64 / ✉ 76863 Ortsteil Hayna
www.hotelkrone.de
T.: +49 7276 5080 / info@hotelkrone.de

Fine-Dining-Restaurant mit mediterraner, französischer Küche. Menüs von € 123 bis € 139. Geschlossen: Mo+Di, So; Mi-Sa mittags.
Ankommen und sich wohlfühlen. Das ist in der familiär geführten „Krone" im malerischen Ortsteil Hayna ganz einfach. Sie ist nicht nur eine äußerst beliebte Hoteladresse, sondern auch eine kulinarische Institution. Nachdem vor einigen Jahren der Chef des Hauses und Maître Karl-Emil Kuntz das Zepter an seine Tochter Erika übergeben hat, führen sie und ihr Lebensgefährte Fabio Daneluzzi den Familienbetrieb erfolgreich fort. Mit Leidenschaft setzt Chefkoch Fabio Daneluzzi alles daran, den guten Ruf des Hauses zu verteidigen. Einfallsreich setzt er mit eigener Handschrift südländische Kulinarik in feinen oder deftig-regionalen Gerichten in Szene. So offeriert er seinen Gästen zum Beispiel für ein Festmenü einen lauwarm marinierten Saibling mit Hagebutten-Quitten-Vinaigrette oder Milchkalbsbäckchen als Ravioli im Gläschen mit Karottenstampf und Spätburgunderjus.
Das Haus empfiehlt: Herxheimer Kaninchen - Terrine, Mousse, Leber, Morcheln, Birne, Bohne und Speck; Ente „Royal" in der Honig-Gewürz-Kruste, Herz, Champignon, Steckrübe, Schwarzwurzel, Berberitzen, Gnocchi; „Hänemer" Rhababer, Milchreis, Himbeere, Basilikum

Pfälzer Stube
Hotel Krone

Hauptstr. 62-64 / ✉ 76863 Ortsteil Hayna
www.hotelkrone.de
T.: +49 7276 5080 / info@hotelkrone.de

Mediterrane, Pfälzer Küche. Hauptgerichte von € 15 bis € 42; Menüs von € 35 bis € 70; besondere Mittagskarte, vegetarisches Menü.
Die Pfälzer Stuben ist das Zweitrestaurant in dem Luxushotel Krone. Bestehend aus mehreren gemütlichen Stuben (Pfälzer Stube, Pilsstube, Wintergarten, Bauernstube, Katharinenstübchen), bietet es auch auf der Terrasse typische regionale Speisen. Hier darf der Gast in gemütlichen, holzvertäfelten Gasträumen Platz nehmen, geschmorte Kalbsbäckchen oder feine Pfälzer Saumagen-Scheiben genießen, und sich dazu ein gutes Glas Wein genehmigen. Umrahmt wird das Ganze von einer herzlichen, familiären Atmosphäre. Der Küchenbrigade unter der Leitung von Fabio Daneluzzi liegt Regionalität und deren Interpretation sehr am Herzen. Die Weinkarte ist umfangreich und gut sortiert: Edle Tropfen aus der Region, aber auch internationale Weine begleiten die Speisen.
Das Haus empfiehlt: Fantasie aus der Pfalz - Tatar vom Flusszander und Matjes, Zitronengel, Champagnerschaum; Handgemachte Tortellini vom Milchkalb im Krustentiersud und sautierten Flusskrebsschwänzen; Mignon vom Pfälzer Weiderind „Café de Paris", Wirsing, Pfifferlinge, Dauphine-Kartoffeln, Spätburgunderjus

Hilden
Nordrhein-Westfalen

Restaurant Intensiū
Hotel Monopol

Poststr. 42 / ✉ 40721 / www.monopol-intensiu.de
T.: +49 2103 54745 / info@monopol-intensiu.de

Fine-Dining-Restaurant mit Crossover-, weltoffener Küche. Menüs von € 87 bis € 117; vegetarisches Menü, vegane Hauptgerichte. Geschlossen: Mo+Di, So; Mi-Sa mittags.

Bottarga: ital.: flacher brauner Riegel aus getrockneten und gepressten Meeräschen- oder Thunfischrogen

Hildesheim
Niedersachsen

LewensLust
Forsthaus Hildesheim

Galgenberg 2 / ✉ 31141 Ortsteil Marienburger Höhe
www.lewenslust-hildesheim.de / T.: +49 5121 9815641
info@lewenslust-hildesheim.de

Steakhouse mit mediterr. Küche. Hauptger. ab € 16; Menüs ab € 29; vegetar. Menü. Geschl.: Di; Mo, Mi-So mittags.

Hinterzarten
Baden-Württemberg

Boutique-Hotel Alemannenhof
Boutique-Hotel Alemannenhof

Bruderhalde 21 / ✉ 79856 / www.hotel-alemannenhof.de
T.: +49 7652 91180 / info@hotel-alemannenhof.de

Badische, Crossover-Küche. Hauptgerichte von € 18 bis € 39; Menüs von € 59 bis € 75; Mittagskarte. Kochkurse.

Zur Goldenen Esche
Waldhotel Fehrenbach

Alpersbach 9 / ✉ 79856 / www.waldhotel-fehrenbach.de
T.: +49 7652 91940 / info@waldhotel-fehrenbach.de

Badische Küche. Hauptgerichte von € 24 bis € 32; Menüs von € 38 bis € 68; besondere Mittagskarte, vegetarisches Menü. Geschlossen: Mo-Mi. Kochkurse.
Nur eine halbe Zugstunde ist es von Freiburg bis Hinterzarten. Dass heißt, man muss gar nicht im Waldhotel Fehrenbach residieren, obwohl das allein schon wegen der herrlichen Lage mitten in der Natur empfehlenswert wäre. Nein, jeder darf auch so zum Essen vorbeischauen und von der feinen Schwarzwälder Küche mit ihren erlesenen Kräutern kosten. Darauf ist man hier zu Recht besonders stolz. Josef Fehrenbach kocht fein und bodenständig zugleich. Entenleber, Jakobsmuschel, Hummer-Maultasche oder Schwarzwälder Kalb im Heu gegart zaubert er mit seinem Team aus dem Effeff daher. Fünf Gänge plus Weinbegleitung ist ihr Maximalprogramm – mit Fleisch oder sogar als komplett vegane Speisefolge! Wer nur ein Wiener Schnitzel essen möchte, kann das natürlich auch tun. Oder bei einem Kochkurs mit dem Küchenchef höchstpersönlich ein Viergängemenü zubereiten. So oder so wird es ein schönes Erlebnis.
Das Haus empfiehlt: Parfait von der Rehleber, Sellerie-Apfelsalat, Preiselbeeren-Gelee; Gebratene Wachtelbrust, lauwarmer Kartoffel-Löwenzahnsalat, Himbeer-Senfsauce; Badische Schneckensuppe, Berberizen, Estragon

Höchenschwand
Baden-Württemberg

Restaurant Nägele
Wander- & Wellnesshotel Nägele

Bürgermeister-Huber-Str. 11 / ✉ 79862
www.hotel-naegele.de / T.: +49 7672 93030
info@hotel-naegele.de

Deutsche, französische Küche. Hauptgerichte von € 20 bis € 36; Menüs von € 54 bis € 65; vegetarisches Menü.
Familiäres Hotellokal unweit vom Schluchsee mit gemütlichen Stuben, Tischdecken, Fischspezialitäten und siebengängigen Menüs.
Das Haus empfiehlt: Dialog von Riesengarnelen und Jakobsmuscheln auf einem Mangosalat; Rumpsteak an Pfefferrahmsauce mit buntem Gemüse vom Markt und Pommes frites; Rehrücken aus heimischer Jagd, mit frischen Pilzen, buntem Gemüse vom Markt und hausgemachten Spätzle

Hochheim am Main
Hessen

Les deux Dienstbach
Weingut Künstler

Geheimrat-Hummel-Platz 1 a / ✉ 65239
www.les-deux-dienstbach.de / T.: +49 6146 5259228
bienvenue@les-deux-dienstbach.de

Französische Küche. Menüs von € 75 bis € 125; vegetarisches Menü. Geschl.: Mo-Mi; Do-So mittags. Kochkurse.

Höchst im Odenwald
Hessen

Restaurant Krone
Hotel Krone Hetschbach

Rondellstr. 20 / ✉ 64739 Ortsteil Hetschbach
www.krone-hetschbach.de / T.: +49 6163 931000
info@krone-hetschbach.com

Weltoffene Küche. Hauptgerichte von € 38 bis € 42; Menüs von € 58 bis € 141; vegetarisches Menü. Geschlossen: Mo, Do; So abends; Di+Mi, Fr mittags.

Topinambur: Wurzelgemüse, die süßlich schmeckende Knolle ist eine kohlenhydratarme Alternative zur Kartoffel

Höfen an der Enz
Baden-Württemberg

Hotel Ochsen - Restaurant
Hotel Ochsen

Bahnhofstr. 2 / 75339
www.ochsen-hoefen.de
T.: +49 7081 7910 / info@ochsen-hoefen.de

Schwäbische, deutsche Küche. Hauptgerichte von € 17 bis € 35; Menüs von € 27 bis € 30; besondere Mittagskarte. Geschlossen: Mo-Fr mittags.
Direkt am Fluss gelegenes Anwesen mit drei gemütlichen Restaurant-Stuben, teils mit Wanduhren, Jagdtrophäen oder Kachelofen.
Das Haus empfiehlt: Ochsenwirts Vorspeisen-Étagère mit Lachs, Melone, Schinken, Couscous und Garnele; Duo von der Poularde - mit gebratenem Brüstchen und gebackenem Keulchen auf Bärlauchrisotto und Gemüsegarnitur; Rotbarbenfilets an der Haut gebraten mit Kräuterbutter, gegrilltem Gemüse und Rosmarinkartoffeln

Hofheim am Taunus
Hessen

Risrorante L'Opera

Langgasse 3 / 65719 Ortsteil Hofheim
www.opera-hofheim.de / T.: +49 6192 5580
info@opera-hofheim.de

Mediterrane, italienische Küche. Hauptgerichte von € 22 bis € 36; Menüs von € 65 bis € 75. Geschlossen: Mo+Di.
Gehobenes Speisen in der Alten Oper unter hohen Decken, güldenem Stuck und schweren Vorhängen oder auf der Terrasse mit Skyline-Blick.
Das Haus empfiehlt: Variation vom Yellowfin Tuna; Mittelmeer-Schwertfisch und Garnele, Zitronenpüree, Datterini, Mangold, Salmoriglio; Sardisches Lamm, Bärlauchstampf, Frühlingsgemüse, Rosmarin

Hohen Demzin
Mecklenburg-Vorpommern

Gourmetrestaurant im Wappen-Saal
Schlosshotel Burg Schlitz

Burg Schlitz / 17166 Ortsteil Burg Schlitz
www.burg-schlitz.de / T.: +49 3996 12700
info@burg-schlitz.de

Französische, asiatische Küche. Menüs von € 120 bis € 140; vegetarisches Menü. Geschlossen: Mo, So; Di-Sa mittags. Kochkurse.

Hofstetten (Baden)
Baden-Württemberg

Gasthaus Linde
Gasthaus Linde

Hauptstr. 1 / 77716
www.linde-hofstetten.de
T.: +49 7832 999920
info@linde-hofstetten.de

Gasthof mit badischer Küche. Hauptgerichte von € 10 bis € 20. Geschlossen: Mi+Do.
Inmitten der Schwarzwald-Natur gelegenes, liebevoll modernisiertes Traditionshaus mit heimeligen Stuben, Kachelofen, Kamin und Glasfronten.
Das Haus empfiehlt: Fangfrische Forelle „Müllerin" mit Salzkartoffeln und zerlassener Butter; Putensteak überbacken mit Ziegenfrischkäse von der Hofkäserei Monte Ziego auf mediterranem Gemüse und Dauphine-Kartoffeln; Knackig frischer Salatteller mit Räucherlachs, heimischem Forellenfilet und Shrimps

Hohenkammer
Bayern

Camers Schlossrestaurant
Schloss Hohenkammer

Schlossstr. 20 / 85411 / www.camers.de
T.: +49 8137 934443 / reservierung@camers.de

Fine-Dining-Restaurant mit weltoffener Küche. Hauptgerichte von € 49 bis € 49; Menüs von € 140 bis € 160. Geschlossen: Mo+Di, So; Mi-Sa mittags. Chef's Table, Kochkurse.
Fast klösterlich schlicht wirkt das Schloss im bayerischen Hohenkammer. Hier, unweit von München, ist ein modernes Seminar- und Tagungszentrum in den alten Gemäuern des Schlosses entstanden. Ruhe, Platz, gute Erreichbarkeit – Kriterien, die für einen guten Tagungsort sprechen. Eine Besonderheit für das Schloss ist das Gourmet-Restaurant Camers. Florian Vogel hat die alte Schlossstube zu neuen Ehren gebracht. Seine Kreativität, die aus den Produkten der Saison das Optimum herausholt, kommt gut an und schmeckt einfach. Dem Zeitgeist entsprechend legt Florian Vogel Wert auf die ökologische Qualität der Produkte und artgerechte Tierhaltung. Da hat es das Küchenteam gut, denn es kann beim benachbarten Gut Eichethof aus dem Vollen schöpfen. Als Nahrungslieferant direkt nebenan war das Gut im Prinzip

schon vor Jahrhunderten nachhaltig – als noch niemand diesen Begriff im Mund führte.
Das Haus empfiehlt: Rochenflügel, Bouillabaisse-Sud, Sauce Rouille, Fenchel, Croûtons; Bürgermeisterstück vom bayerischen Wagyu, Grilltomate, Brokkoli, Folienkartoffel; Aprikose, Mirabelle, Tonkabohne, Estragon

Pâtissier/Pâtissière: Der Pâtissier/die Pâtissière ist zuständig für die Herstellung von Desserts, Eisspeisen, Gebäck, Kuchen, Süßspeisen und Torten.

Hoppegarten
Brandenburg

Clinton's

Neuer Hönower Weg 7 / ✉ 15366
www.clintons.de / restaurant@clinton.de
T.: +49 3342 3066102

Fine-Dining-Restaurant mit weltoffener Küche. Hauptgerichte von € 22 bis € 79; Menüs von € 55 bis € 110. Geschlossen: Mo, So; Di-Sa mittags.
Das Hauptquartier des Modeunternehmens Clinton ist am Stadtrand von Berlin zuhause, in der Rennbahngemeinde Hoppegarten. Hinter modernen Glasfronten vereint es nicht nur seine diversen Fashion-Marken, sondern bietet auch ein pfiffig dekoriertes Gourmetlokal. Hier ist Fine Dining an fünf Abenden in der Woche angesagt. Rindertatar, sautiertes Kalbsbries oder ein sechsgängiges Überraschungsmenü – Küchenchef Stefan Lorenz und seine Mannschaft sorgen für beste und genussvolle Unterhaltung, indem sie einfach zeigen was sie drauf haben. Dazu bei trägt sicherlich die offen einsehbare Showküche und eine lässige Atmosphäre bei. Natürlich darf man im Clinton's auch mit bis zu 15 Personen in der Wein-Lounge feiern. Oder an der Bar nur einen Mojito trinken. Alles ist möglich.
Das Haus empfiehlt: Menü in 4 Gängen; Menü in 6 Gängen; Menü mit Weinbegleitung

Horben
Baden-Württemberg

Gasthaus zum Raben

Dorfstr. 8 / ✉ 79289 Ortsteil Dorf
www.raben-horben.de
T.: +49 761 556520 / info@raben-horben.de

Weltoffene, deutsche Küche. Menüs von € 98 bis € 156; besondere Mittagskarte, vegetarisches Menü. Geschlossen: Mo+Di, So; Mi-Sa mittags.

Horn-Bad Meinberg
Nordrhein-Westfalen

Die Windmühle Fissenknick

Windmühlenweg 10 / ✉ 32805 Ortsteil Fissenknick
www.diewindmühle.de / T.: +49 5234 919602
info@windmuehle-fissenknick.de

Deutsche Küche. Hauptgerichte von € 16 bis € 28; Menüs von € 45 bis € 62. Geschlossen: Mo+Di; Mi+Do mittags.

Hörnum
Schleswig-Holstein

KAI3
Budersand Hotel - Golf & Spa - Sylt

Am Kai 3 / ✉ 25997 / www.budersand.de
T.: +49 46514607407 / reservierung@budersand.de

Weltoffene Küche. Hauptgerichte von € 38 bis € 68; Menüs von € 108 bis € 168; vegetarisches Menü. Geschlossen: Mi+Do; Mo+Di, Fr-So mittags. Kochkurse.

Horschbach
Rheinland-Pfalz

Zum Alten Keiler

Hachenbacher Str. 9 / ✉ 66887
www.alterkeiler.de
T.: +49 6387 7172
info@alterkeiler.de

Deutsche, französische Küche. Hauptgerichte von € 12 bis € 42; Menüs von € 36 bis € 80; vegetarisches Menü. Geschlossen: Mo-Mi; Do-Sa mittags. Kochkurse.
Gepflegte, traditionsreiche Dorfgaststätte mit Biergarten. Auf der kleinen Speisekarte stehen Wildgulasch, Rumpsteak und Crème brûlée.
Das Haus empfiehlt: Feigen mit Ziegenfrischkäse gratiniert, Linsensalat; Ganze gegrillte Dorade, Rosmarinkartoffeln, Salat; Haselnussschale - Eis, Sauce und karamellisierte Nüsse

Glasieren: Schmoren oder dünsten und gleichzeitig das Kochgut mit Glasur überziehen

Glace de viande: Fleischauszug, eine bis zum Festwerden eingekochte Fleischbrühe, die im kalten Zustand so fest ist, dass man sie schneiden kann

Hövelhof
Nordrhein-Westfalen

Gasthof Brink

Allee 38 / ✉ 33161 / T.: +49 5257 3223

Französische Küche. Hauptgerichte von € 24 bis € 38; Menüs von € 50 bis € 75. Geschlossen: Mo-Mi; Do-So mittags. Kochkurse.
Der Gasthof der Familie in Hövelhof ist seit 1880 eine Institution im Kreis Paderborn, geprägt durch das Schaffen von Inhaber und Küchenchef Florian Brink. Die Gäste, die aus dem weiten Umkreis anreisen, schätzen die einladende Atmosphäre des Hauses, das elegante Ambiente – aber vor allem die erstklassigen Darbietungen aus Küche und Keller. Florian Brink hat mit seiner klassisch-französischen Kochkunst einen Treffpunkt für Genießer geschaffen. Seine besondere Affinität zu Fisch und Meeresfrüchten spiegeln sich in seinen kreativen Gerichten wider: Jakobsmuscheln, Hummer, Steinbutt – Florian Brink liebt das Unkomplizierte, überrascht aber auch mit hausgemachten Terrinen und Pasteten und Experimenten. Ihre Produkte bezieht die Küchencrew fast ausschließlich von regionalen Erzeugern. Herausragend sind die Weinempfehlungen der Chefin aus einer ausgesuchten Auswahl an Spitzenweinen.
Das Haus empfiehlt: Parfait von der Gänsestopfleber mit Salat; Seeteufel mit Orangensauce und Tagliolini; Pistazieneisparfait mit Früchten

Hüfingen
Baden-Württemberg

BelNini by Der Öschberghof

Sennhofstr. 4 / ✉ 78183
www.oeschberghof.com/restaurants-bars/belnini
T.: +49 771 840

Tapasbar mit spanischer Küche. Menüs von € 27 bis € 139. Geschlossen: Di+Mi; Mo, Do-So mittags.
Gemütliches Restaurant im Ortszentrum mit drei Ebenen, großem Weinangebot, Food-Sharing-Konzept und umfangreichen Tapasmenüs.
Das Haus empfiehlt: Drei bis 13 Tapas als Menü, Pinchos morunos - Putenspieße, Tamarindensauce; Ensaladilla Gambas - spanischer Kartoffelsalat, Garnelen; Falso chorizo - Schokolade, Butterkeks, Nüsse

Landgasthof Hirschen

Wutachstr. 19 / ✉ 78183 Ortsteil Mundelfingen
www.hirschen-mundelfingen.de / T.: +49 7707 99050
info@hirschen-mundelfingen.de

Badische, französische Küche. Hauptgerichte von € 18 bis € 28; Menüs von € 32 bis € 83; vegetarisches Menü. Geschlossen: Mi+Do; Mo+Di, Fr mittags.

I/J

Bad Iburg
Niedersachsen

Landidyll Hotel Gasthof zum Freden
Landidyll Hotel Gasthof zum Freden

Zum Freden 41 / 49186 / www.hotel-freden.de
T.: +49 5403 4050 / info@hotel-freden.de

Deutsche, mediterrane Küche. Hauptgerichte von € 18 bis € 35; Menüs von € 33 bis € 65; vegetarisches Menü, vegane Hauptgerichte.
Am Rande der Innenstadt die Ruhe und ein gutes Menü genießen. Familiengeführtes Haus mit Tradition und ökologischem Bewusstsein.
Das Haus empfiehlt: Spinat-Tortilla auf Pastinakenstampf, gerösteter Blumenkohl, Rote-Bete-Chips; Rumpsteak vom Black-Angus-Weiderind, Cognac-Pfeffer-Rahm, Bohnen-Melange, Röstkartoffeln; Kalbstafelspitz, Zwiebel-Rotweinjus. Kartoffel-Bärlauch-Stampf, Duett von gebratenem grünen und weißen Spargel

Idstein
Hessen

Henrich Höer's Speisezimmer
Hotel Höerhof

Obergasse 26 / 65510 / www.hoerhof.de
info@hoerhof.de / T.: +49 6126 50026

Deutsche Küche. Hauptgerichte von € 25 bis € 42; Menüs von € 35 bis € 98; vegetar. Menü. Geschl.: So. Kochkurse.
In dem 400 Jahre alten Fachwerk-Ensemble über der autofreien Altstadt von Idstein sitzt und schwelgt der Gast in wunderschönen Nischen – in außergewöhnlichem Ambiente. An vier Tagen in der Woche gibt es ein feines Menü mit bis zu fünf Gängen, wer mag, von guten deutschen Weinen begleitet. Gebeizte Forelle, Kaisergranat, Jakobsmuschel, Hirschrücken – das Repertoire der Küche und des neuen Küchenchefs Günter Rönner ist breit gefächert. Bei gutem Wetter sitzt man im idyllischen historischen Innenhof.
Das Haus empfiehlt: Tatar vom Rind, Spargel, Sauerteig, Belper Knolle; Wolfsbarsch auf der Haut gebraten, Kohlrabi, Dill, Buttermilch; Dreierlei vom Juvenilferkel, Kartoffel, Apfel, Zwiebel

Restaurant Eulenstein

Friedrich-Ebert-Str. 9 / 65510
www.restaurant-eulenstein.de / T.: +49 6126 9535286
info@restaurant-eulenstein.de

Weltoffene, französische Küche. Hauptger. von € 19 bis € 29; Menüs von € 42 bis € 59. Geschl.: Mo+Di; Mi-Sa mittags.

Igersheim
Baden-Württemberg

Restaurant Bundschuh
am Golfplatz Bad Mergentheim

Erlenbachtalstr. 36 / 97999
www.restaurant-bundschuh.de / T.: +49 7931 8066
Info@restaurant-bundschuh.de

Deutsche Küche. Hauptgerichte von € 14 bis € 28; besondere Mittagskarte, vegetarisches Menü. Geschlossen: Mo, So abends; Sa mittags.
Am Waldrand liegt dieses Lokal mit stilvollem Interieur und schönem Außenbereich. Es schmecken Tagliatelle, Zander oder Schweizer Wurstsalat.
Das Haus empfiehlt: In Schwarzrieslingjus zart geschmorte Bäckchen vom irischen Weideochsen, Butterspätzle, Wirsingstreifen, Velouté; Gegrillte Medaillons von Kalb, Schwein und Rind auf Rahmsauce mit Käsespätzle und Salatbouquet; Rostbraten auf kräftigem Thymian-Rotweinjus mit knsuprigen Zwiebelringen und hausgemachten Butterspätzle

Illschwang
Bayern

Cheval Blanc
Landhotel Weißes Roß

Am Kirchberg 1 / 92278 / www.weisses-ross.de
T.: +49 9666 18805-0 / info@weisses-ross.de

Fine-Dining-Restaurant mit deutscher Küche. Hauptger. von € 32 bis € 48; Menüs von € 82 bis € 193. Kochkurse.

Ilsenburg (Harz)
Sachsen-Anhalt

Landhaus-Restaurant
Landhaus Zu den Rothen Forellen

Marktplatz 2 / 38871 Ortsteil Ilsenburg
www.rotheforelle.de / T.: +49 39452 9393
info@rotheforelle.de

Restaurant mit mediterraner Küche. Hauptgerichte von € 32 bis € 44; Menüs von € 42 bis € 59. Geschlossen: Mo+Di, So; Mi-Sa mittags.

Ilshofen
Baden-Württemberg

Panorama Restaurant
Flair Park-Hotel Ilshofen

Parkstr. 2 / ✉ 74532 / www.parkhotel-ilshofen.de
T.: +49 7904 7030 / info@parkhotel-ilshofen.de

Deutsche, weltoffene Küche. Hauptgerichte von € 13 bis € 29; Menüs von € 28 bis € 45. Geschlossen: mittags. Kochkurse.

Ingelfingen
Baden-Württemberg

Schlossstube
Schlosshotel Ingelfingen

Schlossstr. 14 / ✉ 74653
www.schloss-hotel-ingelfingen.de / T.: +49 7940 91650
info@schloss-hotel-ingelfingen.de

Schwäbische, deutsche Küche. Hauptgerichte von € 16 bis € 35; Menüs ab € 43; besondere Mittagskarte, vegetarisches Menü.
Im historischen Ambiente, unweit des Flüsschens Kocher, ein günstiges Mittagessen, ein opulentes Dinner oder ein veganes Menü genießen.
Das Haus empfiehlt: Spargelcrèmesuppe mit Zwiebelbrot; Kalbsmedaillons auf geräuchertem Paprikapüree mit Duett vom grünem Spargel und Spätzle; Minz-Crème-brûlée mit Rhabarber-Erdbeersalat und Joghurteis

Ingolstadt
Bayern

Avus
Audi Forum

Auto-Union-Straße 1 / ✉ 85057
www.moevenpick-restaurants.com / T.: +49 841 8941071
restaurant.audi-forum@moevenpick.com

Deutsche, mediterrane Küche. Hauptgerichte von € 17 bis € 45; Menüs von € 25 bis € 85; Mittagskarte. Geschl.: So.

Teriyaki: Zubereitungsart der japanischen Küche

Ingelheim am Rhein
Rheinland-Pfalz

Fetzer's Restaurant Lindenhof
Fetzers Landhotel

Gaulsheimer Str. 19 / ✉ 55218
landhotel-fetzer.de / info@fetzersgastro.de
T.: +49 6725 30130

Deutsche Küche. Hauptgerichte von € 17 bis € 39; Menüs von € 25 bis € 89; besondere Mittagskarte. Geschlossen: Mo+Di.
Am Anfang nur Restaurant, danach kamen auch Hotel und Café hinzu. Familienbetrieb in der dritten Generation, Gartenterrasse.
Das Haus empfiehlt: Rosa Milchkalbs-Tranchen, Sauce Andalouse, Salatbukett; Hausgemachte Bandnudeln, Spitzmorcheln, Spargelstücke, Gartenkräuter; Hunsrücker Ur-Schweinerücken, Speck, Spiegelei, Bratkartoffel, Speckbohnen

Inzlingen
Baden-Württemberg

Inzlinger Wasserschloss

Riehenstr. 5 / ✉ 79594
www.inzlinger-wasserschloss.de
T.: +49 7621 47057 / info@inzlinger-wasserschloss.de

Fine-Dining-Restaurant mit mediterraner, französischer Küche. Hauptgerichte von € 29 bis € 44; Menüs von € 91 bis € 149; besondere Mittagskarte, vegetarisches Menü. Geschlossen: Mo+Di.
So ehrlich und echt wie der Ruf eines exzellenten Lokals, der dem Restaurant im Wasserschloss vorauseilt, sind auch die Spezialitäten, die aus der Schlossküche kommen. Seit 1978 werden die Geschicke dieser Küche von der Familie Beha gelenkt – tadellos ohne Zweifel. Simone und Stephanie Beha führen das Gourmet-Restaurant nun in zweiter Generation mit Herz und Verstand. Küchenchefin Simone Beha stellt hohe Ansprüche an Frische und Qualität. Sie entwickelt beeindruckende drei- bis fünfgängige Menüfolgen, auch vegetarisch und vegan. Aufgetragen werden sie in einem herrlichen, stilvollen Schlossambiente, bei dezenter Musik im Hintergrund, begleitet von Top-Weinen. Es ist schon ein Erlebnis, bei schönem Wetter im Schlossgarten zu speisen. Mitten im schattigen Grün. Wo das historische Wasserschloss nur noch als Kulisse dient, bekommen die frischen Zutaten der anspruchsvollen Küche noch einmal eine andere Bedeutung.

Das Haus empfiehlt: Thunfischtatar, Kopfsalat, Avocadofond; Gebratene Gambas, Erbsenravioli, pochiertes Wachtelei; Variation vom Lamm mit Frühlingsgemüse und Gnocchi

Iphofen
Bayern

Zur Iphöfer Kammer

Marktplatz 24 / ✉ 97346 / www.kammer-iphofen.com
T.: +49 9323 8772677 / post@kammer-iphofen.de

Deutsche, mediterrane Küche. Hauptgerichte von € 18 bis € 26; Menüs von € 35 bis € 55. Geschlossen: Mo+Di; So abends; Mi-Sa mittags.

Iserlohn
Nordrhein-Westfalen

Romantik Hotel Neuhaus
Romantik Hotel Neuhaus

Lösseler Str. 149 / ✉ 58644 Ortsteil Lössel
www.hotel-neuhaus.de
T.: +49 2374 97800
info@hotel-neuhaus.de

Deutsche Küche. Hauptgerichte von € 15 bis € 26; Menüs von € 44 bis € 52; vegetarisches Menü. Geschlossen: Mo-Fr mittags. Kochkurse.
Das Romantik Hotel Neuhaus steht für Idylle, Romantik und familiengelebte Gastlichkeit. Restaurant mit gesunder Küche und Bistro Julius.
Das Haus empfiehlt: Schweinemedaillons auf Rahmpfifferlingen mit Kartoffelgnocchi; Lammsteak-Hüfte an dicken Bohnen und gebratenen Drillingen; Schokokuchen mit warmen Himbeeren und Vanilleeis

Jena
Thüringen

Landgrafen Restaurant

Landgrafenstieg 25 / ✉ 07743 Ortsteil West
www.landgrafen.com / T.: +49 3641 507071
info@landgrafen.com

Deutsche, mediterrane Küche. Hauptgerichte von € 14 bis € 25. Geschlossen: Mo; Di-Do mittags.

Scala - Turm Restaurant
Scala Turm Hotel

Leutragraben 1 / ✉ 07743 Ortsteil Zentrum
www.scala-jena.de / T.: +49 3641 356666
post@scala-jena.de

Weltoffene, mediterrane Küche. Hauptgerichte von € 29 bis € 34; Menüs von € 69 bis € 113; besondere Mittagskarte. Geschlossen: So abends. Kochkurse.

Zum Ziegenhainer

Edelhofgasse 3 / ✉ 07749 Ortsteil Ziegenhain
www.zum-ziegenhainer.de / T.: +49 3641 360473
gaststaette@zum-ziegenhainer.de

Thüringische Küche. Hauptgerichte von € 16 bis € 25. Geschlossen: Di; So abends.

Johannesberg
Bayern

Helbigs Gasthaus
Auberge de Temple

Hauptstr. 2 / ✉ 63867 / www.auberge-de-temple.de
T.: +49 6021 4548300 / info@auberge-de-temple.de

Deutsche, französische Küche. Hauptgerichte von € 25 bis € 46; Menüs von € 91 bis € 127; vegetarisches Menü. Geschlossen: Mo, So. Chef's Table, Kochkurse.

Jork
Niedersachsen

Die Mühle Jork

Am Elbdeich 1 / ✉ 21635 Ortsteil Borstel
www.diemuehlejork.de / T.: +49 4162 6395
info@diemuehlejork.de

Weltoffene, Crossover-Küche. Hauptgerichte von € 27 bis € 42; Menüs von € 76 bis € 154; Mittagskarte, vegetarisches Menü. Geschlossen: Mo-Mi; Do+Fr mittags.

Jugenheim in Rheinhessen
Rheinland-Pfalz

Restaurant Weedenhof
Hotel Weedenhof

Mainzer Str. 6 / ✉ 55270
www.weedenhof.de
T.: +49 6130 941337
info@weedenhof.de

Deutsche, mediterrane Küche. Hauptgerichte von € 21 bis € 32; Menüs von € 32 bis € 62; vegetarisches Menü. Geschlossen: Mo+Di; Mi-Sa mittags.
Umgeben von Weinbergen und Obstwiesen. Landhausstil mit viel Holz, Bruchsteinen und warmen Farben.
Das Haus empfiehlt: Gegrillter Pulpo und Garnele, Caponata, Kartoffelcrème; Lammhüfte, Olivenkruste, Artischocken, weißes Bohnenpüree; Zwetschgen-Törtchen, geröstete Schokolade, „Schlosserbuben", Tonkabohnen-Eis

Tempura: in einem Teigmantel frittierte Speisen

Juist
Niedersachsen

Danzer's feines Achter'n Diek
Romantik Hotel Achterdiek

Wilhelmstr. 36 / ✉ 26571
www.hotel-achterdiek.de
T.: +49 4935 8040 / info@hotel-achterdiek.de

Mediterrane Küche. Hauptgerichte von € 22 bis € 30; Menüs von € 42 bis € 75; besondere Mittagskarte, vegetarisches Menü. Kochkurse.

Restaurant Rüdigers
Hotel Pabst

Strandstr. 15-16 / ✉ 26571 / www.hotelpabst.de
T.: +49 4935 8050 / info@hotelpabst.de

Seafood-Restaurant mit norddeutscher Küche. Hauptgerichte von € 13 bis € 55; Menüs von € 35 bis € 55; Mittagskarte, vegetarisches Menü. Geschlossen: Mo+Di.

Sashimi: dünne Filetstücke von rohem Fisch

K

Kahl am Main
Bayern

Restaurant Zeller
Hotel Zeller

Aschaffenburger Str. 2 / ✉ 63796 Ortsteil Kahl
www.hotel-zeller.de / T.: +49 6188 9180
rezeption@hotel-zeller.de

Deutsche Küche. Hauptgerichte von € 42 bis € 42; Menüs von € 26 bis € 82; besondere Mittagskarte.
Gemütliches, traditionelles Hotel-Restaurant mit Terrasse, Ratszimmer und modernem Terrassenzimmer. Business Lunch, Abendmenü und à la carte.
Das Haus empfiehlt: „Fränkisches Vitello" - Kalbsrücken rosa gebraten, Rauchforellensauce, Kapern, Kopfsalat; Heilbuttfilet, Pfifferlingsgraupen, Lauchzwiebeln, Thymianjus; Filet vom Weiderind, Artischockengemüse, Kartoffel-Olivenstampf

Kaiserslautern
Rheinland-Pfalz

Julien

Altenwoogstr. 3 / ✉ 67655
www.restaurant-julien.de
T.: +49 631 64887
info@restaurant-julien.de

Französische Küche. Hauptgerichte von € 14 bis € 27; Menüs von € 22 bis € 32. Geschlossen: Mo; Di-Sa mittags.
In dem liebevoll dekorierten Lokal im Pariser Stil werden an kleinen Bistrotischen Entrecôte in Dijonsenf und viele fleischlose Speisen serviert.
Das Haus empfiehlt: Entrecôte in Dijonsenf mit Gratin und Gemüse; Streifen von der Putenbrust in rosa Pfeffersahne, Pommes Duchesse; Walnusseis mit warmen Sauerkirschen

Kaisheim
Bayern

Weingärtnerhaus
Schloss Leitheim

Schloßstr. 1 / ✉ 86687 Ortsteil Leitheim
www.schloss-leitheim.de
T.: +49 9097 485980
info@schloss-leitheim.de

Fine-Dining-Restaurant mit deutscher, weltoffener Küche. Hauptgerichte von € 25 bis € 32; Menüs von € 46 bis € 70. Geschlossen: mittags. Kochkurse.
Auf Schloss Leitheim bei Donauwörth, direkt über historischen Weinbergen und oberhalb der Donau-Schlingen gelegen, verwöhnen Küchenchef Paul Zinsmeister und sein Team ihre Gäste in herrschaftlicher Atmosphäre – und auf hohem Niveau. In gemütlich-eleganten Räumlichkeiten, mit Kachelofen und Kamin, oder auch in repräsentativen Stuben, darf man von ihren mediterran inspirierten, bodenständigen Speisen kosten. Wie wäre es mit gebackenem Garnelentatar und Avocado oder einer zartrosa gebratenen Entenbrust mit Kirschsauce, Kaiserschoten und Kartoffelplätzchen? Dazu schmeckt ein fruchtiger Weißer aus deutschen Landen oder ein ausgewählter Tropfen aus Italien, Frankreich oder Südafrika. Wer möchte, kann auch über Nacht bleiben. In dem First-Class-Hotel (mit Pool und Spa) wird, über den Essgenuss hinaus, herrschaftliche Logis geboten.
Das Haus empfiehlt: Lachs-Medaillons mit Kartoffel-Bärlauchkruste, mit Stangenspargel und neuen Kartoffeln; Angussteak mit Chorizojus, gegrillter Zucchini und Schnittlauchpüree; Mohn-Mousse auf Karamell-Dattel-Ragout und Sangria-Schaum

Weinrestaurant Bacchus

Weingartenstraße 2 / ✉ 86687 Ortsteil Leitheim
www.bacchus.cc / T.: +49 171 4541868 / info@bacchus.cc

Deutsche Küche. Hauptgerichte ab € 23; Menüs zu € 43; vegetarisches Menü. Geschlossen: Mo-Do, So; Fr mittags.

Kandel
Rheinland-Pfalz

Zum Riesen

Rheinstr. 54 / ✉ 76870 / www.hotelzumriesen.de
T.: +49 7275 3437 / kontakt@hotelzumriesen.de

Crossover-, weltoffene Küche. Hauptgerichte von € 20 bis € 45; Menüs von € 37 bis € 68; vegetarisches Menü, vegane Hauptgerichte. Geschl.: Mo+Di, So; Mi-Sa mittags.

Karlsruhe
Baden-Württemberg

Cantina Majolika

Ahaweg 6-8 / ✉ 76131 Ortsteil Innenstadt-West
www.cantinamajolika.de / T.: +49 721 1611492
kontakt@cantinamajolika.de

Mediterrane Küche. Hauptgerichte von € 12 bis € 35; Menüs von € 38 bis € 54; besondere Mittagskarte, vegetarisches Menü. Geschlossen: Mo, So; Sa mittags. Chef's Table.
Auf dem Gelände der Keramik-Manufaktur am Schlossgarten liegt das moderne Lokal mit offener Küche, exklusiver Bar und Sonnensegel-Terrasse.
Das Haus empfiehlt: Ceviche vom Lachs, Tigermilch, Schweinebauch, Kefir, Limette; Parmesan-Hacksteak, Kartoffelpüree, Schalottenmarmelade, Gänseleber, Café-de-Paris-Butter; Pfirsich, Brandy Snaps (Süßgebäck), Salat, Eis

Il Teatro²

Ettlinger Str. 2 c / ✉ 76137 Ortsteil Südweststadt
www.ilteatro.de / T.: +49 721 356566
reservieren@ilteatro.de

Italienische, weltoffene Küche. Hauptgerichte von € 16 bis € 39; Menüs ab € 60; besondere Mittagskarte. Geschlossen: Di, Sa.
Künstlerisch angehauchtes Ristorante mit Holzstühlen und weißen Tischdecken. Hausgemachte Tagliolini und Steinbuttfilet sind hier zuhause.
Das Haus empfiehlt: Tatar vom Rind mit Malossol-Kaviar und Blumenkohl-Blinis; Heilbutttranche an Pilztee mit Pak Choi und Lardo di Colonnata; Feines von der Valrhona Schokolade mit Mango und Maracuja

Coulis: (frz. couler = fließen) konzentrierter Saft oder Püree als Grundlage von Saucen

Kesselhaus

Griesbachstr. 10c / ✉ 76185 Ortsteil Grünwinkel
www.kesselhaus-ka.de / T.: +49 721 6699269
info@kesselhaus-ka.de

Weltoffene Küche. Hauptgerichte von € 26 bis € 45; Menüs von € 68 bis € 92; Mittagskarte, vegetarisches Menü. Geschlossen: Mo, So; Sa mittags. Kochkurse.

Restaurant Genusswerk

Gut Batzenhof 3 / ✉ 76227 Ortsteil Hohenwettersbach
www.genusswerk-ka.de / T.: +49 721 47034306
info@genusswerk-ka.de

Deutsche, Pfälzer Küche. Hauptgerichte von € 16 bis € 25; vegetarisches Menü, vegane Hauptgerichte.
Ein großer Barbereich plus Sitzbereichen im Freien. Cocktails, Longdrinks und Aperitifs treffen auf Wurstsalat, Maultaschen und Pfälzer Cuvée.
Das Haus empfiehlt: Tafelspitz, Kalb, Meerrettich, Bratkartoffeln, Gemüse; Pfälzer Fleischknepp, Meerrettichsauce, Bratkartoffeln; Maultaschen „veggie", mediterranes Gemüse (vegan)

Restaurant Steuermann

Hotel Steuermann

Hansastr. 13 / ✉ 76189 Ortsteil Daxlanden
www.hotel-steuermann.de / T.: +49 721 950900
info@hotel-steuermann.de

Deutsche, weltoffene Küche. Hauptgerichte von € 18 bis € 31; Menüs von € 28 bis € 32; vegetarisches Menü. Geschlossen: Sa+So.
Idyllisch am Hafen gelegenes Restaurant mit weiß gedeckten Tischen. Es gibt Matjes, Bouillabaisse, Jakobsmuscheln und Fisch-Grillteller.
Das Haus empfiehlt: Gebratenes Doradenfilet, Tagliatelle, Kürbischutney; Wildschweinragout mit Sauerkirschen, Pfifferlinge, Spätzle; Rehnüsschen und Rehrücken, gebratene Steinpilze, Rotweinsauce, Schupfnudeln

Restaurant 1463

Friedrichstraße 10-14 / ✉ 76229 Ortsteil Grötzingen
www.1463.de / team@1463.de
T.: +49 721 66050650

Deutsche, schwäbische Küche. Hauptgerichte von € 22 bis € 35; Menüs von € 46 bis € 85; besondere Mittagskarte. Geschlossen: Mo+Di, Do; So abends; Mi mittags.

erasmus - Restaurant und Laden

Nürnberger Str. 1
76199 Ortsteil Weiherfeld-Dammerstock
erasmus-karlsruhe.de / T.: +49 721 40242391
info@erasmus-karlsruhe.de

Fine-Dining-Restaurant mit italienischer Küche. Hauptger. von € 25 bis € 46; Menüs von € 105 bis € 139; vegetar. Menü, vegane Hauptger. Geschl.: Mo, So; Di+Mi, Sa mittags.

Rim Wang

Eckenerstr. 1 / 76185 Ortsteil Grünwinkel
www.rim-wang.de
T.: +49 721 697776
rim-wang@mail.de

Thailändische Küche. Hauptgerichte von € 14 bis € 30; Menüs von € 30 bis € 40; besondere Mittagskarte, vegetarisches Menü. Geschlossen: Mo.
In dem farbenrohen Lokal mit Buddhafiguren darf man Thai-Curry-Spezialitäten und ein fünfgängiges Garnelenmenü erwarten.
Das Haus empfiehlt: Gebackene Teigtaschen mit Schweinefleisch gefüllt; Gebratenes Hühnerfleisch mit rotem Thai-Curry, Basilikum, Kokosmilch, Kaffirblättern, Reis; Original Grünes Thai-Curry von Rindfleisch mit Thai-Auberginen, Kokosmilch, Basilikum, Kaffirblättern, Reis

sein

Scheffelstr. 57 / 76135 Ortsteil Weststadt
www.restaurant-sein.de / T.: +49 721 40244776
zugast@restaurant-sein.de

Weltoffene Küche. Hauptgerichte zu € 40; Menüs ab € 150; besondere Mittagskarte, vegetarisches Menü. Geschlossen: Mo+Di; Sa+So mittags.

Tawa Yama Fine

Amalienbadstr. 41 b / 76227 Ortsteil Durlach
www.tawayama.de / T.: +49 721 9098950
info@tawayama.de

Fine-Dining-Restaurant mit französischer, Crossover-Küche. Menüs von € 115 bis € 155; vegetarisches Menü. Geschlossen: Mo, So; Di-Sa mittags. Chef's Table.

Trattoria Toscana da Salvatore

Blumenstr. 19 / 76133 Ortsteil Innenstadt-West
www.trattoria-dasalvatore.de / T.: +49 721 20628
info@trattoria-dasalvatore.de

Mediterrane, italienische Küche. Hauptgerichte von € 17 bis € 30; Menüs von € 49 bis € 70; besondere Mittagskarte. Geschlossen: So; Sa mittags.
Drei-Gänge-Menü als Business-Angebot von montags bis freitags. Helles Restaurant, in dem der Chef selbst empfiehlt und sich kümmert.
Das Haus empfiehlt: Capellini mit Lauch, Schinken und Sahne; Hummerkrabben mit Tomaten und Konpoblauchsauce; Rinderfilet mit Gänsestopfleber und Trüffelöl in Madeirasauce

Kassel
Hessen

Restaurant Gutshof

Wilhelmshöher Allee 347 a
34131 Ortsteil Bad Wilhelmshöhe / T.: +49 561 32525
www.restaurant-gutshof.de / gutshof@t-online.de

Deutsche, weltoffene Küche. Hauptgerichte von € 14 bis € 31; Menüs von € 20 bis € 35.
Am Fuße des Bergparks Wilhelmshöhe unweit des Schlosses liegt das historische Lokal, dessen Domäne einst die Kurfürsten mit Speisen belieferte.
Das Haus empfiehlt: Gesottener Tafelspitz nach Holsteiner Art zu Rahmwirsing, Meerrettich-Sahnesauce, Wurzelgemüse, Salzkartoffeln; Schnitzel „Försters Tochter" mit Pilzen à la Crème, Bratkartoffeln und marinierte Blattsalate; Zanderfilet knusprig auf der Haut gebraten, an Rucolasalat, gebackene Kapern, Croûtons und Steinofenweißbrot

Mondi

Wilhelmshöher Allee 34 / 34117 Ortsteil Mitte
www.mondi-restaurant.de / T.: +49 561 83079318
hallo@mondi-restaurant.de

Fine-Dining-Restaurant mit deutscher Küche. Menüs ab € 59; vegetar. Menü. Geschl.: Mo, So; Di-Sa mittags.

Restaurant Voit

Friedrich-Ebert-Str. 86 / ✉ 34119 / www.voit-restaurant.de
T.: +49 561 50376612 / post@voit-restaurant.de

Fine-Dining-Restaurant mit französischer Küche. Hauptger. ab € 38; Menüs ab € 88. Geschl.: Mo, So; Di-Sa mittags.

Steinernes Schweinchen

Konrad-Adenauer-Str. 117 / www.steinernes-schweinchen.de
✉ 34132 Ortsteil Bad Wilhelmshöhe / T.: +49 561 940480
info@steinernes-schweinchen.de

Deut., französ. Küche. Hauptger. ab € 21; Menüs ab € 45; vegetar. Menü. Geschl.: Sa+So; Mo-Fr mittags. Kochkurse.

Kaub
Rheinland-Pfalz

Restaurant Zum Turm
Hotel Zum Turm

Zollstr. 50 / ✉ 56349 / www.rhein-hotel-turm.de
T.: +49 6774 92200 / info@rhein-hotel-turm.de

Französische, Schweizer Küche. Hauptgerichte von € 13 bis € 30; Menüs von € 42 bis € 80. Geschlossen: Di; Mo, Mi-Sa mittags.
Wie in der guten Stube der Großeltern, so gemütlich, Terrasse mit Rheinblick. Highlight im Menü: Käse vom Käsewagen.
Das Haus empfiehlt: In Gin gebeizter Lachs mit Senfkaviar an Avocadocrème; Salziger Rhabarber mit Lammkarree und Sellerie-Minz-Püree; Törtchen von der Bergamotte-Zitrone mit frisch marinierten Früchten der Saison

Kenzingen
Baden-Württemberg

Restaurant Schieble

Offenburger Str. 6 / ✉ 79341 / www.hotel-schieble.de
T.: +49 7644 9269990 / info@hotel-schieble.de

Deutsche, französische Küche. Hauptgerichte von € 14 bis € 28; Menüs von € 26 bis € 36. Geschlossen: Mo; So abends; Di-Sa mittags.
Familiengeführtes Hotel-Restaurant in einer Kleinstadt nahe der A5, das viel Wert auf regionale Klassiker und ein gepflegtes Ambiente legt.
Das Haus empfiehlt: Zanderfilet an Beurre-blanc mit frischen Pfifferlingen; Lammfilet an Thymianjus und Ratatouille; Passionsfruchttarte mit Vanilleeis

Scheidels Restaurant zum Kranz

Offenburger Str. 18 / ✉ 79341
www.scheidels-kranz.de
T.: +49 7644 6855
info@scheidels-kranz.de

Mediterrane, deutsche Küche. Hauptgerichte von € 19 bis € 32; Menüs von € 38 bis € 62; vegetarisches Menü. Geschlossen: Mo+Di.
Historisches Gasthaus in Baden, seit 1800 in Familienbesitz, mit authentischem Ambiente und viel Liebe zum Detail. Frische, saisonale Speisen.
Das Haus empfiehlt: Schollenfilet in Butter gebraten mit Petersilienkartoffeln und Blattsalat; Züricher Kalbsgeschnetzeltes, serviert mit Butternudeln und kleinem Salatteller; Vanilleeis mit heißen Himbeeren

Entrecôte: Zwischenrippenstück vom Rind

Emulsion: Vermischung zweier nicht ineinander löslicher Flüssigkeiten (Fett und Wasser)

Kernen im Remstal
Baden-Württemberg

Gasthof zum Ochsen

Kirchstr.15 / ✉ 71394 Ortsteil Stetten
www.ochsen-kernen.de
T.: +49 7151 94360
restaurant@ochsen-kernen.de

Schwäbische, weltoffene Küche. Hauptgerichte von € 16 bis € 35; Menüs von € 56 bis € 65; vegetarisches Menü. Geschlossen: Mo+Di; Mi-Fr mittags.
Authentisch schwäbische Küche in einem denkmalgeschützten historischen Haus. Den Gast erwarten Leidenschaft für Gastronomie und herzliche Gastfreundschaft.
Das Haus empfiehlt: Lauwarmes Forellenfilet, dreierlei Mais, Oliven-Birnen-Vinaigrette, Basmatireis, Pistazie; Karamellisierte Barbarie Entenbrust, Chicoree, grüne Pfeffersauce, Kartoffel-Mohn-Gratin; Kürbiskernparfait, Zwetschgenragout, Kürbis-Guavenpüree, Steinpilztrüffel

Malathounis

Gartenstr. 5 / 71394 Ortsteil Stetten
www.malathounis.de / T.: +49 7151 45252
info@malathounis.de

Mediterrane, griechische Küche. Hauptgerichte von € 19 bis € 44; Menüs von € 49 bis € 99; vegetarisches Menü. Geschlossen: Mo, So; Di-Sa mittags.

Kerpen
Nordrhein-Westfalen

Schloss Loersfeld

Schloss Loersfeld / 50171 / www.schlossloersfeld.de
T.: +49 2273 57755 / info@schlossloersfeld.de

Französische, weltoffene Küche. Hauptgerichte von € 49 bis € 59; Menüs von € 114 bis € 160; besondere Mittagskarte. Geschlossen: Mo+Di, So.

Kiedrich
Hessen

Weinschänke Schloss Groenesteyn

Oberstr. 36 / 65399
www.weinschaenke-schlossgroenesteyn.de
T.: +49 6123 1533
info@weinschaenke-schloss-groenesteyn.de

Deutsche, französische Küche. Hauptgerichte von € 39 bis € 44; Menüs von € 135 bis € 185; besondere Mittagskarte. Geschlossen: Di+Mi; Mo, Do-Sa mittags.

Shiitake: Speise- und Heilpilz

Kiel
Schleswig-Holstein

Ahlmanns
Romantik Hotel Kieler Kaufmann
ohne Bewertung

Niemannsweg 102 / 24105 Ortsteil Düsternbrook
www.kieler-kaufmann.de / T.: +49 431 88110
info@kieler-kaufmann.de

Fine-Dining-Restaurant mit weltoffener, deutscher Küche. Geschlossen: Mo+Di, So; Mi-Sa mittags.

Fischers Fritz Restaurant
Ringhotel Birke

Martenshofweg 2-8 / 24109 Ortsteil Hasseldieksdamm
www.fischers-fritz.com / T.: +49 431 5331-435
info@hotel-birke.de

Norddeutsche Küche. Hauptgerichte von € 17 bis € 38; Menüs ab € 46; vegetarisches Menü, vegane Hauptgerichte.

Flygge Restaurant

Düsternbrooker Weg 46 / 24105
www.flygge-kiel.de / kontakt@flygge-kiel.de
T.: +49 431 566002

Deutsche, weltoffene Küche. Hauptgerichte von € 24 bis € 35. Geschlossen: Mo, So; Di-Sa mittags. Chef's Table.

KOS Fine Dining

Hamburger Chaussee 183 / 24113 Ortsteil Hassee
kos-kiel.de / finedining@kos-kiel.de
T.: +49 431 6409205

Fine-Dining-Restaurant mit deutscher, norddeutscher Küche. Menüs von € 78 bis € 90; vegetarisches Menü. Geschlossen: Mo+Di; Mi-So mittags.
Zwei Kilometer außerhalb der Innenstadt gibt es seit Mai 2022 einen neuen und vor allem zwanglosen Treffpunkt des guten Geschmacks. Direkt an der Hamburger Chaussee am Kieler Stadtrand bietet Julian Richert (vormals Küchenchef im Töpferhaus, Alt-Duvenstedt) eine beeindruckende Küche. Gegenüber eines Einkaufszentrums hinter altem Ziegelmauerwerk würde man diese so nicht vermuten. Doch es gibt sie, bestehend aus zwei großartigen Menüs, eines davon ganz fleischlos. Hier wird an fünf Tagen in der Woche aus dem Einfachen das Beste rausgeholt und „ordinäres" Gemüse aromatisch in Szene gesetzt (Fleisch übrigens auch). Dazu gibt es begleitende Weine. Ein toller neuer Fine-Dining-Hotspot in Kiel!
Das Haus empfiehlt: Steinbutt, Radieschen, Raps, Kamillesud, Auster; Jakobsmuschel, Kalbskopf, Erbse, Pfifferlinge; Orange, Johannisbeere, weiße Schokolade

Mamajun

Jägersberg 6 / 24103 Ortsteil Damperhof
mamajun-restaurant.de / T.: +49 431 97993135
essen@mamajun-restaurant.de

Französische, norddeutsche Küche. Hauptgerichte von € 16 bis € 30; besondere Mittagskarte. Geschlossen: So; Mo+Di abends; Sa mittags.

Pastis

Knorrstr. 28 / 24106 Ortsteil Wik
www.pastis-grill-restaurant.de
T.: +49 431 26097000 / info@pastiskiel.de

Mediterrane, französische Küche. Hauptgerichte von € 25 bis € 35. Geschlossen: So; Mo-Sa mittags. Chef's Table.

Auf einer Länge von 78 Kilometern schlängelt sich das Flüsschen Wiesent durch die Fränkische Schweiz

© ARochau/stock.adobe.com

Kirchdorf (bei Haag in Oberbayern)
Bayern

Christians Restaurant
Gasthaus Grainer

Dorfstr. 1 / 83527 Ortsteil Kirchdorf
www.christians-restaurant.de / T.: +49 8072 8510
info@christians-restaurant.de

Fine-Dining-Restaurant mit französischer, österreichischer Küche. Menüs von € 79 bis € 135; vegetarisches Menü. Geschlossen: Mo-Mi; Do+Fr mittags.
Patron Christian F. Grainer hat aus dem Traditionsgasthaus seiner Eltern, dessen Geschichte bis ins 16. Jahrhundert zurückgeht, ein ausgezeichnetes Gourmet-Restaurant gemacht. Bekannt ist das Restaurant für seine regionalen und saisonalen Spezialitäten. Die Gastgeber beziehen Wild aus den Wäldern Kirchdorfs, Tomaten, Zucchini und Paprika stammen aus dem eigenen Garten. Selbst die Erdbeeren und Himbeeren werden dort noch selbst gepflückt. Am liebsten bereitet der Maître Obst und Gemüse aus dem eigenen Garten ausschließlich in Kupfertöpfen zu. In der Küche werden naturbelassene Salze verwendet und es wird auf Geschmacksverstärker verzichtet. Um Frische und Qualität zu garantieren, präsentiert man den Gästen statt der Speisekarte täglich wechselnde drei- bis sechsgängige Menüs. Grainers exquisite Küche ist eine Melange aus bayerischer Traditionsküche und einer frischen, modernen Haute Cuisine. Seine Frau Christiane ist eine perfekte Gastgeberin und kenntnisreiche Sommelière, die es mit Leichtigkeit versteht, ihren Gäste den richtigen Tropfen zu empfehlen.
Das Haus empfiehlt: Variation vom Bluefin-Tuna mit Avocado; Marseiller Bouillabaisse mit Sauce Rouille; Rehrücken unter der Walnusskruste, Selleriecrème, Lauchzwiebeln, Kräuterseitlinge

Kirchdorf an der Amper
Bayern

Gasthaus zum Cafewirt

Hirschbachstr. 9 / 85414 Ortsteil Kirchdorf
www.cafewirt.de / T.: +49 8166 9987222 / info@cafewirt.de

Bayerische Küche. Hauptgerichte von € 9 bis € 25; Menüs von € 21 bis € 45; besondere Mittagskarte, vegetarisches Menü. Geschlossen: Mo, Mi; Di, Do-Sa mittags. Kochkurse.
Bayerisches Lokal mit gutbürgerlichen Speisen und kreativen Ideen, gelegen in der Region Hallertau nordwestlich von Freising.

Das Haus empfiehlt: Crèmesuppe von Karotte und Ingwer, geräucherte Entenbrust, Paprikaöl; Lachsmaultaschen, Blattspinat, Weissweinsauce, geschmorte Kirschtomaten in altem Balsamessig; Geschmortes hinteres Lammhaxerl, Paprikagemüse, Rosmarinkartoffeln, Olivenjus

Kirchheim an der Weinstraße
Rheinland-Pfalz

Schwarz Restaurant

Weinstraße Süd 1 / 67281 / www.schwarz-restaurant.de
T.: +49 6359 9241702 / info@schwarz-restaurant.de

Französische, mediterrane Küche. Hauptgerichte von € 28 bis € 56; Menüs von € 59 bis € 89. Geschlossen: Di-Do; Mo, Fr+Sa mittags.

Kirchheim unter Teck
Baden-Württemberg

Weisser Ochse

Alleenstr. 132 / 73230 Ortsteil Kirchheim
www.weisser-ochse.de / T.: +49 7021 8046616
mail@weisser-ochse.de

Deutsche, französische Küche. Hauptger. von € 18 bis € 30; Menüs von € 74 bis € 114. Geschl.: Mo-Mi; Do-So mittags.

Kirchzarten
Baden-Württemberg

Hofgut Himmelreich
Hofgut Himmelreich

Himmelreich 37 / 79199 / www.hofgut-himmelreich.de
T.: +49 7661 98620 / info@hofgut-himmelreich.de

Deutsche, badische Küche. Hauptgerichte von € 8 bis € 27; vegetarisches Menü, vegane Hauptgerichte. Geschlossen: Mo-Mi; So abends; Do-Sa mittags.

Bad Kissingen
Bayern

Laudensacks Gourmet-Restaurant
Romantik Hotel Laudensacks Parkhotel

Kurhausstr. 28 / 97688 / www.laudensacks.de
T.: +49 971 7224-0 / info@laudensacks.de

Französische, fränkische Küche. Hauptgerichte von € 32 bis € 44; Menüs von € 105 bis € 165; vegetarisches Menü. Geschlossen: Mo, So; Di-Sa mittags. Kochkurse.

Restaurant Stelldichein
Hotel Kaiserhof Victoria

Am Kurgarten 5 / 97688 / www.kaiserhof-victoria.de
T.: +49 971 7010 / info@kaiserhof-victoria.de

Deutsche Küche. Hauptgerichte von € 16 bis € 29. Geschlossen: Di; Mo, Mi-So mittags.

Kleines Wiesental
Baden-Württemberg

Gasthof Haldenhof
Gasthof Haldenhof

Haldenhof 1 / ✉ 79692 Ortsteil Neuenweg
www.haldenhofberggasthofschwarzwald.de
T.: +49 7673 284 / Haldenhof.Berggasthof@gmx.de

Badische, französische Küche. Hauptgerichte von € 7 bis € 25; Menüs von € 23 bis € 30; vegetarisches Menü.

Kleinich
Rheinland-Pfalz

Alter Gasthof Faust
Landhaus Arnoth

Auf dem Pütz / ✉ 54483
www.landhaus-arnoth.de
T.: +49 6536 286
info@landhaus-arnoth.de

Französische Küche. Hauptgerichte von € 32 bis € 45; Menüs von € 52 bis € 75; besondere Mittagskarte, vegetarisches Menü, vegane Hauptgerichte. Geschlossen: Mo+Di; Mi-Sa mittags.
Ländlich gelegenes Restaurant mit langer Tradition hinter einer Schieferfassade. Vollwertkost und Zutaten aus dem eigenen Garten.
Das Haus empfiehlt: Gebratene Jakobsmuschel, Hummer, Osietra Kaviar, Erbse, Limone; Bresse Huhn, Morchel, Petersilienwurzel, Brunnenkresse; Apfeltarte, Calvados, Valrhona Schokolade, Rahmeis

Knittelsheim
Rheinland-Pfalz

Steverding's Isenhof

Hauptstr. 15 a / ✉ 76879 / www.isenhof.de
T.: +49 6348 5700 / info@isenhof.de

Mediterrane Küche. Hauptgerichte von € 30 bis € 34; Menüs ab € 110; besondere Mittagskarte. Geschlossen: Mo-Mi; So abends; Do-Sa mittags.

Ménage: Sammelbegriff für alle Tischgewürze

Mille-feuille: Blätterteig

Koblenz
Rheinland-Pfalz

Da Vinci

Deinhardplatz 3 / ✉ 56068 Ortsteil Altstadt
www.davinci-koblenz.de / T.: +49 261 9215444
info@davinci-koblenz.de

Weltoffene, französische Küche. Menüs von € 129 bis € 158. Geschlossen: Mo-Mi, So; Do-Sa mittags.
Das historische Stammhaus der Deinhard Sektkellerei, direkt neben dem Theater, schwellt stolz seine Brust. Das Haus gibt sich selbstbewusst. Darf es auch, denn birgt ein feines Gourmet-Restaurant, das nun seit ein paar Jahren schon seinen guten Ruf verteidigt. Außen klassisch herrschaftlich, innen geben Designerstühle den modernen Touch, den sich heute feine Lokale geben. Großzügig sind die Tische im Raum verteilt, sodass Gäste ungestört kommunizieren können. Bein- und Seufzfreiheit – bei dem sechs- bis achtgängigen Menü kann dem Gast schon der ein oder andere Ton des Genusses entfleuchen. Ein tolles Menü, ein stylisches Ambiente und ein freundlicher Service – das sind die drei Komponenten für einen gelungenen Abend. Nur 1.000 Meter vom berühmten Deutschen Eck entfernt, kann der Koblenz-Besucher hier seinen Tag genüsslich krönen.
Das Haus empfiehlt: Lachs, Navette, Zwiebel; Lamm, Artischocke, schwarzer Knoblauch; Ente, Karotte, Jus

DIEHLs Restaurant
Diehls Hotel

Rheinsteigufer 1 / ✉ 56077 Ortsteil Ehrenbreitstein
www.diehls-hotel.de / T.: +49 261 97070 / info@diehls-hotel.de

Deutsche, weltoffene Küche. Hauptgerichte von € 20 bis € 55; vegetarisches Menü, vegane Hauptgerichte. Geschlossen: mittags.
In entspannter Atmosphäre, mit Blick auf den Rhein und die Koblenzer Altstadt, klingt der Abend in diesem Restaurant aus.
Das Haus empfiehlt: Handgewickeltes Cordon Bleu gefüllt mit gekochtem Schinken und Emmentaler, dazu Bratkartoffeln mit Speck und Zwiebeln; Am Tisch tranchiertes Chateaubriand mit saisonalem Gemüse und Bratkartoffeln, dazu Sauce

béarnaise und Rotweinjus (ab zwei Personen); Risotto verfeinert mit Kräutern, an sautierten Gartenerbsen, grünem Spargel und Kräuterpesto (vegan)

Gerhards Genussgesellschaft

Danziger Freiheit 3 / ✉ 56068 Ortsteil Altstadt
www.gerhards-genussgesellschaft.de
T.: +49 261 91499133
post@gerhards-genussgesellschaft.de

Deutsche, mediterrane Küche. Hauptgerichte von € 19 bis € 29; Menüs von € 39 bis € 56; besondere Mittagskarte, vegetarisches Menü. Geschl.: Mo+Di; Mi+Do mittags.

Gotthardt's

FÄHRHAUS Koblenz

An der Fähre 3 / ✉ 56072 Ortsteil Metternich
www.faehr.haus / T.: +49 261 20171900

Fine-Dining-Restaurant mit französischer, weltoffener Küche. Hauptgerichte von € 34 bis € 49; Menüs von € 102 bis € 149; vegetarisches Menü. Geschlossen: Mo+Di, So; Mi-Sa mittags.

Schiller's Manufaktur

Hotel Stein

Mayener Str. 126 / ✉ 56070 Ortsteil Lützel
www.schillers-manufaktur.de / T.: +49 261 963530
info@hotel-stein.de

Deutsche, französische Küche. Hauptgerichte von € 50 bis € 90; Menüs von € 110 bis € 225; vegetarisches Menü. Geschlossen: Mo+Di, So; Mi, Sa mittags. Kochkurse.

Verbene

Florinspfaffengasse 7 / ✉ 56068 Ortsteil Altstadt
www.restaurant-verbene.de / T.: +49 261 10046221
info@restaurant-verbene.de

Weltoffene, deutsche Küche. Menüs von € 89 bis € 165; vegetarisches Menü. Geschlossen: Mo+Di, So; Mi-Sa mittags.

Himmel und Äad, rheinischer Sauerbraten, Halver Hahn – das sind Klassiker der **rheinischen Küche**.

Köln

Nordrhein-Westfalen

Astrein

Krefelder Str. 37 / ✉ 50670 Ortsteil Neustadt-Nord
www.astrein-restaurant.de / T.: +49 221 95623990
koeln@astrein-restaurant.de

Fine-Dining-Restaurant mit weltoffener Küche. Hauptgerichte von € 35 bis € 64; Menüs von € 109 bis € 119; vegetarisches Menü. Geschlossen: Mo, So; mittags.

Gasthaus Scherz

Berrenrather Str. 242 / ✉ 50939 Ortsteil Sülz
www.scherzrestaurant.de / T.: +49 221 16929440
info@scherzrestaurant.de

Österreichische Küche. Hauptgerichte von € 15 bis € 22. Geschlossen: Fr abends; Mo-Do mittags.

Gruber's Restaurant

Clever Str. 32 / ✉ 50668 Ortsteil Altstadt-Nord
www.grubersrestaurant.de
T.: +49 221 7202670
info@grubersrestaurant.de

Österreichische Küche. Menüs von € 58 bis € 110; besondere Mittagskarte, vegetarisches Menü. Geschlossen: So; Sa mittags.
In den Räumen der ehemaligen Oberpostdirektion (nördlich der Innenstadt) hat sich der Salzburger Franz A. Gruber einen festen Platz unter den besten Restaurants in Köln erobert. Im Mittelpunkt seiner Küche stehen die beliebten Spezialitäten Österreichs: Backhendl, Wiener Schnitzel vom Kalb und Tafelspitz, übergehend in eine verlockende Vielfalt von frischen Fisch- und Fleischgerichten ausgesuchter Qualität. Angeboten werden bis zu fünf Gänge am Stück (Tradition) oder das alpenländisch-vegetarische Menü. Der große weltoffene Zauber entfaltet sich jedoch im Überraschungsmenü des Hauses. Dazu steht das sympathische Team mit Rat und Tat zur Seite. Eine Weinbegleitung lohnt sich unbedingt, denn die überaus große und vielfältige Auswahl österreichischer Tropfen (und zwar ausschließlich österreichisch!), die man sonst in Köln wohl nicht findet, bietet für jeden Geschmack etwas. Die Schönwetter-Terrassen laden zu einem lauschigen Lunch, einem gepflegten Dinner oder zu einer langen Tafel für Feiern aller Art ein.

La Cuisine Rademacher

Dellbrücker Haupststr. 176 / ✉ 51069 Ortsteil Dellbrück
la-cuisine-koeln.de / T.: +49 221 96898898
info@la-cuisine-koeln.de

Bistro mit französischer, Crossover-Küche. Menüs von € 110 bis € 130; besondere Mittagskarte, vegetarisches Menü. Geschlossen: Mo+Di; Mi-So mittags.

La Société

Kyffhäuserstr. 53 / ✉ 50674 Ortsteil Neustadt-Süd
www.restaurant-lasociete.de / T.: +49 221 232464
schmitz@restaurant-gutlaerchenhof.de

Fine-Dining-Restaurant mit weltoffener, französischer Küche. Hauptgerichte von € 39 bis € 45; Menüs von € 139 bis € 189; vegetarisches Menü. Geschlossen: Di+Mi; Mo, Do-So mittags.

Hanse Stube

Excelsior Hotel Ernst

Trankgasse 1-5 / ✉ 50667 Ortsteil Altstadt-Nord
www.excelsior-hotel-ernst.de / T.: +49 221 2701
info@excelsior-hotel-ernst.de

Fine-Dining-Restaurant mit französischer Küche. Hauptgerichte von € 26 bis € 64; Menüs von € 112 bis € 122; besondere Mittagskarte, vegetarisches Menü. Kochkurse.
Die Hanse Stube, liebevoll die „gute Stube Kölns" genannt, wurde mehrfach für ihre exzellente Küche und den erstklassigen Service ausgezeichnet. Sowohl Kölner als auch Gäste aus aller Welt genießen hier eine innovative, französische Küche mit regionalen Einflüssen. In der Hanse Stube wird besonders auf die Tradition des klassischen Service gesetzt. Das motivierte Team bietet Service auf höchstem Niveau und geht individuell auf die Wünsche jedes Gastes ein. Passend zu den kulinarischen Köstlichkeiten darf auch die Auswahl der korrespondierenden Weine nicht fehlen. Der Sommelier berät den Gast fachkundig und findet gewiss den passenden Wein aus der beachtlichen Sammlung des Weinkellers des Excelsior Hotel Ernst.
Das Haus empfiehlt: Hausgemachte Rote-Bete-Teigtaschen wahlweise mit Brin d'Amour (Käse), eingelegter Bete und Wildkräutern; Gebratener Steinbutt, Zitronenschaum, Poweraden, Topinambur und Mandarine; Geschmorte Bäckchen vom Wildschwein-„Sauerbraten", Portwein-Rosinenjus, glasierter Romanesco, Semmelknödel, geröstete Mandel

Landhaus Kuckuck

Olympiaweg 2 / ✉ 50933 Ortsteil Müngersdorf
www.landhaus-kuckuck.de / T.: +49 221 485360
info@landhaus-kuckuck.de

Deutsche Küche. Hauptgerichte von € 22 bis € 34; Menüs ab € 52. Geschlossen: Mo.
Schön dekoriertes Landhaus im Grüngürtel von Köln mit langer Historie, gehobener Küche und herrlicher Sonnenterrasse.
Das Haus empfiehlt: Räucherforellenmousse mit geräuchertem Lachs, Meerrettich-Kräutersauce; Krosses Zanderfilet auf Champagner-Ananaskraut, Rieslingschaum, Kräuterkartoffeln; Dame Blanche - hausgemachtes Vanilleeis

Landhaus Kuckuck - Maître

Olympiaweg 2 / ✉ 50933 Ortsteil Müngersdorf
www.landhaus-kuckuck.de / info@landhaus-kuckuck.de
T.: +49 221 485360

Fine-Dining-Restaurant mit französischer Küche. Hauptgerichte ab € 46; Menüs ab € 149. Geschlossen: Mo+Di; Mi-So mittags.
Etwas außerhalb von Köln-City liegt dieses idyllische Landhaus Kuckuck im Stadtteil Müngersdorf. Während sich im benachbarten RheinEnergieSTADION die Fußballer jedes Jahr aufs Neue bemühen, ihren Fans zu gefallen, hat es das Landhaus Kuckuck längst geschafft. Seit 2009 überzeugt Erhard Schäfer seine Gäste im gediegen-eleganten Ambiente des „Maître" mit einer Haute Cuisine à la française wie sie im Buche steht. Alles wird frisch und sorgfältig zubereitet. Hier verabschiedet sich Erhard Schäfer ausdrücklich vom sportlichen Gedanken „schneller, höher, weiter". Er will seine Erfahrungen einbringen, um Gutes zu bewahren und ruft in unserer schnelllebigen Zeit zu „Gemütlichkeit und Genuss" auf. Der „Bewahrer der Tradition" Erhard Schäfer bietet in seinem Landhaus neben dem Gourmet-Restaurant „Maître" in dem Zweitrestaurant eine feine Landhausküche an. Eine große Gartenterrasse komplettiert das umfassende kulinarische Angebot.
Das Haus empfiehlt: Medaillons vom Atlantik-Hummer auf Wildkräutersalat „klassisch"; In Nussbutter gebratenes Saiblingsfilet mit Kresse aus „Kölle", Kartoffelchips; Kalbsrückenmedaillon in eigener Sauce mit gebratenem Kalbsbries und Steinpilzen auf Kräutercrêpe

Le Moissonnier

Krefelder Str. 25 / ✉ 50670 Ortsteil Neustadt-Nord
www.lemoissonnier.de / T.: +49 221 729479
reservation@lemoissonnier.de

Fine-Dining-Restaurant mit französischer Küche. Hauptgerichte von € 44 bis € 68; Menüs von € 125 bis € 185. Geschlossen: Mo, So.

Luis Dias Restaurant

Wilhelmstr. 35 a / ✉ 50996 Ortsteil Rodenkirchen
luis-dias.com / T.: +49 221 37984606 / info@luis-dias.com

Mediterrane, französische Küche. Hauptgerichte von € 19 bis € 32; Menüs ab € 62. Geschlossen: Mo; Sa mittags.

Kaisergranat: Hummerähnlicher Krebs aus dem Nordatlantik

Le Bistrot99

Aachener Str. 1002 / ✉ 50858 Ortsteil Junkersdorf
www.lebistrot99.com
T.: +49 221 17044392
info@lebistrot99.com

Bistro mit französischer, mediterraner Küche. Hauptgerichte von € 10 bis € 50; besondere Mittagskarte, vegetarisches Menü. Geschlossen: So; Sa mittags. Chef's Table.
Lokal mit stimmungsvollem Pariser Flair, das Kochkunst eindrucksvoll mit darstellender Kunst in Szene setzt, ebenso wie regelmäßig stattfindende Events wie Live-Musik, Lesungen und Vernissagen.
Das Haus empfiehlt: Thunfischcarpaccio, Sesam, Wakame; Seeteufel, Frühlingsgemüse, Bärlauch, Parmesan; Crème brûlée „Tahiti Vanille", Himbeercoulis

Le Bistrot99 am Heumarkt

Dorint Hotel am Heumarkt

Pipinstr. 1 / ✉ 50667 Ortsteil Altstadt-Süd
www.lebistrot99.com / T.: +49 221 28061603
heumarkt@lebistrot99.com

Bistro mit französischer Küche. Hauptgerichte von € 12 bis € 36; besondere Mittagskarte, vegetarisches Menü. Geschlossen: Mo, So.
Legeres Lokal mit Pariser Ambiente und Treffpunkt für Freunde der französischen Lebenskultur und der Kunst, gelegen in der Kölner Innenstadt.
Das Haus empfiehlt: Flammkuchen Elsässer Art; Bœuf Bourguignon; Crème brûlée, Plateau à fromage

maiBeck

Am Frankenturm 5 / ✉ 50667 Ortsteil Altstadt-Nord
www.maibeck.de / T.: +49 221 96267300
fuerdich@maibeck.de

Weltoffene Küche. Hauptgerichte von € 26 bis € 32; Menüs ab € 55. Geschlossen: Mo.

maximilian lorenz

Johannisstr. 64 / ✉ 50668 Ortsteil Altstadt-Nord
restaurant-maximilianlorenz.de
T.: +49 221 91248885
info@restaurant-maximilianlorenz.de

Fine-Dining-Restaurant mit deutscher, weltoffener Küche. Hauptgerichte von € 38 bis € 49; Menüs von € 133 bis € 162. Geschlossen: Mo, So; Di-Sa mittags. Chef's Table.
Wer in Köln individuelle Genuss-Erlebnisse und rheinische Lockerheit sucht, gehört wahrscheinlich schon längst dazu, zur Maximilian-Lorenz-Fan-Gemeinde. Küchenchef Maximilian Lorenz und seine Brigade bieten Feinschmeckern ein fulminantes Menü kreativer deutscher Kochkunst mit bis zu acht Gängen – sehr gerne auch als vegetarische Variante. Die meisten der verwendeten Produkte und alle Weine im „maximilian lorenz" kommen aus heimischen Regionen. Korrespondierend zu den Ideen einer deutschen Aromenküche stammen die Weine auch ausschließlich aus deutschen Anbaugebieten. Wenn der Gast es wünscht, werden aus dem breit gefächerten internationalen Angebot aus dem nebenan liegenden Weinlokal „heinzhermann" Weine kredenzt. Den Gästen einen unvergesslichen Abend zu bereiten ist dem Serviceteam ein großes Anliegen.
Das Haus empfiehlt: Lachsforelle, Magnolie, Blumenkohl, Petersilie; Helgoländer Kaisergranat, Chicoree, Kräuterspeck, Sanddorn; Waldmeister, weiße Schokolade, Erbsencrème

NeoBiota

Ehrenstraße 43 c / ✉ 50672 Ortsteil Altstadt-Nord
www.restaurant-neobiota.de / T.: +49 221 27088908
info@restaurant-neobiota.de

Weltoffene Küche. Hauptgerichte von € 17 bis € 38; Menüs von € 105 bis € 165; vegetarisches Menü, vegane Hauptgerichte. Geschlossen: Mo, So.

Ox & Klee

Im Zollhafen 18 / ✉ 50678 Ortsteil Altstadt-Süd
www.oxundklee.de / T.: +49 221 16956603
info@oxundklee.de

Fine-Dining-Restaurant mit deutscher Küche. Menüs ab € 230; vegetarisches Menü. Geschlossen: Mo, So; Di-Sa mittags. Chef's Table.

Ceviche: ursprünglich peruanisches Gericht mit kleingeschnittenem rohen Fisch, Zwiebeln, Limettensaft und Chili

Osteria da Paolo

Andernacher Str. 2 / ✉ 50968 Ortsteil Marienburg
www.osteria-paolo.de / T.: +49 221 3980319
info@osteria-paolo.de

Italienische, sizilianische Küche. Hauptgerichte von € 16 bis € 43; Menüs von € 69 bis € 120; vegetarisches Menü. Geschlossen: Mo.
Im Süden der Stadt gelegener „echter" Italiener, der mit Trüffelspezialitäten und Spaghetti aus dem Parmesanlaib von sich reden macht.
Das Haus empfiehlt: Avocado mit Crevetten in Salsa verde; Tagliarina mit frischen Trüffeln; Seezunge in Salbeibutter mit dem Gemüse der Saison

Platz 4

Elisabeth-von-Mumm-Platz 4 / ✉ 50937 Ortsteil Sülz
www.platz4.koeln / T.: +49 221 16843804

Weltoffene Küche. Hauptgerichte ab € 12; besondere Mittagskarte. Geschlossen: Mo; So abends.

Poisson

Wolfsstr. 6-14 / ✉ 50667 Ortsteil Altstadt-Nord
www.poisson-restaurant.de / T.: +49 221 27736883
menue@poisson-restaurant.de

Seafood-Restaurant mit mediterraner, französischer Küche. Hauptgerichte von € 28 bis € 78; besondere Mittagskarte, vegetarisches Menü. Geschlossen: Mo, So.

Pottkind

Darmstädter Str. 9 / ✉ 50678 Ortsteil Neustadt-Süd
www.pottkind-restaurant.de / T.: +49 221 42318030
info@pottkind.koeln

Weltoffene Küche. Menüs ab € 95. Geschlossen: Mo, So; Di-Sa mittags. Chef's Table.

Prunier Cologne

Am Hof 48 / ✉ 50667 Ortsteil Altstadt-Nord
www.prunier-cologne.de / T.: +49 221 71595520
kontakt@prunier-cologne.de

Französische Küche. Hauptgerichte von € 19 bis € 49; Menüs von € 69 bis € 159; besondere Mittagskarte, vegetarisches Menü. Geschlossen: Mo, So.

PULS - Restaurant & Bar

Legend Hotel

Bürgerstr. 2 / ✉ 50667 / www.pulsrestobar.com
T.: +49 163 8528455 / kontakt@puls-restobar.de

Crossover-, weltoffene Küche. Hauptgerichte von € 19 bis € 39. Geschlossen: Mo, So; Di-Sa mittags.

Rays Restaurant & Bar

Gottesweg 135 / ✉ 50939 Ortsteil Sülz
www.raysrestaurant.de
T.: +49 221 446975
reservierung@raysrestaurant.de

Fine-Dining-Restaurant mit weltoffener Küche. Menüs von € 85 bis € 125; vegetarisches Menü. Geschlossen: Mo, So; Di-Sa mittags.
Eine lässige Atmosphäre, Fine Dining, Bar – das „Rays" im belebten Sülz-Veedel bietet alles in einem. Alles, was ausgehfreudige Großstädter und Großstädterinnen eben gerne mögen. Noch vor zwei Jahren gab es hier Fußball und Kölsch in der Kultkneipe ABS. Heute, nach aufwendiger Sanierung, schmecken am Tresen Cocktail-Klassiker und experimentelle Drinks. Die sind sogar so gut, das es eine Cocktailbegleitung (auch nicht alkoholisch) zum Siebengangmenü (auch vegetarisch) gibt. Für die Teller-Kunstwerke im Fine-Dining-Bereich sind Erik Schmitz und Maksim Kusnezow gleichermaßen zuständig. Sie fabrizieren aus Forelle, Jakobsmuschel und Lamm kleine Erlebnisse, die nachhaltig in Erinnerung bleiben. Übrigens, nur einen Drink an der Bar zu nehmen und auf die Flaschen vor dem offenenen Mauerwerk zu starren, ist auch erlaubt.
Das Haus empfiehlt: Gillardeau Auster und N25-Kaviar, Grüner Tee, Chicoree, Buchenpilz; Schweinekinn, Lavendel, Endivie, Reneklode, Estragon; Onglet vom Charolais, Currýblatt, Artischocke, Schlehe, Berberitze

Ristorante Alfredo

Tunisstr. 3 / ✉ 50667 Ortsteil Altstadt-Nord
www.ristorante-alfredo.com / T.: +49 221 2577380
info@ristorante-alfredo.com

Mediterrane, italienische Küche. Hauptgerichte von € 18 bis € 44; Menüs von € 55 bis € 92. Geschlossen: Sa+So.

Dégraissieren: Entfetten bei Brühen und Saucen

Doux: lieblich, Geschmacksbezeichnung für Schaumweine

Sahila - The Restaurant

Kämmergasse 18 / 50676 Ortsteil Altstadt-Süd
sahila-restaurant.de / T.: +49 221 247238
info@sahila-restaurant.de

Fine-Dining-Restaurant mit weltoffener, arabischer Küche. Menüs von € 139 bis € 169; besondere Mittagskarte. Geschlossen: Mo, So; Di-Fr mittags.
Wer eine Reise tut, der hat etwas zu erzählen. Das trifft auf Julia Komp besonders zu, denn die junge Ausnahmeköchin hatte in 14 Monaten 30 ferne Länder bereist, um später mit einem Bündel voller kulinarischer Erlebnisse, Zutaten und Rezepte zurückzukehren. Diese kulinarischen Geschichten darf man seit Januar 2022 in ihrem eigenen Restaurant „Sahila" erschmecken. International, weltoffen und tolerant präsentieren sich Küche und Team. In dem mit vielen Goldakzenten dekorierten Lokal in der Innnenstadt werden fünf bis sieben Gänge gereicht, gespickt mit den Aromen des Orients. Kokos, Kirchererbse, Kebab, Oktopus mit Fenchel – das macht Lust auf mehr, das macht Lust auf Ferne. Julia Komp setzt ihre gesammelten Eindrücke meisterhaft um und sorgt für ein nachhaltiges Genusserlebnis. Gleich nebenan betreibt Komp die „Yulia Mezze Bar" im marrokanischen Ambiente.
Das Haus empfiehlt: Gazpacho, Tomate, Paprika, Gurke; Dry-Aged-Lachsforelle, Dill, Tkemali, Kartoffel; Tom Yum Goong, Hummer, Kokos, Brokkoli

taku

Excelsior Hotel Ernst

Trankgasse 1-5 / 50667 Ortsteil Altstadt-Nord
www.taku.de / T.: +49 221 2701
info@excelsior-hotel-ernst.de

Fine-Dining-Restaurant mit asiatischer Küche. Hauptgerichte von € 22 bis € 40; Menüs von € 95 bis € 130; besondere Mittagskarte, vegetarisches Menü. Geschlossen: Mo, So; Di-Sa mittags. Kochkurse.
Direkt gegenüber dem Kölner Dom wird die Begeisterung für die ostasiatische Küche geweckt. Küchenchef Mirko Gaul und sein Team verbinden mit ihrer Fusionsküche ursprüngliche Esskulturen mit kreativen Interpretationen ostasiatischer Hochküchen. Einfache Rezepte werden dekonstruiert und neu interpretiert, lassen dabei aber die Herkunft der einzelnen Gerichte klar erkennen. Die Küchencrew bereitet raffinierte Gerichte zu, für die das Restaurant bereits seit Jahren ausgezeichnet ist. Auch Chef-Pâtissier Fabian Scheithe arbeitet Hand in Hand mit dem taku Team. Er konzipiert außergewöhnliche Dessertkreationen und bildet mit seinen süßen Köstlichkeiten den krönenden Abschluss eines jeden Menüs. Dazu empfiehlt das Serviceteam korrespondierende Weine und erklärt auf Wunsch die Komponenten der exotischen Speisen. (Mehr Informationen über den Pâtissier des Jahres unter „Auszeichnungen des Jahres Deutschland".)
Das Haus empfiehlt: Kabeljau mit Dashi, Spinat und Trüffel; Bresse Poularde mit Sot-l'y-laisse, Koriander und Nam Prik Pao; Entrecôte (vom US-Rind) mit Tandoori, Sellerie und Schnittlauch

weinlokal heinzhermann

Johannisstr. 64 / 50668 Ortsteil Neustadt-Süd
www.weinlokal-heinzhermann.de
T.: +49 221 37999193
info@weinlokal-heinzhermann.de

Weltoffene, deutsche Küche. Hauptgerichte von € 22 bis € 49; Menüs ab € 25; besondere Mittagskarte. Geschlossen: Mo, So; Sa mittags.
Weinlokal zwischen Hauptbahnhof und Rhein gelegen, das mit einer Vielzahl exquisiter Tropfen, Rinderragout und Wallerfilet aufwartet.
Das Haus empfiehlt: Mille-feuille von bunten Tomaten, Sauerteigcroûtons, Petersilie-Haselnuss-Pesto; Lachsfilet unter der Kräuterkruste, Erbsenrisotto, Bundmöhren, Hummerschaumsauce; Crème brûlée von der Vanilleschote, Maximilians Tropical Sorbet, Sesamcrunch

Zur Tant

Rheinbergstr. 49 / 51143 Ortsteil Langel
www.zurtant.de / T.: +49 2203 81883 / info@zurtant.de

Französische Küche. Hauptgerichte von € 29 bis € 45; Menüs von € 98 bis € 138. Geschlossen: Mi+Do. Kochkurse.

Assortie: ausgewählt, zum Beispiel bei Früchten oder Käse

Königsbronn

Baden-Württemberg

Restaurant Ursprung

Hotel Widmann's Löwen

Struthstr. 17 / 89551 Ortsteil Zang
www.loewen-zang.de / T.: +49 7328 96270
info@loewen-zang.de

Fine-Dining-Restaurant mit schwäbischer Küche. Menüs ab € 148. Geschlossen: Mo+Di; Mi-So mittags.

Bad Königshofen im Grabfeld
Bayern

Schlundhaus

Marktplatz 25 / 97631 Ortsteil Bad Königshofen
www.schlundhaus.de / T.: +49 9761 1562
info@schlundhaus.de

Fränkische, deutsche Küche. Hauptgerichte von € 8 bis € 26; vegetarisches Menü, vegane Hauptgerichte. Geschlossen: Di.
Am Marktplatz gelegenes historisches Restaurant mit bemalter Fassade, Gewölbekeller und idyllischem Hofgarten.
Das Haus empfiehlt: Knuspriges Schweineschäufele mit Schwarte und Knochen, mit Klößen und buntem Salat; Rotbarschfilet in einer Senfsauce, dazu Kartoffeln und bunter Salat; Fränkischer Sauerbraten vom Rind mit Klößen und buntem Salat

Königstein im Taunus
Hessen

Restaurant Landgut Falkenstein
Falkenstein Grand

Debusweg 6-18 / 61462 Ortsteil Falkenstein / T.: +49 6174 900
www.restaurant-landgut.com / lf@landgutfalkenstein.com

Deutsche Küche. Hauptgerichte von € 32 bis € 44; besondere Mittagskarte.

Konstanz
Baden-Württemberg

Ophelia Fine Dining
RIVA Hotel

Seestr. 25 / 78464 Ortsteil Petershausen
www.restaurant-ophelia.de / T.: +49 7531 363090
ophelia@hotel-riva.de

Fine-Dining-Restaurant mit weltoffener Küche. Menüs von € 215 bis € 225; vegetarisches Menü. Geschlossen: Di+Mi; Mo, Do-So mittags. Chef's Table.
Es ist die Top-Gourmet-Adresse der Stadt, das Restaurant Ophelia – direkt am Bodensee gelegen. Ein feiner Speisesalon mit edlem Mobiliar, Parkett und großen Fenstern erwartet den Gast. In entspannter Atmosphäre tragen Küchenchef

Dirk Hoberg und sein Team eine raffinierte Haute Cuisine voller Überraschungen auf. Das wären fünf bis acht Gänge, dem jahreszeitlichen Wechsel angepasst plus geniale Amuse-Gueules und Süßigkeiten. Als Weinkenner von hohen Graden zeigt sich Chef-Sommelier und Gastgeber Jerom Nicke. Von deutschen Weinen bis in die Neue Welt sind seine Empfehlungen perfekt auf jeden Gang abgestimmt. Im Sommer lockt der exklusive Terrassenbereich zum Schlemmen unter freiem Himmel, inklusive traumhaftem Seeblick.
Das Haus empfiehlt: Gänseleber mit weißer Traube, rote wilde Traube vom Obsthof Retter, Sonnenblume und Tannenwipfel; Rotbarbe in Olivensaft gegart, Fregola Sarda, Zucchini und Safransauce; Schulter Scherzel und Flachrippe vom Rind, Wirsingröllchen, Kartoffel und schwarzer Trüffel

Papageno zur Schweizer Grenze

Gottlieberstr. 64 / 78462
www.restaurant-papageno.net / T.: +49 7531 368660
info@restaurant-papageno.net

Französische, mediterrane Küche. Hauptgerichte von € 33 bis € 46; Menüs von € 65 bis € 107; besondere Mittagskarte, vegetarisches Menü. Geschlossen: Mo+Di; Mi+Do mittags.

Romantik Hotel | Restaurant Barbarossa
Romantik Hotel Barbarossa

Obermarkt 8-12 / 78462 Ortsteil Altstadt
www.hotelbarbarossa.de
T.: +49 7531 128990
info@hotelbarbarossa.de

Deutsche, badische Küche. Hauptgerichte von € 26 bis € 46. Geschlossen: Mo, So.
Im Herzen der Altstadt gut, bürgerlich und mediterran speisen. Die altehrwürdige Gaststätte bietet ein historisches Ambiente zum guten Wein.
Das Haus empfiehlt: Châteaubriand - Rinderfilet am Stück gebraten mit Sauce béarnaise und Jus, Gemüse und Pommes frites, ab zwei Personen; Crèpe Sûzette - am Tisch zubereitet und flambiert, ab zwei Personen

San Martino

Bruderturmgasse 3 / 78462 Ortsteil Altstadt
www.san-martino-konstanz.de / T.: +49 7531 2845678
kontakt@san-martino-konstanz.de

Weltoffene Küche. Hauptgerichte von € 42 bis € 56; Menüs von € 52 bis € 82; Mittagskarte, vegetarisches Menü, vegane Hauptgerichte. Geschl.: Mo-Mi, So; Do-Sa mittags.

Korschenbroich
Nordrhein-Westfalen

Liedberger Landgasthaus

Landstr. 19 / ✉ 41352 Ortsteil Liedberg
www.llgh.de / T.: +49 2166 87294 / info@llgh.de

Mediterrane, deutsche Küche. Hauptgerichte von € 19 bis € 29; Menüs von € 34 bis € 45; besondere Mittagskarte, vegetarisches Menü. Geschlossen: Mo+Di.

Bad Kötzting
Bayern

Leos by Stephan Brandl
Hotel Bayerwaldhof

Liebenstein 25 / ✉ 93444 Ortsteil Liebenstein
www.bayerwaldhof.de / T.: +49 9941 94800
info@bayerwaldhof.de

Französische, mediterrane Küche. Hauptgerichte von € 26 bis € 41; Menüs von € 110 bis € 135. Geschlossen: Mo+Di, So; Mi-Sa mittags.

Köwerich
Rheinland-Pfalz

Moselhotel Ludwigs

Beethovenstr. 14 / ✉ 54340
www.moselhotel-ludwigs.de
T.: +49 6507 802456 / info@moselhotel-ludwigs.de

Französische, mediterrane Küche. Hauptgerichte von € 18 bis € 33; Menüs von € 35 bis € 59; vegetarisches Menü. Geschlossen: Mo+Di; Mi+Do mittags. Kochkurse.
Gelbe Wände, Naturstein und eine lauschige Terrasse sorgen für mediterranes Flair, während Rindercarpaccio und Lammkoteletts serviert werden.
Das Haus empfiehlt: Rindercarpaccio mit Kern von Gänseleber an kleinem Salatbouquet; Gebratene Lammchops, Rotweinjus, Kartoffelgratin; Gebratenes Zanderfilet, Tomate, Lauch, Kappes-Teerdisch

Krakow am See
Mecklenburg-Vorpommern

Ich weiß ein Haus am See

Paradiesweg 3 / ✉ 18292 / www.hausamsee.de
T.: +49 38457 23273 / einhausamsee@t-online.de

Französische Küche. Menüs zu € 110. Geschlossen: Mo, So; Di-Sa mittags.

Kranzberg
Bayern

Hörger Tafernwirtschaft
Hörger Biohotel

Hohenbercha 38 / ✉ 85402 / www.hoerger-biohotel.de
T.: +49 8166 990980 / info@hoerger-biohotel.de

Bayerische Küche. Hauptgerichte von € 15 bis € 28.

Krefeld
Nordrhein-Westfalen

Krasserie

Zur Feuerwache 5 / ✉ 47805 Ortsteil Dießem/Lehmheide
www.verve5.de / +49 2151 9360800 / info@verve5.de

Brasserie mit deutscher, französischer Küche. Hauptgerichte von € 19 bis € 46; Menüs ab € 49. Geschlossen: Mo, So; Di-Sa mittags.

Sonnenhof

Uerdinger Str. 421 / ✉ 47800 Ortsteil Bockum
www.restaurant-sonnenhof.de
T.: +49 2151 593540
j.peltner@web.de

Deutsche Küche. Hauptgerichte von € 18 bis € 30; Menüs ab € 30. Geschlossen: Di; Mo, Mi-Sa mittags.
An Zoo und Park gelegenes, stilvoll eingerichtetes Lokal, mit Holzbalken, schöner Terrasse, Kegelbahn und großer Speiseauswahl.
Das Haus empfiehlt: Tafelspitz an Meerrettichsauce, Marktgemüse und Petersilienkartoffeln; Wiener Zwiebelrostbraten vom Black-Angus-Rind mit Rostkartoffeln und Prinzessböhnchen; Warmer hausgemachter Apfelstrudel auf Bayerisch Crème mit Bourbon-Vanilleeis

Villa Medici

Schönwasserstr. 73 / ✉ 47800 Ortsteil Bockum
www.villa-medici-krefeld.de / T.: +49 2151 50660
info@villa-medici-krefeld.de

Italienische Küche. Hauptgerichte von € 28 bis € 48; besondere Mittagskarte, vegetarisches Menü. Geschlossen: So; Sa mittags.

Kressbronn am Bodensee
Baden-Württemberg

Bodensee-Hotel Sonnenhof
Bodensee-Hotel Sonnenhof

Sonnenhof 8 / ✉ 88079 Ortsteil Retterschen
www.sonnenhof-bodensee.de / T.: +49 7543 500220
info@sonnenhof-bodensee.de

Mediterrane, schwäbische Küche. Hauptgerichte von € 13 bis € 29; Menüs von € 33 bis € 50; besondere Mittagskarte, vegetarisches Menü. Geschlossen: mittags.

Kronberg im Taunus
Hessen

Schlossrestaurant „Victoria"
Schlosshotel Kronberg

Hainstr. 25 / ✉ 61476 Ortsteil Kronberg
www.schlosshotel-kronberg.de / T.: +49 6173 70101
reception@schlosshotel-kronberg.de

Deutsche, französische Küche. Hauptgerichte von € 18 bis € 24; Menüs von € 55 bis € 139; Mittagskarte, vegetarisches Menü. Geschl.: Mo+Di; Mi-So mittags. Chef's Table.

Bad Krozingen
Baden-Württemberg

Storchen Restaurant & Hotel

Felix-Nabor-Str. 2 / ✉ 79189 Ortsteil Schmidhofen
www.storchen-schmidhofen.de / T.: +49 7633 5329
info@storchen-schmidhofen.de

Französische Küche. Hauptgerichte von € 34 bis € 54; Menüs von € 46 bis € 145; vegetarisches Menü. Geschlossen: Mo, So; Fr mittags.

Krummhörn
Niedersachsen

Fischerhus

Sielstr. 5 / ✉ 26736 Ortsteil Greetsiel
www.fischerhus-greetsiel.de / T.: +49 4926 319
fischerhus-greetsiel@gmx.net

Norddeutsche, deutsche Küche. Hauptgerichte von € 11 bis € 19; Menüs von € 13 bis € 38; besondere Mittagskarte. Geschlossen: Mo+Di.

Direkt am malerischen Kutterhafen gelegenes, heimeliges Restaurant in Seemanns-Optik, natürlich mit entsprechender Karte.
Das Haus empfiehlt: Greetsieler Bouillabaisse - klare Fischsuppe mit Hausbrot und Rouille; Fischduett von Scholle und Seelachs, Senfsauce, Salzkartoffeln, Salat; Jäger- oder Paprikaschnitzel in der Crunchy-Kruste, serviert mit Kartoffelstäbchen und einer jahreszeitlichen Salatvariation

Restaurant Witthus
Hotel Witthus

Kattrepel 7-9 / ✉ 26736 Ortsteil Greetsiel
www.witthus.de / T.: +49 4926 92000
info@witthus.de

Seafood-Restaurant mit norddeutscher Küche. Hauptgerichte von € 20 bis € 40; Menüs von € 35 bis € 80; vegetarisches Menü. Geschlossen: Mo; Di-Do mittags.
In dem historischen Friesenhaus in Hafennähe speist der Gast Krabben- und Fischcrèmesuppe, Seemannslabskaus und Matjesspezialitäten.
Das Haus empfiehlt: Plattfischteller - Seezunge, Scholle und Skantje mit zerlassener Butter, Salzkartoffeln und kleinem Salat; Zanderfilet gebraten, an Safransauce mit Blattspinat und Salzkartoffeln; Joghurteiscrème mit Roter Grütze und Sahnestern

Assortie: ausgewählt, zum Beispiel bei Früchten oder Käse

Rôtisserie: Restaurant, das auf Grillspezialitäten setzt

Trattoria: (ital.) einfaches Restaurant

VDP: Verband Deutscher Prädikatsweingüter

Velouté: (franz.: samtartig), weiße Grundsauce

Wellington: gebratenes Fleisch in Blätterteighülle

Zeste: dünn abgeschälte Streifen von Orangen oder Zitronen

Krün
Bayern

Das Alpenglühn

Kranzbachstr. 10 / ✉ 82494
www.das-alpengluehn.de
T.: +49 8825 2374 / info@hotel-alpengluehn.de

Bayerische, weltoffene Küche. Hauptgerichte von € 22 bis € 42; Menüs ab € 90. Geschlossen: Mo+Di; Mi-Fr mittags.

Fidelio

Schloss Elmau - Luxury Spa Retreat & Cultural Hideaway

In Elmau 2 / ✉ 82493
www.schloss-elmau.de
T.: +49 8823 18970 / schloss@elmau.de

Fine-Dining-Restaurant mit asiatischer, japanischer Küche. Hauptgerichte von € 24 bis € 32; Menüs von € 50 bis € 70; vegetarisches Menü. Geschlossen: Mi+Do; Mo+Di, Fr-So mittags.
Unter den sechs Restaurationen in Schloss Elmau ist das Fidelio jenes, das durch eine raffinierte und authentische japanisch-asiatische Küche von sich reden macht. Dafür sorgen der Küchenchef, ein Sushi-Meister und ein ganzes Team aus asiatischen Köchen. Sie liefern ein täglich wechselndes Viergangmenü, das mit einer beeindruckenden „Sushi Chef Selection Royal" eröffnet und über ein Lachs-Tataki, Kalbs-Entrecôte oder ein butterweiches Wagyu zu einem herrlichen süßen Finale führt – wie einer Bananen-Misocrème oder einem Tonkabohnen-Cheesecake. Das Restaurant Fidelio macht aber auch durch sein beeindruckendes Design Furore – das Ambiente ist äußerst stimmungsvoll. Die durch semitransparente Vorhänge separierbaren Sitzbereiche erlauben privates Essvergnügen ohne Isolations-Gefühl. Unter der erhabenen runden Deckenkonstruktion schmausend, darf man durch große Panoramafenster in die abgeschiedene alpine Natur blicken.
Das Haus empfiehlt: Sushi Chef Selection Royal, Auswahl an Sushi und Sashimi, Gari, Sojasauce; Crispy Chicken - Organic Chicken Breast, Rice, Wok Vegetables; Japanisches Curry, Nishiki Reis, Wokgemüse

Luce d'Oro

Schloss Elmau - Luxury Spa Retreat & Cultural Hideaway

In Elmau 2 / ✉ 82493
www.schloss-elmau.de
T.: +49 8823 180
schloss@elmau.de

Fine-Dining-Restaurant mit französischer, deutscher Küche. Menüs von € 189 bis € 229; vegetarisches Menü. Geschlossen: Mo+Di, So; Mi-Sa mittags.
Das Schloss Elmau hat sich als luxuriöses Hideaway mit seiner riesigen Wellnesswelt einen Namen gemacht. In seinem legendären Konzertsaal finden jedes Jahr hunderte hochkarätige Konzerte statt. Die Angebotspalette für den Gast ist auch in puncto Gastronomie schlicht beeindruckend: Gleich ein halbes Dutzend Restaurationen gibt es auf Schloss Elmau – mit dem Gourmetlokal „Luce d'Oro" als Flaggschiff. Ganz unten im Souterrain, im großzügigen und edlen Ambiente aus Rot- und Goldtönen und viel edlem Naturholz, lodert auch im Sommer ein gemütliches Kaminfeuer. Hier haben Küchenchef Christoph Rainer und seine Mannschaft ihren großen Auftritt. Ihre Küche fußt auf der französischen Klassik, bezieht aber beherzt asiatische Aromen mit ein. Für den Gast bedeutet das: fulminante Menüs mit bis zu sieben Gängen, darin erlesene Produkte von nah und fern, gespickt mit fernöstlichen Gewürznuancen. Ein fröhliches und engagiertes junges Team unter der Leitung von Marie-Helen Krebs umsorgt den Gast vortrefflich in Sachen Wein- und Speisefragen. (Mehr Informationen über Christoph Rainer unter „Auszeichnungen des Jahres Deutschland".)
Das Haus empfiehlt: Ungestopfte Bio-Gänseleber, japanischer Pfirsich, Naraya-Buchweizen, Koralle; Birnbaums Seeforelle, in Algenbutter confiert, Dashibutter, Nashibirne, Mukimame, BBQ-Aal; Taube aus Plounéour-Ménez (Dry aged), Purple Curry, Umeboshi, Sesam, roter Shiso

Tutto Mondo & Summit

Schloss Elmau - Luxury Spa Retreat & Cultural Hideaway

In Elmau 2 / ✉ 82493
www.schloss-elmau.de
T.: +49 8823 180
info@schloss-elmau.de

Italienische Küche. Hauptgerichte von € 26 bis € 38; Menüs von € 50 bis € 70; besondere Mittagskarte, vegetarisches Menü.
Auf Schloss Elmau werden die unterschiedlichsten kulinarischen Vorlieben bedient. Vieles bewegt sich auf Fine-Dining-Niveau, was Feinschmeckern umso mehr Freude bereitet. Im Tutto Mondo & Summit hat die gehobene italienische Küche ihren Platz. Chefkoch Sergio Merolla versteht es, beliebte Klassiker des Südens geschmacklich und optisch auf spannende Art und Weise darzubieten. Vitello tonnato, Saltimbocca, ein cremiges Hummerrisotto und verführerische Pastagerichte gehören zum Repertoire der Küche. Täglich wechselnde Menüs sorgen für Vielfalt, doch nichts spricht dagegen, ein gutes Gericht noch einmal zu bestellen. Wie wäre es mit einer Rindertagliata mit im Salz gebackenem Sellerie, einem Auberginen-Schnitzel mit Scamorza Käse oder süßen Mango-Ravioli mit sizilianischer Orange?
Das Haus empfiehlt: Wachtelbrust, Spargel, Grana Padano, Balsamico; Hausgemachte Gnocchi, Lammragout, Artischocken, Cime di Rapa; Wolfsbarsch, bunte Karotten, Mangold, Amalfizitrone

Kühlungsborn
Mecklenburg-Vorpommern

Restaurant Bernstein
Hotel Aquamarin

Hermannstr. 33 / ✉ 18225 / www.hotel-aquamarin.de
T.: +49 38293 4020 / christoph-holm@hotel-aquamarin.de

Weltoffene, deutsche Küche. Hauptgerichte von € 10 bis € 35; Menüs von € 30 bis € 99.
Lichtdurchflutetes Lokal im Ortszentrum mit abendlichem À-la-carte-Angebot von Räucherlachs über Ochsenbäckchen bis zur Crème brûlée.
Das Haus empfiehlt: Rosa gebratene Entenbrust, Paprikagemüse, Zartweizenragout; Gebratenes Wolfsbarschfilet, Fenchelgemüse, Orangen-Safran-Risotto; Ravioli gefüllt mit Rucola, braune Butter, Pinienkerne

Restaurant Strandauster
Ringhotel Strandblick

Ostseeallee 6 / ✉ 18225 / www.ringhotel-strandblick.de
T.: +49 38293 633 / kuehlungsborn@ringhotels.de

Deutsche, mediterrane Küche. Hauptgerichte von € 18 bis € 29; Menüs von € 33 bis € 49; vegetarisches Menü, vegane Hauptgerichte.
Platz nehmen im Jugendstil-Ambiente mit Tischdecken und Silberbesteck oder auf der Gartenterrasse. Wildschweinrücken und Riesengarnelen speisen.
Das Haus empfiehlt: Gebratene Welsfilets, Ingwer, Karotten, Kartoffelkrapfen; Roulade von Seeteufel und Lachs, Safran, Paprika, Rucolanudeln; Rosa gebratene Lammhüfte, Apfel, Zwiebel, Kartoffelbällchen

Künzelsau
Baden-Württemberg

Restaurant handicap
Hotel Anne-Sophie

Hauptstr. 22-28 / ✉ 74653 / www.hotel-anne-sophie.de
T.: +49 7940 93460 / info@hotel-anne-sophie.de

Mediterrane, schwäbische Küche. Hauptgerichte von € 20 bis € 34; Menüs von € 40 bis € 95; besondere Mittagskarte. Geschlossen: Mo+Di; So abends; Mi-Fr mittags.

Kuppenheim
Baden-Württemberg

Raubs Landgasthof

Hauptstr. 41 / ✉ 76456 Ortsteil Oberndorf
www.raubs-landgasthof.de / T.: +49 7225 75623
info@raubs-landgasthof.de

Mediterrane Küche. Hauptgerichte ab € 42; Menüs von € 69 bis € 125; besondere Mittagskarte, vegetarisches Menü. Geschlossen: Mo, So; Di mittags.

Kusterdingen
Baden-Württemberg

Landgasthof Mayer's Waldhorn
Landgasthof Mayer's Waldhorn

Neckar-Alb-Str. 47 / ✉ 72127 Ortsteil Mähringen
www.mayers-waldhorn.de / T.: +49 7071 13330
info@mayers-waldhorn.de

Gasthof mit weltoffener, schwäbischer Küche. Hauptgerichte von € 15 bis € 32; besondere Mittagskarte, vegetarisches Menü, vegane Hauptgerichte. Geschlossen: Mo+Di; Mi-Sa mittags. Kochkurse.
Deftiges à la Zwiebelrostbraten, viele offene Weine und Eissorten, nur ein paar Minuten von Tübingen und Reutlingen entfernt.
Das Haus empfiehlt: Steinbeißerfilet, Riesling-Sahnesauce, Blattspinat, Kartoffeln; Zwiebelrostbraten, gebratene Zwiebeln, kleine Maultasche, hausgemachte Spätzle; Apfelküchle, Bourbon-Vanilleeiscrème, Sahne

Escalope: Schnitzel

Entrecôte: Zwischenrippenstück vom Rind

Karkasse: Gerippe

Jus: Fleisch- oder Bratensaft

Kalbsbries: Delikate Innerei von der Thymusdrüse des Kalbs

L

Bad Laasphe
Nordrhein-Westfalen

Ars Vivendi
Jagdhof Glashütte

Glashütter Str. 20 / ✉ 57334 Ortsteil Glashütte
www.jagdhof-glashuette.de / T.: +49 2754 3990
info@jagdhof-glashuette.de

Fine-Dining-Restaurant mit weltoffener Küche. Geschlossen: Mo-Do, So; Fr+Sa mittags.
Hier im Hotel Jagdhof Glashütte hat Genuss Tradition. Über Jahrzehnte war das Gourmet-Restaurant „Ars Vivendi" Sprungbrett für einige Köche im Land. Inhaber Edmund Dornhöfer hatte ein Händchen bei der Wahl seines Personals. Er fand immer wieder Talente, die sich dann im Laufe der Zeit einen Namen in der Gourmetszene gemacht haben. Inhaber Edmund Dornhöfer hat für sein Gourmet-Restaurant Ars Vivendi ein Konzept ausgetüftelt, das abwechslungsreich und überraschend zugleich ist. Gastköche aus aller Herren Länder kochen und verwöhnen für einen gewissen Zeitraum seine Gäste. Das kulinarische Juwel des Jagdhofs, das Ars Vivendi, bildet dabei die perfekte Bühne für ein immer wieder anderes Gourmeterlebnis. Ungemein reizvoll sowie uneingeschränkt sind die stets neuen Geschmackserlebnissen der Spitzenküche – aus Indien, Japan, Italien, Frankreich. Das nennt man Erlebnisgastronomie!

Rôtisserie Jagdhofstuben
Jagdhof Glashütte

Glashütter Str. 20 / ✉ 57334 Ortsteil Glashütte
www.jagdhof-glashuette.de / T.: +49 2754 3990
info@jagdhof-glashuette.de

Deutsche Küche. Hauptgerichte von € 10 bis € 38; Menüs von € 40 bis € 79; Mittagskarte. Geschl.: Mo; Di-Fr mittags.

Lahr/Schwarzwald
Baden-Württemberg

Osteria Parma

Geroldsecker Vorstadt 93 / ✉ 77933 / osteriaparma.eu
T.: +49 7821 9091643 / info@osteriaparma.eu

Italienische Küche. Hauptgerichte von € 18 bis € 30. Geschlossen: Mo+Di; Mi-Sa mittags.

Restaurant Adler
Hotel Adler

Reichenbacher Hauptstr. 18
✉ 77933 Ortsteil Reichenbach / www.adler-lahr.de
T.: +49 7821 906390 / adler@adler-lahr.de

Badische, französische Küche. Hauptgerichte zu € 48; Menüs von € 87 bis € 190; vegetarisches Menü. Geschlossen: Mo+Di; Mi-Sa mittags. Chef's Table, Kochkurse.

Landshut
Bayern

Fürstenhof Restaurant
Romantik Hotel Fürstenhof

Stethaimer Str. 3 / ✉ 84034
www.hotel-fuerstenhof-landshut.de / T.: +49 871 92550
info@hotel-fuerstenhof-landshut.de

Deutsche, französische Küche. Hauptgerichte von € 32 bis € 44; Menüs von € 62 bis € 93. Geschlossen: Mo, So; Di-Sa mittags. Kochkurse.

Ristorante Bellini

Papiererstr. 12 / ✉ 84034 Ortsteil West
www.bellini-landshut.de
T.: +49 871 630303
info@bellini-landshut.de

Italienische Küche. Hauptgerichte von € 12 bis € 26; Menüs von € 49 bis € 69; besondere Mittagskarte. Geschlossen: Sa mittags. Chef's Table.
Schicker Italiener mit klassischen Speisen, Fisch und Fleisch, Vier-Gänge-Tagesmenü, Wochenkarte und großem Weinvorrat. **Das Haus empfiehlt:** Yellow Fine Thunfischtartar mit Avocadocreme und Bergamottemarinade; Orbetello Wolfsbarsch in Salzkruste mit feiner Salmorigliosauce; Rosa gebratenes Angus-Rinderfilet mit Speckmantel auf roter Zwiebel aus Tropea und Brunelloweinsauce

Surprise: Überraschung (Menu surprise, der Gast weiß bei der Bestellung nicht, was er bekommt)

Barbarie Ente: Die Barbarie Ente ist eine besondere Zuchtform aus Wild- und Hausenten

Amuse-Gueule: Appetitanreger, kleine Aufmerksamkeit des Hauses vor dem Essen

Langenargen
Baden-Württemberg

SEO - Küchenhandwerk
Seevital Hotel Schiff

Marktplatz 1 / ✉ 88085 / restaurant-seo.de
T.: +49 7543 93380 / tisch@restaurant-seo.de

Weltoffene Küche. Menüs von € 169 bis € 250. Geschlossen: Mo+Di, So; Mi-Sa mittags. Kochkurse.

Langenau
Baden-Württemberg

Gasthof zum Bad

Burghof 11 / ✉ 89129 / www.gasthof-zum-bad.de
T.: +49 7345 96000 / info@gasthof-zum-Bad.de

Gasthof mit deutscher, weltoffener Küche. Hauptgerichte von € 27 bis € 38; Menüs von € 60 bis € 150; besondere Mittagskarte, vegetarisches Menü. Geschlossen: Mo+Di; So abends; Mi mittags.
Nur 20 Minuten von Ulm entfernt, in der 15.000-Einwohner-Gemeinde Langenau, macht der Gasthof zum Bad von sich reden. Denn hier wird gekocht, wie es Lukullus gefällt. Eigentlich bereitet Hans Häge hauptsächlich eine weltoffene Gourmetküche, ohne jedoch seine Wurzeln zu vergessen. Sein schwäbisches Herz kann er eben nicht verleugnen. Und so wird gerne auch mal schwäbisch gekocht. Natürlich werden nach Möglichkeit saisonale und regionale Produkte eingekauft. Hans Häge hat bei seinen Wander- und Lehrjahren das Handwerk und auch die kreativen Möglichkeiten, Neues mit Traditionellem oder Internationales mit Regionalem zu kombinieren, gelernt. Übrigens: Genießer haben die komfortable Möglichkeit, die Menüs ausgiebig und angemessen mit Weinbegleitung zu genießen, denn das Hotel ist nur eine Stufe entfernt.
Das Haus empfiehlt: Makrele geflämmt und lackiert, Tomate, Avocado, Büffelmozzarella; Öllinger Bauernhuhn, Mais, Lauchherzen, Gänseleber; Kataifi (griechische Süßspeise), Pfirsich, griechischer Joghurt, Pistazie

Langenzenn
Bayern

Keidenzeller Hof

Fürther Str. 11 / ✉ 90579 Ortsteil Keidenzell
www.keidenzeller-hof.de / T.: +49 9101 901226
info@keidenzeller-hof.de

Französische Küche. Menüs von € 120 bis € 150; vegetarisches Menü. Geschlossen: Mo-Mi, So; Do+Fr mittags.

Lauchheim
Baden-Württemberg

Restaurant Roter Ochsen
Hotel Roter Ochsen

Hauptstr. 24 / ✉ 73466
www.roter-ochsen-lauchheim.de
T.: +49 7363 5329 / info@roter-ochsen-lauchheim.de

Deutsche, weltoffene Küche. Hauptgerichte von € 10 bis € 32; Menüs zu € 45; vegetarisches Menü, vegane Hauptgerichte. Geschlossen: Mo.

Lauda-Königshofen
Baden-Württemberg

Rebgut – Die Weinherberge

Rebgutstr. 80 / ✉ 97922 Ortsteil Lauda
www.rebgut.de / info@rebgut.de
T.: +49 9343 614700

Deutsche Küche. Hauptgerichte von € 19 bis € 34; Menüs von € 55 bis € 89; vegetarisches Menü. Geschlossen: So; Mo-Sa mittags.
Restaurant und Hotel inmitten der fränkischen Rebenlandschaft mit Chef's Table, pfiffigen Weinmenüs und À-la-carte-Angebot.
Das Haus empfiehlt: Falscher Thunfisch, Wassermelone, Jalapeño, Cashewbutter; Mieral Ente, Confierte Brust und „Karaage" von der Keule, Kalamansi, Brokkoli, Ackerbohne; Falscher Apfel, Original Beans Edelweiße, Fenchel, Apfelgelee, Kornblume

Lauffen am Neckar
Baden-Württemberg

Landturm Uwe Straub

Landturm 1 / ✉ 74348
uwe-straub.de / info@uwe-straub.de
T.: +49 7133 2044464

Deutsche, Crossover-Küche. Hauptgerichte von € 22 bis € 35. Geschlossen: Mo-Mi; Do-So mittags.

Restaurant Elefanten
Hotel Elefanten

Bahnhofstr. 12 / ✉ 74348 / www.hotel-elefanten.de
T.: +49 7133 95080 / info@hotel-elefanten.de

Weltoffene, schwäbische Küche. Hauptgerichte von € 14 bis € 32; Menüs von € 30 bis € 65. Geschlossen: Fr; Mo-Do, Sa mittags.

Velouté: (franz.: samtartig), weiße Grundsauce

Lauingen an der Donau
Bayern

Genusswerkstatt Lodner
Hotel Lodner

Imhofstr. 7 / ✉ 89415 Ortsteil Lauingen
www.hotel-lodner.de / T.: +49 9072 95890
info@hotel-lodner.de

Deutsche, französische Küche. Hauptgerichte von € 34 bis € 40; Menüs von € 62 bis € 115; vegetarisches Menü. Geschlossen: Mo+Di; So abends; Mi-Sa mittags. Kochkurse.
Hinter der historischen Fassade des 1873 im Jugendstil errichteten Hauses, gelegen im Ortszentrum nur einen Katzensprung von der Donau entfernt, verbirgt sich eine neue (alte) Oase des guten Geschmacks. Eine hochwertige regionale Küche wie sie im Buche steht, in der alte Gemüsesorten und beste heimische Rezepte wiederaufleben, hat sich das Haus auf die Fahne geschrieben. Drei bis sechs Gänge am Stück bietet die Speisekarte der „Genusswerkstatt" oder man wählt nach Herzenslust à la carte. Schwarzfederhuhn Label Rouge, Saibling, Bouillabaisse – das Leben kann so schön sein. Ergänzt wird das gastronomische Angebot im Hotel Lodner durch einen Feinkostverkauf, der Gewürze, Schinken, Wein oder Pralinen parat hält. Perfekt als Geschenk und natürlich nachhaltig verpackt.
Das Haus empfiehlt: Bretonische Jakobsmuschel, Sellerie, Gerste, Grüner Apfel; Etouffé Taube, Kohl, Knolle, Holunder; Tropical Stone, Valrhona Schokolade, exotische Früchte

Leer
Niedersachsen

Restaurant Zur Waage M.E.B

Neue Str. 1 / ✉ 26789 / www.restaurant-zur-waage.de
T.: +49 491 62244 / info@restaurant-zur-waage.de

Norddeutsche, weltoffene Küche. Hauptgerichte von € 22 bis € 27. Geschlossen: Di.

Leinsweiler
Rheinland-Pfalz

Leinsweiler Hof

Weinstr. 1 / ✉ 76829 / www.leinsweilerhof.de
T.: +49 6345 4090 / info@leinsweilerhof.de

Mediterrane Küche. Hauptgerichte von € 20 bis € 45; Menüs von € 47 bis € 95; vegetarisches Menü. Geschlossen: mittags. Chef's Table, Kochkurse.

Brandade: provenzalische Fischspezialitäten mit gedünstetem Stockfisch, der zu einem Püree verarbeitet wird

Leipzig
Sachsen

Auerbachs Keller - Großer Keller

Grimmaische Str. 2-4 / ✉ 04109 Ortsteil Zentrum
www.auerbachs-keller-leipzig.de / T.: +49 341 216100
info@auerbachs-keller-leipzig.de

Sächsische, deutsche Küche. Hauptgerichte von € 18 bis € 35; vegetarisches Menü, vegane Hauptgerichte. Geschlossen: Mo-Mi mittags.

C'est la vie

Zentralstr. 7 / ✉ 04109 Ortsteil Zentrum-West
www.cest-la-vie.restaurant / T.: +49 341 97501210
info@cest-la-vie.restaurant

Fine-Dining-Restaurant mit französischer Küche. Menüs von € 80 bis € 115; vegetarisches Menü. Geschlossen: Mo, So; Di-Sa mittags.

Falco
The Westin Leipzig

Gerberstr. 15 / ✉ 04105 Ortsteil Zentrum-Nord
www.falco-leipzig.de
T.: +49 341 9882727
info@falco-leipzig.de

Fine-Dining-Restaurant mit weltoffener, französischer Küche. Hauptgerichte ab € 130; Menüs von € 262 bis € 339. Geschlossen: Mo, So; Di-Sa mittags.

Frieda Restaurant

Menckestr. 48-50 / ✉ 04155 Ortsteil Gohlis-Süd
www.frieda-restaurant.de / T.: +49 341 56108648
reservierung@frieda-restaurant.de

Fine-Dining-Restaurant mit französischer, weltoffener Küche. Menüs von € 109 bis € 119; vegetarisches Menü. Geschlossen: Mo, So; Di-Sa mittags.

Restaurant Michaelis
Hotel Michaelis

Paul-Gruner-Str. 44 / ✉ 04107 Ortsteil Zentrum-Süd
www.michaelis-leipzig.de / T.: +49 341 26780
info@michaelis-leipzig.de

Fine-Dining-Restaurant mit deutscher, mediterraner Küche. Hauptgerichte von € 22 bis € 31; Menüs von € 43 bis € 56; vegetarisches Menü. Geschlossen: So; Mo-Sa mittags.

Stadtpfeiffer
Gewandhaus zu Leipzig

Augustusplatz 8 / ✉ 04109 Ortsteil Zentrum
www.stadtpfeiffer.de
T.: +49 341 2178920
info@stadtpfeiffer.de

Fine-Dining-Restaurant mit französischer Küche. Hauptgerichte von € 42 bis € 58; Menüs von € 120 bis € 150; vegetarisches Menü. Geschlossen: Mo+Di, So; Mi-Sa mittags.

Leverkusen
Nordrhein-Westfalen

Haus am Park

Bismarckstr. 186 / ✉ 51373
www.hausampark.info
T.: +49 214 46370 / restaurant@hausampark.info

Deutsche, mediterrane Küche. Hauptgerichte von € 17 bis € 36; Geschlossen: Mo; So abends.

Herkenrath Hof

Bergische Landstr. 74-76 / ✉ 51375 Ortsteil Schlebusch
www.herkenrath-hof.de / T.: +49 214 5006731
info@herkenrathhof.de

Deutsche, rheinische Küche. Hauptgerichte von € 15 bis € 27; vegetarisches Menü, vegane Hauptgerichte. Geschlossen: Mo.

Lichtenberg (Oberfranken)
Bayern

Restaurant Harmonie

Schlossberg 2 / ✉ 95192 Ortsteil Lichtenberg
www.harmonie-lichtenberg.com / T.: +49 9288 246
info@harmonie-lichtenberg.com

Weltoffene Küche. Hauptgerichte von € 19 bis € 31; Menüs von € 36 bis € 52.

Bad Liebenzell
Baden-Württemberg

Hirsch Genusshandwerk

Monbachstr. 47 / ✉ 75378 Ortsteil Monakam
www.hirsch-genusshandwerk.de / T.: +49 7052 2367
info@hirsch-genusshandwerk.de

Deutsche Küche. Hauptgerichte von € 18 bis € 40; Menüs von € 72 bis € 95. Geschlossen: Di-Do; Mo, Fr mittags. Kochkurse.

Limburg an der Lahn
Hessen

Restaurant 360°

Bahnhofsplatz 1 a / ✉ 65549 Ortsteil Limburg
www.restaurant360grad.de
T.: +49 6431 2113360
info@restaurant360grad.de

Weltoffene, französische Küche. Menüs von € 115 bis € 185; besondere Mittagskarte. Geschlossen: Mo+Di, So. Kochkurse.

Lindau am Bodensee
Bayern

KARRisma Fine-Dining-Restaurant
Boutique Hotel Adara

Alter Schulplatz 1 / ✉ 88131 Ortsteil Insel
www.karrisma.de / T.: +49 8382 9435041
karrisma@adara-lindau.de

Fine-Dining-Restaurant mit deutscher, weltoffener Küche. Menüs von € 110 bis € 139; vegetarisches Menü. Geschlossen: Mo, So; Di-Sa mittags.

Restaurant Valentin

In der Grub 28 a / ✉ 88131 Ortsteil Insel
valentin-lindau.de
T.: +49 8382 5043740
Info@valentin-lindau.de

Fine-Dining-Restaurant mit französischer, mediterraner Küche. Hauptgerichte von € 27 bis € 36; Menüs von € 85 bis € 139; vegetarisches Menü. Geschlossen: Mo, So; Di-Sa mittags. Kochkurse.
Junge Menschen, weltoffen und ökologisch denkend – das ist die neue Gesellschaft, wie sie sich im Augenblick herauskristallisiert. Damit steht das Team vom Restaurant Valentin in Lindau ganz im Zeichen der Zeit. Das internationale Team bietet, dank internationalen Erfahrungen und Wissen, die Vielfalt der kulinarischen Köstlichkeiten aus aller Welt. Aber, und nun kommt der ökologische Aspekt, die Produkte werden nach Möglichkeit regional eingekauft. Mitten auf der touristisch attraktiven Insel Lindau schafft das Valentin eine Oase des Genusses. Das Ambiente des Restaurants ist modern und elegant. Eine lange Sitzbank und kleine eingedeckte Tische unter einem Deckengewölbe – der Gast darf sich wohlfühlen. Dazu trägt natürlich auch der lockere Service bei, der seine Gastgeberrolle lebt.
Das Haus empfiehlt: Gänseleber, Pilzwald mit Reh und Brioche; Rehrücken mit Linsen und Bellini Kartoffel; „Kokosnuss-Küste“

Bad Lippspringe
Nordrhein-Westfalen

Redingerhof 1887

Renker Weg 1 / ✉ 33175
www.redingerhof-1887.de
T.: +49 5252 9779670 / mail@redingerhof-1887.de

Deutsche, französische Küche. Hauptgerichte von € 22 bis € 33; Menüs von € 59 bis € 70. Geschlossen: Mo-Mi; Do-So mittags.

Zur Quelle

Bielefelder Str. 2B / ✉ 33175 / www.restaurant-zurquelle.de
T.: +49 5252 6832 / info@restaurant-zurquelle.de

Deutsche Küche. Hauptgerichte von € 19 bis € 40; besondere Mittagskarte. Geschlossen: Mo, Mi.
Pfiffige Hausmannskost, Wildgerichte und Steaks haben hier im Zentrum des heilklimatischen Kurortes Konjunktur.
Das Haus empfiehlt: Zander und Wildlachs im Duett auf getrüffeltem Wurzelgemüse, dazu Schlosskartoffeln; Geschmorte Rinderbäckchen in Barolosauce mit Kartoffel-Selleriepüree; Gebratenes Zanderfilet auf Pfifferlingen mit Rieslingsauce und karamellisierten Preiselbeeren

List auf Sylt
Schleswig-Holstein

The Fish Club
A-ROSA Sylt

Listlandstr. 11 / ✉ 25992 Ortsteil List / www.fishclub-sylt.de
fishclub@a-rosa.de / T.: +49 4651 96750837

Seafood-Restaurant mit weltoffener Küche. Hauptgerichte von € 26 bis € 39. Geschlossen: Mo, So; Di-Sa mittags. Kochkurse.

Lohmar
Nordrhein-Westfalen

Franzhäuschen
Hotel Franzhäuschen

Franzhäuschenstr. 67 / ✉ 53797 Ortsteil Heide
www.franzhaeuschen.de / T.: +49 2241 388980
info@franzhaeuschen.de

Deutsche, mediterrane Küche. Hauptgerichte von € 12 bis € 25; Menüs von € 25 bis € 50; vegetarisches Menü. Geschlossen: Mo+Di; Mi-Sa mittags.

Crème brûlée: gebrannte Crème, gestockte und karamellisierte Sahne-Eier-Crème

Crêpe: hauchdünner Pfannkuchen

Panna cotta: Crème aus mit Gelatine gekochter Sahne

Sabayon: (ital. Zabaione) im Wasserbad geschlagener Weinschaum aus Eigelb, Wein und Zucker

Lohme
Mecklenburg-Vorpommern

Panorama Restaurant Lohme
Panorama Hotel Lohme

An der Steilküste 8 / ✉ 18551
www.panorama-restaurant-lohme.de
T.: +49 38302 9110
info@panorama-hotel-lohme.de

Deutsche, mediterrane Küche. Hauptgerichte von € 13 bis € 26; Menüs zu € 29; besondere Mittagskarte, vegetarisches Menü.
An Wald und Meer liegt das Restaurant mit verglaster Veranda und Korbstühlen. Von der Terrasse schweift der Blick über die Ostsee.
Das Haus empfiehlt: Lohmer Fischsuppe - Fenchelcrèmesuppe mit verschiedenen Fischfilets, Gemüse, Tomaten, Fagottinis, Kapern, Blätterteigstange; Frisches Lachsfilet auf einem Gemüsebett mit Kartoffelpürree; Gebratenes Schweinefilet mit Gorgonzolasauce und Spaghetti aglio e olio

Cloche: Speiseglocke, Deckel für Serviceplatten und Tell

Cocotte: rundliches Anrichtegeschirr aus feuerfestem Material

Lohr am Main
Bayern

Landhotel Zur Alten Post
Landhotel Zur Alten Post

Steinfelder Str. 1 / ✉ 97816 Ortsteil Sendelbach
www.landhotel-zur-alten-post.de
T.: +49 9352 87520
landhotelpost@aol.com

Deutsche Küche. Hauptgerichte von € 11 bis € 20; Menüs von € 25 bis € 35.

Alteingesessene Gaststätte mit gemütlichem Interieur, weiß gedeckten Tischen und idyllischem Biergarten, unweit vom Main gelegen.
Das Haus empfiehlt: Heimisches Forellenfilet auf Bohnen mit Birnenröster; Kalbstafelspitz auf Kartoffel-Meerrettich-Gemüse; Geschmorte Lammhaxen auf Kartoffel-Bohnen-Gemüse

Lörrach
Baden-Württemberg

Restaurant Maien
Hotel Maien

Dorfstr. 49 / ✉ 79539 Ortsteil Tüllingen
www.maien-loerrach.de / T.: +49 7621 2790
info@maien-loerrach.de

Crossover-, deutsche Küche. Hauptgerichte von € 24 bis € 36; Mittagskarte. Geschl.: Mo+Di; Mi-Fr mittags.

Lottstetten
Baden-Württemberg

Gasthof zum Kranz

Dorfstr. 23 / ✉ 79807 Ortsteil Nack / T.: +49 77 457302
www.gasthof-zum-kranz.de / info@gasthof-zum-kranz.de

Deutsche, weltoffene Küche. Hauptgerichte von € 25 bis € 43. Geschlossen: Di+Mi.

Löwenstein
Baden-Württemberg

Landhaus Hohly
Landhaus Hohly

Friedhofweg 5 / ✉ 74245 / www.gasthof-hohly.de
T.: +49 7130 1313 / info@hohly-loewenstein.de

Schwäbische, mediterrane Küche. Hauptgerichte von € 16 bis € 35; Menüs von € 49 bis € 65.

Lübeck
Schleswig-Holstein

Carls Travemünde
A-ROSA Travemünde

Außenallee 10 / ✉ 23570 Ortsteil Travemünde
carls-travemuende.de / T.: +49 4502 3070847
carls.tra@a-rosa.de

Französische Küche. Hauptger. von € 16 bis € 40; Menüs ab € 65. Geschl.: Mo+Di; So abends; Mi-Fr mittags.

Das kleine Restaurant

An der Untertrave 39 / ✉ 23552
www.daskleinerestaurantluebeck.de / T.: +49 451 705959
daskleinerestaurantluebeck@web.de

Deutsche, norddeutsche Küche. Hauptger. von € 15 bis € 35; Menüs von € 34 bis € 70. Geschl.: Mo+Di; Mi-So mittags.

Johanna Berger - Das Restaurant

Dr.-Julius-Leber-Str. 69 / ✉ 23552
restaurant-johanna-berger.de / T.: +49 451 58696890
kontakt@restaurant-johanna-berger.de

Weltoffene Küche. Hauptgerichte von € 13 bis € 28; besondere Mittagskarte. Geschlossen: Mo+Di; Mi-So mittags.

Wullenwever

Beckergrube 71 / ✉ 23552 / www.wullenwever.de
T.: +49 451 704333 / restaurant@wullenwever.de

Weltoffene Küche. Hauptgerichte von € 44 bis € 48; Menüs von € 62 bis € 110. Geschlossen: Mo+Di, So; Mi-Sa mittags.

Lüchow (Wendland)
Niedersachsen

Restaurant Field
Komfort-Hotel Katerberg

Bergstr. 5 / ✉ 29439 Ortsteil Lüchow
www.hotel-katerberg.de / T.: +49 5841 97760
mail@hotel-katerberg.de

Mediterrane Küche. Menüs von € 140 bis € 165. Geschlossen: Mo+Di, So; Mi-Sa mittags.

Ludorf
Mecklenburg-Vorpommern

Restaurant Morizaner
Romantik Hotel Gutshaus Ludorf

Rondell 7-8 / ✉ 17207
www.gutshaus-ludorf.de
T.: +49 39931 8400 / info@gutshaus-ludorf.de

Mecklenburgische, pommersche Küche. Hauptgerichte von € 28 bis € 34; Menüs von € 49 bis € 85; besondere Mittagskarte, vegetarisches Menü.
In einem der ältesten Gutshäuser Mecklenburgs einfach mal die Zeit zurückdrehen, Slow Food und die ruhige Atmosphäre genießen.

Ludwigsburg
Baden-Württemberg

Danza Restaurant & Weinbar

Stuttgarter Str. 33 / ✉ 71638 / www.danza-restaurant.de
T.: +49 7141 977970 / danza@better-taste.de

Weltoffene, französische Küche. Hauptgerichte von € 20 bis € 35; Menüs von € 85 bis € 129. Geschlossen: Mo+Di; Mi-Sa mittags.

Il Boccone

Kirchstr. 19 a / ✉ 71634 Ortsteil Mitte
www.ilboccone-lb.de / T.: +49 7141 923366
gulewitsch@ilboccone-lb.de

Italienische, mediterrane Küche. Hauptgerichte von € 9 bis € 30; besondere Mittagskarte. Geschlossen: So.
Bei „Gule“ gibt‘s kreative mediterrane Küche in toller Atmosphäre. Herrlicher Garten. Von gegrillter Wassermelone über Risotto bis zu Arosto di manzo und Dorade.
Das Haus empfiehlt: Cannelloni mit Spinat-Ricotta-Füllung, Tomatenrahmsauce, mit Käse überbacken; Hausgemachte Tagliatelle mit Kräuterrahm und mariniertem Lachs; Sepia alla Griglia - gegrillte Tintenfischtuben und bunter Blattsalat

Parkcafé im Blühenden Barock

In den Anlagen 2 / ✉ 71640 Ortsteil Mitte
www.restaurant-parkcafe.com / T.: +49 7141 923867
info@restaurant-parkcafe.com

Mediterrane, deutsche Küche. Hauptgerichte von € 18 bis € 30; Menüs von € 60 bis € 120; vegetarisches Menü. Geschlossen: Mo, Sa+So; Di-Fr abends.
In Deutschlands ältester und schönster Gartenschau, dem Blühenden Barock in Ludwigsurg, liegt das Restaurant Parkcafé. Es ist in zwei Bereiche aufgeteilt, einen SB-Bereich für die vielen Tagesbesucher der Gartenschau – und des Märchengartens und einen exklusiven Gourmetbereich in den historischen Räumen des ehemaligen Spielhauses der Herzöge und Könige. Patron Torsten Lacher, der das Restaurant Parkcafé nun seit über 20 Jahren erfolgreich betreibt, ist den Gourmets kein Unbekannter, er führte jahrelang das ausgezeichnete Restaurant „Alte Sonne“ in Ludwigsburg. Torsten Lacher liebt und lebt Gastronomie, das merkt man. Küchenchefin Laura Leidig verwöhnt und verzaubert die Gäste mit kulinarischen Kreationen. Gourmetabende zu verschiedenesten jahreszeitlichen Themen sind ebenso fester Bestandteil der kulinarischen Angebote im Restaurant Parkcafé wie Events rund um den Wein. Die beiden historischen Salsons und der große Wintergarten eignen sich bestens für Familien- oder Firmenfeiern.
Das Haus empfiehlt: Spinat-Ricotta-Taschen, Salbeibutter,

Tomate; Zander, Kürbisrisotto, Gemüsestroh, Beurre blanc; Zwiebelrostbraten, Spätzle, Maultäschle, Jus

Post-Cantz

Eberhardstr. 6 / ✉ 71634 Ortsteil Mitte
www.post-cantz.de / T.: +49 7141 923563
info@post-cantz.de

Schwäbische, mediterrane Küche. Hauptgerichte von € 15 bis € 39; vegetarisches Menü. Geschlossen: Mi+Do.

Ludwigshafen am Rhein
Rheinland-Pfalz

Gesellschaftshaus der BASF

Wöhlerstr. 15 / ✉ 67063 Ortsteil Friesenheim/Nord
www.gesellschaftshaus.basf.de / T.: +49 621 6078888
eventmanagement@basf.com

Weltoffene Küche. Hauptgerichte von € 22 bis € 30; Menüs von € 56 bis € 82; vegetarisches Menü. Geschlossen Sa+So; Mo-Fr mittags. Chef's Table, Kochkurse.

Ludwigslust
Mecklenburg-Vorpommern

Restaurant „Landküche“
Hotel de Weimar

Schloss-Str. 15 / ✉ 19288 / www.hotel-de-weimar.de
T.: +49 3874 4180 / info@hotel-de-weimar.de

Deutsche, mediterrane Küche. Hauptgerichte von € 14 bis € 38; Menüs von € 40 bis € 55. Geschlossen: Mo, So; Di-Sa mittags.
Restaurant mit Glasdach im lichtdurchfluteten Innenhof des historischen Landhotels, gelegen am Barockschloss mit Schlosspark.
Das Haus empfiehlt: Mecklenburgischer Spargelsalat, Hackepeter vom Gehlsbacher Saibling, Wachtelei; Kalbsfilet-Medaillon, Bärlauchkruste, Erbse, Grieß-Marzipan-Bällchen Mascarpone-Erdbeer-Rhabarbergratin, Eierliköreis

Lunden
Schleswig-Holstein

Restaurant Lindenhof 1887
Hotel Lindenhof 1887

Friedrichstr. 39 / ✉ 25774 / www.lindenhof1887.de
T.: +49 4882 407 / info@lindenhof1887.de

Deutsche Küche. Hauptgerichte von € 17 bis € 40; Menüs von € 55 bis € 82; vegetarisches Menü, vegane Hauptgerichte. Geschlossen: Di; Mo, Mi-Fr mittags.

Lüneburg
Niedersachsen

Altes Brauhaus

Grapengießerstr. 11 / 21335 Ortsteil Altstadt
brauhaus-lueneburg.de / T.: +49 4131 721277
info@brauhaus-lueneburg.de

Deutsche, mediterrane Küche. Hauptgerichte von € 29 bis € 32; besondere Mittagskarte. Geschlossen: Mo, So.

Restaurant Einzigartig
Das kleine Hotel im Wasserviertel

Lünertorstr. 3 / 21335 Ortsteil Altstadt
www.restauranteinzigartig.de / T.: +49 4131 40060026
info@restauranteinzigartig.de

Deutsche, weltoffene Küche. Hauptgerichte von € 14 bis € 28; Menüs von € 33 bis € 44; vegane Hauptgerichte. Geschlossen: Mo+Di; Mi-So mittags.

Röhms Deli

Heiligengeiststr. 30 / 21335 Ortsteil Altstadt
www.roehmsdeli.de / T.: +49 4131 24160
info@roehmsdeli.de

Deutsche, mediterrane Küche. Hauptgerichte von € 17 bis € 30. Geschlossen: Mo, So.

Lünen
Nordrhein-Westfalen

Bella Italia

Dortmunder Str. 1 / 44536
www.bella-italia-luenen.de
T.: +49 2306 12238
info@bella-italia-luenen.de

Italienische Küche. Hauptgerichte von € 7 bis € 36; Menüs von € 40 bis € 80; vegetarisches Menü. Geschlossen: Mo; Di-Sa mittags.
Familiengeführtes Restaurant mit Gartenterrasse. Tägliche Angebotstafeln mit Pasta-Gerichten, Fisch- und Fleischspezialitäten.
Das Haus empfiehlt: Spaghetti al Peperoncino mit Knoblauch, Öl, Peperoni und Parmesan; Seeteufel, Tomaten, Weißweinsauce, Kartoffel, Gemüse; Bandnudeln mit Gambas, argentinischem Rindergeschnetzteltem, dazu Steinpilzsauce

Terrine: Pasteten ohne Teighüllen

M

Magdeburg
Sachsen-Anhalt

Culinaria Restaurant

Schleinufer 52 / ✉ 39104 / www.culinariarestaurant.de
T.: +49 391 55579745 / info@culinariarestaurant.de

Italienische, mediterrane Küche. Hauptgerichte von € 24 bis € 35; besondere Mittagskarte.

Highkitchen Restaurant

Otto-von-Guericke-Str. 86a / ✉ 39104 / T.: +49 391 5639395
www.highkitchen.de / kontakt@highkitchen.de

Fine-Dining-Restaurant mit Crossover-Küche. Menüs ab € 110; vegetarisches Menü. Geschlossen: Mo+Di, So; Mi-Sa mittags.

Landhaus Hadrys

An der Halberstädter Chaussee 1
✉ 39116 Ortsteil Ottersleben / www.landhaus-hadrys.de
T.: +49 391 6626680 / info@landhaus-hadrys.de

Französische Küche. Hauptgerichte von € 35 bis € 35; Menüs von € 44 bis € 67; besondere Mittagskarte, vegetarisches Menü. Geschlossen: Mo+Di, So; Mi mittags. Kochkurse.

Mainz
Rheinland-Pfalz

Adagio
Atrium Hotel Mainz

Flugplatzstr. 44 / ✉ 55126 Ortsteil Finthen
www.atrium-mainz.de / T.: +49 6131 4910
info@atrium-mainz.de

Deutsche Küche. Hauptgerichte von € 16 bis € 38; Menüs von € 50 bis € 75; besondere Mittagskarte, vegetarisches Menü. Geschlossen: So; Mo-Sa mittags.
Am westlichen Stadtrand liegt dieses schicke Hotellokal, das mit Rauchforelle, Rehkeule, einem Candlelight-Dinner und einer Weinbar lockt.
Das Haus empfiehlt: Gebackene Praline vom Rind, hausgemachte Remoulade, Cornichons, Gartenkresse, Estragon; Zweierlei Reichenbacher Weidelamm, rosa gebraten und geschmort Ofensellerie, Röstzwiebelcrème, Jus; „Dessert Surprise", Rhabarber, Milchschaum, Rührkuchen, Haselnuss, Melissensorbet

Favorite Restaurant
Favorite Parkhotel

Karl-Weiser-Str. 1 / ✉ 55131 Ortsteil Oberstadt
www.favorite-mainz.de / T.: +49 6131 80150
restaurant@favorite-mainz.de

Fine-Dining-Restaurant mit französischer Küche. Menüs von € 115 bis € 190; besondere Mittagskarte, vegetarisches Menü. Geschlossen: Mo+Di, So. Chef's Table, Kochkurse.

Geberts Weinstuben

Frauenlobstr. 94 / ✉ 55118 Ortsteil Neustadt
www.geberts-weinstuben.de
T.: +49 6131 611619
info@geberts-weinstuben.de

Deutsche Küche. Hauptgerichte von € 19 bis € 32; Menüs von € 38 bis € 57; vegetarisches Menü. Geschlossen: Mo+Di.
Wohnzimmerflair ist angesagt mit großen Kissen, Kristalllüstern und Spiegeln. Zu essen gibt's hausgemachte Geflügelterrine oder Rehragout.
Das Haus empfiehlt: Hausgebeizter Label-Rouge-Lachs auf Fenchelsalat mit Kaviarschmand; Rosa gebratenes Kalbsrückensteak mit frischen Pfifferlingen à la Crème, glasiertes Marktgemüse, Eierspätzle; Geeister Kaffee mit Praline, Mandelhippe

Genusswerkstatt
Atrium Hotel Mainz

Flugplatzstr. 44 / ✉ 55126 Ortsteil Finthen
www.atrium-mainz.de / T.: +49 6131 4910
info@atrium-mainz.de

Weltoffene, deutsche Küche. Menüs ab € 105; vegetarisches Menü. Geschlossen: Mo-Mi, So; Do-Sa mittags.

Kupferberg Terrassen

Kupferbergterrasse 17-19 / ✉ 55116 Ortsteil Oberstadt
www.restaurant-kupferberg.de / T.: +49 6131 6938363
info@restaurant-kupferberg.de

Deutsche Küche. Hauptgerichte von € 18 bis € 31; Menüs von € 41 bis € 51; besondere Mittagskarte. Geschlossen: Mo-Mi, So; Do-Sa mittags.

Incontro Ristorante Enoteca

Augustiner Str. 57 / ✉ 55116
www.incontroristorante.de
T.: +49 6131 238221 / mail@incontroristorante.de

Mediterrane, italienische Küche. Hauptgerichte von € 20 bis € 37; Menüs ab € 64. Geschlossen: Mo.
Altstadt-Italiener mit Außenbereich, Espressobar und einer mediterranen Speisevielfalt vom Garnelenrisotto bis zum Atlantik Wolfsbarsch.
Das Haus empfiehlt: Hausgemachte Gnocchi aus grünen Oliven und Ricotta mit gebratenen Garnelen, geschwenkt in Cocktailtomaten und Basilikum; Neuseeländisches Lammkarree in Kräuter-Pistazienkruste mit Fenchelgemüse und Kartoffelecken; Nordsee-Steinbutt auf mediterrane Art, dazu Gemüse und Kartoffeln, für zwei Personen

La Gallerie

Gaustr. 29 / ✉ 55116 Ortsteil Altstadt
www.lagallerie-mainz.de
T.: +49 6131 6969414
genuss@lagallerie-mainz.de

Französische, mediterrane Küche. Hauptgerichte von € 19 bis € 39; Menüs von € 37 bis € 73; besondere Mittagskarte, vegetarisches Menü. Geschlossen: Mo, So. Kochkurse.
Nur wenige Meter von der Stephanskirche mit ihren berühmten Chagall-Fenstern entfernt, lockt das nette Lokal mit feinen südländischen Speisen.
Das Haus empfiehlt: Spargel in der Parmesanhülle, Rotgarnolon, Avocadocrème; Medaillons vom Kalbsfilet, Bärlauchrisotto, Balsamicojus; Variation von französischem Rohmilchkäse mit Früchtebrot und Feigensenf

Steins Traube

Poststr. 4 / ✉ 55126 Ortsteil Finthen
www.steins-traube.de
T.: +49 6131 40249
alina.stein@steins-traube.de

Weltoffene Küche. Hauptgerichte von € 20 bis € 32; Menüs von € 75 bis € 125; vegetarisches Menü. Geschlossen: Mo; Di mittags. Kochkurse.

Ristorante al Cortile

Kartäuserstr. 14 / ✉ 55116 Ortsteil Altstadt
www.alcortile.de /mail@alcortile.de
T.: +49 6131 617878

Mediterrane, italienische Küche. Hauptgerichte von € 16 bis € 29. Geschlossen: Di.
Der Italiener in der Altstadt mit einem originalen Holzofen aus Bella Italia serviert neben Pizzen Kabeljau, Involtini und Fischeintopf.
Das Haus empfiehlt: Vitello Tonnato - hauchdünn geschnittenes rosa Kalbfleisch in einer würzigen Thunfischcrème mit Kapernäpfeln; „Caramelle Gustose" - Bonbon-Nudeln mit einer Walnussfarce gefüllt, in Gorgonzolakäsesauce geschwenkt; Crème brûlée - mit Waldbeeren in Sherrysauce

Maisach
Bayern

Gasthof Heinzinger

Weiherhauser Str. 1 / ✉ 82216 Ortsteil Rottbach
www.gasthof-heinzinger.de
T.: +49 8135 9942763
guad@gasthof-heinzinger.de

Bayerische, weltoffene Küche. Hauptgerichte von € 12 bis € 45; Menüs von € 55 bis € 119; vegetarisches Menü, vegane Hauptgerichte. Geschlossen: Mo+Di; Mi, Fr+Sa mittags. Chef's Table, Kochkurse.
Rustikal eingerichtetes, gemütliches bayerisches Gasthaus mit bodenständigen Gerichten – von bayerischen Klassikern bis hin zu saftigen Steaks.
Das Haus empfiehlt: Vitello Salmerino - Kalbfleisch mit Saiblingssauce, Kapern und Wildkräutersalat; Hanfnuss-Kartoffelknödel mit Paprikacrème und Thymianmilch; 48 Stunden geschmorte Färsenschulter mit kräftiger Rotweinsauce, Selleriepüree und Vanille-Urkarotte

Mandelbachtal
Saarland

Gräfinthaler Hof

Gräfinthal 6 / ✉ 66399 Ortsteil Bliesmengen-Bolchen
www.graefinthaler-hof.de / T.: +49 6804 91100
info@graefinthaler-hof.de

Gasthof mit französischer, deutscher Küche. Hauptgerichte von € 23 bis € 38; Menüs von € 45 bis € 55; vegetarisches Menü. Geschlossen: Mo+Di; So abends.
Idyllisch-ländlich und nahe der Grenze gelegen, erwarten den Gast ein elegantes Ambiente, Panoramafenster und ein baumbestandener Biergarten.
Das Haus empfiehlt: Zweierlei vom Kalb, Bäckchen und Rücken, Marktgemüse, zweierlei Soßen, Reibekuchen; Gebratenes Filet vom Wolfsbarsch, Ragout von Artischocken, Kirschtomaten, Safransauce, neue Kartoffeln; Mousse au Chocolat, Knusperboden, Mango-Passionsfruchtsorbet

Mannheim
Baden-Württemberg

Dobler's

Seckenheimer Str. 20
✉ 68165 Ortsteil Schwetzingerstadt / www.doblers.de
T.: +49 621 14397 / n.dobler@doblers.de

Französische, mediterrane Küche. Hauptgerichte von € 38 bis € 48; Menüs von € 79 bis € 128; besondere Mittagskarte. Geschlossen: Mo, So.
Gabriele und Nobert Dobler sind eine Institution in Mannheim. Seit mehr als 30 Jahren verwirklichen die beiden sympathischen Gastgeber ihre Vorstellung von Savoir-vivre – gutes Essen in einem wohligen Ambiente zu genießen. Franzosen sind bekannt für ihre Wertschätzung im Bereich Kulinarik, die sowohl die Qualität der Produkte als auch dem Willen zum Genuss einschließt. Unter normalen Umständen kommt der Fisch- und Meeresfrüchtelieferant zweimal am Tag, um absolute Frische zu garantieren. Und natürlich wird das Gemüse der Jahreszeit entsprechend angeboten.

Mittags gibt es das kleine Menü in drei Gängen und abends das Jahreszeit-Menü. Ausgewählte Weine begleiten die feinen Speisen, während die warme Atmosphäre des Raumes und die Herzlichkeit des Service den Gast einhüllt. Hier im Dobler's unweit des Wasserturms und der Altstadt wird der Stammgast zum Familienmitglied und jede Feier zu etwas ganz Besonderem.
Das Haus empfiehlt: Marinierter Girello vom Oktopus und wilde Gamba mit Moghrabieh, Granatapfel-Vinaigrette und Togarashi-Mayonnaise; Bretonischer Seeteufel mit gelbem Kaffir-Karottenpüree, confierten Radieschen, Pfifferlingen und Beurre blanc mit Agrumi; Entrecote vom Rind „Creekstone Farms Kansas" mit geräuchertem Selleriepüree, gefüllten Zucchini, Kräuterseitlingen und Jus

Faces Lounge
Engelhorn Mode im Quadrat

O 5, 9-12 / ✉ 68161 Ortsteil Quadrate / T.: +49 621 1671144
www.faces-lounge.de / info@faces-lounge.de

Weltoffene Küche. Hauptgerichte von € 9 bis € 20. Geschlossen: So; abends

le Corange
Engelhorn Mode im Quadrat

O 5, 9-12 / ✉ 68161 Ortsteil Quadrate
www.corange-restaurant.de / T.: +49 621 1671199
gastro@engelhorn.de

Seafood-Restaurant mit französischer Küche. Hauptgerichte von € 41 bis € 59; Menüs von € 79 bis € 139; besondere Mittagskarte. Geschlossen: Mo, So; Di-Do mittags.
Das Fischrestaurant „le Corange" in den glanzvollen Gourmet- und Bekleidungsetagen des Modehauses Engelhorn ist eines von vier Restaurants. Atemberaubend ist der Blick durch das deckenhohe Panoramaglas auf die Dächer von Mannheim (6. Etage). Die Gäste dürfen den Köchen beim Anrichten und Werkeln in der offenen Küche zuschauen. Eine Spezialität der Küche heißt Dry-aged-Fisch und verspricht intensive Genusserlebnisse. Dafür hat das Team im Vorfeld monatelang getestet und ausprobiert. Es trifft aber auch sonst in die Herzen der Feinschmecker – gerne klassisch französisch aber natürlich auch mit grenzüberschreitenden Aromen. Modern und leicht ist die Küche, die an zwei Tagen in der Woche gerne zum Lunch genutzt, probiert und genossen werden kann.
Das Haus empfiehlt: Leipziger Allerlei (vegetarisch), Morchel, Spargel, Erbsen; Dry-aged-Lachs, Blumenkohl, Meerrettich, Kaviar; BBQ-Waller, Risotto, Mais, Lauch

Polenta: italienischer Maisbrei

Opus V

Engelhorn Mode im Quadrat

XXXX

O5, 9-12 / ✉ 68161 Ortsteil Quadrate
www.restaurant-opus-v.de / T.: +49 621 1671199
gastro@engelhorn.de

Fine-Dining-Restaurant mit weltoffener Küche. Hauptgerichte von € 45 bis € 90; Menüs von € 179 bis € 209; besondere Mittagskarte. Geschlossen: Mo+Di, So; Mi-Fr mittags. Chef's Table, Kochkurse.

Das trendige Restaurant befindet sich bei engelhorn Mode im Quadrat. Erst fünf Etagen Mode und Design, dann die sechste Etage: Sie ist dem leiblichen Wohl vorbehalten. Neben dem Gourmet-Restaurant OPUS V hat der Gast auch noch die Möglichkeit, im Gourmet-Restaurant „le Corange", in der „FACES Lounge" oder im Dachgarten einzukehren. Einen Abend im OPUS V zu verbringen, bedeutet, den Tag formvollendet abzuschließen. Denn Dominik Paul und sein Team bereiten jedem Gast ein unvergessliches Erlebnis für die Sinne. Sie konzentrieren sich auf das Produkt, die Harmonie der Aromen – und bleiben dabei locker und natürlich. Jeden Monat wird ein neues unwiderstehliches Menü serviert. Urban-Nature-Cuisine ist die Definition eines neuen und zeitgemäßen Küchenstils. Das OPUS V-Team schafft eine moderne Küche, die die Ordnung und Geradlinigkeit der Stadt Mannheim widerspiegelt, die wilde Schönheit und Gelassenheit der Natur aufnimmt und dabei kulinarisch neue Wege geht.

Das Haus empfiehlt: Taschenkrebs, Karotte, Kamille; Seeteufel, Artischocke, Nussbutter; Wagyu, Aubergine, schwarzer Knoblauch

Restaurant Marly

XXX

Rheinvorlandstr. 7 / ✉ 68159 Ortsteil Mühlauhafen
www.restaurant-marly.com / T.: +49 621 86242121
info@restaurant-marly.com

Mediterrane Küche. Hauptgerichte von € 25 bis € 35; Menüs von € 89 bis € 125; besondere Mittagskarte. Geschlossen: Mo, So.

Eine schönere Lage kann ein Restaurant in Mannheim kaum haben. Direkt an der Kaimauer des Rheins gelegen, lassen die Plätze auf der Terrasse den Blick frei auf den majestätischen Strom und die vorbeiziehenden Schiffe. Im Innern des Restaurants sorgen bodentiefe Fenster für den reizvollen Ausblick. Der ehemalige Getreidespeicher aus den Fünfzigerjahren bekam, um dem Industriedesign mehr Schick zu verleihen, eine neue Fassade aus rostigem Stahl. Im Inneren hielten Hotel und Restaurant Einzug, ebenfalls mit viel designtem Schick. Im Jahr 2013 sind Gregor Ruppenthal und Maia Valente mit ihrem Feinschmeckerlokal auf die andere Rheinseite gezogen. Gregor Ruppenthal ist ein engagierter Koch mit viel Herzblut. Sein Versuch, mit einem Studium vom Herd wegzukommen, ist ihm nicht gelungen, denn ein Vollblutkoch muss tun, was er tun muss: Mit erstklassigen Zutaten kochen, kompromisslos genau, aber ohne viel Chichi.

Das Haus empfiehlt: Bisque vom Taschenkrebs, Pain brioché, Frühlingsgemüse, Kaviar; Geschmortes Kalbsbäckchen mit Artischocken, Morcheln und Safran-Arancini; Zitrone aus Siracusa, Haselnuss, Melisse

Marburg

Hessen

Das kleine Restaurant

XX

Barfüßertor 25 / ✉ 35037 / www.das-kleine-restaurant.de
T.: +49 6421 22293 / das-kleine-restaurant-marburg@web.de

Mediterrane, französische Küche. Hauptgerichte von € 11 bis € 17; Menüs von € 25 bis € 35.

March

Baden-Württemberg

Jauch's Löwen Restaurant

Jauch's Löwen Hotel

XXX

Eichstetter Str. 4 / ✉ 79232 Ortsteil Neuershausen
www.jauch-loewen.de / T.: +49 7665 92090
info@jauch-loewen.de

Badische, mediterrane Küche. Hauptgerichte von € 16 bis € 35; Menüs von € 37 bis € 79; vegetarisches Menü. Geschlossen: Mi+Do; Fr+Sa mittags.

Das familiäre Hotel und Restaurant liegt in March-Neuershausen, nur acht Kilometer nördlich von Freiburg. Ideal also, um einen schönen Urlaub zwischen Oberrhein und Schwarzwald zu verbringen. Mit Stolz präsentiert Familie Jauch ihr frisches, lichtdurchflutetes Restaurant. Sohn Oliver Jauch und sein Team verwöhnen ihre Gäste mit einer modernen badischen und mediterranen Küche. Leckere saisonale und regionale Produkte wechseln sich ab. Gelernt ist gelernt, mag man sagen. Das Freiburger Hotel Colombi oder das Hotel Bareiss in Baiersbronn stehen in der Vita des Küchenchefs. Eine Besonderheit ist der Gewölbekeller, der für kleinere Familienfeiern eine heimelige Atmosphäre schafft. Ideal für Wanderer und Radfahrer ist sicherlich der schöne Sommergarten, romantisch mit Blumenbeeten und einem kleinen Teich zwischen Schatten spendenden Bäumen hergerichtet. Die neu renovierten Zimmer wirken auf Anhieb hell und einladend mit einer geschmackvollen Ausstattung und viel modernem Komfort.

Das Haus empfiehlt: Gebratene Jakobsmuschel auf Chicoree-Orangensalat mit Estragonsauce und Walnusskerne; Karamellisierter Ziegenfrischkäse mit Aubergine, hausgemachtem Quinoa-Chip und Salatbukett; Grüner und weißer Spargel mit gebratenem Rinderfilet unter der Kräuterkruste, neuen Kartoffeln und Sauce hollandaise

Der Pfälzerwald ist das größte zusammenhängende Waldgebiet Deutschlands

© JoergSteber/stock.adobe.com

Marktheidenfeld
Bayern

Das Weinhaus Anker
Hotel Anker

Obertorstr. 13 / ✉ 97828
www.weinhaus-anker.de
T.: +49 9391 6004801 / info@weinhaus-anker.de

Französische, fränkische Küche. Hauptgerichte von € 16 bis € 28; Menüs von € 55 bis € 119; besondere Mittagskarte, vegetarisches Menü. Geschlossen: Mo mittags. Kochkurse.
Sobald der Gast das stilvolle Restaurant betritt, empfängt ihn ein ganz besonderes, ursprüngliches Ambiente. Zwischen viel Holz und einer historischen Deckenbemalung bilden fein eingedeckte Tische, kombiniert mit frischen Blumen und stimmungsvollem Licht, ein harmonisches Zusammenspiel in den Gaststuben. Chef de Cuisine ist Bernhard Lermann, der als Küchenchef in den Diensten der Inhaberfamilie Deppisch steht. Nach dem Motto „Die Genialität der Einfachheit" verwirklicht er eine beeindruckend unkomplizierte Küche. Basierend auf den Stil der klassisch französischen Kochkunst verbindet er die Haute Cuisine auf schmackhafte Weise mit fränkisch-bodenständigen Kreationen. Im Weinkellerlokal Schoepple werden zünftige Schmankerl angeboten. Den idealen Rahmen für Gesellschaften bieten die Obertorstube und die Kleine Kanzlei, der moderne, lichte Gartensaal und der historische Holzfasskeller. Im letzteren finden in der kälteren Jahreshälfte Veranstaltungen auf einer kleinen Bühne statt.
Das Haus empfiehlt: Geflämmte Lachsforelle, japanische Misocrème und Zitrus-Soja-Dressing (Ponzu); Steinbutt Wildfang, Ratatouille, Anis-Ingwer-Beurre-blanc, gehobelter Fenchel; Nougat-Praliné, Eisparfait mit Schokoknusper

Meerane
Sachsen

Restaurant Schwanefeld
Romantik Hotel Schwanefeld

Schwanefelder Str. 22 / ✉ 08393
www.schwanefeld.de
T.: +49 3764 4050 / info@schwanefeld.de

Deutsche Küche. Hauptgerichte von € 13 bis € 35; Menüs von € 22 bis € 88; besondere Mittagskarte, vegetarisches Menü.

Die kulinarische Vielfalt und das Weinangebot sind regional geprägt. Köstliches kommt aus der eigenen Schokoladen-Manufaktur und Pâtisserie.
Das Haus empfiehlt: Gegrillter Ziegenkäse aus Jonaswalde mit Thüringer Honig und schwarzen Nüssen; Hausgemachte Rinderroulade mit Apfelrotkohl und Kartoffelklößen; Panna cotta mit Erdbeeren und karamellisiertem Spargel

Meerbusch
Nordrhein-Westfalen

Anthony's Kitchen

Moerser Str. 81 / ✉ 40667 Ortsteil Büderich
www.anthonys.kitchen / T.: +49 2132 9851425
info@anthonys.kitchen

Fine-Dining-Restaurant mit französischer, afrikanischer Küche. Hauptgerichte von € 28 bis € 30; Menüs von € 145 bis € 185. Geschlossen: Di+Mi; Mo, Do-So mittags. Kochkurse.

Meersburg
Baden-Württemberg

Casala
Romantik Hotel Residenz am See

Uferpromenade 11 / ✉ 88709
www.hotel-residenz-meersburg.com
T.: +49 7532 80040 / residenz@romantikhotels.com

Fine-Dining-Restaurant mit mediterraner, französischer Küche. Menüs von € 140 bis € 195; vegetarisches Menü. Kochkurse.

Meisenheim
Rheinland-Pfalz

Meisenheimer Hof

Obergasse 33 / ✉ 55590 / www.meisenheimer-hof.de
T.: +49 6753 1237780 / mail@meisenheimer-hof.de

Französische, weltoffene Küche. Hauptgerichte von € 22 bis € 44; Menüs von € 59 bis € 129; vegetarisches Menü. Geschlossen: Mo; Di-Sa mittags. Chef's Table, Kochkurse.
Bevor man den Meisenheimer Hof durch das Barockportal betritt, hat man vielleicht schon einen Blick in die Küche geworfen. Sie nimmt die halbe Erdgeschossfront ein und ist das Herz des Hauses. Hier herrscht der Gastgeber, der „Chef", Küchenmeister Markus Pape, Gastronom und Koch aus Leidenschaft. Als gebürtiger Sauerländer hat er nach Wanderjahren mit Stationen in einigen der höchstdekorierten Häuser Deutschlands und leitender Funktion in großstädtischer Gastronomie hier seine kulinarische Heimat gefunden. Familie Pape, auch seine Frau ist vom Fach, suchte ein gemütliches Städtchen zum Leben und Markus Pape ein Haus, dem er seine ganz persönliche Prägung geben kann. Bodenständig und weltoffen, das heißt beste, wenn möglich regionale Produkte, offen für neue Kü-

chenentwicklungen, aber solide in der Tradition wurzelnd.
Das Haus empfiehlt: Handgeschnittenes Tatar vom Glantalrind, asiatische Aromen, Dashi, Schwarzwald-Miso, Shiitake; Fisch nach Tagesempfehlung, schwarze Linsen, Gemüseallerlei, römische Nocken, Beurre blanc; Original Wiener Schnitzel vom Kalb, lauwarmer Kartoffelsalat, kaltgerührte Preiselbeeren

Mellenthin
Mecklenburg-Vorpommern

Wasserschloss Mellenthin
Wasserschloss Mellenthin

Schlossallee 5 / ✉ 17429
www.wasserschloss-mellenthin.de / T.: +49 38379 28780
info@wasserschloss-mellenthin.de

Deutsche Küche. Hauptgerichte von € 12 bis € 32; Menüs zu € 12; besondere Mittagskarte, vegetarisches Menü, vegane Hauptgerichte.
Wunderschönes Wasserschloss mit Hotel, Gastronomie, Bäckerei, Brauerei, Kaffeerösterei. Fisch, Schnitzel, Wildbraten gibt's aus der Küche.
Das Haus empfiehlt: Usedomer Käseteller - verschiedene Käsesorten bunt garniert mit Feigensenf serviert, dazu hausgebackenes Brot und Butter; Veganes Rote-Linsen-Curry; Gebratene Flunderfilets mit Schmorzwiebeln, dazu Bohnengemüse und Salzkartoffeln

Meßkirch
Baden-Württemberg

Gasthaus zum Adler

Stortzingen 3 / ✉ 88605 Ortsteil Heudorf
www.adler-heudorf.de
T.: +49 7575 9279150
leckeressen@adler-heudorf.de

Badische, mediterrane Küche. Hauptger. von € 6 bis € 24; besondere Mittagskarte. Geschlossen: Mo; Di mittags.
Einladenes Haus am Jakobsweg mit Biergarten und Spielplatz. Im schicken Ambiente finden Abende mit Biergeschichten statt.

Das Haus empfiehlt: Rosa gebratene Entenbrust an Pflaumensauce mit Honig-Ingwer-Karotten und gebackenen Kartoffelkrapfen; Hausgemachte Kürbisravioli an Frischkäsesauce mit Kräutersalat, getrockneten Tomaten und karamellisierten Walnüssen; Klassischer Zwiebelrostbraten

Meßstetten
Baden-Württemberg

Lammstuben

Römerstr. 2 / ✉ 72469 Ortsteil Hartheim
www.lammstuben.de / T.: +49 7579 621
lammstuben@gmx.de

Mediterrane, schwäbische Küche. Hauptgerichte von € 13 bis € 35; Menüs von € 29 bis € 45; besondere Mittagskarte, vegetarisches Menü. Geschlossen: Di, Fr; Mo, Mi mittags. Kochkurse.
Mitten in der schwäbischen Alb, im Dorfzentrum, erwarten den Gast drei kunstvoll in Kiefernholz gekleidete Stuben und traditionelle Speisen.
Das Haus empfiehlt: Gebratene Garnelen auf Steinpilzrisotto; Lammrückenfilet mit Rosmarin und Knoblauch, an Grilltomate mit Gemüsegratin; Rehragout aus heimischer Jagd, Preiselbeeren, Dinkelspätzle

Mettlach
Saarland

Restaurant Kaminzimmer
Buchnas Landhotel Saarschleife

Cloefstr. 44 / ✉ 66693 Ortsteil Orscholz
www.hotel-saarschleife.de / T.: +49 6865 1790
info@hotel-saarschleife.de

Weltoffene, deutsche Küche. Hauptgerichte von € 22 bis € 50; Menüs von € 35 bis € 105; vegetarisches Menü. Chef's Table, Kochkurse.
Unweit der Saarschleife liegt das familiär geführte Hotel idyllisch in der Ortschaft Orscholz. Die Küche bietet eine kreative Landküche und typisch saarländische Speisen.
Das Haus empfiehlt: Tatar von der Lachsforelle, Gurken-Korianderschmand, schwarzer Sesam-Senfvinaigrette, grüner Apfelbisquit; Zweierlei vom Lamm - rosa Karree und Ragout von der Haxe, Petersilienwurzelmousseline, Fingermöhren, geröstetes Sauerampferbrot; Erdbeercrémeschnitte, Pistazienbisquit, weiße Schokoladenmousse-Cannelloni, Waldmeistersorbet

Réchaud: Speise- und Tellerwärmer

Mittelbiberach
Baden-Württemberg

Esszimmer by Kaisers

Ziegeleistr. 37 / ✉ 88441 / www.restaurantesszimmer.de
T.: +49 7351 5749890 / info@kaiserskueche.de

Weltoffene, schwäbische Küche. Menüs von € 44 bis € 92; vegetarisches Menü. Geschlossen: Di+Mi; Mo, Do-Sa mittags.

Mittenwald
Bayern

Das Marktrestaurant

Dekan-Karl-Platz 21 / ✉ 82481
www.das-marktrestaurant.de
T.: +49 8823 9269595
info@das-marktrestaurant.de

Deutsche Küche. Hauptgerichte von € 19 bis € 48; Menüs von € 100 bis € 120. Geschlossen: Mo, So; Di-Do mittags. Kochkurse.
Zwischen bunt bemalten Häusern und den berühmten Geigenbauwerkstätten liegt das Marktrestaurant von Andreas Hillejan. Ein lichtdurchflutetes Restaurant mit einem gemütlichen Gewölbekeller und einem schönen Innenhof mit Blick auf das Karwendelgebirge. In den Abendstunden vergisst man beim romantischen Sonnenuntergang schnell die Zeit und lässt sich von den Spezialitäten der engagierten Küchencrew verwöhnen. Andreas Hillejans Leidenschaft gilt der jungen deutschen Küche. Der gebürtige Rheinländer war lange Zeit Chefkoch in Neuss, bis er sich nach Mittenwald aufmachte, um etwas Neues aufzubauen. Schnell wurde sein Restaurant eine gute Adresse für Genießer der gehobenen alpenländischen Küche. Die Produkte und Zutaten für seine Gerichte holt er sich aus der direkten Umgebung, frische und saisonale Spitzenprodukte aus bäuerlichen Betrieben bestimmen den Küchenzettel.
Das Haus empfiehlt: „Kranzbach Forelle" - Forellenfilet, Spanferkel, Aal, Schnittlauchsauce, Crèmespinat, Rösti; Simmentaler Rind, geschmort und mariniert, gegrillte Aubergine, Vadouvan-Jus; „Bergramen & Waldpilz" - Ramen, Waldpilzessenz, Rauch Shoyu, Landei, Kohl, Bärlauch, Kapern

Ballotine: kleine schnittfeste Roulade

Bien cuit: durch, Garstufe für dunkles Fleisch

Bisque: Crèmesuppe aus pürierten Krustentieren

Moers
Nordrhein-Westfalen

Feltgenhof

Krefelder Str. 244 / ✉ 47447 / www.feltgenhof.de
T.: +49 2845 28728 / info@feltgenhof.de

Mediterrane Küche. Hauptgerichte von € 23 bis € 32; Menüs von € 39 bis € 45. Geschl.: Mo+Di; Mi-Sa mittags.

Grafschafter Restaurant
Wellings Romantik Hotel Zur Linde

An der Linde 2 / ✉ 47445 Ortsteil Repelen
www.hotel-zur-linde.de / T.: +49 2841 9760
info@hotel-zur-linde.de

Deutsche, mediterrane Küche. Hauptgerichte von € 24 bis € 45; Menüs von € 36 bis € 89; vegetarisches Menü. Geschlossen: Mo.

Kurlbaum

Burgstr. 7 / ✉ 47441 Ortsteil Moers-Mitte
www.restaurant-kurlbaum.de / T.: +49 2841 27200
info@restaurant-kurlbaum.de

Mediterrane Küche. Hauptgerichte von € 28 bis € 38; Menüs von € 49 bis € 85; besondere Mittagskarte, vegetarisches Menü. Geschlossen: Di; Sa+So mittags.

Mölln
Schleswig-Holstein

Restaurant Lago
Seehotel Schwanenhof

Am Schulsee 1 / ✉ 23879
www.seehotel-schwanenhof.de / T.: +49 4542 84830
info@seehotel-schwanenhof.de

Mediterrane, deutsche Küche. Hauptgerichte von € 15 bis € 30; Menüs von € 20 bis € 50; besondere Mittagskarte. Geschlossen: mittags.
Restaurant und Café mit Terasse und Blick auf die Altstadtkulisse am anderen Seeufer. Mittagstisch sowie hausgemachte Torten und Kuchen.
Das Haus empfiehlt: Filet-Medaillons vom Landschwein, Gemüse, Portweinjus, Café-de-Paris-Butter, Bratkartoffeln; Im Ganzen gebratene Forelle mit frischen Kräutern, saisonale Gemüse, Rosmarinkartoffeln; Panna cotta im Glas mit hausgemachten Amarettokirschen

Mönchengladbach
Nordrhein-Westfalen

Palace St. George

Konrad-Zuse-Ring 10 / ✉ 41179 Ortsteil Dorthausen
www.palace-st-george.de / T.: +49 2161 549880
info@palace-st-george.de

Deutsche, weltoffene Küche. Hauptgerichte von € 17 bis € 36; besondere Mittagskarte, vegetarisches Menü. Geschlossen: Mo, So; Di-Sa mittags. Kochkurse.

Restaurant Sonderbar

Hofstr. 4 / ✉ 41065 Ortsteil Hardterbroich
www.restaurant-sonderbar.de / T.: +49 2161 3032685
geniessen@sonderbar-mg.de

Deutsche, mediterrane Küche. Hauptgerichte von € 11 bis € 30. Geschlossen: Mo+Di; Mi-So mittags.

Monheim am Rhein
Nordrhein-Westfalen

Restaurant Ohters

Turmstr. 20 / ✉ 40789 Ortsteil Monheim
www.restaurant-ohters.de / T.: +49 2173 2650018
kontakt@restaurant-ohters.de

Deutsche, französische Küche. Hauptgerichte von € 27 bis € 36; Menüs von € 59 bis € 91; besondere Mittagskarte, vegetarisches Menü. Geschlossen: Mo+Di.
Unweit des Rheins und mitten in der Altstadt lässt man sich in einer alten Villa Steinbutt, Duroc Schweinebauch und dazu einen guten Roten schmecken.
Das Haus empfiehlt: Rosa gebratener Lammrücken, Kalamata-Oliven, Parmesankruste, mediterranes Gemüse, Graupenrisotto, Gremolatajus; Thunfisch-Teriyaki, Avocado, Korianderlinsen, Sesam, Kopfsalatsud; 70%-Sao-Thomé-Schokolade, Mandel, Zwetschge, Rote Bete

Moos (Niederbayern)
Bayern

KOOK 36

ab Ende Januar 2023 am neuen Standort in Deggendorf
Thundorfer Str. 36 / ✉ 94554 Ortsteil Moos / kook36.de
T.: +49 9938 9196636 / daniel.klein@kook36.de

Weltoffene, französische Küche. Menüs von € 95 bis € 115. Geschlossen: Mo+Di; Mi-So mittags.

Mössingen
Baden-Württemberg

Restaurant Maulhelden

Lange Str. 1 / ✉ 72116 / restaurant-maulhelden.de
T.: +49 7473 3790870 / info@restaurant-maulhelden.de

Schwäbische, deutsche Küche. Hauptgerichte von € 16 bis € 30; Menüs von € 44 bis € 64; vegetarisches Menü, vegane Hauptgerichte. Geschlossen: Mo+Di; Mi-Sa mittags.
Bei den Maultaschenspezialisten gibt es BBQ-Gerichte, eigens geräucherte Forellen und natürlich Zwiebelrostbraten.
Das Haus empfiehlt: Gezupfte Haxe vom Albschwein mit Teriyaki Reduktion und frisch geriebenem Rettich; 36-Stunden-Sous-vide-Schweinebauch auf Neckarmüller-Weißbiersauce; Pulled Pork Burger im Bao Bun mit Asia Cole-slaw

Mulfingen
Baden-Württemberg

Gourmet-Restaurant Jagstmühle
Landgasthof Jagstmühle

Jagstmühlenweg 10 / ✉ 74673 Ortsteil Heimhausen
www.jagstmuehle.de / T.: +49 7938 90300
rezeption@jagstmuehle.de

Gasthof mit deutscher Küche. Hauptgerichte von € 26 bis € 44; Menüs von € 75 bis € 145; vegetarisches Menü. Kochkurse. Geschlossen: So-Di; mittags.
Am Flüsschen Jagst, im Herzen des schönen Jagsttals, liegt dieses beeindruckende historische Gebäudeensemble mit Kornmühle, 26 Zimmern und zwei Restaurants. In der „Mühlenscheune“ speist man gut Gemachtes auf schwäbische Art, während im Gourmet-Restaurant die große Show abgeliefert wird. Das heißt, drei Menüs, vier, fünf oder sechs Gänge – serviert im eleganten, holzgetäfelten Gastraum mit Kachelofen und großem Gemütlichkeitsfaktor. Ganz fein gemacht auf der Basis natürlicher Zutaten.
Das Haus empfiehlt: Flusskrebs und Saibling, Erbse, Dill, Kaviar; Stör, Apfel, Rübe, Buchenrauch; Zweierlei vom Kalb, Steinpilze, Spinat, Haselnuss

Mülheim an der Mosel
Rheinland-Pfalz

Restaurant Richtershof 1809
Weinromantikhotel Richtershof

Hauptstr. 81-83 / ✉ 54486
www.weinromantikhotel.com
T.: +49 6534 9480 / info@weinromantikhotel.de

Deutsche, weltoffene Küche. Hauptgerichte von € 22 bis € 32. Geschlossen: Mo+Di; Mi-So mittags.

Mülheim an der Ruhr
Nordrhein-Westfalen

Am Kamin

Striepens Weg 62 / ✉ 45473 Ortsteil Winkhausen
www.restaurant-amkamin.de
T.: +49 208 760036 / info@restaurant-amkamin.de

Weltoffene, Crossover-Küche. Hauptgerichte von € 26 bis € 33; Menüs ab € 95; vegetarisches Menü. Chef's Table, Kochkurse.

Möllecken's Altes Zollhaus

Duisburger Str. 239 / ✉ 45478 Ortsteil Speldorf
www.moellecken.de / T.: +49 208 50349
info@moellecken.de

Mediterrane, deutsche Küche. Hauptgerichte von € 17 bis € 28; Menüs von € 38 bis € 57; besondere Mittagskarte, vegetar. Menü. Geschl.: Mo; Di, So abends; Sa mittags.

Sautieren: kurz und kräftig anbraten

Sautoir: Schwenkpfanne

München
Bayern

Acetaia

Nymphenburger Str. 215
✉ 80639 Ortsteil Neuhausen-Nymphenburg
www.acetaia.de / T.: +49 89 13929077 / info@acetaia.de

Mediterrane, italienische Küche. Hauptgerichte von € 28 bis € 45; Menüs von € 70 bis € 85. Geschl.: Mi; Sa mittags.

Acquarello

Mühlbaurstr. 36 / ✉ 81677 Ortsteil Bogenhausen
www.acquarello.com / T.: +49 89 4704848
info@acquarello.com

Mediterrane, italienische Küche. Hauptgerichte von € 28 bis € 49; Menüs von € 65 bis € 135; besondere Mittagskarte. Geschlossen: Mo; Sa+So mittags. Chef's Table, Kochkurse.

Alois - Dallmayr Fine Dining
Delikatessenhaus Dallmayr

ohne Bewertung

Dienerstr. 14-15 / ✉ 80331 Ortsteil Altstadt-Lehel
www.dallmayr.de/alois / T.: +49 89 2135100
alois@dallmayr.de

Fine-Dining-Restaurant mit weltoffener, französischer Küche. 1 Menü. Geschlossen: Mo+Di, So; Mi mittags.
Hinter der schmucken Fassade des Traditionshauses Dallmayr weht seit Oktober 2022 frischer Wind in puncto Fine Dining. Der neue Küchenchef Max Natmessnig (vormals Küchenchef im Rote Wand Chef's Table), Restaurantleiter und Sommelier Julien Morlat sowie Restaurantmanagerin Bekah Roberts-Natmessnig sind angetreten, um dem Gast eine aufwendige und hochwertige kulinarische Unterhaltung zu bieten. Es werden 18 bis 20 kleinere, aber dafür umso raffiniertere, Speisefolgen dargeboten, die Auge und Gaumen verwöhnen – gespickt mit fernöstlichen und heimischen Aromen. Edelprodukte wie Kaviar und Trüffel haben darin genauso ihren Platz wie Saibling und Rehrücken, vollendet durch die talentierte Hand Natmessnigs. Den Menü-Auftakt bildet eine kurze Produktpräsentation: Der Gast erfährt etwas über die Herkunft der Produkte, ihre Qualitätsmerkmale sowie die Besonderheiten der Zutaten des Menüs.

Atelier
Bayerischer Hof

Promenadeplatz 2-6 / ✉ 80333 Ortsteil Altstadt-Lehel
www.bayerischerhof.de / T.: +49 89 2120743
team.atelier@bayerischerhof.de

Fine-Dining-Restaurant mit französischer, asiatischer Küche. Menüs von € 155 bis € 255; vegetarisches Menü. Geschlossen: Mo, So; Di-Sa mittags.
Das Hotel Bayerischer Hof ist unangefochten Münchens erste Hoteladresse. Promis, Politiker und Fast-Normalsterbliche aller Kulturen und Länder finden sich hier ein, um die exquisiten Serviceleistungen eines internationalen Spitzenhotels in Anspruch zu nehmen. Dazu gehören auch und gerade die Offerten zur Verköstigung. Tief im Herzen des Hauses befindet sich das Restaurant „Atelier". Das Küchenteam führt hier aller

Welt vor, was es unter einer hochklassigen Aromen-Cuisine versteht: Edelprodukte und Zutatenvielfalt, harmonische Kombinationen, perfekte Garzustände – voilà. In einem modernen, in eine Vielzahl von Brauntönen gekleideten Lounge-Ambiente wird aufgetragen. Zwei Menüs mit bis zu sieben Gängen inklusive diverser Amuse-bouches und Post-Desserts sorgen für ein vollendetes Feinschmeckerglück. Wer mag, kann sich diesen Weg noch mit einer exzellenten Weinbegleitung vergolden. Verantwortlich für die Sinnesfreuden sind Küchenchef Anton Gschwendtner und seine Mannschaft.
Das Haus empfiehlt: Lachsforelle Fischzucht Birnbaum, Brunnenkresse, Kalbszunge und gebeiztes Eigelb; Kaisergranat, Chorizo, Gochujang-Krautwickerl, Pinienkerne; Wagyu Australien „Jacks Creek“, Lauch im Salzteig gegart, Morchel, Nussbutter

Atlantik Fisch

Zenettistr. 12
80337 Ortsteil Ludwigsvorstadt-Isarvorstadt
www.atlantik-muenchen.de / T.: +49 89 74790610
atlantik@atlantik-muenchen.de

Fine-Dining-Restaurant mit weltoffener, französischer Küche. Hauptgerichte von € 29 bis € 98; Menüs von € 100 bis € 159. Geschlossen: Mo, So; Di-Do, Sa mittags.
Wer sich in Sachen Fisch und Meeresfrüchte in höchste Genuss-Sphären begeben möchte, hat in München ein fixes Ziel. Im Restaurant Atlantik Fisch unweit der Altstadt werden Seezunge, Seeteufel, Loup de Mer und Hummer so exzellent auf dem Holzkohlegrill zubereitet wie kaum irgendwo sonst. Der Mann hinter dem Konzept heißt Peter Feigl, den die Münchener Presse schon mit dem Titel „Fisch-König“ adelte. Seit 1996 hat der gelernte Koch und leidenschaftliche Gastgeber aus dem ehemaligen Fischgeschäft hinter Backsteinmauern eine edle Location gemacht, in der man sich heute gerne trifft – und isst. Unterschiedliche Stuben und Räumlichkeiten laden ein zum Lunch, zum Dinner oder zum Private Dining mit Geschäftsfreunden. Im schick renovierten Wintergarten servieren Küchenchef Franz-Josef Unterlechner und sein Team ein Fine-Dining-Menü in fünf Gängen mit hervorragenden Fischkomponenten, korrespondierenden Beilagen und Weinen. Ein Fest für Auge und Gaumen.
Das Haus empfiehlt: Austern und Hummer aus dem Salzwasserbecken; Ganzer Seeteufel; Atlantik-Fischmenü

Bavarie.Brasserie

BMW Welt

Am Olympiapark 1 / www.feinkost-kaefer.de
80809 Ortsteil Milbertshofen-Am Hart
T.: +49 89 358991818 / bavarie.bmw-welt@feinkost-kaefer.de

Französische, bayerische Küche. Hauptgerichte von € 24 bis € 29; vegetarisches Menü, vegane Hauptgerichte. Geschlossen: So; Mo abends. Chef's Table.
Typische Brasserie-Spezialitäten und klassische Schmankerl werden mit Nachhaltigkeit auf den Tisch gebracht. Modern-gemütlicher Style.
Das Haus empfiehlt: „Bavarie Bouillabaisse“, Zandernockerl, Süßwasserfische, Flusskrebsmaultasche, Gemüse, Sauce Rouille, Steak frites; Entrecôte vom bayerischen Rind, French fries, Sauce béarnaise, Romanasalat und Schnittlauch-Joghurt; Wiener Schnitzel vom bayerischen Milchkalb, Kartoffelsalat, Dillgurken, handgerührte Preiselbeeren, Biozitrone

Blauer Bock

Sebastiansplatz 9 / 80331 Ortsteil Altstadt-Lehel
www.restaurant-blauerbock.de / T.: +49 89 45222333
mail@restaurant-blauerbock.de

Mediterrane Küche. Hauptgerichte von € 22 bis € 49; Menüs von € 65 bis € 79; besondere Mittagskarte. Geschlossen: Mo+Di, So. Kochkurse.

Brasserie Colette Tim Raue

Klenzestr. 7
80469 Ortsteil Ludwigsvorstadt-Isarvorstadt
www.brasseriecolette.de
T.: +49 89 23002555
muenchen@brasseriecolette.de

Französische Küche. Hauptgerichte von € 18 bis € 41; Menüs von € 37 bis € 59; vegetarisches Menü. Geschlossen: mittags. Chef's Table.
Eine lockere Atmosphäre, stylische Elemente und eine typisch französische Speisekarte, verfeinert mit den genialen Ideen eines Superkochs.
Das Haus empfiehlt: Garnele Marocain, Litschi und Rose; Pulpo, Kalbskopf, Sauce béarnaise und Topinambur; Tarte au Chocolat, Kondensmilcheis, Kaffee und Mandelkrokant

Sauce béarnaise: klassisch französische Sauce auf Butterbasis, unter anderem mit Estragon, serviert zu Fleisch und Fisch

ESSENCE Restaurant

Gottfried-Keller-Str. 35
81245 Ortsteil Pasing-Obermenzing
www.essence-restaurant.de / T.: +49 89 80040025
info@essence-restaurant.de

Weltoffene, französische Küche. Menüs von € 89 bis € 126; vegetarisches Menü. Geschlossen: Mo+Di; Sa+So mittags.

Hier im Westen der bayerischen Metropole, im lebhaften Subzentrum Pasing, und nur ein paar Schritte vom S-Bahnhof entfernt, findet sich diese elegante Adresse des guten Geschmacks. Die modernen, in Erdfarben getünchten Gasträume verströmen urbanes Flair, lassen es an Gemütlichkeit aber nicht fehlen. Küchenchef Phillip Schnabel bittet den genussfreudigen Münchner hier zu Tisch. Er und seine Crew bieten ihren Gästen ein Menü mit fünf bis acht Gängen. Dieses darf auch gerne ganz und gar vegetarisch sein – mit bis zu sechs hochkarätigen Speisefolgen. Wer Lust hat, kann auch schon mittags in etwas geringerem Umfang von der Abendkarte bestellen. Die passenden Weine gibt es auf Wunsch natürlich auch dazu. In jedem Fall ist ein Platz auf der schönen Innenhof-Terrasse zu empfehlen.

Das Haus empfiehlt: Königsmakrele, Bouillabaisse, Fenchel, Artischocke; Saibling, Brokkoli, Kaviar, Paprika, Mandel; Steinbeißer, Pot au feu, Vongole, Kopfsalat, Granatapfel

EssZimmer

BMW Welt

Am Olympiapark 1
80809 Ortsteil Milbertshofen-Am Hart
www.esszimmer-muenchen.de / T.: +49 89 358991814
esszimmer.bmw-welt@feinkost-kaefer.de

Fine-Dining-Restaurant mit französischer Küche. Menüs von € 155 bis € 220; vegetarisches Menü. Geschlossen: Mo, So; Di-Sa mittags.

Die BMW Welt in München ist eine Attraktion – für Touristen und Autoliebhaber. Und für Gourmets. Denn wer besonders gut speisen möchte, der sollte dieses Restaurant wirklich nicht verpassen. Das EssZimmer, ein Balkon über einer Welt aus Stahl und Glas, erstaunt mit seinem Wohnzimmerambiente: Bücherregale, Vasen, ein lodernder Kamin – und natürlich dürfen die Hirschköpfe an der Wand nicht fehlen. In dieser futuristisch anmutenden Atmosphäre der BMW-Welt, die der Gast durchqueren muss, um zum Restaurant zu gelangen, stellt das EssZimmer einen gelungen Kontrast dar. Genauso stilvoll geht es beim Menü zu. Die Teller gleichen bunten, kunstvollen Gemälden. Im Mund zerfließen Harmonien, kleine Überraschungseffekte inbegriffen. Küchenchef Bobby Bräuer hat seine Augen überall. Mit seinen langjährigen Mitarbeitern im Team schafft er Höchstleistungen. Und das Schöne daran, bei aller Disziplin und Organisation merkt der Gast nichts davon. Der Service bewegt sich wie selbstverständlich durch den Raum, von der Empfangsdame bis zum Sommelier, alle strahlen eine freundliche Ruhe aus. (Mehr Informationen über Bobby Bräuer unter „Auszeichnungen des Jahres Deutschland".)

Das Haus empfiehlt: Bretonische Langoustine, Avocado, Buttermilch, Kalamansi; Taube aus der Bresse, Pfefferfeige, Ananas, Bergamotte; Hirschbirne, Buchweizen, Heumilch, Tasmanischer Pfeffer

Garden

Bayerischer Hof

Promenadeplatz 2-6 / 80333 Ortsteil Altstadt-Lehel
www.bayerischerhof.de / T.: +49 89 2120993
garden@bayerischerhof.de

Französische, weltoffene Küche. Hauptgerichte von € 25 bis € 65; besondere Mittagskarte, vegane Hauptgerichte. Geschlossen: Sa+So mittags.

Klassiker und Brasserie-Gerichte in einer luftigen Atmosphäre mit Wintergarten und Sonnenterrasse.

Das Haus empfiehlt: Carpaccio vom Hereford Rind mit Cipriani Sauce und Ratatouille-Salat; Spargelrisotto mit Sechs-Minuten-Ei und Wasserkresse; Abgeflämmte Zitronentarte mit Erdbeerragout und Mandelmilcheis

Green Beetle

Schumannstr. 9 / 81675 Ortsteil Bogenhausen
www.feinkost-kaefer.de/greenbeetle
T.: +49 176 14168-023
greenbeetle@feinkost-kaefer.de

Vegane Küche. Rein vegetarisch. Hauptgerichte von € 21 bis € 28; Menüs von € 59 bis € 129; vegane Hauptgerichte. Geschlossen: So.

Das Restaurant Green Beetle vereint vegan-vegetarische Küche mit einer grünen Weinwelt sowie nachhaltigem Innendesign. So etwas hat es in München noch nicht gegeben. Denn das gesamte Konzept setzt den Fokus auf das Thema Nachhaltigkeit. Von den Fliesen über die Wandverkleidungen, Möbel und Küchentechnik bis hin zur Speise- und Getränke-

karte. Gemüse wird zur wichtigsten Komponente auf dem Teller, in seiner gesamten Vielfalt und aus rein ökologisch verantwortungsvollen Quellen. Die Getränkeauswahl zeigt den Gästen spannende biozertifizierte sowie regionale Weine. Das nachhaltige und bewusste Innendesign ist geprägt durch eine umweltbewusste Einstellung. Stühle aus Meeresmüll, Stoffe aus Plastik, Fliesen aus Scherben und Wandputz aus Naturstoffen – bei der Auswahl der Materialien wurde besonders darauf geachtet, ressourcensparend, handwerklich und nachhaltig zu arbeiten. Im Green Beetle kann der Gast vor allem eines: mit seinen Liebsten an einem entspannten „grünen" Ort zusammenkommen, bewusst genießen, Neues erleben und auf einzigartige Geschmackserlebnisse treffen.
Das Haus empfiehlt: Wildbrokkoli, Rhabarber, Miso; Kartoffelmosaik, Selleriecrème, alter Balsamico; Tapiokaperle, Maracuja, Kokosnuss, Langkorn-Pfeffer

Käfer-Schänke

Prinzregentenstr. 73 / ✉ 81675 Ortsteil Bogenhausen
www.feinkost-kaefer.de/schaenke / T.: +49 89 4168247
kaeferschaenke@feinkost-kaefer.de

Französische, bayerische Küche. Hauptgerichte von € 27 bis € 78; Menüs von € 79 bis € 119; vegetarisches Menü, vegane Hauptgerichte. Geschlossen: So. Chef's Table.
Käfer – das ist ein Name, der in München, in der ganzen Republik, unzertrennlich mit Genuss in Verbindung steht. Und so genießt die Küche im Stammhaus einen exzellenten Ruf. Hier kann der Gast sich zurücklehnen, genießen und sich verwöhnen lassen. Die Käfer-Schänke mitten in Bogenhausen ist eine Institution: Beliebt und gut besucht. Sie bietet neben dem ansprechenden Gastraum eine ungeahnte Vielfalt an unterschiedlichsten Stuben. 16 Räumlichkeiten stehen zur Verfügung. Gesellschaften, Familienfeiern, Business-Zusammenkünfte können sich ein Design aussuchen. Die Wahl fällt nicht leicht, denn jeder Raum hat seinen individuellen Charme: Bibliothek, Opernstube, Bayernstube, Tabakstube; Hochzeitsstube, mal rustikal, mal elegant, für zwei oder für 50 Personen. Die moderne Showküche macht den Restaurantbesuch noch mehr zu einem Erlebnis. Der Gast ist ganz nah am Geschehen: Er sieht in den Fleisch- und Käsevitrinen die feinen Raritäten und kann verfolgen, wie sein ausgesuchtes Stück Fleisch auf dem Lavasteingrill oder dem Käfer-Ofen zu einer verlockenden, duftenden Köstlichkeit heranbrutzelt.
Das Haus empfiehlt: Rindertatar mit Trüffelcrème, Kartoffelterrine und Wachtelspiegelei; Bayerischer Hirschrücken im Mohn-Pfeffer-Mantel mit sautiertem Herbstgemüse, Wald-Preiselbeeren, Butterspätzle und Wildjus; Zwetschgen-Tarte mit Walnusschips, Milchschokolade und Zwetschgen-Sorbet

KVR Kapitales vom Rind

Viktoriastr. 23 / ✉ 80803 Ortsteil Schwabing-West
www.kvr.de / T.: +49 89 44237736 / info@kvr.de

Steakhouse mit bayerischer, US-amerikanischer Küche. Hauptgerichte von € 15 bis € 26; vegetarisches Menü, vegane Hauptgerichte. Geschlossen: Mo-Sa mittags.

La Bohème

Leopoldstr. 180 / ✉ 80804 Ortsteil Schwabing-Freimann
www.boheme-schwabing.de / T.: +49 89 23762323

Steakhouse mit französischer, deutscher Küche. Hauptger. ab € 16; Menüs ab € 38; Mittagskarte, vegetar. Menü. Geschl.: Mo-Fr mittags.

Le Stollberg

Stollbergstr. 2 / ✉ 80539 Ortsteil Altstadt-Lehel
www.lestollberg.de / T.: +49 89 24243450
mail@lestollberg.de

Weltoffene, französische Küche. Hauptgerichte von € 25 bis € 40; Menüs von € 68 bis € 90; besondere Mittagskarte. Geschlossen: Mo+Di, So; Sa mittags.
Fines de Claire, Foie gras, Tarte tatin – die Vorliebe für die französischen Küche ist deutlich in der Speisekarte zu lesen. Küchenchefin Anette Huber hat nach ihrer Ausbildung bei Käfer in München kochend Europa bereist: London, Berlin, Padua und Hamburg, bis sie schließlich nach Bayern zurückkehrte, ihre Heimat. 2012 übernimmt Anette Huber das Zepter in dem kleinen französischen Lokal im Stadtteil Lehel. Zwischen Viktualienmarkt und Maximilianstraße liegt das Le Stollberg. Liebhaber der französischen Küche kennen Le Stollberg schon längst und sind zu Stammgästen geworden. Manche Produkte, wie der Käse zum Beispiel, werden direkt beim Produzent, in diesem Fall Affineur, aus dem Elsass bezogen. Viele andere aus der Gegend. Wild vom Jäger Schorsch, Gemüse aus dem elterlichen Garten. Das kleine Restaurant wirkt unaufgeregt klassisch, elegant. Warme Töne und sanftes Licht beherrschen den Raum.
Das Haus empfiehlt: Loup de Mer, Grüner Spargel, Fenchel, Oliven und Tomaten, Kartoffelwürfel; Juvenil Milchferkel rosa, Mairübchen, Mangold, Eiszapfen, Kartoffelpraline; Tarte tatin mit Sauerrahmeis

Les Deux – Restaurant & Brasserie by Kieffer

Maffeistr. 3a / ✉ 80333 Ortsteil Altstadt-Lehel
www.lesdeux-muc.de / T.: +49 89 710407373
info@lesdeux-muc.de

Fine-Dining-Restaurant mit französischer, asiatischer Küche. Hauptgerichte von € 49 bis € 89; Menüs ab € 189; vegetarisches Menü. Geschlossen: Sa+So; Mo-Fr mittags.
Les Deux – das sind zwei Restaurants in einem Gebäude oder anders gesagt: ein Restaurant auf zwei Etagen. Oben Gourmetlokal, unten Brasserie. Die Architektur des vollverglasten Hauses unweit der Frauenkirche ist markant. Es fügt sich in ein mondänes Umfeld und bietet dem Münchner von Welt und internationalen Gästen einen modernen, urbanen Schauplatz der Haute Cuisine. Denn genauso wie der spitzwinklige Grundriss auf einen Punkt zusteuert, trifft auch die Küche klare Aussagen, die für den Gast auf dem Teller als höchster Genuss erlebbar werden. Leitschnur für die Kochkunst des Hauses ist die klassische französische Küche, kombiniert mit den besten Produkten der Region. Verantwortlich für den Genuss ist die Küchenchef-Doppelspitze namens Gregor Goncharov und Nathalie Leblond. Der gebürtige Elsässer Fabrice Kieffer und Frau Katrin sind als charmante Gastgeber und kompetente Weinexperten omnipräsent. Sie und ihr Team nehmen die Gäste mit auf eine genussvolle Reise, empfehlen zu jedem Teller den passenden Tropfen. 600 Weine überwiegend französischer, österreichischer und deutscher Herkunft liegen zur Verkostung bereit.
Das Haus empfiehlt: Confierter Heilbutt, Mönchsbart, Herzmuscheln, Estragon; Sot-l'y-laisse, Brunnenkresse, Gnocchi, Belper Knolle, Artischocke; Poltinger Lamm, Mandel, Couscous, Anchovis, Radicchio, Petersilie

Matsuhisa Munich

Mandarin Oriental, Munich

Neuturmstr. 1 / ✉ 80331 Ortsteil Altstadt-Lehel
www.mandarinoriental.de
T.: +49 89 290981875
momuc-matsuhisa@mohg.com

Japanische, peruanische Küche. Hauptgerichte von € 21 bis € 106; Menüs von € 95 bis € 125; besondere Mittagskarte, vegetarisches Menü. Geschlossen: mittags. Chef's Table, Kochkurse.

MUN Restaurant & Bar

Innere Wiener Str. 18 / ✉ 81667 Ortsteil Au-Haidhausen
www.munrestaurant.de / T.: +49 89 62809520
mail@munrestaurant.de

Koreanische, japanische Küche. Hauptgerichte von € 14 bis € 35; Menüs von € 68 bis € 98. Geschlossen: Mo, So; Di-Sa mittags.

Mural

MUCA Museum für urbane und zeitgenössische Kunst

Hotterstr. 12 / ✉ 80331 Ortsteil Altstadt-Lehel
muralrestaurant.de / T.: +49 89 23023186
contact@mural.restaurant

Fine-Dining-Restaurant mit weltoffener Küche. Menüs von € 155 bis € 195; vegetarisches Menü. Geschlossen: Mo, So; Di-Sa mittags.
Ein lässiges, urbanes Ambiente empfängt den Gast in dem ehemaligen Umspannwerk der Stadtwerke München, ein paar hundert Meter vom Stachus entfernt. Von außen Industrielook und (gekonnte) Graffiti, drinnen ein hochwertiges Siebengängemenü, pompös für Auge und Gaumen, serviert an schlichten Tischen. Pompös im Sinne von konzentriertem Geschmack aus regionalen Produkten, deren Präsentation sehr gut gefällt. Küchenchef Joshua Leise macht kein Tamtam um exotische Edelprodukte (mal von der Knolle aus dem Périgord abgesehen) und nimmt den Gast lieber mit auf eine nachhaltigere Tour rund um Bachforelle, rote Bete und Buttermilch. Ein gänzlich vegetarisches Menüs ist kein Problem. Nachhaltig ist auch der Eindruck, den er und seine Mannschaft beim Gast hinterlassen. Der leicht dazu führt, bald wieder hinzugehen.
Das Haus empfiehlt: Schliersee-Forelle, Rote Bete, Buttermilch, Winterportulak; Chiemsee-Zander, Zander, Albuferasauce; Zicklein, Lauch, Sauerrahm

Pageou

Kardinal-Faulhaber-Str. 10 / ✉ 80333 / www.pageou.de
T.: +49 89 24231310 / info@pageou.de

Weltoffene, mediterrane Küche. Hauptgerichte von € 32 bis € 45; Menüs von € 99 bis € 159; besondere Mittagskarte. Geschlossen: Mo, So; Di-Sa mittags.

Restaurant Gabelspiel

Zehentbauernstr. 20 / ✉ 81539 Ortsteil Obergiesing
restaurant-gabelspiel.de / T.: +49 89 12253940
info@restaurant-gabelspiel.de

Französische, weltoffene Küche. Menüs von € 155 bis € 165. Geschlossen: Mo, So; Di-Sa mittags.

Caesar salad: berühmter Salat mit Croûtons und Eigelbdressing

Restaurant Huber

✗✗✗ ⬆

Newtonstr. 13 / ✉ 81679 Ortsteil Bogenhausen
www.huber-restaurant.de / T.: +49 89 985152
info@huber-restaurant.de

Fine-Dining-Restaurant mit deutscher, weltoffener Küche. Hauptgerichte von € 24 bis € 35; Menüs von € 89 bis € 105; vegetarisches Menü. Geschlossen: Mo, So; Di-Sa mittags.
Ein paar Kilometer nordöstlich der Innenstadt, in Bogenhausen, befindet sich dieses feine Restaurant für Gourmets. „Perfektion in der Einfachheit" ist das selbstgesteckte Ziel von Sandra und Michael Huber. Das bedeutet für die Küche höchste Qualität der Grundprodukte, schonend zubereitet und lässig ohne Klimbim auf dem Teller hergerichtet. Das sind die Prämissen vieler guter Restaurants, doch auf das geschmackliche Ergebnis kommt es dem Feinschmecker an. Und das gelingt Michael Huber ganz hervorragend. Michael und Sandra Huber lieben es schnörkellos. Die Einrichtung des Lokals kann mit Fug und Recht als gradlinig bezeichnen werden. Eine lange rote Sitzbank dient als Lineal für die in gleichmäßigen Abständen gezogenen Reihen davor stehender Tische und Stühle. Die Terrasse, die von einer großen, roten Markise überdacht ist, bietet Schatten an den vielen Sonnentagen in der bayerischen Metropole.
Das Haus empfiehlt: Dorade, Gurke, Paprika; Kaninchen, Fenchel, Olive; Ravioli, Parmesan, Erbse

Restaurant Johannas

Hotel Neumayr

✗✗✗

Hoiglhofstr. 18 / ✉ 81377 Ortsteil Hadern
www.restaurant-johannas.de
T.: +49 89 7411440
info@restaurant-johannas.de

Französische, mediterrane Küche. Hauptgerichte von € 25 bis € 65; Menüs von € 95 bis € 145; besondere Mittagskarte. Geschlossen: Mo+Di; Mi+Do mittags.
Es lohnt sich, einmal über die Münchner Innenstadtgrenze hinaus zu fahren, um die familiäre, freundschaftliche Atmosphäre des Hotel Neumayr in vollen Zügen zu genießen. Vor allem wegen seines erstklassigen Restaurants ist es ein beliebtes Ziel für Feinschmecker und längst kein Geheimtipp mehr. Das Motto: „Erlesenes Essen in traditionellem Ambiente". Unter der Leitung von Küchenchef Andreas Neumayr werden hier zu jeder Saison köstliche Gerichte zubereitet, darunter auch Wildgerichte aus eigener Jagd, serviert mit regionalem Gemüse und frischen Pilzen. Alles ist selbstverständlich hausgemacht und von absoluter Spitzenqualität. Dazu gibt es eine grandiose Auswahl an hervorragenden Weinen. Das Ergebnis von Neumayrs kreativem Repertoire kann sich sehen und wunderbar genießen lassen – entweder im eleganten Speiseraum oder im mediterranen Gastgarten.
Das Haus empfiehlt: Galantine von Rehmilz und Steinpilzen, Rehzunge, Gänseleber, Essigbrombeeren, Brioche; Bretonischer Hummer und Sardine, Rosenblütenwasser, Kalamata Oliven, Urtomaten, Wassermelone; Challans Schwarzfederhuhn (Brust und Keule), Périgord Trüffeljus, Artischocke, Bohnen

Restaurant JAN

ohne Bewertung

Luisenstr. 27 / ✉ 80638 / jan-hartwig.com
reservation@jan-hartwig.com

Fine-Dining-Restaurant mit französischer, weltoffener Küche. Menüs von € 195 bis € 295; besondere Mittagskarte. Geschlossen: Mo, Sa+So; Di mittags.
Neues, lichtdurchflutetes Restaurant von Jan Hartwig (ehem. Atelier im Bayerischen Hof) im Münchener Museumsquartier. Mit Private Dining Room und Gourmet-Catering.

Restaurant Weichandhof

Hotel Weichandhof

✗ ⬆

Betzenweg 81 / ✉ 81247 Ortsteil Pasing-Obermenzing
www.restaurant-weichandhof.de
T.: +49 89 891160-0
mail@restaurant-weichandhof.de

Bayerische Küche. Hauptgerichte von € 10 bis € 35; besondere Mittagskarte, vegetarisches Menü, vegane Hauptgerichte.
Entspannt ankommen, bayerisch genießen und gemütlich schlafen. In einem ehemaligen Bauernhof aus dem 18. Jahrhundert, in der Nähe der A 8 gelegen.
Das Haus empfiehlt: Ofenfrischer Schweinskrustenbraten vom Strohschwein mit Kartoffelknödel und Speck-Krautsalat; Lachssteak vom Grill auf Pfifferling-Kräuter-Risotto und Rosmarin-Espuma; Ausgelöstes Wiener Backhuhn knusprig gebacken, auf Heu serviert mit Kartoffel-Gurken-Salat und steirischem Kürbiskernöl

Côte du bœuf: Rindskotelett

Schlosswirtschaft Schwaige

X ↑

Schloss Nymphenburg 30
✉ 80638 Ortsteil Neuhausen-Nymphenburg
www.schlosswirtschaft-schwaige.de
T.: +49 89 12020890
mail@schlosswirtschaft-schwaige.de

Bayerische, deutsche Küche. Hauptgerichte von € 14 bis € 29; Menüs von € 35 bis € 60; besondere Mittagskarte, vegetarisches Menü, vegane Hauptgerichte.
Bayerisches Lokal mit Biergarten direkt am Nymphenburger Schloss. Hier gibt es eine landestypische Küche, Brotzeiten und wechselnde Mittagsmenüs.
Das Haus empfiehlt: Münchner Fleischpflanzerl mit Schalottenjus und Kartoffelgurkensalat mit Kartoffel-Spargelsalat; Wiener Schnitzel in Fassbutter wellig gebraten, mit Bratkartoffeln, Apfel-Kren und Preiselbeeren; Veganer Cheesecake auf Schokoladenbiskuit mit Heidelbeerragout und Himbeersorbet

Schwarzreiter Restaurant

Hotel Vier Jahreszeiten Kempinski München

XXXX

Maximilianstr. 17 / ✉ 80539 Ortsteil Altstadt-Lehel
www.schwarzreiter.com
T.: +49 89 21252125
info@schwarzreiter.com

Fine-Dining-Restaurant mit bayerischer Küche. Hauptgerichte von € 32 bis € 68; Menüs von € 85 bis € 185; vegetarisches Menü. Geschlossen: Mo-Mi, So; Do-Sa mittags.
Die Gastronomie im Erdgeschoss des Luxushotels teilt sich in die „Tagesbar“ und das „Restaurant“. Beide modern gestalteten Bereiche verströmen jenes legere, elegant-mondäne Flair, das umtriebige Großstädter so lieben. Die „Young Bavarian Cuisine“ der Tagesbar kann man auch als Einstiegsdroge verstehen für das, was die Küche im Gourmet-Restaurant auftischt: Das bis zu sieben Gänge umfassende Menü ist eine Hommage an die Heimat, wobei deftig Klingendes sich als wohlschmeckendes Kunstwerk entpuppt. So werden Schweinebauch mit Erdartischocke oder Kalbshaxe mit Sauerkraut zum Gourmet-Erlebnis, das Simmentaler Luma Kalb

mit Mangold und Pilzen zum erlesenen Genuss für Auge und Gaumen. Auf Wunsch gibt es auch eine Weinbegleitung.
Das Haus empfiehlt: Bayerische Garnele, Krustentier-Essenz, Dim Sum, Karotte; Taube, Mole, Chicoree, Brombeere; Topinambur, Weiße Yuno-Schokolade, Tamarinde, Kalamansi

Schreiberei

XXX

Dienerstr. 20 / ✉ 80331 Ortsteil Altstadt-Lehel
schreiberei-muc.de / T.: +49 89 21529172
kontakt@schreiberei-muc.de

Französische, weltoffene Küche. Hauptgerichte ab € 28. Geschlossen: Mo, So; Di-Sa mittags.

Schuhbecks Südtiroler Stuben

XXX

Platzl 6 + 8 / ✉ 80331
www.schuhbeck.de
T.: +49 89 2166900 / info@schuhbeck.de

Südtiroler, bayerische Küche. Hauptgerichte von € 38 bis € 42; Menüs von € 48 bis € 96; besondere Mittagskarte. Geschlossen: So.

Seitz Trattoria

XX ↑

Seitzstr. 12 / ✉ 80538 Ortsteil Altstadt-Lehel
www.trattoria-seitz.eu
T.: +49 89 23232649
trattoria.seitz@t-online.de

Italienische Küche. Hauptgerichte von € 16 bis € 37; Menüs von € 37 bis € 45; besondere Mittagskarte. Geschlossen: Sa+So mittags.
Zu diesem Restaurant hegt man schnell eine innige Verbindung: bei gutem Wein, gutem Essen und in guter Gesellschaft.
Das Haus empfiehlt: Rote Garnelen und Oktopus-Salat mit schwarzen Oliven und Stangensellerie; Tagliatelle mit Kalbsragout und schwarzem Trüffel; Kalbsleber „alla Veneziana“ mit Polenta

Sophia's Restaurant & Bar

The Charles Hotel, a Rocco Forte Hotel

XX ↑

Sophienstr. 28 / ✉ 80333 Ortsteil Maxvorstadt
www.sophiasmuenchen.de
T.: +49 89 544555-1200
sophias@roccofortehotels.com

Bistro mit weltoffener Küche. Hauptgerichte von € 18 bis € 45; Menüs von € 21 bis € 69; besondere Mittagskarte, vegetarisches Menü.

Showroom

Lilienstr. 6 / 81669 Ortsteil Au-Haidhausen
www.showroom-restaurant.de / T.: +49 89 44429082
info@showroom-restaurant.de

Weltoffene Küche. Menüs von € 150 bis € 180; vegetarisches Menü. Geschlossen: Sa+So; Mo-Fr mittags. Kochkurse.
Hier in der Lilienstraße wird eine kulinarische Show geboten. Und zwar mit Spannung. Denn es wird ein fixes Überraschungsmenü serviert, das alle zwei Wochen wechselt. Der Koch bespricht im Vorfeld mit dem Gast, was er nicht mag oder darf. Aber alles andere wird vom Küchenteam zusammengestellt und nicht verraten. Eigentlich mehr als entspannend, wenn man sich nicht entscheiden muss. Gäste schätzen den Überraschungseffekt als kleinen Kick. Der Gast darf nur zwischen der Anzahl der Gänge wählen, zwischen fünf und acht, danach heißt es sich zurücklehnen und vertrauen. Küchenchef Dominik Käppeler beweist seit vielen Jahren, dass er sein Handwerk versteht. Der Service steht freundschaftlich zur Seite. Wie es sich für ein junges hippes Lokal gehört, nimmt er die Gäste locker in Empfang und führt die im Dunklen gelassenen Gourmets durch das vorgegebene Menü.
Das Haus empfiehlt: Banane, Ingwer, Purple Curry, Grapefruit, Rettich, Garnele; Entenbrust, Kaffee, Holunderbeeren, Sellerie, Rote Bete; Heidelbeeren, Haselnuss, Kreuzkümmel, Ricotta

Sparkling Bistro
Amalienpassage

Amalienstr. 89 / 80799 Ortsteil Maxvorstadt
www.restaurantsparklingbistro.com / T.: +49 89 46138267
info@sparklingbistro.de

Fine-Dining-Restaurant mit französischer, österreichischer Küche. Menüs von € 160 bis € 190; vegetarisches Menü. Geschlossen: Mo, So; Di-Sa mittags. Chef's Table, Kochkurse.

Sushiya Sansaro

Amalienstr. 89 / 80799 Ortsteil Maxvorstadt
www.sushiya.de / T.: +49 89 28808442

Japanische Küche. Hauptgerichte von € 18 bis € 42; besondere Mittagskarte. Geschlossen: Mo; Di-So mittags.

Rossini: Gänseleberscheiben, Trüffel, Croûtons, Madeirasauce, zu Fleisch oder Geflügel

Tantris Restaurant

Johann-Fichte-Str. 7 / 80805 Ortsteil Schwabing-Freimann
www.tantris.de / T.: +49 89 3619590 / contact@tantris.de

Fine-Dining-Restaurant mit französischer Küche. Menüs von € 150 bis € 325; besondere Mittagskarte, vegetarisches Menü. Geschlossen: Mo+Di, So.
Seit Oktober 2021 hat es wieder geöffnet, das Spitzen-Kultlokal (Restaurantlegende trifft es besser) in München-Schwabing. „Maison Culinaire" lautet die Marke, unter deren Dach nun das „Tantris Restaurant" und das „Tantris DNA" sowie die „Tantris Bar" angesiedelt sind. Aufwendig wurden die Räumlichkeiten saniert und neu gestaltet. Der alte Charme, der offene Charakter und die kontrastierende Optik aus „hummerrot" und „trüffelschwarz" wurden jedoch konserviert, sprich: man erkennt das Restaurant sofort wieder. Wer also nach dem Aperitif die Bar hinter sich lässt und das Menürestaurant aufsucht, dem bereiten Küchenchef Benjamin Chmura und seine Brigade zeigen, zu welch zauberhaften kulinarischen Kunststückchen sie fähig sind. An vier Tagen in der Woche feuern sie eine sechs- bis achtteilige Genussfolge auf den Gaumen – sei es Hummer und Hecht im asiatischen Gewürzhimmel oder Taube, Entenleberterrine, Lammrücken, Consommé vom Taschenkrebs – um nur einige Highlights zu nennen. Selbstverständlich werden zu diesem Vergnügen auch ganz hervorragende Weine gereicht.
Das Haus empfiehlt: Glattbutt, Brunnenkresse, Nage, Sancerre; Taube, Puntarelle, eingelegte Kirschen; Wolfsbarsch, Artischocke, Oliven

Tantris DNA

Johann-Fichte-Str. 7 / 80805 Ortsteil Schwabing-Freimann
www.tantris.de / T.: +49 89 3619590 / contact@tantris.de

Französische Küche. Hauptgerichte von € 72 bis € 194; vegetarisches Menü. Geschlossen: Mi-Fr.
Vom edlen Tantris Restaurant kann man einen Blick ins kulinarische Herzstück des Hauses erhaschen. Denn das À-la-carte-Restaurant „Tantris DNA" liegt direkt nebenan. Herzstück deshalb, weil hier unter anderem die Speisen gekocht werden, für die das Tantris einst seinen verdienten Ruhm

einheimste. Die Küche: klassisch französisch, hochwertig, raffiniert. Taubenbrust und Innereien-Ragout, Hummer und Austern aus der Bretgane, Steinbutt mit Sauce Champagne, Kalbsbries sowie Rinderfilet, Gänseleber und Trüffel sind die gelungene Hommage an jene Zeiten. Küchenchefin Virginie Protat ist für diese grandiose Rückschau durch fünf Jahrzehnte Tantris und alle anderen Klassiker à la française zuständig. Einzunehmen mittags und abends, außer mittwochs und donnerstags.
Das Haus empfiehlt: Froschschenkel, braune Butter, Petersilie; Steinbutt, Eigelb, Kaviar; Lachs im Blätterteig, Buchweizen, Beurre blanc

Tegernseer Tal

Tal 8 / 80331 Ortsteil Altstadt-Lehel
www.tegernseer-tal8.com
T.: +49 89 222626
mail@tegernseer-tal8.com

Bayerische Küche. Hauptgerichte von € 10 bis € 24; besondere Mittagskarte, vegetarisches Menü.
An urigen Holztischen unter einer prächtigen Glaskuppel wird eine typisch bayerische Bier- und Wirtshauskultur gepflegt.
Das Haus empfiehlt: „Brauerpfandl" - Schweinemedaillons mit Käsespätzle und Schwammerlsauce; „Der Wallberg" - 180 g Rinderhack vom Strohrind mit knusprigem Speck, Allgäuer Bergkäse und hausgemachter „Tegernseer Hell-Sauce"; In Tegernseer Butter wellig gebratenes Wiener Schnitzel mit Bratkartoffeln und Wildpreiselbeeren

Tohru in der Schreiberei

Burgstr. 5 / 80331 Ortsteil Altstadt-Lehel
schreiberei-muc.de/tohru / T.: +49 89 21529172
kontakt@schreiberei-muc.de

Fine-Dining-Restaurant mit weltoffener, asiatischer Küche. Menüs ab € 255. Geschlossen: Mo, So; Di-Sa mittags. Chef's Table.

Trader Vic's

Bayerischer Hof

Promenadeplatz 2-6 / 80333 Ortsteil Altstadt-Lehel
www.bayerischerhof.de / T.: +49 89 2120995
tradervics@bayerischerhof.de

Polynesische, asiatische Küche. Hauptgerichte von € 26 bis € 72. Geschlossen: mittags.

Émincé: Geschnetzeltes Fleisch

Trattoria Lindengarten

Agnes-Bernauer-Str. 115 / 80687 Ortsteil Laim
www.trattoria-lindengarten.de / T.: +49 89 564452
info@trattoria-lindengarten.de

Mediterrane, italienische Küche. Hauptgerichte von € 9 bis € 29. Geschlossen: Mo.
Beliebtes italienisches Lokal mitten in Laim mit schönem Linden-Biergarten und Kegelbahn, wechselnden Tages- und Wochenangeboten sowie Mittagsgerichten.
Das Haus empfiehlt: Rucola mit gegrilltem Lammkotelett und Schafskäse; Spaghetti mit Scampi; Black Angus vom Grill, Kartoffeln und Gemüse

Weinhaus Neuner

Herzogspitalstr. 8 / 80331 Ortsteil Altstadt-Lehel
www.weinhaus-neuner.de
T.: +49 89 2603954 / office@weinhaus-neuner.de

Bayerische Küche. Hauptgerichte von € 27 bis € 32; Menüs von € 69 bis € 95; besondere Mittagskarte. Geschlossen: So.
Knarzende Dielen, rustikale Kronleuchter, vertäfelte Wände und eine weiß getünchte Gewölbedecke sind seine markanten Merkmale. Doch das Weinhaus Neuner ist mehr als nur ein Altstadtlokal mit historischem Wirtshauscharakter. Denn in dem denkmalgeschützte Gebäude aus dem 15. Jahrhundert wird seit 130 Jahren die Münchener Gastronomiegeschichte mitgeschrieben. Seit einigen Jahren ist an diesem Ort eine gehobene bayerische Küche zuhause, die Tafelspitz, Ochsenbacke und Hühnerfrikassee zu einem kurzweiligen, aromatischen Erlebnis macht. Gekonnt hantiert das Küchenteam mit Lachsforelle und Rauchaal oder platziert kräftige Saucen und schöne Trüffelaromen. Dazu darf man nach Herzenslust einen guten Wein, ein Glas Champagner oder ein frisch Gezapftes genießen. (Wissens)durstige sollten unbedingt das herausragende Wein-Know-how der Profis Frank Glüer und Fabrice Kieffer anzapfen.
Das Haus empfiehlt: Gebräunte Kalbsmaultasche, Schmelz, Zwiebeln, Kümmel-Bärlauchjus; Gebratener Donauwaller, Spargel-Erbsenragout, Tomate, Weißweinessigsauce; Geschmortes Rindsbackerl, Petersilienwurzelpüree, Ritterzipfel, Radieserl, Burgunderjus

Werneckhof Sigi Schelling

Wernecktr. 11 / 80802 Ortsteil Schwabing-Freimann
werneckhof-schelling.de / T.: +49 89 244189190
info@werneckhof-schelling.de

Fine-Dining-Restaurant mit französischer, weltoffener Küche. Menüs von € 125 bis € 185; besondere Mittagskarte. Geschlossen: Mo+Di, So.
Mit der Eröffnung ihres eigenen Restaurants im traditionsreichen Werneckhof im Juli 2021 ist Sigi Schelling vollends ins Schlaglicht der Münchener Top-Gastronomie avanciert. 14 Jahre lang diente sie zuvor der Haute Cuisine an der Seite von Hans Haas im legendären Tantris als stellvertretende Küchenchefin. Dass die gebürtige Österreicherin eine akribisch arbeitende, gewissenhafte und engagierte Meisterköchin ist, dürfen Feinschmecker in den umgebauten Räumlichkeiten des historischen Gasthauses Werneckhof in Schwabing erleben. Am Abend in Form eines beeindruckenden Fünfgangmenüs oder auch mittags bei einem vierteiligen Business Lunch. Den Gast erwartet eine auf das Produkt fokussierte Edelküche à la française mit herrlichem Aromenspiel. Gebratene Entenleber, Hummer und Langostino, Saibling mit Erbsenpüree und Räucheraalcrème – ein großartiger Genuss auf ganzer Linie. (Mehr Informationen über die Köchin des Jahres unter „Auszeichnungen des Jahres Deutschland".)
Das Haus empfiehlt: Bachforelle, Erbsenpüree, Fregola Sarda, Kaviar, Räucheraal; Poltinger Lamm, Artischockenpolenta, Bohnen, Spinat; Schokoladensoufflé, Zwetschgen, Sauerkirsche, Sauerrahmeis

Vecchia Lanterna

Sankt-Anna-Str. 31 / 80538 / www.vecchia-lanterna.de
T.: +49 89 81892096 / info@vecchia-lanterna.de

Mediterrane, italienische Küche. Hauptgerichte von € 15 bis € 40; Menüs von € 51 bis € 99; besondere Mittagskarte, vegetarisches Menü. Geschlossen: Mo, So; Di-Sa mittags.

Vinothek by Geisel

Excelsior by Geisel

⬆

Schützenstr. 11 / 80335 Ortsteil Ludwigsvorstadt-Isarvorstadt
www.excelsior-hotel.de/vinothek / T.: +49 89 55137-7140
vinothek@geisel-privathotels.de

Mediterrane, deutsche Küche. Hauptger. ab € 18; Menüs ab € 57; Mittagskarte, vegetar. Menü, vegane Hauptger. Geschl.: Mo, So; Di, Sa mittags. Chef's Table, Kochkurse.

Saladier: Salatschüssel

Münster

Nordrhein-Westfalen

BOK - Brust oder Keule

⬆

Melcherstr. 32 / 48149
www.brustoderkeule.de
T.: +49 251 9179656 / info@brustoderkeule.de

Fine-Dining-Restaurant mit weltoffener Küche. Hauptgerichte von € 18 bis € 43; Menüs von € 99 bis € 139. Geschlossen: Mo, So; Di-Sa mittags. Kochkurse.

Cœur D'Artichaut

⬆

Alter Fischmarkt 11 a / 48143 Ortsteil Centrum
www.coeur-dartichaut.de / T.: +49 251 39582823
restaurant@coeur-dartichaut.de

Französische, westfälische Küche. Menüs von € 115 bis € 180; vegetarisches Menü. Geschl.: Mo-Sa; So abends.

Gabriel's

Hotel Kaiserhof

Bahnhofstr. 14 / 48143 Ortsteil Centrum
www.kaiserhof-muenster.de / T.: +49 251 4178600
service@kaiserhof-muenster.de

Weltoffene Küche. Hauptgerichte von € 12 bis € 36; Menüs von € 42 bis € 62; vegetarisches Menü. Geschlossen: So; Mo-Sa mittags. Kochkurse.

Restaurant Spitzner

Königsstr. 42 / 48143 Ortsteil Centrum
spitzner-restaurant.de / T.: +49 251 41441550
info@spitzner-restaurant.de

Französische, mediterrane Küche. Hauptgerichte von € 37 bis € 49; Menüs von € 68 bis € 111. Geschl.: Mo, So.

Romantik Hotel Hof zur Linde

Romantik Hotel Hof zur Linde

⬆

Handorfer Werseufer 1 / 48157 Ortsteil Handorf
www.hof-zur-linde.de / T.: +49 251 32750
info@hof-zur-linde.de

Deutsche, mediterrane Küche. Hauptgerichte von € 23 bis € 42; Menüs von € 60 bis € 120. Geschlossen: Mo, So.

Von Rhemen

Schloss Wilkinghege

Steinfurter Str. 374 / 48159 Ortsteil Kinderhaus
www.schloss-wilkinghege.de / T.: +49 251 144270
info@schloss-wilkinghege.de

Französische, mediterrane Küche. Hauptgerichte von € 29 bis € 41; Menüs von € 49 bis € 95; vegetarisches Menü. Geschlossen: Mo, So; Di-Sa mittags.

N

Naurath
Rheinland-Pfalz

Rüssels Restaurant
Rüssels Landhaus

Büdlicherbrück 1 / 54426
www.ruessels-landhaus.de
T.: +49 6509 91400 / info@ruessels-landhaus.de

Fine-Dining-Restaurant mit deutscher, französ. Küche. Hauptger. von € 36 bis € 52; Menüs von € 149 bis € 186; vegetar. Menü. Geschl.: Di+Mi; Mo, Do mittags. Kochkurse.

Neckargemünd
Baden-Württemberg

Christians Restaurant

Neckarstraße 40 / 69151 / www.restaurant-christian.de
T.: +49 6223 9737323 / reservierung@restaurant-christian.de

Crossover-, badische Küche. Hauptgerichte von € 22 bis € 34; Menüs von € 80 bis € 105. Geschlossen: Mo-Mi; Do+Fr mittags.

Neckarzimmern
Baden-Württemberg

Restaurant Burg Hornberg
Hotel Burg Hornberg

Burg Hornberg / 74865 / www.burg-hotel-hornberg.de
T.: +49 6261 92460 / info@burg-hotel-hornberg.de

Deutsche, weltoffene Küche. Hauptgerichte von € 22 bis € 36; Menüs ab € 68. Geschlossen: Mo-Fr mittags.

Neu-Ulm
Bayern

Stephans-Stuben

Bahnhofstr. 65 / 89231 Ortsteil Stadtmitte
www.stephans-stuben.de / T.: +49 731 723872
webmaster@stephans-stuben.de

Deutsche, mediterrane Küche. Hauptgerichte von € 16 bis € 34; Menüs von € 32 bis € 110; besondere Mittagskarte, vegetarisches Menü. Geschlossen: Mo+Di; So abends; Sa mittags. Kochkurse.

Fond: Flüssigkeit, welche beim Kochen, Dünsten oder Braten der Fleisch- oder Fischstücke entsteht

Montieren: Sauce oder Suppe durch schnelles Einrühren von kalten Butterstücken binden

Neualbenreuth
Bayern

Altmugler Sonne

Altmugl 20 / 95698 Ortsteil Altmugl
www.altmuglersonne.de / T.: +49 9638 248
hotel@altmuglersonne.de

Bayerische, weltoffene Küche. Menüs von € 69 bis € 90; vegetarisches Menü, vegane Hauptgerichte. Geschlossen: Mo; Di-Sa mittags.
Im Oberpfälzer Wald, direkt an der Grenze zu Tschechien und inmitten schöner Natur, liegt der kleine aber feine Landgasthof.
Das Haus empfiehlt: Carpaccio vom Stiftländer Saibling mit Wildkräutern; Rücken und Keule vom Weiderind mit buntem Gemüse und neuen Kartoffeln; Parfait und Knödel vom Altmugler Mohn mit Zwetschgenröster

Bad Neuenahr-Ahrweiler
Rheinland-Pfalz

Historisches Gasthaus Sanct Peter: Restaurant Brogsitter
Romantik Hotel Sanct Peter

Walporzheimer Str. 134 / 53474 Ortsteil Walporzheim
www.sanct-peter.de / T.: +49 2641 97750
info@sanct-peter.de

Französische Küche. Hauptgerichte von € 36 bis € 56; Menüs von € 89 bis € 165; vegetarisches Menü. Geschlossen: Mo+Di; Mi-Fr mittags.
Im modernen Ambiente des Gourmet-Restaurants erlebt man Großstadtflair im behaglichen Komfort mit einem Hauch von Luxus, der nicht aufdringlich sondern gemütlich und dezent den Gast umschmeichelt. In der separaten neuen Gourmetküche steht für die eigenen Spitzenköche der Fokus auf kreativer Kochkunst und Genuss auf höchstem Niveau. Der Küchenchef und sein Team komponieren feine, raffinierte Menüs mit frischen und leichten Zutaten. Vorbei

an der innovativen Gourmetküche, durch große Fenster einsehbar, führt der Weg ins Gourmet-Restaurant. Hier steht der Gast im Mittelpunkt und der gehobene Service sorgt gerne dafür, dass man mit allen Sinnen genießen kann. Eine große internationale Weinauswahl mit Schwerpunkt auf besondere Gewächse des eigenen Weingutes begleitet die Speisen.
Das Haus empfiehlt: Rosa gebratener Eifeler Rehrücken, Wirsing, Speck-Pfifferlinge und Semmelknödelschnitte; Grüner Spargel, gebratene Jakobsmuschel und Kartoffelschaum; Steinbutt aus dem Nordatlantik, Risotto, Zucchini-Kirschtomatengemüse, Ahr-Blanc-de-Noir-Sauce

Historisches Gasthaus Sanct Peter: Restaurant Weinkirche

Romantik Hotel Sanct Peter

Walporzheimer Str. 134 / ✉ 53474 Ortsteil Walporzheim
www.sanct-peter.de / T.: +49 2641 97750
info@sanct-peter.de

Deutsche, französische Küche. Hauptgerichte von € 25 bis € 39; Menüs von € 39 bis € 59; vegetarisches Menü.
Die Liebe zum Detail und die Würdigung der Historie ziehen sich wie ein roter Faden durch das Historische Gasthaus Sanct Peter, dessen Geschichte bis in das Jahr 600 zurückreicht. Als „Perle des Domschatzes" von den Kölner Domherren bezeichnet, ist das Haus auch heute noch jeden Umweg wert. Kulinarisch verwöhnt unter anderem das Restaurant Weinkirche in Räumlichkeiten aus dem 13. Jahrhundert. Dunkles Holz, roter Stoff, Buntglasfenster, eiserne Kronleuchter und Kerzenlicht bieten den passenden Rahmen für ein feines, fünfgängiges Degustationsmenü oder einen gutseigenen Sekt. Aus der eigenen Privat-Sektkellerei wohlgemerkt. Insgesamt bietet die Weinkarte des Hauses 400 Positionen, darunter sind einhundert auch glasweise zu haben. Den Gast erwarten klassische, der Jahreszeit angepasste Fisch- und Fleischgerichte mit einer gehörigen Portion Raffinesse – als Menü oder à la carte.
Das Haus empfiehlt: Seesaibling, Perlgraupen mit Schnittlauch, Spitzkohlgemüse, weiße Specksauce; Ochsenbäckchen à la Bœuf Bourguignon, Wurzelgemüse, feines Kartoffelpüree; Medaillon vom Black-Angus-Rinderfilet, Schalottenkruste, Tomatenravioli, geschmorte Salatherzen und Portweinjus

Passieren: Durchstreichen, Durchseihen von Flüssigkeiten durch ein Sieb oder Tuch

Gourmetlöffel: flacher breiter Löffel, der anstelle des Fischmessers benutzt werden kann, wenn Gerichte mit Sauce serviert werden

Hohenzollern an der Ahr

Hohenzollern an der Ahr

Am Silberberg 50 / ✉ 53474 Ortsteil Ahrweiler
www.hotelhohenzollern.com
T.: +49 2641 9730
info@hotelhohenzollern.com

Französische, mediterrane Küche. Hauptgerichte von € 25 bis € 45; Menüs von € 44 bis € 99; besondere Mittagskarte, vegetarisches Menü. Geschlossen: Mo-Mi; Do mittags.
Elegantes Flair in exponierter Lage, die Reben zu Füßen, mit Panoramablick, dazu eine Cuisine classique mit Foie gras und Hummer.
Das Haus empfiehlt: Gedämpfter Saibling und Imperialkaviar, Grafschafter Spargel, Nussbutterhollandaise, Perlgraupen; Rücken und Schulter vom deutschen Lamm, Chorizo, Aubergine, Rauchmandel; Rhabarber und Jasminreis, Zitrus, Opalys Schokolade, Mandel

Restaurant Idille in Collina

Am Johannisberg 101 / ✉ 53474 Ortsteil Bad Neuenahr
restaurant-idille.eatbu.com / T.: +49 2641 28429
roberta.nogarole@gmx.de

Italienische Küche. Hauptgerichte von € 15 bis € 35. Geschlossen: Mo+Di.

Steinheuers Restaurant Zur Alten Post

Steinheuers Hotel Landhaus

Landskroner Str. 110 / ✉ 53474 Ortsteil Heppingen
www.steinheuers.de
T.: +49 2641 94860
info@steinheuers.de

Deutsche, französische Küche. Hauptgerichte ab € 50; Menüs von € 165 bis € 210. Geschlossen: Di+Mi; Mo, Do-Sa mittags. Kochkurse.

Neuhausen

Baden-Württemberg

Grüner Wald

Hauptstr. 2 / ✉ 75242 Ortsteil Hamberg
www.gruenerwald.de / T.: +49 7234 9473899
info@gruenerwald.de

Badische, schwäbische Küche. Hauptgerichte von € 13 bis € 37. Geschlossen: Mo+Di; Mi-Sa mittags.

Grüner Wald - Alte Baiz

Hauptstr. 2 / ✉ 75242 Ortsteil Hamberg
www.gruenerwald.de / T.: +49 7234 9473899
reservierung@altebaiz.de

Deutsche, weltoffene Küche. Menüs von € 122 bis € 162. Geschlossen: Mo-Do, So; Fr+Sa mittags.

Neuhütten (Hochwald)
Rheinland-Pfalz

Le Temple

Saarstr. 2 / ✉ 54422 Ortsteil Neuhütten
www.le-temple-du-gourmet.de / T.: +49 6503 7669
info@le-temple.de

Französische Küche. Hauptgerichte ab € 39; Menüs von € 140 bis € 170. Geschlossen: Mi; Mo+Di, Do-Sa mittags.

Neuleiningen
Rheinland-Pfalz

Alte Pfarrey
Alte Pfarrey

Untergasse 54 / ✉ 67271 / www.altepfarrey.de
T.: +49 6359 86066 / info@altepfarrey.de

Mediterrane, französische Küche. Hauptgerichte von € 34 bis € 40; Menüs von € 68 bis € 115; besondere Mittagskarte, vegetarisches Menü. Geschlossen: Mo; So abends; Di-Do mittags. Kochkurse.

Neumünster
Schleswig-Holstein

Am Kamin

Propstenstr. 13 / ✉ 24534 / www.am-kamin.info
T.: +49 4321 42853 / info@am-kamin.info

Weltoffene, französische Küche. Hauptgerichte von € 39 bis € 44; Menüs von € 64 bis € 90; vegetarisches Menü. Geschlossen: Mo, So; Di-Sa mittags.

Neunburg vorm Wald
Bayern

Obendorfers Eisvogel
Der Birkenhof Spa & Genuss Resort

Hofenstetten 55 / ✉ 92431 Ortsteil Hofenstetten
www.der-birkenhof.de / T.: +49 9439 9500
info@der-birkenhof.de

Fine-Dining-Restaurant mit französischer, weltoffener Küche. Menüs von € 145 bis € 211. Geschlossen: Mo, So; Di-Sa mittags.
50 Kilometer nördlich von Regensburg liegt, von Wäldern und Feldern umgeben, das Urlaubsdomizil „Der Birkenhof Spa & Genuss Resort“. Die exponierte Hanglage des Hotels erlaubt einen tollen Panoramablick auf die glitzernden Wasserflächen des Oberpfälzer Seenlandes. Drinnen glänzt vor allem die Küche im Spitzenrestaurant „Obendorfers Eisvogel“. Hier wurde der Staffelstab 2021 überreicht: von Vater und Alt-Küchenchef Hubert an Sohn Sebastian Obendorfer, den neuen Chef de Cuisine. Der gelernte Koch, Betriebswirt und Jäger setzt den Gourmetkurs auf höchstem Niveau fort. Akribisch tüftelt der 32-Jährige monatelang mit seinem Team an Gartechniken, Produkten und Prozessen, bis das hochklassige Menü steht. Idealerweise bucht man die fünf bis acht Gänge erlesenen Speisegenusses (plus Küchengrüß und Petit fours) gleich im Paket mit einer Übernachtung. Nicht nur, um sich des Abends an dem ein oder anderen Wein gütlich zu tun, sondern auch, um von dem ausgezeichneten Frühstück zu kosten und im 2.000 Quadratmeter großen Spa-Bereich abzutauchen. (Mehr Informationen über Sebastian Obendorfer unter „Auszeichnungen des Jahres Deutschland“.)
Das Haus empfiehlt: Ziegenkäse, Kräuterquinoa, Wassermelone, Stabwurz, schwarzer Knoblauch; Carabinero, Pico de Gallo, Zwiebel, Papaya; Lamm, Aubergine, Bärlauch, Olive, Pistazie

Neunkirchen (Saar)
Saarland

Hostellerie Bacher

Limbacher Str. 2 / ✉ 66539 / www.hostellerie-bacher.de
T.: +49 6821 31314 / info@hostellerie-bacher.de

Französische, österreichische Küche. Hauptgerichte von € 16 bis € 35; Menüs von € 45 bis € 80; vegetarisches Menü. Geschl.: Mo; So abends; Di-Sa mittags. Kochkurse.

Neupotz
Rheinland-Pfalz

Zur Krone

Hauptstr. 25 / ✉ 76777 / www.zurkroneneupotz.de
T.: +49 7272 9337845 / info@zurkroneneupotz.de

Weltoffene Küche. Menüs ab € 130. Geschlossen: Mo+Di; Mi-So mittags.

Neuss
Nordrhein-Westfalen

Herzog von Burgund

Erftstr. 88 / ✉ 41460 / www.herzogvonburgund.de
T.: +49 2131 23552 / info@herzogvonburgund.de

Deutsche, österreichische Küche. Hauptgerichte von € 27 bis € 38; Menüs von € 52 bis € 85; Mittagskarte, vegetarisches Menü. Geschl.: Mo, So; Sa mittags. Kochkurse.

Bad Neustadt an der Saale
Bayern

Schlosshotel Bad Neustadt

Schlossplatz 5 / 97616 Ortsteil Bad Neustadt
www.schlosshotel-bad-neustadt.de / T.: +49 9771 61610
info@schlosshotel-bad-neustadt.de

Deutsche, mediterrane Küche. Hauptgerichte von € 13 bis € 28; Menüs von € 40 bis € 45; besondere Mittagskarte. Geschlossen: Mo-Mi, So; Do-Sa mittags.
Gemütliche Caféhaus-Atmosphäre im Schlosshotel. Saisonale Ausrichtung einer Speisekarte für jeden Geschmack. Wohlgefühl mit Genusseffekt.
Das Haus empfiehlt: Saibling, Zitrone, Fenchel, Butterkartoffeln, Kräuter; Zander, confierte Fichten-Kartoffel, Schmortomaten, Kerbelschaum; Crème brûlée, Sorbet der Saison, Buttercrumble

Neustadt an der Waldnaab
Bayern

Restaurant Kuhlemann
Hotel Grader

Freyung 39 / 92660 / restaurant-kuhlemann.de
T.: +49 9602 941872 / info@restaurant-kuhlemann.de

Deutsche Küche. Menüs ab € 70; vegane Hauptgerichte. Geschlossen: Mo+Di, So; Mi-Sa mittags.

Neustadt in Holstein
Schleswig-Holstein

Fien tu Huus

Strandallee 14 / 23730 Ortsteil Pelzerhaken
www.fientuhuus.de / T.: +49 4561 5598996
info@fientuhuus.de

Deutsche Küche. Hauptgerichte von € 24 bis € 39; Menüs von € 55 bis € 79; vegetarisches Menü, vegane Hauptgerichte. Geschlossen: Di.
An der Westseite der Lübecker Bucht und unweit vom Strand liegt dieses rustikale Restaurant mit seiner kreativen und nachhaltigen Küche.
Das Haus empfiehlt: Linsen-Dal und Falafel aus Holstein, Quinoa mit Papadams, wildem Brokkoli und Safran-Estragon-Hummus; Fisch und Chips vom Dorschfilet und Limetten-Chimichurri, Pommes Frites, Backensholzer Bio-Deichkäse; Matcha-Crème-brûlée und Original Beans, weiße Schokolade mit Himbeer-Szechuan-Pfeffer-Kompott, Brickteig, Mascarpone-Eis

Neustadt an der Weinstraße
Rheinland-Pfalz

Urgestein

Rathausstr. 6 / 67433 / www.restaurant-urgestein.de
T.: +49 6321 489060 / info@restaurant-urgestein.de

Fine-Dining-Restaurant mit weltoffener, deutscher Küche. Menüs von € 120 bis € 140; vegetarisches Menü. Geschlossen: Mo, So; Di-Sa mittags.

Neustrelitz
Mecklenburg-Vorpommern

Forsthaus Strelitz

Berliner Chaussee 1 / 17235 / www.forsthaus-strelitz.de
T.: +49 3981 447135 / info@forsthaus-strelitz.de

Deutsche Küche. Menüs zu € 79; vegetarisches Menü. Geschlossen: Mo+Di, So; Mi-Sa mittags.

Neuzelle
Brandenburg

Wilde Klosterküche
Klosterhotel Neuzelle

Bahnhofstr. 18 / 15898 / www.wildeklosterkueche.de
T.: +49 33652 823991 / reservierung@wildeklosterkueche.de

Fine-Dining-Restaurant mit deutscher, weltoffener Küche. Hauptgerichte von € 25 bis € 25; Menüs von € 75 bis € 105; besondere Mittagskarte, vegetarisches Menü. Geschlossen: Mo+Di; Mi mittags.
Vor den Toren Eisenhüttenstadts und unweit der Oderauen hat sich diese junge, sehr empfehlenswerte Küche der ganzheitlichen Verwertung von Lebensmitteln verschrieben. Sie produziert feine regionale Menüs mit vier und sechs Gängen, verarbeitet Aal, Rinderzunge und Leberwurst und macht Bock auf Wiederkehr. Küchenchef Michael Bunke sorgt mit seinem kleinen Team für ein nachhaltiges Erlebnis (in jeder Hinsicht). Im Hause werden außerdem noch Gin, Liköre und Leinöl produziert. Das Kloster Neuzelle liegt 400 Meter, die polnische Grenze etwa vier Kilometer entfernt. Wer über Nacht bleiben und noch ein wenig die ländliche Idylle genießen möchte, checkt in einem der 14 Zimmer des Hauses ein. Auch das wäre sehr empfehlenswert.

Das Haus empfiehlt: Hirsch und Steinpilz; Blutwurst und Zwiebel; Kalb und Kartoffel

Neutraubling
Bayern

Hotel am See

Teichstr. 6 / ✉ 93073 / www.hotel-am-see.com
T.: +49 9401 9460 / info@hotel-am-see.com

Bayerische Küche. Hauptgerichte von € 13 bis € 36; Menüs von € 28 bis € 40; vegane Hauptgerichte.

Nideggen
Nordrhein-Westfalen

Restaurant Brockel Schlimbach
Burg Nideggen

Kirchgasse 10 / ✉ 52385 / www.burgrestaurant-nideggen.de
T.: +49 2427 9091066 / info@burgrestaurant-nideggen.de

Fine-Dining-Restaurant mit deutscher, weltoffener Küche. Menüs von € 135 bis € 155. Geschlossen: Mo+Di; So abends; Mi-Sa mittags.

Niederkassel
Nordrhein-Westfalen

Clostermanns „Le Gourmet"
Hotel Clostermanns Hof

Heerstr. 1 / ✉ 53859 Ortsteil Uckendorf / T.: +49 2208 94800
www.clostermannshof.de / legourmet@clostermannshof.de

Deutsche, französische Küche. Menüs ab € 109; vegetar. Menü. Geschl. Mo+Di, So; Mi-Sa mittags. Kochkurse.

Niedernberg
Bayern

ELIES
Seehotel Niedernberg – Das Dorf am See

Leerweg / ✉ 63843 / www.seehotel-niedernberg.de
T.: +49 6028 9990 / mail@seehotel-niedernberg.de

Mediterrane, deutsche Küche. Hauptgerichte von € 25 bis € 50; Menüs von € 26 bis € 50; besondere Mittagskarte, vegetarisches Menü, vegane Hauptgerichte. Kochkurse.
Eine Vitalküche für den Genuss und eine gesunde Lebensweise. Atemberaubender Blick über den See, große Terrasse, gemütliche Sofas zum Versinken.

Das Haus empfiehlt: Seeteufelmedaillon, Garnelenragout, Krustentiernage, Roter Mangold, Piemonteser Risotto; Geschmorte Iberico Bäckchen, Weißbierjus, Bärlauch-Kartoffelstampf, Karreerübchen; Rüblischnitte, Cheesecake-Mousse, Waldbeereis, Tahiti-Vanille-Crumble

Niederweis
Rheinland-Pfalz

Schloss Niederweis

Hauptstr. 9 / ✉ 54668
www.schloss-niederweis.de
T.: +49 6568 9696450 / kontakt@schloss-niederweis.de

Deutsche, französische Küche. Hauptgerichte von € 27 bis € 73; Menüs von € 48 bis € 68; vegetarisches Menü. Geschlossen: Mo+Di.

Niederwinkling
Bayern

Buchner Welchenberg 1658

Freymannstr. 15 / ✉ 94559 Ortsteil Welchenberg
www.buchner-welchenberg.de / T.: +49 9962 730
info@buchner-welchenberg.de

Fine-Dining-Restaurant mit französischer, deutscher Küche. Hauptger. von € 24 bis € 39; Menüs von € 74 bis € 158. Geschl.: Mo+Di; Mi-Fr mittags. Chef's Table, Kochkurse.

Nonnenhorn
Bayern

Restaurant Torkel
Hotel & Spa Torkel

Seehalde 14 / ✉ 88149
www.hotel-torkel.de
T.: +49 8382 98620 / info@hotel-torkel.de

Fine-Dining-Restaurant mit deutscher, mediterraner Küche. Hauptgerichte von € 21 bis € 50; Menüs von € 59 bis € 119; besondere Mittagskarte, vegetarisches Menü. Geschlossen: Mi. Kochkurse.
Mit moderner Rustikalität könnte man den Stil des Restaurants beschreiben. Die beliebten Eckbänke, die wir früher in jeder Stube gefunden haben, kommen dank ihrer anheimelnden Gemütlichkeit wieder zum Einsatz. Nur jetzt in einer modernen Version, ohne Schnörkel und mit dezenten Sitzkissen. Der Gast fühlt sich wohl in dieser Umgebung. Der Tisch hübsch gedeckt (ebenfalls schnörkellos), so dass die akkurat

angerichteten bunten Speisen wie Teller aus einer anderen Welt wirken. Ja, das Augenmerk ist vollends auf die Speisen gerichtet. In vier Gängen erlangt der Gast genüsslich seine Glückseligkeit. Da kann einem schnell der Gedanke kommen, seinen Aufenthalt in Nonnenhorn zu verlängern. Das Hotel mit seinen schönen Zimmern und dem kleinen Wellnessbereich erscheint mehr als reizvoll. Die nur 350 Meter bis zum Ufer des Bodensee und der Schiffsanleger machen die Lage des Hotels und Restaurants besonders interessant.
Das Haus empfiehlt: Mairüben-Carpaccio mit Sommertrüffel, Sauerrahm, Pesto, Tomatenchips; Das Beste vom Spanferkel, Knollenziest, Buttererbsen, Pastinakencrème, Spargel-Gnocchi; Marzinpanmousse, Pistazienkern, Himbeersorbet

Norden
Niedersachsen

Restaurant Heimisch
Romantik Hotel Reichshof

Neuer Weg 53 / ✉ 26506
www.reichshof-norden.de
T.: +49 4931 1750
info@reichshof-norden.de

Deutsche Küche. Hauptgerichte von € 18 bis € 33; besondere Mittagskarte, vegetarisches Menü. Geschlossen: mittags. Kochkurse.
Mitten in der City in farbenfroher Eleganz speisen, in den Stuben oder im Wintergarten, ostfriesische Spezialitäten oder fleischlose Menüs genießen.
Das Haus empfiehlt: Hausgemachte Krabbensuppe mit pfeffriger Sahne; Rinderfiletspitzen in Bärlauchrahmsauce mit hausgemachten Spätzle und Brokkoli mit Panko; Milchreistörtchen mit Erdbeersauce und Aprikoseneis

Norderney
Niedersachsen

Seesteg Restaurant
Hotel Seesteg

Damenpfad 36 a / ✉ 26548
www.seesteg-norderney.de
T.: +49 4932 893600 / empfang@seesteg-norderney.de

Weltoffene Küche. Hauptgerichte von € 24 bis € 56; Menüs von € 60 bis € 110; besondere Mittagskarte, vegetarisches Menü.

Amuse-Gueule: Appetitanreger, kleine Aufmerksamkeit des Hauses vor dem Essen

Nordkirchen
Nordrhein-Westfalen

Venus im Schloss Nordkirchen

Schloss 1 / ✉ 59394
www.lauter-nordkirchen.de
T.: +49 2596 972472
info@lauter-nordkirchen.de

Deutsche, weltoffene Küche. Hauptgerichte von € 20 bis € 35; Menüs von € 70 bis € 120; vegetarisches Menü. Geschlossen: Mo-Mi. Kochkurse.
Es ist wie im Märchen, wenn man durch die Tore im Park auf das beleuchtete Schloss Nordkirchen zufährt. Das barocke Schloss beeindruckt durch Größe, Schönheit und seinen wunderschön angelegten Park. Nicht umsonst wird es auch das „Westfälische Versailles" genannt. Als Zeugnis der Vergangenheit, als Kultur- und Genussstätte wird es vielfältig genutzt. Der gute Geist des Schlosses, Künstler und Inhaber, heißt Franz L. Lauter. Er spukt reichlich lebendig in den verschiedenen Gasträumen. Dem Künstler fehlt es nicht an Kreativität, dem Koch nicht an Erfahrung und dem Schloss nicht an Atmosphäre – eine ideale Mischung für besondere Stunden. Viele Hochzeitspaare entscheiden sich für das romantische Schloss als Feier-Location. Eine der tollen Räumlichkeiten ist das Restaurant Venus. Hier, wo der Gourmet freien Blick auf den Schlossgraben und den wunderschönen Barockgarten hat, genießt er im edlen Ambiente die feinen Kreationen des Küchenteams.
Das Haus empfiehlt: Maultaschen gefüllt mit Morcheln; Gamba „Stroganoff" mit Wasabi-Rote-Bete-Sorbet; Ziegenkäse, Apfel, Sellerie, Radieschen

La suite: der nachfolgende Speisegang eines Menüs

Loup de Mer: Wolfsbarsch, Seewolf

Nörten-Hardenberg
Niedersachsen

Novalis
Hardenberg BurgHotel

Hinterhaus 11 A / ✉ 37176
www.hardenberg-burghotel.de
T.: +49 5503 9810
info@hardenberg-burghotel.de

Mediterrane, deutsche Küche. Hauptgerichte von € 32 bis € 49; Menüs von € 67 bis € 99; vegetarisches Menü. Geschlossen: So; Mo-Sa mittags. Kochkurse.

Nördlingen
Bayern

Meyers Keller | Jockl Kaiser

Marienhöhe 8 / ✉ 86720 / www.meyerskeller.de
T.: +49 9081 4493 / restaurant@meyerskeller.de

Bayerische, französische Küche. Hauptgerichte von € 18 bis € 45; Menüs von € 75 bis € 168; vegetarisches Menü. Geschlossen: Mo+Di; Mi mittags. Kochkurse.
Die 20.000-Einwohner Kreisstadt Nördlingen, gelegen zwischen Schwäbischer und Fränkischer Alb, hat in Sachen Genuss eine sehr gute Adresse zu bieten. Das Wirtshaus „Meyers Keller" mit seinem idyllischen, baumbestandenen Biergarten bietet eine gehobene gutbürgerliche bis kreative Küche. Will heißen, niemand muss auf sein (sehr gut gemachtes) Wiener Schnitzel im Original oder den Schwäbischen Zwiebelrostbraten verzichten, kann aber ebenso ein Feinschmeckermenü mit bis zu sieben Gängen bestellen. Natürlich auch gerne vegetarisch oder mit korrespondierender Weinbegleitung. Chef de Cuisine Joachim Kaiser und seine Brigade sind für die eindrucksvolle Aromenvielfalt zuständig. Im Übrigen bieten sie eine perfekte Location zum Feiern – zum Beispiel am Chef's Table oder im Freien unter prächtigen Kastanien.
Das Haus empfiehlt: Bayerischer Huchen, Tatar kurz mariniert, Pomelo, Bitterorange, Baiser, Passepierre; Menü „Mit Laib und Seele" - regionale Wirtshausklassiker in Schüsseln serviert; Stets ein vegetarisches und ein Menü mit Fisch und Fleisch, wählbar in drei bis sieben Gängen

Nürnberg
Bayern

China-Restaurant Tang

Regensburger Str. 322 / ✉ 90480 Ortsteil Gleißhammer
www.tang-nuernberg.de / T.: +49 911 402318
info@tanghao.de

Chinesische Küche. Hauptgerichte von € 9 bis € 22; Menüs von € 33 bis € 90; besondere Mittagskarte.
Chinesische Kultur und Tradition sind hier zu Hause. Große und diverse Speiseauswahl aus vielen Winkeln Chinas. Drinnen zwei riesige Aquarien.
Das Haus empfiehlt: Geröstete Rippchen mit süß-scharfer Sauce, flambiert; Schweinefleisch Curry à la Singapur; Lammfleisch knusprig gebacken, in süß-scharfer Knoblauchsauce mit gebackenen Glasnudeln

Entenstuben

Schranke 9 / ✉ 90489 Ortsteil Wöhrd / T.: +49 911 5209128
www.entenstuben.de / info@restaurant-entenstuben.de

Französische, deutsche Küche. Hauptgerichte von € 24 bis € 32; Menüs von € 99 bis € 149; vegetarisches Menü. Geschlossen: Mo, So; Di-Sa mittags. Kochkurse.

Essigbrätlein

Weinmarkt 3 / ✉ 90403 Ortsteil Sebald
www.essigbraetlein.de / T.: +49 911 225131
essigbraetlein@web.de

Französische Küche. Menüs von € 165 bis € 195; besondere Mittagskarte. Geschlossen: Mo, So. Kochkurse.

Gasthaus Rottner
Romantik Hotel Gasthaus Rottner

Winterstr. 15 / ✉ 90431 Ortsteil Großreuth b. Schweinau
www.rottner-hotel.de / T.: +49 911 612032
info@rottner-hotel.de

Fränkische Küche. Hauptgerichte von € 29 bis € 34; vegetarisches Menü. Geschlossen: Mo, So; Di-Sa mittags. Kochkurse.

Heilig-Geist-Spital

Spitalgasse 16 / ✉ 90403 Ortsteil Sebald
www.heilig-geist-spital.de / T.: +49 911 221761
info@heilig-geist-spital.de

Fränkische Küche. Hauptgerichte von € 10 bis € 20.

Imperial by Alexander Herrmann

Königstr. 70 / ✉ 90402 Ortsteil Lorenz / ah-imperial.de
T.: +49 911 24029955 / reservierung@ah-imperial.de

Fine-Dining-Restaurant mit asiatischer, Crossover-Küche. Hauptgerichte von € 30 bis € 75; Menüs von € 149 bis € 209. Geschlossen: Mo, So; Di-Sa mittags.

Koch und Kellner

Obere Seitenstr. 4 / ✉ 90429 Ortsteil Gostenhof
www.kochundkellner.de / T.: +49 911 266166
info@kochundkellner.de

Französische, deutsche Küche. Hauptgerichte von € 30 bis € 50; Menüs von € 90 bis € 190. Geschlossen: So.

Restaurant Etz

Wiesentalstr. 40 / ✉ 90419 / etzrestaurant.de
T.: +49 911 47712809 / reservierungen@etzrestaurant.de

Weltoffene Küche. Menü zu € 210 mit 12-16 Gängen; vegetarisches Menü. Geschlossen: Mo-Mi, So; Do-Sa mittags.

Restaurant Tisane

im Gebäude des Karl August Hotels

Augustinerhof 1 / ✉ 90403 / restaurant-tisane.de
T.: +49 911 37666276 / post@restaurant-tisane.de

Fine-Dining-Restaurant mit weltoffener Küche. Menüs ab € 150. Geschlossen: Mo+Di, So; Mi-Sa mittags. Chef's Table.

Restaurant UnvergESSlich

Hotel Schindlerhof

Steinacher Str. 6-10 / ✉ 90427 Ortsteil Boxdorf
www.schindlerhof.de
T.: +49 911 9302-604
unvergesslich@schindlerhof.de

Fränkische, weltoffene Küche. Hauptgerichte von € 18 bis € 39; Menüs von € 37 bis € 75. Geschlossen: Mo. Kochkurse.
In dörflicher Umgebung ganz im Norden der Stadt wird deftig Fränkisches à la „Schäufele" und Klassisches wie eine Sorbet-Trilogie serviert.
Das Haus empfiehlt: „Schindlerhof" Beef-Tatar mit Knoblauchbrot und Wachtelei; Zweierlei vom Reh auf Selleriepüree mit Pfifferlingen; Schokoladenkuchen mit flüssigem Kern, hausgemachtes Vanilleeis und Pfirsich

Restaurant Zirbelstube

Hotel Zirbelstube

Friedrich-Overbeck-Str. 1 / ✉ 90455 Ortsteil Worzeldorf
www.zirbelstube.com / T.: +49 911 998820
genuss@zirbelstube.com

Crossover-, weltoffene Küche. Hauptgerichte von € 18 bis € 38; Menüs von € 58 bis € 118; vegetarisches Menü. Geschlossen: Mo, So; Di-Sa mittags. Kochkurse.

Veles

Kernstr. 29 / ✉ 90429 Ortsteil Gostenhof
veles-restaurant.de / T.: +49 911 5985385
info@restaurant-veles.de

Fine-Dining-Restaurant mit weltoffener Küche. Menüs von € 105 bis € 135; vegetarisches Menü, vegane Hauptgerichte. Geschlossen: Mo, So; Di-Sa mittags.

Waidwerk

Romantik Hotel Gasthaus Rottner

Winterstr. 15 / ✉ 90431 Ortsteil Großreuth b. Schweinau
www.rottner-hotel.de / T.: +49 911 612032
info@rottner-hotel.de

Fine-Dining-Restaurant mit weltoffener Küche. Menüs von € 140 bis € 190; vegetarisches Menü. Geschlossen: Mo, So; Di-Sa mittags. Kochkurse.

Wonka

Johannisstr. 38 / ✉ 90419 Ortsteil St Johannis
www.restaurant-wonka.de / T.: +49 911 396215
info@restaurant-wonka.de

Fine-Dining-Restaurant mit weltoffener, asiatischer Küche. Hauptgerichte von € 36 bis € 40; Menüs von € 98 bis € 108; besondere Mittagskarte, vegetarisches Menü, vegane Hauptgerichte. Geschlossen: Mo, So; Di, Sa mittags. Kochkurse.
Hinter einer unspektakulären Fassade eines alten Wohnhauses verbirgt sich ein Restaurant, das nicht nur durch seine aufgeräumten, schlichten und modernen Räumlichkeiten überrascht, sondern auch mit einer ausgezeichneten Küche. Der Gast hat die Wahl zwischen Restaurant, Wintergarten, Kutscherhaus oder im Sommer dem schönen Innenhof. Zwei wechselnde Menüs mit fünf oder sechs Gängen stehen auf der Abendkarte, eins davon ist vegetarisch. Gemüse nimmt im Wonka die erste Stelle ein. Fleisch und Fisch stellen dann manchmal die Beilage zum Gemüse dar. Für den Gast auf dem Teller teilweise kaum zu bemerken, außer dass das Gemüse im Geschmack genial ausgewogen und lecker hervorsticht. Mittags bietet Christian Wonka ein Dreigangmenü mit der Option auf Fisch oder Fleisch an. Wer mag, kann in der Kochwerkstatt bei einem Kochkurs dem Profi über die Schulter schauen und lernen. In etwas abgespeckter Form bietet Christian Wonka außerdem mehrmals im Jahr ein lockeres After-Work-Cooking.
Das Haus empfiehlt: Melone, Reis, Wasabi; Dim Sum, Poularde, schwarzer Knoblauch; Schokolade, Brombeere, Shiso

Würzhaus

Kirchenweg 3 a / ✉ 90419 Ortsteil St Johannis
www.wuerzhaus.info / T.: +49 911 9373455
info@wuerzhaus.info

Fränkische, weltoffene Küche. Hauptgerichte von € 28 bis € 35; Menüs von € 69 bis € 97; Mittagskarte, vegetarisches Menü. Geschlossen: Mo, So; Sa mittags. Kochkurse.

ZweiSinn Meiers Bistro

Äußere Sulzbacher Str. 118 / ✉ 90491 Ortsteil Erlenstegen
www.meierszweisinn.de / T.: +49 911 92300823
reservierung@meierszweisinn.de

Mediterrane, französische Küche. Hauptgerichte von € 16 bis € 41; besondere Mittagskarte. Geschlossen: Mo, So; Sa mittags.

Nürnberg: Zwei traditionsreiche Spezialitäten der Stadt, die Nürnberger Bratwürste und der Nürnberger Lebkuchen, werden in aller Herren Länder verschifft. In den typischen Gaststätten bekommt man die Würste, wie auch andere fränkischen Speiseklassiker, das ganze Jahr über: Mit Sauerkraut, Brezen oder Kartoffelsalat.

ZweiSinn Meiers - Fine Dining

Äußere Sulzbacher Str. 118 / ✉ 90491 Ortsteil Erlenstegen
www.meierszweisinn.de / T.: +49 911 92300823
reservierung@meierszweisinn.de

Fine-Dining-Restaurant mit weltoffener, mediterraner Küche. Hauptgerichte von € 25 bis € 39; Menüs von € 140 bis € 160; besondere Mittagskarte, vegetarisches Menü. Geschlossen: Mo, So; Di-Sa mittags. Kochkurse.
Das ZweiSinn Meiers ist ein leger und großzügig gestyltes Lokal in der Oststadt, mit Glasfronten und Außenbereich, gelegen in einem Bürogebäude an einer Ausfallstraße. Hier werden Tages- und Abendgäste mit einer fränkisch-mediterranen Bistroküche und an fünf Abenden in der Woche mit einem Fine-Dining-Erlebnis der Extraklasse verwöhnt. Der gastronomisch vielseitig ausgebildete Chefkoch und Gastronom Stefan Meier und sein ambitioniertes junges Team belohnen jene, die zunächst von der „einfachen" Küche kosten, und sich dann (sicherlich) mal die Gourmetabteilung trauen. Dort gibt es zwei herrlich stimmige Menüs à fünf oder sechs Gänge. Natürlich auch ohne Fleisch – den Vegetarier freut's. Dazu entführt der Sommelier im Hause in eine genussreiche Weinwelt, menübegleitend oder bei regelmäßig stattfindenden Weinfrühschoppen.
Das Haus empfiehlt: Langostino, Erbse, Finger Limes, Yuzukosho; Imperial Wachtel, Granatapfel, Couscous, Aubergine; Zweierlei vom Milchkalb, Kartoffel, Morchel, Zwiebel, Apfel

Nürtingen
Baden-Württemberg

Belsers Restaurant

Brunnsteige 15 / ✉ 72622
www.belsers.com / info@belsers.com
T.: +49 7022 7195860

Mediterrane, französische Küche. Hauptgerichte von € 19 bis € 36; Menüs von € 69 bis € 79; besondere Mittagskarte, vegetarisches Menü, vegane Hauptgerichte. Geschlossen: Mo; Di-Do, Sa mittags. Chef's Table.
Mittagstisch am Marktplatz mit Blick auf das historische Rathaus oder abends fein im modernen Ambiente speisen. Brasserie im Gewölbekeller.
Das Haus empfiehlt: Rinderfilet-Tatar, angemacht mit einer Senf-Kapern-Sauce, serviert mit Avocadotatar, Crisp vom schwarzen Amaranth und Kalbsjus; Zart geschmorte Rinderbacke mit Barolo-Rotweinjus, serviert auf Spinat-Lauch-Cassoulet und Kartoffel-Sellerie-Mousseline; Crème brûlée von der Tonkabohne mit einem hausgemachten Cassis-Sorbet

Wellington: gebratenes Fleisch in Blätterteighülle

Zeste: dünn abgeschälte Streifen von Orangen oder Zitronen

O

Oberhausen
Nordrhein-Westfalen

Hackbarth's Restaurant

Im Lipperfeld 44 / ✉ 46047 Ortsteil Neue Mitte
www.hackbarths.de / T.: +49 208 22188
info@hackbarths.de

Crossover-, weltoffene Küche. Hauptgerichte von € 16 bis € 45; Menüs von € 40 bis € 75. Geschlossen: Mo, So; Sa mittags. Kochkurse.

Oberkirch
Baden-Württemberg

Restaurant Haus am Berg
Hotel Haus am Berg

Am Rebhof 5 / ✉ 77704
www.haus-am-berg-oberkirch.de
T.: +49 7802 4701 / hotel-haus-am-berg@t-online.de

Badische, französische Küche. Hauptgerichte von € 18 bis € 30; Menüs von € 29 bis € 59. Geschlossen: Di; Mo, Mi-Fr mittags.

Obernburg am Main
Bayern

Restaurant Römerhof
Hotel Römerhof

Römerstr. 83 / ✉ 63785 Ortsteil Obernburg
www.roemerhof.de
T.: +49 6022 61550
kontakt@roemerhof.de

Mediterrane, deutsche Küche. Hauptgerichte von € 10 bis € 28; Menüs von € 35 bis € 98; vegetarisches Menü. Geschlossen: Mo, Fr; Di-Do, Sa mittags. Chef's Table.
Im Ortszentrum unweit des Mains liegt das Gasthaus mit farbenfrohem Interieur und deftig-fränkischen Wurst- und Fleischspezialitäten.
Das Haus empfiehlt: Gebratener grüner Spargel mit Tomatensalsa, süßen Erbeeren und Kartoffel-Rosmarinspieß; Tagliarini al petto di pollo - römische feine Bandnudeln geschwenkt in Kräuterrahm und Cocktailtomaten, an gebratenem Maishähnchen; Sous-vide gegarte US-Short-Rips mit rauchiger Glace verfeinert, an Jalapeño-Cheese-Fritten und knackigem Cole-slaw

Suprême: Gericht aus dem besten Stück eines Tieres

Oberstaufen
Bayern

die.speisekammer
Das Hochgrat

Rothenfelsstr. 6-8 / ✉ 87534
www.die-speisekammer.de
T.: +49 8386 991462-0
kontakt@die-speisekammer.de

Fine-Dining-Restaurant mit deutscher, französischer Küche. Hauptgerichte von € 26 bis € 54; Menüs von € 79 bis € 125; vegetarisches Menü. Geschlossen: Di+Mi; Mo, Do-Sa mittags.
Das hübsche Chalethotel hat sein Gourmet-Restaurant mit dem Namen die.speisekammer versehen. Ein Understatement, denn nur „ein kleiner Raum zur Aufbewahrung von Lebensmittelvorräten" ist die Speisekammer ganz und gar nicht. „Essen, trinken, genießen" lautet das Motto – und das auf hohem Niveau. Nicht mehr, aber auch nicht weniger. Dafür sorgt ein kreatives und engagiertes Team in Küche und Service. Eine moderne Küche präsentiert sich den Gästen. Da werden regionale Rezepte neu interpretiert, Alpenländisches mit Internationalem kombiniert, Wein und Speisen aufeinander abgestimmt. Zwischen einfach und elegant wirkt die Atmosphäre. Weinregale, blanke Holztische ohne Klimbim, alles aufgeräumt in warmen Farben und sanftem Licht: Wohlfühleffekt mit Schick. Hier hat jemand Geschmack bewiesen und den Zeitgeist getroffen.
Das Haus empfiehlt: Carpaccio von der Gamba de Palamós, Sauerrahm, Yuzu, Sepia, Crunch; „Schweinerei" - Gegrilltes Iberico-Presa-Bellota aus der Extramadura, Ratatouille, Polenta, Lorbeerjus, Pinienkerne; 65 %-Original-Beans-Schokolade, karamellisierte Ananas, Basilikum

Tandoori: indischer Lehmofen

Oberstdorf
Bayern

Das Maximilians
Romantik Hotel Das Freiberg
ohne Bewertung

Freibergstr. 21 / ✉ 87561
www.das-maximilians.de
T.: +49 8322 96780 / info@das-maximilians.de

Fine-Dining-Restaurant mit französischer, weltoffener Küche. Hauptgerichte von € 35 bis € 47; Menüs ab € 149. Geschlossen: Mo+Di, So; Mi-Sa mittags.
Im Oktober 2022 fand ein Küchenchefwechsel im Hause statt.

Eine Szene wie aus dem Märchenbuch –
Wandern vor der Kulisse des Voralpenlandes

© mmphoto/stock.adobe.com

Ess Atelier Strauss

Alpin Lifestyle Hotel Löwen & Strauss

Kirchstr. 1 / ✉ 87561 / www.loewen-strauss.de
T.: +49 8322 800080 / willkommen@loewen-strauss.de

Fine-Dining-Restaurant mit bayerischer, weltoffener Küche. Hauptger. von € 36 bis € 50; Menüs von € 111 bis € 180. Geschl.: Mo-Mi; Do-So mittags. Chef's Table, Kochkurse.
Vor beeindruckender Allgäuer Bergkulisse in Oberstdorf ist das Ess-Atelier im Alpin Lifestyle Hotel Löwen & Strauss eine gastliche Institution. Peter Strauss ist ein vielfach prämierter Koch mit jahrelanger Erfahrung. Er legt besonderen Wert auf die Qualität von Produkten aus den umliegenden Regionen und bereitet Genuss, in dem er auf perfekte Weise Klassiker mit modernen Elementen kombiniert. Das À-la-carte-Restaurant bietet ein stilsicheres Ambiente. Edle Stoffe, eine lange Sitzbank hinter hübsch eingedeckten Tischen und bequeme Stühle wirken einladend im angenehm warmen Licht. Imposant sind die in der Decke eingelassenen Edelweißleuchten sowie die Fenster in einer Spiegelwand, die direkte Blicke auf das Schaffen von Peter Strauss und seinem Team freigeben. Die urige Atmosphäre der Löwenwirtschaft nebenan mit ihrer regional-traditionellen Küche lädt zu einer spontanen Einkehr ein.
Das Haus empfiehlt: Ceviche vom Königsfisch, Limette, gerösteter Sesam, Gurke; Rehrücken, Wildglacé, Buchenpilze, Topinambur, Marille; Kirsche, Gewürzbalsam, Berg-Gin-Espuma

Löwenwirtschaft

Alpin Lifestyle Hotel Löwen & Strauss

Kirchstr. 1 / ✉ 87561 / www.loewen-strauss.de
T.: +49 8322 800088 / willkommen@loewen-strauss.de

Deutsche, bayerische Küche. Hauptgerichte von € 12 bis € 33; Menüs ab € 37. Geschl.: Mo+Di. Kochkurse.
Alpine Motive zieren das modern Lokal, Kuhglocken hängen unter der Decke, ein sechs Meter langer Tisch ermöglicht kommunikatives Essvergnügen.
Das Haus empfiehlt: Carpaccio vom Almochsen, Trüffel-Vinaigrette, Bergkäse-Spähne; Saiblings-Rondell, Apfel, Gurke, Alm-Joghurt; Feines Curry vom bayerischen Landhuhn, Sesamgemüse, Basmatireis

Oberursel
Hessen

Kraftwerk

Zimmersmühlenweg 2 / ✉ 61440
www.kraftwerkrestaurant.de / T.: +49 6171 929982
willkommen@kraftwerkrestaurant.de

Weltoffene Küche. Hauptgerichte von € 25 bis € 45; Menüs von € 99 bis € 159. Geschlossen: Mo+Di; Mi-So mittags. Chef's Table.

Oberwolfach
Baden-Württemberg

3 Könige

Hotel 3 Könige

Wolftalstr. 28 / ✉ 77709 Ortsteil Kirche
www.3koenige.de / info@3koenige.de
T.: +49 7834 83800

Badische Küche. Hauptgerichte von € 16 bis € 38; Menüs von € 22 bis € 45; besondere Mittagskarte, vegetarisches Menü. Geschlossen: Do; Mo-Mi, Fr-So mittags.
In dem gemütlichen Restaurant genießt der Gast eine klassische, modern interpretierte Küche. Küche und Service wissen, was ihre Gäste wünschen.
Das Haus empfiehlt: Räucherlachs und Forellenfilet auf Toast an Sahnemeerrettich; Rumpsteak an Kräuterbutter mit Pommes frites und Salatteller; Chateaubriand auf „Berner Art" oder Schwarzwaldforelle, zerl. Butter, Schloßkartoffeln, Salatteller

Odenthal
Nordrhein-Westfalen

Gourmet-Restaurant Zur Post

Hotel Zur Post

Altenberger-Dom-Str. 23 / ✉ 51519 / www.zurpost.eu
T.: +49 2202 977780 / hotel@zurpost.eu

Deutsche Küche. Menüs von € 123 bis € 155; vegetarisches Menü. Geschlossen: Mo+Di; So abends; Mi-Sa mittags. Kochkurse.

Saucieren: Gericht im letzten Augenblick mit Sauce begießen

Salamander: Ofen mit starker Oberhitze zum Überbacken, Karamellisieren oder Glasieren von Speisen

Ochsenfurt
Bayern

Restaurant Flockenwerk
Hotel Flockenwerk (ab 2023)

Floßhafenstr. 1 / ✉ 97199 / www.flockenwerk.com
T.: +49 9331 9840170 / restaurant@flockenwerk.com

Fränkische, weltoffene Küche. Hauptgerichte von € 15 bis € 25; Menüs von € 39 bis € 49; besondere Mittagskarte, vegetarisches Menü. Geschlossen: Di; Mo, Mi-So mittags.

Modernes Lokal mit großen Glasfronten in einem ehemaligen Speichergebäude unweit des Mains. Garnelen, Ochsenbacken und Burger im Angebot.
Das Haus empfiehlt: Die Ceviche - Lachs, Koriander, Chili, Limette, Erdnuss; Das Tagliata - Beef, Ochsenherztomate, Austernpilze, Kasselback-Kartoffeln, Rucola; Der Schokoschaum - Sauerkirschen, Kirschsorbet, Schokoladenespuma, Zimtcrumble

Offenbach am Main
Hessen

Die Zwei

Frankfurter Str. 96 / ✉ 63067 / www.ristorante-diezwei.de
T.: +49 69 889970 / info@ristorante-diezwei.de

Italienische Küche. Hauptgerichte von € 20 bis € 37; besondere Mittagskarte. Geschlossen: Sa mittags.

schauMAHL

Bismarckstr. 177 / ✉ 63067 / www.schaumahl.de
T.: +49 69 82993400 / info@schaumahl.de

Fine-Dining-Restaurant mit französischer, deutscher Küche. Hauptgerichte von € 26 bis € 38; Menüs von € 59 bis € 129. Geschlossen: Mo+Di, So; Mi-Sa mittags.

Offenburg
Baden-Württemberg

Restaurant Wasser & Brot
Hotel Liberty

Grabenallee 8 / ✉ 77652 Ortsteil Stadtmitte
www.hotel-liberty.de / T.: +49 781 28953000
info@hotel-liberty.de

Weltoffene, badische Küche. Hauptgerichte von € 15 bis € 40; besondere Mittagskarte.

Ofterschwang
Bayern

Restaurant Silberdistel
Sonnenalp Resort

Sonnenalp 1 / ✉ 87527 Ortsteil Schweineberg
www.sonnenalp.de/restaurant-silberdistel
T.: +49 8321 272900
restaurant@sonnenalp.de

Fine-Dining-Restaurant mit bayerischer, weltoffener Küche. Hauptgerichte von € 59 bis € 85; Menüs von € 126 bis € 158; vegetarisches Menü, vegane Hauptgerichte. Geschlossen: Mo+Di; Mi-So mittags.
Ein Tipp für einen besonderen Abend ist das Gourmetrestaurant Silberdistel, das im Herzen der Sonnenalp liegt. Seit Anfang 2010 auch für externe Gäste geöffnet, glänzt es seither mit hohen Auszeichnungen. Das Team um Küchenchef Florian Wagenbach und Souschef Harald Iancic sowie Oberkellner des Jahres 2012, Brian McLaren, begleitet den Gast mit einem atemberaubenden Blick auf das Allgäuer Bergpanorama durch die Hochgenüsse kulinarischer Klassiker. Ergänzt wird das Angebot durch die moderne Fusion Cuisine – eine elegante Kombination aus regionalen Gerichten und internationalen Einflüssen und Techniken. Über 450 edle Tropfen aus dem Sonnenalp-Weinkeller sind in der Obhut von Wein-Experte Brian McLaren und begleiten die Speisefolgen in den Menüs. Prämierte Winzer sowie örtliche Partner und Produzenten liefern hochwertigste Waren und exklusive Spezialitäten.
Das Haus empfiehlt: Saibling, Erbse, Kefir und Estragon; Heilbutt, Beurre blanc, Hibiskus-Dashi, Lardo, Kaiserschoten, Pilze; Gepökeltes Presa, Harissa, Rhabarber, Hüttenkäse, Kapuzinerkresse

Gigot d'agneau: Lammkeule

Galantine: ausgelöster Tierkörper oder Teile davon mit Farce gefüllt und gegart

Öhningen
Baden-Württemberg

Falconera

Zum Mühlental 1 / ✉ 78337 Ortsteil Schienen
www.falconera.de / T.: +49 7735 2340 / info@falconera.de

Mediterrane Küche. Hauptgerichte von € 39 bis € 55; Menüs von € 79 bis € 120; besondere Mittagskarte, vegetarisches Menü. Geschlossen: Mo+Di, So; Mi mittags. Kochkurse.

Olbernhau
Sachsen

Restaurant „Zum Berghof“

Berggasse 2 / ✉ 09526
www.zum-berghof.de
T.: +49 37360 699172
restaurant@zum-berghof.de

Deutsche, Crossover-Küche. Hauptgerichte von € 17 bis € 27; Menüs ab € 42. Geschlossen: Di+Mi; Mo, Do+Fr mittags.
Kurz vor der tschechischen Grenze bietet dieses gemütliche Restaurant eine Speisevielfalt aus internationalen, regionalen und saisonalen Produkten.
Das Haus empfiehlt: Tatar vom jungen Matjes mit Rote Bete, geröstetem Schwarzbrot und Senfaioli; Saltimbocca von der „Kikok“ Hähnchenbrust mit Tomaten-Limettensalsa und Zucchini-Minze-Spaghetti; Zitronen-Crème-brûlée mit Sorbet vom Weinbergpfirsich

Jus: Fleisch- oder Bratensaft

Ölbronn-Dürrn
Baden-Württemberg

Ristorante Calabria
Golfclub Pforzheim

Karlshäuserhof 1 / ✉ 75248 Ortsteil Dürrn
www.calabria-golfclub.de / T.: +49 7237 4863860
info@calabria-golfclub.de

Italienische, mediterrane Küche. Hauptgerichte von € 12 bis € 32. Geschlossen: Mo.
Lichtdurchflutetes Restaurant mit großem Außenbereich und Blick auf den Golfplatz, auch für Familienfeste geeignet.
Das Haus empfiehlt: Pinsa Romana; Penne al Cartoccio mit Pilzen, Bolognese, Schinken, Sahne und Mozzarella; Täglich frischer Fisch

Oldenburg in Oldenburg
Niedersachsen

Restaurant Kaiserküche

Kaiserstr. 18-20 / ✉ 26122 / kaiserkueche-ol.de
T.: +49 176 96664638 / moin@kaiserkueche-ol.de

Deutsche Küche. Hauptgerichte ab € 22; Menüs von € 65 bis € 95; besondere Mittagskarte, vegetarisches Menü, vegane Hauptgerichte. Geschlossen: Mo-Mi; Sa+So mittags. Chef's Table.
Clarissa und Malte Ibbeken haben im Oldenburger Bahnhofsviertel eine Gastronomie aufgezogen, die genau in unsere Zeit zu passen scheint. Sympathisch und engagiert begleiten sie ihre Gäste in ihrem modern gestylten, offenen Reich aus Gastraum, Bar und Küche. Ihre beiden Menüs sind griffig, von sehr gutem Handwerk und werden jederzeit gerne erklärt. Vier, fünf oder sechs Gänge umfasst das leckere Vergnügen, mit oder ohne Fleisch, eingeleitet mit einer „Brotzeit“ und begleitet von guten Weinen oder alkoholfreien Drinks. Das Ernteangebot stadtnaher Bauern und Gärtnereien bestimmt die kleine Speisekarte und auf Nachhaltigkeit wird ohnehin viel Wert gelegt. In abgespeckter Form gibt es die „Kaiserküche“ auch zum Lunch mit mehreren Vor-, Haupt- und Nachspeisen zur Auswahl. Eine herrliche Küche ohne Tamtam, dafür mit Erlebnisfaktor.
Das Haus empfiehlt: Wolfsbarsch, Tomate, Kräuter; Gelbe Bete, Rahm, Honig; Bentheimer Schwein, Pilze, Zwiebel

Restaurant Kevin Gideon

Heiligengeistwall 9 / ✉ 26122 / www.kevingideon.de
T.: +49 441 18005066 / restaurant@kevingideon.de

Fine-Dining-Restaurant mit französischer, asiatischer Küche. Menüs von € 90 bis € 200; vegetarisches Menü. Geschlossen: Mo, So; Di-Sa mittags.
Oldenburg hat eine Fine-Dining-Adresse – dank Kevin Gideon. Der Anfangdreißiger hat aus einer einstigen Kneipe am Rande der Altstadt ein Wohnzimmer für Feinschmecker gemacht. Und das, ohne auf Chichi zu setzen oder gar abgehoben zu sein. Im Gegenteil, die Attitüde ist leger, der Chef kommt per-

sönlich an den Tisch und plauscht mit den Gästen. Aal, Kimchi, Passionsfrucht, Ei – Ideen hat der zudem reichlich und er kann sie auch gewinnbringend für den Gaumen umsetzen. Sprich, es schmeckt nicht nur einfach gut, sondern die Speisen überzeugen durch die fein herausgearbeitete Aromen und passende Kombinationen. Die sieben Gänge sollte man sich daher schon gönnen, um das Erlebnis perfekt zu machen.

Restaurant Kleine Burg

Burgstr. 2 / ✉ 26122 / www.kleineburg-ol.de
T.: +49 441 15855 / info@kleineburg-ol.de

Deutsche, weltoffene Küche. Hauptgerichte von € 29 bis € 38; Menüs von € 65 bis € 87; besondere Mittagskarte, vegetarisches Menü. Geschlossen: Mo, So.

Oppenweiler
Baden-Württemberg

Restaurant Einhorn
Hotel Einhorn

Hauptstr. 55 / ✉ 71570 / www.restaurant-einhorn.de
T.: +49 7191 340280 / info@restaurant-einhorn.de

Weltoffene, schwäbische Küche. Hauptgerichte von € 24 bis € 32; Menüs von € 38 bis € 90. Geschlossen: Mi, So; Sa mittags.
Tagesgerichte, schwäbische Standards und Menüs in historisch-stilvollem Ambiente, auf halber Strecke zwischen Stuttgart und Schwäbisch Hall.
Das Haus empfiehlt: Sous-vide gegarte Brust von der Barbarie Ente mit Urkarotten-Romanesco-Gemüse und Pinien-Kartoffelkrapfen; Auf der Haut gebratene Tranche vom Wolfsbarsch mit gerösteten Artischocken und geräuchertem Kartoffelpüree; Schwäbischer Zwiebelrostbraten an Lembergersauce mit Maultäschle und handgeschabten Spätzle

Foie gras: Enten- oder Gänsestopfleber

Osnabrück
Niedersachsen

Friedrich Restaurant

Lotter Str. 99 / ✉ 49090 / www.friedrich-osnabrueck.de
T.: +49 541 96380899 / info@friedrich-osnabrueck.de

Fine-Dining-Restaurant mit weltoffener Küche. Hauptgerichte von € 21 bis € 39; Menüs von € 139 bis € 169. Geschlossen: Mo+Di, So; Mi-Sa mittags. Kochkurse.

Iko Restaurant

Stadtweg 38 a / ✉ 49086 Ortsteil Lüstringen
www.iko-restaurant.de / T.: +49 541 44018030
hallo@iko-restaurant.de

Weltoffene Küche. Menüs von € 115 bis € 145. Geschlossen: Mo-Mi, So; Do-Sa mittags.

Kesselhaus

Neulandstr. 12 / ✉ 49084 Ortsteil Fledder
www.kesselhaus-os.de / T.: +49 541 97000072
info@kesselhaus-osnabrueck.de

Fine-Dining-Restaurant mit weltoffener Küche. Menüs von € 118 bis € 148; besondere Mittagskarte. Geschlossen: Mo, So; Di-Fr mittags.

Romantik Hotel Walhalla

Bierstr. 24 / ✉ 49074 / www.hotel-walhalla.de
T.: +49 541 34910 / walhalla@hotel-walhalla.de

Weltoffene Küche. Hauptgerichte von € 22 bis € 44; Menüs von € 65 bis € 75.

Wilde Triebe

Am Sutthauser Bahnhof 5 / ✉ 49082 Ortsteil Sutthausen
www.wilde-triebe.de / T.: +49 541 60079033
info@wilde-triebe.de

Deutsche Küche. Hauptgerichte von € 24 bis € 36; Menüs von € 54 bis € 79. Geschlossen: Mo+Di; Mi-So mittags.

Otterndorf
Niedersachsen

Restaurant Leuchtfeuer
Hotel am Medemufer

Goethestr. 15 / ✉ 21762
www.hotel-am-medemufer.de
T.: +49 4751 99990 / info@hotel-am-medemufer.de

Deutsche Küche. Hauptgerichte von € 15 bis € 23; Menüs ab € 32; besondere Mittagskarte, vegetarisches Menü. Geschlossen: mittags.
Maritim gestyltes Restaurant am Fluss unweit der Elbmündung mit Panoramafenstern, BBQ-Büfetts, Sommerterrasse mit Strandkörben, Kanadier- und Tretbootverleih.

Das Haus empfiehlt: Dorumer Krabbensuppe mit Dill und frischen Nordseekrabben; Brokkoli „no waste" - confiert, eingelegt, gebraten und gedünstet mit Blattpesto, gebackenen Austernpilzen und Karotten-Lorbeersud; Gratiniertes Zanderfilet unter der Kräuterkruste mit Ratatouille, Kerbel-Kartoffelstampf und Dijon-Senf-Vinaigrette

P/Q

Paderborn
Nordrhein-Westfalen

Balthasar

Warburger Str. 28 / ✉ 33098 Ortsteil Kernstadt
www.restaurant-balthasar.de / T.: +49 5251 24448
schlotzig@restaurant-balthasar.de

Fine-Dining-Restaurant mit französischer, Crossover-Küche. Hauptgerichte von € 34 bis € 45; Menüs von € 85 bis € 155; vegetarisches Menü. Geschlossen: Mo, So; Di-Sa mittags. Kochkurse.

„Schlotzig soll es sein", was für Elmar Simon soviel bedeutet wie vollmundig. Der Küchenchef des „Balthasar" betreibt in Paderborn ein Gourmet-Restaurant, das voller Kontraste steckt. Hochwertige Kreationen – in aller Regel gemäß der hohen Kochkunst zubereitet und filigran angerichtet, teils mit heimischen Gemüsesorten, die in der Gourmetküche eher vernachlässigt werden. Da werden Schmorgurken zum Heilbutt gereicht oder Grünkohl zum feinen Gänsewürstchen. Authentisch möchten Elmar und seine Frau Laura sein und mit Spaß ans Werk gehen. Ein vegetarisches Menü ist fest verankert in der Speiseplanung. Die Herausforderung, eine Karotte so zu präsentieren, dass sie Aug' und Gaumen selbst kritischer Gourmets stand hält, macht Elmar Simon viel Freude. So wird zum Beispiel aus einem Kürbis ein Schaumsüppchen, eine Kugel Kürbissorbet aus seinem Chutney, Kürbisparfait, Kürbiscrème oder -sauce, Kürbis frittiert oder gebraten – die Möglichkeiten sind endlos.
Das Haus empfiehlt: Bretonische Seezunge, Stielmus, Noilly Prat, Hummerbisque; Driburger Rehrücken, Rotkraut, weißer Pfeffer, Portwein; Champagnertörtchen, Himbeeren, Weintrauben, Tahiti Vanille

Il Postino

Jühenplatz 1-3 / ✉ 33098 Ortsteil Kernstadt
www.trattoria-ilpostino.de / T.: +49 5251 296170
info@trattoria-ilpostino.de

Mediterrane, italienische Küche. Hauptgerichte von € 14 bis € 25. Geschlossen: So.

Panker
Schleswig-Holstein

Restaurant 1797
Hotel Ole Liese

Gut Panker / ✉ 24321 / www.ole-liese.de
T.: +49 4381 90690 / info@ole-liese.de

Deutsche Küche. Menüs zu € 119. Geschlossen: Mo+Di, So; Mi-Sa mittags.

Parsberg
Bayern

Hirschkönig
Romantik Hotel Hirschen

Marktstr. 1 a / ✉ 92331
restaurant-hirschkoenig.com
T.: +49 9492 606333
hirschkoenig@romantikhotelhirschen.de

Deutsche Küche. Menüs von € 98 bis € 118; vegetarisches Menü. Geschlossen: Mo-Do, So; Fr+Sa mittags.
Kreativ, natürlich, regional, echt – so kocht man hier „Gourmet". Ohne Schnick und Schnack, gut zu erkennen, was auf dem Teller liegt, ohne Schäumchen und Träumchen. Kein Besteck-Wirrwarr, keine Gläseransammlung, keine Tischdecken. Die Konzentration auf das, was viele Hände mit Liebe und Begeisterung geschaffen haben. Die handgefertigten Tische, mundgeblasenen Gläser, Weine, mit viel Hingabe gekeltert, und natürlich das mit Hingabe gekochte Essen. Aus besten Zutaten und mit dem, was die Saison hergibt, zubereitet. Das ist der Hirschkönig – das Gourmet-Restaurant in Parsberg.
Das Haus empfiehlt: Ravioli, Kräuter, Tomate; Kalb, Kartoffel, Wurzel; Joghurt, Zitrone, Thymian

Passau
Bayern

Culinarium Passau

Lederergasse 16 / ✉ 94032 / www.culinarium-passau.de
T.: +49 851 98908270 / info@culinarium-passau.de

Deutsche Küche. Hauptgerichte von € 16 bis € 25; Menüs ab € 53. Geschlossen: Mo+Di, So; Mi-Sa mittags.

Weingut

Theresienstr. 28 / ✉ 94032 Ortsteil Altstadt
www.weingut-passau.de / T.: +49 851 37930500
erleben@weingut-passau.de

Mediterrane Küche. Hauptgerichte von € 19 bis € 30. Geschlossen: Mo, So; Di-Do mittags.

Hors d'œuvre: Vorspeise

Karree: Vorderstück des halbierten Rückens zum Beispiel vom Lamm, wird als Ganzes gebraten

Perasdorf
Bayern

Gasthaus Jakob

Haigrub 19 / ✉ 94366 / www.genuss-jakob.de
T.: +49 9965 80014 / info@genuss-jakob.de

Fine-Dining-Restaurant mit weltoffener Küche. Hauptgerichte von € 35 bis € 42; Menüs von € 70 bis € 110. Geschlossen: Mo+Di; So abends; Mi-Sa mittags.

Perl
Saarland

Landgasthaus Birkenhof

Saarbrücker Str. 9 / ✉ 66706 Ortsteil Sinz
www.birkenhof-sinz.de / T.: +49 6866 202
info@birkenhof-sinz.de

Gasthof mit deutscher Küche. Hauptgerichte von € 9 bis € 23.
Gemütliches Restaurant in der ländlichen Umgebung des Dreiländerecks – mit idyllischem Biergarten und Zimmern fürs Nächtle.
Das Haus empfiehlt: Jakobsmuscheln auf jungem Gemüse mit Holunderdressing; Rinderfilet mit Feigen und Gorgonzola gratiniert; Filets von Rotbarbe und Lachs

Victor's Fine Dining by Christian Bau
Victor's Residenz-Hotel Schloss Berg

Schlossstr. 27-29 / ✉ 66706 Ortsteil Nennig
www.victors-fine-dining.de / T.: +49 6866 79118
info@victors-fine-dining.de

Fine-Dining-Restaurant mit französischer, japanischer Küche. Menüs von € 250 bis € 325. Geschlossen: Mo-Mi; Do+Fr mittags. Chef's Table.
Das Schloss Berg ist ein Ensemble aus Hotel, Casino, Gourmetlokal und gehobenem Landhausrestaurant. Nebenan die Weinberge, die Mosel, das Großherzogtum Luxemburg. Der Gebieter über die feine Schlossküche heißt Christian Bau und sein Schaffen wurde mit unzähligen Auszeichnungen, einschließlich des Bundesverdienstkreuzes, geehrt. Eine Demonstration seiner Kochkunst gibt er an vier Tagen in der Woche – im hochwertigen und nonchalanten Ambiente des „Victor's Fine Dining". Die Inszenierung der Bau'schen

Speisen in ihrer Vielschichtigkeit von Aromen, Texturen, Aggregatzuständen und Temperaturen zeigt seine große Leidenschaft für fernöstliches und maritimes Essgut. Hin- und hergerissen zwischen „Paris und Tokio" hat Christian Bau seine bis zu sieben Gänge – nebst unzähligen Küchengrüßen und Zwischendurch-Erfrischungen – umfassende Reise angesiedelt. Felix Kress heißt der Restaurantchef, der seine Gäste in professionelle Obhut nimmt, während Sommelière Nina Mann zu überraschenden vinophilen Entdeckungen verführt. (Mehr Informationen über Christian Bau unter „Auszeichnungen des Jahres Deutschland".)
Das Haus empfiehlt: Kampachi (Gelbschwanzmakrele), Buttermilch, Wasabi, Kaviar; Langoustine, XO, Palmherz; Wagyu, Ratatouille, Anchovis, Black Bean

Bad Peterstal-Griesbach
Baden-Württemberg

Le Pavillon
Hotel Dollenberg

Dollenberg 3 / ✉ 77740 Ortsteil Bad Griesbach
www.dollenberg.de / T.: +49 7806 780 / info@dollenberg.de

Fine-Dining-Restaurant mit französischer Küche. Menüs von € 145 bis € 198; vegetarisches Menü. Geschlossen: Di+Mi; Mo, Do-So mittags.
Das „Dollenberg" ist kein Hotel. „Schwarzwald Resort" passt schon besser. Aber „Hotelwelt Dollenberg" trifft den Nagel genau auf den Kopf. Der Gast findet eine Welt der Genüsse für sich – eine Welt geschaffen von Meinrad Schmiederer. Abseits jeden urbanen Lärms liegt diese Hotelwelt auf einem Berg, zwei Kilometer von der nächsten Ortschaft entfernt. Hier erwarten den Gast Ruhe und Idylle – und ein perfekter Service zum Wohlfühlen und Entspannen. Inmitten eines riesigen blumenreichen Parks mit Amphitheater und eigener Kapelle liegen die Häuser, die unter anderem eine ganz große Perle beherbergen: das Gourmet-Restaurant „Le Pavillon". Hier wird das elegante Flair bestimmt durch Tafelsilber und fein eingedeckte Tische. Küchenchef Martin Herrmann, der schon seine Ausbildung im Hause Dollenberg absolvierte, bestückt diese Tafel an fünf Abenden in der Woche. Man hat die Wahl zwischen fünf und acht Gängen allerfeinster Haute Cuisine. Ulrike Herrmann und ihr Team umsorgen den Gast kompetent und nonchalant. (Mehr Informationen über Martin Herrmann unter „Auszeichnungen des Jahres Deutschland".)
Das Haus empfiehlt: Langostino, Imperial Kaviar, Limettenvinaigrette; Loup de Mer, 2x Aubergine, Yuzu-Beurre-blanc; Rehrücken, Boudin Noir, Sellerie, Shirazjus, Zwetschge

Kaminstube

Hotel Dollenberg

Dollenberg 3 / ✉ 77740 Ortsteil Bad Griesbach
www.dollenberg.de / T.: +49 7806 780 / info@dollenberg.de

Französische, badische Küche. Hauptgerichte von € 20 bis € 50; Menüs von € 29 bis € 65; vegetarisches Menü. Kochkurse.
Die Kaminstube ist ein zweites Restaurant im Luxushotel Dollenberg, als Zweitrestaurant mag man es kaum bezeichnen. Denn es ist derselbe Spitzenkoch, der hier die Löffel in der Hand hält, wie im hochdekorierten „Le Pavillon". Martin Herrmann kocht für die Kaminstube weniger aufwendig, ein bisschen regionaler, aber mit demselben Anspruch an die Qualität der Produkte (das versteht sich von selbst). So werden vermeintlich einfache Gerichte zu einem Hochgenuss. Das sollte man mal ausprobieren. Auch das Ambiente der Kaminstube steht dem anderen in nichts nach. Eine schicke Holzvertäfelung, elegantes Gestühl und fein eingedeckte Tische geben dem Raum einen festlichen Charakter. Das kleine Dreigangmenü kostet unter 30 Euro – nichts wie hin!
Das Haus empfiehlt: Flusszanderfilet auf Pfifferlings-Wurzelgemüse mit Schnittlauchsauce und Kräuterkartoffeln; Rinderfiletwürfel in Pfefferrahmsauce mit jungem, sommerlichen Gemüse und Kartoffelrösti; Crème brûlée mit glasierten Aprikosen und Pistazieneis

Pfinztal

Baden-Württemberg

Villa Hammerschmiede

Hauptstr. 162 / ✉ 76327 Ortsteil Söllingen
www.villa-hammerschmiede.de / T.: +49 7240 6010
info@villa-hammerschmiede.de

Weltoffene, französische Küche. Hauptgerichte von € 23 bis € 49; Menüs von € 73 bis € 110; besondere Mittagskarte.

Pforzheim

Baden-Württemberg

siehe auch D-75248 Ölbronn-Dürrn

Restaurant Hoppe's

Weiherstr. 15 / ✉ 75173 Ortsteil Südweststadt
www.hoppes-pforzheim.de / T.: +49 7231 105776
hoppe-s.essfreude@t-online.de

Badische, elsässische Küche. Hauptgerichte von € 14 bis € 25. Geschlossen: So; Mo-Sa mittags. Kochkurse.

Pfronten

Bayern

Berghotel Schlossanger Alp

Berghotel Schlossanger Alp

Am Schlossanger 1 / ✉ 87459 / www.schlossanger.de
T.: +49 8363 914550 / ebert@schlossanger.de

Deutsche Küche. Hauptgerichte von € 25 bis € 35; Menüs von € 49 bis € 68; besondere Mittagskarte. Kochkurse.

Restaurant Pavo

Burghotel Falkenstein

Auf dem Falkenstein 1 / ✉ 87459
www.burghotel-falkenstein.de / T.: +49 8363 914540
info@burghotel-falkenstein.de

Fine-Dining-Restaurant mit weltoffener, deutscher Küche. Menüs ab € 165; vegetarisches Menü. Geschlossen: Mo-Mi; Do-So mittags.
Erhaben thront das Burghotel Falkenstein über dem sanft gewellten Allgäu (1.200 Meter über dem Meer) und gibt den Blick frei auf die lieblichen Wiesen, Wälder und Seen mit ihrem hohen Erholungsfaktor. Ebenso erhaben, aber nicht abgehoben, ist die Kochkunst von Simon Schlachter. Im Restaurant „Pavo" darf man stundenlang und nach Herzenslust von den Schälchen und Tellern kosten, die sein Team dem neugierigen Genießer auftischt: Saibling, Rindertatar, pochiertes Ei, Kalbsfilet und Maultasche mit Pfifferlingen – da kommt ein Geschmackserlebnis zum nächsten. Zusammen mit einer kleinen Weinreise und dem Blick auf die Alpen ist das elegante Lokal der perfekte Spot für eine Feier im kleinen Kreis oder eine besondere Auszeit. Ein Ausflug zum Burghotel Falkenstein ist aber auch so gestattet, etwa um nach einem Spaziergang auf der Panoramaterrasse zu sitzen – bei Kaffee und einem Stück hausgemachten Kuchen versteht sich.
Das Haus empfiehlt: Thunfisch, Kopfsalat, Gurke, Wasabi; Langustine, Lauch, Blumenkohl; Short Rip, Röstzwiebel, Buchenpilz-Salsa

Pfullingen

Baden-Württemberg

Klostergarten

Hotel Klostergarten

Klosterstr. 30 / ✉ 72793 / www.klostergarten-pfullingen.de
T.: +49 7121 994155 / info@klostergarten-pfullingen.de

Schwäbische Küche. Hauptgerichte von € 15 bis € 28; besondere Mittagskarte. Geschlossen: Sa mittags.
In einem historischen Gebäude aus dem 16. Jahrhundert

speist man eine traditionelle Wirtshausküche und trinkt lokal gebraute Biere.
Das Haus empfiehlt: Rahmschnitzel im Pfännle mit frischen gebratenen Albchampignons; Medium gebratener Zwiebelrostbraten mit selbstgemachten Dinkelbutterspätzle und Blattsalatteller; Rindergulasch mit selbstgemachten Dinkelbutterspätzle

Piesport
Rheinland-Pfalz

schanz. restaurant.
schanz.restaurant.hotel.weinhaus

Bahnhofstr. 8 a / ✉ 54498
www.schanz-hotel.de
T.: +49 6507 92520
info@schanz-hotel.de

Fine-Dining-Restaurant mit französischer Küche. Hauptgerichte von € 70 bis € 110; Menüs von € 148 bis € 225; vegetarisches Menü. Geschlossen: Mo+Di; So abends; Mi+Do, Sa mittags.

Es steckt bereits im Namen, was die Familie Schanz dem genussfreudigen Reisenden in Piesport alles zu bieten hat: raffinierte Speisen auf allerhöchstem Niveau, geschmackvoll eingerichtete Gästezimmer und einen traditionsreichen Weinverkauf mit den guten Tropfen vom eigenen Weingut. Das modern gestylte, großzügig dimensionierte und lichtdurchflutete Gourmet-Restaurant ist die Bühne für die Kochkunst von Thomas Schanz. Einen Rieslingsekt aus eigenem Hause nimmt man gern vorab, schon legendär ist das Amuse-bouche-Trüffelei, gefolgt von drei bis sechs durchdachten und präzise angerichteten Tellern, die Gaumen und Auge begeistern: Gänseleberterte, Jakobsmuschel, Hummerfrikassee, Label-Rouge-Taubenbrust – ein Gedicht. Eine anspruchsvolle Klientel aus Luxemburg und Frankreich schraubt sich gezielt die Serpentinen hinunter zur Mosel, um von der atemberaubenden französischen Hochküche eines Thomas Schanz zu kosten. (Mehr Informationen über Thomas Schanz unter „Auszeichnungen des Jahres Deutschland".)
Das Haus empfiehlt: Arktischer schwarzer Seehecht mit Tannenwipfel, Angostura, Nektarine und Muskatnuss-Consommé; Frikassee vom gegrillten Hummer aus Saint Malo und Kalbskopf mit Annabelle Kartoffel, Minze und Mirabellen-Hummer-Bouillon; Eifeler Rehrücken in Kapuzinerkresse gegart mit Pfifferlingen, eingelegten Radieschen und Mädesüßjus

Taco: Gefüllter Maistortilla

Pinneberg
Schleswig-Holstein

Rolin
Hotel Cap Polonio

Fahltskamp 48 / ✉ 25421
www.cap-polonio.de
T.: +49 4101 5330 / info@cap-polonio.de

Französische, weltoffene Küche. Hauptgerichte von € 24 bis € 45; Menüs von € 39 bis € 69; vegetarisches Menü. Geschlossen: Mo+Di, So; Mi-Sa mittags.

Pirmasens
Rheinland-Pfalz

Die Brasserie

Landauer Str. 103-105 / ✉ 66953
www.diebrasserie-ps.de / T.: +49 6331 7255544
info@diebrasserie-ps.de

Französische, weltoffene Küche. Hauptgerichte von € 48 bis € 55; Menüs von € 98 bis € 125; Mittagskarte, vegetarisches Menü. Geschlossen: Mo-Mi, So. Kochkurse.

Pleiskirchen
Bayern

Huberwirt

Hofmark 3 / ✉ 84568
www.huber-wirt.de
T.: +49 8635 201 / info@huber-wirt.de

Bayerische Küche. Hauptgerichte von € 34 bis € 45; Menüs von € 75 bis € 135; Mittagskarte, vegetarisches Menü. Geschlossen: Mo+Di; Mi+Do mittags. Kochkurse.

Pliezhausen
Baden-Württemberg

Landgasthaus Zur Linde

Schönbuchstr. 8 / ✉ 72124 Ortsteil Dörnach
www.linde-doernach.de / T.: +49 7127 890066
info@linde-doernach.de

Mediterrane Küche. Hauptgerichte von € 32 bis € 35; Menüs von € 85 bis € 93. Geschlossen: Di+Mi; Mo, Do-Sa mittags.

Plön
Schleswig-Holstein

Robert Stolz

Markt 24 / ✉ 24306
www.robertstolz.de
T.: +49 4522 7895295
mail@robertstolz.de

Deutsche Küche. Menüs zu € 95; besondere Mittagskarte. Geschlossen: Mo-Mi, So; Do-Sa mittags. Kochkurse.

Pößneck
Thüringen

Villa Altenburg
Boutique Hotel Villa Altenburg

Straße des Friedens 49 / ✉ 07381 Ortsteil Pößneck,Stadt
www.villa-altenburg.de / T.: +49 3647 5042888
info@villa-altenburg.de

Deutsche Küche. Hauptgerichte von € 19 bis € 32. Geschlossen: Mo; So abends; Di-Sa mittags.
In einer wunderschönen Villa von 1928, eingebettet in einer Parkanlage, speist der Gast herrschaftlich und genüsslich.

Potsdam
Brandenburg

Juliette

Jägerstr. 39 / ✉ 14467 / www.restaurant-juliette.de
T.: +49 331 2701791 / potsdam@restaurant-juliette.de

Französische Küche. Hauptgerichte von € 24 bis € 34; Menüs von € 62 bis € 99. Geschlossen: Mo+Di; Mi-Fr mittags. Chef's Table, Kochkurse.

Kochzimmer
Gaststätte zur Ratswaage

Am Neuen Markt 10 ✉ 14467 / www.restaurant-kochzimmer.de
T.: +49 331 20090666 / info@restaurant-kochzimmer.de

Brandenburgische, deutsche Küche. Menüs von € 135 bis € 175. Geschlossen: Mo, So; Di-Sa mittags. Chef's Table.

Quendel

Sellostr. 15 a / ✉ 14471 Ortsteil Brandenburger Vorstadt
www.quendel-potsdam.de / T.: +49 331 95140188

Weltoffene Küche. Hauptgerichte von € 22 bis € 30; besondere Mittagskarte. Geschlossen: Mo-Mi; Do+Fr mittags.

Villa Kellermann

Mangerstr. 34 / ✉ 14467 Ortsteil Berliner Vorstadt
www.villakellermann.de / T.: +49 331 20046540
info@villakellermann.de

Deutsche Küche. Hauptgerichte von € 21 bis € 30; Menüs zu € 62. Geschlossen: Mo+Di; Mi-Fr mittags.

Prien am Chiemsee
Bayern

Restaurant Reinhart
Garden Hotel Reinhart

Erlenweg 16 / ✉ 83209 / www.restaurant-reinhart.de
T.: +49 8051 6940 / info@restaurant-reinhart.de

Deutsche Küche. Hauptgerichte von € 18 bis € 30; Menüs ab € 28. Geschlossen: mittags.

Pulheim
Nordrhein-Westfalen

Gut Lärchenhof

Hahnenstraße / ✉ 50259 Ortsteil Stommelerbusch
www.restaurant-gutlaerchenhof.de / T.: +49 2238 9231016
info@restaurant-gutlaerchenhof.de

Weltoffene Küche. Hauptgerichte von € 35 bis € 47; Menüs von € 149 bis € 199. Geschlossen: Mo-Mi; Do+Fr mittags.

La Botte

Venloer Str. 571 / ✉ 50259 Ortsteil Stommeln
www.labotte-pulheim.de / T.: +49 2238 2528
info@labotte-pulheim.de

Mediterrane Küche. Hauptgerichte von € 14 bis € 26; besondere Mittagskarte. Geschlossen: Mo; Di, Do, Sa mittags.
Gehobener Italiener im Ortskern, hier stehen die wechselnden Wochengerichte alla Orecchiette, Dorade und Kaninchen handgeschrieben an der Tafel.
Das Haus empfiehlt: Vitello Tonnato - Kalbsbraten mit Thunfischsauce und Kapern; Pappardelle „Mare e Monti" - breite Bandnudeln mit Sahne, Scampi, Champignons; „Gamberoni al Mascarpone" - Scampi mit Sahne und frischem Käse

Pullach im Isartal
Bayern

Waldwirtschaft Großhesselohe

Georg-Kalb-Str. 3 / ✉ 82049 Ortsteil Großhesselohe
www.waldwirtschaft.de / T.: +49 89 74994030
info@waldwirtschaft.de

Deutsche, bayerische Hauptgerichte von € 12 bis € 35; Menüs von € 31 bis € 100; vegetarisches Menü.

R

Radebeul
Sachsen

Restaurant Atelier Sanssouci
Hotel Villa Sorgenfrei

Augustusweg 48 / ✉ 01445
www.hotel-villa-sorgenfrei.de
T.: +49 351 7956660 / info@hotel-villa-sorgenfrei.de

Französische Küche. Menüs von € 134 bis € 185; besondere Mittagskarte, vegetarisches Menü. Geschlossen: Di+Mi; Mo, Do-So mittags.

Rammingen (Württemberg)
Baden-Württemberg

Landgasthof Adler
Landgasthof Adler

Riegestr. 15 / ✉ 89192 Ortsteil Rammingen
www.adlerlandgasthof.de
T.: +49 7345 96410
info@adlerlandgasthof.de

Deutsche, französische Küche. Hauptgerichte von € 22 bis € 38; Menüs von € 44 bis € 148; besondere Mittagskarte, vegetarisches Menü. Geschlossen: Mo; Di-Do mittags.
Im landschaftlich reizvollen Lonetal unweit von Ulm steht das romantische, traditionsreiche Fachwerkhaus. Heute beherbergt es ein kleines charmantes Hotel-Restaurant, das mit einer französisch geprägten Landhausküche verwöhnt. Über 200 Jahre Tradition färben auch auf die Küche ab: Gänseleberterrine mit Kirschen und Brioche, gebratene Wachtelbrust, Loup de Mer oder eine klassische Crème brûlée kommen auf den Tisch und zeugen von perfekt beherrschtem Handwerk. Das Menü-Arrangement umfasst drei bis sechs Gänge und auch in puncto Wein kann man getrost auf die Expertise im Haus vertrauen. Wer mag, bucht eine Nacht in einem der zehn gemütlichen Zimmer, am Besten inklusive Viergangmenü.
Das Haus empfiehlt: Mariniertes Rindertatar mit Pfifferlingen, Avocadocrème und marinierten Blattsalaten; Entrecôte vom Weiderind auf Gemüse mit Ofenkartoffeln; Limonentarte mit hausgemachtem Sorbet

Côte du bœuf: Rindskotelett

Ravensburg
Baden-Württemberg

Atelier Tian

Veitsburg 2 / ✉ 88212 / www.atelier-tian.de
T.: +49 751 95125949 / kontakt@atelier-tian.de

Französische, deutsche Küche. Menüs von € 65 bis € 99; vegetarisches Menü, vegane Hauptgerichte. Geschlossen: Mo+Di, So; Mi-Sa mittags.
Genussvoll speisen auf dem grünen Hügel der Veitsburg mit Blick über die Stadt. Ceviche, Heilbutt oder Wildente erfreuen den Gutesser.
Das Haus empfiehlt: Kaninchenrücken, Spargel, Spinat, Ei, Lachskaviar; Bison-Entrecôte, Knusperkruste, Portweinreduktion, gebackenes Kartoffelpüree; „Erdbeere küsst Rhabarber" - Sorbet, eingelegt, gebacken

Brasserie Cocotte

Grüner-Turm-Str. 16 / ✉ 88212 / www.brasserie-cocotte.de
T.: +49 751 88879001 / info@brasserie-cocotte.de

Brasserie mit französischer Küche. Hauptger. von € 16 bis € 32; Menüs ab € 65. Geschl.: Mo, So; Di-Fr mittags.

Recklinghausen
Nordrhein-Westfalen

Haus Breuing

Marler Str. 29 / ✉ 45659 Ortsteil Bockholt / T.: +49 2361 22060
www.haus-breuing.de / info@haus-breuing.de

Deutsche Küche. Hauptgerichte von € 17 bis € 40; Menüs ab € 36. Geschlossen: Mo.
Nun schon in der zweiten Generation führt die Familie Sesjak das Restaurant. Mit Sommergarten, Saal und Kegelbahn.
Das Haus empfiehlt: Rinderfilet vom Angusrind an Cognac-Pfeffersauce mit Marktgemüse und Röstinchen; Geschmorte Ochsenbäckchen an Portweinjus mit Brokkoli und Kartoffel-

→

stampf; Gratinierter Ziegenkäse an Feigenkompott mit Pflücksalat in Himbeer-Sherryvinaigrette

1780 foodbar

Heilige-Geist-Str. 3 / 45657 / www.1780-foodbar.de
T.: +49 2361 9080400 / post@1780-foodbar.de

Weltoffene, mediterrane Küche. Hauptgerichte von € 14 bis € 23. Geschlossen: Mo; Di-So mittags.

Restaurant Engels in der Burg

Augustinessenstr. 10 / 45657 Ortsteil Stadtmitte
www.engels-in-der-burg.de / T.: +49 2361 201-125
engels@parkhotel-engelsburg.de

Deutsche, Crossover-Küche. Hauptgerichte von € 20 bis € 39; Menüs von € 59 bis € 85; vegetarisches Menü. Geschlossen: Mo+Di, So; Mi-Sa mittags.

Rees
Nordrhein-Westfalen

Inselgasthof Nass
Inselgasthof Nass

Grietherort 1 / 46459 Ortsteil Grietherort
www.inselgasthof-nass.de
T.: +49 2851 6324
inselgasthof-nass@t-online.de

Seafood-Restaurant mit deutscher Küche. Hauptgerichte von € 14 bis € 45. Geschlossen: Mo.
50 Meter vom Rheinufer entfernt liegt diese familiengeführte Gaststätte mit Flussblick. Große Fischvielfalt in traditioneller Zubereitung.
Das Haus empfiehlt: Norwegischer Räucherlachs mit Sahnemeerrettich, Zwiebeln und Toast; Rotzungenfilets gebraten mit frischen Rahm-Champignons; Geschmorte Riesengarnelenschwänze in Curry-Rahm mit Obst-Butterreis und gemischtem Salat

Regensburg
Bayern

Aska

Watmarkt 5 / 93047 / aska.restaurant
T.: +49 941 59993000 / mail@aska.restaurant

Bar mit japanischer Küche. Menüs von € 95 bis € 120. Geschlossen: Mo, So; Di-Fr mittags.

Leerer Beutel

Bertoldstr. 9 / 93047
www.leerer-beutel.de
T.: +49 941 58997
info@leerer-beutel.de

Deutsche, mediterrane Küche. Hauptgerichte von € 19 bis € 30; Menüs von € 31 bis € 39; besondere Mittagskarte, vegetarisches Menü. Geschlossen: So; Sa mittags.
Elegantes Restaurant in einem alten Getreidespeicher aus dem Jahr 1598 – mit Steinmauern, großen Deckenbalken, Filmvorführungen und Ausstellungen.
Das Haus empfiehlt: Baby-Calamaretti mit Petersilien-Aioli und gebratenen Pimentos; Kalbsbäckchen in Portweinsauce auf Kartoffel-Sellerie-Stampf und grünem Spargel; Ananassuppe mit Nusskuchen und Eis

Luma Restaurant

Frankenstraße 7a / 93049
www.luma-regensburg.de
T.: +49 941 2805598 / info@luma-regensburg.de

Mediterrane Küche. Hauptgerichte von € 28 bis € 34; Menüs von € 52 bis € 68; besondere Mittagskarte, vegetarisches Menü. Geschlossen: Mo, So; Sa mittags.

Restaurant ONTRA

Franz-Mayer-Str. 5 a / 93053
www.ontra-regensburg.de / T.: +49 941 20492049
kontakt@ontra-regensburg.de

Mediterrane, deutsche Küche. Hauptgerichte von € 19 bis € 59; Menüs von € 69 bis € 138; Mittagskarte, vegetar. Menü, vegane Hauptger. Geschlossen: Sa+So mittags.

Roter Hahn
Hotel Roter Hahn

Rote-Hahnen-Gasse 10 / 93047
www.roter-hahn.com
T.: +49 941 595090 / info@roter-hahn.com

Weltoffene, asiatische Küche. Hauptgerichte von € 28 bis € 53; Menüs von € 140 bis € 180; Mittagskarte, vegetarisches Menü. Geschlossen: Mo, So; Di-Do mittags.

Sticky Fingers

Untere Bachgasse 9 / 93047
www.stickyfingers.restaurant / T.: +49 941 58658808
mail@stickyfingers.restaurant

Weltoffene Küche. Hauptgerichte von € 10 bis € 38; Menüs zu € 49. Geschlossen: Mo.

Storstad

Watmarkt 5 / ✉ 93047 / www.storstad.de
T.: +49 941 59993000 / info@storstad.de

Fine-Dining-Restaurant mit weltoffener, asiatischer Küche. Hauptgerichte von € 48 bis € 55; Menüs von € 65 bis € 170; besondere Mittagskarte, vegetarisches Menü. Geschlossen: Mo, So; Di+Mi mittags.
Über den Dächern der Großstadt – das trifft es ziemlich auf den Kopf, wenn man vom Restaurant „Storstad“ (schwedisch für Großstadt) in der Regensburger Altstadt spricht. Ein Fahrstuhl hievt die Gäste aus dem Getümmel der Gassen in die vierte Etage hinauf. Oben angekommen, werden sie in den mondän gestylten, hellen Speiseraum geführt, dessen Panoramaglas von jedem Sitzplatz aus den Blick auf die roten Zinnen der Domstadt freigibt. Überhaupt bietet die Location am Watmarkt 5 zahlreiche Aussichten: Von der Terrasse sind die Türme der gothischen Kathedrale zu sehen, vom offenen Bar-Bereich auf der anderen Seite fällt der Blick zur Donauseite und drinnen darf man durch ein großes Fenster in das Herz des Hauses schauen, die Küche. Abends besteht die Kunst von Anton Schmaus aus bis zu sieben Tellern, bestückt mit atemberaubenden Fusions-Speisen, inspiriert durch das, was die Küchen Asiens, Italiens oder Bayerns so beliebt macht. Da wäre zum Beispiel der Black Cod, ein gedämpfter Kohlenfisch im Fond aus geräuchertem Aal und geröstetem Reis mit weißem Lauch und Aromen von fermentiertem Knoblauch. Oder andere Zubereitungen und Produkte einer modernen Weltküche wie der Ceviche mit Süßkartoffel und Avocado.
Das Haus empfiehlt: Pochierter Saibling von der Fischzucht Birnbaum, Kopfsalat, Dashi-Fond, Yuzu, eingelegter Rettich, Schnittlauchmayo; Geschmolzener Morbier (frz. Käse), gebackene Kartoffel, Trauben in Verjus, Fenchelsalami, Fenchelsalat, getrocknete Trauben; Cassis, gebackene japanische Milchbrötchen, Champagner-Vanille-Sabayon, Cassis-Sorbet, Crème pâtissière (Vanillecrème), gebrannte Mandeln

Rehlingen-Siersburg
Saarland

Restaurant Niedmühle
Land & Genuss Hotel Niedmühle

Niedtalstr. 13-14 / ✉ 66780 Ortsteil Eimersdorf
www.restaurant-niedmuehle.de
T.: +49 6835 67450
info@restaurant-niedmuehle.de

Französische Küche. Hauptgerichte von € 25 bis € 39; Menüs von € 59 bis € 95; besondere Mittagskarte, vegetarisches Menü. Geschlossen: Mo, So; Sa mittags.
Direkt am Flüsschen Nied gelegenes Haus mit privatem Charakter, Kamin, Lounge, Terrasse und Wintergarten.

Das Haus empfiehlt: Gänseleber, Gâteau, Rhabarber, Nougat, Brioche; Walliser Lammrücken, Bohnen, Ziegenfrischkäse, Kirschtomaten; Schoko-Crème-brûlée, Beerenkorb, Kalamansisorbet

Reit im Winkl
Bayern

Restaurant HEIMAT & Stuben
Relais & Châteaux Gut Steinbach Hotel Chalets SPA

Steinbachweg 10 / ✉ 83242
Ortsteil Blindau
www.gutsteinbach.de
T.: +49 8640 8070
info@gutsteinbach.de

Bayerische Küche. Hauptgerichte von € 16 bis € 49; besondere Mittagskarte, vegetarisches Menü.
Es ist schon ein Idyll auf Erden, dieses Gut Steinbach in Reit im Winkl. Das traditionsreiche Anwesen der Familie Graf von Moltke liegt zu Füßen der Chiemgauer Alpen, deren hügelige und waldreiche Ausläufer unmittelbar angrenzen. Sieben moderne und mit viel – natürlich geöltem – Holz errichtete Chalets gruppieren sich hier um einen Naturweiher und stehen für eine luxuriöse und gleichzeitig naturnahe Ruhepause zur Verfügung. Diese Idee findet auch auf kulinarischer Ebene ihre Entsprechung. „Heimat“ heißt das gemütliche, im alpenländischen Stil gestaltete Restaurant vor Ort – und der Name ist Programm. Küchenchef Achim Hack bewirtschaftet seinen eigenen Kräutergarten am Hotel. Seine Philosophie lautet: 80 Prozent der eingesetzten Zutaten dürfen aus maximal 80 Kilometer Entfernung stammen. Traditionelle, bayerische Gerichte rund um Saibling, Biohendl und Hirschgulasch werden auf zeitgemäße Art, ganz ungezwungen und in gehobener Qualität präsentiert. Dazu schmeckt ein guter Wein aus deutschen Landen. Für eine gute Prise Behaglichkeit im Winter sorgen ein Kachelofen und flauschige Kissen. So soll es sein.
Das Haus empfiehlt: Chateaubriand von der knochengereiften bayrischen Färse, geschmorte Artischocken, Sauce béarnaise, Ofenkartoffel; Kollerbachforelle in Krenbutter gebraten, Balsamicolinsen, Brotsalat; Steinbacher Wildgulasch, Preiselbeeren, abgeschmolzene Spätzle

Remchingen
Baden-Württemberg

Landgasthof Zum Hirsch
Landgasthof Zum Hirsch

Hauptstr. 23 / 75196 Ortsteil Wilferdingen
www.hirsch-remchingen.de / T.: +49 7232 79636
kontakt@hirsch-remchingen.de

Badische, weltoffene Küche. Hauptgerichte von € 28 bis € 34; Menüs von € 67 bis € 93. Geschlossen: Mo, So.

Remscheid
Nordrhein-Westfalen

Heldmann & Herzhaft

Brüderstr. 56 / 42853 Ortsteil Innen
www.heldmann-herzhaft.de / T.: +49 2191 291941
info@heldmann-herzhaft.de

Mediterrane, deutsche Küche. Hauptgerichte von € 22 bis € 44; Menüs von € 59 bis € 98; vegetarisches Menü. Geschlossen: Mo+Di, So; Mi, Fr+Sa mittags. Kochkurse.

Restaurant Villa Paulus
Hotel Villa Paulus

Schüttendelle 30 / 42857 Ortsteil Innen
www.villapaulus.de / T.: +49 2191 4619430
info@villapaulus.de

Deutsche, weltoffene Küche. Hauptgerichte von € 25 bis € 32; Menüs von € 30 bis € 55; besondere Mittagskarte, vegetarisches Menü. Geschlossen: Mi+Do.

Remshalden
Baden-Württemberg

Restaurant Lamm Hebsack
Hotel Lamm Hebsack

Winterbacher Str. 1 / 73630 Ortsteil Hebsack
www.lamm-hebsack.de / T.: +49 7181 45061
info@lamm-hebsack.de

Mediterrane, deutsche Küche. Hauptgerichte von € 17 bis € 34; Menüs von € 28 bis € 72; besondere Mittagskarte. Geschlossen: So; Mo mittags.

Vier Restaurant-Stuben, ein Gewölbekeller aus dem 13. Jahrhundert und eine schöne Natursteinterrasse mit Außengastronomie erwarten den Gast.

Das Haus empfiehlt: Gegrillte Wassermelone und Fetakäse mit halbgetrockneten Tomaten und Erbsencrème; Entrecôte vom deutschen Milchkalb mit Trüffelbutter, Ratatouille und Kartoffelkrapfen; Grießflammerie mit frischen Erdbeeren und Rahmeis von karamellisierter weißer Schokolade

Rheda-Wiedenbrück
Nordrhein-Westfalen

Ratskeller Wiedenbrück
Hotel Ratskeller Wiedenbrück

Lange Str. 40 - Markt 11 / 33378 Ortsteil Wiedenbrück
www.ratskeller-wiedenbrueck.de / T.: +49 5242 9210
info@ratskeller-wiedenbrueck.de

Deutsche Küche. Hauptgerichte von € 15 bis € 33; Menüs von € 35 bis € 50.

Restaurant Reuter
Hotel Reuter

Bleichstr. 3-5 / 33378 Ortsteil Rheda
www.hotelreuter.de / T.: +49 5242 94520
info@hotelreuter.de

Fine-Dining-Restaurant mit französischer, deutscher Küche. Menüs ab € 145. Geschlossen: Mo+Di, So; Mi-Sa mittags.

Rheinau
Baden-Württemberg

Gioias Restaurant

Hauptstr. 215 / 77866 / www.gioias.de
T.: +49 7844 9182299 / hallo@gioias.de

Weltoffene Küche. Hauptgerichte von € 23 bis € 32; Menüs von € 59 bis € 79. Geschlossen: Mo+Di; Mi-Sa mittags.

Rheinbach
Nordrhein-Westfalen

Merzbacher Hof

Merzbacher Str. 27 / 53359 Ortsteil Merzbach
www.merzbacher-hof.de / T.: +49 2226 12634
Merzbacherhof@t-online.de

Deutsche Küche. Hauptgerichte von € 13 bis € 24. Geschlossen: Mo+Di; Mi-Sa mittags.

In dem Dorfgasthof mit modernen Speiseräumen und Biergarten werden Sauerbraten vom Pferd, Steaks und Fischgerichte serviert.

Das Haus empfiehlt: Rumpsteak vom Black-Angus-Rind mit geschmorten Zwiebeln, Kräuterbutter, Bratkartoffeln und einem Blattsalat in Sahnedressing; Zanderfilet an Rieslingrahm auf Gemüse von roten Linsen, dazu geschwenkte Kartoffeln; Sauerbraten vom Pferd mit Apfelkompott und Kartoffelklößen (nicht in den Sommermonaten)

Chutney: süß-säuerliche, dickflüssige Würzmarmelade

Rheinfelden in Baden
Baden-Württemberg

Landgasthaus Maien
Hotel Maien

Maienplatz 2 / ✉ 79618 Ortsteil Eichsel
www.maien.com / T.: +49 7623 72150 / info@maien.com

Gasthof mit deutscher Küche. Hauptgerichte von € 9 bis € 31; Menüs von € 17 bis € 46; besondere Mittagskarte. Geschlossen: Do+Fr; Mo-Mi, Sa mittags.
Gaststube, Wintergarten, Biergarten, Saal – das Landgasthaus hat Platz zum gemütlichen Speisen, zum Feiern und auch zum Schlafen.
Das Haus empfiehlt: Cordon bleu vom Schweinerücken mit Schinken und Käse gefüllt, dazu Pommes frites; Schweinemedaillons an Rahmsauce mit Gemüsebukett, dazu Spätzle; Erdbeerparfait mit frischen Früchten garniert

Rietberg
Nordrhein-Westfalen

Domschenke

Lippstädter Str. 1 / ✉ 33397 Ortsteil Mastholte
www.domschenke-mastholte.de / T.: +49 2944 318
info@domschenke-mastholte.de

Französische, weltoffene Küche. Hauptgerichte von € 13 bis € 33. Geschlossen: Di+Mi; Mo, Do-Sa mittags.

Rinteln
Niedersachsen

Restaurant Paschenburg

Paschenburg 1 / ✉ 31737 Ortsteil Schaumburg
www.restaurant-paschenburg.de / T.: +49 5152 2547
info@restaurant-paschenburg.de

Deutsche, weltoffene Küche. Hauptgerichte von € 28 bis € 33; Menüs ab € 66. Geschlossen: Mo+Di.
Auf einer Anhöhe mitten im Wesergebirge liegt dieses erhabene Anwesen von 1842. Grandiose Aussicht vom Wintergarten und feine, deutsch geprägte Speisen.
Das Haus empfiehlt: Hausgebeizte Lachstranchen mit Kartoffelrösti, mariniertem Blattsalat und Sahnemeerrettich; Geschmorte Schulter von Cord Haver's Weidelamm, Schmorgemüse, gebratene Kartoffel-Gnocchi; Weißes Schokoladenmousse, marinierte Beeren, Schokoerde, Pfefferminz-Eiscrème

Rosenheim
Bayern

Restaurant Nouille

Bahnhofstr. 21 / ✉ 83022
www.nouille.eu / nouille@outlook.de
T.: +49 8031 2315116

Französische, mediterrane Küche. Hauptgerichte von € 18 bis € 39; besondere Mittagskarte. Geschlossen: Mo, So.
Hausgemachte, gefüllte Pasta und andere kreative Speisen einer kleinen Karte, in einer modernen, hellen Speisemeisterei in der City.
Das Haus empfiehlt: Gebeizter Lachs, Kräuteröl, Meerrettich, Gurke, Apfel, Sesam, Rauch; Chateaubriand, Kalbsjus, Sauce béarnaise, Wurzelgemüse, zweierlei Püree; Mille-feuille, Vanillecrème, Beeren, weiße Schokolade, Sauerrahmeis

Rostock
Mecklenburg-Vorpommern

Brasserie
Yachthafenresidenz Hohe Düne

Am Yachthafen 1 / ✉ 18119 Ortsteil Hohe Düne
www.hohe-duene.de / T.: +49 381 50400 / info@yhd.de

Deutsche, französische Küche. Hauptgerichte von € 11 bis € 26; Menüs von € 39 bis € 52.

Der Butt
Yachthafenresidenz Hohe Düne

Am Yachthafen 1 / ✉ 18119 Ortsteil Hohe Düne
www.hohe-duene.de / T.: +49 381 50400 / info@yhd.de

Fine-Dining-Restaurant mit deutscher, französischer Küche. Menüs von € 169 bis € 209. Geschlossen: Mo, So; Di-Sa mittags.

Ratskeller12

Neuer Markt 1 / ✉ 18055 Ortsteil Stadtmitte
www.ratskeller12.de / T.: +49 381 5108460
info@ratskeller12.de

Deutsche, mecklenburgische Küche. Hauptger. von € 13 bis € 30; Mittagskarte, vegetar. Menü, vegane Hauptger.

Zum Stromer

Am Strom 32 / 18119 Ortsteil Seebad Warnemünde
www.stromer-restaurant.de / T.: +49 381 8579787
info@stromer-restaurant.de

Deutsche Küche. Hauptgerichte von € 27 bis € 34. Geschlossen: Mo+Di; Mi-So mittags.

Rotenburg an der Wümme
Niedersachsen

Die Wachtelei
Landhaus Wachtelhof

Gerberstr. 6 / 27356 Ortsteil Rotenburg
www.wachtelhof.de / T.: +49 4261 8530
entspannen@wachtelhof.de

Deutsche, mediterrane Küche. Hauptgerichte von € 18 bis € 33; Menüs ab € 59; besondere Mittagskarte, vegetarisches Menü. Kochkurse.
In dem grün gelegenen Landhaus-Lokal mit seinem parkähnlichen Anwesen werden serviert Wachtel-, Fisch- und Fleischgerichte gehobener Gangart serviert.
Das Haus empfiehlt: Gebratene Garnelen, krosse Sushi-Rolle, Koriander-Mayonnaise, Avocado; Ganzer Steinbutt mit Kräutern und jungem Knoblauch - im Ganzen gebraten, am Tisch filetiert; Geschmorte Kaninchenkeule, Auberginenconfit, Olivensauté, Pestorisotto

Rothenburg ob der Tauber
Bayern

Topinambur
Prinzhotel Rothenburg

Hofstatt 3 / 91541 Ortsteil Rothenburg
www.prinzhotel-rothenburg.de / T.: +49 9861 9750
info@prinzhotel-rothenburg.de

Burger-Restaurant mit mediterraner Küche. Hauptgerichte von € 19 bis € 33. Geschlossen: Mo, So; Di-Sa mittags.

Villa Mittermeier

Vorm Würzburger Tor 7 / 91541 Ortsteil Rothenburg
www.villamittermeier.de / T.: +49 9861 94540
vm@mittermeiershospitality.com

Deutsche, weltoffene Küche. Menüs von € 69 bis € 159. Geschlossen: Mo, So; Di-Sa mittags. Kochkurse.

Rottach-Egern
Bayern

Egerner Bucht
Althoff Seehotel Überfahrt

Überfahrtstr. 10 / 83700 Ortsteil Egern
www.seehotel-ueberfahrt.com / T.: +49 8022 6690
info@seehotel-ueberfahrt.com

Bayerische, österreichische Küche. Hauptgerichte von € 15 bis € 49; Menüs von € 45 bis € 65; vegetarisches Menü. Geschlossen: mittags. Kochkurse.

Fährhütte 14
Althoff Seehotel Überfahrt

Weißachdamm 50 / 83700 Ortsteil Rottach
www.althoffcollection.com / T.: +49 8022 188220
info@faehrhuette14.de

Deutsche, weltoffene Küche. Hauptgerichte von € 16 bis € 69; Menüs von € 52 bis € 64. Geschlossen: Mo-Mi.

Gourmetrestaurant Dichter
Parkhotel Egerner Höfe

Aribostr. 19-26 / 83700
www.gourmetrestaurant-dichter.de
T.: +49 8022 666566
dichter@egerner-hoefe.de

Fine-Dining-Restaurant mit bayerischer, weltoffener Küche. Menüs von € 158 bis € 228. Geschlossen: Mo+Di, So; Mi-Sa mittags. Kochkurse.
Das Gourmetrestaurant der Egerner Höfe heißt „Dichter" und ist eine Hommage an die Tegernseer Dichter. Nach einer umfassenden Neugestaltung wurde es im August 2021 wieder eröffnet. Große Fensterfronten, die sich über die komplette Seite zu einem weitläufigen Park hin erstrecken, verbinden den Innen- und Außenbereich. Gemeinsam mit den drei Innenhöfen wird die Natur architektonisch in das einzigartige Restaurant geholt. Die indirekt beleuchteten, raffiniert in die Inneneinrichtung eingearbeiteten Wände des Restaurants sind verziert mit berühmten Zitaten regionaler Dichter und Denker. Thomas Kellermann sorgt wieder für kulinarische Unterhaltung auf höchstem Niveau, sprich exzellente Gaumenfreuden mit besonderem Twist. Der gebürtige Oberbayer fungiert als Küchendirektor in den Egerner Höfen und setzt damit ganz eigene Akzente. Für seine modern interpretierten Menüs verwendet der Ausnahmekoch regionale und saisonale Produkte von Erzeugern rund um den Tegernsee. Sie alle teilen seinen Anspruch an höchste Qualität. Seit 2022 neu im Hause ist die „TKrockBar".

Das Haus empfiehlt: Tegernseer Saibling, eingelegte Radieschen und wilde Brunnenkresse; Poltinger Lammrücken, Zitrone und Bohne; Rhabarber, Basilikum und Topfensoufflé

Haubentaucher

Hotel Haltmair am See

Seestr. 30 / 83700 Ortsteil Egern
www.haubentaucher-tegernsee.de / T.: +49 8022 6615704
mail@haubentaucher-tegernsee.de

Crossover-Küche. Hauptgerichte von € 25 bis € 35; Menüs ab € 60; besondere Mittagskarte. Geschlossen: Mo, So.

Il Barcaiolo

Althoff Seehotel Überfahrt

Überfahrtstr. 10 / 83700 Ortsteil Egern
www.seehotel-ueberfahrt.com / T.: +49 8022 6690
info@seehotel-ueberfahrt.com

Italienische Küche. Hauptgerichte von € 15 bis € 48; Menüs von € 58 bis € 72; besondere Mittagskarte, vegetarisches Menü. Kochkurse.

Restaurant Überfahrt Christian Jürgens

Althoff Seehotel Überfahrt

Überfahrtstr. 10 / 83700 Ortsteil Egern
www.althoffcollection.com / T.: +49 8022 6690
info@seehotel-ueberfahrt.com

Fine-Dining-Restaurant mit französischer, weltoffener Küche. Menüs von € 309 bis € 366; vegetarisches Menü. Kochkurse.
Das edle Ambiente im Restaurant bietet die passende Bühne für einen der ambitioniertesten und ideenreichsten Küchenchefs Deutschlands. Geschmackstiefe und sinnliche Opulenz prägen Christian Jürgens' Küchenstil ebenso wie beste Produkte und eine höchst eigenständige Ästhetik, die gern auch mit einem Augenzwinkern versehen ist. Kein anderer weit und breit steckt so viel Gedankenarbeit und Experimentierfreude in die Entwicklung seiner Gerichte, um am Ende etwas so auf das Wesentliche Reduziertes auf den Tisch zu bringen. Der Küchenchef hat die Nase stets im Wind und setzt auch zunehmend auf Gemüsegerichte, die bei ihm stets bildschön in der Optik und ebenso süffig-geschmacksintensiv wie alle anderen Gerichte ausfallen. (Mehr Informationen über Christian Jürgens unter „Auszeichnungen des Jahres Deutschland".)
Das Haus empfiehlt: „Bei uns sticht die Biene anders" - Spargel, Estragon, Brioche, Premium-Kaviar-Edition „Christian Jürgens"; „Reh aus dem Feuer" - Rehrücken, Rouennaiser Sauce, Blaubeeren; Zuppa Romana - Mascarpone, italienisches Eis, Herzkirschen, Pistazien

Rottendorf

Bayern

Grüner Hase

Zehntplatz 1 / 97228 / T.: +49 171 9400663
info@restaurantgruenerhase.de

Fine-Dining-Restaurant mit deutscher Küche. Hauptgerichte von € 18 bis € 26; Menüs von € 37 bis € 77; vegetar. Menü, vegane Hauptger. Geschl.: Mo-Mi; Do-So mittags.

Rottweil

Baden-Württemberg

Tschortsches Room

Stuttgarter Str. 56 / 78628 Ortsteil Neufra
www.restaurant-rottweil.de
T.: +49 741 20688951
info@restaurant-rottweil.de

Crossover-, weltoffene Küche. Hauptgerichte von € 29 bis € 49; Menüs von € 52 bis € 135; besondere Mittagskarte, vegetarisches Menü. Geschlossen: Mo+Di; Mi abends; Sa mittags.
Das moderne, dörflich gelegene Restaurant bietet wechselnde Mittagsangebote, Rostbraten und gegrillten Hummerschwanz.
Das Haus empfiehlt: 16 Stunden gegarter Kalbsnacken, Duett vom Blumenkohl, Kartoffelschaum, Joghurtcrème und Jalapeñogel; Rotgarnele an Balsamicosud, Weißwein-Kräuter-Cannelloni gefüllt mit Avocado und Maracuja-Cracker; Parfait aus Süßkartoffel und weiße Schokolade, mit Edelpflaumen-Ensemble, Shiso-Purple und Sesamkrokant

Rötz

Bayern

Gregor's Fine Dining

Hotel Wutzschleife

Hillstett 40 / 92444 Ortsteil Hillstett
www.wutzschleife.com / T.: +49 9976 180
info@wutzschleife.com

Fine-Dining-Restaurant mit weltoffener Küche. Menüs von € 119 bis € 148. Geschl.: Mo+Di, So; Mi-Sa mittags.

Tournieren: Formgebung mit dem Messer

Tranche: Scheibe

Rüsselsheim am Main
Hessen

Weinhaus Schaab Louis

Ludwigstr. 23 / ✉ 65428 Ortsteil Rüsselsheim
www.schaab-louis.de
T.: +49 6142 13248
schaab-louis@t-online.de

Hessische Küche. Hauptgerichte von € 14 bis € 25. Geschlossen: Mo, Sa+So mittags.
Im Ortszentrum und in Mainnähe gelegenes historisches Weinhaus mit nachhaltigem Konzept. Hier genießt man Rumpsteak, Flammkuchen und Handkäs.
Das Haus empfiehlt: Salat mit zwei gebackenen Handkäsen, Äpfeln und Apfeldressing; Geräucherter Norweger Lachs mit Salat, Rösti und Senf-Dill-Dip; Rumpsteak vom Angus Weiderind mit gedünsteten Zwiebeln und Bratkartoffeln, kleiner Salat

Rust
Baden-Württemberg

ammolite - The Lighthouse Restaurant
Hotel Bell Rock

Peter-Thumb-Str. 6 / ✉ 77977
www.ammolite-restaurant.de
T.: +49 7822 776699
info@ammolite-restaurant.de

Fine-Dining-Restaurant mit mediterraner, französischer Küche. Menüs ab € 189; vegetarisches Menü. Geschlossen: Mo+Di; Mi-Sa mittags.
Der Europapark Rust ist ein Erlebnispark, der größte in Deutschland. Es ist ein Park der Superlativen. Hier können Gäste sich in aufregenden Achterbahnen und anderen Attraktionen den Kick abholen. Er hat aber auch eine Gourmet-Attraktion. Denn das ammolite im Leuchtturm ist ein wahres Erlebnis für jeden, der den Genuss liebt. In Anlehnung an das Bild des Edelsteins Ammolite zaubert eine Farb- und Lichtgestaltung eine mystische Stimmung in das runde Restaurant. Überall glitzert es in dem ansonsten eher dunkel gehaltenen

Raum. Schillernde Vorhänge schaffen kleine Oasen, so dass sich der Gast geborgen fühlt. Eine Küche ohne Hokuspokus wird propagiert. Und doch neigen Gäste dazu, mit großen bewundernden Augen ihre Teller zu begutachten. Zwei Menüs bietet der kreative Küchenchef Peter Hagen-Wiest an: „Green Forest" und „Around the World" – vier bis sieben Gänge Glückseligkeit.
Das Haus empfiehlt: Kaisergranat, Vadouvan, Blumenkohl, Salzzitrone; Steinbutt, Artischocken-Tomatensud, Lauch; Kalbskotelett, Kalbskopf, Trüffel, Spinat, Sellerie

Captain's Finest
Hotel Bell Rock

Peter-Thump-Str. 6 / ✉ 77977 / www.europapark.de
T.: +49 7822 860-5922 / hotels@europapark.de

Weltoffene, US-amerikanische Küche. Hauptgerichte von € 13 bis € 52; Menüs ab € 75. Geschlossen: mittags.
Der Europapark erfüllt Träume. Hier den, einmal auf einen alten Segelschiff zu speisen, wie einst die Pilgerväter.
Das Haus empfiehlt: Hummersuppe, Estragonsahne, Weinbrand; Porterhouse-Roastbeef und -Filet; Ganze Seezunge, braune Butter, Petersilienkartoffeln

Medici
Hotel Colosseo

Europa-Park-Str. 4+5 / ✉ 77977 / www.europapark.de
T.: +49 7822 860-5922 / hotels@europapark.de

Italienische, weltoffene Küche. Hauptgerichte von € 22 bis € 36; Menüs von € 50 bis € 62; besondere Mittagskarte, vegetarisches Menü. Geschlossen: Mo-Sa mittags.
Unter den vielen gastronomischen Angeboten im Europa-Park Rust bietet das Medici im Hotel Colosseo feine Menüs.
Das Haus empfiehlt: Kalbsbäckchen, Paprikacrème, Pilze, Polenta; Zander, Karotten-Sellerie-Minestrone, Brokkoli; Gegrillter Pulpo, Fenchel, Brotsalat

Crémier: Gefäß für Kaffeerahm

S

Saarbrücken
Saarland

Boulevard 262
✕
Grossblittersdorfer Str. 262 / ✉ 66119 Ortsteil Güdingen
www.boulevard262.de / T.: +49 681 873333
info@boulevard262.de

Deutsche, mediterrane Küche. Hauptgerichte von € 8 bis € 20; Menüs von € 20 bis € 30. Geschlossen: Sa+So mittags.
Beliebtes Bistro in einer ehemaligen Blechfabrik mit geschützter Terrasse direkt an der Bundesstraße, perfekt für den Business-Lunch.
Das Haus empfiehlt: „Boulevard“ Schnitzel mit Bratkartoffeln und Beilagensalat; Gegrilltes Zanderfilet, hausgemachte Kräuterbutter, Gemüsereis und Beilagensalat; Spaghetti „Stroganoff“ mit Rinderfiletstreifen, Champignons, Zwiebeln und Sahnesauce

ESPLANADE Restaurant
ESPLANADE Boutique Hotel
✕✕✕✕
Nauwieserstr. 5 / ✉ 66111 Ortsteil St Johann
www.esplanade-sb.de / T.: +49 681 84499125
restaurant@esplanade-sb.de

Fine-Dining-Restaurant mit französischer Küche. Hauptgerichte von € 36 bis € 60; Menüs von € 135 bis € 165; besondere Mittagskarte, vegetarisches Menü. Geschlossen: Mo+Di, So.
Am Max-Ophüls-Platz, mitten im Zentrum Saarbrückens, macht ein Restaurant von sich reden. Es ist in einem imposanten gründerzeitlichen Bau mit großen Glasfronten untergebracht – wie auch ein kleines Boutique Hotel mit 16 schicken Zimmern. Die „Esplanade“ verfügt mit Küchenchef Silio Del Fabro über einen Meister seines Fachs. Für Spitzensommelier und Restaurantleiter Jérôme Pourchère gilt dasselbe. Der Gast darf sich in dem schicken und zugleich

legeren Ambiente des Restaurants zurücklehnen und die erfahrenen Männer machen lassen. Es ist ein Genuss. Mittags wird ein Zwei-Gänge-Menü – Amuse Bouche, Vorspeise und Hauptgericht plus Petit Fours angeboten. Dieses super Mittagspaket ist ideal für „Gourmeteinsteiger“. Abends können sie dann bei fünf bis acht Gängen ausgiebig genießen. Neben dem Menü stehen auch À-la-carte-Gerichte zur Auswahl.
Das Haus empfiehlt: Lauwarme Langoustines „Royales“, Gurke vom Stadtbauernhof, Tomatennage; Gebratenes Kalbsherzbries, Sellerie, gesalzene Zitrone; Imperial Taube, Couscous, Aubergine, Purple Curry

Gästehaus Klaus Erfort
✕✕✕✕✕
Mainzer Str. 95 / ✉ 66121 Ortsteil St Johann
www.gaestehaus-erfort.de / T.: +49 681 9582682
kontakt@gaestehaus-erfort.de

Fine-Dining-Restaurant mit französischer Küche. Hauptgerichte von € 58 bis € 75; Menüs von € 156 bis € 228; besondere Mittagskarte. Geschlossen: Sa+So. Chef's Table.
Klaus Erfort ist ein Mann, der weiß, was er tut. Er ist einer der wenigen hochkarätigen Spitzenköche, der ohne Hotel oder Mäzen selbstständig und mit Erfolg seine Gourmetküche betreibt. Er gefällt nicht nur professionellen Kritikern, sondern auch, was viel wichtiger ist, seinen Gästen. Das höchste Niveau zu halten, ist eine unglaubliche Leistung, seine Gäste immer noch überraschen zu können, eine weitere. Bewährter Erfolg heißt eben nicht, stehen zu bleiben und weiterzumachen wie bisher. In der stark umkämpften Gastronomieszene sind kreative Köpfe gefragt. Et voilà, da ist der richtige Mann: Kreativ und wandelbar zur Begeisterung der Gäste und Perfektionist für die gleichbleibende Güte seiner Küche. Das Ambiente des Restaurants mit warmem Parkettboden zu eleganten anthrazitfarbenen Wänden strahlt eine erfrischende Modernität aus. Die Stühle in Brombeerfarbe bringen den berühmten Farbklecks, der ansonsten reichlich künstlerisch und himmlisch lecker auf den Tellern zu finden ist. (Mehr Informationen über Klaus Erfort unter „Auszeichnungen des Jahres Deutschland“.)
Das Haus empfiehlt: Gemüseacker mit bretonischem Hummer, Olivenkrokant und pochiertem Wachtelei; Auf Meersalz gegarte Langoustines „Royales“ mit gegrilltem jungem Lauch; Bresse Poularde mit Trüffel, Kartoffelschaum und jungem Lauch

Schlachthof Brasserie
✕✕ ⬆
Straße des 13. Januar 35 / ✉ 66121
www.schlachthof-brasserie.de / T.: +49 681 6853332
info@schlachthof-brasserie.de

Steakhouse mit französischer Küche. Hauptgerichte von € 16 bis € 65; Menüs von € 39 bis € 45; besondere Mittagskarte. Geschlossen: Sa+So. Kochkurse.

Saarlouis
Saarland

LOUIS restaurant
La Maison Hotel

Prälat-Subtil-Ring 22 / ✉ 66740 / www.lamaison-hotel.de
T.: +49 6831 89440440 / reservierung@lamaison-hotel.de

Fine-Dining-Restaurant mit weltoffener Küche. Menüs zu € 205. Geschlossen: Mo+Di, So; Mi-Sa mittags.
Kontraste beleben, schärfen die Sinne und ergeben vielleicht eine neue Wirklichkeit. Das Hotel „La Maison", eine historische Villa, präsentiert sich mit einer Architektur, die Mix und Wandel verkörpert. Im alten Teil des Hotelkomplexes, der schönen Villa, einem ehemaligen Gerichtsgebäude, hat sich ein schickes Restaurant etabliert. Die hohe Decke mit bodentiefen Fenstern, Parkettboden, gemütlich gepolsterten Bankecken – es ist elegant wie in einem Salon, aber ohne kalt und abgehoben zu wirken. Auch hier wieder Kontraste: elegant und gemütlich. Und vor allem geschmackvoll. Die beeindruckende Küche von Martin Stopp (noch bis Ende 2022 im Hause) und seinem Team pendelt zwischen Tradition und Innovation hin und her. Sie ist angereichert mit Aromen aus aller Herren Länder und sorgt für einen großen Erlebnisfaktor.
Das Haus empfiehlt: Krabbencocktail, Kopfsalat, Ingwer, Vanille und Staudensellerie; Zweierlei vom Kalb, Brotmiso, alte Karotte, Bohnenkerne, Umami-Hollandaise; Lamm vom Gutshof Polting – auf georgische Art, Aubergine, rote Bete, Walnuss und Granatapfel

PASTIS Bistro
La Maison Hotel

Prälat-Subtil-Ring 22 / ✉ 66740 / www.lamaison-hotel.de
T.: +49 6831 89440440 / reservierung@lamaison-hotel.de

Bistro mit französischer Küche. Hauptgerichte von € 16 bis € 36; besondere Mittagskarte. Geschlossen: Mo; So mittags.
Nobles Pariser Flair verströmt das mit gläsernem Wintergarten ausgestattete Lokal im Herzen der Stadt. Tipp: Fish and Chips à la française!

Das Haus empfiehlt: Lachssteak „Pastis Crunch", mit Lisdorfer Gemüsewok und Basmatireis; Fisch und Meeresfrüchte in Bierteig gebacken mit Sauce Remoulade, Frites und Blattsalat; Fondant au Chocolat mit karamellisierter Ananas und Vanilleeis

Bad Säckingen
Baden-Württemberg

Genuss-Apotheke

Schönaugasse 11 / ✉ 79713 / www.genuss-apotheke.de
T.: +49 7761 9333767 / info@genuss-apotheke.de

Weltoffene Küche. Menüs von € 132 bis € 172; vegetarisches Menü. Geschlossen: Mo, So; Di-Sa mittags. Chef's Table, Kochkurse.

Salach
Baden-Württemberg

fine dining RS
Burghotel Staufeneck

Burg Staufeneck / ✉ 73084
www.burg-staufeneck.de
T.: +49 7162 933440
restaurant@burg-staufeneck.de

Fine-Dining-Restaurant mit schwäbischer, mediterraner Küche. Menüs von € 110 bis € 170; vegetarisches Menü, vegane Hauptgerichte. Geschlossen: Mo-Mi; Do-So mittags. Kochkurse.
Auf Burg Staufeneck, unweit von Stuttgart, haben die Familien Straubinger und Schurr auf der Höhe der Alb eine historische Burganlage zu neuem Leben erweckt. Ihre Besucher erwartet ein Fünf-Sterne-Superior-Hotel und die vielfach ausgezeichnete Küche von Rolf Straubinger und Markus Waibel. Das elegante Gourmet-Restaurant „fine dining RS" ist Treffpunkt für Genießer aus aller Welt. Seit über zwei Jahrzehnten glänzt man mit großer Küchenleistung – zelebriert hochkarätige mediterrane Interpretationen schwäbischer Gerichte. Für den sympathischen Küchenmeister und seinen Küchenchef muss es nicht unbedingt „bio" sein, aber dennoch ehrlich und bodenständig und so ist seine Küche geprägt von Grundsätzen des effizienten Umgangs mit allen Ressourcen. Übrigens: In den Genuss einer traditionellen, schwäbischen und vegetarischen Küche kommen die Gäste im modernen Burgrestaurant „oifach andersch".
Das Haus empfiehlt: Hamachi, rote Bete, Kaviar „Selektion RS", Pflaume, Ponzu; Beef, Topinambur, Haselnuss, Lauch; „Handschrift MW" - Langustine, Gurke, Avocado, Jalapeño, Wasabi

Magnum: Große Weinflasche mit ca. 1,5 l Inhalt

Salzgitter
Niedersachsen

Ratskeller Salzgitter

Marktplatz 10 / ✉ 38259 Ortsteil Bad
www.ratskellersalzgitter.de / T.: +49 5341 30132-0
info@ratskellersalzgitter.de

Deutsche, weltoffene Küche. Hauptgerichte von € 20 bis € 26. Geschlossen: Mo+Di; So abends; Mi+Do mittags.

Restaurant Seeterrasse

Zum Salzgittersee 48 / ✉ 38226 Ortsteil Lebenstedt
restaurantseeterrasse.de / T.: +49 5341 41355
info@restaurantseeterrasse.de

Deutsche Küche. Hauptgerichte von € 14 bis € 31. Geschlossen: Mo+Di.

Crepinette: Netzwürstchen

St. Englmar
Bayern

Angerhof Sport- und Wellnesshotel
Angerhof Sport- und Wellnesshotel

Am Anger 38 / ✉ 94379 Ortsteil Sankt Englmar
www.angerhof.de / hotel@angerhof.de
T.: +49 9965 1860

Weltoffene, bayerische Küche. Hauptgerichte von € 14 bis € 25; besondere Mittagskarte.
Tief im Bayerischen Wald speist der Gast in Südhanglage und auf 900 Metern Höhe – im Panoramarestaurant oder in der Kachelofenstube.

St. Goar
Rheinland-Pfalz

Auf Scharffeneck
Hotel Schloss Rheinfels

Schlossberg 47 / ✉ 56329 Ortsteil St Goar
www.schloss-rheinfels.de / T.: +49 6741 8020
info@schloss-rheinfels.de

Deutsche, weltoffene Küche. Hauptgerichte von € 22 bis € 29; Menüs von € 39 bis € 62; vegetar. Menü. Kochkurse.

St. Peter
Baden-Württemberg

Restaurant Zur Sonne
Hotel Zur Sonne

Zähringer Str. 2 / ✉ 79271 / www.sonneschwarzwald.de
T.: +49 7660 94010 / info@sonne-schwarzwald.de

Weltoffene, badische Küche. Hauptgerichte von € 11 bis € 45; Menüs von € 54 bis € 94; vegetar. Menü, vegane Hauptgerichte. Geschl.: Mo; Di mittags. Kochkurse.

St. Peter-Ording
Schleswig-Holstein

Pfahlbau-Restaurant Strandhütte

Zum Südstrand / ✉ 25826 / www.die-strandhuette.de
T.: +49 4863 4747011 / info@die-strandhuette.de

Mediterrane, deutsche Küche. Hauptgerichte von € 23 bis € 34; besondere Mittagskarte. Geschlossen: Mo+Di. Kochkurse.

St. Wendel
Saarland

Restaurant Kunz

Kirchstr. 22 / ✉ 66606 Ortsteil Bliesen
www.restaurant-kunz.de
T.: +49 6854 8145
service@restaurant-kunz.de

Fine-Dining-Restaurant mit französischer Küche. Menüs von € 99 bis € 139. Geschlossen: Mo+Di, So.

Die mächtige Pfarrkirche St. Remigius überragt das Örtchen Bliesen. Das Restaurant Kunz hat ihre unmittelbare Nachbarschaft ausgenutzt und sich durch einen Wintergarten eine schöne Aussicht verschafft. Hier pflegen Anke und Alexander Kunz seit Jahrzehnten die gehobene Gastlichkeit und geschlemmt wird hier in Gourmet-Manier. Alexander Kunz, der auswärts schon die höchsten Amtsträger des Staates bekochte und überhaupt in Sachen Catering landesweit sehr aktiv ist, kocht zuhause in der Tradition der leichten französischen Küche – in Form eines Menüs mit sechs Gängen. Die guten Produkte kommen, wann immer es geht, aus der Heimat und was man zu einem gegrillten Carabinero mit pochiertem Bergpfirsich oder zu Bretonischem Steinbutt mit gesalzener brauner Butter trinkt, ist klar: Nämlich das Beste, was im Tal der Mosel mit den Nebentälern von Saar und Ruwer wächst, vom Riesling bis zum Spätburgunder. Unter der Leitung von Gastgeberin Anke Kunz empfiehlt das Serviceteam fachkundig die passenden Weine zum Menü.
Das Haus empfiehlt: Entenstopfleber aus dem Périgord, Rhabarber in verschiedenen Texturen, Brioche; Steinbutt aus der Bretagne, junge Erbse, Spitzmorcheln, Krustentiersauce; Ganache von der Valrhona-Oabika-Schokolade, Himbeeren, Vanille, Joghurt

Sasbachwalden
Baden-Württemberg

Hotel Engel
Hotel Engel

Talstr. 14 / ✉ 77887
www.engel-sasbachwalden.de
T.: +49 7841 3000 / info@engel-sasbachwalden.de

Badische, elsässische Küche. Hauptgerichte von € 18 bis € 38; Menüs von € 44 bis € 80; vegetarisches Menü. Geschlossen: Mo.
Schmuckes Fachwerk aus dem 18. Jahrhundert, ein stilechtes Schwarzwälder Flair und ebensolche Speisen erwarten den Gast im Zentrum des Ortes.
Das Haus empfiehlt: Sanft geschmortes Schaufelstück und rosa gebratenes Filet, Morchelrahmsauce, Spargel, Pinienkern-Kartoffelkrapfen; Zanderfilet mit Aromaten gebraten, auf frischem Spargelpüree von karamellisierten Zwiebeln, Pinienkern-Kartoffelkrapfen; Delice von Rhabarber, weißer Schokolade, Aperol, Erdbeeren

Bad Saulgau
Baden-Württemberg

Haus am Markt

Marktplatz 1 / ✉ 88348
www.restaurant-bad-saulgau.de
T.: +49 7581 5275275
info@restaurant-bad-saulgau.de

Schwäbische, mediterrane Küche. Hauptgerichte von € 10 bis € 24; besondere Mittagskarte. Geschlossen: Mo; So abends.
Schnuckeliges, 600 Jahre altes Fachwerkhaus im Ortskern, in dem hausgemachte Maultaschen, Saibling und Wurstsalat serviert werden.
Das Haus empfiehlt: Hausgemachte Kässpätzle mit Allgäuer Bergkäse, Schmelzzwiebeln und Salat; Gefüllter Braten vom Saulgauer Mangalitza-Schwein aus eigener Aufzucht mit Gemüse und Bandnudeln; Vanilleeis mit frischen Erdbeeren

Klebers
Romantik Hotel Kleber Post

Poststr. 1 / ✉ 88348 / www.kleberpost.de
T.: +49 7581 5010 / hotel@kleberpost.de

Schwäbische, weltoffene Küche. Hauptgerichte von € 27 bis € 42; Menüs von € 52 bis € 87; besondere Mittagskarte, vegetarisches Menü. Geschlossen: Di; Sa mittags. Chef's Table, Kochkurse.
Romantik Hotel im Herzen der oberschwäbischen Kurstadt mit 400-jähriger Tradition gelebter Gastfreundschaft. Modernes Ambiente, zeitgenössische Kunst.
Das Haus empfiehlt: Stundenei, Trüffel, Spargelragout, wilder Brokkoli; Lable-Rouge-Lachs, Teriyaki, Yuzu, Wakame, Kaviar; Lammrücken, Kräuterkruste, Pfannengemüse, Chorizo, Polenta

Schalkenmehren
Rheinland-Pfalz

Michels Restaurant
Michels Wohlfühlhotel & Restaurant

St.-Martin-Str. 9 / ✉ 54552
www.michels-wohlfuehlhotel.de / T.: +49 6592 9280
info@michels-wohlfuehlhotel.de

Deutsche Küche. Hauptgerichte von € 15 bis € 39; Menüs von € 45 bis € 69; besondere Mittagskarte, vegetarisches Menü.
Unweit vom Maar, in ländlicher Idylle, speist man in herzlicher, familiärer Atmosphäre Rote-Bete-Maultaschen, Wolfsbarsch oder ein feines Sechsgangmenü.
Das Haus empfiehlt: Gebratene Riesengarnelen mit Tomatenchutney, Pesto-Tagliatelle, Rucola, Pinienkernen und gehobeltem Parmesan; Gebratenes Rumpsteak vom Simmentaler Rind mit Röstzwiebelbutter, buntem Grillgemüse und Hasselback-Kartoffeln; Pfifferling-Gnocchi mit Pfifferlingragout und getrockneten Cherrytomaten

Cuisse: Keule, Schenkel

Scharbeutz
Schleswig-Holstein

DiVa Gourmet
Hotel Gran BelVeder

Strandallee 146 / 23683 / www.belveder.de
T.: +49 4503 3526600 / info@belveder.de

Mediterrane, deutsche Küche. Hauptgerichte von € 52 bis € 59; Menüs von € 93 bis € 155. Geschlossen: Mo+Di, So; Mi-Sa mittags.

Schermbeck
Nordrhein-Westfalen

Zur Schwarzdrossel

Pfannhüttenstr. 55 / 46514 Ortsteil Gahlen
www.zurschwarzdrossel.de
T.: +49 2853 3407
kontakt@zurschwarzdrossel.de

Deutsche Küche. Hauptgerichte von € 10 bis € 38; Menüs von € 20 bis € 40; besondere Mittagskarte. Geschlossen: Mi+Do; Fr mittags.
Ländlich gelegenes Ausflugslokal mit lauschigem Biergarten, Schnitzelgerichten, unterschiedlichen Fischspeisen und hausgemachten Kuchen.
Das Haus empfiehlt: Dorschfilet im Eimantel gebraten an Remouladensauce, mit Bratkartoffeln; Kalbsragout mit Champignons, Schalotten und Estragon, dazu Frühlingsgemüse und Butterspätzle; Rumpsteak mit Kräuterbutter und Röstzwiebeln, dazu Bratkartoffeln und ein gemischter Salat

Schirgiswalde-Kirschau
Sachsen

Juwel
Hotel BEI SCHUMANN

Bautzener Str. 74 / 02681 Ortsteil Kirschau
www.bei-schumann.de
T.: +49 3592 5200
info@bei-schumann.de

Weltoffene, Crossover-Küche. Menüs von € 157 bis € 184; vegetarisches Menü, vegane Hauptgerichte. Geschlossen: Mo-Mi, So; Do-Sa mittags. Kochkurse.
Das naturreiche Oberlausitzer Bergland, genauer gesagt im Dorf Kirschau im sächsischen Landkreis Bautzen, liegt das „Juwel" – die elegante Genussadresse im Wellness- und Urlaubshotel „bei Schumann". Für die meisten Gäste ist es eine weite Anreise. Sie lohnt sich, wenn man die Angebote des Hauses richtig auskosten kann. Dazu gehört neben der Übernachtung und der Nutzung der luxuriösen Spa-Angebote natürlich ein Besuch des Gourmet-Restaurants. Der in schwarz und violett getünchte Gastraum präsentiert sich in moderner Eleganz. Eine fünf- bis siebengängigen Menüfolge – angerichtet auf dem edlen Porzellan der Porzellanmanufaktur Fürstenberg – unterliegt keiner geografischen Einschränkung. Der Fokus liegt auf dem ausgewählten Produkt, um es mit aller Kraft zu veredeln. So werden Kalbsbäckchen und Kaisergranat zu Gaumenspaß und Hingucker gleichermaßen. Legendär ist die Käseauswahl mit annähernd 70 Sorten aus neun Ländern oder die feinen süßen Sünden aus der Pâtisserie.
Das Haus empfiehlt: „Schumanns Sommersgarten"; Lamm, Bohne, Pfifferling; Valrhona Ivoire, Beeren, Rosmarin

Schlier
Baden-Württemberg

Krone Schlier

Eibeschstr. 2 / 88281
www.krone-schlier.de
T.: +49 7529 4879760
info@krone-schlier.de

Deutsche, französische Küche. Hauptgerichte von € 32 bis € 43; Menüs von € 43 bis € 69. Geschlossen: Mi, So; Mo+Di, Do-Sa mittags. Kochkurse.
Nahe Ravensburg, in dörflichem Umfeld, ist der Gast von Eichenparkett, Holztäfelung und Kachelofen umgeben, genießt Rinderfilet und Crème brûlée.
Das Haus empfiehlt: Delice von der Gänseleber mit Praline vom Schwarzfederhuhn und Bodenseeapfel; Rosa gebratener Rehrücken aus der Schlierer Jagd auf Rotkohl mit kleinen Pfifferlingen und Kartoffelpüree; Dessertvariation mit hausgemachtem Sorbet, Gâteau Opéra (Operntorte) und Meringues

Schluchsee
Baden-Württemberg

Restaurant Mühle
Boutique Hotel Mühle

Unterer Mühlenweg 13 / 79859
www.landhaus-muehle.de
T.: +49 7656 209

Französische, japanische Küche. Menüs von € 115 bis € 135. Geschlossen: Di+Mi; Mo, Do-So mittags.

Schmallenberg
Nordrhein-Westfalen

Alte Posthalterei
Hotel Störmann

Weststr. 58 / ✉ 57392 / www.hotel-stoermann.de/kulinarik
T.: +49 2972 999123 / info@hotel-stoermann.de

Deutsche, westfälische Küche. Hauptgerichte von € 15 bis € 34; Menüs von € 28 bis € 42; vegetarisches Menü.
Stilechte Stuben mit Biertheke, Bar und gemütlichen Lampen, gelegen im historischen Stadtzentrum des bekannten Ferienortes im Hochsauerland.
Das Haus empfiehlt: Frikassee vom Sauerländer Landhuhn in fruchtiger Currysauce mit Basmatireis und gemischtem Salatteller; Gegrilltes Rumpsteak, Rotwein-Schalotten-Jus, Speckbohnen, Kartoffelgratin; Ragout vom heimischen Rothirsch, Wacholdersauce, glasierter Rotkohl, Spätzle, gebratene Pilze

Barrestaurant
Romantik- und Wellnesshotel Deimann

Alte Handelsstraße 5 / ✉ 57392 Ortsteil Winkhausen
www.deimann.de / T.: +49 2975 810 / info@deimann.de

Deutsche, mediterrane Küche. Hauptgerichte von € 19 bis € 42; besondere Mittagskarte, vegetarisches Menü. Geschlossen: mittags. Kochkurse.

Der Name „Deimann" steht für Tradition und Gastlichkeit. In der Hotelbar mit angeschlossener Restauration werden Gäste à la carte verwöhnt.
Das Haus empfiehlt: Büffel-Mozzarella an bunten Tomaten, mit Basilikum und Kräutersalat; Tafelspitz vom Sauerländer Weiderind an Meerrettichsauce mit Karotten-Lauchgemüse und Petersilienkartoffeln; Crème brûlée von Vanille mit eingelegtem Rhabarber, Baiser und rotem Joghurtsorbet

Berghotel Hoher Knochen
Berghotel Hoher Knochen

Hoher Knochen 1 / ✉ 57392 Ortsteil Hoher Knochen
www.hoher-knochen.de / T.: +49 2975 850
info@hoher-knochen.de

Deutsche Küche. Hauptgerichte von € 16 bis € 29; Menüs von € 23 bis € 40; besondere Mittagskarte, vegetarisches Menü.
Auf einem Bergkamm liegt das Hotel mit Blick in die gewellte Hügellandschaft. Im Lokal gibt es eine feine bodenständige Kost und eigenes Landbier.
Das Haus empfiehlt: Rosa Lammrücken, gratiniert mit einer Wildkräuterkruste, Lammjus, Frühlingsgemüse, Karotten-Kartoffelkuchen; Gebratenes Spanferkelkotelett an Thymianjus, Speckbohnen und gebratene Kartoffelscheiben; Hausgemachtes Erdbeerparfait, verfeinert mit Rhabarber und Minze

Hofstube
Romantik- und Wellnesshotel Deimann

Alte Handelsstraße 5 / ✉ 57392 Ortsteil Winkhausen
www.deimann.de/hofstube-deimann
T.: +49 2975 810
info@deimann.de

Fine-Dining-Restaurant mit französischer, westfälischer Küche. Menüs von € 119 bis € 149. Geschlossen: Mo+Di, So; Mi-Sa mittags. Chef's Table, Kochkurse.
In der größen Ferienregion Nordrhein Westfalens gehört Schmallenberg zum „Gesundgarten des Sauerlandes". Daran nicht ganz unschuldig ist natürlich die wunderschöne Umgebung, die zu jeder Jahreszeit optimale Voraussetzungen für eine Vielzahl an Aktivitäten bietet. In diesem Wohlfühl-Refugium des Hochsauerlandes ist das Romantik- und Wellnesshotel Deimann die erste Adresse für Gäste, die sich im Fünf-Sterne-Luxus erholen wollen. Neben dem luxuriösen Wohnkomfort, den vielfältigen Wellnessangeboten und den beliebten Golfturnieren auf dem Gut Deimann ist das Fine-Dining-Restaurant Hofstube unter der Regie von Felix Weber das kulinarische Aushängeschild des Hauses. In den erstklassigen Restaurationen, dem Wintergarten- und dem Bar-Restaurant, der Bier- und Weinstube sowie dem Halbpensions-Restaurant werden die Gäste mit deftiger Hausmannskost sowie mit einer modern interpretierten französischen Gourmetküche verwöhnt. Die Hofstube ist ein Restaurant mit offener Küche und die Gäste dürfen den Köchen beim Vor- und Zubereiten der Gerichte zusehen.
Das Haus empfiehlt: Loch-Duart-Lachs, Gartengurke, pochierte Auster, Algenstrand und Gurken, Dill-Vinaigrette; Hummer, Spargel, cremiger Koshihikari (Reis-Art) und Dashi, Beurre blanc; Gariguette Erdbeeren, Mascarponecrème, Yuzu-Limetten-Gelee, Pistaziengranola, Sauerampfersorbet

➞

Landhotel Gasthof Hubertus

Landhotel Gasthof Hubertus

Latroper Str. 24 / ✉ 57392 Ortsteil Fleckenberg
www.gasthof-hubertus.de
T.: +49 2972 5077
info@gasthof-hubertus.de

Gasthof mit westfälischer, deutscher Küche. Hauptgerichte von € 15 bis € 38; Menüs von € 22 bis € 39; besondere Mittagskarte, vegetarisches Menü, vegane Hauptgerichte. Forellen, Schinken und Wurst gibt es in dem hübschen, alteingesessenen Fachwerk-Gasthof aus eigener Herstellung, das Wild kommt aus der Umgebung.

Das Haus empfiehlt: Wildschweinsülze mit Apfelremoulade, Röstkartoffeln; Frische Kalbsleber, Apfelringe und Röstzwiebeln, Salat der Saison, Kartoffelpüree; Hirschkalbssteak „Hubertus", Pfifferlinge, Preiselbeeren, Feldsalat, Mandelkroketten

Schneiderstube

Waldhaus Ohlenbach

Ohlenbach 10 / ✉ 57392 Ortsteil Ohlenbach
www.waldhaus-ohlenbach.de / T.: +49 2975 840
info@waldhaus-ohlenbach.de

Französische, deutsche Küche. Hauptgerichte von € 25 bis € 40; Menüs ab € 90; besondere Mittagskarte. Geschlossen: Mo+Di; Mi-Sa mittags. Kochkurse. Das Waldhaus Ohlenbach liegt dort, wo Fuchs und Hase sich Gute Nacht sagen, inmitten der grünen Hügel des Hochsauerlandes. Das ist ganz im Sinne jedes Erholungsuchenden. Hier, nahe der Stadt Winterberg, bietet das kleine First-Class-Hotel alles, was Seele und Körper guttut: gemütliche Zimmer und Suiten, Schwimmbad, Panoramapool, Saunen, Massagen und natürlich eine hervorragende Gastronomie. In der Schneiderstube, dem Gourmet-Ableger des Hauptrestaurants, kann man sich an fünf Abenden in der Woche davon überzeugen. Aufgetragen wird eine weltoffene Küche mit heimatlichen Klängen und einem Hauch Extravaganz. Zum Beispiel Hummer an Bucheckern-Zabaione mit Birne und Safran

oder Zweierlei von der Lenneforelle in Chicoree an Kaffern-Limetten-Crème. Wer Überraschungen liebt, wählt die Carte Blanche mit drei, vier oder sieben Gängen. Durch die großen Fenster des schlicht-schicken Speiseraumes fällt der Blick über die gewellte Landschaft mit ihren Tannen und Wiesen.

Das Haus empfiehlt: Taube mit Topinambur, Pastinakenpüree, Nüsse, grüner Spargel; Zweierlei von der Stopfleber mit Brioche und Apfel; Nantaiser Ente mit Knollenselleriepüree, Maronen, Mairübe und Kartoffelkuchen

Schmitten

Hessen

Kurhaus Stuben

Ringhotel Kurhaus Ochs

Kanonenstr. 6-8 / ✉ 61389
www.kurhaus-ochs.de
T.: +49 6084 480
reception@kurhaus-ochs.de

Deutsche Küche. Hauptgerichte von € 16 bis € 31; Menüs von € 37 bis € 40; besondere Mittagskarte, vegetarisches Menü. Geschlossen: Mo-Sa mittags. In naturreicher Lage erwartet das in Fachwerk und Naturstein gekleidete Traditionshaus seine Gäste zum gutbürgerlichen Schmausen.

Das Haus empfiehlt: Tafelspitzsülze mit Frankfurter Grüner Soße und Frühlingssalaten; Schnitzel Wiener Art oder Jägerschnitzel mit Pommes frites und Salatteller; Grand-Marnier-Parfait im Baumkuchenmantel mit frischen Früchten

Schönau am Königssee

Bayern

Waldhauser Bräu

Waldhauser Str. 12 / ✉ 83471
www.waldhauserbraeu.de
T.: +49 8652 948943
info@waldhauserbraeu.de

Österreichische, bayerische Küche. Hauptgerichte von € 9 bis € 22. Geschlossen: Mi; Mo+Di, Do+Fr mittags. Stilechte Stuben und Terrasse mit Blick in die Berge, zu den Standards zählen geröstete Semmelknödel, Backhendl und das Brotzeitbrettl.

Das Haus empfiehlt: Wiener Backhendl, knusprig gebacken, mit Petersil-Erdäpfeln und Salat; Zartes Rumpsteak vom Grill mit Kräuter-Knoblauchbutter oder bunter Peffersauce mit Pommes frites und Salat; Warmer Apfelstrudel mit Vanillesoß und Schlagrahm

Garniture: Beilagen

Über Buchen, Tannen und Fichten: Baumwipfelpfad Bayerischer Wald in Neuschönau

© Eberhard/stock.adobe.com

Bad Schönborn
Baden-Württemberg

Der Erck - Dein Restaurant
Flair Hotel Erck

Heidelbergerstr. 22 / 76669 Ortsteil Mingolsheim
www.dein-erck.de/restaurant / T.: +49 7253 977910
welcome@dein-erck.de

Badische, Crossover-Küche. Hauptgerichte von € 20 bis € 40; Menüs von € 40 bis € 90; vegetarisches Menü, vegane Hauptgerichte. Geschlossen: Mo, So; Di-Sa mittags. Kochkurse.
Brasserie-Gerichte, ein veganes Menü, ein sechsgängiges Überraschungsmenü und badische Tapas gehören zum vielfältigen Angebot des Hauses.
Das Haus empfiehlt: Ganzjährig kreative Wildgerichte mit Wild aus eigener Jagd

Schondorf am Ammersee
Bayern

Seepost

Bahnhofstr. 2 / 86938 / wirtshaus-seepost.de
T.: +49 8192 933753 / hallo@wirtshaus-seepost.de

Bayerische, mediterrane Küche. Hauptgerichte von € 15 bis € 23. Geschlossen: Di.
Frühstück, Eierspeisen, Süßes und deftig Bayerisches wird in dem Traditionswirtshaus mit herrlichem Blick auf den Ammersee aufgetischt.
Das Haus empfiehlt: Schweinebraten vom Landschwein, Dunkelbierjus, Butterkartoffelknödel, Krautsalat; Zwiebelrostbraten, Rinderlende Dry Aged, Zwiebeljus, Süßkartoffel, Kräuterspätzle, Röstzwiebeln; Saibling von der Fischzucht Lutzenwiesen, Filet pochiert im Kräutersud, Beurre blanc, Fenchel, Gurken

Fines herbes: feine Kräuter

Schorndorf
Baden-Württemberg

Gourmetrestaurant Nico Burkhardt
Boutique Hotel Pfauen

Höllgasse 9 / 73614 / www.pfauen-schorndorf.de
T.: +49 7181 66990-10 / rezeption@pfauen-schorndorf.de

Fine-Dining-Restaurant mit französischer Küche. Menüs von € 134 bis € 178. Geschlossen: Mo+Di, So; Mi-Sa mittags. Kochkurse.
Wo sich ein Fachwerkhaus an das nächste reiht und es eher beschaulich zugeht, im 40.000-Einwohner-Städtchen Schorndorf, hat Nico Burkhardt eine überraschende Oase erschaffen. Ein exklusives Boutiquehotel mit nur sieben Zimmern, ein feines Restaurant und ein noch exklusiveres Gourmet-Restaurant mit nur acht Plätzen. Schorndorf liegt etwa 30 Kilometer östlich von Stuttgart. Der Weg lohnt sich auf jeden Fall, um die Küche von Nico Burkhardt zu genießen. Ein bisschen schmeckt man, dass er sich nun wie zu Hause fühlt, denn seine Küche und auch sein Service sind so persönlich und liebevoll, wie es nur ein Gastgeber mit Freunden handhaben kann. Das Ambiente in dem kleinen abgetrennten Gourmetbereich ist elegant ohne abgehoben zu sein. Das französische Menü wird von allerlei Grüßen aus der Küche angereichert. Einfacher aber ebenfalls köstlich wird im Restaurant „Pfauen" im Hause aufgetischt. Die dritte Gastronomie der Burkhardts befindet sich um die Ecke: Das Bistro „Chez Amis" mit klassisch französischen Speisen.
Das Haus empfiehlt: Bretonischer Hummer, Kaviar, Gurke, Avocado, Eiszapfen, Alge; Kalb, Zwiebel, Zitronenmayonnaise, Estragon, Belper Knolle; Mango und Kokos, Curry, Ingwer, Ivoire Schokolade

Schramberg
Baden-Württemberg

Gasthof Hirsch
Hotel Hirsch

Hauptstr. 11 / 78713 / www.hotel-gasthof-hirsch.com
T.: +49 7422 280120 / info@hotel-gasthof-hirsch.com

Gasthof mit mediterraner, französischer Küche. Hauptgerichte von € 20 bis € 35; Menüs von € 48 bis € 82. Geschlossen: Di+Mi; Do mittags.
Einladend wirkt der Gasthof Hirsch schon von außen: ein typisches Schwarzwaldhaus mit schmucken Blumenkästen vor den Fenstern, mitten im Zentrum der kleinen Stadt

Schramberg. Auch im ersten Stockwerk des Hauses wird für ein heimeliges Restaurant-Ambiente der Schwarzwald-Stil gepflegt. In den Gasträumen bei eingedeckten Tischen mit schöner Tischwäsche, die auch noch im angenehmen Abstand zueinander stehen, lässt die Atmosphäre keine Wünsche offen. Aufmerksam und flott ist der Service. Serviert werden außergewöhnlich gute Speisen, die dank des erfahrenen Küchenteams traditionell von gleich guter Qualität sind. Ob à-la-carte oder Menü: Das Rehschnitzel in Portweinsauce mit Kräuterpilzen oder der Rostbraten sind auf den Punkt gebraten. Auch die Beilagen wie hausgemachte Spätzle, die feinen Gemüse und herrlichen Saucen sollen nicht unerwähnt bleiben. Dazu gibt es hervorragende Weine.
Das Haus empfiehlt: Marinierter Norweger Lachs mit Wildkräutersalaten; Bretonischer Seeteufel mit Kräutern gebraten, Risotto und Steinpilze; Warmes Schokoladenküchle mit Vanilleeis und glasierten Kirschen

Schwabenheim an der Selz
Rheinland-Pfalz

Landgasthof Engel
Landgasthof Engel

Markt 8 / ✉ 55270 / www.immerheiser-wein.de
T.: +49 6130 929394 / immerheiser-wein@t-online.de

Gasthof mit deutscher Küche. Hauptgerichte von € 10 bis € 26; Menüs von € 16 bis € 30.

Fachwerk-Naturstein-Stuben mit jahrhundertealtem Gebälk. Historischer Innenhof mit Bächle. Es gibt krosse Blutwurst, Kaninchen und Tafelspitz.
Das Haus empfiehlt: Mainzer Handkäsesuppe mit Blutwurstcroûtons; Kaninchen im Speckmantel, Senfsauce, Spinat-Spätzle; Lachsfilet vom Grill, grüner Spargel, Kräuterrisotto

Zum alten Weinkeller

Schulstr. 6 / ✉ 55270 / www.immerheiser-wein.de
T.: +49 6130 941800 / info@immerheiser-wein.de

Deutsche, mediterrane Küche. Hauptgerichte von € 15 bis € 34; Menüs von € 39 bis € 85. Geschlossen: Mo+Di; Mi-Sa mittags.
Mitten im rheinhessischen Weinland werden im Landhausstil-Ambiente oder im Gastgarten Entenleber, Loup de Mer und Rindsbäckchen serviert.
Das Haus empfiehlt: In Dornfelder geschmorte Ochsenbacken mit Pastinakenpüree und Rosenkohl; Gebratenes Zanderfilet auf Apfel-Meerrettich-Ragout mit krosser Blutwurst; Schokoladenmousse von der Callebaut Schokolade mit Mango

Schwäbisch Gmünd
Baden-Württemberg

Hi, Charles: Bar und Restaurant
Hotel am Remspark

Remspark 1 / ✉ 73525
hotelamremspark.de/restaurant-und-rooftop-bar
T.: +49 7171 7988200 / info@hicharles.de

Französische, schwäbische Küche. Hauptgerichte von € 16 bis € 52; Menüs von € 34 bis € 75; besondere Mittagskarte, vegetarisches Menü. Geschlossen: So; Mo, Sa mittags.
Modernes Restaurant mit Panoramablick über Stadt und Park im 7. Stock des Hotel am Remspark mit feiner regionaler und saisonaler Küche.
Das Haus empfiehlt: Forelle aus dem Ländle mit Kräuter-Speck-Croûtons und Balsamicolinsen-Gemüse; Ziegenkäse-Ravioli, gebratener Spargel, Steinchampignons, Schnittlauch, confierte Tomaten; Schwäbisches Tiramisu

Schwäbisch Hall
Baden-Württemberg

Landhaus Rössle
Landhaus Rössle

Zeilwiesen 5 / ✉ 74523 Ortsteil Veinau
www.roessle-veinau.de / T.: +49 791 2593
info@roessle-veinau.de

Deutsche, schwäbische Küche. Hauptgerichte von € 14 bis € 32; Menüs von € 35 bis € 65; vegetarisches Menü. Geschlossen: Mi; So abends; Mo+Di, Do-Sa mittags. Kochkurse.

Restaurant Rebers Pflug
Hotel Rebers Pflug

Weckriedener Str. 2 / ✉ 74523 Ortsteil Weckrieden
www.rebers-pflug.de / T.: +49 791 931230
info@rebers-pflug.de

Deutsche, weltoffene Küche. Hauptgerichte von € 19 bis € 44; Menüs von € 70 bis € 126; vegetarisches Menü. Geschlossen: Mo, So; Di-Sa mittags. Kochkurse.

Dégraissieren: Entfetten bei Brühen und Saucen

Restaurant Eisenbahn

Landhaus Wolf

Karl-Kurz-Str. 2 / 74523 Ortsteil Hessental
www.landhauswolf.eu / T.: +49 791 930660
info@landhauswolf.eu

Fine-Dining-Restaurant mit französischer Küche. Hauptgerichte von € 36 bis € 45; Menüs von € 85 bis € 170; vegetarisches Menü. Geschlossen: Mo+Di, So; Mi-Sa mittags.

Die 70 Kilometer nordöstlich von Stuttgart gelegene Salzsieder-Stadt hat eine historische Altstadt und das Hohenloher Freilandmuseum zu bieten. Das lockt jedes Jahr zahlreiche Touristen. Doch seit Jahren gibt es hier auch einen außergewöhnlichen Gourmet-Hotspot, angesiedelt in einem hübschen Fachwerkhaus im außerhalb gelegenen Ortsteil Hessental. Josef und Christa Wolf haben den Gasthof der Großeltern zu dem gemacht, was er heute ist. Sohn Thomas kocht an der Seite des Vaters und schreibt dessen handwerklich präzise, klassische Kochkunst fort. Das Maximum an Genuss steckt im Menü „Prestige": Hier darf man sich zum Beispiel auf Gänseleber mit Quitte, Seezungenröllchen oder ein zartes Bresse Täubchen mit Steinpilzen freuen. Nicht zu unterschätzen ist der Weinvorrat des Hauses, wohl gehütet von Christa Wolf. Hier warten Tropfen aus guten deutschen Lagen sowie wohlklingende Kreszenzen aus Italien und Frankreich.

Das Haus empfiehlt: Rochenflügel, grüner Spargel, Kartoffelrösti, Paprikavinaigrette; Wolfsbarsch, Frühlingslauch, Krustentiernage; Limousin Lammrücken, Graupenrisotto, Aubergine

Y | Restaurant im Ratskeller

Romantik Hotel Der Adelshof

Am Markt 12 / 74523
www.der-ratskeller.de
T.: +49 791 75890 / info@der-ratskeller.de

Schwäbische, vegane Küche. Hauptgerichte von € 21 bis € 35; Menüs von € 47 bis € 72; vegetarisches Menü, vegane Hauptgerichte. Geschlossen: Mo, So; Di-Sa mittags.

Im Ratskeller wird keine Weltanschauung serviert, sondern kulinarische Optionen nach Geschmack. Klassisch oder einzigartig, mit Fleisch oder ohne. Schwäbische Traditionsküche mit besten Zutaten in überlieferten Rezepten oder „Y fine dining", eine feine Küche, die mit neuen Aromen verführt. Entscheidend ist allein, worauf man gerade Lust hat. Denn Konventionen, Belehrungen oder Politik gehören hier nicht auf den Tisch. Genuss ganz nach Gusto. So oder so. Der Ratskeller blickt auf eine Geschichte als Gasthaus bis in das 12. Jahrhundert zurück. Antonio Lorusso kocht mit „Y" die kulinarische Zukunft ohne mit der Tradition zu brechen. Der Ratskeller ist kein typisches Hotelrestaurant, sondern eben ein Fine-Dining-Restaurant. das im ersten Haus am Platz beheimatet ist. Fazit: Niemand muss in diesem Restaurant zum Vegetarier werden, aber es wird mit dem Anspruch gekocht, dass jeder Gast von dem Erlebnis dieser pflanzlichen Küche so positiv überrascht ist, dass es nicht der letzte fleischlose Tag bleibt.

Das Haus empfiehlt: Karotte „Surf & Turf", Küchlein, Pesto; Feiner Kalbsrücken unter einer Tomatenkruste, Pfeffer-Käse-Rahm, Consommé von der Erbsenschale, eigene Einlage, Holundertrüffel; Geeister Schokoladen-Käsekuchen, Schwäbischer Dominostein, Birne

Schwalbach

Saarland

Landhaus Thea

Köllnerstr. 3 / 66773
www.landhaus-thea.de
T.: +49 6834 54775 / landhaus.thea@t-online.de

Deutsche, französische Küche. Hauptgerichte von € 20 bis € 39; Menüs von € 30 bis € 65; besondere Mittagskarte. Geschlossen: Mo+Di; Sa mittags.

In dörflicher Lage, rund zehn Kilometer von Saarlouis entfernt, werden ein günstiges Mittags- und ein fünfgängiges Abendmenü aufgetischt.

Das Haus empfiehlt: Rote-Bete-Carpaccio an gratiniertem Ziegenkäse; Steinpilzravioli an Trüffelsauce; Variation von Mousse au Chocolat, Mini-Schoko-Muffin an Haselnusseis und Erdbeersalat

Schwalmstadt

Hessen

Restaurant Rosengarten

Hotel Rosengarten

Muhlystr. 3 / 34613 Ortsteil Ziegenhain
www.hotel-rosengarten.org / T.: +49 6691 94700
info@hotel-rosengarten.org

Deutsche Küche. Hauptgerichte von € 10 bis € 24; Menüs von € 30 bis € 43. Geschlossen: So abends; Mo-Sa mittags.

Das schöne dreistöckige Fachwerkhaus bietet eine große Speisekarte für jedermann, sogar speziell für Busgesellschaften.

Das Haus empfiehlt: Bärlauchcrèmesüppchen mit frischen Kräutern und Croûtons; Haugemachtes Lammcurry auf Risotto mit grünen Bohnen; Mascarponecrème mit karamellisierten Pfirsichspalten

Schwangau
Bayern

Gams & Gloria
Hotel Das Rübezahl

Am Ehberg 31 / ✉ 87645 Ortsteil Horn
www.hotelruebezahl.de / T.: +49 8362 8888
info@hotelruebezahl.de

Fine-Dining-Restaurant mit deutscher Küche. Hauptgerichte von € 21 bis € 39; Menüs von € 109 bis € 146. Geschlossen: Mi+Do; Mo+Di, Fr-So mittags.

Schwarzenfeld
Bayern

Restaurant esskunst

Hauptstr. 24 / ✉ 92521
www.restaurant-esskunst.de
T.: +49 9435 6999610 / info@restaurant-esskunst.de

Deutsche, mediterrane Küche. Hauptgerichte von € 16 bis € 23; Menüs ab € 54; besondere Mittagskarte, vegetarisches Menü. Geschlossen: Mo+Di; Mi-Sa mittags.

Schweinfurt
Bayern

Kings & Queens

Bauerngasse 101 / ✉ 97421 Ortsteil Altstadt
www.kingsqueens.eu / T.: +49 9721 533242
info@kingsqueens.eu

Mediterrane, weltoffene Küche. Hauptgerichte von € 22 bis € 34; Menüs von € 36 bis € 89; vegetarisches Menü. Geschlossen: Mo, So; Di-Sa mittags. Kochkurse.

Kugelmühle

Georg-Schäfer-Str. 30 / ✉ 97421
www.restaurant-kugelmuehle.de / T.: +49 9721 914702
info@restaurant-kugelmuehle.de

Fine-Dining-Restaurant mit deutscher Küche. Hauptgerichte von € 25 bis € 33; Menüs von € 59 bis € 88; vegetarisches Menü, vegane Hauptgerichte. Geschlossen: Sa+So. Kochkurse.

Schwelm
Nordrhein-Westfalen

Restaurant Die Turnhalle
Hotel Das Schulhaus

Westfalendamm 15 / ✉ 58332
www.schulhaushotel.de
T.: +49 2336 8198833 / info@schulhaushotel.de

Crossover-Küche. Hauptgerichte von € 18 bis € 34; Menüs von € 32 bis € 39; vegetarisches Menü. Geschlossen: Mo, So; Di-Sa mittags.

Schwendi
Baden-Württemberg

Esszimmer
Hotel Oberschwäbischer Hof

Hauptstr. 9-15 / ✉ 88477 / www.oberschwaebischer-hof.de
T.: +49 7353 98490 / info@oberschwaebischer-hof.de

Französische, deutsche Küche. Hauptgerichte von € 36 bis € 48; Menüs von € 69 bis € 139; besondere Mittagskarte, vegetarisches Menü. Geschlossen: Mo+Di; So abends; Mi-Sa mittags.

Schwendi, das liegt rund 30 Kilometer südlich von Ulm und vielleicht etwas abseits üblicher Reiserouten. Doch das Unterhaltungsprogramm des Oberschwäbischen Hofs ist bunt gefächert und eine Reise wert. Hier darf man feiern (Räumlichkeiten, Menüs, Küchenparties), bowlen (hauseigene Bowlingbahn) oder diverse Urlaubsarrangements in Anspruch nehmen. Doch das herausragendste Element ist wohl die Küche des Hauses. Bis zu sechs Gänge feine, regional-saisonale Genüsse bereitet das Team seinen Gästen zu – gerne auch vegetarisch. Kreativ und erfrischend kommen die Speisen von Küchenchef Julius Reisch daher, der nach Stationen in Baiersbronn, Salzburg und auf Sylt zusammen mit Lebenspartnerin Anna (Sommelière) 2020 in den elterlichen Betrieb eingestiegen ist.

Das Haus empfiehlt: Handgetauchte Jakobsmuschel, N25-Kaviar, Meerrettich, Croûtons; Wildfang Seezunge, Topinambur, Waldpilze, Petersilie; Onglet vom US-Beef, Spitzkohl, Kartoffel, Paprika

Schwerin
Mecklenburg-Vorpommern

Weinbistro „George"
Weinhaus Uhle

Schusterstr.13-15 / ✉ 19055 / T.: +49 385 48939430
www.weinhaus-uhle.de/weinbistro / mail@weinhaus-uhle.de

Bistro mit deutscher Küche. Hauptgerichte von € 15 bis € 35. Kochkurse.

Mitten in der City Weine probieren und kaufen, ganztags gut gemachte Speisen genießen und sich in einem gemütlichen

➡

Ambiente wähnen.
Das Haus empfiehlt: Blutwurst-Säckle, glasierte Schalotten, Apfelsauce; Zanderfilet, Speck vom Gut Gallin, Linsen, Kirschtomaten; Äpfel aus dem alten Land, Apfel-Basilikum-Sorbet

Weinhaus Uhle - Restaurant

Weinhaus Uhle

Schusterstr. 13-15 / ✉ 19055 Ortsteil Altstadt
www.weinhaus-uhle.de m/ T.: +49 385 48939430
mail@weinhaus-uhle.de

Deutsche Küche. Menüs von € 75 bis € 125; vegetarisches Menü. Geschlossen: Mo, So; Di-Sa mittags. Kochkurse.

Nur 200 Meter von der Schlossinsel entfernt, inmitten der Schweriner Altstadt, liegt das Weinhaus Uhle, in dem schon 1751 Wein ausgeschenkt wurde. Jahrelang war das prächtigen Gebäude an der Schusterstraße geschlossen. Erst nach aufwendiger Sanierung, weckt das Haus ganz andere Erwartungen. Es sind Erwartungen, die seit 2016 durch die Gastgeber Annita und Dirk Frymark in jeder Beziehung erfüllt werden. Mit viel Engagement und Herzblut haben sie den authentischen Charakter des berühmten Weinhauses wieder hergestellt. Sie eröffneten eine Weinhandlung, gleichzeitig ein Bistro, dann ihr Gourmet-Restaurant. Aus regionalen Zutaten entstehen hier herrliche, bis zu acht Gänge umfassende Menüs, die von zahlreichen Grüßen aus der Küche begleitet werden. Den vorzüglichen Geschmack der Speisen erlebt man auf authentische Art und Weise – im historischen Ambiente des Restaurants. Einfach zum Wohlfühlen ist die stimmungsvolle Atmosphäre unter der reich verzierten Gewölbedecke. Außerdem gibt es noch das stilvolle Bacchus Zimmer und den eleganten Rittersaal für kleine und große Feste.
Das Haus empfiehlt: Zander aus dem Kirschholz-Rauch, Brunnenkresse, geeiste Beurre blanc, Garten-Bete; Salzwiesenlamm von Kopf bis Fuß, Portwein, Chimichurri, grüner Spargel, Sellerie; Mecklenburger Reh, Civet-Sauce, Chimichurri, grüner Spargel, Sellerie

La Bouche et El Pato

Buschstr. 9 / ✉ 19053 Ortsteil Altstadt / T.: +49 385 39456092
www.bistrolabouche.de / info@bistrolabouche.de

Bistro mit weltoffener, mediterraner Küche. Hauptgerichte von € 15 bis € 25; vegetarisches Menü. Geschlossen: Mo, So; Di-Do mittags.

Schwerin: Zu probieren gibt es Schweriner Wurst und Bier sowie gutbürgerlich Norddeutsches à la Scholle, Pannfisch und Bismarckhering. Täglich werden Speisefische aus den Gewässern der Umgebung geliefert.

Seegebiet Mansfelder Land

Sachsen-Anhalt

Restaurant „Orangerie“ Seeburg

Schlossstr. 18 / ✉ 06317 Ortsteil Seeburg
www.orangerie-seeburg.com / T.: +49 34774 701780

Französische, mediterrane Küche. Menüs von € 45 bis € 80; vegetarisches Menü. Geschlossen: Mi+Do; Mo+Di, Fr+Sa mittags. Kochkurse.
An dem über 1.000-jährigen Schloss Seeburg gelegen, mit Ausblick über den Süßen See, für leckere und feierliche Stunden.

Seeshaupt

Bayern

Seeresidenz Alte Post

Seeresidenz Alte Post

Alter Postplatz 1 / ✉ 82402
www.seeresidenz-alte-post.de / T.: +49 8801 9140
info@seeresidenz-alte-post.de

Deutsche Küche. Hauptgerichte von € 14 bis € 26; Menüs von € 43 bis € 69; besondere Mittagskarte, vegetarisches Menü. Geschlossen: mittags.

Bad Segeberg

Schleswig-Holstein

Landhaus Holsteiner Stuben

Landhaus Holsteiner Stuben

Dorfstr. 19 / ✉ 23795 / www.holsteiner-stuben.de
T.: +49 4551 4041 / info@holsteiner-stuben.de

Deutsche, französische Küche. Hauptgerichte von € 16 bis € 24; Menüs von € 21 bis € 35; vegetarisches Menü. Geschlossen: Di+Mi.
Typisches, reetgedecktes Gasthaus mit Zimmern und einer schmackhaften und frischen bodenständigen Küche.

Das Haus empfiehlt: Gebackener Ziegenkäse im Speckmantel auf einer Variation von Salaten und Kirschtomaten; Lammrücken, rosa gebraten mit einer feinen Kräuterkruste überzogen, dazu Thymiansauce; Carpaccio von der Ananas - dünne Scheiben von frischer Ananas mit braunem Zucker überflämmt

Sellin
Mecklenburg-Vorpommern

Restaurant Ambiance
Romantik Roewers Privathotel

Wilhelmstr. 34 / ✉ 18586 / www.roewers.de
T.: +49 38303 1220 / info@roewers.de

Fine-Dining-Restaurant mit weltoffener Küche. Hauptgerichte von € 22 bis € 32; Menüs von € 49 bis € 89; besondere Mittagskarte, vegetarisches Menü, vegane Hauptgerichte.

Restaurant Seeterrassen
Cliff Hotel Rügen

Cliff am Meer 1 / ✉ 18586 / www.cliff-hotel.de
T.: +49 38303 8482 / info@cliff-hotel.de

Deutsche Küche. Hauptgerichte von € 15 bis € 30; Menüs von € 34 bis € 48; besondere Mittagskarte.

Selzen
Rheinland-Pfalz

Kaupers Kapellenhof

Kapellenstr. 18 a / ✉ 55278
www.kaupers-kapellenhof.de
T.: +49 6737 8325 / kaupers.kapellenhof@googlemail.com

Deutsche, französische Küche. Hauptgerichte von € 44 bis € 49; Menüs von € 115 bis € 140. Geschlossen: Mo-Do, So; Fr+Sa mittags.

Siegen
Nordrhein-Westfalen

Restaurant Bar

Löhrstr. 51 / ✉ 57072 / www.restaurant-bar.de
T.: +49 271 3136720 / info@restaurant-bar.de

Crossover-, weltoffene Küche. Hauptgerichte von € 14 bis € 41; Menüs von € 14 bis € 99; besondere Mittagskarte, vegetarisches Menü. Geschlossen: So; Sa mittags.

Restaurant Pfeffermühle
Hotel Pfeffermühle

Frankfurter Str. 261 / ✉ 57074
www.pfeffermuehle-siegen.de / T.: +49 271 230520
info@pfeffermuehle-siegen.de

Weltoffene Küche. Hauptgerichte von € 11 bis € 40; Menüs von € 25 bis € 40; vegetarisches Menü. Geschlossen: So; Mo-Sa mittags.

Sigmaringen
Baden-Württemberg

Restaurant Donauperle

Burgfeldenstr. 16 / ✉ 72488 Ortsteil Gutenstein
www.donauperle.com
T.: +49 7570 951388
info@donauperle.com

Deutsche, schwäbische Küche. Hauptgerichte von € 11 bis € 24. Geschlossen: Mo; Di mittags.
In einer Donauschlinge liegt eine Perle: Ein hübsches Restaurant und ein schattiger Biergarten, auch für kleine Familienfeiern.
Das Haus empfiehlt: Vom heimischen Rind: Rumpsteak in Gorgonzolasauce mit hausgemachten Mandelbällchen; In Olivenöl gebratenes Saiblingsfilet in Kräutersafransauce mit hausgemachten Mandelbällchen; Vom heimischen Rind: Rumpsteak in Rosmarinjus mit Gemüsebouquet und hausgemachte Brandteigkrapfen

Simmerath
Nordrhein-Westfalen

Restaurant Haus am See
Hotel Haus am See

Pleushütte 1 / ✉ 52152 Ortsteil Einruhr
www.hausamseeeifel.de
T.: +49 2485 95050
hotel@haus-am-see-eifel.de

Französische, deutsche Küche. Hauptgerichte von € 22 bis € 30; Menüs von € 39 bis € 50; besondere Mittagskarte, vegetarisches Menü. Geschlossen: Mo+Di; Mi-Sa mittags. Kochkurse.

Vor den Toren Belgiens und des Nationalparks Eifel lädt das Restaurant am Rur-Stausee ein zu Zanderfilet, Entenbrust und Lammvariation.
Das Haus empfiehlt: Medaillon vom Schweinefilet an Portweinjus, gebratene Pfifferlinge, Gemüse der Jahreszeit und Dauphinekartoffeln; Supreme vom schwarzen Prachthahn an Sommergemüse und Kartoffelragout; Roastbeefschnitte mit gebratenen Pfifferlingen, junges Gemüse und Kartoffelgratin

Tarteletteformen: kleine runde flache Backförmchen

Simonswald
Baden-Württemberg

Hugenhof

Am Neuenberg 14 / ✉ 79263 / www.hugenhof.de
T.: +49 7683 930066 / restaurant@hugenhof.de

Mediterrane, französische Küche. Menüs ab € 64. Geschlossen: Mo+Di; Mi-So mittags.

Sinzig
Rheinland-Pfalz

Restaurant Feinschliff

Kirchplatz 8-9 / ✉ 53489
www.restaurant-feinschliff.de
T.: +49 2642 9959699 / info@restaurant-feinschliff.de

Crossover-Küche. Menüs ab € 79. Geschlossen: Di+Mi.

Bad Sobernheim
Rheinland-Pfalz

Jungborn
BollAnts Spa im Park

Felkestr. 100 / ✉ 55566
www.bollants.de / info@bollants.de
T.: +49 6751 93390

Fine-Dining-Restaurant mit deutscher, französischer Küche. Menüs von € 131 bis € 154; vegetarisches Menü, vegane Hauptgerichte. Geschlossen: Mo, So; Di-Sa mittags. Kochkurse.
Das BollAnts Spa im Park gehört zu den bekanntesten und besonders beliebten Wellness- und Gesundheitsressorts im deutschsprachigen Raum. Gelegen im romantischen Nahetal ist es ein Ort, an dem Menschen zur Ruhe kommen, sich erholen und genießen. Den Gästen stehen drei Restaurants zur Verfügung, darunter das Gourmet-Restaurant „Jungborn" als besonders exquisite Adresse. Chefkoch Philipp Helzle legt großen Wert auf frische und saisonale Zutaten, wenn möglich aus regionaler Herkunft. Serviert werden raffiniert zubereitete Fünf- und Sieben-Gang-Menüs, welche die Gäste im historischen Sandsteingewölbe genießen oder sich an lauen Sommerabenden auf der weinberankten Innenhofterasse schmecken lassen. Die feine Weinauswahl rundet das Gourmeterlebnis in Bad Sobernheim ab.
Das Haus empfiehlt: Getauchte Jakobsmuschel, Kokos, Reis, Algen; Rinderfilet „Rossini", Spinat, Zwiebel, Kartoffel; Fondant von Andoa-Schokolade, Multbeere, Roggen, Sauerrahm, Preiselbeer-Dill

Soest
Nordrhein-Westfalen

Waldrestaurant Zur Steinkiste

Körbecker Weg 8 / ✉ 59494 Ortsteil Hiddingsen
www.steinkiste-soest.de / T.: +49 2921 73444
steinkiste@t-online.de

Deutsche, mediterrane Küche. Hauptgerichte von € 13 bis € 28; vegetarisches Menü. Geschlossen: Mo+Di; Mi-Fr mittags.
Mitten im Grünen gelegenes rustikales Landlokal mit viel Naturstein, Holzbalken und fein eingedeckten Tischen. Toller Außenbereich.
Das Haus empfiehlt: Hummersuppe, Shrimps, mit Cognac und Sahne, Brot; Sylter Pannfisch - Rotbarsch, Schollenfilet gebraten, Senfrahmsauce, Bratkartoffeln, Salatteller; Panna cotta, Himbeeren, Mandel

Solingen
Nordrhein-Westfalen

Restaurant Pfaffenberg

Pfaffenberger Weg 284 / ✉ 42659 Ortsteil Höhscheid
www.pfaffenberg.com / T.: +49 212 42363
info@pfaffenberg.com

Crossover-Küche. Hauptgerichte von € 18 bis € 30; Menüs zu € 34; vegane Hauptgerichte. Geschlossen: Di+Mi; Mo, Do+Fr mittags. Kochkurse.

Sommerhausen
Bayern

Restaurant Philipp

Hauptstr. 12 / ✉ 97286 / www.restaurant-philipp.de
T.: +49 9333 1406 / info@restaurant-philipp.de

Fine-Dining-Restaurant mit französischer, mediterraner Küche. Menüs von € 69 bis € 165. Geschlossen: Mo-Do; Fr mittags. Kochkurse.
Sommerhausen mit seinen 1.900 Einwohnern liegt fernab jeglichen Trubels und doch vor den Toren Würzburgs. Ohne Zweifel ein romantischer Ort. Gelegen im idyllischen Maintal unterhalb der Weinberge, besitzt das Dorf noch eine mittelalterliche Stadtmauer, verwinkelte Gässchen und jahrhun-

dertealte Häuschen. Das traditionsreiche Gasthaus „Philipp" in der Dorfmitte fügt sich ganz ins Bild: ein 400 Jahre altes Palais mit Naturstein, Fachwerk, Stuck und Dielen. Die Zimmer, Suiten und Gasträume des Hauses erstrahlen in diesem sorgfältig gepflegten historischen Ambiente. Wer in dem kleinen Gourmetlokal mit 20 Sitzplätzen speist, begibt sich in die kompetente Obhut von Heike und Michael Philipp. Während sie als Hüterin und Kennerin des Weinvorrats in Erscheinung tritt, überrascht er seine Klientel mit einer aromenstarken klassischen Hochküche in bis zu sechs Gängen – als Degustations- oder Surprise-Menü.
Das Haus empfiehlt: Yellowfin-Thunfisch, Gurke, Wasabi, Sauerklee; Hausgemachte Ravioli, mild geräucherte Pilze, Sieben-Pfeffer-Schaum, Mimolette; Challans Entenbrust von „Maison Burgaud", Borettane-Zwiebeln, Sellerie, Portwein-Verjus

Sonnenbühl
Baden-Württemberg

Romantik Restaurant Hirsch
Romantik Hotel Hirsch

Im Dorf 12 / ✉ 72820 Ortsteil Erpfingen
www.romantikhotel-hirsch.de / T.: +49 7128 9291-0
info@romantikhotel-hirsch.de

Fine-Dining-Restaurant mit deutscher, schwäbischer Küche. Hauptgerichte von € 38 bis € 49; Menüs von € 58 bis € 125; vegetarisches Menü. Geschlossen: Mo-Mi; Do mittags.
Ob man nun die Gourmetküche versuchen möchte oder nicht, das Hotel-Restaurant „Hirsch" in Sonnenbühl mitten auf der Schwäbischen Alb heißt jeden willkommen. Doch wer ein- oder zweimal von den deftigen Klassikern in der „Dorfstube" gekostet hat – ja spätestens dann –, der wird auch nach der höheren Kochkunst von Gerd Windhösel und seinem Team verlangen. Nicht dass hier Bodenständigkeit fehlte, im Gegenteil, sie wird auch hier praktiziert, nur eben auf souveränem Gourmetniveau. Da wären etwa der kräuter-krustige Lammrücken, der köstliche Saibling oder die zartrosa Rehkeule zu nennen. Erhältlich à la carte oder im Paket mit drei fünf oder acht Gängen (Überraschungsmenü). Nicht von schlechten Eltern ist auch das Dessertangebot des Hauses, in dem der Eigugelhupf mit Saucenspiegel und die Rohmilchkäse-Spezialitäten vom Brett ihren festen Platz haben. Angesichts des guten Weinvorrats macht es Sinn, über Nacht zu bleiben.
Das Haus empfiehlt: Roastbeef vom Alb-Wagyu, Pastinake, Dinkelgrießschnitte, Holundersauc; Rücken vom jungen Älbler Weidelamm mit frischen Kräutern überkrustet, Ofengemüse, gratinierte Kartoffeln; Duett von Saibling und Forelle, Landgurke, hausgemachte Nudeln, Kerbelsauce

Service compris: Service inbegriffen

Sprockhövel
Nordrhein-Westfalen

Vesper's Restaurant (Golfhotel Vesper)

Frielinghausen 1 / ✉ 45549 Ortsteil Herzkamp
www.vespers-restaurant.de / T.: +49 202 64822137
info@golfhotel-vesper.de

Mediterrane, deutsche Küche. Hauptger. von € 18 bis € 29; Menüs von € 45 bis € 68; Mittagskarte, vegetar. Menü.

Bad Staffelstein
Bayern

Mediterranes „v. Scheffel - Restaurant"
Best Western Plus Kurhotel an der Obermaintherme

Am Kurpark 7 / ✉ 96231 / www.v-scheffel.de
T.: +49 9573 3330 / info@v-scheffel.de

Fine-Dining-Restaurant mit mediterraner Küche. Hauptgerichte von € 37 bis € 44; Menüs von € 52 bis € 124. Geschlossen: Mo+Di; Mi-So mittags.
Im Kurhotel im Bademantel in die Therme gehen und in angemessener Kleidung das Dolce Vita im Restaurant genießen.
Das Haus empfiehlt: Geräucherter Heilbutt, Meerrettichespuma, Rote-Bete-Gelee, Pumpernickel-Crumble; Lammfilet „Mignon" und -karree auf lauwarmem Baba Ganoush an Gewürz-Couscous; Valrhona-Küchlein, weiße Kaffee-Mousse, Limoncello-Parfait

Starnberg
Bayern

Gourmetrestaurant Aubergine
Hotel Vier Jahreszeiten Starnberg

Münchner Str. 17 / ✉ 82319
www.aubergine-starnberg.de / T.: +49 8151 44700290
aubergine@vier-jahreszeiten-starnberg.de

Fine-Dining-Restaurant mit französischer, weltoffener Küche. Menüs von € 109 bis € 129; vegetarisches Menü. Geschlossen: Mo+Di, So; Mi-Sa mittags.
Im oberbayerischen Fünfseenland ist die Kleinstadt Starnberg wohl jedem ein Begriff. Am Nordufer des wunderschönen Starnberger Sees gelegen, und nur 25 Kilometer südwestlich

➡

von München entfernt, bietet der gepflegte Touristenort all das, was der Erholung guttut. Gutes Essen zum Beispiel. Das Gourmetrestaurant Aubergine, welches die Front des Hotel Vier Jahreszeiten ziert, ist die beste Ess-Location rund um den fünftgrößten See Deutschlands. Ambiente, Anspruch und Angebot sind auf ein Fine-Dining-Publikum ausgerichtet, das nicht zwingend in die bayerische Landeshauptstadt fahren muss, um zu genießen. Nein, es kommt deswegen auch gerne von dort. Küchenchef Maximilian Moser und sein Team bereiten verwöhnten Gaumen an vier Abenden in der Woche eine erlebenswerte Reise. Eine Reise, die fünf oder sieben Stationen hat, je nachdem: Vom bretonischen Hummer mit würzigem Fond und Taboulé führt sie beispielsweise über Wallerleber und Sauerkraut bis zur Bresse Taube mit Blutwurst. Die klassisch französische Haute Cuisine bekommt hier einen gekonnten Aufbau aus heimischen und internationalen Produkten.
Das Haus empfiehlt: Forelle, Gurke, Kohlrabi, Tapioka; Hecht aus dem Starnberger See, Spargel, Brunnenkresse, Safran; Maibock aus der Region, Pannise, Kopfsalat, Morchel

Staufen im Breisgau
Baden-Württemberg

Die Krone
Die Krone

Hauptstr. 30 / ✉ 79219 Ortsteil Staufen
www.die-krone.de / T.: +49 7633 5840 / info@die-krone.de

Deutsche Küche. Hauptgerichte von € 18 bis € 38; Menüs von € 35 bis € 48; vegetarisches Menü. Geschlossen: Sa; Mo-Fr mittags.

Steinwenden
Rheinland-Pfalz

Hotel Raisch
Hotel Raisch

Moorstr. 40 / ✉ 66879 / www.hotelraisch.de
T.: +49 6371 59060 / hotel@hotelraisch.de

Asiatische Küche. Hauptgerichte von € 10 bis € 38; Menüs von € 29 bis € 49. Geschlossen: So; Mo-Sa mittags.
Unweit der Ramstein Air Base bei Kaiserslautern gibt's ein Restaurant mit Metzgerei und Hotel, das Hausmannskost und Thai-Küche serviert.
Das Haus empfiehlt: Carpaccio vom Ochsenfilet; Schweinefilet in Dijon-Senfsauce; Kalbssteak mit Feigensauce

Trattoria: (ital.) einfaches Restaurant

Stolpe an der Peene
Mecklenburg-Vorpommern

Restaurant Gutshaus Stolpe
Hotel Gutshaus Stolpe

Peenstr. 33 / ✉ 17391 Ortsteil Stolpe
www.gutshaus-stolpe.de / T.: +49 39721 5500
info@gutshaus-stolpe.de

Fine-Dining-Restaurant mit französischer Küche. Menüs von € 130 bis € 175; vegetarisches Menü. Geschlossen: Mo+Di, So; Mi-Sa mittags. Kochkurse.
Auf dem Anwesen rund um das Gutshaus Stolpe findet der Gast jenes erhabene Gefühl, in einer besonderen, schönen und exklusiven Umgebung zu verweilen. Ein weitläufiger Park, eine Alleeauffahrt, ein Salon, eine Kaminhalle – der englische Landhausstil lebe hoch. Das Gourmet-Restaurant „Gutsherrenküche" fügt sich nahtlos in diese herrschaftliche Atmosphäre. Allerdings geht es leger zu, Etikette Fehlanzeige. Seit Mai 2022 kocht Christian Somann verantwortlich, der vorher unter anderem im Strandhotel Atlantic und im Ahlbecker Hof tätig war. Drei bis sechs exquisite Gänge umfasst sein französisch geprägtes „Gutsherren-Menü" – zum Beispiel mit Kaisergranat, Kalbsbries, Rehrücken und fein veredeltem Käse am Schluss. Das macht Lust auf mehr. Für den bodenständigen Genuss empfiehlt sich das direkt an der Peene gelegene, historische Wirtshaus „Stolper Fährkrug".
Das Haus empfiehlt: Geflämmte dänische Makrele, Sud aus Molke und Kräutern, grüner Apfel als Sorbet, Landgurke; Rehrücken aus der Stolper Jagd, Wildpfeffersauce, Aromen von Kirsche, Fichte und Meerrettich; Crème von gebrannter Schokolade, geeiste Gartenerbse und Holundersud

Stralsund
Mecklenburg-Vorpommern

Restaurant Lara

Am Fischmarkt 4 / ✉ 18439 Ortsteil Altstadt
das-restaurant-lara.de / T.: +49 3831 666339
kontakt@das-restaurant-lara.de

Deutsche Küche. Hauptgerichte von € 17 bis € 32; Menüs von € 39 bis € 65. Geschlossen: Mo, So; Di-Fr mittags.

Zum Scheele
Romantik Hotel Scheelehof

Fährstr. 23-25 / ✉ 18439 Ortsteil Altstadt / T.: +49 3831 2833112
www.scheelehof.de / info@scheelehof.de

Deutsche, weltoffene Küche. Hauptgerichte von € 25 bis € 40; Menüs von € 79 bis € 89; besondere Mittagskarte.

Stromberg
Rheinland-Pfalz

Le Délice
Land & Golf Hotel Stromberg

Am Buchenring 6 / ✉ 55442 / www.golfhotel-stromberg.de
T.: +49 6724 6000 / info@golfhotel-stromberg.de

Weltoffene Küche. Menüs von € 109 bis € 169. Geschlossen: Mo+Di, So; Mi-Sa mittags.

Stuhr
Niedersachsen

Nobel Moordeich

Neuer Weg 13 / ✉ 28816 Ortsteil Moordeich
www.nobel-moordeich.de / T.: +49 421 56800
info@nobel-moordeich.de

Mediterrane Küche. Hauptgerichte von € 15 bis € 39; Menüs von € 35 bis € 45; besondere Mittagskarte. Geschlossen: Mo+Di; Mi+Do abends.
Familiengeführter Restaurantbetrieb mit Tradition und norddeutschen Speisen unweit der Autobahn A1. Flottes Dreigangmenü und wechselnde Mittagsgerichte.
Das Haus empfiehlt: Hähnchenbrustfilet mit Basilikumsauce an hauchdünnen Kohrabischeiben mit grünem Spargel, Möhrchen, Kräuterkartoffelnocken (saisonal); Geschmorte Rinderbäckchen mit Schalottenjus, Frühlingslauch, Ragout von frischen Kirschtomaten, Kartoffelnocken, Trüffelöl (saisonal); Crème brûlée mit frischem Rhabarber, Erdbeer-Spargel-Minzsalat und Schlagsahne (sasional)

Restaurant Kreuz Meyer
Hotel Kreuz Meyer

Hauptstr. 2 / ✉ 28816 Ortsteil Seckenhausen
www.hotel-kreuzmeyer.de / T.: +49 421 898550
info@hotel-kreuzmeyer.de

Norddeutsche Küche. Hauptgerichte von € 10 bis € 29; besondere Mittagskarte.
Verkehrsgünstig gelegenes, gutbürgerliches Lokal mit Wintergarten, Terrasse und Keglebahn, rund zehn Kilometer vom Zentrum Bremens entfernt.

Das Haus empfiehlt: Gebratene Zucchini-Mais-Taler, Pfannengemüse, Currysauce; Schweinemedaillons, Sauce béarnaise, Kräuterseitlinge, Herzoginkartoffeln; Lammmedaillons, Kräutermantel, Madeirasauce, Tomaten-Bohnengemüse, Kürbiskernrösties

Stuttgart
Baden-Württemberg

Cube Restaurant
Kunstmuseum Stuttgart

Kleiner Schloßplatz 1 / ✉ 70173 Ortsteil Mitte
www.cube-restaurant.de / T.: +49 711 2804441
info@cube-restaurant.de

Deutsche, weltoffene Küche. Hauptgerichte von € 17 bis € 50; Menüs von € 48 bis € 65; Mittagskarte, vegetar. Menü.

Délice

Hauptstätter Str. 61 / ✉ 70178 Ortsteil Mitte
www.restaurant-delice.de / T.: +49 711 6403222
info@restaurant-delice.de

Mediterrane Küche. Menüs zu € 138. Geschlossen: Mo, Sa+So; Di-Fr mittags.

Der Zauberlehrling
Hotel Der Zauberlehrling

Rosenstr. 38 / ✉ 70182 Ortsteil Mitte
www.zauberlehrling.de / T.: +49 711 2377770
kontakt@zauberlehrling.de

Fine-Dining-Restaurant mit deutscher, weltoffener Küche. Hauptgerichte von € 30 bis € 59; Menüs von € 119 bis € 180; vegetarisches Menü. Geschlossen: So; Mo-Sa mittags. Kochkurse.
Klein, schick und familiär. So kann man das das mit viel Liebe zum Detail geführte Gourmet-Restaurant von Karen und Axel Heldmann treffend betiteln. Im Zentrum von Stuttgart, dem alten Bohnenviertel, findet der Gast eine hochkarätige Gastronomie, individuell designte Zimmer und einen Gewölbekeller für Kochevents. Küchenchef Fabian Heldmann und seine Crew (Küche und Service) bereiten ihren Gästen einen Menü-Schmaus von bis zu acht Gängen und kredenzen dazu hervorragende Weine. Salopp gesagt: Ganz schön kreativ, was die hier auf die Teller zaubern. Umsorgt wird man auf sympathische und kompetente Art. In dieser Version des „Zauberlehrling“ läuft von Anfang an alles wie am Schnürchen, und Deutschlands berühmtester Dichter hätte hier wohl seine helle Freude gehabt.
Das Haus empfiehlt: Saibling, Staudensellerie, Dill, Kaviar; US-Wagyu-Beef, geräucherte rote Bete, Portwein; Stachelbeere, Braune Butter, Zitrone

Hegel Eins
Linden-Museum Stuttgart

Hegelplatz 1 / ✉ 70174 Ortsteil Mitte / www.hegeleins.de
T.: +49 711 6744360 / info@hegeleins.de

Weltoffene Küche. Menüs von € 132 bis € 156. Geschlossen: Mo, So; Di-Sa mittags.

Hupperts Restaurant

Gebelsbergstr. 97 / ✉ 70199
www.hupperts-restaurant.de / T.: +49 711 6406467
info@hupperts-restaurant.de

Weltoffene, französische Küche. Menüs von € 124 bis € 134. Geschlossen: Mo, So; Di-Sa mittags.

Restaurant 5

Bolzstr. 8 / ✉ 70173 Ortsteil Mitte / www.5.fo
T.: +49 711 65557011 / 5@5.fo

Crossover-, weltoffene Küche. Menüs von € 99 bis € 209; Mittagskarte, vegetarisches Menü. Chef's Table.

Restaurant Christophorus
Porsche Museum

Porscheplatz 5 / ✉ 70435
www.porsche.com/museum/de/kulinarischesangebot
restaurant-christophorus@porsche.de

Mediterrane Küche. Hauptgerichte von € 25 bis € 110; Menüs von € 100 bis € 100; besondere Mittagskarte. Geschlossen: Mo, So.
Schickes Restaurant im Porsche Museum. Steakliebhaber und Gourmets genießen in eleganter Atmosphäre mit Blick auf die begehrten Sportwagen.

Reduzieren: Einkochen

Ritzi Gourmet

Friedrichstraße 6 / ✉ 70174 Ortsteil Mitte
ritzi-stuttgart.de / T.: +49 711 21843822
ritzi@ritzi-stuttgart.de

Französische, weltoffene Küche. Menüs von € 105 bis € 190. Geschlossen: Mo, So; Di-Sa mittags.

Speisemeisterei
Schloss Hohenheim

Schloss Hohenheim 1 b / ✉ 70599 Ortsteil Hohenheim
www.speisemeisterei.de / T.: +49 711 34217979
info@speisemeisterei.de

Fine-Dining-Restaurant mit französischer, weltoffener Küche. Menüs von € 185 bis € 215; vegetarisches Menü. Geschlossen: Di+Mi; Mo, Do-So mittags.

Wielandshöhe

Alte Weinsteige 71 / ✉ 70597 Ortsteil Degerloch
www.wielandshoehe.de / T.: +49 711 6408848
wielandshoehe@posteo.de

Französische Küche. Hauptgerichte von € 42 bis € 52; Menüs von € 105 bis € 130; vegetarisches Menü. Geschlossen: Mo, So.

Zur Weinsteige
Zur Weinsteige - Hotel-Schlösschen-Restaurant

Hohenheimer Str. 30 / ✉ 70184 Ortsteil Mitte
www.zur-weinsteige.de / T.: +49 711 2367000
info@zur-weinsteige.de

Fine-Dining-Restaurant mit mediterraner, deutscher Küche. Menüs von € 55 bis € 138; vegetarisches Menü. Geschlossen: Mo, So; Di-Sa mittags.
Zwei Brüder, zwei Funktionen: Jörg Scherle kümmert sich um die kulinarischen Aspekte, Andreas Scherle ist Gastgeber und gibt in Sachen Wein den Ton an. Und der Vorrat ist beeindruckend: 1.400 Weinpositionen lagern im Hotel-Restaurant „Zur Weinsteige" im Stadtteil Dobel (Stuttgart-Mitte). Ebenso hält das Restaurant seit zwei Jahrzehnten ein beständig hohes Niveau. Der Grund ist eine kreative, weltoffene aber auch schwäbisch geprägte Küche mit klassischem Fundament. Ein kleine Dreigang-Folge, das große Sechsgangmenü oder vier Gänge vegetarisch – man hat die Wahl. Legendär sind auch die Weinverkostungen im Hause, wenn zu diversen Gourmet-Häppchen der jeweils passende Tropfen gereicht wird.
Das Haus empfiehlt: Loup de Mer, Sanddorn, geräuchertes Aal-Tatar, Buttermilch, Vadouvan, Arganöl; Koshihikari-Reis, Wasabi-Rotkohlgelee, Edamame, Dashi-Beurre-blanc; Filet vom Bison, Pfifferling-Cranberry-Praline, Spitzkohl-Schmorzwiebel-Gyoza, Cranberry-Jus

Pastete: feine Fleisch-, Fisch- oder Gemüsefarce in Teighülle

Südharz
Sachsen-Anhalt

20Zwanzig
Romantik Hotel FreiWerk

Thyrahöhe 24 / ✉ 06536 Ortsteil Stolberg
www.hotel-freiwerk.de / T.: +49 34654 8590-0
info@hotel-freiwerk.de

Deutsche, mediterrane Küche. Hauptgerichte von € 19 bis € 30. Geschlossen: Mo; Di-Fr mittags.

Sulzburg
Baden-Württemberg

Restaurant Hirschen
Hotel Restaurant Hirschen

Hauptstr. 69 / ✉ 79295 / www.hirschen-sulzburg.de
T.: +49 7634 8208 / info@douce-steiner.de

Fine-Dining-Restaurant mit französischer Küche. Menüs von € 225 bis € 300. Geschlossen: Mo+Di, So; Mi-Sa mittags.

Sylt
Schleswig-Holstein

BODENDORF'S
Landhaus Stricker

Boy-Nielsen-Str. 10 / ✉ 25980 Ortsteil Tinnum
www.landhaus-stricker.de / T.: +49 4651 88990
info@landhaus-stricker.de

Fine-Dining-Restaurant mit mediterraner Küche. Hauptgerichte von € 48 bis € 59; Menüs von € 178 bis € 218. Geschlossen: Mo, Sa+So; Di-Fr mittags.
Holger Bodendorf ist ein Künstler – ein Kochkünstler und Kunstliebhaber. Darum liegt die Kombination der beiden Handwerke nahe. In seinem Haus hängen große Werke des Künstlers Devin Miles, die nicht nur das Restaurant schmücken, sondern dem sogar die Bar gewidmet wurde - die „Miles Bar". Sylt genießt Kultstatus. Sehen und gesehen werden, heißt es. Das Restaurant „Bodendorf's", das „Siebzehn84" und seine Bar haben sich zu einem „Place to be" entwickelt. Kein Wunder bei der hippen, poppigen Ausstattung und bei dem hochwertigen Genuss, den Holger Bodendorf aus Küche und Keller zu bieten hat. Darf es ein Fünf- oder ein Sieben-Gang-Menü sein? Hier, im jüngst umgebauten Bodendorf's nimmt sich der Gast Zeit, um in entspannter Weise zu genießen. Mehrere Menüs stehen zur Auswahl, gerne südfranzösisch geprägt, aber ohne wirklich auf Landesgrenzen beschränkt.

Das Haus empfiehlt: Zweierlei Kalb, glasiertes Kalbsbries, Tatar, gefüllte Morcheln, Bohnenkraut; Mieral Wachtelbrust, Topinamburcrème, rote Bete, geschmorte Wachtel, Trüffel; Poltinger Entenbrust, Auberginencrème, wilder Brokkoli, krosse Entenkeule, Miso

Brot & Bier

Gurtstig 1 / ✉ 25980 Ortsteil Keitum
www.brot-und-bier.de / T.: +49 4651 9363743
kontakt@brot-und-bier.de

Deutsche Küche. Hauptgerichte von € 12 bis € 26. Geschlossen: Mo, So.

Hardy's Bar & Restaurant
Hotel Stadt Hamburg

Strandstr. 2 / ✉ 25980 Ortsteil Westerland
www.hotelstadthamburg.com / T.: +49 4651 8580
info@hotelstadthamburg.com

Fine-Dining-Restaurant mit mediterraner, französischer Küche. Hauptgerichte von € 32 bis € 46; Menüs von € 117 bis € 119; vegetarisches Menü. Geschlossen: Mo, So; Di-Sa mittags. Kochkurse.
Das Hotel Stadt Hamburg in Downtown Westerland ist eine echte Sylter Traditionsadresse. Mittendrin im pulsierenden Inselleben und nur fünf Fußminuten von Kurpromenade und Strand entfernt. Das luxuriöse Haus bietet zahlreiche Argumente für einen entspannten Aufenthalt: gemütliche Zimmer und Suiten, Spa, Fitnessbereich, Kaminlounge, Restaurant mit Bar. Womit wir beim Thema sind: Bereits am späten Nachmittag findet man sich in Hardy's Bar und Restaurant auf einen Cocktail (es gibt rund 30 verschiedene) oder einen süffigen Highball ein. Vom Tresen geht's anschließend in den Restaurantbereich. Dort erwarten den Gast ein feines Menü, eine vegane Speisefolge oder auch Klassiker der deutschen und französischen Küche à la carte. Seezunge Müllerin, Variationen vom Sylter Lamm oder Heilbutt in Muschelbouillon – für Vielfalt ist gesorgt. Darüber hinaus werden Austern und Kanadischer Hummer serviert.
Das Haus empfiehlt: Hummer, Mole-Crème, Pastinake, Feige; Schwarzfederhuhn, Hummus, Senfkohl, Granatapfel; Pistazienrisotto, gelbe Bete, gebratene Salatherzen

Pâté: Teig, Masse

Franz Ganser - Das kleine Restaurant

Bötticherstr. 2 / ✉ 25980 Ortsteil Westerland
www.ganser-sylt.de / T.: +49 4651 22970
franz@ganser-sylt.de

Mediterrane Küche. Hauptgerichte von € 24 bis € 48; Menüs von € 45 bis € 98; besondere Mittagskarte, vegetarisches Menü. Geschlossen: Mo; Di mittags.

Johannes King Genuss-Shop

Gurtstig 2 / ✉ 25980 Ortsteil Keitum
www.johannesking.de / T.: +49 4651 9677790
mail@johannesking.de

Bistro mit norddeutscher, weltoffener Küche. Hauptgerichte von € 19 bis € 49. Geschlossen: So.
Suppen, Saucen, Fisch und Wein mit dem Label „King" haben in dem kleinen Genussshop mit Bistrobereich, gelegen am Ortseingang, Konjunktur.
Das Haus empfiehlt: Röstbrot mit Matjes, Radieschen und Kräutern; Kartoffelpuffer mit hausgebeiztem Lachs oder mit Prunier Kaviar; „Blonder Schwede"-Apfelkompott, Streusel, weiße Schokoladencrème und Liebelei

Restaurant Sansibar

Hörnumer Str. 80 / ✉ 25980 Ortsteil Rantum
www.sansibar.de / T.: +49 4651 964646 / info@sansibar.de

Deutsche, weltoffene Küche. Hauptgerichte von € 18 bis € 100; besondere Mittagskarte.
Ein Lieblingsplatz, ein Treffpunkt, ein sehr gutes Restaurant mit „Bretterbuden"-Charme. Das trifft auf das legendäre „Sansibar" ohne Einschränkung zu. Traumhaft liegt es in den Dünen, ungefähr auf halber Strecke zwischen Rantum und Hörnum. Nur ein paar Schritte sind es zum Strand, doch das Sandfeeling beginnt schon an den Holztreppen des rustikal eingerichteten Kultlokals. Hier kann eigentlich jeder machen was er will: Champagner trinken, ein Stück Kuchen essen oder ein Döschen Kaviar naschen. Zu den exzellent ge-

machten Klassikern der Küche gehören Fisch- und Fleischfondues, Wagyu-Spezialitäten sowie Gourmet-Burger und -Schnitzel. Auch Fischesser sind hier bestens aufgehoben. Es gibt Gerichte mit Edelfischen, gebacken und gebraten, Seezunge oder Kablejau, und dazu einen guten Weißwein. Die Weinkarte ist übrigens riesig, bei rund 2.000 Positionen dürfte für jeden Geschmack wohl etwas dabei sein.
Das Haus empfiehlt: Nudeln mit Lachs in Peperonikäsecrème mit Parmesan; Loup de Mer im Ganzen gebraten mit Senfsauce und Ofenkartoffel; Original „Sansibar Kaiserschmarrn" mit allem Drum und Dran

Restaurant SIEBZEHN84

Landhaus Stricker

Boy-Nielsen-Str. 10 / ✉ 25980 Ortsteil Tinnum
www.landhaus-stricker.de
T.: +49 4651 88990
info@landhaus-stricker.de

Weltoffene Küche. Hauptgerichte von € 28 bis € 42; Menüs von € 90 bis € 102; vegetarisches Menü. Geschlossen: mittags.
Historisches, reetgedecktes Sylthaus mit modernem Speiseraum und einer Klassiker-Karte für den feinschmeckenden Gaumen.
Das Haus empfiehlt: Roastbeefscheibe, gegrillt, Bratkartoffel Salat, glasierte Pfifferlinge, grobe Senf-Mayonnaise; Krosse Entenbrust, Rahmkohlrabi, eingelegte Zwetschgen, Kartoffelkrapfen, leichte Pfeffersauce; Erdbeer-Mascarpone-Mousse, Schokoladencrumble, marinierte Erdbeeren, Basilikumsorbet

Samoa Seepferdchen

Hörnumer Str. 70 / ✉ 25980 Ortsteil Rantum
www.samoa-seepferdchen.com
T.: +49 4651 5579
info@samoa-seepferdchen.de

Norddeutsche, mediterrane Küche. Hauptgerichte von € 19 bis € 53.

Auf **Sylt** prägt das Meer die Speisekarte: Nordseekrabben, Miesmuscheln, Scholle und Hering kommen auf Deutschlands größter Nordseeinsel fangfrisch auf den Tisch. Im Wattenmeer vor List bringt die einzige Austernzucht der Republik die beliebte Sylter Royal hervor. Man genießt sie mit Zitrone, gratiniert, in Pernodbutter geschwenkt oder in einem Spaghetti-Gericht verarbeitet. Bleiben noch das Fischbrötchen mit Matjes, Zwiebeln und Meerblick sowie die Sylter Rote Grütze, zubereitet mit roten Früchten, Wein, Zimt und Sahne. Die knusprigen Friesenkekse nach Originalrezept gehören zum Kaffee.

Söl'ring Hof

Söl'ring Hof

XXXX

Am Sandwall 1 / ✉ 25980 Ortsteil Rantum
www.soelring-hof.de / T.: +49 4651 836200
info.soelringhof@hommage-hotels.com

Fine-Dining-Restaurant mit französischer, weltoffener Küche. Hauptgerichte von € 62 bis € 79; Menüs von € 264 bis € 294; vegetarisches Menü. Geschlossen: Mo, So; Di-Sa mittags. Kochkurse.

Der Söl'ring Hof ist ein Luxus-Strandhotel auf Sylt, zu finden einige Kilometer südlich von Westerland. Seine exklusive Alleinlage auf dem Dünenwall direkt am Meer ist schon grandios. So manch einer, der hier logierte, mag wohl ins Grübeln gekommen sein, ob es überhaupt einen schöneren Ort für eine Auszeit an der Nordsee gibt. Hinzu kommen die Herzlichkeit der Gastgeber und natürlich ein erstklassiges Restaurant. Küchenchef Jan-Philipp Berner kocht unter Verwendung echter Sylter Produkte hochkarätige Speisen, die Gäste aus aller Welt erfreuen. Die Rohstoffe liefern die eigenen Gärten oder heimische Fischer, zu erschmecken sind sie zum Beispiel in einem achtgängigen Degustationsmenü. In diversen fantasievollen Zubereitungen oder ganz „natur" wird auch die „Sylter Royal Auster", Deutschlands einzige Auster, aufgetischt. (Mehr Informationen über die Sommelière des Jahres, Bärbel Ring, unter „Auszeichnungen des Jahres Deutschland".)

Das Haus empfiehlt: Lachsforelle, Kohlrabi, Pflaumenkernöl, Minze; Kalbsbries, Nordseekrabbe, grüner Spargel, Melisse; Salzwiesenlamm, Kartoffel, Zwiebel, Bärlauch

Tellerrand

XX ⬆

St.-Nicolai-Str. 1 / ✉ 25980 / www.tellerrand-sylt.de
T.: +49 4651 4465300 / info@tellerrand-sylt.de

Mediterrane, deutsche Küche. Hauptgerichte von € 25 bis € 45. Geschlossen: Di; Mo, Mi-So mittags.

Tipken's

Severin*s Resort & Spa

XX ⬆

Am Tipkenhoog 18 / ✉ 25980 Ortsteil Keitum
www.severins-sylt.de
T.: +49 4651 46066533
info@tipkens-sylt.de

Weltoffene Küche. Hauptgerichte von € 38 bis € 68; Menüs von € 96 bis € 124; vegane Hauptgerichte. Geschlossen: Mo, So; Di-Sa mittags.

Shared Dining, ein erlesenes Viergangmenü, Kuchen und Gebäck aus der eigenen Pâtisserie: in einem Luxushotel ganz nah am Wattenmeer.

Das Haus empfiehlt: Surf & Turf, Pulpo, Tatar, Holzkohle; Rinderfilet Rossini, Trüffel, Kartoffel, Waldpilze, Sauerkirsch; Duett von Himbeere und Valrhona Opalys, Litschiragout, Himbeersorbet

Consommé: geklärte Kraftbrühe

T

Tangstedt (Stormarn)
Schleswig-Holstein

Gutsküche Wulksfelde
Wulksfelder Damm 15 / ✉ 22889 Ortsteil Wulksfelde
www.gut-wulksfelde.de / T.: +49 40 64419441
info@gutskueche.de

Weltoffene Küche. Hauptgerichte von € 19 bis € 29; Menüs von € 19 bis € 78; besondere Mittagskarte, vegetarisches Menü, vegane Hauptgerichte. Geschlossen: Mo, So. (Mehr Informationen über das Nachhaltigkeitskonzept des Jahres unter „Auszeichnungen des Jahres".)

Tegernsee
Bayern

Leeberghof
Ellingerstr. 10 / ✉ 83684 / www.leeberghof.de
T.: +49 8022 188090 / info@leeberghof.de

Deutsche, bayerische Küche. Hauptgerichte von € 23 bis € 38; Menüs von € 85 bis € 99; vegetarisches Menü. Geschlossen: Mo.

Bad Teinach-Zavelstein
Baden-Württemberg

Restaurant Berlins Krone
Hotel Berlins KroneLamm
Marktplatz 1-3 / ✉ 75385 Ortsteil Zavelstein
www.berlins-hotel.de / T.: +49 7053 92940
info@berlins-hotel.de

Fine-Dining-Restaurant mit weltoffener, französischer Küche. Menüs von € 129 bis € 159; vegetarisches Menü. Geschlossen: Mo+Di; Mi-So mittags. Kochkurse.
In einem malerischen Winkel des nördlichen Schwarzwaldes, unweit von Calw, bietet das Hotel Berlins KroneLamm gediegenen Luxus im Landhausstil, Wellness und eine zweigeteilte Gastronomie: das Gourmet-Restaurant „Berlins Krone" und das durchweg regional geprägte Restaurant „Berlins Lamm" mit verschiedenen Stuben. Küchenchef (und -direktor) Franz Berlin bietet mit seinem bis zu sieben Gänge umfassenden Menü einen erlebenswerten und hochklassigen Mix aus heimischen Produkten und internationalen Rezepturen. Man darf sich zum Beispiel an Bayrischer Garnele, Wildfang-Zander mit Blutwurst oder Rehrücken mit Shiitake erfreuen. Wer mag, bestellt gleich die korrespondierenden Weine dazu, was absolut zu empfehlen wäre. Genauso wie eine anschließende Übernachtung im Hotel.
Das Haus empfiehlt: Bayrische Crusta-Nova-Garnele; Confierte Lachsforelle, Linsen, Gurke, Dill-Brandade; Rehrücken, Shiitake, Brokkoli, Feige, Pekannüsse

Teisendorf
Bayern

Restaurant Mundart
Wellness-Natur-Resort Gut Edermann
Holzhausen 2 / ✉ 83317 Ortsteil Holzhausen
www.gut-edermann.de
T.: +49 8666 92730
info@gut-edermann.de

Deutsche, weltoffene Küche. Hauptgerichte von € 18 bis € 36; vegetarisches Menü, vegane Hauptgerichte. Geschlossen: Di+Mi; Mo, Do mittags.

Teisnach
Bayern

Oswalds Gourmetstube
Landromantik Hotel Oswald
Am Platzl 2 / ✉ 94244 Ortsteil Kaikenried
www.hotel-oswald.de
T.: +49 9923 84100
info@hotel-oswald.de

Fine-Dining-Restaurant mit französischer, weltoffener Küche. Menüs von € 69 bis € 145. Geschlossen: Mo+Di, So; Mi-Sa mittags.

Telgte
Nordrhein-Westfalen

Heidehotel Waldhütte
Heidehotel Waldhütte
Im Klatenberg 19 / ✉ 48291
www.heidehotel-waldhuette.de / T.: +49 2504 9200
info@heidehotel-waldhuette.de

Deutsche, westfälische Küche. Hauptgerichte ab € 20; Menüs ab € 42. Geschlossen: Mo.

Tholey
Saarland

Hotellerie Hubertus
Hotellerie Hubertus
Metzer Str. 1 / ✉ 66636
www.hotellerie-hubertus.de
T.: +49 6853 91030 / hotellerie-hubertus@web.de

Französische Küche. Hauptgerichte von € 14 bis € 33; Menüs von € 37 bis € 85. Geschlossen: Mo+Di; Mi-Sa mittags. Kochkurse.

Tiefenbronn
Baden-Württemberg

Bauernstuben
Hotel Ochsen Post

Franz-Josef-Gall-Str. 13 / 75233
www.ochsen-post.de
T.: +49 7234 95450 / info@ochsen-post.de

Badische, schwäbische Küche. Hauptgerichte von € 17 bis € 40; Menüs von € 22 bis € 69; besondere Mittagskarte, vegetarisches Menü. Geschlossen: So; Mo mittags. Kochkurse.

Timmendorfer Strand
Schleswig-Holstein

Orangerie
Maritim Seehotel Timmendorfer Strand

Strandallee 73 / 23669
www.orangerie-timmendorfer-strand.de
T.: +49 4503 6050 / info.tim@maritim.de

Mediterrane, französische Küche. Hauptgerichte von € 52 bis € 64; Menüs von € 89 bis € 139; vegetarisches Menü, vegane Hauptgerichte. Geschlossen: Mo-Do; Fr-So mittags. Kochkurse.
Güldene Blickfänge, weiß-schwarz gemusterte Polster – Einrichtung und Ambiente eines Speiselokals sind natürlich eine Geschmacksfrage. Doch all denjenigen, die sich beim Essen gehen lieber in einer „stylischen" Umgebung wähnen, sei gesagt, dass in der Orangerie im Strandhotel Maritim die inneren Werte, sprich die Küche, wahrhaft überzeugend und von außerordentlicher Qualität sind. Und das bereits seit Jahrzehnten. Lutz Niemann und seiner Brigade sei Dank. Der Gast hat die Wahl zwischen dem drei- bis sechsgängigen Orangerie-Menü und den À-la-carte-Gerichten. Carpaccio und Croustillant von der Jakobsmuschel, Gegrillter Langostino, confierter Bachsaibling, Atlantik Steinbutt – Fisch und Meeresfrüchte spielen eine wichtige Rolle in der Orangerie-Küche. Bei schönem Wetter speist es sich auf der Terrasse mit Blick auf den Kurpark.
Das Haus empfiehlt: Europäischer Hummer und gebackene Førde-Garnelen mit Ananas-Chutney und Krustentierbisque; Gebratene Seezunge mit grünem Spargel, Kerbelbutter und Sauce Mousseline; Planet von Valrhona Schokolade mit Himbeerpunsch

Croûtons: kleine geröstete Brotstücke, gerne auf Salat gestreut oder als Suppeneinlage

Todtnau
Baden-Württemberg

derWaldfrieden naturparkhotel
derWaldfrieden naturparkhotel

Dorfstr. 8 / 79674 Ortsteil Herrenschwand
www.derwaldfrieden.de / T.: +49 7674 92093-0
info@derwaldfrieden.de

Badische Küche. Hauptgerichte von € 22 bis € 38; Menüs von € 37 bis € 59; vegetarisches Menü, vegane Hauptgerichte. Geschlossen: Mo+Di. Kochkurse.
Helles, ganz im natürlichen Tannenholz gehaltenes Restaurant mit Kachelofen. Schöner Blick in die Natur, hausgemachte Schwarzwälder Kirschtorte.
Das Haus empfiehlt: Tatar vom Saibling, Wasabi-Mayonnaise, Wildkräuter, Erdbeeren, gehobelter Parmesan; Lammrücken, Tramezzino, Rosmarinjus, Ratatouille, Knoblauch, frittierte Polenta; Weißes Schokoladenparfait, Joghurt, Honigsorbet, Sommerbeeren, Mandeln

Bad Tölz
Bayern

Schwingshackl Esskultur

An der Isarlust 1 / 83646
www.schwingshackl-esskultur.de / T.: +49 8041 6030
info@schwingshackl-esskultur.de

Fine-Dining-Restaurant mit weltoffener, französischer Küche. Hauptgerichte von € 28 bis € 42; Menüs von € 89 bis € 148; vegetarisches Menü. Geschlossen: Mo+Di; Mi-So mittags.
Das Alte Fährhaus am Isarufer von Bad Tölz erlebte eine wunderbare Renaissance. Im Jahr 2018 ist mit dem Ehepaar Schwingshackl eine neue Esskultur eingezogen. Erich und Katharina Schwingshackl bringen jede Menge gastronomische Erfahrungen aus ihrem Leben und vom Tegernsee mit, wo sie zuletzt die Villa am See erfolgreich und genussvoll betrieben. Bad Tölz ist nicht nur bekannt durch den berühmten „Bullen" aus dem Fernsehen, sondern auch wegen der hübschen Fußgängerzone mit ihren aufwendig mit Lüftlmalereien verzierten Häusern. Das Restaurant „Esskultur" im Alten Fährhaus ist nun ein weiterer Anziehungspunkt für Besucher, insbesondere für jene mit feiner Zunge. Mittags werden à la carte eher bodenständige Gerichte serviert. Die Heimat

Südtirol von Küchenchef Erich Schwingshackl lässt grüßen. Abends bietet der Meisterkoch ein Überraschungs-Gourmet-Menü in vier bis sechs Gängen an. Um Vorbestellung wird gebeten, denn selbstverständlich wird alles frisch zubereitet.

Treis-Karden
Rheinland-Pfalz

Restaurant Schloßstube
Schloß-Hotel Petry

St.-Castor-Str. 80 / 56253 Ortsteil Karden
www.schloss-hotel-petry.de / T.: +49 2672 9340
info@schloss-hotel-petry.de

Weltoffene Küche. Hauptgerichte von € 20 bis € 25; Menüs zu € 58.

Tranche: Scheibe

Trier
Rheinland-Pfalz

Becker's Restaurant
Becker's Hotel

Olewiger Str. 206 / 54295 Ortsteil Olewig
www.beckers-trier.de / T.: +49 651 938080
info@beckers-trier.de

Fine-Dining-Restaurant mit französischer Küche. Menüs von € 105 bis € 150. Geschlossen: Mo+Di, So; Mi-Sa mittags. Chef's Table.
Trier beansprucht für sich den Titel „älteste Stadt Deutschlands" und ist nicht zuletzt wegen der römischen Bauten wie dem Amphitheater, den Kaiserthermen und der Porta Nigra bei Touristen beliebt. Das heißt aber keinesfalls, dass hier die Zeit stehen geblieben ist. Im Stadtteil Olewig, nur wenige Fahrminuten von den historischen Sehenswürdigkeiten entfernt, wird der Trier-Besucher auf eine ganz andere Weise stimuliert. In dem edlen „Beckers Hotel" wird eine Küche zelibriert, die zeitgemäß und kreativ ist. Im reduzierten Design des Gourmet-Restaurants entführt Wolfgang Becker seine Gäste in die herrliche Welt seiner Kulinarik. Eine Welt, in der nur noch der Genuss zählt. Auch auf dem Teller ist Reduktion angesagt – Reduktion auf den Geschmack. Gutes Essen und guter Wein, schließlich entstammt der Küchenchef einer Winzerfamilie. Am Ende zählt nur, dass der Gast genießen kann – bis zum letzten Bissen und Tropfen.
Das Haus empfiehlt: Kaisergranat, Spargel, Sauerrahm, Prunier St. James; Geschmorter Bauch und rosa Rücken vom Eifel-Lamm, aromatischer Jus, kleiner Gemüseeintopf; Buttermilch, Gekühlte Suppe, Rhabarber, Mandeln

Becker's Weinhaus
Becker's Hotel

Olewiger Str. 206 / 54295 Ortsteil Olewig
www.beckers-trier.de / T.: +49 651 938080
info@beckers-trier.de

Französische, deutsche Küche. Hauptgerichte von € 19 bis € 28; Menüs von € 46 bis € 59; besondere Mittagskarte. Geschlossen: Mo+Di; So abends.

Gasthaus Mosellied

Zurlaubener Ufer 86 / 54292 Ortsteil Trier-Nord
www.gasthaus-mosellied.eu / T.: +49 651 26588
mail@gasthaus-mosellied.eu

Deutsche Küche. Hauptgerichte von € 8 bis € 16. Geschlossen: Mo; Di-Fr mittags.

An Fluss und Schiffsanleger liegt das traditionsreiche Ausflugslokal mit Terrasse. Es werden Schnitzel, Steaks, Salate und Würste aufgetischt.
Das Haus empfiehlt: Fischersalat - verschiedene Blattsalate, Räucherlachs und Crevetten; Rumpsteak mit Pfeffersauce, Pommes frites und Salat; Warmer Apfelstrudel mit Vanilleeis

Georgs Restaurant

An der Härenwies 10 / 54294 Ortsteil Weismark-Feyen
www.georgs-restaurant.de / T.: +49 651 9930060
info@georgs-restaurant.de

Mediterrane, deutsche Küche. Hauptgerichte von € 19 bis € 32; Menüs von € 55 bis € 65; vegetarisches Menü. Geschlossen: Mo+Di; Mi-Sa mittags. Kochkurse.
Modern und geradlinig eingerichtetes Lokal mit bodentiefen Fenstern, Lounge und Terrasse mit Blick auf das Schwimmbad.
Das Haus empfiehlt: Gebeiztes Saiblingsfilet, Orangen-Fenchel, Daikon-Rettich, Frühlingssalat in Miso-Dressing; In Aromaten gebratenes Doradenfilet an Verbene-Schaum, buntes Frühlingsgemüse, Kräuterkartoffeln; Orangen-Rosmarin-Crème-brûlée mit Himbeer-Schmandeis

Barbarie Ente: Die Barbarie Ente ist eine besondere Zuchtform aus Wild- und Hausenten

Schlemmereule

Domfreihof 1 B / ✉ 54290
www.schlemmereule.de
T.: +49 651 73616
ps@schlemmereule.de

Französische, Crossover-Küche. Hauptgerichte von € 26 bis € 40; Menüs von € 25 bis € 65; besondere Mittagskarte, vegetarisches Menü. Geschlossen: Mo, So.
Mitten in der historischen Innenstadt finden sich elegant eingedeckte Tische, eine tolle Terrasse und modernes Design unter Deckenmalerei.
Das Haus empfiehlt: Jakobsmuscheln, Süßkartoffelcrème, Kopfsalat, Granatapfelkerne; Gefüllte Perlhuhnbrust, Estragon, Spargelragout, Kräuterrisotto; Weißes Schokoladen-Topfen-Törtchen, Baileys, Rhabarberkompott, Minzsorbet

Schloss Monaise

Schloss Monaise 7 / ✉ 54294 Ortsteil Euren
www.schloss-monaise.de / T.: +49 651 828670
info@schloss-monaise.de

Französische Küche. Hauptgerichte von € 26 bis € 38; Menüs von € 48 bis € 88. Geschlossen: Mo; Di mittags.

Trittenheim
Rheinland-Pfalz

Wein- & Tafelhaus

Moselpromenade 4 / ✉ 54349
www.wein-tafelhaus.de
T.: +49 6507 702803
info@wein-tafelhaus.de

Französische Küche. Hauptgerichte von € 45 bis € 45; Menüs von € 140 bis € 187. Geschlossen: Mo, So; Di-Sa mittags. Kochkurse.

Troisdorf
Nordrhein-Westfalen

Gasthof Zur Scheune

Rheinstr. 66 / ✉ 53844 Ortsteil Eschmar
www.zur-scheune-troisdorf.de / T.: +49 3341 400555
zurscheune@t-online.de

Mediterrane, deutsche Küche. Hauptgerichte von € 22 bis € 36; Menüs von € 59 bis € 79; vegetarisches Menü. Geschlossen: Mo+Di, So; Mi-Sa mittags.

Tübingen
Baden-Württemberg

Landhotel Hirsch Bebenhausen

Landhotel Hirsch Bebenhausen

Schönbuchstr. 28 / ✉ 72074 Ortsteil Bebenhausen
www.hirsch-bebenhausen.de / T.: +49 7071 60930
dialog@hirsch-bebenhausen.de

Deutsche, weltoffene Küche. Hauptgerichte von € 22 bis € 38; Menüs von € 56 bis € 80; vegetarisches Menü.
Traditionsreicher Gasthof am grünen Ortsrand mit edel-gemütlichen Stuben. Es schmecken Rehragout, Kalbsschnitzel und Kaninchenrücken.
Das Haus empfiehlt: Zucchiniblüten mit Ricotta und Basilikum gefüllt auf Tomatengnocchi (vegetarisch); Rehnüsschen auf Portweinglace, gebratene Pfifferlinge, Brokkoli und hausgemachte Spätzle; Saiblingsfilet mit Fenchel pochiert, auf Rote-Bete-Risotto

Schranners Waldhorn

Schönbuchstr. 49 / ✉ 72074 Ortsteil Bebenhausen
www.schranners-waldhorn.de / T.: +49 7071 61270
info@schranners-waldhorn.de

Französische Küche. Hauptgerichte von € 26 bis € 36; Menüs von € 59 bis € 75; besondere Mittagskarte, vegetarisches Menü. Geschlossen: Mo+Di.

Tunau
Baden-Württemberg

Zur Tanne

Alter Weg 4 / ✉ 79677 / www.tanne-tunau.de
T.: +49 7673 310 / info@tanne-tunau.de

Badische Küche. Hauptgerichte von € 18 bis € 28; Menüs von € 40 bis € 50. Geschlossen: Mo-Do; Fr+Sa mittags.

Tuttlingen
Baden-Württemberg

Anima

In Wöhrden 5 / ✉ 78532 / www.restaurant-anima.de
T.: +49 7461 7803020 / info@restaurant-anima.de

Französische, weltoffene Küche. Menüs von € 135 bis € 165; vegetarisches Menü. Geschlossen: Mo, So; Di-Sa mittags. Kochkurse.

U

Überlingen
Baden-Württemberg

Landgasthof Zum Adler
Landgasthof Zum Adler

Hauptstr. 44 / 88662 Ortsteil Lippertsreute
www.adler-lippertsreute.de / T.: +49 7553 82550
info@adler-lippertsreute.de

Badische Küche. Hauptgerichte von € 18 bis € 36; Menüs von € 29 bis € 59; besondere Mittagskarte. Geschlossen: Mi+Do.

Romantik Hotel Johanniter-Kreuz
Romantik Hotel Johanniter-Kreuz

Johanniterweg 11 / 88662 / www.johanniter-kreuz.de
T.: +49 7551 937060 / info@johanniter-kreuz.de

Deutsche, weltoffene Küche. Hauptgerichte von € 19 bis € 35; Menüs von € 55 bis € 88; vegetarisches Menü. Geschlossen: Mo; Di mittags. Kochkurse.

Seerestaurant Rotunde
Bad Hotel Überlingen

Christophstr. 2 / 88662
www.bad-hotel-ueberlingen.de
T.: +49 7551 837-138
info@bad-hotel-ueberlingen.de

Mediterrane, deutsche Küche. Hauptgerichte von € 18 bis € 36; Menüs von € 40 bis € 90; besondere Mittagskarte. Geschlossen: Mo+Di mittags.
Schickes Restaurant mit großer Außenterrasse in einem Traditionshotel ganz nah am Seeufer. Feine Speisen, gute Weine sowie Kuchen und Torten im Angebot.
Das Haus empfiehlt: Dreierlei Jakobsmuschel, Guacamole, Nacho-Chips; Zweierlei vom Bodensee-Fisch, Kretzer und Seesaibling, Limonensauce, Kirschtomaten-Zucchini, Tagliatelle; Französische Käseauswahl, Variation von fünf Käsesorten, Feigensenf

Pata negra: Schinken bzw. Fleisch vom iberischen „Schwarzfußschwein", auch „Jamón Ibérico" genannt

Uhingen
Baden-Württemberg

Restaurant Schloss Filseck
Schloss Filseck

Filseck 1 / 73066
www.restaurant-auf-schloss-filseck.de
T.: +49 7161 28380 / info@restaurant-auf-schloss-filseck.de

Fine-Dining-Restaurant mit mediterraner, Crossover-Küche. Menüs von € 89 bis € 160; besondere Mittagskarte, vegetarisches Menü. Geschlossen: Mo, So; Sa mittags.

Uhldingen-Mühlhofen
Baden-Württemberg

Restaurant Seehalde
Hotel Seehalde

Birnau-Maurach 1 / 88690 Ortsteil Birnau-Maurach
www.seehalde.de / T.: +49 7556 92210 / info@seehalde.de

Schwäbische, mediterrane Küche. Hauptgerichte von € 22 bis € 42; Menüs von € 45 bis € 80. Geschlossen: Di; Mi mittags.

Ulm
Baden-Württemberg

Restaurant Seestern
Lago Hotel & Restaurant am See

Friedrichsau 50 / 89073 Ortsteil Oststadt
hotel.lago-ulm.de
T.: +49 731 206400-0
hotel@lago-ulm.de

Fine-Dining-Restaurant mit französischer Küche. Hauptgerichte von € 30 bis € 48; Menüs von € 105 bis € 179; vegetarisches Menü. Geschlossen: Mo+Di, So; Mi-Sa mittags.
Da wäre das Messegelände, die Donauhalle, der Tierpark, das Ulmer Volksfest-Gelände und die Donau. Unde der wunderschöne Friedrichsau-Park mit seinen Bäumen und Wiesen, der alles verbindet. Hier liegt das Hotel Lago, dessen 60 moderne Zimmer ganzjährig gut gebucht sein dürften. Zum Fine-Dining-Erlebnis wird ins Restaurant Seestern gebeten, das wie ein Bootshaus mit Veranda direkt am See liegt. Große Glasflächen, ein schickes Interieur und im Winter ein Kaminfeuer sorgen für das entsprechende Ambiente. Für bestes kulinarisches Entertainment sorgen seit 2013 Jahren Klaus Buderath. Da wären vier bis acht Gänge Fleisch und Fisch oder das jeweils vegetarische Pendant. Der gebürtige

Böblinger versteht sein Handwerk und bereitet – seit 2022 zusammen mit dem neuen Küchenchef Benedikt Wittek – dem Gast ein exquisites und stimmiges Erlebnis, das durch Qualität und nicht durch Show überzeugt.
Das Haus empfiehlt: Saibling aus der Fischzucht Birnbaum mit Gartengurke und Dillblüte; Bretonische Meeräsche mit grüner Paprika und Sonnenblume; „Spanische Alte Kuh“ mit Kopfsalat und Kapuzinerkresse

bi:braud

Büchsengasse 20 / ✉ 89073 / bebrout.com
T.: +49 731 1537512 / info@bibraud.com

Mediterrane, deutsche Küche. Menüs von € 75 bis € 95; vegetarisches Menü. Geschlossen: Mo, So; Di-Sa mittags.

Restaurant Siedepunkt

Best Western Plus Atrium Hotel Ulm

Eberhard-Finckh-Str. 17 / ✉ 89075 Ortsteil Böfingen
www.siedepunkt-restaurant.de
T.: +49 731 92710
info@siedepunkt-restaurant.de

Fine-Dining-Restaurant mit französischer, weltoffener Küche. Menüs von € 165 bis € 205; vegetarisches Menü. Geschlossen: Mo-Di, So; mittags. Kochkurse.

Treibgut Restaurant

Lago Hotel & Restaurant am See

Friedrichsau 50 / ✉ 89073 Ortsteil Oststadt
hotel.lago-ulm.de / T.: +49 731 206400-0
restaurant@lago-ulm.de

Weltoffene Küche. Hauptgerichte von € 15 bis € 32. Geschlossen: Mo, So; Di-Sa mittags.

Umkirch

Baden-Württemberg

Villa Thai

Hotel Pfauen

Hugstetter Str. 2 / ✉ 79224
www.villa-thai.de / info@villa-thai.de
T.: +49 7665 93760

Thailändische, japanische Küche. Hauptgerichte von € 12 bis € 27; Menüs ab € 35. Geschlossen: Di; Mo, Mi mittags.

Unterammergau

Bayern

Dorfwirt & Friends

Pürschlingstr. 2 / ✉ 82497
www.dorfwirt.bayern
T.: +49 8822 94969-49 / info@dorfwirt.bayern

Deutsche Küche. Menüs von € 99 bis € 169. Geschlossen: Mo-Mi; Do-Sa mittags. Kochkurse.

Untereisesheim

Baden-Württemberg

Rauer's Gute Stube

Jahnstr. 16 / ✉ 74257
www.rauersgutestube.de
T.: +49 7132 3413810
rauersgutestube@t-online.de

Schwäbische Küche. Hauptgerichte von € 11 bis € 30; Menüs von € 24 bis € 38; besondere Mittagskarte, vegetarisches Menü. Geschlossen: Di-Sa; Mo, So abends.
Ein Restaurant mit ruhiger Sommerterrasse, das gerade zur Mittagszeit mit einer ständig wechselnden Karte lockt.
Das Haus empfiehlt: Hummerkrabbenschwänze mit Zucchini und Tomaten „mediterran“ an kleinem Rucolasalat mit Parmesan; Maultaschen mit Ei gebacken und Kartoffelsalat; Schweinelendchen in Champignonrahm mit Spätzle

Untermünkheim

Baden-Württemberg

Landhotel Steigenhaus

Landhotel Steigenhaus

Steigenhaus 1 / ✉ 74547 Ortsteil Steigenhaus
www.steigenhaus.de / T.: +49 791 8301
info@steigenhaus.de

Schwäbische, deutsche Küche. Hauptgerichte von € 16 bis € 32; besondere Mittagskarte. Geschlossen: Mo.

Usingen

Hessen

Uwe & Uli – Zuhause bei uns

Marktplatz 21 / ✉ 61250 / www.uwe-uli.de
T.: +49 6081 5763760 / usi@uwe-uli.de

Fine-Dining-Restaurant mit deutscher, französischer Küche. Hauptgerichte von € 22 bis € 33; Menüs von € 89 bis € 109; Mittagskarte. Geschl.: So; Sa mittags. Kochkurse.

Ulm ist die Geburtsstadt Albert Einsteins (1879) und zugleich Maultaschen-City an der Donau. Das Leibgericht Nummer Eins der schwäbischen Küche taucht in Ulm überall auf. In Brühe oder angebraten, mit Fleisch oder mit Gemüse gefüllt. Spätzle, Schupfnudeln, Wurstsalat und Krautwickel sind ebenfalls weit verbreitet.

V

Vaihingen an der Enz
Baden-Württemberg

Lamm Rosswag
Lamm Rosswag

Rathausstr. 4/1 / ✉ 71665 Ortsteil Roßwag
www.lamm-rosswag.de
T.: +49 7042 21413
info@lamm-rosswag.de

Französische, deutsche Küche. Hauptgerichte von € 28 bis € 48; Menüs von € 86 bis € 158; vegetarisches Menü. Geschlossen: Mo+Di, So; Mi-Fr mittags.
Wer das 1200-Einwohner-Weindorf Rosswag an der Enz durchfährt, kommt unweigerlich am Hotel-Restaurant Lamm vorbei. Steffen und Sonja Ruggaber führen das Geschäft, zu dem ein Gourmetlokal, ein Dutzend Gästezimmer und eine eigene Metzgerei gehören. Was sie dem durchreisenden und wiederkehrenden Gast an Gaumenfreuden bieten, ist schlicht von herausragender Qualität. Es wird in vielfältigen Varianten zur Auswahl gestellt: Diverse Menüs, eins vegetarisch, mal ein Überraschungsmenü, ein Dreigang-Mittagsmenü sowieso und deftige schwäbische Klassiker. Zu Saibling, Loup de Mer und zum Rehrücken mit Blutwurst gibt es auf Wunsch eine korrespondierende Weinreise, die einem stattlichen Weinangebot entspringt. Insgesamt eine wunderschöne Vielfalt, die zur Wiederkehr einlädt!
Das Haus empfiehlt: Getauchte Jakobsmuschel, Sellerie, Pfirsich, Vanille, Cashew, Pfifferlinge; Striploin vom Wagyu aus Australien Kartoffel, Bohne, BBQ-Aromen, Sauerrahm, Schnittlauch; Butternut-Kürbis, Orange, Sanddorn, Haselnuss

Vaterstetten
Bayern

Gutsgasthof Stangl
Hotel-Gutsgasthof Stangl

Münchener Str. 1 / ✉ 85646
www.hotel-stangl.de
T.: +49 89 905010 / info@hotel-stangl.de

Gasthof mit bayerischer Küche. Hauptgerichte von € 12 bis € 28; Menüs von € 32 bis € 50.

Paysanne: in gleichmäßige Scheibchen geschnittenes Gemüse

Velbert
Nordrhein-Westfalen

Haus Stemberg

Kuhlendahler Str. 295 / ✉ 42553 Ortsteil Neviges
www.haus-stemberg.de / T.: +49 2053 5649
stemmi@tv-stemberg.de

Deutsche Küche. Hauptgerichte von € 19 bis € 52; Menüs von € 90 bis € 120; vegetarisches Menü. Geschlossen: Do+Fr; Mo-Mi mittags.
Das Restaurant „Haus Stemberg" ist längst über die Grenzen des Bergischen Landes und die des Ruhrgebiets hinaus bekannt. Am grünen Rand der Stadt Velbert, in unmittelbarer Nähe zum Golfplatz gelegen, wird es von Gutessern aus ganz Nordrhein-Westfalen gerne angesteuert. Warum? Küchenchef Sascha Stemberg führt das Lokal bereits in fünfter Generation. Er und sein engagiertes Team haben für jeden Gusto etwas zu bieten. Sowohl für diejenigen, die sich an wunderschön inszenierter Gänseleberterrine, einem Hummerschaumsüppchen oder einem Steinbutt mit Artischockensauté erfreuen, als auch für solche, die sich nach einem exzellent gemachten bodenständigen Gericht sehnen, beispielsweise einer Blutwurst nach altem Hausrezept oder dem perfekten Wiener Schnitzel. Bei Sascha Stemberg und Vater Walter bekommen sie das alles. Ein erlesenes Degustationsmenü mit bis zu sieben Gängen oder ein feines heimatliches Tellergericht. Ganz souverän. Dazu noch ein gutes Glas Wein aus der eigenen Serie – voilà!
Das Haus empfiehlt: Kaisergranat auf Holzkohle, Schwarzwald-Miso, gepickelter Kohlrabi, geeister grüner Apfel, Nussbutteremulsion; Tranche vom Zander, auf der Haut gebraten, Brunnenkressecrème, Meerrettichsud, knsuprig gebackener Kalbskopf; Rehrücken, Selleriepüree, sautierte Buchenpilze, Dörraprikose, Frankfurter Grüne Kräuter, Pinienkerne

Roastbeef: Fleischstück des Hinterviertels vom Rind zwischen der Hochrippe und der Hüfte

Verden an der Aller
Niedersachsen

Pades Restaurant

Grüne Str. 15 / ✉ 27283 Ortsteil Verden
www.pades.de / info@pades.de
T.: +49 4231 3060

Mediterrane, französische Küche. Hauptgerichte von € 12 bis € 30; Menüs von € 36 bis € 66. Geschlossen: mittags. Kochkurse.

Villingen-Schwenningen
Baden-Württemberg

Ochsenstube
Schlenker's Hotel Ochsen

Bürkstr. 59 / 78054 Ortsteil Schwenningen
www.hotelochsen.com / T.: +49 7720 8390
info@hotelochsen.com

Schwäbische, mediterrane Küche. Hauptgerichte von € 14 bis € 28; Menüs von € 43 bis € 50. Geschlossen: Mo, So; Di-Fr mittags.

Romantik Restaurant Rindenmühle
Romantik Hotel Rindenmühle

Am Kneipp-Bad 9 / 78052 Ortsteil Villingen
www.rindenmuehle.de / T.: +49 7721 88680
mail@rindenmuehle.de

Deutsche, französische Küche. Hauptgerichte von € 25 bis € 44; Menüs von € 48 bis € 86; vegetarisches Menü. Geschlossen: Mo, So.

Bain-marie: Wasserbad zum Heißhalten von zum Beispiel Saucen

Vogtsburg im Kaiserstuhl
Baden-Württemberg

Gasthaus zum Kaiserstuhl

Niederrotweil 4 / 79235 Ortsteil Oberrotweil
www.gasthaus-zum-kaiserstuhl.de / T.: +49 7662 237
info@gasthaus-zum-kaiserstuhl.de

Gasthof mit badischer, mediterraner Küche. Hauptgerichte von € 12 bis € 33; Menüs von € 40 bis € 85. Geschlossen: Mo; So abends. Kochkurse.
Eines der ältesten Gasthäuser im Kaiserstuhl mit ursprünglichem Charakter, Holzgestühl, Dielenboden und hübscher Deko.
Das Haus empfiehlt: Hausgebackene Lammterrine mit Quittengelee und Salat; Spargel mit Liebstöckel-Hollandaise, Kalbsrückensteak und neue Kartöffele mit frischem Marktgemüse; Geeister Gugelhupf mit Rhabarberkompott

Köpfers Steinbuck

Steinbuckstr. 20 / 79235 Ortsteil Bischoffingen
www.koepfers-steinbuck.de / T.: +49 7662 9494650
info@koepfers-steinbuck.de

Deutsche Küche. Hauptgerichte von € 17 bis € 39; Menüs von € 43 bis € 81; besondere Mittagskarte. Geschlossen: Di+Mi; Mo, Do-Sa mittags. Kochkurse.

Schwarzer Adler
Schwarzer Adler

Badbergstr. 23 / 79235 Ortsteil Oberbergen
www.franz-keller.de
T.: +49 7662 933010
reservation@franz-keller.de

Fine-Dining-Restaurant mit französischer, badischer Küche. Hauptgerichte von € 42 bis € 52; Menüs ab € 135. Geschlossen: Mi+Do; Mo+Di, Fr mittags.
Wer Wein und gutes Essen liebt, ist im Schwarzen Adler genau richtig. In diesem traditionellen Gasthaus, das zum Weingut Franz Keller gehört, ist eine üppige Weinkarte nicht verwunderlich. In der Küche gilt die größte Aufmerksamkeit des Teams um Küchenmeister Christian Baur dem Grundprodukt und der geschmacklich feinen Ausführung für das gute Essen. Der Chef kocht wie er es gelernt hat – klassisch französisch mit modernen Akzenten nach dem Zeitgeschmack. Die Gäste können sich auf Baurs Feingespür verlassen, wenn ihnen zum Beispiel ein Medaillon vom Reh mit Sauce Bordelaise, geschmortem Chicoree, wildem Brokkoli und Süßkartoffelpüree kredenzt wird. Hier kann man schon einen Tag mehr verbringen, um das gute Essen, Landschaft, Weingut und Winzerhaus in vollen und entspannten Zügen zu genießen. Wie gut, dass es im Schwarzen Adler auch Hotelzimmer gibt.
Das Haus empfiehlt: An der Karkasse gebratene Brust von Theo Kieffer's Bluttaube mit gegrillter Entenleber, Holunder und Wacholder; Schottischer Lachs in Traubenkernöl, Verjus mit Binders Bete und Agria-Kartoffelcrème mit Brunnenkresse; Gegrillter wilder Steinbutt mir Beurre blanc, hausgemachten Cavatelli, Kapern und Edamame

Bottarga: ital.: flacher brauner Riegel aus getrockneten und gepressten Meeräschen- oder Thunfischrogen

Bouquet: Fachbegriff aus der Weinterminologie: die sich entfaltenden Duftstoffe

Blanchieren: kurz im heißen Wasser ankochen, zum Beispiel zur Farberhaltung von Gemüse

Carpaccio: rohes Fleisch/Fisch in hauchdünne Scheiben geschnitten, mariniert

Parieren: Zurichten, Fleisch oder Fisch von allen überflüssigen Teilen (zum Beispiel Fett) befreien

MC: Abkürzung für Mise en bouteille au château, Bordeauxweine, die direkt im Produktionsgebiet in Flaschen abgefüllt werden

Débarrasser: Abräumen

Winzerhaus Rebstock

Badbergstr. 22 / ✉ 79235 Ortsteil Oberbergen
www.franz-keller.de
T.: +49 7662 933011
rebstock@franz-keller.de

Badische, elsässische Küche. Hauptgerichte von € 10 bis € 28; Menüs von € 46 bis € 51. Geschlossen: Mo+Di; Mi mittags.
In dem gemütlichen badischen Wirtshaus werden Entenleberterrine, Kalbskopf und Cordon bleu serviert, begleitet von französischen Weinen.
Das Haus empfiehlt: Ganzes Mistkratzerle aus dem Ofen mit Pommes frites, dazu hausgemachte Senfmayonnaise; Kalbskopf „Vinaigrette" mit Bouillon-Gemüse; Flammkuchen „traditionell" mit Sauerrahm, Speck und Zwiebeln

Friandises: kleine Leckerbissen

F&B: Abkürzung für Food and Beverage, Bezeichnung für den Verkaufs- und Bankettleiter

Vöhringen (Iller)
Bayern

Speisemeisterei Burgthalschenke

Untere Hauptstr. 4 / ✉ 89269 Ortsteil Thal
www.burgthalschenke.de / T.: +49 7306 5265
burgthalschenke@t-online.de

Schwäbische, bayerische Küche. Hauptgerichte von € 13 bis € 26; Menüs von € 12 bis € 58; besondere Mittagskarte. Geschlossen: Mo+Di.

Volkach
Bayern

Restaurant Weinstock
Romantik Hotel Zur Schwane

Hauptstr. 12 / ✉ 97332 / www.schwane.de
T.: +49 9381 80660 / info@schwane.de

Weltoffene, fränkische Küche. Hauptgerichte von € 38 bis € 49; Menüs von € 105 bis € 149. Geschlossen: Mi-Fr; Mo+Di, Sa+So mittags.

Schwane 1404
Romantik Hotel Zur Schwane

Hauptstr. 12 / ✉ 97332 / www.schwane.de
T.: +49 9381 80660 / info@schwane.de

Fränkische Küche. Hauptgerichte von € 18 bis € 29; Menüs von € 45 bis € 54; besondere Mittagskarte, vegetarisches Menü.

W

Wachenheim an der Weinstraße
Rheinland-Pfalz

The Izakaya

Weinstr. 36 / ✉ 67157
www.the-izakaya.com
T.: +49 6322 9593729
kontakt@the-izakaya.com

Fine-Dining-Restaurant mit asiatischer Küche. Menüs von € 100 bis € 110. Geschlossen: mittags.

Waging am See
Bayern

Restaurant Eichenhof
Hotel Eichenhof

Angerpoint 1 / ✉ 83329 Ortsteil Angerpoint
www.hotel-eichenhof.de
T.: +49 8681 4030
info@hotel-eichenhof.de

Mediterrane, bayerische Küche. Hauptgerichte von € 14 bis € 21; besondere Mittagskarte, vegetarisches Menü, vegane Hauptgerichte. Geschlossen: Mo-Sa mittags.
Ein schönes Haus zum Übernachten mit eigenem Badestrand direkt am Waginger See und einer frischen, bodenständigen Küche.
Das Haus empfiehlt: Hausgeräucherte Forelle mit Kartoffel-Gurkensalat und Meerrettichcrème; Cordon bleu gefüllt mit Schinken und Käse, dazu Pommes oder Kartoffelsalat; Dampfnudeln mit Vanillesauce und Kirschen

Waiblingen
Baden-Württemberg

Brunnenstuben

Quellenstr. 14 / ✉ 71334 Ortsteil Beinstein
www.brunnenstuben.de
T.: +49 7151 9441227
info@brunnenstuben.de

Schwäbische, mediterrane Küche. Hauptgerichte von € 24 bis € 45; Menüs von € 48 bis € 99; besondere Mittagskarte, vegetarisches Menü. Geschlossen: Mo+Di; Mi-Sa mittags.
Familiäres Restaurant, in dem es zu einhundert Prozent nur Hausgemachtes gibt. Auch für Familienfeiern beliebt.
Das Haus empfiehlt: Ständig wechselnde saisonale, regionale Menüs; Vegetarisches Menü

Restaurant Bachofer
Boutique Hotel Bachofer

Marktplatz 6 / ✉ 71332
www.bachofer.info
T.: +49 7151 976430
mail@bachofer.info

Asiatische Küche. Hauptgerichte von € 36 bis € 48; Menüs von € 81 bis € 159; besondere Mittagskarte, vegetarisches Menü. Geschlossen: Mo+Di, So; Mi, Fr+Sa mittags. Chef's Table, Kochkurse.
Mitten in Waiblingen, nur zehn Kilometer von Stuttgart entfernt, ist auf dem Marktplatz ein Restaurant angesiedelt, das sich nur äußerlich dem historischen Stadtkern anpasst. Der Gast kommt beim Betreten in eine andere Welt. Ganz und gar modern in einer Art Bistrostil, mit einer langen Sitzbank mit kleinen, blanken Tischen davor, einer Essbar rund um die vollverglaste Küche kündigt dieser Stil eine moderne Küche an. Die Liebe des Küchenchefs zu Asien ist der Speisekarte deutlich zu entnehmen. Das Menü ist eine „Aromen-Reise durch Asien und den Rest der Welt", es wird ganz „viel Sushi" angeboten und auch der Vegetarier kommt mit auf diese Weltreise. Wem das Essen und die Atmosphäre gefällt, der hat die Möglichkeit, seine kleine Familienfeier bis zu zwölf Personen im ersten Stock des Hauses auszurichten. Für den Raucher liegen im Gewölbekeller ausgesuchte Tabakwaren bereit und für den Frischluft-Fan ist die Sommerterrasse eine schöne Alternative.
Das Haus empfiehlt: Hamachi, Grüne-Tomaten-Ponzu, Thunfischtatar, Gurken-Wasabi-Eis, Shisosud; BBQ-Seeteufel, Karamellisierte Miso, Aubergine, Tamarinde, Koshihikari Reis, Kimchi, Dim Sum; Milchferkelbauch, Balsamico-Kirsche, Walnuss, Brioche, Lauchcrème

Savarin: ringförmiger mit Alkohol getränkter Hefekuchen

Blick von der Felsenkanzel auf das Obere Mittelrheintal – Inbegriff der Rheinromantik

© Petair/stock.adobe.com

Waldbronn
Baden-Württemberg

Cédric Schwitzer's Sternerestaurant
Schwitzer's Hotel am Park

Etzenroter Str. 4 / ✉ 76337 Ortsteil Reichenbach
www.schwitzers.com / T.: +49 7243 354850
info@schwitzers.com

Mediterrane, französische Küche. Menüs von € 75 bis € 189; vegetarisches Menü.

Waldenbuch
Baden-Württemberg

Gasthof Krone

Nürtinger Str. 14 / ✉ 71111 / www.krone-waldenbuch.de
T.: +49 7157 408849 / info@krone-waldenbuch.de

Französische, weltoffene Küche. Hauptgerichte von € 28 bis € 46; Menüs von € 81 bis € 124; Mittagskarte, vegetarisches Menü. Geschl.: Mo+Di; Mi+Do, Sa mittags.

Waldkirchen
Bayern

Restaurant Johanns
Modehaus Garhammer

Marktplatz 24 / ✉ 94065 / www.restaurant-johanns.de
T.: +49 8581 2082000 / info@restaurant-johanns.de

Fine-Dining-Restaurant mit weltoffener Küche. Hauptgerichte von € 15 bis € 32; Menüs von € 29 bis € 82; besondere Mittagskarte. Geschlossen: So. Kochkurse.

Bad Waldsee
Baden-Württemberg

Gasthof Kreuz

Gut-Betha-Platz 1 / ✉ 88339
www.kreuz-gasthof.de
T.: +49 7524 3927 / info@kreuz-gasthof.de

Schwäbische, mediterrane Küche. Hauptgerichte von € 10 bis € 28; Menüs von € 21 bis € 39. Geschlossen: Mo+Di; So abends.
Zwischen Schlosspark und Stadtsee liegt die Traditionswirtschaft und verwöhnt den Gast mit hausgemachten Maultaschen und Rehmedaillons.

Das Haus empfiehlt: Hausgemachte Kärntner Schlutzkrapfen mit Spinat-Topfen-Füllung, Pinienkernen, Parmesan, Salat; Schwäbisches Backhenderl mit Gurken-Kartoffel-Ingwersalat und Remoulade; Rehmedaillons aus heimischer Jagd mit Blaukraut, Preiselbeeren und Spätzle

Hotel Gasthaus Adler
Hotel Adler

Bundesstr. 15 / ✉ 88339 Ortsteil Gaisbeuren
www.hotel-gasthaus-adler.de / T.: +49 7524 9980
mail@hotel-gasthaus-adler.de

Gasthof mit schwäbischer Küche. Hauptgerichte von € 11 bis € 28; Menüs von € 32 bis € 39. Geschlossen: Mo, So; Di-Sa mittags.

Wallerfangen
Saarland

Restaurant Landwerk
Hotel Landwerk

Estherstr. 1 / ✉ 66798 / www.land-werk.de
T.: +49 6831 62622 / info@land-werk.de

Französische, deutsche Küche. Hauptgerichte von € 18 bis € 38; Menüs von € 90 bis € 165; Mittagskarte, vegetarisches Menü. Geschlossen: Mo+Di; So abends; Mi mittags.

Waltrop
Nordrhein-Westfalen

Gasthaus Stromberg

Dortmunder Str. 5 / ✉ 45731
www.gasthaus-stromberg.de / T.: +49 2309 4228
info@gasthaus-stromberg.de

Deutsche, weltoffene Küche. Hauptgerichte von € 21 bis € 36; Menüs von € 35 bis € 64; vegetarisches Menü. Geschlossen: Mo, So; Di-Fr mittags. Kochkurse.

Wangels
Schleswig-Holstein

Bootshaus
Weissenhaus Grand Village Resort & Spa am Meer

Parkallee 1 / ✉ 23758 Ortsteil Weißenhaus
www.weissenhaus.de
T.: +49 4382 9262-0
info@weissenhaus.de

Italienische Küche. Hauptgerichte von € 35 bis € 49; besondere Mittagskarte.
Mit einem unvergleichlichen Blick über die Ostsee und der einzigartigen Lage direkt am Naturstrand von Weissenhaus, lädt das Bootshaus Gäste zum Verweilen ein. Das unprätentiöse Strandlokal ist eine gastronomische Zweigstelle des Weissenhaus Grand Village Resort, nur einige Hundert Meter vom herrschaftlichen Haupthaus entfernt. Drumherum Wiesen, Wälder und das Meer. Hier trifft man sich auf der großen Terrasse mit Sonnensegel, um neben der guten Meeresluft auch eine gute Brise Haute Cuisine aufzuschnappen. Eine feine

Auswahl an italienischen Köstlichkeiten prägt die Speisekarte. Hier zählt Erntefrische, wenn der Küchenchef, neben Spezialitäten aus dem Meer und regionalen Gerichten, selbsthergestellte Pasta in hausgemachtem Pesto schwenkt.
Das Haus empfiehlt: Carpaccio di manzo - hauchdünne Tranchen vom Rinderfilet, sautierte Herbstpilze, Trüffel, Schalotten-Vinaigrette; Guancia brasata - geschmorte Holsteiner Rinderbacke, ligurisches Gemüse, Polenta, Rotweinjus; Filetto di rombo al forno - Steinbuttfilet aus dem Ofen, Tomatenallerlei, eingelegte Melone, Sugar Snaps

Courtier

Weissenhaus Grand Village Resort & Spa am Meer

Parkallee 1 / ✉ 23758 Ortsteil Weißenhaus
www.weissenhaus.de / T.: +49 4382 9262-0
courtier@weissenhaus.de

Fine-Dining-Restaurant mit französischer, weltoffener Küche. Menüs von € 219 bis € 239. Geschlossen: Mo, So; Di-Sa mittags. Kochkurse.
Mit herrlicher Blickachse durch den historischen Garten- und Bildersaal des Schlosses, über saftige Wiesen bis zum Meer, verspricht ein Besuch im Restaurant Courtier eine erholsame und entspannte Auszeit vom Alltag. Raffinierte Gerichte, handwerklich durchdacht, mit Herzblut und Kreativität zubereitet und spannend präsentiert – das ist das aromatische Genussversprechen an die Gäste. Dafür sorgen Gourmetküchenchef Christian Scharrer – für seine Leistungen vielfach ausgezeichnet – und Frau Nathalie Scharrer als Gastgeberpaar des Abends. Sie freuen sich über Dialog statt Geflüster und ziehen echte Begeisterung vornehmer Zurückhaltung vor. Gründe für echte Begeisterung gibt es genug: Jeder Gang und jeder Küchengruß des fulminanten siebengängigen Menüs sind eine Offenbarung für Auge und Gaumen. Die Gäste werden von einer exzellent eingespielten und sympathischen Service-Mannschaft bestens umsorgt. (Mehr Informationen über Christian Scharrer unter „Auszeichnungen des Jahres Deutschland".)
Das Haus empfiehlt: Hamachi, Sesam, Zitrusfrüchte; Seezunge, Champignon, Petersilie; Rehrücken und Schulter, Pistazie, Kirsche

Warnemünde siehe Rostock

Mecklenburg-Vorpommern

Wartenberg-Rohrbach

Rheinland-Pfalz

Mühlenrestaurant

Hotel Mühle am Schlossberg

Schlossberg 16 / ✉ 67681 / www.muehle-schlossberg.de
T.: +49 6302 92340 / kontakt@muehle-schlossberg.de

Deutsche Küche. Hauptgerichte von € 24 bis € 43; Menüs von € 43 bis € 63. Geschlossen: Mo+Di. Chef's Table.
Die gastronomische Geschichte des Dreiseithofs aus dem 16. Jahrhundert ist noch relativ jung. Erst 2001 wurde der bis dato landwirtschaftlich betriebene Hof zum Hotel mit Restaurant und Veranstaltungsräumen umfunktioniert. Seither erstrahlen die Backsteingebäude mit ihrem bäuerlichen Charme für die schönsten Momente im Leben: für ein romantisches Essen zu zweit, für gesellige Abende im Kreise der Familie, für Hochzeiten oder Urlaube. Im Restaurant im ehemaligen Kuhstall sitzt der Gast unter dem Kreuzgewölbe und genießt die frische regionale Küche mit Gemüse und Kräutern aus dem eigenen Garten. Im Sommer zeigt sich der Innenhof von seiner romantischen Seite. Das Luzernzimmer, einst Wirtschaftsküche, lässt bis zu zwölf Gäste mit Kamin und schweren Deckenbalken gemütlich speisen. Wer es etwas erlebnisreicher mag, wählt die Küchentafel (bis zu sechs Personen), von wo aus man das Küchenteam bei der Arbeit beobachten kann.
Das Haus empfiehlt: Tagliatelle mit Wintertrüffel und Weißwein-Schalottenbutter; Rosa gegrilltes Rinderfilet mit Pilzen, Röstzwiebeln und Rosmarinkartoffeln; Grießflammerie mit Kaffirlimetten-Eis und eingelegtem Rhabarber

Wartmannsroth

Bayern

Restaurant „Scheune"

Neumühle Resort & Spa

Neumühle 54 / ✉ 97797 / www.neumuehle-resort.de
T.: +49 9732 8030 / info@neumuehle-resort.de

Fränkische, mediterrane Küche. Hauptgerichte von € 15 bis € 36; Menüs von € 69 bis € 92; besondere Mittagskarte, vegetarisches Menü. Geschlossen: Mo-Do mittags.
Liebevoll renoviertes Fachwerkhaus, idyllisch an der Fränkischen Saale gelegen. Serviert wird in den Restaurants Scheune, Stube und Ofenzimmer.

Wasserburg am Bodensee
Bayern

Caraleon
Hotel Caraleon

Halbinselstr. 70 / 88142 Ortsteil Wasserburg
www.caraleon.de / T.: +49 8382 9800 / info@caraleon.de

Fine-Dining-Restaurant mit deutscher, mediterraner Küche. Hauptgerichte von € 29 bis € 49; Menüs zu € 105; besondere Mittagskarte, vegetarisches Menü. Geschlossen: Mo+Di; Mi-Fr mittags.
Am wunderschönen Bodensee, in der kleinen geschützten Bucht, liegt das Hotel Caraleon. „Noch näher am Bodensee ist man nur auf dem Wasser", beschreibt das Hotel seine Lage. Neu renoviert, strahlen die in hellen Grau- und Weißtönen gehaltenen Zimmer eine leichte Frische aus. Die Ausgangslage für einen längeren Aufenthalt am Bodensee kann nur als ideal bezeichnet werden. Genussmomente werden vor allem im Fine-Dining-Restaurant versprochen. Feinste Speisen, akkurat angerichtet, verwöhnen in den verschiedenen Stuben des Hotels. Das Fine-Dining-Menü bietet fünf Gänge Feinschmeckerzauber. Die Sommerterrasse lockt zudem mit einer herrlichen Aussicht.
Das Haus empfiehlt: Kokos-Zitronengras-Essenz, Austernpilze, Geflügel, Chili; Label-Rouge-Lachs, warmer Rauch, Gurke, Kartoffel; Crème brûlée, Beeren, Kokoseis

Wehr (Baden)
Baden-Württemberg

Gasthaus Waldstüble

Waldstr. 110 / 79664 Ortsteil Wehr
www.gasthaus-waldstueble.de
T.: +49 7762 8386
waldstueble@freenet.de

Gasthof mit deutscher, badischer Küche. Hauptgerichte von € 12 bis € 29; vegetarisches Menü. Geschlossen: Mo+Di; Mi-Sa mittags.
Mitten im Wald steht ein Wirtshaus, das mit einer ehrlichen Küche punktet. Es gibt eine schöne Sonnenterrasse. Für Gesellschaften geeignet.
Das Haus empfiehlt: Geschmortes Ochsenbäckle, Linsengemüse, handgeschabte Spätzle; Filet vom Zander, Limetten-Beurre-blanc, Ratatouille, Bärlauchpasta; Kalbszüngle in feiner Rieslingsauce auf mediterranem Gemüse und Butternüdele

Weigenheim
Bayern

Le Frankenberg
Schloss Frankenberg

Schloss Frankenberg / 97215
www.schloss-frankenberg.de / T.: +49 9339 9714571
lefrankenberg@schloss-frankenberg.com

Fine-Dining-Restaurant mit französischer, fränkischer Küche. Menüs von € 149 bis € 187. Geschlossen: Mo-Mi, So; Do-Sa mittags.
Erhaben thront die imposante Schlossanlage mit ihren mittelalterlichen Türmen über den Weinbergen. Hier, inmitten der historischen Reben des Steigerwaldes, rund 40 Kilometer von Würzburg entfernt, hat 2022 das Gourmet-Restaurant Le Frankeberg eröffnet. In den mit Antiquitäten bestückten ehrwürdigen Sälen von Schloss Frankenberg dürfen sich Genießer seitdem mit der exquisiten Küche von Steffen Szabo und seinem Team beglücken lassen. Der in Franken groß gewordene 33-Jährige kredenzt ihnen ein sechs- bis siebengängiges Menü, das alle Sinne erfreut. Wachtel mit Pilzen, gebackenes Spanferkel, bretonischer Steinbutt – eine festliche und erlesene Tafel erwartet den Gast. Dazu reicht man die hervorragenden Weine vom schlosseigenen Weingut, dessen Reben nachhaltig kultiviert werden.
Das Haus empfiehlt: Wachtel, Pilzallerlei, Vogelbeere in Essig, Thymian; Steinbutt aus der Bretagne - Filet gebraten, Fenchelchip, Beurre blanc, Kaviar; Spanferkelbacken geschmort, Erdäpfelpüree, Wirsingblatt

Weikersheim
Baden-Württemberg

Restaurant Laurentius
Hotel Laurentius

Marktplatz 5 / 97990 / www.hotel-laurentius.de
T.: +49 7934 91080 / info@hotel-laurentius.de

Weltoffene, schwäbische Küche. Hauptger. von € 19 bis € 46; Menüs von € 48 bis € 121; Mittagskarte, vegetarisches Menü. Geschl.: Mo+Di; So abends; Mi-Sa mittags. Chef's Table, Kochkurse.

Weil am Rhein
Baden-Württemberg

Gasthaus Krone
Hotel Krone

Hauptstr. 58 / 79576 / www.kroneweil.de
T.: +49 7621 71164 / krone@gastro-hechler.de

Badische Küche. Hauptgerichte von € 14 bis € 47; Menüs von € 80 bis € 100. Geschlossen: So; Mo-Fr mittags.

Weimar
Thüringen

Restaurant Andreas Scholz
Hotel Alt Weimar

Prellerstr. 2 / 99423 Ortsteil Westvorstadt
www.restaurant-andreas-scholz.de / T.: +49 3643 86190
info@restaurant-andreas-scholz.de

Weltoffene, französische Küche. Menüs von € 50 bis € 110. Geschlossen: Mo+Di; Mi-So mittags.

Restaurant AnnA
Hotel Elephant Weimar

Markt 19 / 99423 Ortsteil Altstadt
www.hotelelephantweimar.de/restaurant
T.: +49 3643 8020 / info@hotelelephantweimar.de

Mediterrane Küche. Hauptgerichte von € 28 bis € 38; Menüs von € 75 bis € 98.

Weinbar Weimar

Humboldtstr. 2 / 99423 Ortsteil Westvorstadt
weinbar-weimar.de / T.: +49 3643 4699533
info@weinbar-weimar.de

Weltoffene Küche. Hauptgerichte ab € 8; Menüs ab € 89; vegetarisches Menü. Geschlossen: Mo, So; Di-Sa mittags.

Weingarten (Baden)
Baden-Württemberg

Zeitgeist
Romantik Hotel Walk'sches Haus

Marktplatz 7 / 76356 / www.walksches-haus.de
T.: +49 7244 70370 / info@walksches-haus.de

Weltoffene Küche. Hauptgerichte von € 23 bis € 42; Menüs von € 75 bis € 109; vegetarisches Menü. Geschlossen: Mo, So; Di-Sa mittags. Kochkurse.

Weingarten (Württemberg)
Baden-Württemberg

Kostbar
Syrlin Speisewelt

Ravensburger Str. 56 / 88250
www.syrlin-speisewelt.de / T.: +49 751 56163714
info@syrlin-speisewelt.de

Französische, weltoffene Küche. Hauptgerichte von € 23 bis € 48; Menüs von € 55 bis € 99; besondere Mittagskarte, vegetarisches Menü. Geschlossen: Mo, So; Sa mittags.
Kostbar – so heißt die Genusstätte Nummer Zwei der Syrlin Speisewelt. Sie verspricht gutes Essen für jeden Tag und ist doch alles andere als alltäglich. So bekommt man hier eine kleine Menüfolge mit drei Gängen genauso wie ein siebengängiges Probiermenü. Oder ein hochkarätiges Tellergericht mit Loup de Mer, Iberico oder Label-Rouge-Hühnerbrust. Eilige dürfen ein Gericht von der schnellen Mittagskarte bestellen, ein gut gemachtes Wiener Schnitzel oder ein leckeres Risotto gehen schließlich immer. Der Gast profitiert in mehrfacher Hinsicht: von einem zwanglosen schicken Ambiente, sympathischen Gastgebern und einem breit gefächerten Speiseangebot.
Das Haus empfiehlt: Bouillabaisse von Atlantikfischen, Bohnen, Artischocke; Hühnerbrust, schwarzer Reis, Tom Kha Gai, Pak Choi, Shiitakepilze; Kirsche, Schokolade, Zitronengras

MARKOS - Das Restaurant
Syrlin Speisewelt

Ravensburger Str. 56 / 88250
www.syrlin-speisewelt.de / T.: +49 751 56163714
info@syrlin-speisewelt.de

Fine-Dining-Restaurant mit französischer, weltoffener Küche. Menüs von € 115 bis € 185. Geschlossen: Mo, So; Di-Sa mittags.
Die Syrlin Speisewelt ist ein Magnet für Feinschmecker in Weingarten, nur eine halbe Autostunde vom Bodensee entfernt. Der Unternehmer Albert Wasmaier hat hier in der ersten Etage eines 6.000 Quadratmeter großen Dienstleistungskomplexes eine moderne Speisestätte errichtet. Sie bietet mit ihren hochwertigen Holz- und Einrichtungselementen, Zigarrenlounge und Weinbar eine besondere Wohlfühlatmosphäre. Aber vor allem ist sie eine einzigartige Bühne für die Koch- und Gastgeberkunst von Marco Akuzun und Frau Nadine. Jahrelang hat Akuzun im „top air" am Flughafen Stuttgart gezeigt was er drauf hat. Nun knüpft der kreative Chef de Cuisine nahtlos an diese Zeiten an – im Hauptrestaurant „MARKOS" und im Zweitrestaurant „Kostbar". Atemberaubende Kreationen rund um Gänseleber, Iberico und Wagyu verzaubern die Gäste, die verführerische Desserts und Pralinés bleiben noch lange in bester Erinnerung. Zu den vier bis sieben Gängen empfehlen sich in jedem Fall die korrespondierenden Weine.
Das Haus empfiehlt: Bio-Gänseleber, Apfel, Sellerie, Räucheraal; Kutterscholle, Kaviar, Spinat, Rührei, Büsumer Krabben, Schnittlauch; Donald-Russell-Lammrücken „orientalisch", Okraschoten, Bulgur, Sumak, Zwiebel, Kichererbse, Aubergine

Weinstadt
Baden-Württemberg

Gasthof zum Lamm
Hotel Lamm

Silcherstraße 75 / ✉ 71384 Ortsteil Schnait
www.lamm-weinstadt.de
T.: +49 7151 2053030
info@hotel-lamm-schnait.de

Gasthof mit deutscher, französischer Küche. Hauptgerichte von € 10 bis € 28; Menüs von € 25 bis € 58. Geschlossen: Sa+So; Mo-Fr mittags.
Hier erwarten den Gast eine hervorragende Küche mit französischen Akzenten und herzliche Gastgeber. Ein Grund mehr, dort auch zu übernachten.
Das Haus empfiehlt: Kalbsrückensteak an Pilzsauce mit Bandnudeln; Lachsschnitte vom Grill auf Pfannengemüse und Röstinchen; In Calvados gedünstete Apfelspalten mit Rieslingsabayone

Weisenheim am Berg
Rheinland-Pfalz

Restaurant Admiral

Leistadter Str. 6 / ✉ 67273 / www.admiral-weisenheim.de
T.: +49 6353 4175 / info@admiral-weisenheim.de

Französische, weltoffene Küche. Menüs von € 113 bis € 147. Geschlossen: Mo+Di; Mi-Sa mittags.

Weißenhaus siehe Wangels
Schleswig-Holstein

Weißenstadt
Bayern

Gasthaus Egertal

Wunsiedler Str. 49 / ✉ 95163 / www.gasthausegertal.de
T.: +49 9253 237 / info@gasthaus-egertal.de

Französische, deutsche Küche. Hauptgerichte von € 15 bis € 39; Menüs von € 49 bis € 89; besondere Mittagskarte. Geschlossen: Di+Mi; Mo, Do-Sa mittags. Kochkurse.

Nappieren: etwas mit einer Sauce überziehen

Noilly Prat: französischer Wermutwein

Weisweil
Baden-Württemberg

Landgasthof Baumgärtner

Sternenstr. 2 / ✉ 79367
www.baumgaertner-weisweil.de
T.: +49 7646 347
landgasthof-baumgaertner@t-online.de

Deutsche, französische Küche. Hauptgerichte von € 15 bis € 37; Menüs von € 41 bis € 55; vegetarisches Menü. Geschlossen: Mo+Di; Mi-Sa mittags.
Der Landgasthof in der ehemaligen Brauerei Baumgärtner liegt in der idyllischen Gemeinde Weisweil im Breisgau. Die Inneneinrichtung mit viel Holz und einem alten Kachelofen erinnert an die gute alte Postkutschenzeit mit ihren Brauerei-Gaststuben. Nur die liebevoll eingedeckten Tische lassen ein „Mehr“ erwarten. Tatsächlich überrascht die Menükarte mit Ausflügen in die feine französische Küche. Noch tragen die Gerichte die Handschrift von Bernhard Mössinger, ein gefeierter Koch, der seit über dreißig Jahren den Gasthof gemeinsam mit seiner Frau Helga führt. Dass neben ihm sein Sohn Phillipp als gestandener Koch am Herd steht, ist für ihn die Erfüllung eines lang gehegten Wunsches. Sie sind sich einig. „Aber wir lernen auch voneinander“, sagt Bernhard Mössinger. Die beiden sind nicht nur gut, sondern inspirieren sich gegenseitig, immer besser zu werden. Es ist schon etwas Besonderes, wenn man sich über eine solche Kochkunst freuen darf.
Das Haus empfiehlt: Terrine von der Gänsestopfleber; Rinderfilet mit Kräuterkruste, Burgundersauce und Pommes gratin; Sauerampfereis

Wenningstedt-Braderup
Schleswig-Holstein

Fitschen am Dorfteich

Am Dorfteich 2 / ✉ 25996 Ortsteil Wenningstedt
www.fitschen-am-dorfteich.de
T.: +49 4651 32120
info@fitschen-am-dorfteich.de

Badische, mediterrane Küche. Hauptgerichte von € 25 bis € 42; Menüs von € 86 bis € 89; besondere Mittagskarte, vegane Hauptgerichte. Geschlossen: Mo+Di.

Werder an der Havel
Brandenburg

Alte Überfahrt

Fischerstr. 48 b / ✉ 14542 Ortsteil Werder (Havel)
www.alte-ueberfahrt.de
T.: +49 3327 7313336
info@alte-ueberfahrt.de

Mediterrane Küche. Menüs von € 93 bis € 126. Geschlossen: Mo; Di-Fr mittags. Kochkurse.

Werdohl
Nordrhein-Westfalen

Thuns Restaurant
Hotel Dorfkrug

Brauck 7 / 58791 Ortsteil Kleinhammer
www.thuns.de / service@thuns.de
T.: +49 2392 97980

Deutsche, mediterrane Küche. Hauptgerichte von € 20 bis € 37; Menüs von € 36 bis € 55. Geschlossen: Mo, So; Di-Sa mittags.
„Wein" wird hier dank des Restaurantchefs und ausgebildeten Sommeliers Martin Thun großgeschrieben. Ständig wechselnde Kunstausstellungen.
Das Haus empfiehlt: Asiatische Tomatensuppe mit Chili und Ingwer; Lachs und Zander mit cremigem Risotto und dreierlei Gemüse; Rosa gebratene Steaks vom Damhirsch mit geschmolzenen Blaubeeren, Kohrlabi, Fingermöhren, Sandkartoffeln

Wernigerode
Sachsen-Anhalt

Gaststuben Gothisches Haus
Travel Charme Gothisches Haus

Marktplatz 2 / 38855
www.travelcharme.com/gothisches-haus
T.: +49 3943 6750
gothisches-haus@travelcharme.com

Deutsche Küche. Hauptgerichte von € 20 bis € 36; Menüs von € 42 bis € 59; besondere Mittagskarte, vegetarisches Menü. Chef's Table, Kochkurse.
Vom weitem schon sieht man das Schloss wehrhaft über Wernigerode thronen. Die farbenfrohen Fachwerkhäuser in der historischen Altstadt haben der Stadt auch den Namen „Bunte Stadt am Harz" gegeben. Das Gothische Haus direkt am Marktplatz ist eines dieser Fachwerkhäuser, die Wernigerode so anziehend für Touristen macht. Die „Gaststuben Gothisches Haus" sind ein elegantes Lokal, in dem sowohl eine kreative Küche als auch die guten Harzer Klassiker raffiniert zubereitet werden. Die Produkte kommen möglichst aus der Region, teils aus biologischem Anbau. Der Blick schweift über die feinen Zubereitungen hinaus auf den quirligen mittelalterlichen Marktplatz.
Das Haus empfiehlt: Falscher Hase von der Räucherforelle mit Dillmayonnaise, gefülltes Ei mit Forellenkaviar; Cordon bleu vom Wildschwein mit Wildschweinschinken, Hofkäse, Rahmkohlrabi, Pfifferlingen und eingelegten Brombeeren; Unser Wald - mit Fichte, Beeren, Nüssen und Schokolade

Restaurant Pietsch

Ringstr. 55 / 38855
www.robin-pietsch.de/restaurant-pietsch/
T.: +49 3943 6947884 / info@restaurantpietsch.de

Fine-Dining-Restaurant mit weltoffener Küche. Menüs von € 140 bis € 160. Geschlossen: Mo+Di, So; Mi-Sa mittags.

Ringhotel Weißer Hirsch
Ringhotel Weißer Hirsch

Marktplatz 5 / 38855
www.hotel-weisser-hirsch.de
T.: +49 3943 267110
info@hotel-weisser-hirsch.de

Deutsche Küche. Hauptgerichte von € 20 bis € 32; Menüs von € 35 bis € 41; vegetarisches Menü, vegane Hauptgerichte.
Im historischen Ortszentrum darf sich der Gast hinter einer hübschen Fachwerk-Fassade an Harzer Wild und Forelle gütlich tun.
Das Haus empfiehlt: Gurkentatar mit Ziegenkäse und Nusscrunch, Forellenkaviar und gebratener Garnele; Gebratene Hirschkeule an Radicchio-Risotto mit Preiselbeersauce und Nuss-Brokkoli; Parfait von der Zwetschge und beschwipstes Birnensorbet im Mandelblatt mit warmer Schokoladenpraline und Tonkabohnenrahm

Zeitwerk

Große Bergstr. 2 / 38855 / www.dein-zeitwerk.com
T.: +49 3943 6947884 / info@dein-zeitwerk.com

Deutsche Küche. Menüs von € 120 bis € 140; vegetarisches Menü. Geschlossen: Mo+Di, So; Mi-Sa mittags. Chef's Table, Kochkurse.

Parfait: eine feine Farce, mit Gelatine oder Eigelb gebunden und nach dem Erkalten in Scheiben geschnitten

Wiehl
Nordrhein-Westfalen

Restaurant Pfaffenberg

Pfaffenberg 3 / ✉ 51674 Ortsteil Pfaffenberg
www.restaurant-pfaffenberg.de / T.: +49 2262 7175148
info@restaurant-pfaffenberg.de

Deutsche, mediterrane Küche. Hauptgerichte von € 12 bis € 30; Menüs von € 33 bis € 50; besondere Mittagskarte. Geschlossen: Di+Mi.

Wiesau
Bayern

Holzfellas Restaurant & Bar

Industriestr. 8 / ✉ 95676 / www.holzfellas.restaurant
T.: +49 9636 92094800 / info@holzfellas.de

Deutsche, weltoffene Küche. Hauptgerichte von € 16 bis € 30; Menüs von € 34 bis € 57; vegetarisches Menü, vegane Hauptgerichte. Geschlossen: Mo, So; Di-Sa mittags.

Wiesbaden
Hessen

BENNER's Bistronomie
Kurhaus Wiesbaden

Kurhausplatz 1 / ✉ 65189 / www.benner-s.de
T.: +49 611 536200 / genuss@benner-s.de

Französische, deutsche Küche. Hauptgerichte von € 19 bis € 50; besondere Mittagskarte, vegane Hauptgerichte.

Chez Mamie

Spiegelgasse 9 / ✉ 65183 / chez-mamie.de
T.: +49 611 36024800 / wiesbaden@chez-mamie.de

Brasserie und Bar mit französischer Küche. Hauptgerichte von € 18 bis € 23.

Das Goldstein by Gollners

Goldsteintal 50 / ✉ 65207 Ortsteil Sonnenberg
www.gollners.de / T.: +49 611 541187 / info@gollners.de

Österreichische, weltoffene Küche. Hauptgerichte von € 19 bis € 45; besondere Mittagskarte. Geschlossen: Di.

Das Manico
Hotel de France

Taunusstr. 49 / ✉ 65183
www.dasmanico.de / info@dasmanico.de
T.: +49 611 16866466

Deutsche, französische Küche. Hauptgerichte ab € 40; Menüs von € 69 bis € 132; besondere Mittagskarte. Geschlossen: Mo, So; Di mittags.

Domäne Mechtildshausen

✉ 65205 / www.wjwgmbh.de / T.: +49 611 7374691
gastronomie@wjwggmbh.de

Deutsche, hessische Küche. Hauptgerichte von € 13 bis € 34; Menüs von € 38 bis € 62; vegetarisches Menü. Geschlossen: Mo; Di-So abends.
Streng saisonale Küche, die nur Zutaten aus dem Ökoanbau zu gehobenen Fisch- und Fleischgerichten verarbeitet.
Das Haus empfiehlt: Tranchen von rosa gebratenem Rinderrücken mit Rosmarinjus, Speckbohnen und Macaire Kartoffeln; Auf der Haut gebratener Lachs mit Mangoldgemüse, Weißweinsauce und Butterkartoffeln; Bœuf Bourguignon - geschmortes Rindfleisch mit Pilzen, Spätzle und Salat

Ente
Hotel Nassauer Hof

Kaiser-Friedrich-Platz 3-4 / ✉ 65183
hommage-hotels.com/nassauer-hof / T.: +49 611 133666
ente.nassauerhof@hommage-hotels.com

Weltoffene Küche. Menüs von € 150 bis € 190. Geschlossen: Mo+Di, So; Mi-Sa mittags.
Der Nassauer Hof blickt auf eine über 200-jährige Geschichte als Grandhotel zurück. Das imposante Bauwerk mit seiner wuchtigen Säulenfassade liegt im Zentrum Wiesbadens, in unmittelbarer Nähe zum Kurhaus und dem dazugehörigen Park. Prominente, Politiker und illustre Gäste gingen und gehen hier ein und aus. Sogar der Dalai Lama schaute hier schon regelmäßig vorbei. Glamouröses Herzstück des Hauses ist seit vielen Jahrzehnten die Gastronomie. Das Gourmet-Restaurant „Ente“ empfängt auf zwei Ebenen in einem Raum – in klassischer Eleganz, mit weißem Tischtuch und Silberbesteck. Und die Ente gibt es natürlich auch, in zwei Gängen und schön knusprig, und nicht zuletzt fachmännisch am Tisch tranchiert. Küchenchef Michael Kammermeier und seine Crew verstehen sich sowohl auf die große, klassische Cuisine, lassen in ihren Menüs und Kreationen aber auch modernen Spirit erkennen. Weinfans dürften sich hier ebenfalls wohlfühlen – aus hunderten, sorgsam gehüteten Etiketten sollte sich schließlich etwas Passendes finden lassen.

Das Haus empfiehlt: Tristan Lobster mit Karottencrème, Karottengrün, Hollandaise, weiße Quinoa und Passionsfrucht; Gegrillter Lammnacken aus der Eifel „Putanesca", mit Sardine, Olive, Tomaten, Paprika, eingelegten Zwiebeln, Kapern und Fenchel; Ijsselmeer Zander mit Artischocke, Topinambur, Pfifferlingen und Artischockenfond

Le Bistrot99

Dorint Pallas Wiesbaden

Auguste-Viktoria-Str. 15 / ✉ 65185
www.lebistrot99.com
T.: +49 611 33062970
thomas.richter@dorint.com

Bistro mit französischer Küche. Hauptgerichte von € 10 bis € 45; besondere Mittagskarte, vegetarisches Menü.
Das schicke und gemütliche Restaurant mit Nischen und gepolsterten Bänken vermittel Pariser Lebensgefühl nicht nur durch sein Speiseangebot.
Das Haus empfiehlt: Flammkuchen Elsässer Art, Salat Nicoise; Bœuf Bourguignon; Crème brûlée, Plateau à fromage

Restaurant Orangerie

Hotel Nassauer Hof

Kaiser-Friedrich-Platz 3-4 / ✉ 65183
www.hommage-hotels.com / T.: +49 611 133633
Orangerie.Nassauerhof@hommage-hotels.com

Hauptgerichte von € 14 bis € 37; Menüs von € 59 bis € 79; besondere Mittagskarte.

Villa im Tal

Adamstal 4 / ✉ 65195
www.villaimtal.de / welcome@villaimtal.de
T.: +49 611 2386228

Mediterrane, weltoffene Küche. Hauptgerichte von € 27 bis € 40; Menüs von € 58 bis € 78; vegetarisches Menü, vegane Hauptgerichte. Geschlossen: Mo+Di; Mi-Sa mittags.

Wildberg (Schwarzwald)

Baden-Württemberg

Gourmetrestaurant Claus Weitbrecht

Hotel Talblick

Bahnhofsträßle 6 / ✉ 72218 Ortsteil Wildberg
www.talblick-wildberg.de / T.: +49 7054 5247
info@talblick-wildberg.de

Französische Küche. Hauptger. von € 10 bis € 24; Menüs von € 40 bis € 110; Mittagskarte, vegetar. Menü, vegane Hauptger. Geschl.: Di+Mi, So; Mo, Do-Sa mittags. Kochkurse.

Wiggensbach

Bayern

Landgasthof Alte Säge

Römerstr. 2 / ✉ 87487 Ortsteil Ermengerst
www.alte-saege.de / T.: +49 8370 929990
info@alte-saege.de

Gasthof mit deutscher, bayerischer Küche. Hauptgerichte von € 11 bis € 29; Menüs von € 53 bis € 85; besondere Mittagskarte. Geschlossen: Mo+Di; Sa mittags.
Gasthof für Pilger des Jakobsweges sowie für große und kleine Genießer. Von der einfachen Brotzeit bis zum Genießermenü reicht das Spektrum.
Das Haus empfiehlt: Erbsen-Panna-cotta mit salzigem Erdnusscrunch, marinierten Pilzen und Kräuteröl; Allgäuer Rostbraten in kräftiger Rotweinjus mit Kässpatzen und frisch gebackenen Zwiebeln; Zarter Braten aus der Lammkeule in Rosmarinjus an Bundmöhren und Kartoffelnocken

Wilhelmshaven

Niedersachsen

Artischocke

Peterstr. 19 / ✉ 26382 / www.artischocke-whv.de
T.: +49 4421 34305 / info@artischocke-whv.de

Französische Küche. Hauptgerichte von € 12 bis € 23; Menüs von € 42 bis € 46; besondere Mittagskarte, vegetarisches Menü. Geschlossen: Mo, So. Kochkurse.
Speisen in Hafennähe gegenüber vom Theater. Die Gerichte sind original à la française und werden an fein eingedeckten Tischen serviert.
Das Haus empfiehlt: Ceviche vom Hiramasa Kingfish mit Mini-Radieschen, roter Zwiebel und Limetten-Marinade; Wolfsbarschfilet auf der Haut gebraten mit Hummerschaum, Flusskrebsen, Queller, glasierten Mairübchen und Trüffelpüree; Erdbeeren und Voslapper Rhabarber als Crumble im Glas angerichtet, mit Mousse au Chocolat und Ei

Piccata: ital. mit Zitronensaft zubereitetes Schnitzel

Willich
Nordrhein-Westfalen

Kaiserhof

Unterbruch 6 / 47877 Ortsteil Schiefbahn
www.kaiserhof.org
T.: +49 2154 87165
info@kaiserhof.org

Deutsche Küche. Hauptgerichte von € 14 bis € 44; Menüs von € 45 bis € 75; besondere Mittagskarte, vegetarisches Menü, vegane Hauptgerichte. Geschlossen: Mo+Di.
Restaurant und Brasserie mit Schick und weißen Tischdecken, aufgetragen werden unter anderem Rinderfilet, Lammkarree und Schokosoufflé.
Das Haus empfiehlt: Hausgebeizter Sashimi-Frühlingslachs in Bärlauch-Zitrus-Marinade, frischer Kresse und Friséesalat; Crepinette vom Kaninchen in Dijon-Senfsauce mit buntem Spargelgemüse und Schnittlauch-Kartoffelstampf; Crème brûlée mit heimischen Beeren und Mandeltörtchen

Willingen (Upland)
Hessen

Gutshof Itterbach

Mühlenkopfstr. 7 / 34508 Ortsteil Willingen
www.gutshof-itterbach.de / T.: +49 5632 96940
info@gutshof-itterbach.de

Mediterrane, deutsche Küche. Hauptgerichte von € 16 bis € 33; Menüs ab € 45. Geschlossen: Mo-Mi; So abends; Do+Fr mittags.

Salpicon: Kleinragout, in sehr kleine Würfel geschnittenes Fleisch oder Gemüse

Saltimbocca: ital.: Spring in den Mund, dünnes kleines Kalbsschnitzel mit Schinken und Salbeiblatt

Sautoir: Schwenkpfanne

Schalotte: kleine violette Lauchknolle, die als edelste aller Zwiebelnarten anerkannt ist

Sauerländer Hof
Sauerländer Hof

Schwalefelder Str. 16 / 34508 Ortsteil Willingen
www.sauerlaender-hof-willingen.de / T.: +49 5632 6256
info@sauerlaender-hof-willingen.de

Deutsche, hessische Küche. Hauptgerichte von € 9 bis € 33. Geschlossen: Di; Mo, Mi mittags.
Typische Gaststube mit schweren Deckenbalken, vielfältiger Speisekarte, Kuchenbüfett und Waffeln am Nachmittag.
Das Haus empfiehlt: „Des Sauerländers kleines Geheimnis" - Schweinefilet gebraten mit Champignons, Preiselbeeren, mit Camembert überbacken, Salat; „Walters Biker Steak American Style" - 300 g Rumpsteak mit Jack-Daniels-Sauce, Röstzwiebeln und Bohnen; Gebratenes Lachsfilet an leichter Safransauce, Wirsinggemüse und Salzkartoffeln

Tournieren: Formgebung mit dem Messer

Winterbach (Remstal)
Baden-Württemberg

Landgasthaus Hirsch

Kaiserstr. 8 / 73650 Ortsteil Manolzweiler
www.hirsch-manolzweiler.de
T.: +49 7181 41515
info@hirsch-manolzweiler.de

Schwäbische, mediterrane Küche. Hauptgerichte von € 13 bis € 33; Menüs zu € 38. Geschlossen: Mo-Do.
Der Gast genießt in waldreicher Umgebung das Wild aus eigener Jagd, Brot aus dem Holzofen und Obstbrände aus der eigenen Destillerie.
Das Haus empfiehlt: Aufgeschlagenes Süppchen vom Baacher Bärlauch mit gerösteter Gamba; Kalbsleberscheiben mit gebratenem Blumenkohl und Kartoffel-Bärlauch-Püree; Schurwälder Gebrutzeltes - feine Edelfleischstreifen an Champignonrahm mit rosa Pfeffer garniert, dazu geschabte Spätzle

Winterberg
Nordrhein-Westfalen

Astenblick - die feine Küche
Hotel Liebesglück - Genießen zu zweit

Nuhnestr. 5 / ✉ 59955 / www.hotel-liebesglueck.de
T.: +49 2981 92230 / info@hotel-liebesglueck.de

Deutsche Küche. Hauptgerichte von € 8 bis € 30; Menüs von € 24 bis € 87; vegetarisches Menü. Geschlossen: mittags.
Ein romantisches Hotel im Hochsauerland, im Herzen von Winterberg, mit einer feinen bis deftigen Küche, ideal zum Genießen.
Das Haus empfiehlt: Pilzragout an Wirsingköpfchen und Kartoffelroulade; Filet vom Nordsee-Steinköhler auf Senfsauce an Petersilienkartoffeln

Wirsberg
Bayern

Restaurant Alexander Herrmann by Tobias Bätz
Herrmann's Romantik Posthotel

Marktplatz 11 / ✉ 95339 / www.herrmanns-posthotel.de
T.: +49 9227 2080 / mail@herrmanns-posthotel.de

Fine-Dining-Restaurant mit fränkischer, weltoffener Küche. Menüs von € 215 bis € 245; vegetarisches Menü. Geschlossen: Mo+Di, So; Mi-Sa mittags. Kochkurse.
In seinen Genusswelten kreiert Alexander Herrmann, der Gastronom, Moderator, Autor, Medienprofi und Sternekoch, zusammen mit seinem ebenfalls hochdekorierten Küchenchef und kongenialen Partner Tobias Bätz, seit Jahren grenzenlose Heimat als Menü. Diese beiden Restaurants, das Gourmet-Restaurant und das Bistro, sind Teile des idyllisch gelegenen Posthotels im oberfränkischen Wirsberg. Die individuell designte Logis, das kleine Spa mit Pool und die Natur bieten die besten Voraussetzungen, um sich in Ruhe auf die Inszenierung des Abends einzustimmen. Im Restaurant betritt man einen anderen Kosmos, der mit modernem Mobiliar, einer Art Showbühne und einem hochmotivierten Service aufwartet. Der Spirit erschließt sich sofort, keine steife Etikette und doch unverkennbar ein auf Perfektion abzielendes Gesamtkonzept, exotische Regionalküche vom Feinsten. Die Menüs werden bestimmt von Gegensätzen, die sich anziehen. Einzelne Komponenten, die zusammen

ein stimmiges Bild ergeben. Grenzenlose Heimat!
Das Haus empfiehlt: 8-Gang-Menü „Grenzenlose Heimat"

Wismar
Mecklenburg-Vorpommern

Rialto Restaurant

Stockholmer Str. 20 / ✉ 23966 / rialto-wismar.de
T.: +49 3841 285005 / restaurant@rialto-wismar.de

Italienische Küche. Hauptgerichte von € 18 bis € 30; besondere Mittagskarte.

Wolfach
Baden-Württemberg

Naturparkhotel Adler
Naturparkhotel Adler St. Roman

St. Roman 14 / ✉ 77709 Ortsteil Kinzigtal
www.naturparkhotel-adler.de / T.: +49 7836 93780
rezeption@naturparkhotel-adler.de

Badische Küche. Hauptgerichte von € 15 bis € 36; Menüs von € 31 bis € 51; Mittagskarte, vegetar. Menü.

Wolfsburg
Niedersachsen

Aqua
The Ritz-Carlton, Wolfsburg

Parkstr. 1 / ✉ 38440 / www.restaurant-aqua.de
T.: +49 5361 606056 / info@restaurant-aqua.com

Fine-Dining-Restaurant mit deutscher, weltoffener Küche. Menüs von € 215 bis € 240. Geschlossen: Mo+Di, So; Mi-Sa mittags.
Das Hotel The Ritz-Carlton mit seiner charakteristischen „C"-Form offeriert einen Blick auf das markante Wahrzeichen der VW-Welt, die vier Schornsteine – ein modernes Kraftwerk, das die Stadt Wolfsburg mit Wärme versorgt. Dahinter und daneben wiederum liegen die riesigen Hallen, an deren Montagelinien Mensch und Maschine den VW Golf zur Welt bringen. Im Erdgeschoss des Luxushotels befindet sich das Gourmetlokal „Aqua". Hier versorgt Sven Elverfeld Besseresser seit Jahren mit allerfeinsten Genüssen. Der Gastraum präsentiert sich im schlichten, eleganten Chic, mit deckenhohen Fenstern und gewebten Metallvorhängen. Die gemütliche Illumination schafft ideale optische Voraussetzungen für die glanzvollen Darbietungen aus der Küche. Jeder Teller, der behutsam und präzise bestückt, betupft, besteckt wurde, birgt ein sorgsam ausbalanciertes Aromenspiel. Elverfeld und sein Team verste-

→

hen es meisterlich, Gang für Gang einen Spannungsbogen behutsam aufzubauen und auf dem Scheitelpunkt der Welle fast bis zum Schluss zu verbleiben. Für den maximalen Genuss stehen Marcel Runge und Anna-Helene Herpers dem Gast zur Seite, wenn es darum geht, den Essgenuss mit einer Weinbegleitung zu vergolden. (Mehr Informationen über Sven Elverfeld unter „Auszeichnungen des Jahres Deutschland".)
Das Haus empfiehlt: Marinierte Gänseleber, Litschi, Mango und Javapfeffer; Kartoffel-Pot-au-feu, pochiertes Eigelb und Frankfurter Grüne Sauce; Champagner-Crèmesorbet „Edition Ruinart Rosé"

Terra

The Ritz-Carlton, Wolfsburg

Parkstr. 1 / ✉ 38440 / www.ritzcarlton.com
T.: +49 5361 607091 / ccr.wolfsburg@ritzcarlton.com

Weltoffene Küche. Hauptgerichte von € 29 bis € 58; Menüs von € 75 bis € 95; besondere Mittagskarte, vegetarisches Menü. Geschlossen: Mo-Mi, So; Do-Sa mittags. Chef's Table, Kochkurse.
Elegantes, helles Lokal mit Blick auf das VW-Werk. In der Küche haben vegetarische Speisen einen besonderen Stellenwert.
Das Haus empfiehlt: Gebratenes Lachsfilet, Gewürzmarinade, Graupenrisotto, Fenchel, Spinat, Tomate, Zitronensauce; Dry-Aged-Entrecôte „Havelländer Apfelschwein", Gebackenes Wurzelgemüse, Kräutercrème, Quiche, Jus; Bohnenvariation mit Tomate, weißes Bohnenpüree, Bohnensauté, schwarze Bohnenchips, confierte Tomaten

Wunstorf
Niedersachsen

Schweers-Harms-Fischerhus

Graf-Wilhelm-Str. 9 / ✉ 31515 Ortsteil Steinhude
www.schweers-harms-fischerhus.de
T.: +49 5033 5228 / info@fischerhus.de

Deutsche Küche. Hauptgerichte von € 15 bis € 39.
Ein Fachwerkhaus mit Tradition, Restaurantbereiche im altniedersächsischen Stil plus einen schönen Außenbereich.

Das Haus empfiehlt: Klare Fischsuppe mit Fischeinlage, Shrimps und Gemüsestreifen; Pfefferlendchen vom Strohschwein mit grünem Pfeffer, Champignons und Bratkartoffeln; Aal grün in Dillrahmsauce mit Gurkensalat und Salzkartoffeln

Wuppertal
Nordrhein-Westfalen

79° Essen und Trinken

Luisenstr. 61 / ✉ 42103 Ortsteil Elberfeld
www.79grad.com / T.: +49 202 27097070
info@79grad.com

Mediterrane, weltoffene Küche. Hauptgerichte von € 16 bis € 29; Menüs von € 49 bis € 89; vegetarisches Menü. Geschlossen: Mo; Di-So mittags.

Restaurant Scarpati

Scheffelstr. 41 / ✉ 42327 Ortsteil Vohwinkel
www.scarpati.de / T.: +49 202 784074 / info@scarpati.de

Mediterrane, italienische Küche. Hauptgerichte von € 23 bis € 48; Menüs von € 59 bis € 85. Geschlossen: Mo+Di; Mi-Sa mittags.

Restaurant Shiraz

Wittener Str. 288 / ✉ 42279 Ortsteil Barmen
www.restaurant-shiraz.com / T.: +49 202 26533779
info@restaurant-shiraz.com

Fine-Dining-Restaurant mit weltoffener, französischer Küche. Hauptgerichte von € 19 bis € 76; Menüs ab € 128. Geschlossen: Mo+Di, So; Mi-Sa mittags.

Würselen
Nordrhein-Westfalen

Alte Feuerwache

Oppener Str. 115 / ✉ 52146
www.alte-feuerwache-wuerselen.de
T.: +49 2405 4290112
willkommen@alte-feuerwache-wuerselen.de

Deutsche, französische Küche. Hauptgerichte von € 23 bis € 32; Menüs von € 54 bis € 68; besondere Mittagskarte. Geschlossen: Mo, So; Sa mittags.

A.P.Nr.: Abkürzung für die amtliche Prüfungsnummer der deutschen Qualitätsweine

MO: Abkürzung für Mise en bouteille à l'origine, französische Weine direkt im Produktionsgebiet in Flaschen abgefüllt

Brut: Geschmacksbezeichnung für trockene Schaumweine

Dépôt: Weinsatz

VDP: Verband Deutscher Prädikatsweingüter

Wurster Nordseeküste
Niedersachsen

Zum grünen Walde

Mühlenstr. 78 / 27639 Ortsteil Nordholz
www.zum-gruenen-wal.de / T.: +49 4741 1035
info@zum-gruenen-wal.de

Gasthof mit norddeutscher, weltoffener Küche. Hauptgerichte von € 14 bis € 25; vegetarisches Menü. Geschlossen: Di+Mi; Mo, Do-Sa mittags.
Restaurant im Landhausstil und traditionelle Gaststube zum Genießen und Wohlfühlen, dazu eine Bar für gesellige Stunden.
Das Haus empfiehlt: Kabeljaufilet auf einer leichten Senfsauce mit Blattspinat und Petersilienkartoffeln; Geschmorte Rinderbacke mit einer herzhaften Bratensauce, Speckbohnen und gebackenen Kartoffeltalern; Panna cotta mit eingekochtem Rhabarber und Stracciatella-Eiscrème

Würzburg
Bayern

Bürgerspital Weinstuben

Theaterstr. 19 / 97070 Ortsteil Altstadt
www.buergerspital-weinstuben.de / T.: +49 931 352880
reservierung@buergerspital-weinstuben.de

Mediterrane, fränkische Küche. Hauptgerichte von € 19 bis € 39; vegetarisches Menü, vegane Hauptgerichte.

Kuno 1408
Best Western Premier Hotel Rebstock

Neubaustr. 7 / 97070 Ortsteil Altstadt
www.restaurant-kuno.de / T.: +49 931 30931408
info@restaurant-kuno.de

Fine-Dining-Restaurant mit fränkischer Küche. Menüs von € 112 bis € 168; vegetarisches Menü. Geschlossen: Mo+Di, So; Mi-Sa mittags.
Seit dem Jahr 1408 gibt es an diesem Ort, im Herzen der Stadt, Gasthaus und Herberge. Heute verbergen sich hinter der Rokkokofassade des Vier-Sterne-Hotels 72 Zimmer, Tagungsräume und zwei Restaurants. Auf dem Nachbargrundstück des Traditionshotels ist vor einiger Zeit der moderne Erweiterungsbau „Hof Engelgarten" mit 54 Zimmern hinzugekommen. Das „Kuno 1408" ist Würzburgs Vorzeigegastronomie. Eine schicke urbane Fine-Dining-Location mit Bar- und Loungebereich und einer stimmungsvollen Beleuchtung. Küchenmeister Daniel Schröder und sein Team bereiten dem feinschmeckenden Publikum eine kreative kulinarische Reise durch Franken, versehen mit der Raffinesse einer modernen französischen Haute Cuisine. Fünf bis sieben Gänge stehen zur Auswahl. Zu Saibling, Zander und Reh wird gerne auch die passende Weinbegleitung gereicht.
Das Haus empfiehlt: Seeteufel, Spargel, Olivenöl, Parmesan; Rote Bete, Pekannuss, Frischkäse, Röstzwiebel; Lamm, Aubergine, Knoblauch, Kichererbse

Reisers am Stein

Mittlerer Steinbergweg 5 / 97080 Ortsteil Grombühl
www.der-reiser.de / T.: +49 931 286901 / mail@der-reiser.de

Weltoffene Küche. Menüs von € 135 bis € 150; vegetarisches Menü. Geschlossen: So; Mo-Sa mittags. Kochkurse.

Steinburgs Restaurant
Schlosshotel Steinburg

Reußenweg 2 / 97080 Ortsteil Unterdürrbach
www.steinburg.com / T.: +49 931 97020
hotel@steinburg.com

Weltoffene, deutsche Küche. Menüs von € 84 bis € 92; besondere Mittagskarte, vegetarisches Menü, vegane Hauptgerichte.
Über den Weinterrassen liegt das romantische Schloss – mit ausgezeichnetem Panoramablick über die Stadt.

Wraps: Teighülle, zum Beispiel für Sandwiches

Wyk auf Föhr
Schleswig-Holstein

Alt Wyk

Große Str. 4 / 25938 / www.alt-wyk.de
T.: +49 4681 3212 / info@alt-wyk.de

Weltoffene, mediterrane Küche. Menüs von € 95 bis € 130; vegetarisches Menü. Geschl.: Mo, So; Di-Do mittags.

X/Y/Z

Xanten
Nordrhein-Westfalen

Landhaus Köpp

Husenweg 147 / 46509 Ortsteil Obermörmter
www.landhauskoepp.de / T.: +49 2804 1626
kontakt@landhauskoepp.de

Französische Küche. Hauptgerichte von € 33 bis € 40; Menüs von € 57 bis € 96. Geschlossen: Mo; So abends; Sa mittags. Kochkurse.
Der Speiseraum im Landhaus mit seinen dunklen Möbeln und weiß eingedeckten Tischen vor romantisch-verspielten Rundbogenfenstern ist ein Hingucker. Hübsch gefaltete Servietten, feines Tafelbesteck und hier und da einer brennende Kerze – ein Ambiente, das einlädt, Platz zu nehmen. Dem Rhythmus der Jahreszeiten folgend, bietet die Küche von Jürgen Köpp auf Basis der französischen Küche feine Speisen, kreiert aus hochwertigen Produkten. Köpp hat sich in den vergangen Jahrzehnten eine Fangemeinde erkocht. Wichtig ist, dass die Gäste die Kreationen schätzen und genießen. Doch selbst für nur ein Gericht fährt der Mann mächtig auf. Die Basis hierfür ist die klassische Handwerkskunst eines gestandenen Kochs. Auch die Kochkurse sind auf hohem Niveau unter Verwendung bester Produkte.
Das Haus empfiehlt: Gänsestopfleber und Minze; Steinbutt umgeben von einem Orangen-Quartett; Duett von Kalbsfilet und französischem Senf

Ziesar
Brandenburg

Burg Hotel Ziesar
Burg Hotel Ziesar

Frauentor 5 / 14793 / www.burghotel-ziesar.de
T.: +49 33830 6660 / info@burghotel-ziesar.de

Deutsche, brandenburgische Küche. Hauptgerichte von € 9 bis € 21; Menüs von € 29 bis € 49. Geschlossen: So abends; Mo-Fr mittags.
Burghof, Rittersaal und Kaminzimmer heißen die Räumlichkeiten, in welchen eine bodenständige Kost im zünftigen Ambiente aufgetragen wird.
Das Haus empfiehlt: Steinpilzmaultaschen mit gebackenem Kartoffelrösti und Steinpilz-Lauchrahmsauce; Forelle „Schöne Müllerin“ mit frischen Gartenkräutern gefüllt, dazu zerlassene Butter und Zitrone; Medaillons vom jungen Wildschwein in der Mandelhülle, mit Pfifferlingen, Rosenkohl, Preiselbeeren, Kartoffelkroketten

Zingst
Mecklenburg-Vorpommern

Restaurant Meerlust
Hotel Meerlust

Seestr. 72 / 18374
www.hotelmeerlust.de
T.: +49 38232 8850 / info@hotelmeerlust.de

Mediterrane, deutsche Küche. Hauptgerichte von € 13 bis € 32; Menüs ab € 55; besondere Mittagskarte, vegetarisches Menü. Geschlossen: mittags.
Direkt am kilometerlangen weißen Sandstrand mitten im Naturschutzgebiet Vorpommersche Boddenlandschaft liegt dieses Urlaubshotel.
Das Haus empfiehlt: Zweierlei vom Wiesenkalb als Backe und Filet auf Spargel-Spitzkohl-Gemüse mit Rosmarinjus und Kartoffelkrapfen; Kartoffel-Ziegenkäse-Krapfen auf grüner Pastinaken-Spargel-Mousseline und Frühlingsgemüse; Eingelegter Rhabarber mit Salz-Karamell-Eis und Haselnusscrumble

Zirndorf
Bayern

Bar1 Grill-Restaurant

Rathausplatz 1 / 90513
www.bar1grillrestaurant.de
T.: +49 911 9601812
info@bar1grillrestaurant.de

Steakhouse. Hauptgerichte von € 22 bis € 39. Geschlossen: So; Mo-Sa mittags.
Steakhouse im New-York-Style mit Steaks aus aller Welt, dazu noch Seafood wie Oktopus, Langusten, Mega-Garnelen und schottischer Lachs.
Das Haus empfiehlt: New-York-Cut, Argentina-Club-Steak mit Bacon vom Lavasteingrill und Black-Angus-Bourbon-Jus; Oktopus gegrillt und Black Angus - Argentina Beef, Filetstück auf dem heißen Lavastein gegrillt; Mega-Garnele, Alaska-Wildfang-Qualität und Black-Angus-Argentina-Beef-Filetstück, Steaksauce, Steakhouse-Butter

Der kleine Grieche

Rathausplatz 3 / ✉ 90513
www.der-kleine-grieche-zirndorf.de
T.: +49 911 6001490
stelio.a@web.de

Griechische Küche. Hauptgerichte von € 11 bis € 19; besondere Mittagskarte. Geschlossen: Di.
Grillrestaurant in einem Fachwerkhaus mit holzvertäfelter Stube im Ortszentrum. Die Speisen: verfeinert griechisch und „a bisserl" fränkisch.
Das Haus empfiehlt: Omas Souvlakispieße mit Zitrone; Saganaki klassisch mit Tomaten und Peperoni; Gemüse-Moussaka

Zweibrücken
Rheinland-Pfalz

Esslibris
Romantik Hotel Landschloss Fasanerie

Fasanerie 1 / ✉ 66482 / www.landschloss-fasanerie.de
T.: +49 6332 9730 / reservieren@landschloss-fasanerie.de

Mediterrane, französische Küche. Hauptgerichte von € 29 bis € 55; Menüs von € 60 bis € 80; vegetarisches Menü, vegane Hauptgerichte.

Zweiflingen
Baden-Württemberg

Le Cerf
Wald & Schlosshotel Friedrichsruhe

Kärcherstr. 11 / ✉ 74639 Ortsteil Friedrichsruhe
www.schlosshotel-friedrichsruhe.de
T.: +49 7941 60870
hotel@schlosshotel-friedrichsruhe.de

Fine-Dining-Restaurant mit französischer Küche. Hauptgerichte von € 38 bis € 98; Menüs von € 134 bis € 198; vegetarisches Menü. Geschlossen: Mo+Di, Sa+So; Mi-Fr mittags. Chef's Table, Kochkurse.
Im Schloss herrscht klassische Eleganz. In dieser historischen Umgebung, einem Jagdschloss aus dem 18. Jahrhundert, hat man sich nicht verbogen, um gewollt modern zu sein. Und doch waren die Tore nicht verschlossen und der frische Wind der Gegenwart hat auch hier so einige Veränderungen erreicht. Unter den fünf Restaurants des Hotelresorts ist das „Le Cerf" den Gourmets gewidmet. Hier in der eleganten Atmosphäre eines Speisesaals mit Kristallleuchtern und frisch gestärkten Tischdecken haben die exquisiten Speisen des Küchenchefs Boris Rommel die passende Kulisse gefunden. Seine klassisch-französische Küche hat er zeitgemäß mit regionalen Elementen aufgepeppt. Zwei Menüs hat er im Angebot, davon eines vegetarisch. An Sommertagen bietet die Terrasse eine gute Sicht auf das historische Jagdschloss. Übrigens: Wer einen exklusiven Blick hinter die Kulissen werfen möchte, dem sei der Chef's Table Room zu empfehlen. Eine Glasfront ermöglicht die „Liveschaltung".
Das Haus empfiehlt: Bio-Gänseleber, Birne und Pekannuss; Bretonischer Steinbutt, Coco-Bohnen und Chorizo; Heimischer Rehrücken, Wacholderjus, Butternut und Serviettenknödel

Zwingenberg (Bergstraße)
Hessen

Kaltwassers Wohnzimmer

Obergasse 15 / ✉ 64673 Ortsteil Zwingenberg
www.kaltwassers-wohnzimmer.de / T.: +49 6251 1058640
service@kaltwasserswohnzimmer.de

Deutsche Küche. Hauptgerichte von € 21 bis € 33; Menüs von € 45 bis € 65; besondere Mittagskarte. Geschlossen: Mo+Di; Mi-Sa mittags.

Bad Zwischenahn
Niedersachsen

Apicius
Romantik Hotel Jagdhaus Eiden am See

Eiden 9 / ✉ 26160 / www.apicius.de
T.: +49 4403 698416
apicius@jagdhaus-eiden.de

Weltoffene, französische Küche. Hauptgerichte von € 25 bis € 40; Menüs von € 110 bis € 166; vegetarisches Menü. Geschlossen: Mo+Di, So; Mi-Sa mittags.

Dashi: Japanischer Fischsud

Maki: Rollen aus Seetang und Reis mit verschiedenen Einlagen

Sashimi: dünne Filetstücke von rohem Fisch

Shiitake: Speise- und Heilpilz

Surimi: Krebsfleischimitat

Sushi: roher Fisch oder Gemüse auf gesäuertem Reis

Tempura: in einem Teigmantel frittierte Speisen

Teriyaki: Zubereitungsart der japanischen Küche

Tofu: Sojabohnenquark oder-käse

Wasabi: japanischer Meerrettich

Yuzu: japanische Zitrusfrucht

© vectorfusionart/adobe.stock.com

Auszeichnungen des Jahres – Österreich/Südtirol

Spitzenköche des Jahres

Gastronom des Jahres

Nachhaltigkeitskonzept des Jahres

Pâtissière des Jahres

Köchin des Jahres

Serviceteam des Jahres

Sommelier des Jahres

Wirtshaus des Jahres

Winzer des Jahres

Spitzenkoch des Jahres

© Inge Prader

Juan Amador

Amador Restaurant

Wien ▬ XXXXX

© Fotos: Lukas Kirchgasser

Juan Amador (*1968 in Strümpfelbach) ist der Sohn spanischer Gastarbeiter und kochte bereits mit 16 Jahren in Restaurants. Sein mittlerweile drei Jahrzehnte andauernder Weg als Küchenchef führte ihn kreuz und quer durchs Land, von Lüdenscheid über Sylt nach Mannheim und schlussendlich nach Wien. Auf diesem Weg hat der gebürtige Schwabe höchste Auszeichnungen eingeheimst. Seine Experimentierfreude und Tüfteleien – unter anderem mit der Molekularküche – begeistern genussaffine Menschen aus ganz Europa. Ein Menü aus der Hand des Avangardisten ist stets ein krachendes Erlebnis voller intensiver Aromen und Farben, die auch im Kopf noch lange nachwirken. *(Bild: Apfelstrudel 2.0 – mit Boskop-Apfel, Tahiti Vanille und Rum)*

Spitzenkoch des Jahres

© Joerg Lehmann

Andreas Döllerer

Döllerers Restaurant

Golling

© Helge Kirchberger

© Joerg Lehmann

Andreas Döllerer (*1979 im Salzburgerischen) bekam die Leidenschaft für Gastronomie und die Begeisterung für die traditionelle, alpine Küche praktisch in die Wiege gelegt. Im Familienbetrieb, in Golling bei Salzburg, sind seit jeher Wirtshaus und Feine Kost unter einem Dach vereint, weshalb in der Döllerer Küche schon immer mit den besten Produkten regionaler Herkunft gekocht wurde. Seit 2004 leitet Andreas Döllerer den Betrieb als Küchenchef. Von Beginn an verband er klassische Gerichte mit modernen Küchentechniken – und das mit großem Erfolg, was zahlreiche Auszeichnungen beweisen. In seiner Küchenlinie „Alpine Cuisine" spiegeln sich Tradition, Heimatverbundenheit und deren moderne Interpretation wider.

Thomas Dorfer

Landhaus Bacher

Mautern an der Donau XXXXX

Thomas Dorfer (*1975 in Kärnten) ging bis nach Australien, um sich weiterzubilden. Auf unserem Kontinent waren seine wichtigsten Stationen Jöhris Talvo in St. Moritz und das Restaurant Bareiss in Baiersbronn. Seit 2002 kocht er in Mautern mit Lisl Wagner-Bacher, die 2012 das Küchenzepter an ihren Schwiegersohn übergab. Er ist seit 2006 mit ihrer Tochter Susanne verheiratet und hat zwei Kinder. In diesem Familienbetrieb bewahrt er die Tradition des Hauses und drückt ihm doch seinen eigenen kreativen Stempel auf.

IN SACHEN GENUSS IMMER UP TO DATE
www.jre.at

Foto: Lukas Kirchgasser

JRE-GUIDE ÖSTERREICH

ENTDECKEN SIE DIE GENUSSWELTEN DER JUNGEN SPITZENKÖCHE DER JEUNES RESTAURATEURS IM ÖSTERREICH-GUIDE. ZUSÄTZLICH MIT ALLEN MITGLIEDERN AUS KROATIEN UND SLOWENIEN SOWIE AUSGEWÄHLTEN BETRIEBEN AUS DEUTSCHLAND, SÜDTIROL UND DER SCHWEIZ.

KOSTENLOS BESTELLEN: WWW.JREGUIDE.COM

JRE-ZEITUNG PASSION STORIES

Die neue JRE-Zeitung blickt hinter die Kulissen, stellt spannende neue, noch unbekannte Restaurants vor, entführt dorthin wo Bären und Störche sich »gute Nacht« sagen, präsentiert einen Chuchedisch als originellsten Chef's Table des Landes und vieles mehr.

KOSTENLOS BESTELLEN:
www.reise-magazine.com/de/magazine/jre-passion-stories

© Helge Kirchberger Photography / Red Bull Hangar-7

Martin Klein

Ikarus im Red Bull Hangar-7

Salzburg XXXXX

Martin Klein (*1976 in Straßburg) trat 1996 den Posten des Souschefs in der Wielandshöhe unter Vincent Klink an. Zwei Jahre später arbeitete der Franzose mit Christian Jürgens im Restaurant Marstall in München. 2003 wechselte er ins Restaurant Ikarus zu Roland Trettl im Hangar-7 in Salzburg. Nach einem dreijährigen Zwischenspiel als Küchenchef im Laucala Island Resort im Südpazifik kehrte Klein 2014 in das Ikarus zurück. Diesmal ist er der führende Kopf und meistert bis heute die Herausforderung, sich immer wieder auf die neuen Philosophien der Gastköche einzustellen, auf bewundernswerte Weise.

Spitzenkoch des Jahres

Silvio Nickol

Silvio Nickol Gourmet-Restaurant

Wien XXXXX

Fotos: © Palais Coburg

Silvio Nickol (*1975 in Hoyerswerda) entdeckte als Kind seine Leidenschaft für das Kochen, als er an Mutters Herd für seinen kleinen Bruder das Essen zubereitete. Nach seiner Ausbildung zum Koch stellte er sein Talent bei den besten Köchen in Deutschland unter Beweis: bei Lothar Eiermann in Zweiflingen, bei Harald Wohlfahrt, in Belgien bei Roger Souvereyns, bei Heinz Winkler in Aschau, in Österreich als Küchenchef im Schloss Velden und natürlich im Gourmet-Restaurant Palais Coburg, das seinen Namen trägt. Kreativität und handwerkliche Perfektion darf der Gast hier Abend für Abend erleben.

© Spitz

Rudolf & Karl Obauer

Restaurant Obauer

Werfen

Fotos: © Obauer

Karl Obauer (*1953 in Werfen, Österreich, rechts im Bild) und **Rudolf Obauer** (*1961 ebd.) sind seit Jahrzehnten ein eingespieltes Team am Herd. Ausbildung Karl: Bayrischer Hof, Porsche in Salzburg. Ausbildung Rudolf: Goldener Hirsch in Salzburg. Wichtigste Stationen: Praktika im In- und Ausland, unter anderem im Trou Gascon in Paris (Rudolf), bei Alain Chapel in Mionnay (Rudolf), Troisgros in Roanne (Rudolf), Leon de Lyon in Lyon (Karl) und Au Crocodile in Straßburg (Karl). Seit 1979 betreiben sie gemeinsam das Restaurant-Hotel Obauer. Das sind vier Jahrzehnte höchste und bewundernswerte Kochkunst.

TRANSGOURMET | COOK

cook.at

TRANSGOURMET

Benjamin Parth

Stüva

Ischgl XXXXX

Benjamin Parth (*1988 in Zams/Tirol) wird seit Jahren regelmäßig als einer der besten Köche Österreichs bewertet. Parths berufliche Stationen lesen sich wie das „Who is who" der Haute Cuisine Europas. Kochgrößen wie Heinz Winkler, Sven Elverfeld, Marc Haeberlin und Santi Santamaria zählten zu seinen Lehrmeistern. 2008 kehrte der talentierte Koch zurück in seinen Heimatort Ischgl, um sich fortan ganz dem kulinarischen Geschehen im Gourmet-Restaurant Stüva im elterlichen Hotel YSCLA****s zu widmen. Parths außergewöhnlich klare Linie im Umgang mit Hummer, Steinbutt und Co. begeistert Connaisseure sowohl in geschmacklicher als optischer Hinsicht – eine Vielzahl an Auszeichnungen sind bester Beweis dafür.

Spitzenkoch des Jahres

© Kanizaj Marija

Heinz Reitbauer

Steirereck im Stadtpark

Wien

Heinz Reitbauer (*1970 in Wien) ist ein Perfektionist und sein künstlerisches Schaffen strahlt weit über die Landesgrenzen hinaus. Die Gäste dürfen im Steirereck eine neue österreichische Küche erschmecken, die von den besten Produkten der Heimat lebt – und die von der Familie Reitbauer im eigenen Betrieb zum Teil selbst erzeugt werden. Für sie steht weniger eine inhaltliche Neuorientierung im Fokus, vielmehr soll die schon gelebte achtsame Lebensweise nutz-, spür- und sichtbar gemacht werden. Im Wirtshaus Steirereck am Pogusch zum Beispiel, welches zu den Unternehmungen der Reitbauers gehört, wurden 2021 zwei Glashäuser und die angrenzenden Flächen mit mehr als 400 verschiedenen essbaren Pflanzen kultiviert.

Andreas Senn

SENNS.Restaurant

Salzburg XXXXX

© Fotos: SENNS.Restaurant

Andreas Senn (*1980 in Grieskirchen) ist seit 2015 Küchenchef im eigenen Restaurant in einer ehemaligen Glockengießerei in Salzburg und überrascht (erlebnis-)hungrige Menschen jedes Mal aufs neue mit seinen innovativen, leichten und kunstvollen Darbietungen. Der zweifache Familienvater legt viel Wert auf Transparenz und Kontakt zu seinen Gästen – dafür steht auch die offen einsehbare Kochinsel, an der mehrere Köche unter Scheinwerfern die Teller bestücken. Spaß am Kochen und Zeitdruck ergeben für ihn und sein Team keinen Widerspruch. Geprägt haben ihn vor allem die fünf Jahre als Souschef im legendären Restaurant Ikarus, wo er die Kochkulturen aller Herren Länder in sich aufnehmen konnte.

Martin Sieberer

Paznaunerstube

Ischgl XXXXX

Martin Sieberer (*1968 in Hopfgarten im Brixental bei Kitzbühel) feierte Weihnachten und Silvester 2020/2021 seit langer Zeit wieder im Kreis seiner Familie. „Das letzte Mal war ich 15 Jahre alt", erinnert sich der heimatverbundene Tiroler, dessen Kinder bereits mit Begeisterung in seine Fußstapfen treten. Sein Motto: „Aus allen Lebensumständen die positiven Dinge hervorheben, um dann daraus das Beste zu machen." Seit 25 Jahren kocht der passionierte Ausbilder Sieberer im Hotel Trofana Royal und begeistert in der Paznaunerstube Abend für Abend mit seinen atemberaubenden Tellerkunstwerken.

Spitzenkoch des Jahres

Hubert Wallner

Gourmet-Restaurant Hubert Wallner

Maria Wörth 🇦🇹 XXXXX

Hubert Wallner (*1976 in Steyr) hat das Gastgewerbe von der Pike auf erlebt und erlernt. Als Kind im elterlichen Hoteletrieb mit hauseigener Fleischerei und anschließend in der Hotelfachschule. Seine Wanderjahre führten ihn zu Koryphäen wie Hans Haas und Martin Sieberer. Es folgten zwei Jahre in der Schweiz und der Küchenchefposten im Restaurant Caramé in Velden am Wörthersee. Im Juni 2021 ist der Vollblutgastronom mit Frau Kerstin im neuen Gourmet-Restaurant am Wörthersee durchgestartet – eine einzigartige Location mit Seeterrasse, Bootsanleger und verglasten Innenräumen.

Alain Weissgerber

Taubenkobel

Schützen am Gebirge XXXXX

Alain Weissgerber (*1967 in Ingwiller, Elsass) wurde von seiner Großmutter inspiriert, den Kochberuf zu erlernen. Bereits in den Wanderjahren hatte er hochkarätige Restaurants auf seiner Liste. Mit nur 23 Jahren machte er sich selbstständig, verfolgte aber unermüdlich seine fachliche Weiterbildung. Mit seiner Frau Barbara stieg er 2010 in den schwiegerelterlichen Betrieb von Walter Eselböck mit ein, den sie beide 2014 übernommen haben. Mit Leidenschaft und Können hebt er aus den besten Zutaten und Produkten der Region den Geschmack Pannoniens hervor.

Spitzenkoch des Jahres

© Hannes Niederkofler

Peter Girtler

Gourmetstube Einhorn im Romantik Hotel Stafler

Freienfeld/Mauls

Peter Girtler (*1972 in Sterzing) ist Perfektionist, nach eigenen Angaben schokoladensüchtig und bereits seit 21 Jahren (!) Küchenchef im wunderschönen und historischen Romantik Hotel Stafler. Der waschechte Südtiroler wollte ursprünglich Menchaniker werden, absolvierte dann aber doch eine Kochlehre im Heimatort. Er entwickelte sein Handwerk unter anderem im Hotel Castel und in der Residenz Heinz Winkler, bevor er das Zepter im Hotel Stafler übernahm. Seine Menüs sind durchdacht, sorgfältig einstudiert und werden mit Hingabe zubereitet. Sie sind südtirolisch, mediterran und weltoffen zugleich. Vor allem aber begeistern sie durch hochwertige Produkte und intensive Aromen. *(Bild: Schwarzer Kabeljau, rotes Curry, Sellerie im Heu, Bronzefenchel)*

Norbert Niederkofler

Restaurant St. Hubertus

St. Kassian ✕✕✕✕✕

Fotos: © Alex Moling

Norbert Niederkofler (*1961 in Luttach) arbeitet nach Wanderschaften in Deutschland, in der Schweiz, in den USA und Österreich nun schon seit fast 30 Jahren im Rosa Alpina, einem Aman Partner Hotel, in Südtirol. Das Restaurant St. Hubertus wurde 1996 eröffnet und gemeinsam mit der Familie Pizzinini führte er es zu seinem heutigen Erfolg. Seine Kreationen sind authentisch und einzigartig. Das Restaurant St. Hubertus hat sich seit 2010 konsequent der Nachhaltigkeit und Regionalität unter dem Leitmotiv *Cook The Mountain* verschrieben, basierend auf einer Idee von Norbert Niederkofler, Ursula Mahlknecht und Hugo Pizzinini. Es werden ausschließlich Produkte der alpinen Bergregionen verwendet und in Form eines Degustationsmenüs angeboten.

© Annette Sandner

Gerhard Wieser

Castel fine*dining*

Dorf Tirol

© Michael Königshofer

© Annette Sandner

Gerhard Wieser (*1968 in Bruneck, Südtirol) hat mit der Eröffnung des vor Kurzem umgebauten Hotels einen kompletten Neustart hingelegt. „Ich habe seit Juni 2021 eine neue Küche und ein neues Gourmet-Restaurant, von denen viele nur träumen", sagt der renommierte Chefkoch und Kochbuchautor. Für ihn ist die Pandemie ohnehin der Auslöser für einen langwierigen Prozess der Erneuerung. Seit 1993 bestimmt Gerhard Wieser überaus erfolgreich die Geschicke der Küche im Hotel Castel. Seine bis zu sieben Gänge umfassenden Genussspektakel sind von atemberaubender Perfektion, begleitet von guten Weinen.

Meran – die zweitgrößte Stadt Südtirols

© Frank Krautschick/stock.adobe.com

Toni Mörwald

Mörwald Holding GmbH
Feuersbrunn

© Fotos: Mörwald Holding GmbH

Acht Hotels, acht Gastronomiebetriebe, Catering-Services, Genuss-Shops. Dazu Kochschule, Consulting-Services, TV-Auftritte. Toni Mörwald ist ein Hans Dampf in allen Gassen. Und ein Mensch mit großen Gastgeberqualitäten. Schon seine Mutter Erika lehrte ihn, wie man Menschen mit erstklassig Gekochtem für immer gewinnt. Der 1967 geborene Ausnahmekoch, Unternehmer und Vater dreier Töchter hatte in den Spitzenküchen Österreichs gearbeitet und in die Kochtöpfe zahlreicher Länder geschaut, bevor er sich mit Biss, Tatendrang und Charme sein heutiges, bewundernswertes Genuss-Imperium aufbaute. Seine wichtigste Motivation: Menschen für gutes Essen zu begeistern. Denn Essenszeit ist Lebenszeit.

RETTER Bio-Restaurant

Pöllauberg

© Fotos: Retter Bio-Natur-Resort

Am schönsten Fleckerl der Steiermark, im Naturpark Pöllauer Tal, liegt das RETTER Bio-Natur-Resort mit dem Bio-Restaurant. Feine Köstlichkeiten aus steirischen Bio-Lebensmitteln und umsorgende herzliche Gastfreundschaft erwarten die Gäste. Regionalität und biologischer Anbau der eingesetzten Lebensmittel sind beim Retter Kern des guten Geschmacks. Im hauseigenen BioGut wird täglich frisches Brot gebacken und die Früchte aus dem eigenen Retter-Obstbau werden zu feinen Fruchtaufstrichen, Speiseeis, Sirupen, Tees, Säften und Destillaten veredelt. Aus Überzeugung werden in der Retter-Küche nur Tiere aus Bio-Freilandhaltung aus einem Umkreis von 25 Kilometern zu feinen Kreationen verarbeitet – und das zur Gänze.

Pâtissière des Jahres

© Stefan Eder

Eveline Wild

Der Wilde Eder - Restaurant ZeitRAUM
St. Kathrein am Offenegg

© Wolfgang Hummer

© Lehmann

Sie liegen ihr besonders am Herzen, die „schokoladigen Kleinigkeiten". Ihre Herstellung ist eine ihrer künstlerischen Disziplinen. Eveline Wild ist zwar gelernte Konditorin und in der Welt der Kuchen und Torten zuhause. Doch die langjährige TV-Köchin und Pâtissière ist – neben ihrem Job als zweifache Mutter – vielseitig aufgestellt. Zusammen mit Mann und Chefkoch Stefan rockt sie das wunderschöne Fine-Dining-Lokal nordöstlich von Graz und versüßt ihren Gästen das Leben. Bereits als Kind verfiel Eveline der Konditorenkunst, später lernte sie die Qualität der Produkte zu schätzen und dank ihres Talents und Ihrer Kreativität kommen heutzutage (zum Glück) viele Menschen in den Genuss „wilder" Desserts und Köstlichkeiten.

Traudi Sigwart

Sigwart's Tiroler Weinstuben
Brixlegg

Fotos: © Sigwart's Tiroler Weinstuben

Die große Welt war nie ihr Ziel – sich ständig mit neuen Einflüssen und Ideen zu bereichern aber schon. Traudi (Gertraud) Sigwart, eine waschechte Tirolerin, geboren 1966 in Kufstein, hat im Gasthaus Juffing in Hinterthiersee das Kochhandwerk gelernt und ist der Liebe wegen in Brixlegg geblieben. Wer ihr traditionsreiches und wunderschönes Gasthaus „Sigwart's Tiroler Weinstuben" besucht, spürt den familiären Charme und den Teamgeist, der ihm innewohnt. Zusammen mit Mann Anton und dessen Schwester Verena schmeißt sie den Laden, verwöhnt ihre Gäste seit Jahren aufs Feinste. Traudi Sigwart kocht leidenschaftlich und kreativ mit dem Besten, was der eigene Garten und die Region liefern. Chapeau!

Der Kirchenwirt seit 1326

Gourmetwirtshaus & Historisches Hotel
Leogang

© Fotos: Der Kirchenwirt seit 1326

In dem ehrwürdigen Gasthaus mit seiner sieben Jahrhunderte währenden Tradition wird eine feinfühlige und professionelle Servicekultur gelebt – und zwar vom ersten Gruß bis zum Adé. Familie Unterrainer versteht es, ihre Gäste auf ganz natürliche Art in ein wohlig-warmes Gefühl des Umsorgtseins zu hüllen. Gewiss verfügen Barbara Kottke und Hans-Jörg Unterrainer auch über die perfekte Kulisse: ein liebevoll gepflegtes, historisches Interieur, ein feierlich-gemütliches Ambiente und vor allem eine sehr gute Küche, die mit herrlichen, erdverbundenen Gourmetspeisen verwöhnt. Doch es ist diese Mischung aus Empathie, Kompetenz und Humor, die einem Aufenthalt im Kirchenwirt erst die Krone verleiht.

Michael Bauer

Burg Vital Resort
Lech

© Fotos: Burg Vital Resort

Michael Bauer managt als Chef-Sommelier eine der beeindruckendsten Weinsammlungen Österreichs. In den vier Kellern des Burg Vital Resort in Lech lagern 15.000 – mitunter edelste – Flaschen, die es zu promoten gilt. Seit 2016 ist der sowohl im Wein- als auch im Küchenmetier gut ausgebildete Michael für den Einkauf, die Weinkarte, die Kalkulation, Verkostungen, Kellerführungen und den Weinverkauf zuständig. Vor allem aber zeigt sich der passionierte Skifahrer als kompetenter Genussberater und sympathischer Gastgeber mit großen Servicequalitäten. Wer ihn in Aktion erleben möchte, sollte sich beeilen, denn die Wintersaison 2022/23 ist seine letzte im Burg Vital Resort. Mal sehen, wo er als Weinexperte wieder in Erscheinung tritt ...

Urbankeller

Salzburg

Fotos: © Electric Arts

Restaurant, Stuben, Bar, Gastgarten, Event-Location: So sieht das Ensemble des Urbankellers aus, gelegen am Fuße des Kapuzinerbergs östlich der Salzach. Im ersten biozertifizierten Restaurant der Stadt spielt bewusst gutes Essen traditionsgemäß eine große Rolle. Das Spektrum reicht von veganen Speisen über österreichische Hausmannskost, Grillgerichte und Dreigangmenüs bis hin zum hauseigenen Biobier (Steinbier) und Bioweinen. Ob Rindssuppe, Kaspressknödel, Saiblingsfilet oder Schnitzel – in dem gemütlichen Gewölbelokal mit teils offenem Mauerwerk, Kamin und Designmöbeln werden alle Münder vorzüglich bedient. Theater, Livemusik und andere Kultur-Events machen den Urbankeller zum Place to be.

Bernhard Ott

Weingut Bernhard Ott
Feuersbrunn (Weinanbaugebiet Wagram)

© Fotos: Weingut Bernhard Ott

Er ist ein leidenschaftlicher Weinmacher und der Grüne Veltiner hat es ihm angetan. Auf 90 Prozent der Rebfläche des seit mehr als vier Generationen geführten Familienweinguts kultiviert Bernhard Ott diese Weinsorte. Wegen der mächtigen Löss-Schichten, nächtlicher kühler Winde und hingebungsvoller Pflege gedeihen sie prächtig. „Der König der Veltiner" wie ihn manche nennen, setzt seit Jahren auf biodynamische Produktion und kompromisslos auf Qualität. Die Bearbeitung der Reben, die Lese, die Weiterverarbeitung – all das verlangt viele Hände. Bernhard Ott bedient sich althergebrachter Verfahren und perfektioniert, was perfektioniert werden kann. Das Ergebnis ist der unverwechselbare Geschmack und der vielfältige Charakter seiner Weine.

Restaurants für jeden Geschmack

© Robert Schneider/stock.adobe.com

Österreich

Achenkirch
Tirol

Gründler's Geniesser-Wirtshaus
Kulinarik & Genießerhotel Alpin

Seestr. 35 / ✉ 6215 / www.kulinarikhotel-alpin.at
T.: +43 5246 6800 / hotel@kulinarikhotel-alpin.at

Österreichische Küche. Hauptgerichte von € 12 bis € 32. Geschlossen: Di+Mi.

Gründler's Gourmet-Stüberl
Kulinarik & Genießerhotel Alpin

Seestr. 35 / ✉ 6215
www.kulinarikhotel-alpin.at
T.: +43 5246 6800
hotel@kulinarikhotel-alpin.at

Österreichische Küche. Hauptgerichte von € 26 bis € 58; Menüs von € 90 bis € 139. Geschlossen: Di+Mi; Mo, Do-So mittags.
Den Gipfel der Genüsse erlebt man im familiären Genießerhotel Alpin gleich zweimal. Zum einen ist das Gründler's Geniesser-Wirtshaus ein gemütliches Restaurant für alle, die eine ländliche, bodenständige Küche schätzen, zum anderen ist es das Gourmet-Stüberl, das Armin und Alexander Gründler mit kulinarischen Erlebnissen der besonderen Art auf Erfolgskurs halten. Beliebte Plätze im Sommer bietet die sonnige Gartenterrasse mit Wiesenblick. Die internationalen Zubereitungen und die Interpretationen der Tiroler Kochtraditionen begeistern die zahlreichen Stammgäste. Besonderes Lob ernten ihre Kreationen rund um das Meeresgetier, das täglich frisch den Weg in die Küche findet. Beliebt ist auch das Merinoschaf vom Kohler-Bauer mit feinen Bohnen, fermentiertem Knoblauch und Gerste und die leckeren Desserts. Und wer dann noch den Empfehlungen der jungen Sommelière und Restaurantleiterin Caroline Gründler folgt, ist wirklich auf dem Gipfel der Genüsse angekommen.
Das Haus empfiehlt: Französische Ente, Karotte, Amaranth, confierte Zitrone; Rinderfilet „Rossini", Trüffel, Gänseleber, wilder Brokkoli, Erdäpfelcrème; Süße Zeit - Edelschokolade, Vanille, Mango

Saibling: köstlicher, in Süß- oder Salzwasser lebender Speisefisch mit festem, lachsfarbenem Fleisch

Afiesl
Oberösterreich

Genießerhotel & Restaurant Bergergut
Genießerhotel Bergergut

Oberafiesl 7 / ✉ 4170
www.romantik.at/de
T.: +43 7216 4451
bergergut@romantik.at

Österreichische Küche. Hauptgerichte von € 15 bis € 45; Menüs von € 49 bis € 85; besondere Mittagskarte, vegetarisches Menü. Geschlossen: Mo, So; Di mittags. Kochkurse.
Ein kleines, feines, höchst genussaffines Pa(a)radies im idyllischen Mühlviertel in Oberösterreich, nur 45 Autominuten von Passau entfernt – na wenn das keine Ankündigung ist! Das Genießerhotel Bergergut in Afiesl hat sich tatsächlich ganz der genussvollen Zweisamkeit verschrieben. Da gibt es Suiten, die so individuell sind wie jede Beziehung, Privat Spa und Paarmassagen. Das Restaurant „Culinariat by Bergergut" mit seinem edlen Ambiente bietet viel Raum für individuelle Privatsphäre und Genuss. Waller, Rüben, Ochsenwangerl, Erdäpfel, Weidelamm und Rahmbeuschl vom Kalb – Chef de Cuisine Thomas Hofer und sein Team bieten ihren Gästen eine großartige Heimatküche, die sich „Mühlviertler Mund.Art" nennt. Auch das Gourmet Frühstück wird genussvoll zur Gänze serviert. Auch hier spürt man die Leidenschaft und Liebe zum Detail, welche die Gastgeber-Familie in ihren „ganz persönlichen" Lieblingsplatz steckt. Wer die kulinarischen Feinheiten aufspüren möchte, kann einen Koch- oder Brot-Back-Workshop mit dem Küchenchef buchen. In jedem Fall darf man sich zur Untermalung des sechsgängigen Dinner-Menüs auf eine große Bier- und Weinauswahl freuen.
Das Haus empfiehlt: Wildkräuter-Tascherl, braune Butter, Alpkäse und Wiesenkräuter; Rahmbeuschel vom Mühlviertler Kalb, Serviettenknödel und frischer Majoran; Wildfang-Zander mit Frischkäse, Brunnenkresse und Morcheln

Anger
Steiermark

Der Luis
Posthotel Thaller

Hauptplatz 3 / ✉ 8184
www.restaurant-derluis.at
T.: +43 3175 22060
derluis@posthotel-thaller.at

Österreichische Küche. Menüs von € 69 bis € 99; vegetarisches Menü. Geschlossen: Mo, Mi+Do, So; Di, Fr mittags. Kochkurse.

Annaberg-Lungötz
Salzburg

Gasthof Winterstellgut
Braunötzhof 4 / ✉ 5524 / www.winterstellgut.at/de/
T.: +43 6463 60078-0 / willkommen@winterstellgut.at

Österreichische Küche. Hauptgerichte von € 23 bis € 40; Menüs ab € 60; vegetarisches Menü. Geschlossen: Mo+Di.

Arbesbach
Niederösterreich

Restaurant Kolm
Schönfeld 18 / ✉ 3925
kolm.restaurant
T.: +43 2813 242
info@kolm.restaurant

Österreichische, weltoffene Küche. Hauptgerichte von € 16 bis € 30; Menüs von € 41 bis € 81. Geschlossen: Mo+Di; So abends. Kochkurse.
Genussphilosophien werden vom Küchenteam im Restaurant Kolm auf verführerische Art und Weise umgesetzt: Erlesene Zutaten natürlichen Ursprungs, österreichisches Qualitätsfleisch, frische Salate und Gemüsesorten. Der Mix aus Waldvierteler und internationaler Küche sind die Basis für einen Genuss, der alle Sinne berührt – serviert in drei bis sechs Gängen. Inhaber und Küchenchef Michael Kolm kocht kreativ mit regelmäßig wechselnder Speisekarte und immer ein wenig anders. Unverkrampft und ideenreich zeigt sich die Wirtshausküche. So werden auch vegetarische Gerichte angeboten, zum Beispiel eine Einkorn-Frühlingsrolle mit Rotkrautsalat oder Hummus mit Tomaten-Paprika-Chutney. Ein perfektes Angebot, ein super Service und ein wirklich tolles Essen. Je nach Stimmung dinieren die Gäste im lichtdurchfluteten Restaurant oder auf der idyllischen Sonnenterrasse inklusive Postkartenpanorama. Anschließend lohnt sich ein Besuch im nahegelegenen Bärengehege.
Das Haus empfiehlt: Huchen, wilder Brokkoli, Sommertrüffel, Zwettler Landpartie; Rosa Kalbstafelspitz, Salbei-Prosciutto-Tascherl, Eierschwammerl, Trüffel; Short Ribs vom Donaulandrind, Karotte, Erdäpfel

Parfait: eine feine Farce, mit Gelatine oder Eigelb gebunden und nach dem Erkalten in Scheiben geschnitten

Glace de viande: Fleischauszug, eine bis zum Festwerden eingekochte Fleischbrühe, die im kalten Zustand so fest ist, dass man sie schneiden kann

Bad Aussee
Steiermark

Das James
Sommersbergseestr. 392 / ✉ 8990 / www.dasjames.at
T.: +43 676 847670800 / restaurant@dasjames.at

Fine-Dining-Restaurant mit österreichischer, weltoffener Küche. Hauptgerichte von € 17 bis € 25; Menüs von € 59 bis € 112; besondere Mittagskarte, vegetarisches Menü, vegane Hauptgerichte. Geschlossen: Mi+Do. Kochkurse.
Light Lunch oder abendliches Salon-Menü – so lauten die Optionen am Golfplatz in Bad Aussee, etwa 1,5 Autostunden von Salzburg entfernt. Während tagsüber ein gutes Eierschwammerl-Gulasch oder mediterrane Pilz-Linguini und dazu ein Grüner Veltliner schmecken, tritt bei Sonnenuntergang die Raffinesse der Küche zutage. Das Motto der Küche: möglichst regional und vor allem hochwertig. Vier bis sieben Gänge mit Rindercarpaccio, Zander und Iberico machen jetzt den Genießer glücklich. Dazu wird eine Weinreise durch das österreichische Territorium geboten und zum Aperitif ein Cocktail geschüttelt. Montags tischt das Team Tapas auf, die das Können der Salon-Küche in kleinen Häppchen zusammenfassen. All das gibt es hier im edlen Ambiente und mit Bergblick, sprich mit freier Sicht auf die Gipfel von Loser und Dachstein-Gletscher. Der Name „James" steht dabei ganz im Zeichen der Golfsport-Tradition, denn ein schottischer König mit diesem Namen führte das Ballspiel in die Gesellschaft ein. Willkommen sind aber auch ausdrücklich jene Gäste, die nicht dem Golfspiel verfallen sind. „Das James" ist ein Ort für jedermann und jederfrau.
Das Haus empfiehlt: Wald, Wiese, Wasser; Regionales von den Bauern aus der Umgebung

Bizau
Voralberg

Biohotel Schwanen
Kirchdorf 77 / ✉ 6874 / www.biohotel-schwanen.com
T.: +43 5514 2133 / emanuel@biohotel-schwanen.com

Österreichische Küche. Hauptgerichte von € 18 bis € 35; Menüs zu € 90. Geschlossen: Di+Mi. Kochkurse.

Bramberg am Wildkogel
Salzburg

Weyerhof
Weyer 9 / ✉ 5733 / www.weyerhof.at / T.: +43 6566 7238

Österreichische Küche. Hauptgerichte von € 14 bis € 27; Menüs von € 85 bis € 105. Geschlossen: Di+Mi.

Bregenz
Voralberg

Restaurant Falstaff
Casino Bregenz

Platz der Wiener Symphoniker 3 / 6900
www.falstaffbregenz.at / T.: +43 5574 4512712500
falstaff@casinos.at

Weltoffene Küche. Hauptgerichte von € 20 bis € 42; Menüs von € 48 bis € 110; vegetarisches Menü. Geschlossen: mittags. Chef's Table.

Brixlegg
Tirol

Sigwart's Tiroler Weinstuben

Marktstr. 40 / 6230 / www.tiroler-weinstuben.at
T.: +43 5337 63390 / tiroler-weinstuben@aon.at

Weinstube mit weltoffener, österreichischer Küche. Hauptgerichte von € 24 bis € 46; Menüs von € 98 bis € 160. Geschlossen: Mo-Mi; Do mittags.
Gegründet wurde die hübsche Gaststätte im Jahre 1774. Damals hieß die Restauration noch „Gasthaus zur grauen Katze". Um 1850 wurde das Haus dann von Anton Sigwart erworben. Als bleibende Erinnerung baute er einen Brunnen, der aus einem Felsstück, genauer gesagt aus Kramsacher Marmor, gemeißelt wurde. Mittlerweile sind die Tiroler Weinstuben in den Händen der vierten Generation und die Familie hat es mit ihrer Energie, Leidenschaft und dem Spaß an der Arbeit zu dem gemacht, was sie heute sind. Als Köchin legt Traudi Sigwart Wert auf allerhöchste Qualität. Aus diesem Grund werden nur die besten Produkte, hauptsächlich aus der Region, verwendet. Brot, Nudeln oder Liköre werden selbst hergestellt. Viele Produkte kommen aus dem eigenen Gemüse-, Obst- und Kräutergarten wie zum Beispiel Rhabarber, Himbeeren, Zucchini, Tomaten, Äpfel und Birnen. Das Ergebnis kann sich in Form eines kleinen Menüs oder einer Gourmet-Speisefolge mit sagenhaften zehn Gängen sehen und schmecken lassen. Die original alte Zirbenstube mit offenem Kamin, der wunderschöne Gastgarten und das Gartenhäuschen mit beheizten Bänken tragen zur Atmosphäre und zum Wohlfühlen bei. Alle Familienmitglieder packen mit an und schaffen dieses kulinarische Kleinod. (Mehr Informationen über die Köchin des Jahres unter „Auszeichnungen des Jahres Österreich/Südtirol".)
Das Haus empfiehlt: St. Petersfisch und Rhabarber - Filet gebraten, Kartoffelpüree, Rhabarber in Orangen-Verjus, Rieslingfischsauce; Stubenküken und Spargel-Crêpes - Brüstchen rosa gebraten, Natursaftl, Crêpes, Spargelhollandaise, Spargel grün-weiß; Morbier (frz. Käse) und Spitzbaguette, französischer Kuhmilchkäse mit Pflanzasche gepresst

Bruck an der Mur
Steiermark

Johanns Living

Hugo-von-Montfort-Gasse 2 / 8600 / www.johanns.at
T.: +43 664 2413129 / info@johanns.at

Fine-Dining-Restaurant mit österreichischer, steirischer Küche. Hauptgerichte von € 22 bis € 55; Menüs von € 55 bis € 115; vegetarisches Menü. Geschlossen: So. Chef's Table, Kochkurse.

Deutsch Schützen-Eisenberg
Burgenland

Restaurant Ratschen

Am Ratschen 5 / 7474
www.wachter-wiesler.at
T.: +43 3365 20082 / office@ratschen.at

Österreichische Küche. Hauptgerichte von € 29 bis € 36; Menüs von € 69 bis € 113. Geschlossen: Mo+Di; So abends; Mi-Fr mittags.

Dornbirn
Voralberg

Zum Verwalter
Hotel Zum Verwalter

Schlossgasse 1 / 6850
www.zumverwalter.at
T.: +43 5572 23379 / hotel@zumverwalter.at

Österreichische, weltoffene Küche. Hauptgerichte von € 19 bis € 38; Menüs von € 58 bis € 98; besondere Mittagskarte. Geschlossen: Mo, So; Sa mittags.

Dürnstein
Niederösterreich

Restaurant Schloss Dürnstein
Hotel Schloss Dürnstein

Dürnstein Nr. 2 / 3601 / www.schloss.at
T.: +43 2711 212 / hotel@schloss.at

Österreichische Küche. Hauptgerichte von € 18 bis € 44; Menüs von € 42 bis € 75.

Ehrenhausen an der Weinstraße
Steiermark

Die Weinbank - Restaurant

Hauptstr. 44 / 8461
www.dieweinbank.at
T.: +43 3453 22291 / prostmahlzeit@dieweinbank.at

Fine-Dining-Restaurant mit österreichischer, französischer Küche. Menüs von € 132 bis € 180. Geschlossen: Mo+Di; Mi mittags. Chef's Table, Kochkurse.

Elixhausen
Salzburg

Elixhauser Wirt
Romantik Spa Hotel Elixhauser Wirt

Dorfstr. 14 / ✉ 5161 / www.elixhauserwirt.at
T.: +43 662 480212 / romantikspahotel@elixhauserwirt.com

Mediterrane, österreichische Küche. Hauptgerichte von € 17 bis € 38; Menüs von € 30 bis € 95; besondere Mittagskarte, vegetarisches Menü.

Ellmau
Tirol

Restaurant Kulinarium
Hotel Kaiserhof

Harmstätt 8 / ✉ 6352
www.kaiserhof-ellmau.at
T.: +43 5358 2022
info@kaiserhof-ellmau.at

Österreichische, weltoffene Küche. Hauptgerichte von € 29 bis € 45; Menüs von € 63 bis € 95; besondere Mittagskarte, vegetarisches Menü, vegane Hauptgerichte. Geschlossen: Mo+Di, So; Mi-Sa mittags.
In traumhaft ruhiger Lage, auf einem Sonnenplateau hoch über Ellmau, liegt das Fünf-Sterne-Superior Hotel Kaiserhof. Es ist der vollkommene Ort für all jene, die das besondere Etwas in der kostbarsten Zeit des Jahres suchen. Einfach zurücklehnen, tief durchatmen, mit dem Herzen denken und auf die Seele hören. Einfach ein Paradies zu allen vier Jahreszeiten. Seit August 2020 erstrahlt der Kaiserhof in eindrucksvollem neuem Gewand. Entspannung pur gibt es auf vier Ebenen im neuen SPA-Turm und der neue 18 Meter lange Unlimited Mountain Pool sorgt für große Begeisterung. Hoch über Ellmau wird der Kaiser im wohlig warmen Wasser zum Greifen nah. Die großzügig um- und neugebauten Zimmer und Suiten fangen das einzigartige Kaiserpanorama eindrucksvoll ein und bieten ideale Rückzugs- und Erholungsorte. Das kulinarische Ambiente wurde um weitere Highlights bereichert: Es warten die stylische Skybar, das neue Restaurant „Novelli" und nicht zuletzt der verheißungsvolle „Walk of Wine".
Das Haus empfiehlt: Tiroler Wagyu-Rind, Aubergine, Perlzwiebel, Buchenpilze; Schweinebauch, Röstzwiebeln, Kartoffel-Espuma, Kohlrabi; Tiroler Saibling, Limonenkruste, Vanille-Risotto, rote Bete

Sauce hollandaise: Klassisch französische Sauce auf Butterbasis, gereicht zu Fisch und Gemüse

Fehring
Steiermark

Malerwinkl Restaurant
Kunsthotel Malerwinkl

Hatzendorf 152 / ✉ 8361 / www.malerwinkl.com
T.: +43 3155 2253 / office@malerwinkl.com

Österreichische, steirische Küche. Menüs von € 50 bis € 70. Geschlossen: Mo+Di; Mi-Fr mittags. Kochkurse.

Wirtshaus Lilli Fehring

Hauptplaz 9 / ✉ 8350 / lilli-fehring.at
T.: +43 3155 21012 / wirtshaus@lilli-fehring.at

Österreichische, weltoffene Küche. Hauptgerichte von € 23 bis € 31; Menüs von € 79 bis € 99; besondere Mittagskarte. Geschlossen: Di+Mi; So abends.

Paradeiser: Tomaten *(Österreich)*

Fiss
Tirol

Schlosshotel Fiss Chef's Table
Schlosshotel Fiss

Laurschweg 28 / ✉ 6533
www.schlosshotel-fiss.com/de/gourmet/chefs-table/
T.: +43 5476 6397 / service@schlosshotel-fiss.com

Fine-Dining-Restaurant mit österreichischer, französischer Küche. Vegetarisches Menü. Geschlossen: Mo+Di; Mi-So mittags. Chef's Table.
Das Schlosshotel Fiss, gelegen auf einer von der Sonne verwöhnten Hochebene der Tiroler Alpen, ist eines der besonderen Fünf-Sterne-Hotels in Österreich. Auf 1.400 Metern Höhe treffen sich Sportbegeisterte, Wellness-Fans, Genießer und Weinkenner. Im Parterre des Hauses hat vor einigen Jahren ein schickes Gourmet-Restaurant Einzug gehalten, das Urlaubsgästen und externen Besuchern bis zu 15 Sitzplätze auf bequemen Sesseln oder in Chesterfield-Sofas bietet. Fine Dining in lässiger Atmosphäre ist hier angesagt. Natürlich kann man auch in die Küche schauen, wo Chefkoch Mathias Seidel brutzelt, würzt und anrichtet. Dazu gibt es die verlässlich guten Tropfen aus dem hervorragenden Weinvorrat des Schlosshotels.
Das Haus empfiehlt: Simmentaler Rind, Trüffel, Topinambur, geräucherte Entenleber; Rote Bete, Räucheraal, Kaviar, Schmand; Steinbutt, Erbsen, Morchel, Hühnerhaut

Fischbach
Steiermark

Zum Forsthaus
XXX
Fischbach 2 / ✉ 8654 / www.forsthaus.co.at
T.: +43 3170 201 / office@forsthaus.co.at

Italienische, Crossover-Küche. Hauptgerichte von € 7 bis € 32; Menüs von € 12 bis € 85. Geschlossen: Mo+Di; So abends. Kochkurse.

Fohnsdorf
Steiermark

Schloss Gabelhofen
XXX
Schlossstr. 54 / ✉ 8753 / www.gabelhofen.at
T.: +43 3573 5555 / willkommen@schloss-gabelhofen.at

Steirische, französische Küche. Hauptger. von € 24 bis € 42; Menüs von € 62 bis € 75; Mittagskarte, vegetar. Menü.

Gamlitz
Steiermark

Kilgers Jaglhof
XXX
Sernau 25 / ✉ 8462 / jaglhof.at / T.: +43 3454 6675
jaglhof@domaines-kilger.com

Österreichische Küche. Hauptgerichte von € 17 bis € 26; Menüs von € 70 bis € 95; Mittagskarte. Geschlossen: Di+Mi.

Geinberg
Oberösterreich

AQARIUM
Geinberg5 Private Spa Villas
XXX
Thermenstr. 13 / ✉ 4943
www.aqarium.at
T.: +43 7723 8501-2585
restaurant@aqarium.at

Österreichische, mediterrane Küche. Hauptgerichte von € 23 bis € 120; Menüs von € 62 bis € 129; besondere Mittagskarte, vegetarisches Menü. Kochkurse.
Das vielfach ausgezeichnete oberösterreichische Restaurant AQARIUM überrascht und begeistert mit wunderbarem Ambiente und herrlicher Atmosphäre zu jeder Jahreszeit, einem Meerwasser-Aquarium mit exotischen Fischen, offener Schauküche und hauseigenem Weinkeller für Veranstaltungen nach Wahl. Im Sommer darf man sich über die traumhafte Terrasse am Seerosenteich und im Winter über den Wintergarten mit offenem Kamin freuen. Oder soll es Genuss à la carte sein? Abends begeistert das Gourmet-Restaurant AQARIUM seine Gäste mit regionalen und internationalen Spezialitäten, sowie einer umfangreichen Weinkarte mit ausgewählten Rot, Weiß-, Orange- und Roséweinen. Ein besonderer Hochgenuss ist das Chef's Menü, wahlweise als Fünf-Gang- oder Acht-Gang-Menü im Restaurant zu genießen.
Das Haus empfiehlt: Chef's-Menü in fünf oder acht Gängen; Dry-Aged-Steaks

Bad Gleichenberg
Steiermark

Geschwister Rauch vulgo Steira Wirt
XXXX ⬆
Trautmannsdorf 6 / ✉ 8343 / www.geschwister-rauch.at
T.: +43 3159 4106 / office@geschwister-rauch.at

Steirische, österreichische Küche. Menüs von € 60 bis € 165. Geschl.: Mo, So; Di mittags. Chef's Table, Kochkurse.

Going am Wilden Kaiser
Tirol

Gasthof Stanglwirt
Bio- und Wellnessresort Stanglwirt
XXX
Kaiserweg 1 / ✉ 6353 / www.stanglwirt.com
T.: +43 5358 2000 / daheim@stanglwirt.com

Österreichische Küche. Hauptgerichte von € 19 bis € 39; vegetarisches Menü.

Goldegg
Salzburg

Der Seehof
Hotel Der Seehof
XX ⬆
Hofmark 8 / ✉ 5622 Ortsteil Hofmark / www.derseehof.at
T.: +43 6415 81370 / office@derseehof.at

Österreichische Küche. Hauptgerichte von € 18 bis € 28; Menüs von € 49 bis € 72; Mittagskarte, vegetar. Menü.

Golling an der Salzach
Salzburg

Döllerers Wirtshaus
Döllerers Genießerhotel
XXX
Am Marktplatz 56 / ✉ 5440 / www.doellerer.at
T.: +43 6244 42200 / office@doellerer.at

Österreichische Küche. Hauptgerichte von € 17 bis € 35; Menüs von € 60 bis € 80; vegetarisches Menü. Geschlossen: Mo, So; Di mittags. Chef's Table, Kochkurse.

Döllerers Restaurant

Döllerers Genießerhotel

Am Marktplatz 56 / ✉ 5440
www.doellerer.at
T.: +43 6244 42200
office@doellerer.at

Fine-Dining-Restaurant mit österreichischer, weltoffener Küche. Hauptgerichte von € 34 bis € 69; Menüs von € 159 bis € 215; vegetarisches Menü. Geschlossen: Mo, So; Di-Fr mittags. Chef's Table, Kochkurse.
Döllerers Genießerrestaurant gehört neben Döllerers Wirtshaus, Döllerers Feine Kost sowie Döllerers Genießerhotel zu Döllerers Genusswelten, einem Ort, an dem Genuss und Gastlichkeit auf höchstem Niveau zelebriert wird. In den 2020 umgebauten Räumlichkeiten des Restaurants können rund 60 Gäste Andreas Döllerers innovative Küchenlinie „Alpine Cuisine" erschmecken und erleben. Neu ist vor allem „Döllerers Wohnzimmer" – ein Raum, der sich für Gruppen von 7 bis zu 14 Personen eignet und daher die ideale Location für Geburtstagsfeste, Business Dinner oder ungestörte Feiern im kleinen Kreis bietet. Mit seiner Alpine Cuisine nimmt Andreas Döllerer seine Gäste mit auf eine kulinarische Wanderung durch die Salzburger Alpen und setzt traditionelle Gerichte modern in Szene. In gehobenem Ambiente erwarten die Genusswanderungen „Menü Göllüberquerung" und „Menü Oberjoch" die Feinschmecker. Jedoch nicht nur die Speise- sondern auch Döllerers Weinkarte hat es in sich. Dank zweier Generationen an Weinwissen, Leidenschaft am Recherchieren und Sammeln sowie der tatkräftigen Unterstützung von Master Sommelier Alex Koblinger führt Döllerer eine der besten Weinkarten Österreichs. (Mehr Informationen über Andreas Döllerer unter „Auszeichnungen des Jahres Österreich/Südtirol".)
Das Haus empfiehlt: Marinierter Saibling, Sud aus Fürstenhof-Molke, brauner Butter und Krautsaft, confierter Erdapfel, Schnittlauch, Grüll-Kaviar; Lammschopf und Schulter in BBQ-Marinade, Roggen-Focaccia, glasierte junge Erbsen, aufgeschlagener Fencheljoghurt; Latschenkiefer-Eis, Honig und Schnee, geeister Sauerrahm und Baumpulver

Grafenegg
Niederösterreich

MÖRWALD Restaurant „Taverne Schloss Grafenegg"

MÖRWALD Romantik Hotel Schloss Grafenegg

Grafenegg 12 / ✉ 3485 / www.moerwald.at
T.: +43 2735 26160 / grafenegg@moerwald.at

Österreichische Küche. Hauptgerichte von € 13 bis € 32; Menüs ab € 55. Geschlossen: Mo+Di. Kochkurse.

Grafenstein
Kärnten

Restaurant Moritz

Oberwuchel 5 / ✉ 9131 / www.restaurantmoritz.at
T.: +43 664 4240316 / info@restaurantmoritz.at

Weltoffene Küche. Hauptgerichte von € 16 bis € 32; Menüs von € 80 bis € 119. Geschlossen: Mo, So; Di-Sa mittags.

Grafenwörth
Niederösterreich

MÖRWALD Relais & Châteaux Gourmet „Toni M."

MÖRWALD Relais & Châteaux Hotel am Wagram

Kleine Zeile 15 / ✉ 3483 / www.moerwald.at
T.: +43 676 84229881 / toni@moerwald.at

Fine-Dining-Restaurant mit österreichischer Küche. Menüs von € 100 bis € 150; vegetarisches Menü. Geschlossen: Mo, So; Di-Sa mittags. Kochkurse.
„Die Welt von Mörwald" ist eine österreichische Institution in puncto Essgenuss. Sie umfasst sage und schreibe fünf Restaurants, drei Hotelbetriebe, eine Kochakademie, Delikatessengeschäft und Cateringbetrieb. Macher des Ganzen ist Toni Mörwald, umtriebiger wie talentierter Koch, Gastronom, Unternehmer und Kochbuchautor. Das MÖRWALD Relais & Châteaux Gourmet „Toni M." ist eine seiner Restaurationen, deren klangvolle Verpackung schon auf den Inhalt schließen lässt. Das „Grand Diner" im „Toni M." besteht aus fünf oder acht Gängen und ist gespickt mit klassischen wie auch modernen Elementen einer erlebenswerten Haute Cuisine. Dort sind Foie gras mit Zwetschge und Brioche und Hummerbisque genau so zu finden wie eine Ceviche vom Seesaibling oder der Lachs in der Rübe mit Gurke, Gin und Pumpernickel. Selbstverständlich kann auch à la carte gewählt werden. (Mehr Informationen über den Gastronom des Jahres unter „Auszeichnungen des Jahres Österreich/Südtirol".)
Das Haus empfiehlt: Waller, Szegediner Krautfleisch, Paprika, Kraut, Entengrammel; Reh und Kakao, Sellerie, Topinambur, Grünkohl; Geeister Roquefort, Strudelteig, Rote Trauben, Joghurt

MÖRWALD Relais & Châteaux Kochbar im Wirtshaus

Kleine Zeile 13 / ✉ 3483 / www.moerwald.at
T.: +43 2738 2298-0 / office@moerwald.at

Österreichische Küche. Hauptgerichte von € 12 bis € 24. Kochkurse.

MÖRWALD Relais & Châteaux Restaurant „Zur Traube“

MÖRWALD Relais & Châteaux Hotel am Wagram

Kleine Zeile 13-17 / ✉ 3483 / www.moerwald.at
T.: +43 2738 22980 / traube@moerwald.at

Österreichische Küche. Hauptgerichte von € 15 bis € 36; Menüs von € 46 bis € 76; vegetar. Menü. Kochkurse.

Grän
Tirol

Alps & Ocean

Hotel Sonnenhof

Füssner-Jöchle-Str. 5 / ✉ 6673
www.sonnenhof-tirol.com
T.: +43 5675 6375 / post@sonnenhof-tirol.com

Fine-Dining-Restaurant mit österreichischer, weltoffener Küche. Menüs von € 149 bis € 169; vegetarisches Menü. Geschlossen: Mo-Mi; Do-So mittags.
Ein Kachelofen ist da, Holzwände und Sitzbänke – und doch steht das Restaurant nicht für Rustikalität. Es ist vielleicht das moderne Verständnis von gemütlicher Stubenatmosphäre, schließlich ist es auch die Gourmetstube des Hotels. Die Gläser funkeln, das Silberbesteck glänzt und die Gäste sitzen mit einem zufriedenem Lächeln am Tisch. Acht wundervolle Gänge lang. Den Hotelgästen wird eine Dreiviertel-Verwöhnpension angeboten, bei der das Abendmenü fünf Gänge beinhaltet. Küchenchef und Sohn des Hauses Patrick Müller kauft konsequent Produkte der Region. Denn die Stärkung seiner Heimat ist ihm wichtig. Ob für die Gourmetstube oder für das Wirtshaus mit Tiroler Spezialitäten – Regionalität und Qualität zählen. Tradition und Familie prägen den Sonnenhof. Mit Liebe und Leidenschaft geführt, sodass der Gast sich nur wohlfühlen kann.
Das Haus empfiehlt: Bretonischer Hummer, Beurre blanc, Risotto mit 12-jährigem Acquerello-Reis; Kaninchenragout mit Pfifferlingen, Basilikum und Fenchel; Pochiertes Bio-Ei mit Gänseleber, Topinambur und Sommertrüffel

Graz
Steiermark

aiola upstairs

Schloßberg 2 / ✉ 8010 / upstairs.aiola.at
T.: +43 316 818797 / info@aiola.at

Weltoffene, österreichische Küche. Hauptgerichte von € 17 bis € 32; vegane Hauptgerichte.

Caylend Restaurant & Weinbar

Stigergasse 1 / ✉ 8020 / caylend.at
T.: +43 316 711515 / caylend@gmx.at

Crossover-Küche. Hauptgerichte von € 21 bis € 31; Menüs ab € 66. Geschlossen: Mo+Di; Mi-Fr mittags.

Didi Dorner im Magnolia

Jakob-Redtenbacher-Gasse 24 / ✉ 8010
didicorner.at / T.: +43 316 823835

Französische, mediterrane Küche. Menüs von € 94 bis € 179. Geschlossen: Mo, So; Di-Sa mittags.
Wer sich auf Didi Dorner einlässt, erlebt einen gut gelaunten Gastgeber, in einem sehr persönlichen Lokal, gleich hinter dem Augarten Art Hotel. Sein orangefarbenes Outfit mit eigenem Logo und seine Küche sind seit Jahren eine wohl bekannte Marke. Bei Didi Dorner findet Genuss in privatem Rahmen statt. Wer einen Platz bekommen möchte, muss reservieren. Klassisch, aber nicht alltäglich, garniert mit einer kräftigen Brise Fantasie – so lässt sich das Erfolgsrezept von Didi Dorner beschreiben. Eine Speisekarte gibt es nicht. Der Gast hat die die Wahl zwischen einer kleinen, mittleren oder großen Menüvariante. Unterstützt wird der Chef des Hauses von seiner charmanten Lebenspartnerin, wenn Abend für Abend die Tische mit seinen meisterlichen Menüs bestückt werden.
Das Haus empfiehlt: „Cuisine Intuitive“ ohne Speisekarte oder Menüempfehlungen

Gasthaus Kehlberghof

Kehlbergstr. 83 / ✉ 8054 / www.kehlberghof.at
T.: +43 316 284125 / restaurant@kehlberghof.at

Mediterrane Küche. Hauptgerichte von € 21 bis € 36; Menüs von € 30 bis € 85; vegetar. Menü. Geschlossen: Mo, So.

Restaurant ARTIS

Schmiedgasse 18-20 / ✉ 8020 Ortsteil Innere Stadt
www.restaurant-artis.com / T.: +43 676 4010368
info@restaurant-artis.com

Fine-Dining-Restaurant mit französischer, japanischer Küche. Menüs von € 78 bis € 148; vegetarisches Menü. Geschlossen: Mo, So; Di-Sa mittags. Chef's Table.
Mit der historischen Zunft der Hufschmiede hat die Schmiedgasse in der Grazer Innenstadt heute nicht mehr viel zu tun – mit gutem Handwerk aber schon. Im Restaurant ARTIS ist der Name Programm. Küchencheff Philipp Dyczek macht seinen Gästen hochwertige Offerten in vier,

sechs oder acht Gängen, gerne auch vegetarisch und sogar vegan. In dem kleinen Lokal mit seinen beigefarbenen Lederfauteuils werden auch Bouillabaisse und Ente französischer Gangart serviert. Aber im Grunde ist alles sehr weltoffen und Dyczek den Aromen aller Herren Länder gegenüber aufgeschlossen. Auf kreative Art versteht er es, die vielen Geschmacksnuancen erlebnisreich in Szene zu setzen (sprich auch schön und mitunter avangardistisch anzurichten). Genau das Richtige für Neugierige, die nicht nur Mainstream wollen. Da passt eine monatlich wechselnde Carte Blanche doch wunderbar ins Bild.
Das Haus empfiehlt: Carte Blanche - Überraschungsmenüs mit vier bis acht Gängen; Signature-Menü - mit fünf oder zehn Gängen (drei Tage vorher reservieren)

Grieskirchen
Oberösterreich

Waldschänke

Kickendorf 15 / ✉ 4710
www.waldschaenke.at
T.: +43 7248 62308
waldschaenke@utanet.at

Österreichische Küche. Hauptgerichte von € 16 bis € 36; Menüs von € 75 bis € 85; besondere Mittagskarte. Geschlossen: Mo; Di, So abends. Kochkurse.

Am Rande des Waldes oberhalb von Grieskirchen liegt die Waldschänke der Familie Grabmer. Hier im familiengeführten Gourmetlokal der Grabmers läuft's mal umgekehrt. Während Ehemann Heinz die Abteilungen Service und Wein für sich erklärt hat, widmet sich Elisabeth Grabmer der Küche. Hier steht die Frau am Herd wie im wahren Leben. Aber: Sie wird bereits unterstützt von Sohn Clemens. Der berühmte „frische Wind" hat Einzug gehalten in der Waldschänke. Dieser weht über Erfahrungen und Klassiker hinweg, wirbelt auf und erschafft damit Neues. Doch Sonntag mittags bleibt es traditionell. Da kommen die Klassiker der österreichischen Küche auf den Tisch. Im Sommer kann man schön im Garten sitzen und unter den Bäumen genießen. Der Keller von Heinz Grabmer hält garantiert einen guten Tropfen bereit.
Das Haus empfiehlt: Gereifter Salzteig-Sellerie, Walnussrisotto, Weichselast-Bechamel und Vogelbeeren; Kalkalpen-Huchen mit Molke, Erbsen und Minze; Leinsamenöl-Eis mit Landl-Birnenragout und Most-Sabayone

Marillen: Aprikosen *(Österreich)*

Großraming
Oberösterreich

RAU nature based cuisine

Pechgraben 23 / ✉ 4463 / www.im-rau.com
T.: +43 664 1246986 / office@im-rau.com

Weltoffene Küche. Hauptgerichte von € 14 bis € 35; Menüs von € 145 bis € 185; vegetarisches Menü. Geschlossen: Mo+Di, So.
Mitten in der wilden Natur des Nationalparks Kalkalpen findet sich das Restaurant „RAU nature based cuisine". Hier gehören saftige Almwiesen, klare Bäche und verwunschene Wälder zum Bild. Wie eindrucksvoll, wie passend. Denn genau darum geht es den Machern. Angefangen vom verglasten modernen Speiseraum (Wintergarten) mit Blick ins Grüne über Eichenholztische und Steinfliesen bis in das Mark der Küche. Die Chefköche Klemens Schraml und Christopher Koller lassen ihre Gäste an den eigens intensivierten Aromen der Natur teilhaben. Sie kochen unter dem Dach der Jahreszeiten bis zu acht Gänge. Oktopus-Carpaccio, Tafelspitz sous-vide oder Steinbutt mit Kalbskopf-Brandade stehen im Menü und zergehen auf der Zunge. Eine jeweils an das Speisenangebot angepasste, edle Weinauswahl aus aller Herren Länder erhöht die Spannung – und den Genuss.
Das Haus empfiehlt: Schwertmuschel, wilde Bärlauchblüte, Muschelsalat, essbare Schale; Périgord Trüffel, Zwiebelessenz, flüssige Knochenmark-Agnolotti, Liebstöckel; Kalbstafelspitz, Morcheln, Bärlauch, Spinatcrème, Kartoffelkrokant

Grundlsee
Steiermark

Restaurant Wassermann
MONDI Resort am Grundlsee

Archkogl 31 / ✉ 8993 / www.mondihotels.com/grundlsee
T.: +43 3622 84770 / grundlsee@mondihotels.com

Fine-Dining-Restaurant mit österreichischer, weltoffener Küche. Menüs von € 82 bis € 148. Geschlossen: Mo-Mi, So; Do-Sa mittags.

Das MONDI Resort im steirischen Salzkammergut liegt ganz nah am Seeufer und hat dem anspruchsvollen Urlauber so einiges zu bieten – wie eine herausragende Gastronomie zum Beispiel. Im Restaurant Wassermann werden auf Wunsch korrespondierende Weine oder Biere zu den Speisen gereicht. Der Gast wählt zunächst aus einer kleinen, feinen Speisekarte drei bis sechs Gänge aus. Diese ist ein schön inszeniertes Programm aus regionalen Zutaten, die im Spiegel der Jahreszeiten verarbeitet werden. Gute Bekannte wie Seesaibling (in Variationen), Lamm (mit Kräuterkruste) oder Taube (schön saftig) überraschen den Gaumen und lassen den Genießer schwelgen. Wer nicht gerade seinen Urlaub im MONDI Resort mit seinem wunderschönen Seepanorama verbringt, darf natürlich auch reservieren, von donnerstags bis samstags abends.
Das Haus empfiehlt: Gegrillte Gartenkarotte, Malz, Basilikum; Variation vom Seesaibling, Süßwasserfisch-Bordelaise; Burgenland-Taube, rote Rübe, Kirsche

Hadersdorf-Kammern
Niederösterreich

Esslokal

Hauptplatz 16 / ✉ 3493 / www.esslokal.com
T.: +43 2735 21772 / office@esslokal.com

Weltoffene, asiatische Küche. Hauptgerichte von € 20 bis € 33; besondere Mittagskarte. Geschlossen: Mo, So; Di-Do mittags.

Hallwang
Salzburg

Pfefferschiff

Söllheim 3 / ✉ 5300 / www.pfefferschiff.at
T.: +43 662 661242 / restaurant@pfefferschiff.at

Österreichische, französische Küche. Hauptger. von € 35 bis € 60; Menüs von € 118 bis € 178; Mittagskarte, vegetar. Menü. Geschl.: Mo, So; Di-Fr mittags. Kochkurse.

Henndorf am Wallersee
Salzburg

Restaurant Weyringer Wallersee

Fenning 7 a / ✉ 5302
www.restaurant-weyringer.at
T.: +43 6214 61872 / office@restaurant-weyringer.at

Österreichische Küche. Hauptgerichte von € 24 bis € 40; Menüs ab € 86. Geschlossen: Mo+Di.

Hermagor-Pressegger See
Kärnten

Gasthaus Bärenwirt

Hauptstr. 17 / ✉ 9620 / www.baerenwirt.info
T.: +43 4282 2052 / mail@baerenwirt.info

Österreichische, mediterrane Küche. Hauptgerichte von € 16 bis € 45; Menüs von € 48 bis € 112. Geschlossen: Di+Mi.

Hirschegg siehe Mittelberg
Vorarlberg

Hittisau
Voralberg

Wälder Stube 1840
Romantik Hotel Das Schiff

Heideggen 311 / ✉ 6952
www.schiff-hittisau.com
T.: +43 5513 62200 / info@schiff-hittisau.com

Weltoffene Küche. Menüs von € 96 bis € 120. Geschlossen: Mo, So; Di-Sa mittags.

Innervillgraten
Tirol

Gannerhof
Gannerhof

Gasse 93 / ✉ 9932
www.gannerhof.at
T.: +43 4843 5240
gannerhof@gannerhof.at

Fine-Dining-Restaurant mit österreichischer Küche. Hauptgerichte von € 28 bis € 38; Menüs von € 89 bis € 129. Geschlossen: Mo+Di; Mi-So mittags.
Der Gannerhof liegt der Welt etwas entrückt im südlichsten Winkel Tirols, unweit der italienischen Grenze. Eingebettet in eine wunderschöne alpine Natur, in der die Zeit hier und dort stehengeblieben zu sein scheint. Ein Ensemble aus drei traditionellen – und mit viel Liebe zum Detail (und viel, viel Holz) renovierten – Bauernhöfen beherbergt das wunderbar urige und gemütliche Hotel sowie das feine Gourmetlokal der Familie Mühlmann. Hier wartet Josef Mühlmann am Abend mit einem viergängigen Menü auf, einer kulinarischen Liebeserklärung an die Region und ihre Historie. In Bio-Qualität versteht sich. Ob es dabei um die legendäre Villegrater Schlupfkrapfen, eine Entenleberpraline oder eine feine Forellenzubereitung geht, muss der Gast bei einem Besuch selbst herausfinden. Zu empfehlen ist auf jeden Fall eine Übernachtung. Denn nur so kommt man in den Genuss eines Bio-Frühstücks, bestehend aus duftendem Speck, frischen Semmeln und selbstgemachten Marmeladen.
Das Haus empfiehlt: Genussgarten, Kräutersud Knollenzist, Rauchtopfen; Schwarzes Alpenschwein, Krautcrème, Lärchenkapern; Roggen-Hafereis, Hollergel

Topfen: Quark

Innsbruck
Tirol

Restaurant Oniriq

✗✗✗ ⬆

Bürgerstr. 13 / ✉ 6020
www.oniriq.at
T.: +43 650 4510624
restaurant@oniriq.at

Weltoffene, österreichische Küche. Menüs ab € 169; vegetarisches Menü. Geschlossen: Mo+Di, So; Mi-Sa mittags. Das schlichte und modern gestylte Gourmetlokal in der Innenstadt bietet seinem Publikum ein besonders hochwertiges abendliches Essvergnügen. Eines der zwei heimisch orientierten Siebengangmenüs ist fleischlos und selbst eingefleischten Karnivoren sehr zu empfehlen. Kohlrabi, Ziegenjoghurt und Blaubeere; Schwarzwurzel, Grünkohl und Zitrone – Küchenchef Christoph Bickel und sein Team verstehen ihr Handwerk. Was natürlich auch ebenso auf die mit Saibling, Reh und Alpen-Garnele bestückten Teller zutrifft. Für die Menüs wird schon mal im eigenen Kräutergarten oder an jungen Fichtentrieben in der Umgebung gezupft. Der sympathische und professionelle Service trägt zur guten Stimmung bei.
Das Haus empfiehlt: Saibling, Apfel, Kapuzinerkresse, Zwiebel; Reh, Pastinake, Mohn, Vogelbeere; Kirsche, Milch, Schwarzbier, Zirbe

Wirtshaus Schöneck

✗✗ ⬆

Weiherburggasse 6 / ✉ 6020
www.wirtshaus-schoeneck.com
T.: +43 512 272728
info@wirtshaus-schoeneck.at

Österreichische Küche. Hauptgerichte von € 15 bis € 33; Menüs von € 78 bis € 85; besondere Mittagskarte. Geschlossen: Mo+Di, So.

Ischgl
Tirol

Fliana Gourmet
Hotel Fliana

✗✗✗

Fimbabahnweg 8 / ✉ 6561
www.fliana.com / hotel@fliana.com
T.: +43 5444 5543

Fine-Dining-Restaurant mit österreichischer, weltoffener Küche. Menüs von € 90 bis € 120; vegetarisches Menü. Geschlossen: Mi; Mo+Di, Do-So mittags.
Die wunderschöne Lage des Hotel Fliana im trendigen Ischgl direkt an der Skipiste ist schon eine Attraktion für sich. Dazu gesellen sich weitere herausragende Qualitätsfaktoren wie luxuriöse Zimmer, Wellnessangebote, eine Après Ski Lounge sowie eine kleine und gemütliche Gourmet-Restauration. Im alpenländisch gestylten „Fliana Gourmet" verwöhnt Chefkoch Andreas Spitzer – seines Zeichens auch Käsesommelier – seine Winter- und Sommergäste mit einer französisch geprägten „Tiroler Cuisine". Eine Gänseleber par excellence, Fischgerichte, eine herrliche Käseauswahl und hausgemachte Pralinés sind ein Erlebnis und beruhen auf der jahrelangen Expertise des Küchenchefs. Untermalt mit schönen Weinen aus aller Herren Länder und mit ausgewählten Tropfen aus heimischen Anbaugebieten.
Das Haus empfiehlt: Grammel und Sellerie, Rettich und Bärlauch, Gerstlpraline; Gänseleber, Rhabarber, Trüffel, Pekannuss; Hummer, Fenchel, Spargel

Panna cotta: Crème aus mit Gelatine gekochter Sahne

Heimatbühne
Hotel Trofana Royal

✗✗✗ ⬆

Dorfstr. 95 / ✉ 6561 /
www.trofana-royal.at
T.: +43 5444 600 / office@trofana.at

Österreichische Küche. Hauptgerichte von € 22 bis € 36; vegetarisches Menü, vegane Hauptgerichte. Kochkurse.
Der saftige Sonntagsbraten, der flaumige Kaiserschmarrn und die luftigen Topfenknödel gehören zur österreichischen Küche, so wie das Schnitzel und der Rostbraten. In Martin Sieberer's „Heimatbühne" werden diese Spezialitäten vor den Vorhang geholt - einzeln oder als Menüfolge tanzen sie am Teller und verleihen dem Tag das Besondere. Maximal 25 Personen können auf der kulinarischen Bühne Platz nehmen und in die Vergangenheit eintauchen, wenn zartgeblümte Teller an das sonntägliche Mittagessen bei Oma erinnern. Im Kreise der Lieben wurde das Wochengeschehen diskutiert und man ließ es sich schmecken. Auch in Sieberer's Heimatbühne weiß der Gast, was ihn erwartet: der saftigste Braten, der auf der Zunge zergeht, der flaumigste Knödel, wie ihn nur die Oma auf den Tisch brachte, und der süßeste Beerenschmarrn, der auch für sich allein brilliert.

Das Haus empfiehlt: Das Paznauner Schafl - Lammrücken in der Senfsaatkruste gebraten, mit milder Paprika, Fisolen und Zwiebelkrapferl; Zwiebelrostbraten vom Paznauner Highländer - mit Speck, Kräutern und roten Zwiebeln gefüllt und dazu „a Gröstl aus'm Gmüasgarten"; Reh aus dem Fimbatal - Rücken, Ragout, Erdäpfelstampf, Kerbelknolle, Zwetschge, Salbei

Paznaunerstube

Hotel Trofana Royal

Dorfstr. 95 / ✉ 6561
www.trofana-royal.at
T.: +43 5444 600 / office@trofana.at

Fine-Dining-Restaurant mit österreichischer, weltoffener Küche. Menüs von € 125 bis € 225; vegetarisches Menü, vegane Hauptgerichte. Geschlossen: So; Mo-Sa mittags. Kochkurse.
Spitzenkoch Martin Sieberer kocht nicht einfach, er zaubert. Seine täglichen Kreationen sind regional und innovativ zugleich. Das Zusammenspiel von traditionellen und bodenständigen Gerichten mit interessanten neuen Zubereitungsformen, ein wenig Verspieltheit, ein paar Effekte – so lässt sich sein Küchenstil beschreiben. Nicht zuletzt deshalb ist seine Küche weit über die Landesgrenzen hinaus bekannt. Weinfreunde können in der Paznaunerstube ebenfalls aus dem Vollen schöpfen: Mit 25.000 Flaschen Wein beheimatet das Luxushotel Trofana Royal einen der besten Weinkeller des Landes. Die Menükarte ist ebenso vielfältig: Überraschungsmenüs in vier und sechs Gängen, die großen Gourmetmenüs, wie das Royalmenü und das Degustationsmenü, sowie ein großes Angebot an À-la-carte-Speisen. Der Gast darf sich über diese Auswahl freuen. (Mehr Informationen über Martin Sieberer unter „Auszeichnungen des Jahres Österreich/Südtirol".)
Das Haus empfiehlt: Gänseleber, Orange, Joghurt; Saibling, Gurke, Passionsfrucht; Jakobsmuschel, Kopfsalat, Mango

Schlossherrnstube

Schlosshotel Ischgl

Dorfstr. 85 / ✉ 6561
www.schlosshotel-ischgl.com
T.: +43 5444 5633
office@schlosshotel-ischgl.com

Fine-Dining-Restaurant mit österreichischer, weltoffener Küche. Menüs von € 120 bis € 170; vegetarisches Menü, vegane Hauptgerichte. Geschlossen: Mi+Do; Mo+Di, Fr-So mittags.
Ein Hotel der Superlativen ist das Schlosshotel Ischgl. Beste Lage, Luxuskomfort und eine ausgezeichnete Küche. Was will der Gast mehr? Wellness vielleicht? Ein edler Spa-Bereich verwöhnt den Hotelgast zudem. Im Gourmet-Restaurant „Schlossherrnstube" werden Feinschmeckern unerwartete Geschmackserlebnisse geboten – in Form einer kreativen Küche mit regionalen und vor allem mit saisonalen Produkten. Kontrastreich trifft warm auf kalt oder weich auf knusprig, überrascht den Gaumen und streichelt die Seele in voller Harmonie. Der Gast sitzt dabei in einer gemütlichen Tiroler Stube. Ein Kachelofen in einem gänzlich vertäfelten Raum – allein die elegant gepolsterten Fauteuils und die Kristallüster unterbrechen den Stubencharakter und weisen dezent auf den zu erwartenden Hochgenuss hin. Ende 2020 übernahm Patrick Raaß die Leitung der Küche. Der erfahrene Spitzenkoch, der beruflich bei den Besten Station machte, wie Heinz Winkler, Hans Haas oder Alfons Schuhbeck, hat der Schlossherrnstube eine neue kulinarische Identität verliehen.
Das Haus empfiehlt: Garnele, Wassermelone, Gurke; Kalbsbries, Brokkoli, Piemonteser Haselnuss; Schokolade, Blutorange, Kardamom

Space73

Hotel Yscla

Dorfstr. 73 / ✉ 6561
www.space73.at
T.: +43 5444 5275 / space73@yscla.at

Weltoffene Küche. Hauptgerichte von € 29 bis € 40. Geschlossen: mittags.
Ein legerer Ort, um gemeinsam von feinem Fingerfood zu naschen, ein oder zwei Drinks zu nehmen und einfach eine gute Zeit zu haben ist immer gern gesehen. Natürlich erst Recht in einer prominenten Wintersporthochburg wie Ischgl. Im Winter lädt Benjamin Parth dazu ins „Space73". Eine Bar-Lounge-Location im modern-alpinen Stil mit DJ-Pult, Street-Art und beleuchtetem Champagnervorrat. Es gibt Austern, Antipasti, Meeresfrüchtesalate, Fritten und dazu natürlich eine große Auswahl an Cocktails und Weinen. Wer eine magenfüllende Mahlzeit bevorzugt, greift auf einen halben Hummer mit Tomatensalat, Tagliatelle mit Trüffel, einen Pulled Pork Burger oder ein Filetsteak zurück. Alles erwartungsgemäß gut gemacht. Das „Space73" sorgt für den genussvollen Easy-Après-Ski – ein Stockwerk unter dem Gourmet-Restaurant „Stüva".
Das Haus empfiehlt: Glasierter Fenchel mit Limette, Hummersalat, Brioche, Krabbenöl-Mayo; Lammschulter (Sous-vide), Kartoffelpüree, Gemüse; Kalbskotelett, Pfeffersauce, hausgemachte Pommes

Stiar

Sporthotel Silvretta

XXXX

Persuttweg 24 / ✉ 6561 / www.stiar.at

T.: +43 5444 5223 / reservierung@stiar.at

Fine-Dining-Restaurant mit österreichischer, weltoffener Küche. Menüs von € 155 bis € 195; besondere Mittagskarte. Chef's Table, Kochkurse.

Zutaten wie frische Milchprodukte, Fleisch vom betriebseigenen Maashof, Fisch aus heimischen Gewässern sowie Kräuter, Pilze und Beeren aus den umliegenden Wäldern und Bergen sind wesentliche Bestandteile in der Küche von Küchenchef Gunther Döberl. Er und sein Team legen ein, kochen ein, fermentieren und trocknen, um Produkte für den Winter haltbar zu machen. Das Fleisch wird zum größten Teil von der eigenen Landwirtschaft, dem Maashof in Mathon bezogen. Die hauseigenen Rinder, Schweine und Schafe werden im Ganzen verarbeitet, aus Respekt vor Tier und Natur. „Ich finde es reizvoll, alte, teils schon vergessene Rezepte neu zu beleben. Hier und dort Kindheitserinnerungen an Omas Küche zu wecken, aber auch Zutaten und Geschmacksnuancen auf den Teller zu bringen, die man so vielleicht noch nicht kennt", sagt Gunther Döberl. Sein Anspruch ist es, diese Philosophie handwerklich in perfekter Harmonie am Teller umzusetzen. Mit Klassikern, Raritäten und der großen Leidenschaft für trinkreife Weine wuchs das Weinsortiment mit den Jahren auf über 1.000 Positionen.

Stüva

Hotel Yscla

XXXXX

Dorfstr. 73 / ✉ 6561 / www.yscla.at/restaurant-ischgl

T.: +43 5444 5275 / info@yscla.at

Fine-Dining-Restaurant mit französischer, weltoffener Küche. Hauptgerichte von € 34 bis € 56; Menüs von € 91 bis € 154; vegetarisches Menü. Geschlossen: Mo-Sa; So abends. Kochkurse.

Das Stüva im Hotel Yscla in Ischgl hat sich längst vom Geheimtipp zum Highend-Gourmet-Restaurant gewandelt. Benjamin Parth heißt der sympathische Küchenchef, der diesen großartigen Erfolg zu verantworten hat. Der Sohn des Hauses hat eine ausgezeichnete Ausbildung genossen. Schüler von Heinz Winkler, bei Marc Häberlin und Sven Elverfeld über die Schulter geschaut, hat er nun seit über zehn Jahren das Küchenzepter in der Hand. Er weiß mit den besten Produkten umzugehen und diese in Szene zu setzen. Mit alpinem Charme lockt das Interieur des Restaurants. Auch hier lässt sich ein gewisser Purismus erkennen. Die Wände mit heimelig wirkendem Holz getäfelt, kein einziger Farbtupfer unterbricht die schlichte Eleganz der Brauntöne. Die Tische blank, die Dekoration zurückgenommen. Umso mehr leuchten die Kreationen, die Parth auf den Tellern arrangiert. Zu seinen Menüs findet sich im Weinkeller mit 400 Positionen ein exzellentes Tröpfchen. (Mehr Informationen über Benjamin Parth unter „Auszeichnungen des Jahres Österreich/Südtirol".)

Das Haus empfiehlt: Balik Lachs, Jakobsmuschel, Sauerrahm, Kaviar; Steinbutt, Yuzu, Auster, Rindermark; Kobe Rind, Rotwein, Petersilie, Mascarpone

Jochberg
Tirol

Sra Bua

Kempinski Hotel Das Tirol

XX ⬆

Kitzbüheler Str. 48 / ✉ 6373 / www.kempinski.com/tirol

T.: +43 5355 50100-1261 / srabua.jochberg@kempinski.com

Asiatische, österreichische Küche. Hauptger. ab € 19; Menüs ab € 69 vegetar. Menü. Geschl.: Mo; Di-So mittags.

Katzelsdorf
Niederösterreich

Kupfer-Dachl

XX ⬆

Eichbüchl 23 / ✉ 2801 / www.kupfer-dachl.at

T.: +43 2622 78236 / info@kupfer-dachl.at

Österreichische Küche. Hauptgerichte von € 24 bis € 30; Menüs von € 37 bis € 75; vegetarisches Menü. Geschlossen: Mo+Di; So abends; Mi-Fr mittags.

Kirchberg am Wagram
Niederösterreich

Gut Oberstockstall

XXX

Ringstr. 1 / ✉ 3470 / www.gutoberstockstall.at

T.: +43 2279 2335 / restaurant@gutoberstockstall.at

Österreichische Küche. Hauptgerichte von € 18 bis € 29; Menüs von € 68 bis € 95; vegetarisches Menü. Geschlossen: Mo-Mi; So abends; Do+Fr mittags.

Kirchberg am Wechsel
Niederösterreich

Gaumenkitzel

Molzbachhof

XXX

Tratten 36 / ✉ 2880 / www.molzbachhof.at

T.: +43 2641 2203 / office@molzbachhof.at

Österreichische, weltoffene Küche. Menüs von € 89 bis € 109. Geschl.: Mo, Mi+Do, So; Di, Fr+Sa mittags.

Kirchberg in Tirol
Tirol

Genießerhotel Minglers Sportalm
Genießerhotel Minglers Sportalm

Brandseitweg 26 / ✉ 6365
www.hotel-sportalm.at
T.: +43 5357 2778
info@hotel-sportalm.at

Österreichische, weltoffene Küche. Menüs von € 65 bis € 120; vegetarisches Menü. Geschlossen: Mo+Di, So; Mi-Sa mittags.

Der Name „Genießerhotel" sagt viel, aber nicht alles. Wir wissen nun schon, dass sich das Hotel an die Sportlichen unter uns richtet, die auch gutes Essen zu schätzen wissen. Oder doch umgekehrt: Es sind die Gourmets, die vorrangig angesprochen werden, die auch mal Sport treiben. Mit einem reichhaltigen und guten Frühstück fängt der Tag gemächlich und genüsslich an, bis er am Abend in einem Überschwang von leckeren Köstlichkeiten endet. Küchenchef Bernhard Hochkogler und sein Team sind kreativ und gewissenhaft. Mit den wertvollen Produkten der Region gehen sie respektvoll um und kreieren daraus Gesundes und Schmackhaftes, das ganz auf die individuellen Bedürfnisse des Gastes abgestimmt ist. Allein die Präsentation der Gerichte lässt einem das Wasser im Mund zusammenlaufen. In dem traditionellen Ambiente des Gourmet-Restaurants, das einer Tiroler Stube gleicht, wirken die filigran angerichteten Teller fast ein wenig surrealistisch.

Das Haus empfiehlt: Knusprige Jakobsmuschel, Wasabi, Rettich, Blutwurst, Senfsaat; Rosa gebratene Hochrippe vom heimischen Jungrind, geschroteter schwarzer Pfeffer, Kräuterseitlinge, Kartoffel-Biskuitroulade; Kartoffel, Junglauch, Bergkäse, Morchelstaub

Kitzbühel
Tirol

Gourmet-Restaurant Tennerhof
Tennerhof Gourmet & Spa de Charme Hotel
ohne Bewertung

Griesenauweg 26 / ✉ 6370 / www.tennerhof.com
T.: +43 5356 63181 / office@tennerhof.com

Französische, österreichische Küche. Hauptgerichte von € 25 bis € 39; Menüs von € 120 bis € 185; Mittagskarte, vegetarisches Menü. Geschl.: Mo-Mi; Do-So mittags.

Restaurant Berggericht

Hinterstadt 15 / ✉ 6370 / www.berggericht.at
T.: +43 670 6045450 / hallo@berggericht.at

Fine-Dining-Restaurant mit österreichischer, französischer Küche. Menüs ab € 168. Geschlossen: Mo+Di; Mi-So mittags.

Restaurant Neuwirt
Hotel Schwarzer Adler

Florianigasse 15 / ✉ 6370 / www.restaurant-neuwirt.at
T.: +43 5356 691158 / info@restaurant-neuwirt.at

Tiroler, österreichische Küche. Hauptgerichte von € 19 bis € 33; Menüs von € 59 bis € 89.

Klagenfurt am Wörthersee
Kärnten

Restaurant Dolce Vita

Heuplatz 2 / ✉ 9020 / www.dolce-vita.at
T.: +43 463 55499 / restaurant.dolcevita@aon.at

Seafood-Restaurant mit italienischer, mediterraner Küche. Hauptgerichte von € 13 bis € 32; Menüs von € 84 bis € 149; Mittagskarte, vegetarisches Menü. Geschlossen: Sa+So.

Restaurant Laguna
Seepark Wörthersee Resort

Universitätsstr. 104 / ✉ 9020 / www.dasseepark.at
T.: +43 463 204499-763 / info@seeparkhotel.at

Weltoffene, österreichische Küche. Hauptgerichte von € 14 bis € 33; Menüs zu € 42; besondere Mittagskarte, vegetarisches Menü, vegane Hauptgerichte.

Kleinwalsertal siehe Mittelberg
Vorarlberg

Klösterle
Voralberg

Fuxbau

Dorfstr. 22 / ✉ 6762 / www.restaurant-fuxbau.at
T.: +43 5582 30188400 / servus@restaurant-fuxbau.at

Österreichische, Vorarlberger Küche. Hauptgerichte von € 16 bis € 48; Menüs von € 72 bis € 94; vegetarisches Menü. Geschlossen: Mo+Di. Kochkurse.

Kohfidisch
Burgenland

Csencsits

Harmisch 13 / ✉ 7512 / www.gasthaus-csencsits.at
T.: +43 3366 77220 / gasthaus@csencsits.at

Österreichische Küche. Hauptgerichte von € 16 bis € 36; Menüs ab € 55. Geschlossen: Mo-Mi; So abends; Do mittags.

Karfiol: Blumenkohl *(Österreich)*

Krems an der Donau
Niederösterreich

Kaiser von Österreich
XX
Körnermarkt 9 / ✉ 3500 / www.kaiser-von-oesterreich.at
T.: +43 2732 86001 / restaurant@kaiser-von-oesterreich.at

Mediterrane Küche. Menüs von € 42 bis € 65. Geschlossen: Mo, So; Di-Sa mittags.

Krumbach (Niederösterreich)
Niederösterreich

Triad
XXX ⬆
Ödhöfen 25 / ✉ 2853 / www.triad-machreich.at
T.: +43 2646 8317 / office@triad-machreich.at

Österreichische, weltoffene Küche. Hauptgerichte von € 19 bis € 33; Menüs von € 65 bis € 132; besondere Mittagskarte, vegetarisches Menü. Geschlossen: Mo, So; Di mittags. Chef's Table, Kochkurse.
Über sanfte Hügel führt der Weg ins Triad im niederösterreichischen Krumbach. Der ehemalige Bauernhof in naturreicher Umgebung bietet heute fünf Doppelzimmer und ein separates Häuschen für die Nacht sowie einen Hofladen und eine hauseigene Driving Range. Hauptanziehungspunkt des liebevoll restaurierten Anwesens ist jedoch die Gastronomie. Herausragend ist das, was Küchenchef Uwe Machreich und sein Team auf die Teller bringen. In bis zu acht Gängen huldigen sie ihrer Heimat und der Jahreszeit. Saibling mit Kaviargelee, Kaninchenkeule, Kalbs-Schulterscherzl mit Erdäpfelstampf, Ziegenfrischkäse mit Sauerampfer – konzentriert-kräftig im Geschmack und schön in der Darbietung. Wer zu zweit kommt, kann sich an einem Überraschungsmenü erfreuen, gerne auch am Chef's Table. Außerdem gibt es die guten bodenständigen Klassiker wie Kalbsrahmbeuschl, Rostbraten oder Gulasch vom Triad Beef. Apropos: Das Triad Beef ist eine spezielle, an nachhaltigen Prinzipien orientierte, Züchtung des Hauses – eine Kreuzung von Fleckvieh mit Wagyu.
Das Haus empfiehlt: Bachforelle, gegrillter Erdäpfel-Espuma, Romanasalat; Gepökelte Kalbszunge, Zöberner Karotte, Senfkaviar; Leitenbauer-Lamm, Bulgur, Erbse, Buttermilch

Kufstein
Tirol

Alpenrose Hotel-Restaurant
Hotel Alpenrose
XXX
Weissachstr. 47 / ✉ 6330 / www.alpenrose-kufstein.at
T.: +43 5372 62122 / hotel@alpenrose-kufstein.at

Weltoffene Küche. Hauptgerichte von € 23 bis € 40; Menüs von € 46 bis € 120; besondere Mittagskarte. Geschlossen: Mo, Sa+So.

Langenwang
Steiermark

Restaurant Krainer
XXX
Grazer Str. 12 / ✉ 8665 / www.hotel-krainer.com
T.: +43 3854 2022 / restaurant@hotel-krainer.com

Steirische, österreichische Küche. Hauptgerichte von € 24 bis € 48; Menüs von € 62 bis € 98; besondere Mittagskarte, vegetarisches Menü, vegane Hauptgerichte. Geschlossen: Mo-Mi, So; Do-Sa mittags. Kochkurse.

Lauterach
Voralberg

Restaurant Guth
XXX ⬆
Wälderstr. 10 / ✉ 6923
www.restaurantguth.at
T.: +43 5574 72470 / tisch@restaurantguth.at

Österreichische Küche. Hauptgerichte von € 23 bis € 32; Menüs von € 72 bis € 85. Geschlossen: Sa+So.

Lavant
Tirol

Vincena Restaurant & Weinbar
Dolomitengolf Suites
XX ⬆
Am Golfplatz 2 / ✉ 9906
www.vincena.at
T.: +43 4852 61122-500
info@dolomitengolf-suites.com

Österreichische, Crossover-Küche. Hauptgerichte von € 20 bis € 35; Menüs von € 58 bis € 90; besondere Mittagskarte. Geschlossen: mittags. Chef's Table.
Feines Speisen zwischen Golfplatz und dem Fluss Drau in einem Fünf-Sterne-Designhotel, Lounge-Terrasse mit Blick über das Grün in den Sonnenuntergang.
Das Haus empfiehlt: Knuspriger Zander, Kartoffelgulasch, Kohlgemüse, Apfel-Chilischaum; Sanft gebratener Kalbstafelspitz, Süßkartoffel, Rosenkohl, Pfeffer-Glace; Palatschinken mit Bourbon-Vanilleeis, Brombeere, Tonkabohnenschaum

Palatschinken: Eierkuchen *(Österreich)*

Lech am Arlberg
Voralberg

Die Hinterwies

Tannberg 186 / 6764 / www.hinterwies.at
T.: +43 5583 2531 / hinterwies@lech.at

Österreichische, weltoffene Küche. Hauptgerichte von € 18 bis € 35; vegetarisches Menü. Geschlossen: mittags.

Griggeler Stuba
Burg Vital Resort
ohne Bewertung

Oberlech 568 / 6764
www.burgvitalresort.com/de/kulinarik/griggeler-stuba
T.: +43 5583 3140 / office@burgvitalresort.com

Fine-Dining-Restaurant mit österreichischer Küche. Menüs zu € 205; vegetarisches Menü.
Restaurant, in dem eine betont saisonale Gourmetküche geboten wird, in der heimische Kräuter eine große Rolle spielen. Umrahmt wird ein Besuch in der Griggeler Stuba von alpenländischer Gemütlichkeit. Viel Holz verkleidet Decken und Böden. In schicken Sesseln und Bänken nehmen die Gäste Platz, um auf die fantastischen Kreationen zu schauen und nach dem glänzenden Silberbesteck zu greifen. (Mehr Informationen über den Sommelier des Jahres, Michael Bauer, unter „Auszeichnungen des Jahres Österreich/Südtirol".)

Krone-Stuben
Romantik Hotel „Die Krone von Lech"

Dorf 13 / 6764 / www.kronelech.at
T.: +43 5583 2551 / email@kronelech.at

Österreichische, weltoffene Küche. Hauptger. von € 20 bis € 42; Menüs ab € 52; Mittagskarte, vegetar. Menü.

Lechtaler Stube
Burg Hotel

Oberlech 266 / 6764 / www.burghotel-lech.com
T.: +43 5583 2291 / info@burghotel-lech.com

Österreichische Küche. Hauptgerichte von € 25 bis € 48; Menüs von € 68 bis € 84; besondere Mittagskarte, vegetarisches Menü, vegane Hauptgerichte. Geschlossen: mittags. Kochkurse.
Umgeben von schneebedeckten Bergen im Winter und blühenden Wiesen im Sommer lädt die riesige Sonnenterrasse des Burg Hotels zum Entspannen und Genießen ein. Das Hotel in Oberlech ist eine märchenhafte Luxusunterkunft. Das liegt zum einen an der herzlichen Gastfreundschaft, mit der die Familie Lucian dieses Domizil betreibt, aber vor allem an der wirklich ausgezeichneten Küche. Das Küchenteam begeistert seine Gäste mit einer alpinen, nachhaltig interpretierten Schlemmerküche. Am Herzen liegen dem Chefkoch die langsam und natürlich gereiften Produkte, die er in Kombination mit unterschiedlichen Almkräutern veredelt. Der auf den Punkt gegrillte Saibling mit einem geschmacklich höchst intensiv konzentrierten Sößle geht glatt als Low-Carb-Variante durch. Serviert wird in der traditionsreichen, gemütlichen Atmosphäre der Lechtaler Stube. Die überaus sympathische und kenntnisreiche Servicecrew trägt zu einem tollen Gesamterlebnis bei. Übrigens: Das Restaurant hat auch in der Sommersaison geöffnet.
Das Haus empfiehlt: Beef-Tartar vom heimischen Rinderfilet; Auf Salzstein gegarte Filets vom Bachsaibling; Rosa gebratene Hirschkrone aus eigener Jagd

Panoramarestaurant „Postblick"
Gasthof Post

Dorf 11 / 6764 / www.postlech.com
T.: +43 5583 22060 / info@postlech.com

Österreichische Küche. Hauptgerichte von € 20 bis € 40; Menüs von € 90 bis € 105.

Picea
Burg Vital Resort
ohne Bewertung

Oberlech 568 / 6764
www.burgvitalresort.com/de/kulinarik/restaurant-picea
T.: +43 5583 3140 / office@burgvitalresort.com

Österreichische Küche. Hauptgerichte von € 20 bis € 50; Menüs von € 58 bis € 80; besondere Mittagskarte, vegetarisches Menü.
Eine saisonale, naturverbundene und gesunde Küche wird in dem in 1.700 Metern Höhe gelegenen Lokal mit elegant-gemütlichem Speiseraum serviert.
Das Haus empfiehlt: Die Salate und Kräuter aus Frau Lucians Garten; Der Saibling aus dem Zuger Teich im Ganzen an der Gräte in brauner Almbutter gebraten; Der Dinkel-Einkorn „Schmarrn" - karamellisiert, Bio-Ei, Heumilch, Zwetschgenröster

Restaurant Klösterle

XXX

Zug 27 / ✉ 6764 / restaurant-kloesterle.at

T.: +43 5583 3190 / kloesterle@almhof.at

Österreichische Küche. Hauptgerichte von € 20 bis € 35; Menüs ab € 95; besondere Mittagskarte. Geschlossen: Di+Mi.

Rote Wand Chef's Table

Walch's Rote Wand Gourmet Hotel

XXXX ⬆

Zug 5 / ✉ 6764 / www.rotewand.com

T.: +43 5583 34350 / gasthof@rotewand.com

Fine-Dining-Restaurant mit weltoffener Küche. Menüs zu € 209; vegetarisches Menü. Geschlossen: Mo+Di; Mi-So mittags. Chef's Table.

Saftige Wiesen und in der Sonne funkelnde Bergspitzen. Im Tal eine beschauliche Dorfwelt aus Kirchtürmchen und hölzernen Fassaden. Dazu die Menschen, die jeden Neuankömmling mit Charme, Herzlichkeit und – vor allen Dingen – mit gutem Essen willkommen heißen. Hier, in Zug bei Lech am Arlberg, tritt das Gourmethotel Rote Wand besonders in Erscheinung. Es ist ein Ensemble aus sechs teils historischen Gebäuden, die durch den „Roten Gang" miteinander verbunden sind. Eines davon ist ein ehemaliges Schulhaus aus dem 18. Jahrhundert. Feinschmecker bekommen dort die Gelegenheit, an einem exklusiven Chef's Table Platz zu nehmen. 12 Personen belegen einen Tresen, der eine Kücheninsel umschließt. Sie beobachten die Küchencrew Gang für Gang beim Zubereiten und Anrichten. Das Ergebnis ist eine Vielzahl von Gängen mit allem, was den Alpenraum ausmacht – exquisit vollendet für Gaumen und Auge. Nach dem Weggang von Max Natmessnig nach München kocht seit Spätsommer 2022 Julian Stieger im Gourmet-Restaurant hauptverantwortlich.

Rote Wand Stuben

Walch's Rote Wand Gourmet Hotel

XXX

Zug 5 / ✉ 6764 / www.rotewand.com

T.: +43 5583 34350 / gasthof@rotewand.com

Österreichische Küche. Hauptgerichte von € 24 bis € 27; Menüs von € 56 bis € 98; besondere Mittagskarte. Chef's Table, Kochkurse.

Das Angebot an Freizeitaktivitäten, Übernachtungsmöglichkeiten und Genuss-Adressen in der herrlichen Arlberger Bergwelt ist groß. Ein in dieser Hinsicht bedeutendes Ziel ist das Gourmet Hotel Rote Wand in Lech. Der Name ist eine Bezeichnung für ein sorgsam gepflegtes historisches Refugium, in dem der Gast nach allen Regeln der Kunst kulinarisch verwöhnt wird und das seit Jahrzehnten untrennbar mit dem Namen Josef Walch verbunden ist. In den „Rote Wand Stuben" wird Feinschmeckern eine moderne österreichisch-alpine Hochküche geboten, deren Speisebezeichnungen so einfach klingen – und die dann doch so nachhaltig beeindruckt. Bachsaibling, Eierschwammerl, Hirschrücken und Buttermilchschmarren stehen auf der Karte und man tut gut daran, gleich ein fünfgängiges Abendmenü zu wählen, um einen Besuch voll auszukosten. Wohl umsorgt und beraten vom Team des Hauses versteht sich.

Das Haus empfiehlt: Gebeizter Zuger Almsaibling, Gurke, Wasabi, Sauerrahm; Rinderfilet im Blätterteig, Gemüse vom Vetterhof; Rote Wand Eiskaffee, Kaffeelikör, Vanilleeis, Schlagobers

Severin*s - The Alpine Retreat

Severin*s - The Alpine Retreat

XXX ⬆

Stubenbach 273 / ✉ 6764 / www.severins-lech.at

T.: +43 5583 339070 / info@severins-lech.at

Österreichische Küche. Hauptgerichte von € 34 bis € 43; besondere Mittagskarte. Geschlossen: So; Mo-Sa mittags.

Zürserhof

Hotel Zürserhof

XXX

Zürs 75 / ✉ 6763 / www.zuerserhof.at

T.: +43 5583 25130 / hotel@zuerserhof.at

Österreichische, weltoffene Küche. Geschl.: abends.

Das Fünf-Sterne-plus-Angebot der Familie Skardarasy sorgt für einen Verwöhnurlaub wie er im Buche steht. Direkt an den Pisten des Skigebietes Arlberg gelegen, hat sich der traditionsreiche Zürserhof als Ski- und Spa-Resort, aber auch als vorzügliche Genussadresse einen Namen gemacht. Es begeistern die zentrale Lage im Skigebiet, die stilvolle Atmosphare im Hotel, der hohe Wohnkomfort in den Zimmern, das vielfältige Angebot im 3.200 Quadratmeter großen Spa und nicht zuletzt die hervorragende Küche. Das elegante Flair des Restaurants mit seiner Sonnenterrasse ist die Bühne für das engagierte Küchenteam unter der Leitung von Marcel Schneider. Abend für Abend werden die Gäste mit abwechslungsreichen Menüs und À-la-carte-Spezialitäten verwöhnt. Neben dem kulinarischen Wochenprogramm zählen mediterrane Abende und ein Galadinner zu den Höhepunkten. Die Qualitätsansprüche des Hauses spiegeln auch die bestens

bestückte Weinkarte und das Käsebuffet mit 200 erlesenen Käsespezialitäten wider.
Das Haus empfiehlt: Köstlichkeiten aus der österreichischen und internationalen Küche

Leibnitz
Steiermark

Schlosskeller Südsteiermark

XXX

Seggaubergstr. 5 / ✉ 8430 Ortsteil Seggauberg
www.schlosskellersuedsteiermark.at / T.: +43 3452 74499
info@schlosskellersuedsteiermark.at

Steirische, österreichische Küche. Hauptgerichte von € 13 bis € 35; Menüs von € 89 bis € 119; vegetarisches Menü. Geschlossen: Mo+Di; Mi mittags.
Die Zutaten der Heimat spielen in der Küche von Markus Rath eine große Rolle. Aufgetragen wird sie in einem liebevoll renovierten Traditionswirtshaus – das passt doch wie die Faust auf's Auge. Mittags gibt es Südsteirische Klassiker nach bewährten Rezepten und souveräne Kreationen nach neuen Ideen, die Leib und Seele erfreuen. Man bekommt schon eine Ahnung von dem, was da Feines am Abend auf den Tisch kommen könnte. Ein Überraschungsmenü zum Beispiel, das durch seine zeitgemäße Bodenständigkeit und das Know-how eines exzellent ausgebildeten Kochs punktet. Zu den Räumlichkeiten des Gasthauses mit seiner 350-jährigen Geschichte zählen drei Stuben, ein Gewölbe-Weinkeller und eine große Sonnenterrasse, die zwischen den Küchenzeiten zu schönen Aussichten einlädt.
Das Haus empfiehlt: „Schlosskeller Schweinerei" mit verschiedenen Stücken vom Schwein, Würstel, Grammelknödel, Kraut; Schlosskeller-Überraschungsmenü in vier bis sechs Gängen; Jeder erste Sonntag im Monat steht unter dem Motto „Brunch im Schlosskeller Südsteiermark"

Leogang
Salzburg

dahoam by Andreas Herbst
Good Life Resort „Die Riederalm"

XXX ⬆

Rain 100 / ✉ 5771 Ortsteil Rain / www.riederalm.com
T.: +43 6583 7342 / info@riederalm.com

Österreichische Küche. Menüs von € 115 bis € 145; vegetarisches Menü. Geschlossen: Mi+Do, So; Mo+Di, Fr+Sa mittags. Kochkurse.
Das „Good Life Resort Die Riederalm" ist das, was anspruchsvolle Urlaubsgäste in alpiner Umgebung heutzutage erwarten: Ein familiär geführtes Refugium mit allen denkbaren Annehmlichkeiten in Zimmer, Wellnessbereich und auch auf Gastronomieebene. Mittags genießen die Gäste im Restaurant des Hotel Riederalms frische bodenständige Speisen von der Bistro-Karte, während am Abend im Gourmet-Restaurant „dahoam by Andreas Herbst" die kreative Gourmetküche Einzug hält. Der modern in Holz gekleidete Speisesaal mit seinen gemütlich gepolsterten Stühlen und Bänken und den fein eingedeckten Tischen ist der Schauplatz für die Kochkunst von Andreas Herbst. Sein Team veredelt alles Gute aus der Heimat zu erlebenswerten Kreationen. Das kulinarische Erlebnis startet schon mit einer etwas anderen Speisekarte, nämlich einer Landkarte mit den lokalen Produzenten und man wählt zwischen einer „großen" oder „kleinen" kulinarischen Reise durch Leogang. Die Hauptkomponenten aus der unmittelbaren Umgebung werden zu einzigartigen Kreationen veredelt. Dazu werden ausgewählte Tropfen aus dem Weinkeller und hausgemachte Drinks gereicht.
Das Haus empfiehlt: Leoganger Saibling, Zucchini, Mädesüß, Paprika-Miso, Maniokwurzel, geschmorte Tomate; Rehbutterschnitzel, saures Rotkraut, Vogelbeere, Fichtensellerie; Milchkalb „im Heumahd Rauch", Mais, Fisolen, Petersilie, Erdäpfel-Nidei

Der Kirchenwirt seit 1326

XXX

Nr. 3 / ✉ 5771 / www.K1326.com
T.: +43 6583 8216 / info@k1326.com

Österreichische Küche. Hauptgerichte von € 12 bis € 32; Menüs von € 50 bis € 98; vegetarisches Menü. Geschlossen: Di+Mi; Mo, Do-So mittags.
Das Jahr 1326 muss unbedingt im Namen Hauses genannt werden, zeigt es doch, wie lange an diesem Ort bereits eine gastronomische Tradition gepflegt wird. Vor fast sieben Jahrhunderten als „Taverne zu Sankt Leonhard" verbrieft, ist der Kirchenwirt heute ein professionell von der Familie Unterrainer geführtes Hotel nebst exzellentem Restaurant, dessen Strahlkraft weit über die Grenzen der Region Saalfelden-Leogang hinausreicht. Dabei geht das historische Erbe in Form von Holzbalken und niedrigen Decken eine gelungene Symbiose mit modernen Ausstattungsstandards ein. Diese Philosophie beherrscht auch die wunderschönen, elegant-rustikalen Gaststuben. Und zwar sowohl das liebevoll hergerichtete Interieur als auch das Speisenangebot. Gäste haben die Wahl zwischen der klassischen Wirtshauskarte mit österreichischen Schmankerln einerseits, und mehreren aufwendig gestalteten Menüs – darunter eine pfiffige Gourmet-Speisefolge – andererseits. Doch ob Wiener Schnitzel,

Gänse-Rilette oder Trüffel-Spaghettini – Küchenchef Stefan Birnbacher und seine Brigade sorgen dafür, dass ein Besuch zum kulinarischen Erlebnis wird. (Mehr Informationen über das Serviceteam des Jahres unter „Auszeichnungen des Jahres Österreich/Südtirol".)
Das Haus empfiehlt: Rosa Filet vom Biorind aus Österreich, Bio-Erdäpfel-Nussbutter-Püree; Leoganger Bio-Dotter-Raviolo, schwarzer Wintertrüffel, Vogerlsalat, geräucherter Pinzgauer Schottka-Schaum; Schokolade, Berg-Heidelbeere, Lavendel

Echt. Gut essen.

Naturhotel Forsthofgut

Hütten 2 / ✉ 5771 / www.forsthofgut.at
T.: +43 6583 8561 / info@forsthofgut.at

Fine-Dining-Restaurant mit österreichischer, weltoffener Küche. Hauptgerichte von € 25 bis € 42; Menüs von € 80 bis € 133. Geschlossen: Mo, So; Di-Sa mittags. Chef's Table.
Dieses Credo hat sich das Restaurant „Echt. Gut essen." im Naturhotel Forsthofgut auf die Fahnen geschrieben. Kochkunst auf höchstem Niveau kann im Rahmen eines exklusiven Gourmetmenüs genossen werden. Mit Augenmerk auf das Zusammenspiel von Kultur und Tradition der Speisen sowie der Qualität des Handwerks. Das kleine Gourmetlokal bietet Platz für bis zu zehn Personen. In dem modern designten, stylischen Gastraum trifft man sich zum Candle-Light-Dinner oder zu einem Private-Cooking-Abend im kleinsten Kreis. Dann lässt sich Küchenchef Michael Helfrich gerne auf die Finger schauen. Aber auch sonst ist der Front-Cooking-Bereich eine Attraktion. In ihrer Küche spielen hochwertige Zutaten und die Originalität in der Zubereitung eine große Rolle. Der Gast erlebt saisonal abgestimmte Genussmomente mit monatlich wechselnden Gourmetmenüs und einer korrespondierenden Weinbegleitung.
Das Haus empfiehlt: Romanasalat mit Pistazien, Parmesan, Pfefferkraut und gepufftem Reis; Geflämmter Heilbutt auf Amalfizitronen-Sauce mit Steckrübenpüree und Saiblingskaviar; Geschmorte Kalbshaxe auf Curry-Crème mit gelber Bete und Senfkohl

ESS:ENZ

Hotel Puradies

Rain 9 / ✉ 5771 Ortsteil Rain / www.puradies.com
T.: +43 6583 8275 / info@puradies.com

Fine-Dining-Restaurant mit österreichischer, mediterraner Küche. Hauptgerichte von € 18 bis € 38; Menüs ab € 54; vegetarisches Menü, vegane Hauptgerichte. Geschlossen: Di+Mi; Mo, Do-So mittags. Chef's Table, Kochkurse.
Das wunderschöne Hotel Puradies zu Füßen der Leoganger Berge ist Garant für einen erholsamen Urlaub, verbunden mit großem Essgenuss. Letzterer darf sich in zwei Restaurants erfüllen oder in Bar und Lounge ausleben. Und er kann sich im Bio-Feinkostladen mit Produkten aus der eigenen Almwirtschaft eine Fortsetzung für zuhause schaffen. Insgesamt 300 Produkte, darunter Käse, Speck und Würste, selbstgemachte Marmeladen und Chutneys stehen in der zum Hotel gehörigen Greißlerei zur Mitnahme bereit. On top steht das Restaurant ESS:ENZ. Die Haute Cuisine des Hauses glänzt mit mehrgängigen Menüs, die gespickt sind mit den Erzeugnissen des nahegelegenen Bio-Bauernhofs. Erdverbunden, von großer Geschmackstiefe und in schöner Optik präsentiert das Küchenteam seine Variation vom Bio-Ei, den „Entengarten" oder ein Forellen-Gröstl.
Das Haus empfiehlt: Rosa Kalbsfilet, Madeirasauce, Polenta, Pilze; Filet vom Thunfisch, Zitrusfrüchte-Salsa, Kartoffelcrème, Gemüse; „Puradies"-Apfel, Crumble, Apfel-Wasabisorbet

Krallerhof Chef's Table

Der Krallerhof

Rain 6 / ✉ 5771 Ortsteil Rain / www.krallerhof.com
T.: +43 6583 8246 / office@krallerhof.com

Österreichische Küche. Menüs ab € 98; vegetarisches Menü, vegane Hauptgerichte. Geschlossen: mittags. Chef's Table.

Seerestaurant Mizūmi

Naturhotel Forsthofgut

Hütten 2 / ✉ 5771
www.mizumi.at
T.: +43 6583 8561777
mizumi@forsthofgut.at

Japanische Küche. Hauptgerichte von € 25 bis € 50; besondere Mittagskarte, vegetarisches Menü, vegane Hauptgerichte. Geschlossen: Mi+Do abends.
Sushi und japanische Whiskys, kreative Cocktails und hausgemachte Limonaden – die Auswahl ist groß und kreativ.
Das Haus empfiehlt: Forsthofgut Sushi Set (Nigiri Hokkada, Kabocha, Nigiri Unagi, Nigiri Wagyu Rind, Maki Pinzgau, Sahimi Arctic Char); Wagyu Beef (Entrecôte), Süßkartoffel, Babymais, Koriander; Dim Sum (verschiedene hausgemachte Teigtaschen)

Leutschach an der Weinstraße
Steiermark

Liepert's Kulinarium
XXX
Arnfelser Str. 2 / ✉ 8463 / www.lieperts.at
T.: +43 664 1418116 / office@lieperts.at

Fine-Dining-Restaurant mit steirischer, österreichischer Küche. Menüs von € 98 bis € 119; vegetarisches Menü. Geschlossen: Mi+Do, So; Mo+Di mittags.

Lichtenberg
Oberösterreich

Restaurant Holzpoldl
XXX ⬆
Am Holzpoldlgut 2 / ✉ 4040 / www.holzpoldl.at
T.: +43 7239 6225 / office@holzpoldl.at

Österreichische Küche. Hauptgerichte von € 19 bis € 36; Menüs von € 52 bis € 145; besondere Mittagskarte. Geschlossen: Mo-Mi; Do+Fr mittags.

Linz
Oberösterreich

Essig's
XXX ⬆
Niederreithstr. 35b / ✉ 4020 / www.essigs.at
T.: +43 732 770193 / info@essigs.at

Österreichische, weltoffene Küche. Hauptgerichte von € 24 bis € 38. Geschlossen: Mo, Sa+So. Kochkurse.

Kliemstein VinoVitis
XX ⬆
Obere Donaulände 15 / ✉ 4020
www.kliemstein-linz.at
T.: +43 732 997079 / reservierung@vino-vitis.at

Österreichische, mediterrane Küche. Hauptgerichte von € 9 bis € 36; Menüs von € 68 bis € 109; besondere Mittagskarte, vegetarisches Menü. Geschlossen: Mo, So; Di-Sa mittags.

Muto Restaurant
XXX
Altstadt 7 / ✉ 4020
www.mutolinz.at
T.: +43 732 770377 / restaurant@mutolinz.at

Weltoffene Küche. Hauptgerichte von € 16 bis € 26; Menüs von € 72 bis € 85; vegetarisches Menü. Geschlossen: Mo+Di, So; Mi-Sa mittags.

Rossbarth
XXX
Klammstr. 7 / ✉ 4020
www.rossbarth.at
T.: +43 677 62239314 / speisen@rossbarth.at

Österreichische Küche. Menüs von € 85 bis € 114. Geschlossen: Sa+So; Mo-Fr mittags.

Verdi Restaurant
XXX ⬆
Pachmayrstr. 137 / ✉ 4020 Ortsteil Urfahr
www.verdi.at / T.: +43 732 733005 / lukas@verdi.at

Französische, mediterrane Küche. Hauptgerichte von € 25 bis € 45; Menüs von € 69 bis € 89; vegetar. Menü. Geschlossen: Mo, So; Di-Sa mittags. Chef's Table, Kochkurse.

Zum kleinen Griechen
XX
Hofberg 8 / ✉ 4020
www.zumkleinengriechen.at
T.: +43 732 782467 / info@zumkleinengriechen.at

Mediterrane, weltoffene Küche. Hauptgerichte von € 21 bis € 49; Menüs von € 45 bis € 79; besondere Mittagskarte, vegetarisches Menü. Geschlossen: So.
Ein bisschen Wirtshausatmosphäre unter einer Gewölbedecke aus dem 15. Jahrhundert, mitten in der Altstadt.
Das Haus empfiehlt: Gnocchi mit Flusskrebsfleisch; Wolfsbarschfilet mediterran, Kapern, Oliven, Babytomaten, Safranrisottobällchen; Gefüllte Maishuhnbrust „Supreme", Blattspinat, Feta, Zucchini-Kohlrabi-Gemüse

Lochau
Voralberg

Restaurant Mangold
XXX ⬆
Pfänderstr. 3 / ✉ 6911
www.restaurant-mangold.at
T.: +43 5574 42431
office@restaurant-mangold.at

Österreichische, mediterrane Küche. Hauptgerichte von € 26 bis € 42; Menüs von € 39 bis € 105; besondere Mittagskarte, vegetarisches Menü. Geschlossen: Mo+Di.
Nur wenige hundert Meter vom Bodensee entfernt liegt das Restaurant Mangold. Die kleine österreichische Gemeinde profitiert durch diese schöne Lage, die Touristen von nah und fern anzieht. Der traditionelle Gasthof Mangold hat seine eigenen Reize, die nicht nur in der Küche, sondern auch in der Herzlichkeit eines Familienbetriebes liegen. Michael und Andrea Schwarzenbacher führen das Restaurant nicht nur mit viel Erfahrung und Herzblut. Sie haben den Spagat zwischen der wohltuenden, heimeligen Tradition und der spannenden Gegenwart geschafft. So stehen auf der Speisekarte ein paar heiß geliebte Klassiker der österreichischen Küche neben Speisen, die mit einer frischen, mediterranen Note überzeugen. Dazu tragen schonende Zubereitungstechniken und die Frische durch möglichst regionalen Bezug der Produkte bei. Für den fleischlosen Genuss wird ein fünfgängiges Menü geboten.

Das Haus empfiehlt: Thunfischconsommé mit Bärlauch und Hechtnockerl; Knuspriger Molke-Schweinebauch mit Süßkartoffeltascherl und Dashi-Fond; Kurz gebratenes Kalb mit Bries und Kalbskopf, Spargel, Radieschen, Brokkolicrème und Gnocchi

Mailberg
Niederösterreich

Genusswirtschaft

Mailberg 252 / ✉ 2024
www.genusswirtschaft-mailberg.at / T.: +43 2943 30056
reservierung@genusswirtschaft-mailberg.at

Österreichische Küche. Hauptgerichte von € 17 bis € 27; Menüs von € 59 bis € 94. Geschlossen: Mi+Do. Kochkurse.

Maria Wörth
Kärnten

Gourmet-Restaurant Hubert Wallner

Seeplatz Nr. 6 / ✉ 9082
www.hubertwallner.com
T.: +43 4273 38589 / office@hubertwallner.com

Fine-Dining-Restaurant mit österreichischer, mediterraner Küche. Hauptgerichte von € 45 bis € 65; Menüs von € 168 bis € 198; vegetarisches Menü, vegane Hauptgerichte. Geschlossen: So; Mo-Fr mittags. Chef's Table, Kochkurse.
Seit Juni 2021 zaubern Hubert Wallner und seine Brigade am Südufer des Wörthersee – dem Gourmethimmel des Vollblutgastronomen. Die einzigartige Location mit Seeterrasse, Bootsanleger und verglasten Innenräumen fasziniert zu jeder Jahreszeit und die Küche tut es sowieso. Die kulinarischen Schätze der Heimat sind das Herzstück Wallners österreich-mediterraner Darbietungen. Fleisch und Gemüse direkt vom Bauern, fangfrische Fische direkt aus dem See (Reinanke, Zander) oder aus der ausgewählten Fischzucht und die aromatischen Kräuter der Region werden zu kulinarischen Genüssen verarbeitet, die man in dieser Qualität nur selten erleben kann. Ein Bio-Saibling mit Sauerrahm und Salzzitrone wird dabei genauso exzellent inszeniert wie der Bretonische Hummer mit Curry und Cashew. Zwei Menüs in fünf bis sieben Gängen und À-la-carte-Gerichte stehen zur Auswahl. Zu dem großartigen Erlebnis trägt das perfekt eingespielte, kompetente und um die Gäste bemühte Serviceteam unter der Leitung von Daniela Zuzek bei. (Mehr Informationen über Hubert Wallner unter „Auszeichnungen des Jahres Österreich/Südtirol".)
Das Haus empfiehlt: Wörthersee-Reinanke, Gurke, Sauerrahm, Kapuzinerkresse; Kärntner Milchlamm hoch2, Karotte, Harissa; Paradeiser, rotes Curry, Passionsfrucht

Bistro Südsee by Hubert Wallner

Wörthersee-Süduferstr. 258 / ✉ 9082 / www.sued-see.at
T.: +43 664 4181400 / office@sued-see.at

Bistro mit mediterraner Küche. Hauptgerichte von € 19 bis € 44; Menüs von € 59 bis € 79; besondere Mittagskarte, vegetarisches Menü. Geschlossen: Mo+Di.
Diese herrliche Lifestyle-Location rückt gleich auf zweierlei Art in den Fokus des Bonvivants: Einmal ist es die direkte Lage am blauen Wasser des Wörthersee und zum zweiten die erlesene Küche made by Hubert Wallner. Der Name „Bistro Südsee" passt ebenso in doppelter Hinsicht: Man lässt sich am Südufer nieder und kann im Sommer jenes magische Farbspiel betrachten, das sich aus der orange glühenden Abendsonne, den Bergen und des Sees formiert. Für einen Moment könnte man sich tatsächlich in der Inselwelt des Pazifiks wähnen. Natürlich gibt es auch alles, was sonst noch so dazugehört: Ein zwangloser, herzlicher Charme, gemütliche Musik zum Chillen, tolle Cocktails und Weine sowie eine kleine, aber raffiniert dargebotene Speiseauswahl. Auf der Karte stehen etwa Caesar Salad mit Donau Flusskrebsen, die im Ganzen gebratene fangfrische Reinanke mit Sellerie und Spinat oder auch ein fein gerührtes Weißweinrisotto. Bereits ab elf Uhr morgens können sich Hungrige zu Aperitif und Business Lunch niederlassen. Für eine kleine aber wahrhaftige Auszeit.
Das Haus empfiehlt: Spicy Garnelen, Romana-Salatherzen, Yuzu, Chili-Mayo, Salzzitrone; Rosa gegarter Rinderrücken überbacken mit Café-de-Paris-Butter, Blattspinat, Rosmarinerdäpfel; Südsee-Traum - Das originale Himbeer-Tiramisu, im Glas serviert

Mautern an der Donau
Niederösterreich

Landhaus Bacher
Landhaus Bacher

Südtiroler Platz 2 / ✉ 3512 / www.landhaus-bacher.at
T.: +43 2732 82937 / info@landhaus-bacher.at

Österreichische, weltoffene Küche. Hauptgerichte von € 35 bis € 58; Menüs von € 62 bis € 196; besondere Mittagskarte, vegetarisches Menü. Geschlossen: Mo+Di; So abends; Mi mittags. Kochkurse.

Das Landhaus Bacher liegt im kleinen Ort Mautern am südlichen Donauufer. Die Restauration, deren Geschichte bis in die Fünfziger Jahre zurückreicht, ist seit Jahren eine der besten im ganzen Land. Das Landhaus Bacher besteht heute aus einem Restaurant mit Salon, Kaminstube und baumbestandenem Gastgarten sowie einem kleinen Hotel mit zehn Zimmern – selbstverständlich alles im schmucken Landhausstil. Namensgeberin ist Lisl Wagner-Bacher, vormals hier auf höchstem Weltniveau kochend. Seit 18 Jahren lenkt ihr Schwiegersohn Thomas Dorfer die Küche des Hauses. Sein Kochstil folgt keinen aktuellen Trends, sondern er versteht es, in absoluter Perfektion, mit einer Mischung aus Neugier und Tradition, Gerichte zu erschaffen, die selbst dem Weitgereisten ganz neue Eindrücke vermitteln können. Dabei werden nicht nur je nach Saison Produkte benachbarter Erzeuger genutzt, sondern alte Gemüsesorten oder Kräuter neu entdeckt und mit den Aromen aus fernen Ländern kombiniert. (Mehr Informationen über Thomas Dorfer unter „Auszeichnungen des Jahres Österreich/Südtirol".)
Das Haus empfiehlt: Imperial Kaviar, Kernöl, Litschi und Lauch, geröstete Kürbiskerne und Schnittlauch-Beurre-blanc; geschmorter Kopfsalat „Szegediner Art", Steinpilze, Vegi-XO Sauce, Senfgurken und Salzzitronen-Holunderblütenrahm; Sommerbock, grüne Bohnen und geschmorte Zwetschgen, junge Kokosnuss, Reh-Cevapcici und Sauce Poivrade

Mauterndorf
Salzburg

Mesnerhaus

Markt 56 / ✉ 5570 / www.mesnerhaus.at
T.: +43 6472 7595 / info@mesnerhaus.at

Fine-Dining-Restaurant mit österreichischer, weltoffener Küche. Hauptgerichte von € 35 bis € 50; Menüs von € 98 bis € 198; vegetarisches Menü. Geschlossen: Mo+Di. Kochkurse.
Das ausgezeichnete Restaurant in den Bergen mit Wurzeln, die bis ins Jahr 1420 reichen, befindet sich unter Denkmalschutz und etablierte sich zur einzigartigen Gourmet-Adresse. Man spürt das gemütliche Ambiente des geschichtsträchtigen Hauses in Mauterndorf, an dem Vergangenheit und Gegenwart zu einer wunderbaren Einheit verschmelzen. Eine kleine Auszeit bei Maria und Josef Steffner wird schnell unvergesslich! „In der Natur finden wir nicht nur die besten kulinarischen Schätze, sondern auch die schönsten Ruheoasen", weiß Josef Steffner. „Mit der Natur kann kein Wellness-Tempel der Welt mithalten. Nirgendwo lässt es sich besser Kraft tanken und Inspirationen sammeln." Nur wenige Schritte vom Tisch im Restaurant des historischen Gebäudes entfernt, das seit 1420 besteht, geht es ins Bett eines großen Traums: dem neuen Zubau. Sechs Genießer-Zimmer und eine exklusive Suite sind bis ins kleinste Detail durchdacht, um einen Aufenthalt unvergesslich zu machen. Maximale Privatsphäre und Gemütlichkeit vereinen sich hier mit Tradition und Moderne, sowie der Liebe zur Natur. Hier lässt es sich unbeschwert genießen.
Das Haus empfiehlt: Reh, Laugenbrezel, wilde Schwarzbeere, Sellerie, Strangalan (Bohnen); Lungauer Lachsforelle, Tomate, Salbei, Graupen; Zotter Schokolade 60 %, schwarze Ribisel, Waldmeister, Haselnuss

Mariazell
Steiermark

Lurgbauer

Lurg 1 / ✉ 8630 Ortsteil Sankt Sebastian
www.lurgbauer.at / T.: +43 3882 3718
lurgbauer@mariazell.at

Österreichische Küche. Hauptgerichte von € 23 bis € 28; Menüs von € 62 bis € 82; besondere Mittagskarte. Geschlossen: Mo-Do; So abends.

Apéritif: Getränke zur Einstimmung vor dem Essen

Mistelbach
Niederösterreich

Wintergarten zur Linde
Hotel zur Linde

Josef-Dunkl-Str. 8 / ✉ 2130 / www.zur-linde.at
T.: +43 2572 2409 / polak@zur-linde.at

Fine-Dining-Restaurant mit österreichischer, französischer Küche. Hauptgerichte von € 18 bis € 41; Menüs von € 58 bis € 130; vegetarisches Menü. Geschlossen: Mo, Sa+So. Kochkurse.
Die Kleinstadt Mistelbach liegt im nordöstlichen Landesteil, nicht weit von der Grenze zu Tschechien wie auch der zur Slowakei entfernt. Im Ortszentrum am Bahnhof (nur eine Zugstunde ist es bis Wien) liegt ein sympathisches, familiär geführtes Wirtshaus mit Saalgeschäft und ein paar hübschen Zimmern für die Nacht. Wirklich herausragend ist das „Gourmetabteil" des Hauses, das Restaurant Wintergarten (seit 2020), in dem Hannes Langer seinen Gästen ein erdverbundenes und doch raffiniertes Degustationsmenü darbietet. Drei bis sieben Gänge, Seeteufel, Lamm und Reh im saisonalen Kleid, dazu auf Wunsch eine schöne Weinbegleitung. Wow! Vegetarier dürfen sich auf eine eigene bis zu fünf Gänge umfassende Speisefolge freuen. Idealerweise checkt man danach gleich im Hotel zur Linde ein.
Das Haus empfiehlt: Stör, Buttermilch, Verjus, eingelegtes Gemüse, Brunnenkresse; Taube, Kirsche, Sellerie, Blunzen; Erdbeere, Mascarpone, grüner Apfel, Holunder, Mandel

Mittelberg
Voralberg

Humbachstube
Alpenhof Jäger
XX ⬆
Unterwestegg 17 / ✉ 6991 / www.alpenhof-jaeger.de
T.: +43 5517 5234 / info@alpenhof-jaeger.at

Österreichische Küche. Hauptgerichte von € 20 bis € 39; Menüs von € 38 bis € 89. Geschl.: Di+Mi; Mo, Do-So mittags.

Kilian Stuba
Travel Charme Ifen Hotel
XXXX
Oberseitestr. 6 / ✉ 6992 Ortsteil Hirschegg
www.travelcharme.com/ifenhotel
T.: +43 5517 608541
ifen@travelcharme.com

Französische, österreichische Küche. Hauptgerichte von € 49 bis € 59; Menüs von € 115 bis € 165; vegetarisches Menü. Geschlossen: Mo+Di, So; Mi-Sa mittags. Chef's Table.
In der Kilian Stuba zelebriert Sascha Kemmerer die ganz große, geschmackstiefe Gourmetküche. Weltoffen und ein wenig frankophil. Ohne Chichi - geradlinig, unverfälscht und aufs Wesentliche reduziert. Höchste Produktqualität trifft hier auf ehrliches, gekonntes Handwerk. Nur die beste Herangehensweise und Zubereitungsmethode, die sich für ein Produkt herauskristallisiert hat, findet in seiner Küche Platz und lässt intensive, auf Saucen fokussierte und authentische Gerichte entstehen. Rund 400 erlesene Weine lagern im Weinkeller und runden die Speisen perfekt ab. Ein elegantes Ambiente, das seinesgleichen sucht, bildet den exklusiven Rahmen für besondere Genussmomente – geschaffen von Kontrasten in Architektur und Materialien: Versailler Eichen-Altholzvertäfelung trifft auf cremefarbene Polster. Mattes Leinen trifft auf glänzendes Messing. Loderndes Kaminfeuer trifft auf pures Bergpanorama.
Das Haus empfiehlt: Imperial Wachtel und marinierte Entenmastleber, Frühlingsmorcheln, grüne Bohnenkerne, Vinaigrette aus Verjus und jungem Lauch; Seezunge in Aromabutter gebraten, Kohlrabitascherl, frühe Erbse, Périgord Trüffelnage, Kalbsbries glasiert; Palatschinken in gepfefferter Erdbeersauce, Rhabarber, Grand Marnier, gesalzenes Pistazieneis

Bisque: Crèmesuppe aus pürierten Krustentieren

Restaurant Sonnenstüble
Hotel Birkenhöhe
XX ⬆
Oberseitestr. 34 / ✉ 6992 Ortsteil Hirschegg
www.birkenhoehe.com / T.: +43 5517 5587
info@birkenhoehe.com

Österreichische, französische Küche. Hauptgerichte von € 24 bis € 38; Menüs von € 75 bis € 135; besondere Mittagskarte, vegetarisches Menü. Geschlossen: Di-Do; Mo, Fr-So mittags.
Restaurant mit Blick auf die umliegende Bergwelt und das Kleinwalsertal. Warme Rottöne, Kamin und typisches Alpenholz prägen das Interieur.
Das Haus empfiehlt: Kabeljau, Speckschaum, Meerrettich-Mousseline, Babyspinat; Rehrücken vom Kürenwald aus der heimischen Jagd, Jus perlé, Preiselbeer-Kartoffelpraline, Duett vom Pfifferling, Spitzkraut; „Tarte à la reine", Lauch, Erdapfel, Steinpilze, Rotweinbutter

Mondsee
Oberösterreich

Lackner Restaurant (Seehotel Lackner)
XX ⬆
Mondseestr. 1 / ✉ 5310 / www.seehotel-lackner.at
T.: +43 6232 2359 / office@seehotel-lackner.at

Österreichische Küche. Hauptger. von € 29 bis € 36; Menüs von € 64 bis € 85. Geschl.: Mo+Di; Mi-Sa mittags.

Neuhofen an der Ybbs
Niederösterreich

Gasthaus zur Palme
XXX
Marktplatz 6 / ✉ 3364 / www.gasthaus-zur-palme.at
T.: +43 7475 52794 / kontakt@gasthaus-zur-palme.at

Österreichische Küche. Menüs ab € 48. Geschlossen: Mo-Mi; Do mittags.

Neufelden
Oberösterreich

Fernruf 7
XXX
Unternberg 7 / ✉ 4120 / www.fernruf.at
T.: +43 660 6501519 / sieben@fernruf.at

Österreichische Küche. Menüs von € 42 bis € 66. Geschlossen: Mo+Di; Mi+Do mittags. Kochkurse.

Eine Kutschfahrt im Original Wiener Fiaker
bietet neue Einblicke in Historie und Kultur

© Ingo Bartussek/stock.adobe.com

Ois im Mühltalhof

Hotel Mühltalhof

Unternberg 6 / ✉ 4120 / www.muehltalhof.at
T.: +43 7282 6258 / reception@muehltalhof.at

Österreichische, weltoffene Küche. Hauptgerichte von € 24 bis € 36; Menüs von € 72 bis € 96. Geschlossen: Mo+Di; So abends; Mi-Fr mittags.
Neu und alt, Tradition und Entwicklung, Bewährtes und Innovatives – es gibt so viele interessante Kontrastpaare, die die Familie Rachinger in ihrem Restaurant und Hotelbetrieb auf erstaunliche Weise zusammenbringen. Im Mühltalhof spürt der Gast, dass sich jemand Gedanken gemacht hat. Nicht nur mit dem Kopf, sondern mit dem Herzen. Mit Verstand, mit einem Sinn für das ästhetisch Schöne, und für den Menschen und ohne Übertreibung. In der Küche arbeiten alt und jung zusammen, Vater Helmut und Sohn Philip, die, regionverbunden und kreativ, immer wieder versuchen, die Teile (gleich Produkte) neu zusammenzusetzen. Ihre Küche ist wie ein Puzzlespiel, das sie mit großer Leidenschaft betreiben. Sie überraschen ihre Gäste mit der Carte Blanche oder einem 12 Gänge umfassenden Degustationsmenü. Eine Mischung aus Tradition und Moderne erwartet den Gast im Mühltalhof. Idyllisch am Ufer der Mühl gelegen, nutzt das Restaurant alles, was die Umgebung zu bieten hat, vom schönen, beruhigenden Ausblick auf den Fluss bis zu den guten Produkten aus der Region.
Das Haus empfiehlt: Karotte, Mandarine, Lachsforelle; Flusskrebs-Cocktail, Paradeiser, Nori; Kitzrücken, Puntarelle, Morchel

Neustift im Stubaital
Tirol

Hubertusstube

Spa-Hotel Jagdhof

Scheibe 44 / ✉ 6167 / www.hotel-jagdhof.at
T.: +43 5226 2666 / mail@hotel-jagdhof.at

Tiroler, weltoffene Küche. Menüs von € 115 bis € 155.
Kerzenlicht, weiße Tischdecken und glänzendes Silberbesteck erwartet den Gast (standesgemäß) im Edelrestaurant Hubertusstube im Spa-Hotel Jagdhof. Das wunderschön gearbeitete Holz an Säulen, Wänden und Decken sowie die gepolsterten Bänke sorgen für das zünftige und zugleich elegante Tiroler-Stuben-Flair. Das vier bis sechs Gänge umfassende Menü am Abend ist voller Stubaitaler Genüsse, Hirsch und Reh in der Saison, Saibling, Huhn und Entenleber, wobei auch Exoten wie Hummer, Thunfisch oder Quinoa den Weg in die Jagdhof-Küche finden. Den Gast erfreut diese Vielfalt. Wie auch das angenehme Ambiente und die sympathischen Gastgeber. In diesem Hause ist ohnehin alles auf Wohlgefühl und Entspannung gemünzt: Ein wunderschöner Wellness- und Spabereich erstreckt sich auf 2.000 Quadratmetern und sorgt garantiert für Erholung.
Das Haus empfiehlt: Hummer, Zucchini, Quinoa, Bärlauch; Bodenseefelchen, Artischocke, Ofenlauch, Vongole; Stubaier Gockl, Karotte, Confierte Perlzwiebel, Zuckermais

Nußdorf am Attersee
Oberösterreich

Restaurant „Das Bräu“

Boutique Hotel Aichinger

Am Anger 1 / ✉ 4865 / www.hotel-aichinger.at
T.: +43 7666 8007 / office@hotel-aichinger.at

Österreichische, weltoffene Küche. Hauptgerichte von € 16 bis € 38; besondere Mittagskarte. Geschlossen: Mo+Di; So abends.

Obergurgl siehe Sölden
Tirol

Purbach am Neusiedler See
Burgenland

Gut Purbach

Hauptgasse 64 / ✉ 7083
www.gutpurbach.at
T.: +43 2683 56086 / office@gutpurbach.at

Österreichische, weltoffene Küche. Hauptgerichte von € 17 bis € 39; Menüs von € 85 bis € 165. Geschlossen: Di+Mi; So abends; Mo mittags.
„Auf das Innere kommt es an“, das stimmt auf Gut Purbach einmal mehr. Denn das Gasthaus unweit des Neusiedler Sees hat sich auf Innereien spezialisiert. Gar nicht so einfach, denn die „schwierigen“ Teile des Tieres gut und schmackhaft zuzubereiten, erfordert Expertise. Doch da braucht man sich bei Küchenchef Max Stiegl nun wirklich keine Sorgen zu machen. Denn der Schafzücher lebt das From-Nose-to-tail-Prinzip durch und durch. Etwa 60 Kilometer von Wien entfernt, nimmt so mancher Großstädter diesen Ausflug Richtung Neusiedler See wahr, um mal so grundsätzlich pannonisch zu essen. Es gibt herrlichen Sonntagsbraten, Fisch aus dem See, Lamm

aus eigener Zucht, Kräuter von der Wiese, Beeren und Pilze aus dem Wald. Max Stiegl kocht ehrlich, bodenständig und pfiffig auf hohem Niveau. Und das kommt an.
Das Haus empfiehlt: Kitzbeuscherl, Lunge und Herz, Salzstangerlknödel; Grammelknödel, Paradeis-Ingwer-Kraut, Mangalitzaschwein; Purbacher Zander, Zuckerschoten, Kartoffel, Radieschen, Minze

Pöllauberg
Steiermark

RETTER Bio-Restaurant
RETTER Bio-Natur-Resort

Pöllauberg 88 / ✉ 8225 / www.retter.at
T.: +43 3335 2690 / hotel@retter.at

Österreichische Küche. Menüs von € 58 bis € 68; vegane Hauptgerichte. (Mehr Informationen über das Nachhaltigkeitskonzept des Jahres unter „Auszeichnungen des Jahres Österreich/Südtirol".)

Rossatz-Arnsdorf
Niederösterreich

Landgasthaus Essl

Rührsdorf 17 / ✉ 3602 / landgasthaus-essl.at
T.: +43 2714 6384 / info@landgasthaus-essl.at

Österreichische Küche. Hauptgerichte von € 15 bis € 25; Menüs ab € 74; Mittagskarte. Geschlossen: Mo+Di; So abends.

Saalbach-Hinterglemm
Salzburg

Restaurant im Wiesergut
Designhotel Wiesergut

Wiesern 48 / ✉ 5754 / www.wiesergut.com
T.: +43 6541 6308 / info@wiesergut.com

Österreichische Küche. Hauptgerichte von € 28 bis € 48; Menüs von € 59 bis € 99; vegetarisches Menü, vegane Hauptgerichte.
Nichts deutet äußerlich auf ein Designhotel hin. Drinnen schon, sowohl vom Ambiente als auch vom Zeitgeist. Aus einem ehemaligen Bauernhof mit Gästebetrieb entstanden, präsentiert sich das Hotel heute naturverbunden und entschleunigt. Die immer noch familiengeführte Landwirtschaft liefert viel Input für das hauseigene Restaurant. Das traditionelle Wiesernbrot wird im Holzbackofen nach altem Rezept gebacken, hausgemachte Marmeladen und Obstkuchen von eigenen Früchten – Speck, Rindfleisch vom Pinzgauer Milchkalb, Milch und Eier stammen aus eigener Erzeugung. Und das alles im Gedankengut der Slow-Food-Bewegung. Hier eine einfache Hauptspeise, dort ein Siebengängemenü. Die Welt zwischen Österreich und der Welt steht offen. Ganz im Zeitgeist: Gemeinsames Essen aus dem Reindl (Kochtopf).
Das Haus empfiehlt: Rindfleisch vom Pinzgauer Milchkalb; Naturprodukte aus der familiengeführten Landwirtschaft; Wildkräutersalate, Obstkuchen und hausgemachte Marmeladen

Salzburg
Salzburg

siehe auch A-5071 Wals-Siezenheim

Esszimmer

Müllner Hauptstr. 33 / ✉ 5020 / www.esszimmer.com
T.: +43 662 870899 / office@esszimmer.com

Französische, österreich. Küche. Hauptger. von € 23 bis € 42; Menüs von € 95 bis € 150; vegetar. Menü. Geschl.: Mo, So.

Huber's im Fischerwirt

Peter-Pfenninger-Str. 8 / ✉ 5020 Ortsteil Liefering
www.fischerwirt-liefering.at / T.: +43 662 424059
restaurant@fischerwirt-liefering.at

Österreichische, Crossover-Küche. Hauptgerichte von € 22 bis € 59; Menüs von € 84 bis € 110; vegetarisches Menü, vegane Hauptgerichte. Geschlossen: Mo-Mi. Kochkurse.
Dort, wo seit 1879 ein Wirtshaus zu neuen gastronomischen Höhenflügen ansetzte, ist vor einigen Jahren neues Leben eingekehrt. Gastgeber Harald und Andrea Huber führen seit 2013 mit viel Leidenschaft den „Fischerwirt" in Salzburg-Liefering. Sie führen mit dem Fischerwirt ein traditionelles Restaurant mit 45 Sitzplätzen und eine kleine eigenständige Vinothek. Im Sommer lädt der schöne und gemütliche Gastgarten zu kulinarischen Stunden ein. Harald Huber ist Patron und Koch mit Leib und Seele. Er offeriert mit seinem eingespielten Team eine alpenländische Küche, die den kulinarischen Genussbogen von der Nordseite der Alpen bis ins nördliche Italien spannt. Vier bis sieben Gänge umfasst das Gourmetmenü. Die Hubers führen auch eine Greißlerei, in der die hervorragenden Produkte aus der eigenen Manufaktur zum Kauf angeboten werden. Ein Erlebnis der ganz besonderen Art sind die Kaviarpralinen – eine Geschmackskombination aus feinster Schokolade und edlem Kaviar.
Das Haus empfiehlt: Kitzragout, Bohnenkraut, Polenta; Salzwiesenlamm, Bärlauch, Fregola Sarda, Jungspinat; Schokosoufflè mit Vanilleeis

Julienne: feine Gemüse- oder Fleischstreifen

Gasthof Schloss Aigen

Schwarzenbergpromenade 37 / ✉ 5026 Ortsteil Aigen
www.schloss-aigen.at / T.: +43 662 621284
office@schloss-aigen.at

Gasthof mit österreichischer Küche. Hauptgerichte von € 18 bis € 36; Menüs von € 28 bis € 56. Geschlossen: Mo-Mi; Do mittags.

Ikarus im Red Bull Hangar-7

Airport Salzburg

Wilhelm Spazier Str. 7 a / ✉ 5020
www.hangar-7.com
T.: +43 662 2197
willkommen@hangar-7.com

Fine-Dining-Restaurant mit weltoffener Küche. Hauptgerichte ab € 29; Menüs von € 145 bis € 225; vegetarisches Menü. Geschlossen: Mo-Do mittags.
So einzigartig wie die avantgardistische Architektur aus Glas und Stahl, so einzigartig ist das Gastkochkonzept des Hangar-7 am Airport Salzburg. Patron Eckart Witzigmann und Executive Chef Martin Klein laden jeden Monat einen anderen Spitzenkoch aus dieser Welt ins Ikarus ein. Sie bieten so den Gästen des Hangar-7 die Gelegenheit, auf einer spannenden Reise in die unterschiedlichen internationalen Geschmackswelten einzutauchen. Und so wird der Feinschmecker kulinarisch Monat für Monat in ein anderes Land entführt: nach Japan, Peru, Skandinavien oder Südafrika. In seiner ganz persönlichen Zubereitungstechnik und Formensprache präsentiert der Gastkoch raffinierte Menüs und landestypische Spezialitäten auf höchstem Niveau – ob traditionelle Küche, Fusionsküche oder Molekularküche. Eine weitere große Stärke des Ikarus ist neben der riesengroße Weinkarte auch die große Auswahl an alkoholfreien Getränken. Spitzenkoch Martin Klein ist ein Meister der Vielfalt: Unter seiner Ägide werden die erlesenen Kreationen der Gastköche glanzvoll umgesetzt. (Mehr Informationen über Martin Klein unter „Auszeichnungen des Jahres Österreich/Südtirol".)
Das Haus empfiehlt: Wolfsbarsch, Artischocken, Zwiebel, Breton-Curry; Lammrücken, Lardo, Aubergine, Morcheln, junger Knoblauch; Panna cotta, Himbeere, Verbene, langer Pfeffer

Restaurant Blaue Gans

Arthotel Blaue Gans

Getreidegasse 41-43 / ✉ 5020 / www.blauegans.at
T.: +43 662 842491 / office@blauegans.at

Österreichische Küche. Hauptgerichte von € 19 bis € 27; Menüs von € 59 bis € 66; besondere Mittagskarte. Geschlossen: So.

Restaurant Brunnauer

Fürstenallee 5 / ✉ 5020 Ortsteil Nonntal
www.restaurant-brunnauer.at / T.: +43 662 251010
office@restaurant-brunnauer.at

Österreichische Küche. Hauptgerichte von € 31 bis € 49; Menüs von € 32 bis € 145; besondere Mittagskarte, vegetarisches Menü, vegane Hauptgerichte. Geschlossen: Sa+So; Mo mittags.
Ein bezauberndes Flair und ein Team mit Herz machen den Besuch im Restaurant Brunnauer zu einem unvergesslichen Erlebnis. Richard und Sybille Brunnauer begrüßen jeden Ihrer Gäste persönlich. Von der kulinarischen Seite erweist sich das Lokal als großes Glück für den verwöhnten Gaumen. Ob für ein Dinner im Gourmet-Restaurant oder zu einem besonderen Anlass für Hochzeiten und Firmenfeiern. Das behagliche Ambiente und die Terrasse mit Blick auf die Festung Hohensalzburg bilden den perfekten Rahmen für die wunderbare österreichische Kochkunst von Richard Brunnauer. Echt, ehrlich und frisch sind wohl die besten Worte, um das zu umschreiben, was dieser Mann in seiner Küche produziert. Von der Vorspeise bis zum Dessert. Wer das Brunnauer an Werktagen zur Mittagszeit besucht, kann auch im schicken Barbereich fein speisen. Meistens sind es Stammgäste, die hier ein täglich wechselndes Zwei-Gang-Menü einnehmen. Übrigens: Während der Festspielzeit und während der Hochsaison, zum Beispiel im Advent, hat das Restaurant Brunnauer auch samstags geöffnet.
Das Haus empfiehlt: Tiroler Alpengarnelen-Cocktail mit Salatherzen; Filetsteak vom Styria Rind mit Trüffelrisotto und Junglauch; Karamellisierter Kaiserschmarren mit Zwetschgenröster und Schafmilch-Honigeis

Restaurant Reinhartshuber

Morzger Str. 31 / ✉ 5020 Ortsteil Morzg
www.restaurant-reinhartshuber.at / T.: +43 662 46966340
office@restaurant-reinhartshuber.at

Österreichische Küche. Hauptgerichte von € 20 bis € 39; Menüs von € 75 bis € 115; besondere Mittagskarte, vegetarisches Menü. Geschlossen: Mo+Di.

Das Gwandhaus im Süden Salzburgs ist ein wunderschönes herrschaftliches Anwesen, umgeben von einem kleinen Park. Hier ist die traditionsreiche Kleidungswelt der Firma Gössl zuhause, mit Geschäft und Museum. Es bietet ebenso die traumhafte Kulisse für ein stilvolles Dinner. Denn im dort ebenfalls ansässigen „Restaurant Reinhartshuber" haben Stefanie und Christoph Reinhartshuber (vormals „Platzhirsch" in Thalgau) ihre kulinarische Wirkungsstätte. Abgesehen von den ehrwürdigen Säulen und Bögen sowie einem historischen Kachelofen erstrahlen die Gasträume in schlichter und schöner Eleganz. Den Gast erwartet eine moderne österreichische Küche, die immer wieder das Tor zu Welt öffnet. Eine Küche, die sich in Ceviche mit Mango und Süßkartoffel genauso gekonnt darstellt wie bei der Zubereitung von geschmortem Rindsbackerl oder einem Steinpilztaschel mit Pumpernickel. Das sechsgängige Menü ist eine Sünde wert, doch darf man gerne auch nur auf ein Bier vorbeischauen und sich dazu Sacherwürstel mit Kren und Kaisersemmerl genehmigen. Was will man mehr?
Das Haus empfiehlt: Gänseleber, Kerbelknolle, Hagebutte; Steinbutt, Tom Kha Gai, Pomelo, Koriander; Banane, Schokolade, Kräuter, Assam-Pfeffer

Restaurant Riedenburg

Neutorstr. 31 / ✉ 5020 Ortsteil Riedenburg
www.restaurant-riedenburg.at / T.: +43 662 830815
reservierung@riedenburg.at

Französische, mediterrane Küche. Hauptgerichte von € 20 bis € 45; Menüs von € 70 bis € 90; besondere Mittagskarte, vegetarisches Menü. Geschlossen: Mo, So.
Ein vorzügliches Restaurant in der Salzburger Altstadt mit einem wunderschönen Gastgarten und Salettl.
Das Haus empfiehlt: Geschmorter Ochsenschlepp mit Schwarzwurzelpüree, Grammelknödel und gratinierten Markknochen; Gebratener Steinbeißer mit Blunzencrème, Blattspinat und Cranberries; Gebratenes Lammkaree mit Ratatouille und Rosmarin-Erdäpfeln

SENNS.Restaurant

Söllheimerstr. 16 / ✉ 5020 / www.senns.restaurant
T.: +43 664 4540232 / info@senns.restaurant

Weltoffene Küche. Hauptgerichte von € 32 bis € 48; Menüs von € 145 bis € 235; vegetarisches Menü. Geschlossen: Mo, So; Di-Sa mittags. Chef's Table, Kochkurse.
Stylisches Fabrik-Design, grobes Mauerwerk, stimmungsvolles Licht: In einer ehemaligen Glockengießerei hat Ausnahmekoch Andreas Senn seine (aufwendig hergerichtete) Wirkungsstätte. In vergangenen Zeiten wurden hier Objekte aus Stahl geschaffen – eine im Gastraum des Restaurants frei hängende Glocke legt darüber Zeugnis ab. In diesem Rahmen darf man sich von der Raffinesse und den vielen durchdachten Details der Senn'schen Küche überzeugen, die sich in einem siebengängigen Menü offenbaren. Der Gast bestaunt und genießt die Tellerkunstwerke rund um Gänseleber, Jakobsmuschel oder Seehecht, während er den Köchen in der offenen Kücheninsel beim Werkeln zusehen kann. Ganz großes Kino, welches angesichts der Kontraste zwischen rauhem Stein und feinen Speisen umso eindrucksvoller wirkt. Maßgeblich mitverantwortlich für dieses kulinarische Erlebnis der Extraklasse sind Küchenchef Christian Geisler und Restaurant-Managerin Eva Senn-Gramberger. Für gemütliche Momente stehen auch Sitzplätze an Bar und Kamin zur Verfügung, im Sommer wird die Terrasse zum Lieblingsort. (Mehr Informationen über Andreas Senn unter „Auszeichnungen des Jahres Österreich/Südtirol".)
Das Haus empfiehlt: Schwarzer Seehecht, Ajo Blanco, Imperial Gold Kaviar, grüne Tomate; Burgaud Ente, Apfel, Steinpilz, Weißkraut; Gänseleber, Feigenblatt, Topinambur, PX

The Glass Garden

Hotel Schloss Mönchstein

Mönchsberg Park 26 / ✉ 5020 / www.monchstein.at
T.: +43 662 8485550 / salzburg@monchstein.at

Weltoffene, österreichische Küche. Hauptgerichte von € 29 bis € 48; Menüs von € 75 bis € 181; vegetarisches Menü, vegane Hauptgerichte. Geschlossen: Di.

Urbankeller

Schallmooser Hauptstr. 50 / ✉ 5020
www.urbankeller.com / T.: +43 662 870894
office@urbankeller.com

Österreichische Küche. Hauptgerichte von € 9 bis € 30; vegane Hauptgerichte. Geschlossen: Di; Mo, Mi-Sa mittags.
Biozertifiziertes Traditionslokal mit teils offenem Mauerwerk, Gewölbe und Stuben, Kamin, Designmöbeln, Biobier und Bioweinen. (Mehr Informationen über das Wirtshaus des Jahres unter „Auszeichnungen des Jahres Österreich/Südtirol".)
Das Haus empfiehlt: Saiblingsfilet auf Rahmwirsing, dazu Petersilerdäpfel; Zwiebelrostbraten vom Bio-Beiried rosa gebraten mit Braterdäpfeln und Speckbohnen; Hausgemachte Bio-Griesgnocchi in Gorgonzola-Rahmsauce

St. Andrä-Höch
Steiermark

Am Pfarrhof
Sankt Andrä im Sausal 1 / ✉ 8444
www.ampfarrhof.com
T.: +43 660 3944628
office@ampfarrhof.com

Fine-Dining-Restaurant mit österreichischer, mediterraner Küche. Menüs zu € 155; vegetarisches Menü. Geschlossen: Mo+Di; So abends; Mi-Sa mittags. Chef's Table, Kochkurse.
St. Andrä im Sausal, das liegt in der Steiermark ungefähr auf halber Strecke zwischen Graz und der slowenischen Grenze. Der Weinbauort ist eine Ansammlung von ein paar Gehöften und Häusern sowie einer Pfarrkirche im Zentrum. Gleich nebenan liegt der alte Pfarrhof, ein prachtvolles, wunderschön renoviertes Gebäude, dessen Geschichte bis ins 14. Jahrhundert zurückreicht. Es ist heute ein innenarchitektonisches Kleinod mit Spitzenrestaurant. Küchenchef Harald Irka und seine Lebensgefährtin Lisa Gasser haben es sich 2019 zur Aufgabe gemacht, ihren Gästen hier ein unkompliziertes, hochwertiges und unvergessliches Genusserlebnis zu bereiten. Ein Überraschungsmenü in fünf Gängen wäre das zum Beispiel, gespickt mit den Gaben der heimatlichen Natur. (Nicht selten hat der Gast bis zu 20 Teller vor der Nase.) Für die außergewöhnlichen Kombinationen hatte der junge Koch schon an seiner vorherigen Wirkungsstätte zu Recht viel Ruhm eingeheimst. Übrigens: Absolut herrlich ist der Blick in die hügelige Landschaft von der Terrasse. Und fürs Nächtle stehen sechs modern-nostalgische Gästezimmer zur Verfügung. Bitte mit genügend Vorlauf reservieren.
Das Haus empfiehlt: Bretonischer Hummer, junge Erbsen, Steinpilze, Verbene; Wildfang-Steinbutt, Kalbskopf, Sauce Gribiche, Kren; Perlhuhn, Eisbergsalat, Paprikavielfalt, Salzzitrone

St. Anton am Arlberg
Tirol

Alpin Gourmet Stube
Hotel Gletscherblick
St. Jakober Dorfstr. 35 / ✉ 6580
www.hotel-gletscherblick.at / T.: +43 5446 3285
info@hotel-gletscherblick.at

Weltoffene Küche. Menüs ab € 115. Geschlossen: Mo+Di; Mi-So mittags.

Escalope: Schnitzel

Hotel Tannenhof
Hotel Tannenhof
Nassereinerstr. 98 / ✉ 6580 / www.hoteltannenhof.net
T.: +43 5446 30311 / info@hoteltannenhof.net

Fine-Dining-Restaurant mit österreichischer, mediterraner Küche. Hauptgerichte von € 23 bis € 65; Menüs von € 105 bis € 230; besondere Mittagskarte, vegetarisches Menü, vegane Hauptgerichte. Geschlossen: Mo+Di. Chef's Table, Kochkurse.
Ein Genuss für alle Sinne verspricht ein Aufenthalt im Hotel Tannenhof, im weltbekannten Wintersportort St. Anton am Arlberg. Das luxuriöse Ambiente, der authentisch-herzliche Service sowie der herrliche Blick auf die umliegende Bergwelt sind allein schon ein Traum für sich. Und als wäre das nicht schon genug, gibt es da noch das Gourmet-Restaurant unter der Leitung von Küchenchef Gustav Jantscher. Der gebürtige Steirer begeistert sein Publikum mit einer herausragenden alpenländischen Kochkunst rund um Fasan, Gams, Lamm und Forelle. Vier Gänge zum Mittag, sieben Gänge am Abend. Die Zutaten dafür stammen überwiegend aus der nahen Umgebung (bis 50 Kilometer) und sind nach Möglichkeit bio-zertifiziert. Auch auf der Weinkarte ist ganz schön was los: Österreich, Deutschland, Italien, Spanien, Portugal und edle Franzosen sowieso. What a wonderful world!
Das Haus empfiehlt: Tiroler Garnele, Lupine, Kaviar; Fasan, Rettich, Herbsttrompete; Huchen, Auster, Senfzwiebel

Raffl's Eat Art
Raffl's St. Antoner Hof
Arlbergstr. 69 / ✉ 6580 / www.antonerhof.at
T.: +43 5446 2910 / info@raffls.com

Weltoffene Küche. Hauptgerichte von € 22 bis € 48; Menüs von € 71 bis € 152; vegetarisches Menü. Geschlossen: mittags.

St. Georgen am Längsee
Kärnten

Das Kulinarium im Georgium
Längseestr. 9 / ✉ 9313 / www.daskulinarium.at
T.: +43 699 17377094 / daskulinarium@hotmail.com

Fine-Dining-Restaurant mit französischer, italienischer Küche. Menüs von € 80 bis € 100; besondere Mittagskarte, vegetarisches Menü, vegane Hauptgerichte. Geschlossen: Mi+Do; Di, Fr mittags.
In den Räumlichkeiten des biodynamisch wirtschaftenden Weinguts Georgium kocht Toni Komrowski was das Zeug hält. Höchstpersönlich steht er am Grill und wendet saftige

Lammchops, Hendlbrust und Steaks, das einem das Wasser im Munde zusammenläuft. Und wenn die Sonne nicht mitspielt, gibt es sogar eine „Schlechtwetterkarte“ für den Mittagstisch. Diese wartet zum Beispiel mit Lachsforelle mit Gemüseragout und gebackene Topfenbällchen auf. Doch das große Spiel beginnt erst am Abend, wenn Küchenchef Komrowski und Team ihr ganzes Können in zwei Gourmetmenüs packen. Beide sind im Umfang von jeweils vier, fünf oder sieben zu haben und bringen die guten Kärntner Produkte zur Geltung. Man darf sich auf Trüffelravioli, Rinderwangerl und Seesabling freuen und dazu gerne auch eine passende Weinbegleitung ordern (tolle Burgunder). Bleibt noch zu sagen, dass das Strandbad Längsee gleich gegenüber liegt. Also Badesachen mitzunehmen wäre nicht verkehrt.
Das Haus empfiehlt: Frisch gehacktes Kärntner Stierfilet; Seesaiblingsfilet vom Millstättersee; Weißes Schokoladensoufflé mit flüssigem Himbeerkern

St. Gilgen
Salzburg

Restaurant Atelier

Ischlerstr. 16 / ✉ 5340 / restaurant-atelier.eatbu.com
T.: +43 622 77040 / info@innovation-cooking.at

Fine-Dining-Restaurant mit österreichischer Küche. Hauptgerichte von € 31 bis € 39; Menüs von € 46 bis € 89. Geschlossen: Mi.

Wirt am Gries

Steinklüftstr. 6 / ✉ 5340 / www.wirtamgries.at
T.: +43 6227 2386 / reservierung@wirtamgries.at

Österreichische Küche. Hauptgerichte von € 9 bis € 24. Geschlossen: Mo+Di; Mi mittags.
Hübsches, nahe am See und im Dorfzentrum gelegenes Wirtshaus mit Gastgarten und gemütlicher Stube mit Kachelofen. Für Feierlichkeiten geeignet.
Das Haus empfiehlt: Rollmops vom Fuschlsee-Saibling, Apfel, Sellerie; Bouillabaisse, Kräuterbrot, Crème Rouille; Filet vom Skrei, Schwarzwurzel, Yuzu, Spinat, Belugalinsen

St. Jakob in Haus
Tirol

Esskultur by Unterlechner
Boutique-Hotel Unterlechner

Reith 23 / ✉ 6392
www.unterlechner.com/romantik-genuss/
T.: +43 5354 88291 / anfrage@unterlechner.com

Österreichische Küche. Hauptgerichte von € 28 bis € 45; Menüs von € 90 bis € 130; vegetarisches Menü. Geschlossen: Mo-Mi, So; Do-Sa mittags.

St. Josef Weststeiermark
Steiermark

Broadmoar by Johann Schmuck

Oisnitz 36 / ✉ 8503
www.beimbroadmoar.at
T.: +43 664 2382860
broadmoar.restaurant@outlook.com

Weltoffene, österreichische Küche. Menüs ab € 100. Geschlossen: Mo+Di, So; Mi-Sa mittags.
Schön ist es hier auf dem weitläufigen Gelände des Pferdegestüts in Oisnitz, etwa eine halbe Autostunde von Graz entfernt. Die Wiesen und der dichte Wald der Umgebung lassen den Alltag schon einmal in weite Ferne rücken. Das kulinarische Kleinod von Johann Schmuck und Kompagnon Joachim Retz lädt dazu ein, diesen Eindruck zu vertiefen und sich ganz von dem Trubel der Welt da draußen zu lösen. Das kleine Team bietet mit seinem kreativen Überraschungsmenü mit bis zu 15 feinen Häppchen alles Gute dar, was die österreichische Heimat oder der eigene Garten vorrätig hat – entweder auf „normalen“ Tellern oder als eine Folge von Küchengrüßen an der Bar. Mit Kenntnis ausgewählte Weine von weniger prominenten Winzern runden das Erlebnis ab. Für Aficionados gibt es auch Altwein-Raritäten, deren Herstellung bis in die 1950er Jahre zurückreicht. Rustikales Holz, gemütliche Sessel und eine elegante Optik schaffen dazu eine schöne Atmosphäre. Draußen sitzt man in einer offenen Hütte mit herrlichem Rundumblick.
Das Haus empfiehlt: Reh, schwarzer Knoblauch, Zitronenseitling; Vogerlsalat, Kartoffel, Speck, Ei, Kernöl, Kaviar; Fenchel, Beurre blanc, Zander

Kalbsbries: Delikate Innerei von der Thymusdrüse des Kalbs

Karree: Vorderstück des halbierten Rückens zum Beispiel vom Lamm, wird als Ganzes gebraten

St. Kathrein am Offenegg
Steiermark

Der Wilde Eder - Restaurant ZeitRAUM

Dorf 3 / ✉ 8171
www.der-wilde-eder.at
T.: +43 3179 82350
info@der-wilde-eder.at

Fine-Dining-Restaurant mit weltoffener, österreichischer Küche. Menüs von € 150 bis € 153; vegetarisches Menü. Geschlossen: Di-Do, So; Mo, Fr+Sa mittags. Kochkurse.

Als Gast im Hotel „Der Wilde Eder“ begibt man sich in eine der schönsten Regionen Österreichs. Die wunderbare Lage im Herzen des Naturparks Almenland, bietet sowohl im Sommer als auch im Winter Spaß und Erholung für die ganze Familie. Vom duftenden Frühling über den farbenprächtigen Herbst bis weit in den Winter hinein wird hier der Ursprung aus der Natur gelebt. Können, Erfahrung, Tradition und Offenheit sind weitere Schätze der Familie, die von Generation zu Generation weitergegeben werden. Als Gastgeber des Hauses ist Stefan Eder auch für das kulinarische Wohl der Gäste verantwortlich. Er begeistert mit einer exquisiten, österreichisch-mediterranen Küche und hat sich mit der TV-Köchin Eveline Wild eine talentierte Konditormeisterin ins Team geholt. Die beiden sind einfach ein unschlagbares Duo. Kreative Menüs, regionale Köstlichkeiten, beste Weine und der „Schokohimmel auf Erden“ lassen keine Wünsche offen. Seit Ende 2021 erstrahlen die komplett renovierten Gasträume des Restaurants „ZeitRAUM“ in einem neuen, wunderschönen Design, das den Fine-Dining-Anspruch zusätzlich hervorhebt. (Mehr Informationen über die Pâtissière des Jahres unter „Auszeichnungen des Jahres Österreich/Südtirol“.)
Das Haus empfiehlt: Carte Blanche

Bad St. Leonhard im Lavanttal
Kärnten

Trippolt Zum Bären

Hauptplatz 7 / ✉ 9462 / www.zumbaeren.at
T.: +43 4350 2257 / office@zumbaeren.at

Österreichische Küche. Hauptgerichte von € 25 bis € 40; Menüs von € 97 bis € 107; vegetarisches Menü. Geschlossen: Mo+Di, So.

La suite: der nachfolgende Speisegang eines Menüs

Loup de Mer: Wolfsbarsch, Seewolf

St. Pölten
Niederösterreich

Gasthof Winkler

Mühlweg 64 / ✉ 3100 / www.gasthofwinkler.at
T.: +43 2742 364944 / gasthof.winkler@aon.at

Österreichische Küche. Hauptgerichte von € 15 bis € 25. Geschlossen: Mo; So abends.

Gaststätte Figl

Hauptplatz 4 / ✉ 3100 Ortsteil Ratzersdorf an der Traisen
www.gaststaettefigl.at / T.: +43 2742 257402
office@gaststaette-figl.at

Österreichische Küche. Hauptgerichte von € 18 bis € 36; Menüs von € 39 bis € 59. Geschlossen: Mo, So.

St. Veit im Pongau
Salzburg

Kräuterreich by Vitus Winkler
Hotel Sonnhof by Vitus Winkler

Kirchweg 2 / ✉ 5621 Ortsteil Sankt Veit im Pongau
www.sonnhof-vituswinkler.at
T.: +43 6415 4323
sonnhof@vituswinkler.at

Fine-Dining-Restaurant mit weltoffener, österreichischer Küche. Menüs von € 150 bis € 205; vegetarisches Menü. Geschlossen: Di+Mi; Mo, Do-So mittags. Chef's Table, Kochkurse.

Vom tiefsten Urgrund des Sees bis zum hellsten Himmel reicht die Speisevielfalt aus der Küche von Vitus Winkler. Sein Kräuterreich begeistert mit Natur-Skulpturen aus Farben, Düften, Texturen, ungeahntem Geschmack und überraschenden Inszenierungen. Hier gibt es Gerichte, die Namen tragen wie „Almwiese“, „Wilder Fluss“, „Frühlingserwachen am Hochkönig“ oder „Phönix aus der Asche“. Nicht eine Komponente der geheimnisvollen Kreationen von Vitus Winkler ist zufällig arrangiert. Jeder Gang ist nach einer wohldurchdachten Dramaturgie inszeniert. Inspiriert von der Natur des Salzburger Landes, durch die Vitus täglich streift. Seine raffinierte und verführerischen Köstlichkeiten begeistern Auge und Gaumen nachhaltig. Das Menü wird kurzfristig festgelegt – nur mit den besten Zutaten des Tages versteht sich. Der Gast wählt lediglich die Anzahl der Gänge, fünf bis sieben Gänge umfasst das Überraschungsmenü. Wer mag, kann bei einem Aufenthalt im Sonnhof by Vitus Winkler im hauseigenen alpinen Spa mit Blick auf die fantastische Pongauer Bergwelt in Pool und Sauna zusätzliche Entspannung finden.

St. Wolfgang im Salzkammergut
Oberösterreich

Poll's Kaiserterrasse - Gourmet-Restaurant Im Weissen Rössl

Romantik Hotel Im Weissen Rössl am Wolfgangsee

Markt 74 / ✉ 5360
www.weissesroessl.at
T.: +43 6138 230666
restaurant@weissesroessl.at

Österreichische, weltoffene Küche. Hauptgerichte von € 38 bis € 38; Menüs von € 110 bis € 110; vegetarisches Menü, vegane Hauptgerichte. Geschlossen: Mo+Di; Mi-So mittags.
Die Zeit im Weissen Rössl zu zweit genießen, das wäre eine prima Idee. Denn Das Restaurant mit der Kaminbar garantiert ein perfektes Ambiente für einen romantischen Abend. Der Ausblick auf den Wolfgangsee, der idyllisch und ruhig vor dem Restaurant liegt, trägt zu jeder Jahreszeit seinen Teil zur Romantik bei. Den Gast erwarten kulinarische Genüsse von höchster Qualität und saisonale Gerichte und Spezialitäten aus dem Salzkammergut, die Küchenchef Hermann Poll monatlich variiert. Das Küchenteam verwöhnt alle Gäste aufs Feinste. Perfekt begleitet wird ein romantisches Abendessen von den Spezialitäten aus dem Rössl-Felsenkeller mit rund 8.000 Flaschen ausschließlich von österreichischen Top-Winzern. Die Rössl-Sommeliers empfehlen gerne die passenden Weine oder unterstützen bei der ganz individuellen Auswahl.
Das Haus empfiehlt: Mondseer Zander, Sellerie, Morchel, Safran; Filet und Backerl vom Abtenauer Kalb, Artischocke, Erdäpfel, Wiener Schnecken, Saubohnen; Traunsee-Flusskrebse, Topinambur, Trüffel

Soufflieren: aufblähen

Schärding
Oberösterreich

Lukas Izakaya

Unterer Stadtplatz 7 / ✉ 4780
www.lukas-izakaya.at
T.: +43 664 4107249
lukas@lukas-izakaya.at

Bar mit japanischer Küche. Hauptgerichte ab € 12. Geschlossen: Mo+Di, So; Mi-Sa mittags. Kochkurse.
Nach dem Sharing-Prinzip bietet dieses Bar-Restaurant Austern und Champagner, traditionelles Sushi, Grillspieße, Desserts und Cocktails.
Das Haus empfiehlt: 3 Stück Austern natur oder mit Gurke-Wasabi mit 1 Glas Champagner oder Sparkling-Dry-Sake; Rinderfilet, Sojasauce, Mirin, schwarzer Pfeffer; Zitrus-Kaffee, Yuzu, Mandarine, Zitrone, Kaffeegel, Baiser

Lukas Restaurant

Unterer Stadtplatz 7 / ✉ 4780
www.lukas-restaurant.at
T.: +43 664 3413285
lukas@lukas-restaurant.at

Österreichische, weltoffene Küche. Menüs von € 85 bis € 109. Geschlossen: Mo+Di, So; Mi-Sa mittags. Chef's Table.
Er lässt sich und seinem Team gerne auf die Finger schauen. Lukas Kienbauer ist ein Tüftler. Und seine kreative Werkstatt der Zubereitung ist natürlich für jeden Gast einsehbar. In seinem Restaurant am Unteren Stadtplatz 7 werkeln sie nicht nur in einer offenen Showküche, sondern ihr Tun lässt sich auch live auf Monitoren im Gastraum verfolgen. Selbst Passanten draußen erhalten Einsicht, wenn sie ihre Nasen an das Panoramafenster drücken. Sie erblicken einen modern gestylten Sitzbereich in Beige- und Brauntönen, unterm schroffen Gewölbe, und im Anschluss den Küchenbereich. Weniger vorbestimmt ist das, was auf den Tisch kommt. Es gibt schlicht keine Speisekarte. In der Regel bestimmen Verfügbarkeit in der Natur und die persönlichen Vorlieben das Tellergeschehen. Den Gast erwartet ein Überraschungsmenü in zwei Größen. Auf Wunsch kann man dazu passende Weine oder eine alkoholfreie Getränkebegleitung ordern. Das Wichtigste aber ist: Die gewählten Kombinationen von Aromen, Textur und Konsistenz entpuppen sich als echte Knaller. Etwa das Huhn mit Fichte, Pilz und Schwarzbrot oder das krosse Schwein mit Rettich und geräuchertem Eigelb ….
Das Haus empfiehlt: Schweineschwanzerl, schwarze Kichererbsen, Yuzu, Bohnen, Kren; Reh, Fichtennadeln, Pastinake; Brennnessel, Joghurt, Zitrone

Bouquet: Fachbegriff aus der Weinterminologie: die sich entfaltenden Duftstoffe

Lukas Steak

Oberer Stadtplatz 21 / ✉ 4780 / www.lukas-steak.at
T.: +43 664 8257888 / lukas@lukas-steak.at

Steakhouse mit weltoffener Küche. Hauptgerichte von € 15 bis € 45. Geschlossen: Mo+Di, So. Chef's Table.
Saftige Steaks, gegrillter Salat und edle Garnituren sind Thema in dem Grilllokal mit Spezial-Holzkohlegrill, Smoker und Showküche.
Das Haus empfiehlt: Beef-Tatar, rote Zwiebel, Brunnenkresse, geräuchertes Eigelb; Dirty Steak, Beiried in Asche gereift; Wildfang-Garnelen-Spieß, Hummer

Schruns
Voralberg

Löwen Stube
Löwen Hotel Montafon

Silvrettastr. 8 / ✉ 6780 / www.loewen-hotel.com
T.: +43 5556 7141 / info@loewen-hotel.com

Fine-Dining-Restaurant mit französischer, österreichischer Küche. Hauptgerichte von € 21 bis € 23; Menüs von € 108 bis € 125; vegetarisches Menü. Geschlossen: Mo+Di; Mi-So mittags.
Inmitten der atemberaubenden Bergwelt des Montafons und im Herzen des idyllischen Ortskerns von Schruns liegt das Löwen Hotel Montafon mit seinen vielfältigen Angeboten. Darunter das Gourmet-Restaurant Löwen Stube: Diese traditionelle Stube mit kunstvoll gearbeiteten originalen Montafoner Tischen überzeugt mit einer heimeligen und gemütlichen Atmosphäre, die den passenden Rahmen für einen besonderen Anlass oder ein romantisches Tête-à-Tête bietet. Küchenchef Thomas Carvalho de Sousa verwöhnt seine Gäste in diesem wunderschönen Ambiente mit bis zu neun Gängen am Stück, gerne auch vegetarisch oder à la carte. Rindertafelspitz, Saibling oder Perlhuhn verarbeitet der gebürtige Steirer mit seiner Crew zu kleinen Raffinessen, an denen sich Auge und Gaumen erfreuen. Dazu werden erlesene Tropfen aus dem eigenen Weinkeller gereicht. Im neuen À-la-carte-Restaurant „Brasserie Leonis" geht es in puncto Genuss

etwas bodenständiger zu. Einheimische, Besucher und Hotelgäste sind eingeladen, mit allen Sinnen französisch-österreichische Küche in designverliebtem Ambiente zu genießen.
Das Haus empfiehlt: Gelbflossen-Makrele, Yuzu, Kaviar; Rindertafelspitz, Kren, Quinoa; Seesaibling, Kohlrabi, Daikon, grüner Apfel

Schützen am Gebirge
Burgenland

Taubenkobel
Relais & Châteaux Hotel Taubenkobel

Hauptstr. 33 / ✉ 7081 / www.taubenkobel.at
T.: +43 2684 2297 / restaurant@taubenkobel.at

Österreichische, weltoffene Küche. Menüs von € 68 bis € 138; besondere Mittagskarte. Geschlossen: Mo+Di.
Das feine Hideaway hinter den schmalen Wohnhausfassaden an der Hauptstraße im Dorf wirkt eher unscheinbar. Doch hinter den drei Häuserfronten des Taubenkobels (links befindet sich die Greißlerei, in der Mitte die Küche und rechts das Hotel und Restaurant) liegt ein idyllisches Paradies mit einem wild bewachsenen Garten, einem Schwimmteich, Terrassen und Innenhöfen mit hübsch eingedeckten Tischen und schattigen Plätzen. Genießer erwartet eine der besten, innovativsten Küchen des Landes sowie im Hotel Taubenkobel Kuschelkomfort eines Relais & Château Hotels. Im Mittelpunkt der preisgekrönten Gourmetküche unter der Regie von Alain Weissgerber steht der Eigengeschmack regionaler und saisonaler Produkte. In der Greißlerei, dem Bistro des Hauses, dürfen sich erwartungsvolle Gäste auf wöchentlich wechselnde Speisen und exzellente Weine freuen. Vieles Feine und Leckere aus der Taubenkobel-Welt gibt es hier auch zum Mitnehmen – gut eingepackt, eingeweckt oder abgefüllt in Dosen und Flaschen. (Mehr Informationen über Alain Weissgerber unter „Auszeichnungen des Jahres Österreich/Südtirol".)
Das Haus empfiehlt: Sauerkirschen, Entenleber, rote Rübe; Paradeiser, Flusskrebse, Ochsenherz; Thymian, weiße Schokolade, Zitrone

Sölden
Tirol

black sheep
Bergland Design- und Wellnesshotel Sölden

Dorfstr. 114 / ✉ 6450 / www.bergland-soelden.at
T.: +43 5254 22400 / info@bergland-soelden.at

Fine-Dining-Restaurant mit österreichischer Küche. Menüs ab € 125.
Exzellente Skipisten und eine exzellente Küche ist jene Kombination, die in Sölden anzutreffen ist. Erst recht in dem kleinen Gourmetlokal im Bergland Hotel Sölden. Im „black sheep“ werden die wunderbaren Kreationen von eleganten Grautönen unterschiedlicher Abstufungen untermalt. Bei der Namensfindung stand wohl die Herde Ötztaler Bergschafe Pate, um die sich Gastgeber und Landwirt Sigi Grüner leidenschaftlich kümmert. Fünf Gänge bietet die Black-sheep-Küche im heimatlich klingenden, monatlich wechselnden Degustationsmenü. Da heißt es volle Konzentration aller Sinne auf das, was in Schälchen, auf Tellern, Platten und in Körben den Tisch erreicht: Hirschconsommé, Milchkalb, Alpengarnele – wow!
Das Haus empfiehlt: Längenfelder Lachsforellen-Ceviche; Ötztaler Bio-Schwein, Malz, Kohlrabi; Marille, weiße Schokolade, Mandel

Hotel Edelweiss & Gurgl Stuben
Hotel Edelweiss & Gurgl

Ramolweg 5 / ✉ 6456
www.edelweiss-gurgl.com
T.: +43 5256 6223
info@edelweiss-gurgl.com

Österreichische, Tiroler Küche. Hauptgerichte von € 15 bis € 38; Menüs von € 46 bis € 69; besondere Mittagskarte, vegetarisches Menü, vegane Hauptgerichte.

Regionale Qualität in luftiger Höhe genießen. Ein besonderes Schmankerl sind die Fondues im eigenen Restaurant mit gläserner Decke.
Das Haus empfiehlt: Schaumsuppe vom Ziegenfrischkäse mit Jakobsmuschel und Lauch; Zart geschmorte Kalbsbackerl auf Madeira-Artischocken und Risotto; Gefüllte Schokolade mit Passionsfrucht-Crème-brûlée, Crumble und heißer Karamellsauce

Stadl-Predlitz
Steiermark

Restaurant Philipp
Schlosshotel Seewirt

Turracher Höhe 33 / ✉ 8864 Ortsteil Turrach
www.schlosshotel-seewirt.com / T.: +43 4275 8234
info@schlosshotel-seewirt.com

Österreichische Küche. Hauptgerichte von € 23 bis € 40; Menüs ab € 70. Geschlossen: Mo+Di.

Stainz
Steiermark

Die Mühle, ein Schmuckstück

Rathausplatz 2 / ✉ 8510 / www.muehle-stainz.at
T.: +43 664 2382860 / die-muehle@outlook.com

Weltoffene Küche. Hauptgerichte von € 10 bis € 30; Menüs von € 42 bis € 95; besondere Mittagskarte, vegetarisches Menü. Geschlossen: Mi, So; Mo+Di, Do-Sa mittags.

Wirtshaus im Stainzerhof
Hotel Stainzerhof

Grazer Str. 2 / ✉ 8510 / www.stainzerhof.at
T.: +43 3463 22122 / welcome@stainzerhof.at

Österreichische Küche. Hauptgerichte von € 16 bis € 23; Menüs von € 48 bis € 58; vegetarisches Menü. Geschlossen: Mo, So.

Steyr
Oberösterreich

Restaurant Rahofer

Stadtplatz 9 / ✉ 4400 / www.restaurant-rahofer.at
T.: +43 7252 54606 / cafe@restaurant-rahofer.at

Mediterrane, italienische Küche. Hauptgerichte von € 12 bis € 27; Menüs von € 45 bis € 65. Geschlossen: Mo+Di, So; Mi-Sa mittags.

Straden
Steiermark

Saziani Stub'n
Schlafgut Saziani

Sazianiweg 42 / ✉ 8345 / www.neumeister.cc
T.: +43 3473 8651 / saziani@neumeister.cc

Österreichische Küche. Hauptgerichte von € 24 bis € 34; Menüs von € 105 bis € 122; vegetarisches Menü. Geschlossen: Mo, So; Di-Fr mittags.

Macaire: Aus Quetschkartoffeln hergestellte gebratene Taler

Stumm
Tirol

Restaurant Guat'z Essen

Obere März 36 / ✉ 6275 / guatzessen.at
T.: +43 664 1670350 / info@guatzessen.at

Österreichische, vegane Küche. Rein vegetarisch. Menüs von € 66 bis € 129; vegane Hauptgerichte. Geschlossen: Mo, So; Di-Sa mittags.
Was Peter Fankhauser in und um sein Restaurant im Tiroler Zillertal so betreibt, kann, wie auch seine vegetarische Küche, nur als großartig und wertvoll bezeichnet werden. Die benötigten Gemüse und Kräuter wachsen bei ihm in üppiger Permakultur. Auf dem „Feld" geht alles seinen natürlichen Gang, wird ohne Gift und Maschinen behandelt oder wächst (scheinbar) einfach wild irgendwo dazwischen. Fankhausers hügeliger Hektar birgt zum Beispiel Schätze wie die „Minzinsel" mit 25 verschiedenen Minzsorten, die der weit gereiste Koch und ausgebildete Pâtissier geschickt in Desserts und großartigen Pralinés einzusetzen weiß. Seine Speisen tragen verständliche Namen – Kürbis, Bohnen, Haselnuss, Kartoffel – und sind mit bis zu einem Dutzend Aromen angereichert. Multipliziert mit sieben macht das ein großes Menü, das um Fingerfood mit Sauerteigbrot sowie einer Getränkebegleitung bereichert werden kann. Auf Vorbestellung ist sogar eine vegane Variante zu haben. Schlussendlich sollte sich niemand die Pralinen entgehen lassen: Erdbeer-Waldmeister, Trüffel-Basilikum ... hmm!
Das Haus empfiehlt: Mangold, Wildreis, Ribisel, Käsekraut; Karotte, Hanf, Eierschwammerl, Graumohn; Moosbeere, Colakraut, Koriander, Cashewnuss

Tainach siehe Völkermarkt
Kärnten

Tamsweg
Salzburg

Goldader - Alpine Kulinarik

Gewerbepark Litzelsdorf 281 / ✉ 5580 / www.goldader.at
T.: +43 6474 8191777 / reservierung@goldader.at

Österreichische Küche. Hauptgerichte von € 6 bis € 30; Menüs von € 50 bis € 80; vegetarisches Menü. Geschlossen: Mo, So; Di-Sa mittags.
Die Küche des Restaurants Goldader präsentiert sich heimatverbunden und modern zugleich. Erwähnenswert wäre hier zum Beispiel der Alpensaibling mit Linguine oder die Lammkeule mit Polenta und Perlzwiebel. Der Küchenchef Edgar Erlacher und seine Mannschaft zeigen auf diese Weise ihre kreative kulinarische Ader. Sie kleiden Traditionelles neu ein und blicken dabei gerne über den Tellerrand. Der Blick schweift währenddessen ins Weite, in das grüne Salzburger Bergpanorama. Das geschieht entweder durch das deckenhohe Panoramaglas im Innenraum oder, bei Heldenwetter, von der großen Sonnenterrasse aus. Im Gastraum ist für schlichte Eleganz und Übersichtlichkeit gesorgt. Grautöne, bequeme Sessel, ein paar goldene Akzente und viel Licht bilden die Kulisse für die leckeren Überraschungen aus der Küche.
Das Haus empfiehlt: Lammkeule von den Hohen Tauern, Polenta, Perlzwiebel, Traube, Yuzu; Kalbstafelspitz rosa, Eachtling-Baumkuchen, wilder Brokkoli, Averna-Jus; Süßkartoffelgnocchi, Périgord Trüffel, Frischkäse, Taggiasca Oliven

Tannheim
Tirol

Tannheimer Stube
Hotel Hohenfels

Kreuzgasse 8 / ✉ 6675 / www.hohenfels.at
T.: +43 5675 6286 / info@hohenfels.at

Österreichische, weltoffene Küche. Hauptgerichte von € 25 bis € 40; Menüs von € 90 bis € 150; vegetarisches Menü. Geschlossen: Di+Mi; Mo, Do-So mittags. Kochkurse.

Techelsberg am Wörther See
Kärnten

La Terrasse
Hotel Schloss Seefels

Töschling 1 / ✉ 9212 / www.seefels.at
T.: +43 4272 2377 / office@seefels.at

Österreichische, mediterrane Küche. Hauptgerichte von € 35 bis € 58; Menüs ab € 65. Geschlossen: mittags.

Telfs
Tirol

Interalpen Chef's Table
Interalpen-Hotel Tyrol

Dr.-Hans-Liebherr-Alpenstr. 1 / ✉ 6410
www.interalpen.com / T.: +43 50 80930
reservation@interalpen.com

Fine-Dining-Restaurant mit österreichischer, weltoffener Küche. Menüs ab € 230; vegetarisches Menü, vegane Hauptgerichte. Geschlossen: mittags. Chef's Table.
Die Küche des Interalpen-Hotel Tyrol bietet ein kulinarisches Gesamtkonzept auf höchstem Niveau: Vom À-la-carte-Restaurant, über das Sechs-Gang-Wahlmenü im Rahmen der

Halbpension bis hin zur Vital-Küche im Spa-Restaurant und der eigenen Konditorei mit feiner Pâtisserie im Café Wien bietet das Fünf-Sterne-Superior Hotel in allen Bereichen exquisite Gaumenfreuden. Ein ganz besonderes Erlebnis bietet der exklusive Interalpen Chef's Table: die Gäste sitzen nicht im Restaurant, sondern direkt in der vielfach ausgezeichneten Küche und können das muntere Treiben beobachten. Das kulinarische Highlight beinhaltet ein achtgängiges Degustationsmenü, ein Glas Champagner zum Aperitif und optionale Weinbegleitung. Wer eine alkoholfreie Variante bevorzugt, kann aus einer großen Anzahl an frischen Säften wählen, die auf die einzelnen Gänge abgestimmt werden. Im Interalpen-Hotel Tyrol geht Chefkoch Mario Döring mit viel Liebe zum Detail auf die individuellen Vorlieben und Geschmäcker seiner Gäste ein.

Thalgau
Salzburg

Forsthaus Wartenfels

Vordereggstr 32 / ✉ 5303 / www.forsthaus-wartenfels.at
T.: +43 6235 636455 / email@forsthaus-salzburg.at

Österreichische Küche. Hauptgerichte von € 18 bis € 50; Menüs von € 56 bis € 86; besondere Mittagskarte. Geschlossen: Mo+Di; So abends.
In wunderschöner Waldlage oberhalb des Fuschlsee auf fast 1.000 Metern Höhe erwartet Wanderer, Ausflügler und Genusspilger eine ganz besondere Adresse. Das Forsthaus Wartenfels ist eine romantische – ja nahezu märchenhafte – Location mit ganz viel alpinem Charme, einer Handvoll gemütlicher Zimmer, guten bodenständigen Gerichten zur Mittagszeit und einem Abendmenü, das eine extra Anreise absolut wert ist. Das engagierte Küchenchef- und Gastgeberduo Alexander und Ramona Merkel sorgen mit bis zu sechs Speisefolgen für Furore und setzen dabei auf all die guten Produkte aus der Heimat. Hechtfilet und rosa Rehrücken, Almenland Stollenkäse mit Feigensenf, Valrhona Schokolade, Zwetschge und Walnuss: Man darf sich auf intensive Geschmacksfarben und wunderschöne Präsentationen freuen.
Das Haus empfiehlt: Vitello Tonnato - rosa Kalbsrücken, roh marinierter Thunfisch, Kapern, eingelegte Zwiebeln; Zanderfilet, Erbse, Basilikum, Zucchini; Lammrücken, Couscous, Tomate, Paprika, Olive

Traunkirchen
Oberösterreich

Restaurant Bootshaus
Seehotel Das Traunsee

Klosterplatz 4 / ✉ 4801 / www.dastraunsee.at
T.: +43 7617 2216 / traunsee@traunseehotels.at

Fine-Dining-Restaurant mit österreichischer, weltoffener Küche. Menüs von € 109 bis € 149. Geschlossen: Mo-Mi; Do-So mittags.

Tulln an der Donau
Niederösterreich

DAS WOLF

Bahnstr. 58 / ✉ 3425
Ortsteil Langenlebarn-Unteraigen
www.daswolf.restaurant / T.: +43 2272 62567
restaurant@daswolf.at

Französische Küche. Hauptgerichte von € 25 bis € 48; Menüs von € 110 bis € 130; vegetarisches Menü. Geschlossen: Mo+Di; Mi-Fr mittags.
Einst „Zum roten Wolf", heute nur noch „Das Wolf". Und ein stylisches Ambiente in weiß, grau bis schwarz. Behutsame Farbtupfer und die Holzböden oder- decken lassen das Erscheinungsbild jedoch warm erscheinen. Hier waren Designer am Werk, Meister ihres Fachs. Kaminzimmer, Stüberl, Bar und Gartenterrasse strahlen etwas Besonderes aus. In dieser feinen Atmosphäre passen die ausgeklügelten Menüs von Küchenchef Christian Wöber, der sich Woche für Woche neue Kreationen ausdenkt und mit altbewährten kombiniert. Fünf bis sieben Gänge feinste Kochkunst werden mit tollen Weinen unterstrichen.Der Sommelier sorgt mit seinen Kenntnissen in Sachen Wein für kleine Überraschungen. Wem die Kombination aus feinen Speisen, guten Weinen und stylischem Ambiente noch nicht reicht als Anreiz, mag einen der besonderen Abende wählen, an welchen ein Degustationsmenü mit der Vorstellung und Präsentation eines Weinguts verbunden wird.
Das Haus empfiehlt: Weißes Paradeismousse, Rote Wildgarnele, Strauchbasilikum; Safranschaumsuppe, Jakobsmuschel, Chili, Kerbel, Rosa Flugentenbrust, Walnuss, Feige, wilder Brokkoli

Gastwirtschaft Floh

Tullner Str. 1 / ✉ 3425
Ortsteil Langenlebarn-Oberaigen
www.derfloh.at / floh@derfloh.at
T.: +43 2272 62809

➞

Gasthof mit niederösterreichischer Küche. Hauptgerichte von € 12 bis € 39; Menüs von € 48 bis € 66; vegetarisches Menü, vegane Hauptgerichte. Geschlossen: Di+Mi; Do mittags. Chef's Table.

Uderns
Tirol

Die Genusswerkstatt
Sportresidenz Zillertal

XXX

Golfstr. 1 / ✉ 6271
www.die-genuss-werkstatt.at
T.: +43 5288 63000508
office@die-genuss-werkstatt.at

Österreichische, mediterrane Küche. Hauptgerichte von € 17 bis € 33; Menüs von € 45 bis € 78.

Wer auf halber Strecke zwischen Kufstein und Innsbruck nach Süden abbiegt, fährt ins Zillertal ein und erreicht den kleinen Ort Uderns. Hier erwartet die Sportresidenz Zillertal am Golfplatz eine anspruchsvolle sportliche Klientel zwecks Verwöhnprogramm, Wellness, Golfen oder Skifahren. Da darf dann auch ein gepflegtes Restaurant mit dem gewissen Etwas nicht fehlen. In der Genusswerkstatt jedenfalls kommen Auge und Gaumen auf ihre Kosten. Frühstück, Mittagessen oder abendliches Diner – in der Genusswerkstatt mit Cooking-Station treffen sich Hotelgäste, Besucher und die Spieler des Golfclubs zu jeder Tageszeit. Man sitzt aber auch einfach zu schön: In Ohrensesseln am offenen Kamin, auf der großen Terrasse mit Blick auf die Zillertaler Bergwelt oder im elegant ausstaffierten Speiseraum hinter Panoramaglas. An der gut bestückten Bar schmecken Weine und Spirituosen. Wer auf Sushi und asiatisches Essen steht, bestellt in der Genusswerkstatt California Rolls, Lachs-Sashimi oder Avocado-Maki. Als Tellergericht gibt es außerdem knusprige Ente oder Garnelen aus dem Wok mit Chilisauce. Küchenchef Wilhelm Tilian und sein Team verstehen sich auf fernöstliche Rezepte.
Das Haus empfiehlt: Hausgemachte Spinattortellini, geräuchertes Entenfilet; Rosa gebratener Kalbsrücken, Pommes Macaire und Kren-Sommergemüse; Erdbeere und Schokolade

Untertauern
Salzburg

Fritz & Friedrich

XXX

Rosenweg 1 / ✉ 5562 Ortsteil Obertauern
www.fritzundfriedrich.com / T.: +43 6456 73540
genuss@fritzundfriedrich.com

Österreichische, japanische Küche. Hauptgerichte von € 25 bis € 40; Menüs von € 112 bis € 135; vegetarisches Menü, vegane Hauptgerichte. Geschlossen: Di; Mo, Mi-So mittags.

Velden am Wörther See
Kärnten

Caramé Restaurant
Casinohotel Velden

XXXX ⬆

Am Corso 10 / ✉ 9220
www.carame.at
T.: +43 4274 3000
3000@carame.at

Fine-Dining-Restaurant mit mediterraner, österreichischer Küche. Hauptgerichte von € 45 bis € 53; Menüs von € 120 bis € 185. Geschlossen: Mo, So; Di-Sa mittags. Chef's Table.

Im malerischen Kärnten, am Westufer des Wörther Sees, ist die Gemeinde Velden ein beliebtes Urlaubs- und Genussziel. Mitten auf dem Casinoplatz zieht ein Bauwerk die Blicke der Menschen an - das Restaurant „Caramé" mit seiner großen Glasfassade. Drinnen fällt die Aufmerksamkeit zunächst auf die stylische Einrichtung mit ihren bunten Sesseln und den großformatigen Fotografien – später auf die hochwertigen Speisen von Thomas Guggenberger und seiner Brigade. Eine kreative und raffinierte Küche kennzeichnet seine Linie, die in einer fünf- bis siebengängigen Speisefolge eindrucksvoll dargeboten wird. Da wären zum Beispiel die Gänseleberterrine mit Portweinkirschen, eine Bouillabaisse mit mariniertem Carabinero oder ein punktgenau zubereitetes Kalbsfilet mit Topinambur zu nennen. Nebenbei versorgt ein professioneller und gut geschulter Service den Gast und kredenzt auf Wunsch herrliche Tropfen von einer gut sortierten Weinkarte. Zum Abschluss empfiehlt sich nur noch eine erholsame Nacht in einem der großzügigen Zimmer des CasinOHOtels.
Das Haus empfiehlt: Jakobsmuschel, Karfiol, Topinambur, Kaviar; Hummer, Bolognese-Butter, Olive, Polenta; Ananassorbet, weißer Rum, Salbei, Kokos

Seespitz Restaurant & Living
Falkensteiner Schlosshotel Velden

XXX

Schlosspark 1 / ✉ 9220
www.falkensteiner.com/schlosshotel-velden
T.: +43 664 609185302
seespitz.schlossvelden@falkensteiner.com

Mediterrane Küche. Hauptgerichte von € 18 bis € 95; Menüs ab € 85; vegetarisches Menü, vegane Hauptgerichte.

Brut: Geschmacksbezeichnung für trockene Schaumweine

Caquelon: feuerfestes Tongefäß, zum Beispiel für Fondue

Villach
Kärnten

Frierss Feines Haus

Gewerbezeile 2 a / ✉ 9500 / www.feines-haus.at
T.: +43 4242 304045 / info@feines-haus.at

Österreichische, asiatische Küche. Hauptgerichte von € 17 bis € 49; Menüs von € 60 bis € 120; besondere Mittagskarte, vegetarisches Menü. Geschlossen: So. Chef's Table.

Restaurant Lagana
voco® Villach

Europaplatz 1-2 / ✉ 9500
www.villach.vocohotels.com
T.: +43 4242 22522 / info@villach.vocohotels.com

Mediterrane Küche. Hauptgerichte von € 23 bis € 46; besondere Mittagskarte, vegetarisches Menü. Geschlossen: Mo, So; Di-Sa mittags. Chef's Table.

Völkermarkt
Kärnten

Das Lilienberg
ohne Bewertung

Polzerweg 1 / ✉ 9121 Ortsteil Tainach
www.daslilienberg.at
T.: +43 4239 20276
restaurant@lilienberg.at

Fine-Dining-Restaurant mit französischer, weltoffener Küche. Vegetarisches Menü, vegane Hauptgerichte. Geschlossen: Mo-Mi; Do mittags. Chef's Table.
Wir sind in Tainach (Gemeinde Völkermarkt), rund 20 Autominuten von Klagenfurt entfernt. Bei der Domäne Lilienberg handelt es sich um ein junges Bio-Weingut mit drei Reblagen. Jüngst ist ein Gourmetlokal hinzugekommen, das den Gast ins Staunen versetzt. Eine moderne, flache Bauweise mit Naturstein und Glas zeigt sich dem Besucher, dem ein leises „Wow" entfährt, wenn er den Gastraum dieser Kärntner Top-Adresse betritt: Blaue Sessel, hohe Vorhänge, moderne Lampen und ein schönes Licht sorgen für Atmosphäre. Schick aber nicht steif, ansprechend und zeitgemäß, durch und durch professionell und persönlich. Für allerfeinste Darbietungen sorgt seit Ende Oktober 2022 Küchenchef Oliver Drug, der unter anderem schon im Restaurant Taubenkobel, im Palais Coburg und im Restaurant Vendôme sowie unter Juan Amador als Souschef kochte.
Das Haus empfiehlt: Gelbflossenmakrele, Buttermilch, Sanddorn, Avocado; Lachsforelle, Zuckerschote, Baby-Spinat, Miso; Spare Rib, Kalb, Tomate

Fischrestaurant „Sicher"

Mühlenweg 2 / ✉ 9121 Ortsteil Tainach
www.sicherrestaurant.at / T.: +43 4239 2638
office@sicherrestaurant.at

Fine-Dining-Restaurant mit österreichischer, Kärntner Küche. Hauptgerichte von € 23 bis € 45; Menüs von € 105 bis € 149; Mittagskarte. Geschl.: Mo+Di, So; Mi-Fr mittags.

Vorchdorf
Oberösterreich

Tanglberg

Pettenbacher Str. 3-5 / ✉ 4655
www.tanglberg.at
T.: +43 7614 8397
office@tanglberg.at

Französische, österreichische Küche. Hauptgerichte von € 38 bis € 40; Menüs von € 138 bis € 138; vegetarisches Menü, vegane Hauptgerichte. Geschlossen: Mo+Di; So abends; Mi-Sa mittags.
Das Tanglberg ist ein Ort der schönen Künste. Und das in vielfacher Hinsicht. „Galerie und Restaurant" steht schon draußen auf dem schmiedeeisernen Ausleger und lässt erahnen, was einen erwartet. Hier wird der Kunst gefrönt, der bildenden und kochenden Kunst. Die Räumlichkeiten haben etwas Ursprüngliches. Steinerne Gewölbe, Arkadenbögen und schwere Türen – ein bisschen ist noch vom ehemaligen Bürgerspital zu spüren. Es ist die Mischung aus Gewachsenem und Unvergänglichem, die diese besondere Atmosphäre in dem Restaurant schafft. Dazu kommt noch ein Gästehaus mit minimalistisch eingerichteten Zimmer und nicht zu vergessen die Galerie für zeitgenössische Kunst im zweiten Stock. Verantwortlich für die erlesenen Menüs ist Chef de Cuisine Max Schellerer.
Das Haus empfiehlt: Onsen-Ei, Lardo, Mais, Velouté; Languste, Fenchel, Orange, Petersilienwurzel; Maibock, Aubergine, Kakao, Johannisbeere

Wals-Siezenheim
Salzburg

Cuisino - Casino Restaurant Salzburg
Schloss Klessheim

Kleßheim 1 b / ✉ 5071 / www.casinos.at
T.: +43 662 85445518500 / cuisino.salzburg@casinos.at

Fine-Dining-Restaurant mit österreichischer, weltoffener Küche. Hauptgerichte von € 18 bis € 38; Menüs von € 42 bis € 52. Geschlossen: Mo+Di; Mi-So mittags.

Fuchsbau

Käferheimerstr. 152 / ✉ 5071 Ortsteil Käferheim
www.fuchsbau-wals.at / T.: +43 664 1779177
info@fuchsbau-wals.at

Österreichische, italienische Küche. Hauptgerichte von € 10 bis € 40; Menüs von € 40 bis € 80. Geschlossen: Mo+Di; Mi-Sa mittags. Kochkurse.
Ein wildromantisches Flüsschen, Baggerseen und die Nähe zu Salzburg prägen das idyllische Umfeld des modernen Restaurants mit bodenständiger und gehobener Küche.
Das Haus empfiehlt: Duett vom Schwein; Gratiniertes Filet vom Waller; Geschmortes Rinderherz

Wagrain
Salzburg

Restaurant vaMoos
Hofgut Wagrain

Wagrainer Str. 24 / ✉ 5602
www.hofgut.com/restaurant-vamoos
T.: +43 6413 8644
info@hofgut.com

Fine-Dining-Restaurant mit österreichischer Küche. Hauptgerichte von € 17 bis € 41; Menüs von € 49 bis € 79; besondere Mittagskarte, vegetarisches Menü. Geschlossen: Mo, So; Di-Sa mittags. Chef's Table.
Das Restaurant „vaMoos" ist Teil des Hofgut Resort, eine Autostunde südlich von Salzburg gelegen. Das mit viel Holz und Glas ausgestattete Refugium bietet seinen Gästen einen Familien- und Wellnessurlaub mit allem Drum und Dran. Zu den Highlights gehören ein 25-Meter-Sportschwimmbecken, das neue Hallenbad oder die 1.500 Quadratmeter Spielwelten für Groß und Klein. Aber man muss nicht unbedingt übernachten, um von der kreativen österreichischen Küche des Hauses zu kosten. Lukas Wurzenrainer (20 Jahre!) ist Teamleader eines jungen und talentierten Köcheteams, das Beeindruckendes daherkocht. Aufgetischt werden liebevoll arrangierte, regionale Speisen, als achtgängiges Tasting-Menü, als Easy-Dreigang-Menü oder à la carte – eben so wie es

gerade beliebt. Dazu gibt es vorwiegend biologisch produzierte Weine. Schick und gemütlich zugleich ist das Ambiente im Gastraum mit großen, stoffbezogenen Bänken, mit fein gearbeitetem Holz und stimmungsvoller Beleuchtung.
Das Haus empfiehlt: Kleinarler Saiblings-Cevice, Kapuzinerkresse, Salzzitronen, Bergbohnenkraut; 48 Stunden geschmortes Brisket vom Loifarn Jungochsen, Brennesseln, Schotten; Jostabeeren-Mille-feuille, Salzkaramell, Sesam

Weinzierl am Walde
Niederösterreich

Gasthaus Schwarz

Nöhagen 13 / ✉ 3521 / www.gasthaus-schwarz.at
T.: +43 2717 8209 / office@gasthaus-schwarz.at

Österreichische Küche. Hauptgerichte von € 14 bis € 30; Menüs ab € 60. Geschlossen: Mo+Di; So abends.

Weißenkirchen in der Wachau
Niederösterreich

Restaurant Hofmeisterei Hirtzberger

Hauptstr. 74 / ✉ 3610 / www.hofmeisterei.com
T.: +43 2715 22931 / restaurant@hofmeisterei.at

Österreichische Küche. Hauptgerichte von € 25 bis € 33; Menüs von € 69 bis € 99. Geschlossen: Di+Mi.

Weißensee
Kärnten

Genießerhotel Die Forelle

Techendorf 80 / ✉ 9762 Ortsteil Techendorf
www.forellemueller.at / T.: +43 4713 2356 / info@dieforelle.at

Fine-Dining-Restaurant mit österreichischer Küche. Menüs von € 68 bis € 150. Geschlossen: Mo+Di, So; Mi-Sa mittags. Kochkurse.

Wels
Oberösterreich

Restaurant Fortino

Europastr. 45 / ✉ 4600
www.fortino.at / info@fortino.at
T.: +43 7242 211889

Österreichische, weltoffene Küche. Hauptgerichte von € 17 bis € 34; Menüs von € 75 bis € 125; besondere Mittagskarte. Geschlossen: Mo, So. Kochkurse.
In einem Gewerbegebiet im Westen von Wels unweit der Autobahn verschaffen Christoph Parzer und sein Team ihren Gästen erlebenswerte Momente. Das kann ein gesundes und günstiges Mittagsmenü in drei Gängen sein (25 Euro), ein Gourmetmenü mit fünf Stationen zum Kennenlernpreis oder ein hervorragendes Stück von der Steakkarte. Neben Zander, Kalb und Wolfsbarsch sind Entrecôte und Rib Eye immer eine gute Wahl. Im hauseigenen Dry Ager gereift und mit Know-how zubereitet, sind sie der Lockstoff für genusssüchtige Fleischfans. Modern und gradlinig präsentiert sich

das Restaurant mit seinen Reifeschränken, Weinkühlern und Designerlampen. Dasselbe gilt für die angeschlossene Bar, in der man sich an einer großen, vor allem österreichischen, Weinauswahl gütlich tun kann. Natürlich darf es auch ein Gin Tonic sein, über 30 Sorten stehen zur Verkostung bereit.
Das Haus empfiehlt: Foie gras, Rhabarber, Balsamessig, Thymian-Zitrone, Brioche; Wildfang-Steinbutt, Salzsellerie, Eestragon, Kaviar-Beurre-blanc, Morcheln; Birne, Topfen, Yuzo, Baiser, Melisse

Werfen
Salzburg

Restaurant Obauer
Hotel Obauer

Markt 46 / ✉ 5450 / www.obauer.com
T.: +43 6468 52120 / ok@obauer.com

Fine-Dining-Restaurant mit österreichischer Küche. Hauptgerichte von € 30 bis € 75; Menüs von € 55 bis € 175; besondere Mittagskarte, vegetarisches Menü, vegane Hauptgerichte. Geschlossen: Mo+Di; Mi mittags. Kochkurse.
Mit Blick auf die eisbedeckten Gipfel des Tennengebirges, und in zentraler Nachbarschaft zu Seen und Wäldern, ist das Genussimperium der Familie Obauer eine der schönsten Genießeradressen in der Wunderwelt Salzburger Land. Nur eine gute halbe Autostunde von Salzburg entfernt, nehmen die Gebrüder Karl und Rudolf Obauer, inspiriert von der Natur, Gourmets aus aller Welt mit ihrer alpin-mediterranen Küche für sich gefangen – und das bereits seit 1979! Ihr unverwechselbarer Stil lebt von den taufrischen Zutaten aus der Heimat, den Gewächsen aus dem eigenen Garten und den Spitzenprodukten der klassischen Hochküche – wohl wissend, dass die kulinarische Welt hinter dem Horizont des Salzburger Landes weiter geht. Sie nennen ihre Art zu kochen eine „integrative Küche", da sie alles zusammenfügen, was das kulinarische Erlebnis speziell und einzigartig machen kann. Die DNA der Obauers steckt in hunderten Einmachgläsern und Schubladen voll mit den besten, oftmals selbst hergestellten, Zutaten. Nach dem Motto „Oft sind es die einfachen Dinge des Lebens, die zufrieden machen" schaffen es die Ausnahmeköche mit handwerklichem Können und immer neuen Ideen, so manch gutbürgerliches Schmankerl als wahren Gourmethappen zu zelebrieren. Das Genusserlebnis erfährt seine Vollendung durch eine exzellente Weinberatung und durch das kleine, von Karl Obauer sehr kunstvoll eingerichtete, Genießerhotel. Wer dort nächtigt, kommt in den Genuss des legendären Obauer-Genießerfrühstücks. (Mehr Informationen über Karl und Rudolf Obauer unter „Auszeichnungen des Jahres Österreich/Südtirol".)
Das Haus empfiehlt: Forellenstrudel, Veltlinersauce, Champignonpüree; Werfener Lamm, Artischocken, Sauerrahmrettich; Erdbeer-Honig-Milchstich, gepuffter Wildreis, Spargel-Eis

Wien
Wien

[aend]

Mollardgasse 76 / ✉ 1060 Ortsteil Mariahilf
aend.at / T.: +43 1 5953416 / info@aend.at

Weltoffene Küche. Menüs von € 166 bis € 188; besondere Mittagskarte. Geschlossen: Sa+So; Mo mittags.

Apron
Hotel Am Konzerthaus - MGallery Collection

Am Heumarkt 35-37 / ✉ 1030 Ortsteil Innere Stadt
restaurant-apron.at / T.: +43 1 9074747
welcome@restaurant-apron.at

Fine-Dining-Restaurant mit weltoffener Küche. Menüs von € 119 bis € 145. Geschlossen: Mo, So; Di-Sa mittags.
Es ist wohl diese Mischung aus leger, elegant, und mondän, die im Restaurant „Apron" faszinieren. Und das Erlebnis, das Stefan Speiser und sein Team ihren Gästen bieten. Etwa den Blick in die offene Schauküche, den Private-Dining-Room oder das moderne Bistronomie-Ambiente mit Wohlfühlcharakter. Aber vor allem faszinieren seine Speisen. Die weltoffenen und außergewöhnlichen Menüs in fünf oder sieben Gängen lassen die Liebe zur österreichischen Küche erkennen und befriedigen den gehoben Anspruch des ausgehfreudigen Großstädters auf vortreffliche Weise. Langostino, Taube, Mangalitza Schwein – die Küche verwandelt gute Produkte in absolut erlebenswerte Kreationen. Zum Aperitif oder dem Drink danach bietet sich die Bar an. Hier werden spannende Cocktails und warme Snacks serviert, ausgewählte 400 heimische Spirituosen und Weine warten hier auf ihre Abnehmer.
Das Haus empfiehlt: Seesaibling, Karpfenkaviar, Stangensellerie, Pistazie; Lammstelze, Beuscherl, schwarzer Knoblauch, Paprikadashi; Blanc de Noir, Himbeere, Milchreis

Amador Restaurant

Grinzinger Str. 86 / ✉ 1190
www.restaurant-amador.com
T.: +43 660 9070500 / info@restaurant-amador.com

Fine-Dining-Restaurant mit französischer, weltoffener Küche. Hauptgerichte von € 45 bis € 90; Menüs von € 295 bis € 375; Mittagskarte. Geschlossen: Mo-Fr, So; Sa abends. Keine regionale Küche, dafür Edelprodukte und hochwertige Zutaten aus der ganzen Welt, präzise und farbenfroh in ein aromenstarkes Menü verwandelt – das ist die Handschrift von Juan Amador. (Mehr Informationen über Juan Amador unter „Auszeichnungen des Jahres Österreich/Südtirol".)

Chez Bernard Restaurant & Bar

Hotel Motto

Mariahilfer Straße 71 a / ✉ 1060 Ortsteil Mariahilf
www.hotelmotto.at/chez-bernard / T.: +43 1 5814600
restaurant@chezbernard.at

Französische, österreichische Küche. Hauptgerichte von € 20 bis € 34; besondere Mittagskarte.

Clementine im Glashaus

Palais Coburg Residenz

Coburgbastei 4 / ✉ 1010
www.palais-coburg.com
T.: +43 1 51818130 / reservierung@palais-coburg.com

Weltoffene Küche. Hauptgerichte von € 18 bis € 29; Menüs von € 42 bis € 75; besondere Mittagskarte, vegetarisches Menü.

Das Loft

SO/Vienna Hotel

Praterstr. 1 / ✉ 1020 / www.dasloftwien.at
T.: +43 1 906168110 / dasloft@sofitel.com

Weltoffene Küche. Hauptgerichte von € 28 bis € 39; Menüs ab € 109; besondere Mittagskarte.

Fabios

Tuchlauben 6 / ✉ 1010
www.fabios.at / fabios@fabios.at
T.: +43 1 5322222

Mediterrane, italienische Küche. Hauptgerichte von € 18 bis € 40; besondere Mittagskarte, vegetarisches Menü. Geschlossen: So.

Freyenstein

Thimiggasse 11 / ✉ 1180 Ortsteil Währing
www.freyenstein.at / T.: +43 664 4390837
info@freyenstein.at

Österreichische, französische Küche. Menüs von € 70 bis € 80; vegetarisches Menü. Geschl.: Mo; Di-So mittags.

Edvard

Palais Hansen Kempinski Vienna

Schottenring 24 / ✉ 1010 / www.kempinski.com/wien
T.: +43 1 23610008082 / edvard.vienna@kempinski.com

Fine-Dining-Restaurant mit weltoffener, mediterraner Küche. Hauptgerichte von € 35 bis € 40; Menüs von € 118 bis € 188; vegetarisches Menü. Geschlossen: Mo, So; Di-Sa mittags.
Das Palais Hansen Kempinski ist einer dieser beeindruckenden historischen Monumentalbauten, die der lebendigen Metropole an der Donau ihren imperialen Touch verleihen. Drinnen hat natürlich längst der moderne Luxus und zeitgemäßes Design Einzug gehalten. Das gilt für die Suiten, Deluxe-Zimmer und die Lobby genauso wie für das Fine-Dining-Lokal „Edvard" im Erdgeschoss des Hotels. Die unauffällige Eleganz des Gastraums ist Understatement pur, denn Küchenchef Thomas Pedevilla überrascht seine Gäste auf Wunsch mit fünf oder gar neun exquisiten Speisefolgen am Stück (auch als Überraschungsmenü). Begleitet von ideenreichen Küchengrüßen, guten Weinen und vor allem jenem perfekt geschulten und zugleich nonchalanten Service, der einen Aufenthalt von A bis Z so richtig angenehm macht. Es ist das Zusammenspiel der Faktoren aus moderner Haute Cuisine um Foie gras, Steinbutt und Co. und den guten „Vibrations" eines Traditionshauses, welches den Gutesser schnell zum Stammgast werden lässt.
Das Haus empfiehlt: Rind, Pfifferlinge, Fichtensprossen; Gebirgsgarnele, Blue Gin, Gurke; Taube Miéral, wilder Brokkoli, Alpine Gyoza (Japanische Teigtaschen)

Grace Restaurant

Danhausergasse 3 / ✉ 1040 / www.grace-restaurant.at
T.: +43 1 5031022 / office@grace-restaurant.at

Österreichische Küche. Hauptgerichte von € 19 bis € 31; Menüs von € 57 bis € 96. Geschlossen: Mo, So; Di-Fr mittags.

Hausbar Wien

Karlsplatz 5 / ✉ 1010 / hausbar-wien.at
T.: +43 664 75010417 / reservierung@hausbar-wien.at

Österreichische, weltoffene Küche. Menüs von € 79 bis € 85; vegetarisches Menü, vegane Hauptgerichte. Geschlossen: Mo-Mi, So; Do-Sa mittags.

Heunisch & Erben

Landstrasser Hauptstr. 17 / ✉ 1030 / www.heunisch.at
T.: +43 1 2868563 / erben@heunisch.at

Österreichische Küche. Hauptgerichte von € 20 bis € 26; Menüs von € 55 bis € 99. Geschlossen: Sa+So; Mo-Fr mittags.

Herzig

XXX ⬆

Schanzstr. 14 / ✉ 1150 Ortsteil Rudolfsheim-Fünfhaus
www.restaruant-herzig.at / T.: +43 664 1150300
servus@restaurant-herzig.at

Fine-Dining-Restaurant mit französischer, weltoffener Küche. Menüs von € 120 bis € 145; vegetarisches Menü. Geschlossen: Mo+Di, So; Mi-Sa mittags.

Im Westen der der Donaumetropole haben sich vor einigen Jahren Saskia und Sören Herzig mit ihrer Fine-Dining-Oase niedergelassen. Jenseits des Üblichen ist das, was die beiden hier im modern-legeren Designambiente mit Samtstühlen, Kunst und Metallröhren an der Decke zu bieten haben. Im Erdgeschoss eines fünfgeschossigen Sichtbetonbaus, dem Dorotheum, einer ehemaligen Zweigstelle des Wiener Auktionshauses, tischt Chefkoch Sören an fünf Abenden in der Woche ein siebengängiges Menü auf. Ob Kaisergranat, soufflierte Wachtel, Reh, Makrele oder Marillenbaum – seine Darbietungen sind eine wahre Freude für Gaumen und Auge. Künstlerisch bis ins Detail, dargeboten auf orignellem Tellerwerk und begleitet von guten Weinen. In etwa 20 Minuten gelangt man mit der U-Bahn vom Zentrum in die Schanzstraße 14. Ein absolut lohnenswerter Weg.

Das Haus empfiehlt: Kaviar, Karfiol, Kürbis, Rauchaal-Bouillon; Kaisergranat, Spitzkohl, Koji Reis, Sanddorn-Beurreblanc; Rehrücken, Quitte, Shiitake, Calvados

Kim kocht

XXX

Währinger Str. 46 / ✉ 1090 / www.sohyikim.com
T.: +43 664 4258866 / restaurant@kimkocht.at

Asiatische, koreanische Küche. Menüs zu € 100; besondere Mittagskarte, vegane Hauptgerichte. Geschlossen: Mo, Sa+So; Di abends.

Ludwig van

XXX

Laimgrubengasse 22 / ✉ 1060 Ortsteil Mariahilf
www.ludwigvan.wien / T.: +43 1 5871320 / info@ludwigvan.wien

Österreichische, weltoffene Küche. Hauptgerichte von € 21 bis € 32; Menüs von € 64 bis € 109; vegetarisches Menü. Geschlossen: Mo, Sa+So; Di-Fr mittags.

Meierei im Stadtpark

XX ⬆

m Heumarkt 2a / ✉ 1030 / www.steirereck.at
+43 1 713316810 / wien@steirereck.at

Österreichische Küche. Hauptgerichte von € 19 bis € 29; Menüs von € 66 bis € 88; besondere Mittagskarte, vegetarisches Menü. Geschlossen: So; Sa abends.

Mraz und Sohn

XXXX ⬆

Wallensteinstr. 59 / ✉ 1200 / www.mraz-sohn.at
T.: +43 1 3304594 / restaurant@mrazundsohn.at

Weltoffene Küche. Menüs zu € 144; besondere Mittagskarte. Geschlossen: Sa+So; Mo-Fr mittags. Chef's Table.

Pichlmaiers Zum Herkner

XXX

Dornbacher Str. 123 / ✉ 1170 / www.zumherkner.at
T.: +43 1 4854386 / pichlmaiers@zumherkner.at

Österreichische Küche. Hauptgerichte von € 20 bis € 31; Mittagskarte. Geschl.: Di+Mi; Mo, Do+Fr mittags.

Pramerl & the Wolf

XXX ⬆

Pramergasse 21 / ✉ 1090 / www.pramerlandthewolf.com
T.: +43 1 9464139 / office@pramerlandthewolf.com

Weltoffene, österreichische Küche. Menüs von € 110 bis € 130; vegetar. Menü. Geschl.: Mo+Di, So; Mi-Sa mittags.

Restaurant OPUS

Hotel Imperial

XXX ⬆

Kärntner Ring 16 / ✉ 1015 Ortsteil Innere Stadt
www.restaurant-opus.at / T.: +43 1 50110389
opus.restaurant@luxurycollection.com

Fine-Dining-Restaurant mit weltoffener, österreichischer Küche. Hauptgerichte von € 34 bis € 59; Menüs von € 135 bis € 195; vegetarisches Menü. Geschlossen: Mo-Mi; Do-So mittags.

Das Fine-Dining-Restaurant OPUS im legendären Hotel Imperial vereint künstlerisches Schaffen und kulinarischen Genuss in imperialer Harmonie. Es gilt als das „kulinarische Meisterwerk" des Hauses. Executive Chef Werner Pichlmaier offeriert exquisit leichte Gerichte der regio-globalen Küche, verspielt angerichtet, modern interpretiert serviert und wahlweise begleitet von edlen Weinen. Mit Augenmerk auf nachhaltige Produkte von erlesener Qualität und dank großer Kreativität wird jede Speise zum Erlebnis. Zwei erlesene Menüs mit bis zu elf Gängen stehen zur Auswahl, darunter eine vegetarische Variante.

Das Haus empfiehlt: Lachsforelle, Senfgurke, Cox-Orange; Heimisches Reh, Kohlrabi, Eierschwammerln; Steinpilz, Cassis, Waldstaude

Restaurant Fuhrmann

Fuhrmannsgasse 9 / ✉ 1080
www.restaurantfuhrmann.com / T.: +43 1 9444324
info@restaurantfuhrmann.com

Österreichische, französische Küche. Hauptgerichte von € 26 bis € 32; Menüs von € 77 bis € 82. Geschlossen: Sa+So.

Restaurant Konstantin Filippou

Dominikanerbastei 17 / ✉ 1010 Ortsteil Innere Stadt
www.konstantinfilippou.com / T.: +43 1 5122229
reservation@konstantinfilippou.com

Fine-Dining-Restaurant mit weltoffener Küche. Menüs zu € 250; besondere Mittagskarte. Geschlossen: Mo+Di, So. Chef's Table.

Restaurant Walter Bauer

Sonnenfelsgasse 17 / ✉ 1010 / T.: +43 1 5129871
restaurant.walter.bauer@aon.at

Wiener, österreichische Küche. Hauptgerichte von € 29 bis € 36; Menüs ab € 69. Geschlossen: Sa+So; Mo mittags.

Schubert

Schreyvogelgasse 4-6 / ✉ 1010
www.restaurant-schubert.at / T.: +43 1 5331997
info@restaurant-schubert.at

Österreichische Küche. Hauptgerichte von € 15 bis € 30; Menüs von € 44 bis € 71; besondere Mittagskarte. Geschlossen: Sa+So.

Seven North

Max Brown Hotel 7th District

Schottenfeldgasse 74 / ✉ 1070
sevennorthrestaurant.com / T.: +43 1 3761077
vienna@sevennorthrestaurant.com

Weltoffene Küche. Hauptgerichte von € 14 bis € 40. Geschlossen: mittags.

Shiki Brasserie & Bar

Krugerstr. 3 / ✉ 1010 Ortsteil Innere Stadt
www.shiki.at / info@shiki.at
T.: +43 1 5127397

Japanische, weltoffene Küche. Hauptgerichte von € 29 bis € 110; Menüs ab € 98; vegetarisches Menü, vegane Hauptgerichte. Geschlossen: Mo, So; Di-Do mittags. Chef's Table.

Escabeche: Traditionelles nordafrikanisches bzw. südamerikanisches Gericht mit kräftig mariniertem Fisch und Gemüse

Shiki Japanese Fine Dining

Krugerstr. 3 / ✉ 1010 Ortsteil Innere Stadt
www.shiki.at / T.: +43 1 5127397 / info@shiki.at

Fine-Dining-Restaurant mit japanischer, veganer Küche. Menüs von € 185 bis € 185; vegetarisches Menü. Geschlossen: Mo-Do, So; Fr+Sa mittags. Chef's Table.
Nahe der Staatsoper in der Wiener Innenstadt hat sich Joji Hattori mit seinem Nobel-Restaurant SHIKI einen Traum erfüllt. Der bekannte japanische Violinist leitete als Dirigent zahlreiche internationale Orchester, darunter das Philharmonia Orchestra London und die Wiener Symphoniker. Seit 2015 steht er, nicht weniger erfolgreich, auf einer ganz anderen Bühne: im Shiki Japanese Fine Dining. Das kreative Team unter der Leitung von Alois Traint und Gerhard Bernhauer kredenzt im SHIKI Fine Dining ein fulminantes Degustationsmenü mit neun Gängen, das neben Fisch und Fleisch auch vegane Speisen beinhaltet. Für reine Veganer wird die Speisenfolge mit geschmacklich abgestimmten Gerichten aus der Brasserie Karte ergänzt. Ganz nach japanischer Tradition wird im SHIKI die Natur jedes Lebensmittels geschätzt und dessen Charakter nur mit Gewürzen untermalt. Zum Einsatz kommen saisonales Gemüse und vorrangig regionale Produkte in Bio-Qualität. Inhaber Joji Hattori verwirklicht damit seine Vision eines authentischen japanischen Restaurants mit europäischen Einflüssen. **Das Haus empfiehlt:** Confierte Carabinero-Garnele mit Zwiebelcrème, Tamago-Yaki, Daikon-Oroshi, Ponzu, Salicornia und Garnelen-Dashi; Zweierlei vom heimischen Lamm - rosa gebratener Rücken und geschmorte Keule, Miso-Auberginentatar, Wakame-Alge und Sojajus; Contemporary Vegan Sushi-Shiki-Style mit frisch geriebenem Hon-Wasabi

Silvio Nickol Gourmet-Restaurant

Palais Coburg Residenz

Coburgbastei 4 / ✉ 1010 / www.palais-coburg.com
T.: +43 1 51818130 / reservierung@palais-coburg.com

Fine-Dining-Restaurant mit weltoffener Küche. Hauptgerichte von € 26 bis € 62; Menüs von € 160 bis € 190. Geschlossen: Mo, So; Di-Sa mittags. Chef's Table, Kochkurse.
Das im 19. Jahrhundert aufgrund seiner freistehenden Säulen

als „Spargelburg“ bezeichnete Palais Coburg erstrahlt seit 2003 als Hotelresidenz in neuem Glanz und kombiniert exzellent gelebte Geschichte und modernes Lebensgefühl. Im Inneren ist der unweit des Stadtparks gelegene monumentale Bau ein Gesamtkunstwerk aus harmonisch kombinierten Stilrichtungen mehrerer Jahrhunderte. Ein Herzstück ist das Gourmet-Restaurant, das in stylisch-puristischer Optik glänzt und Besucher aus aller Welt anzieht. Namensgeber Silvio Nickol führt hier Regie. Mehr als ein Dutzend Mitarbeiter sorgen unter seiner Ägide für einen erlesenen, in bis zu neun Gängen gipfelnden Speisegenuss. Die französisch basierte Küche Nickols kennt keine geografischen Grenzen, seine Eigenkreationen sind über die Landesgrenzen hinaus bekannt. Zu den besten der Welt zählt der berühmte Coburg Weinkeller. Hier lagern insgesamt 60.000 Flaschen. (Mehr Informationen über Silvio Nickol unter „Auszeichnungen des Jahres Österreich/Südtirol“.)
Das Haus empfiehlt: Stör, Kokosnuss, Marille, Verbene; Trüffel, Polenta, Wachtelei, Brösel; Nuart Lamm, Zwiebel, Ingwer, Johannisbeere

Steirereck im Stadtpark

Am Heumarkt 2 a / ✉ 1030 / www.steirereck.at
T.: +43 1 7133168 / wien@steirereck.at

Fine-Dining-Restaurant mit österreichischer, weltoffener Küche. Hauptgerichte von € 42 bis € 59; Menüs von € 175 bis € 195; besondere Mittagskarte, vegetarisches Menü. Geschlossen: Sa+So.
Das Steirereck inmitten des Wiener Stadtparks ist eine nationale Institution mit Weltrenommee. In vier fingerartig ausgreifenden Genussräumlichkeiten, und dem „alten“ Stammlokal zur Seite des Wienflusses, erwarten den Feinschmecker österreichische Gerichte in einzigartiger Perfektion. Drinnen sitzend, blick man durch hohes Panoramaglas auf alte Bäume und das Leben in Wiens „Central Park“. Küchenchef Heinz Reitbauer gilt als Schöpfer und Weiterentwickler einer neuen österreichischen Küche. Die Zutatenvielfalt seiner Küche ist groß, der Ideenreichtum auch. Ob Saibling im Bienenwachs, Rehherz mit Getreide oder Rübenvielfalt mit Tigerforelle und Eukalyptus – seine Kreationen sorgen (im postitivsten Sinne) für erstaunte Gesichter. Ein Menü im Steirereck, mit all seinen verlockenden Amuse bouches und Erfrischungen, bereitet nicht nur unbeschreiblichen Genuss. Es ist gleichermaßen eine gehörige Lektion in puncto geschmackliche Weiterbildung. Umrahmt wird ein Besuch im Steirereck von der Kompetenz und der Fürsorge der Servicemitarbeiter. Selbst zur Mittagszeit, wenn sich die Schlagzahl erhöht, und die genialen Wiener Schnitzel über den Tisch gehen, haben sie alles perfekt im Griff. (Mehr Informationen über Heinz Reitbauer unter „Auszeichnungen des Jahres Österreich/Südtirol“.)
Das Haus empfiehlt: Paradeiser-Vielfalt mit Rinderherz und Anis-Ysop; Saibling im Bienenwachs mit gelber Rübe, Pollen und Rahm; Schweins-Schlepp mit Mangold, Perilla und Johannisbeeren

TIAN Bistro am Spittelberg

Schrankgasse 4 / ✉ 1070 / www.tian-bistro.com
T.: +43 1 5269491 / spittelberg@taste-tian.com

Bistro mit weltoffener, veganer Küche. Rein vegetarisch. Hauptgerichte von € 7 bis € 16; Menüs von € 41 bis € 41; vegane Hauptgerichte. Geschl.: Mo, So; Di-Fr mittags.

TIAN Restaurant

Himmelpfortgasse 23 / ✉ 1010
www.tian-restaurant.com/wien
T.: +43 1 8904665
wien@taste-tian.com

Fine-Dining-Restaurant mit weltoffener, veganer Küche. Rein vegetarisch. Menüs von € 139 bis € 147; vegane Hauptgerichte. Geschlossen: Mo, So; Di-Sa mittags. Chef's Table, Kochkurse.
Im TIAN Restaurant Wien wird die vegetarische und vegane Küche neu definiert. Mit handwerklichem Geschick und viel Fantasie kombinieren Chefkoch Paul Ivić und sein Team die Vielfalt der Natur zu harmonischen und aromenstarken Geschmackserlebnissen – vom ersten bis zum letzten Gang. Mit viel Liebe zum Detail werden saisonale und regionale Produkte von der Wurzel bis zum Blatt verarbeitet. Ein weiteres Highlight ist die hauseigene Getränkebegleitung bestehend unter anderem aus Shrubs, Kombuchas, die gerne mit der Naturwein-Begleitung kombiniert werden kann. Gerichte und Getränke ergänzen sich im perfekten Zusammenspiel. Ein vegetarisch-veganes Erlebnis, das man nicht verpassen sollte. Das TIAN liegt in der Inneren Stadt von Wien, zwischen Stadtpark und Fußgängerzone. In dem vor Kurzem renovierten Gastraum mit seinem hellen und offenen Ambiente wird alter Stuck mit moderner Einrichtung kombiniert. Einem gemütlichen Abend mit vielen neuen Geschmäckern aus der Gemüse-Welt steht hier nichts im Weg. Nur reservieren sollte man im Vorfeld.
Das Haus empfiehlt: Zucchini, Eierschwammerl, Wiesenbärenklau; Zwiebel, Linse, Holler; Robuschka, Badger Flame (Bete), Albina Verduna

Zum Schwarzen Kameel

Bognergasse 5 / ✉ 1010 / www.kameel.at
T.: +43 1 5338125 / info@kameel.at

Österreichische, Wiener Küche. Hauptgerichte von € 25 bis € 41; Menüs von € 73 bis € 99; besondere Mittagskarte.

Nappieren: etwas mit einer Sauce überziehen

Zell am See
Salzburg

Landhotel & Restaurant Erlhof

Landhotel Erlhof

Erlhofweg 11 / 5700 / www.erlhof.at
T.: +43 6542 56637 / erlhof@aon.at

Mediterrane, österreichische Küche. Hauptgerichte von € 17 bis € 38; Menüs von € 78 bis € 98. Geschlossen: Di+Mi.

Eine Stichstraße führt zum Erlhof. Hier im Ortsteil Thumersbach umgeben satte Wiesen und ursprüngliche Wälder das regionaltypische Bauernhaus von Familie Brüggler. Die Küche ist klassisch österreichisch und wird unter dem Gewölbe der Kaminstube oder in der Pinzgauer Stube serviert. Küchenchef ist Josef Brüggler höchstpersönlich. Der erfahrene Gastronom verkörpert die Liebe zu seinem Handwerk. Er verwendet nur frische Produkte, die soweit wie möglich von kleineren Lieferanten und Bauern aus der Region stammen. Kenner des guten Geschmacks sind seit Jahren überzeugt von seinen bodenständigen Gerichte aus feinsten Zutaten. Es erwarten den Gast die Gemütlichkeit der kaminbeheizten Restaurant-Stube im Winter und bei schönem Wetter das einzigartige Panorama auf der Sonnenterrasse. Übrigens: In dem 2018 errichteten Hotel-Neubau befinden sich sechs Panorama-Zimmer, eine Tiefgarage und eine Elektro-Ladestation für Autos.

Das Haus empfiehlt: Hausgemachte Gänseleberterrine, Apfelmousse, Brioche; Variation von Wiener Tafelspitz und Rinderzunge, Krensauce, geschmorte Karotten, Rahmkartoffelpüree; Salzburger Nockerl nach Art des Hauses

Mayer's Restaurant

Schloss Prielau

Hofmannsthalstr. 10 / 5700 / www.mayers-restaurant.at
T.: +43 6542 729110 / info@schloss-prielau.at

Fine-Dining-Restaurant mit fränkischer, französischer Küche. Hauptgerichte von € 35 bis € 60; Menüs von € 133 bis € 193; vegetarisches Menü. Geschlossen: Mo+Di; Mi-So mittags. Chef's Table, Kochkurse.

Das hübsche Schlösschen, der Park und das sensationelle Essen sind einfach himmlisch. Ja, es geht hier romantisch zu und vor allem genüsslich. Kein Wunder also, dass gerade Hochzeitspaare diese Location für den „schönsten Tag im Leben" wählen. Schloss Prielau ist ein Hotel und Restaurant, das Erholung, Genuss und Lebensfreude verspricht. Ein Schloss, das mit Gemütlichkeit besticht, in dem man sich ganz zuhause fühlen kann, ist äußerst selten. Im Gourmet-Restaurant herrscht Frische und Natürlichkeit vor. Auch wenn die Tische akkurat eingedeckt sind, hat Steifheit keinen Platz in diesem Raum. Der Gast kommt aus dem Staunen gar nicht mehr heraus. Küchenchef Andreas Mayer hat nicht nur bei den ganz großen Köchen unserer Zeit gelernt, er hat sich auch zeitgemäß weiterentwickelt und „Mayer's Green Line" kreiert. Aufregend findet er die Herausforderung, ohne Fisch und Fleisch genauso gut und interessant zu kochen wie mit diesen Produkten. Übrigens: Wem der Sinn nach guter bodenständiger Kost à la Gulasch und Backhendl steht, darf auch gerne die „Schlosswirtschaft" aufsuchen.

Das Haus empfiehlt: Gänseleberterrine gebraten, Balsamicokirschen, Gänselebereis und Brioche; Tauernlamm-Ossobucco, Lammrücken in Kräutermantel auf Spitzkohl-Paprikagemüse, Ratatouille, Kartoffelkuchen; Variation von der Marille - Eis, Tarte, Crème und Ragout

Restaurant Seensucht

Seehotel Bellevue

Seeuferstr. 41 / 5700 Ortsteil Thumersbach
www.restaurant-am-see.at / T.: +43 6542 21828
info@seehotel-bellevue.at

Mediterrane, österreichische Küche. Hauptgerichte von € 25 bis € 46; Menüs von € 49 bis € 65; besondere Mittagskarte, vegetarisches Menü, vegane Hauptgerichte. Geschlossen: Mo+Di, So abends.

Das luxuriöse Seehotel Bellevue in Thumersbach am Zeller See (Salzburger Land) ist eine Destination für Sommer- und Wintergäste gleichermaßen. 32 modern designte Zimmer, ein feines Restaurant, die Seeterrasse mit fantastischer Aussicht und eine sympathische Servicekultur sind unschlagbare Argumente für einen Aufenthalt. Gut zwei Autostunden von München liegt das seit 1872 existierende Hotel, das heuer von Andrea und Michael Schnell geführt wird. Die fantastische Terrasse mit dem alpinen Panorama ist für sich schon ein Ort zum Glücklichsein. Zum Glück kann man die auch besuchen, ohne im Hotel zu logieren. Auf ein Glas Wein, eine Tasse Kaffee oder den ein oder anderen Snack von der kleinen Karte. Küchenchef Michael Schnell bietet aber noch mehr: Eine kreative Küche für Feinschmecker, angesiedelt zwischen salzburgisch, alpin und mediterran. Wie wäre es mit einem geeisten Gazpacho mit getrocknetem Serrano oder Zanderfilet mit Gemüseperlen und Pastinakenpüree? Oder den Klassiker Kalbstafelspitz mit Kartoffel-Mascarpone-Püree und Reiberdatschi? Herrliche Gerichte, die Auge und Gaumen erfreuen.

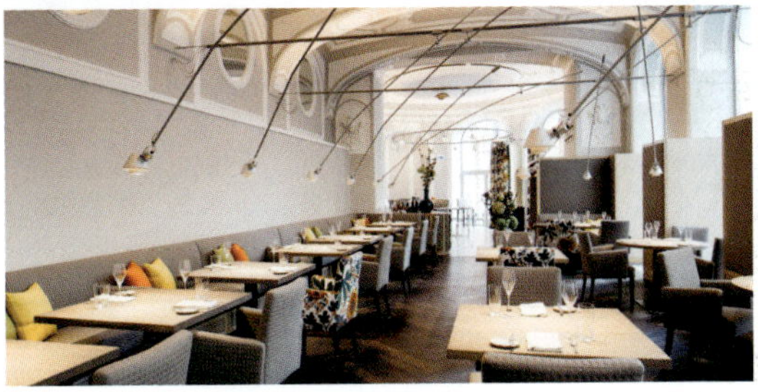

Das Haus empfiehlt: Reh „hoch 3“ rosé, geschmort, gebacken, Herzkirsche, Pastinake, Kohlsprosse, weiße Rahmpolenta, Polenta-Praline; Zanderfilet grilliert, Kohlrabi, weißer Pfirsich, Almblüten; Wiener Schnitzel buttrig und soufflierit, Vogelbeere, Preiselbeere, Karotte, Kartoffel, Wildkräuter

Salzburgerstube

Hotel Salzburgerhof

Auerspergstr. 11 / ✉ 5700 / www.salzburgerhof.at
T.: +43 6542 765 / 5sterne@salzburgerhof.at

Österreichische, weltoffene Küche. Hauptgerichte von € 18 bis € 40; Menüs von € 59 bis € 115; besondere Mittagskarte, vegetarisches Menü, vegane Hauptgerichte.

Was macht ein Hotel zum Gourmet-Hotel? Eine außergewöhnlich gute Küche. Und tatsächlich hat es die Salzburgerstube geschafft, als eines der führenden Restaurants in Salzburg anerkannt zu sein. Im À-la-carte-Restaurant Salzburgerstube darf der Gast diese Einschätzung gerne überprüfen. Dort wird er in familiärer Atmosphäre den alpinen Luxus und die ausgezeichneten Speisen aus der Gourmetküche genießen. Genussvoll erlebt er Kreationen wie die Bärlauchschaumsuppe mit Jakobsmuschel und Mangalica-Lardo oder ein Störfilet in Nussbutter confiert sowie das Rinderfilet mit Markkruste, weißen Bohnen und Rosenkohl. Das sind nur Beispiele aus dem Fundus des kreativen Küchenchefs Stefan Reiter, der seine Gäste immer wieder aufs Neue zu begeistern weiß. Der Sommelier versteht sich darauf, die Speisen mit der richtigen Flasche aus dem über 400 Positionen reichen Weinsortiment vollmundig abzurunden.
Das Haus empfiehlt: Lauwarmer Leoganger Saibling mit Melonenrettich, Topaz Apfel, Butterkohlrabi und Zirbenhonig; Artischockentascherl mit Spitzkraut, Trauben und Pignolienschmelze; Haselnusskuchen mit Pralinencrème, Moosbeeren und Buttermilchsorbet

Zeltweg

Steiermark

Restaurant im Steirerschlössl

Hotel Steirerschlössl

Hauptstr. 100 / ✉ 8740 / www.hotel-steirerschloessl.at
T.: +43 3577 22601 / steirerschloessl@projekt-spielberg.com

Österreichische, weltoffene Küche. Hauptgerichte von € 17 bis € 35; Menüs von € 69 bis € 99; besondere Mittagskarte. Geschlossen: So mittags.

Restaurant Schloss Farrach

Schlossweg 13 / ✉ 8740 Ortsteil Farrach
www.schlossfarrach.at / T.: +43 3577 25257
schloss-taverne@aon.at

Österreichische, französische Küche. Hauptgerichte von € 15 bis € 39; Menüs von € 52 bis € 85. Geschlossen: Mo+Di; So abends.

Zürs siehe Lech am Arlberg

Vorarlberg

Bottarga: ital.: flacher brauner Riegel aus getrockneten und gepressten Meeräschen- oder Thunfischrogen

Bouquet: Fachbegriff aus der Weinterminologie: die sich entfaltenden Duftstoffe

Blanchieren: kurz im heißen Wasser ankochen, zum Beispiel zur Farberhaltung von Gemüse

Carpaccio: rohes Fleisch/Fisch in hauchdünne Scheiben geschnitten, mariniert

Legieren: Sämigmachen mit Eigelb und Sahne, Eigelb und Milch sowie Sahne und Butter

Liaison: aus Eigelb und Sahne oder Milch bestehende Mischung zum Binden von Suppen

Parieren: Zurichten, Fleisch oder Fisch von allen überflüssigen Teilen (zum Beispiel Fett) befreien

Südtirol

Abtei
Trentino-Südtirol

Restaurant St. Hubertus
Rosa Alpina

Strada Micurá de Rü, 20 / ✉ 39036 / www.rosalpina.it
T.: +39 0471 849500 / info@rosalpina.it

Fine-Dining-Restaurant mit Südtiroler Küche. Menüs von € 280 bis € 310. Geschlossen: Mo+Di; Mi-So mittags. Chef's Table. Mit seiner innovativen alpenländischen Küche schafft es Küchenchef Norbert Niederkofler, die Aromenvielfalt Südtirols geschmacklich auf allerhöchstem Niveau zu präsentieren. (Mehr Informationen über Norbert Niederkofler unter „Auszeichnungen des Jahres Österreich/Südtirol".)

Ahrntal
Trentino-Südtirol

Lunaris 1964
Amonti & Lunaris Wellnessresort

Hittlfeld 1 / ✉ 39030 / www.wellnessresort.it
T.: +39 0474 652190 / lunaris@wellnessresort.it

Fine-Dining-Restaurant mit weltoffener, Südtiroler Küche. Menüs zu € 144. Geschlossen: Mi+Do; Mo+Di, Fr-So mittags. Den Genuss mal so richtig auf die Spitze treiben? Entspannt einen Aperitif und den Einstieg in das Menü an der Bar nehmen? Sich nonchalant und kompetent durch den Abend führen lassen? All das ergibt sich bei einem Aufenhalt im „Amonti & Lunaris Wellnessresort", gelegen im Ahrntal im nördlichen Zipfel Südtirols. Flankiert von imposanten alpinen Gebirgsketten. Der Ort des Geschehens ist das Feinschmeckerlokal „Lunaris 1964" mit seinen massiven Holzdielen, der Designer-Beleuchtung sowie stylischen Sesseln und Sofas. Matthias Kirchler und sein Team warten hier mit einem faszinierenden Fine Dining in zwölf Etappen auf. Sie inszenieren die Teller mit besten Produkten wie Saibling, Kaviar, Forelle oder Black Angus so vielseitig und ansprechend, dass man es gar nicht abwarten kann, den nächsten Gang serviert zu bekommen. Auf Wunsch gibt es dazu eine Weinbegleitung oder eine siebenteilige Bier-Folge, kredenzt vom kompetenten Restaurantleiter und Sommelier Ludwig Lanthaler. Wer nicht in dem modernen und luxuriösen Resort, bestehend aus viel Massivholz, Glas und schönen Stoffen, residiert, der sollte also auf jeden Fall einen abendlichen Besuch im Gourmet-Restaurant „Lunaris 1964" einplanen.
Das Haus empfiehlt: Graukäse, Schüttebrot, Zwiebel; „goasroscht"; Aal, Preiselbeere, Kloatzen und Ruis

Algund
Trentino-Südtirol

FAYN dining
FAYN garden retreat hotel

Breitofenweg 9 / ✉ 39022
www.fayn.it / info@fayn.it
T.: +39 0473 220355

Fine-Dining-Restaurant mit mediterraner, Südtiroler Küche. Hauptgerichte von € 21 bis € 34; Menüs ab € 55; besondere Mittagskarte, vegetarisches Menü, vegane Hauptgerichte.
Das FAYN garden retreat hotel ist ein Rückzugsort unweit von Meran. Im Rücken die Berge, zu den Seiten die Wiesen und Obstbaumkulturen. Hier kann man sich der Natur hingeben oder im Vier-Sterne-Superior-Luxus des Hauses schwelgen. Dazu gehört ganz sicher auch die erlesene Fayn-Gastronomie: Der Tag beginnt mit einem vielseitigen Frühstücksbüfett und täglich frisch und à la Minute zubereiteten Eierspeisen. Über den Tag gibt es kleine Snacks, Kuchen, Tees oder vitaminreiche Drinks. Abends serviert das Küchenteam herzhafte Südtiroler Speisen mit mediterranem Touch oder wechselnde Themenmenüs mit bis zu acht Gängen. Dazu werden Weine aus dem gut bestückten hauseigenen Weinkeller gereicht. In der Event-Vinothek des Hauses finden regelmäßig Weindegustationen statt, umrahmt von feinen Häppchen aus der Küche. Zu empfehlen ist ein Digestif in der schön gestalteten Pianobar mit Lounge. Im Sommer werden die Gäste auf der gemütlichen Gartenterrasse mit Blick über die Parkanlage und in das Meraner Land verwöhnt.
Das Haus empfiehlt: Degustationsmenü in der Vinothek „FAYN wines"; Romantik-Dinner im mediterranen Garten

Luisl Stube
Schlosswirt Forst

Vinschgauerstr. 4 / ✉ 39022
www.schlosswirt-forst.it
T.: +39 0473 260350 / info@schlosswirt-forst.it

Fine-Dining-Restaurant mit französischer, mediterraner Küche. Hauptgerichte von € 39 bis € 42; Menüs von € 128 bis € 152; vegetarisches Menü, vegane Hauptgerichte. Geschlossen: Mo+Di, So; Mi-Sa mittags.
Im Nachbarort von Meran, in der kleinen Gemeinde Algund, liegt der Schlosswirt Forst. In dem typischen Haus mit den reizvollen Rundbögenfenstern mit Fensterläden wird vor allem eine Tradition gepflegt, nämlich die schöne Tradition des guten Essens und Trinkens. Südtirol ist bekannt für seine gute Küche und für seine Menschen, die diese leben. Der Schlosswirt Forst tut dies in besonderer Art und Weise gleich zweifach. Denn zwei Restaurants erfreuen Hungrige und Leckermäulchen: das traditionelle Schlosswirt Restaurant

und die Luisl Stube für die Gourmetküche. Feine regionale Küche in der warmen Atmosphäre des Restaurants genießen, im Winter am schönen Kachelofen oder im Sommer im idyllischen Garten mit herrlich altem Baumbestand verweilen oder besondere Genussmomente in der Luisl Stube erleben. In der holzvertäfelten Stube mag es vom Ambiente her erstmal rustikal erscheinen, doch sind die Speisen, die serviert werden, absolut filigran. Regionale und saisonale Zutaten werden gekonnt zu einem herrlichen Menü verarbeitet.

Das Haus empfiehlt: Wachtel und Gänseleber aus dem Périgord an piemontesischer Haselnuss und Radicchio di Treviso; Tiroler Rehrücken im Wacholderduft an Preiselbeer-Holunderessig mit Topinambur und orientalischer Aubergine; Williams Birne vom Forst-Garten auf Gewürz-Zartbitterschokolade und krokanter Bergbauernmilch

Bozen
Trentino-Südtirol

Gasthof Kohlern
Gasthof Kohlern

Kohlern 11 / ✉ 39100 / www.kohlern.com
T.: +39 0471 329978 / info@kohlern.com

Südtiroler Küche. Hauptgerichte von € 15 bis € 20; Menüs von € 30 bis € 50. Geschlossen: Mo.

Haselburg

Kuepachweg 48 / ✉ 39100 Ortsteil Oberau-Haslach
www.haselburg.it / T.: +39 0471 402130 / info@haselburg.it

Mediterrane, vegane Küche. Hauptgerichte von € 23 bis € 39; Menüs von € 59 bis € 88; vegetarisches Menü, vegane Hauptgerichte. Geschlossen: Mo; So abends.
Restaurierte Burg aus dem 12. Jahrhundert hoch über Bozen mit Burghof und Rittersaal. Der perfekte Ort für Hochzeiten, Events, Meetings und gutes Essen.

Das Haus empfiehlt: Caprese vegan: Bunte Tomaten, hausgemachte Mozzarella, Basilikum; Risotto mit Pfifferlingen, Petersilie, Jakobsmuschel; Südtiroler Bauernhuhn, Kräuterknödel, Steinpilzsauce

Parkhotel Laurin
Parkhotel Laurin

Laurinstr. 4 / ✉ 39100 / www.laurin.it
T.: +39 0471 311000 / info@laurin.it

Italienische, mediterrane Küche. Hauptgerichte von € 20 bis € 60; vegetarisches Menü. Geschlossen: So.

Wirtshaus Löwengrube

Piazza Dogana 3 / ✉ 39100 / www.loewengrube.it
T.: +39 0471 970032 / info@loewengrube.it

Mediterrane, weltoffene Küche. Hauptgerichte von € 23 bis € 30; besondere Mittagskarte. Geschlossen: So. Chef's Table, Kochkurse.

Brenner
Trentino-Südtirol

Gourmetrestaurant Artifex
Feuerstein Nature Family Resort

Pflersch 185 / ✉ 39041 / artifex.feuerstein.info/de/
T.: +39 0472 770126 / info@feuerstein.info

Fine-Dining-Restaurant mit Südtiroler, asiatischer Küche. Menüs von € 95 bis € 140; vegetarisches Menü. Geschlossen: Di+Mi; Mo abends; Do-So mittags.
Das Pflerschtal ist ein entlegenes Bergtal im Norden Südtirols, eingerahmt von majestätischen Felsen, Kiefernwäldern und saftigen Wiesen. Diese Landschaft ist wie geschaffen für ein familienorientiertes Luxusrefugium. Das Feuerstein Nature Family Resort gleicht einem Paradies: Hier, auf 1.250 Metern Höhe, können die großen und die kleinen sommers wie winters die Natur erleben, mehrere Pools und das Spa genießen, Yoga betreiben – und natürlich die kulinarischen Vorzüge des Hauses kennenlernen. Denn die haben es in sich: Küchenchefin Tina Marcelli und ihr Team versorgen die Gäste des Hauses von morgens bis abends mit einer exzellenten regionalen Südtiroler Kost. Ihre Kochkunst gipfelt im Gourmet-Restaurant „Artifex" in einer Darbietung von fünf bis acht Gängen. Mit Verstand und Pinzette beeindruckt die Chefin ihre maximal 16 Gäste. Die kreativen und modernen Speisen strotzen vor intensiven Aromen und sind echte Hingucker. An so etwas erinnert man sich noch lange.

Das Haus empfiehlt: Wald, Wiese, Acker - Tatar vom Rind, Blumenkohl, Tannenöl; Boten des Waldes - Reh, rote Zwiebel, Kirsche; Zigarre: Bitterschokolade, Karamell, Bier-Eis

Entremets: Süßspeisen

Brixen
Trentino-Südtirol

AO Restaurant by Haller Suites & Restaurant

Weinbergstr. 68 / ✉ 39042 / www.byhaller.com
T.: +39 0472 834601 / stay@byhaller.com

Südtiroler Küche. Hauptgerichte von € 22 bis € 25; Menüs von € 72 bis € 85. Geschlossen: mittags.

Apostelstube
Hotel Elephant

Weißlahnstr. 4 / ✉ 39042 / www.hotelelephant.com
T.: +39 0472 832750 / info@hotelelephant.com

Fine-Dining-Restaurant mit mediterraner, Südtiroler Küche. Menüs von € 135 bis € 135; vegetarisches Menü. Geschlossen: Di-Do; Mo, Fr-So mittags.
Kronleuchter, Parkett, Antiquitäten, kunstvolle Erker und Fensterbilder zeugen eindrucksvoll von der 500-jährigen Geschichte des historischen Haupthauses, welches das Herzstück des Hotel Elephant ausmacht. Hier befinden sich unter anderem 30 Zimmer, ein Bankettsaal und das Restaurant „Apostelstube“. Wer im Speiseraum in den gemütlich gepolsterten, halbrunden Sofas Platz nimmt (Art-Déco), darf sich auf eine moderne und kosmopolitische Küche freuen. Küchenchef Mathias Bachmann und sein Team zeigen, wie sich die Aromen Asiens und der ganzen Welt mit Südtiroler Produkten zu erlebenswerten Speisen kombinieren lassen – immer auf größtmögliche Qualität fixiert. Mit ihren verführerischen Amuse bouches, den hausgemachten Pralinés und bis zu sechs Gängen nehmen sie den Gast mit auf eine Sinnesreise, auf die man sich nur allzu gerne einlässt.
Das Haus empfiehlt: Weißer Saibling mit Lauch, Rettich und Buttermilch; Kagoshima A5 Wagyu mit Auberginen, Morcheln und Sauce vom schwarzen Apfel; Holunderbeeren mit Nashi-Birne und Sesam

Gasthaus Sunnegg

Weinbergstr. 67 / ✉ 39042 / www.sunnegg.com
T.: +39 0472 834760 / info@sunnegg.com

Gasthof mit Südtiroler, mediterraner Küche. Hauptgerichte von € 24 bis € 31; Menüs von € 40 bis € 70; vegetarisches Menü, vegane Hauptger. Geschl.: Di+Mi. Kochkurse.

Dorade: Goldbrasse

brix 0.1

Fischzuchtweg 17 / ✉ 39042
www.brix01.com / info@brix01.com
T.: +39 0472 268371

Südtiroler, weltoffene Küche. Hauptgerichte von € 20 bis € 42; Menüs zu € 85; besondere Mittagskarte, vegetarisches Menü. Geschlossen: Mo+Di. Chef's Table, Kochkurse.
Restaurant, Café und Gastro-Pub – das alles bietet das brix 0.1 im Lidopark von Brixen. Mitten im Grünen und direkt am See gelegen, beeindruckt die moderne Architektur des Gebäudes. Modern will es sein, jung und weltoffen. Mit seinem Konzept der Vielseitigkeit will es ein breites Publikum ansprechen und eine Genussadresse für alle sein – von morgens in der Früh bis spät in die Nacht. Die Küchenchefs haben die Welt bereist, kochend gelernt, wachen Auges gelebt und geträumt. All ihre Eindrücke haben sie in diese Location eingebracht. Sie wollen neugierig machen und überraschen. So kreieren sie mit den guten Produkten aus Südtirol immer wieder Neues, Gerichte, die keine Grenzen kennen. Der Gast sitzt in einem lichtdurchfluteten Raum mit viel Holz und Glas, Musik hüllt ihn ein und lässt die Sinne im Rhythmus mittanzen. Ob zum Frühstück, Business-Lunch, zum Kaffee, zum Dinner, im Sommer auf der schönen Terrasse mit eigener Eiskarte oder zu einem besonderen Event – im „foodparc brixen“ ist immer etwas los.
Das Haus empfiehlt: Thunfisch in der Sesamkruste, Mango, Soja-Mayo, Dashi-Dressing, Amaranth-Chips; Wolfsbarsch, Thai Curry, Mango, Bacon-Pulver, Avocado, Kräutersalat, Kataifi; Amalfizitronen-Risotto, gegrillter Oktopus, Oliven, Tomaten, Petersilie

Bruneck
Trentino-Südtirol

Kaminstube
Hotel Petrus

Reinthalstr. 11 / ✉ 39031 / www.hotelpetrus.com
T.: +39 0474 548263 / info@hotelpetrus.com

Südtiroler, italienische Küche. Hauptgerichte von € 25 bis € 45; vegetarisches Menü. Geschlossen: Mo-Mi, So; Do-Sa mittags.
Der Nachhaltigkeitsgedanke ist im Tun und Treiben der Familie Aichner fest verankert. Viele Produkte stammen aus lokaler beziehungsweise eigener Produktion oder liegen in Bioqualität vor. Noch dazu gibt es reichlich Hausgemachtes (Pasta, Brot, Marmeladen, Kuchen, Essig und vieles mehr). Hauptsächlich profitieren davon die Hotelgäste. Doch auch für die, die nur zum Essen anreisen, macht man im Hotel Petrus attraktive Angebote. Zum Beispiel ein siebengängiges Abendmenü, aufgetragen in schöner Atmosphäre am Kaminfeuer, mit oder ohne Weinbegleitung. Der Küchenchef und seine Mannschaft ver-

edeln die Gaben des Gartens zu erlebenswerten Speisen, die Gaumen und Auge erfreuen. Apropos Garten: Gemüsegarten, Gewächshaus und Obstbäume befinden sich am Lechnerhof, nur 500 Meter vom Hotel Petrus entfernt.
Das Haus empfiehlt: Rindertatar vom Weiderind mit roter Zwiebel und Joghurtbutter; Geräuchertes Risotto mit Südtiroler Bauernspeck und Golden-Delicious-Apfel; Gebratener Rücken vom Berglamm mit Bergartischocken

Burgstall
Trentino-Südtirol

Hidalgo Grill Restaurant
Suites by Hidalgo

Romstr. 7 / ✉ 39014 / www.restaurant-hidalgo.it
T.: +39 0473 292292 / info@restaurant-hidalgo.it

Mediterr., italienische Küche. Hauptger. ab € 14; Menüs von € 59 bis € 110; vegetar. Menü, vegane Hauptger.

Corvara
Trentino-Südtirol

La Stüa de Michil
Hotel La Perla

Col-Alt-Str. 105 / ✉ 39033 / www.hotel-laperla.it
T.: +39 0471 831000 / info@hotel-laperla.it

Fine-Dining-Restaurant mit italienischer, Crossover-Küche. Menüs von € 135 bis € 155. Geschl.: So; Mo-Sa mittags.

Deutschnofen
Trentino-Südtirol

Sonnalp Gourmetstube
Hotel Sonnalp

Obereggen 28 / ✉ 39050 / www.sonnalp.com
T.: +39 0471 615842 / info@sonnalp.com

Südtiroler, mediterrane Küche. Besondere Mittagskarte. Geschlossen: So-Di; Mi-Sa mittags.
Die Sonnalp ist ein „Genießerhotel". Da weiß der Gast sofort, was ihn erwartet, nämlich absoluter Genuss. Der Name ist Programm, so heißt es ja schließlich. Die Gourmetstube empfängt den Gast zunächst einmal mit alpiner Gemütlichkeit. Holzverkleidete Wände, bequemes Gestühl und Bänke machen diese warme Atmosphäre aus, wobei die fein eingedeckten Tische auf das Besondere der Speisen oder des Speisens hinweist. Denn hier wird das Essen zelebriert, ganz in Ruhe genossen. Küchenchef Martin Köhl kocht international inspiriert und vielseitig. Kreativität, Fingerspitzengefühl und Begeisterung machen seinen Erfolg aus. Im Panorama-Restaurant verwöhnt das Küchenteam täglich mit einer À-la-carte-Halbpension-Auswahl mit mediterranen und regionalen Gerichten. Beim Degustationsmenu in der Gourmetstube lässt der Küchenchef seiner Kreativität freien Lauf. Fünf bis sieben Gänge kulinarische Glückseligkeit.
Das Haus empfiehlt: Gelbschwanzmakrele, Tatar mit rosa Pfeffer, Avocado, Orange-Basilikum, Knuspertapioka; Seezunge, Sandwich von Filet und Lauch, Kürbistexturen, Weißburgunderschaum; Schokolade, Passionsfrucht, Südtiroler Bergmilch

Dorf Tirol
Trentino-Südtirol

Castel fine*dining*
Hotel Castel

Keschtngasse 18 / ✉ 39019 / www.castelfinedining.com
T.: +39 0473 923693 / info@hotel-castel.com

Fine-Dining-Restaurant mit Südtiroler, mediterraner Küche. Menüs von € 194 bis € 228. Geschlossen: Mo, So; Di-Sa mittags.
Das Hotel Castel in Dorf Tirol ist das erste Haus am Platze. Idyllisch inmitten von Weinbergen gelegen, bietet es einen wunderschönen Blick auf die mediterrane Bergwelt. Draußen die eindrucksvolle Kulisse der Meraner Berge, drinnen eine exklusive Ausstattung, dazu die herzliche Gastfreundschaft eines inhabergeführten Hotels. Das exquisite Restaurant des Hauses, die „Trenkerstube" ist 2021 umgezogen in komplett neue, moderne und extravagante Räumlichkeiten. Nach einem großangelegten Umbau des Küchen- und Restaurantbereichs bieten sich tolle Erlebnisse: Den Aperitif und die ersten exquisiten Häppchen nimmt der Gast in der neuen Lounge ein. Anschließend nimmt er an einem von fünf Tischen Platz und genießt die wunderschöne abendliche Aussicht durch deckenhohes Panoramaglas – welches im Sommer größtenteils geöffnet werden kann. Was folgt, heißt jetzt „Castel

➞

finedining“ und Küchenchef Gerhard Wieser ist dafür verantwortlich. Der Geschmack seiner Speisen und der Respekt vor jedem einzelnen Produkt stehen bei ihm im Vordergrund. Wieser geht es bei seinem Tun vor allem aber um Ethik und Nachhaltigkeit. Seine alpin-mediterranen Menüs mit fünf oder sieben Gängen sind eine sinnliche Offenbarung, die ihresgleichen sucht. (Mehr Informationen über Gerhard Wieser unter „Auszeichnungen des Jahres Österreich/Südtirol“.)
Das Haus empfiehlt: Rote Garnele, Petersilie, Chorizo; Basilikumravioli, Tomate, Burrata; Entrecôte in Koji gereift, Peperoni, Zwiebel, Folienkartoffel

Törggele-Mahlzeit: Dazu gehören typischerweise junger, süßer Wein sowie Suppe, diverse Wurst- und Fleischsorten, ganze Schlachtplatten, gefüllte Krapfen und geröstete Kastanien.

Enneberg
Trentino-Südtirol

Restaurant AlpiNN

Kronplatz 11 / ✉ 39030 / alpinn.it/de
T.: +39 0474 431072 / info@alpinn.it

Südtiroler Küche. Hauptgerichte von € 18 bis € 30; Menüs von € 75 bis € 85. Geschlossen: abends.

Tló Plazores

Plazores Nr. 14 / ✉ 39030 / www.plazores.com
T.: +39 0474 506168 / info@plazores.com

Südtiroler Küche. Hauptgerichte von € 15 bis € 25; Menüs von € 25 bis € 50; besondere Mittagskarte. Geschlossen: Mo; Di-Sa mittags.
Uriges, historisches Lokal mit hofeigenen Produkten oder Zutaten von maximal 99 Kilometer entfernten Anbietern.
Das Haus empfiehlt: Selbst gezüchtetes Fleisch, regionales Wild, Wildkräuter-Küche

Eppan an der Weinstraße
Trentino-Südtirol

Zur Rose

Josef Innerhoferstr. 2 / ✉ 39057 / www.zur-rose.com
T.: +39 0471 662249 / info@zur-rose.com

Südtiroler, mediterrane Küche. Hauptgerichte von € 17 bis € 35; Menüs ab € 85; vegetarisches Menü. Geschlossen: Mo, So; Mi mittags. Kochkurse.

Freienfeld
Trentino-Südtirol

Gasthofstube
Romantik Hotel Stafler

Brennerstr. 10 / ✉ 39040
www.stafler.com / info@stafler.com
T.: +39 0472 771136

Südtiroler, mediterrane Küche. Hauptgerichte von € 21 bis € 34; vegetarisches Menü. Geschlossen: Mi; Mo+Di, Do+Fr mittags.

Gourmetstube Einhorn
Romantik Hotel Stafler

Brennerstr. 10 / ✉ 39040
www.stafler.com / info@stafler.com
T.: +39 0472 771136

Fine-Dining-Restaurant mit Südtiroler, italienischer Küche. Menüs von € 139 bis € 175. Geschlossen: Di-Sa; So abends; Mo mittags.
Im ehemaligen Post-Gasthaus und Bauernhof Stafler hat Verwöhnen eine lange Tradition. Seit 1270 kehren hier Reisende ein. Diese Tradition spürt man – in Gewölben, mittelalterlichen Stuben und romantischen Erkern. Seit 2010 bewirtet die einstige „Altdeutsche Stube“ ihre anspruchsvollen, einheimischen und internationalen Gourmetgäste, deren hohen Anforderungen Küchenchef Peter Girtler durch seine außerordentliche Kreativität und sein großes Qualitätsbewusstsein mehr als gerecht wird. Der gebürtige und waschechte Südtiroler legt sehr viel Wert auf die Produkte. Dazu gehört auch, fast vergessenes Gemüse wieder zu verwenden und zu achten, dass der Weg von Salaten und Gemüsesorten vom Anbau bis zum Gast so kurz wie möglich ist. Für Girtler ist es sehr wichtig, mit Bauern zusammenzuarbeiten, die seine Küche kennen und verstehen. Die Arbeit und den Aufwand eines Bauern schätzen – nur so kann man ein Produkt verstehen lernen und damit noch besser umgehen. (Mehr Informationen über Peter Girtler unter „Auszeichnungen des Jahres Österreich/Südtirol“.)
Das Haus empfiehlt: Flüssiges Vitello tonnato, Jakobsmuschel, Erbsen, Zitronenthymian; Black Cod, Sauerkrautfond, Sellerie, Bronzefenchel; Nebraska-Filet, Wange, Terlaner Spargel, Lakritze, Erbsenkresse

Orly: in Fett Gebackenes in Bierteig mit Tomatensauce

Osteria: (ital.) ehemals Weinlokal, heute einfaches Lokal mit kleiner Speiseauswahl

Jenesien
Trentino-Südtirol

Luis & die Buabm
Gasthof Jenesien

Dorfstr. 33 / ✉ 39050 / www.luisunddiebuabm.com
T.: +39 0471 354138 / hallo@luisunddiebuabm.com

Südtiroler, weltoffene Küche. Hauptgerichte von € 29 bis € 32; Menüs von € 54 bis € 64; vegetarisches Menü, vegane Hauptgerichte.
Locker und authentisch geht's zu, hier in 1.000 Metern Höhe, hoch über dem Bozner Talkessel, im frisch renovierten (2019) ehemaligen Gasthof.
Das Haus empfiehlt: Gefüllte Kartoffelgnocchi, Pfifferlinge, Kaninchenragout, Pecorinoschaum; Hirschrücken, XO, La Ratte Kartoffeln, Fenchel, Heu; Cheesecake, Heidelbeeren, Schokolade

Karneid
Trentino-Südtirol

Restaurant Astra
Hotel Berghang

Hauptstr. 26 / ✉ 39053 / www.restaurant-astra.com
T.: +39 0471 376516 / info@hotel-berghang.com

Südtiroler Küche. Hauptgerichte von € 35 bis € 43; Menüs von € 115 bis € 135. Geschlossen: Mo-Mi; So abends; Do-Sa mittags.

Kastelbell-Tschars
Trentino-Südtirol

Kuppelrain

Bahnhofstr. 16 / ✉ 39020 / www.kuppelrain.com
T.: +39 0473 624103 / info@kuppelrain.com

Fine-Dining-Restaurant mit mediterraner, italienischer Küche. Hauptgerichte von € 36 bis € 38; Menüs von € 80 bis € 130; besondere Mittagskarte. Geschlossen: Mo, So; Di-Sa mittags.
Ein mit Herz und Leidenschaft geführter Familienbetrieb – das ist der Gourmet-Gasthof Kuppelrain, gelegen im Vinschgauer Tal, nur einen Katzensprung vom Ufer der Etsch entfernt. Seit vielen Jahren ist Jörg Trafoier mit seinen Kindern Kevin (Küchenchef) und Nathalie (Pâtissière) und seiner Frau Sonja (Sommelière) nun schon für außerordentliche Kochkünste bekannt. An fünf Tagen in der Woche bereitet er zusammen mit seinem engagierten und kompetenten Famili-en-Team seinen Gästen genussvolle Stunden. Und die haben es in sich: In der Trafoierschen Küche werden herrliche Gerichte mit hochwertigen und natürlichen Zutaten komponiert, von ausgewogenem Aromenspiel und noch dazu kunstvoll angerichtet. Ganz gleich ob Jungrind, frischer Meeresfisch oder Saibling aus dem Tal – man gerät schnell ins Schwärmen. Dazu gibt es Erlesenes aus dem Weinkeller und Feinstes aus der Pâtisserie. Die Vorratskammer im Kuppelrain ist mit den eingemachten und eingeweckten Naturschätzen der Heimat prall gefüllt. In etwa so verhält es sich auch mit den guten Erinnerungen, die man von dort mitnimmt – sie bleiben noch lange erhalten. Mittags gibt es in Bistro und Pâtisserie ein Dreigangmenü zu 40 Euro sowie À-la-carte-Gerichte. Am Abend stehen dann neben der À-la-carte-Option zwei erlesene Menüs mit fünf bis sieben Gängen zur Auswahl.
Das Haus empfiehlt: Tatar von der Bachforelle, Meerrettich, Apfel und Holunderblütenessig; Gebratener Vinschgauer Saibling, eingelegter Kohlrabi, Gurke und Kräutercrème; Perlhuhn auf Blumenkohl, grüner Spargel und schwarzer Knoblauch

Kastelruth
Trentino-Südtirol

Lampl Stube
Hotel Lamm

Krausenplatz 3 / ✉ 39040
www.lamm-hotel.it/gourmethotel/restaurant
T.: +39 0471 706343 / info@lamm-hotel.it

Fine-Dining-Restaurant mit Crossover-, Südtiroler Küche. Menüs von € 105 bis € 148. Geschlossen: Mo-Mi, So; Do-Sa mittags.
Kreativ, saisonal, regional, der Natur verbunden, das ganze Tier verwertend, auf Nachhaltigkeit achtend – es gibt zahlreiche Attribute, die das Tun von Küchenchef Marc Oberhofer beschreiben. Im Gourmet-Restaurant „Lampl Stube" des wunderschönen Hotel Lamm in Kastelruth tischen er und sein Team ihren Gästen bis zu acht feinsinnige Gänge auf, klassisch eingerahmt von einem Amuse und Petit fours. Seine Kreationen sind französisch grundiert, produktfokussiert und voller lokaler Zutaten. Neben Süßwasserfischen, Milchprodukten und Gemüse aus der Umgebung bekommen auch Exoten wie Wagyu und Tristan Languste ihre Bühne. Ganz nach dem selbst gewählten Motto: „Stay local or go global".

Nur pro forma sei erwähnt, dass man im Hotel Lamm mit guten Südtiroler Weinen und Tropfen aus anderen Regionen Italiens bestens versorgt wird.
Das Haus empfiehlt: Tristan Languste, Beurre blanc, Safran; St. Pierre, Knoblauch, Flusskrebs; Lammrücken, Grieben, Couscous

Klausen
Trentino-Südtirol

Unterwirt Restaurant
Residence Unterwirt

Gufidaun 45 / 39043 / www.unterwirt-gufidaun.com
T.: +39 0472 844000 / info@unterwirt-gufidaun.com

Mediterrane, Südtiroler Küche. Hauptgerichte ab € 30; Menüs ab € 88. Geschlossen: Mo, So; Di-Sa mittags.

Lana
Trentino-Südtirol

Restaurant Stadele

Aichweg 2 / 39011
www.stadele.eu
T.: +39 338 2702860
info@stadele.eu

Südtiroler Küche. Menüs ab € 73; besondere Mittagskarte. Geschlossen: Mo, So.
Ein fünfgängiges Überraschungsmenü plus Weinbegleitung und anschließend vor Ort übernachten. Dazu gibt es einen verwunschenen Garten mit Badesee.
Das Haus empfiehlt: Oktopus, Nduja, Kartoffel, Salatherzen; Capeletti, Artischocke, Zucchini, Verbene; Iberico, Paprika, Pfirsich, schwarze Bohnen

Marling
Trentino-Südtirol

Romantik Hotel Oberwirt
Romantik Hotel Oberwirt

St.-Felix-Weg 2 / 39020
www.oberwirt.com
T.: +39 0473 222020 / info@oberwirt.com

Südtiroler, mediterrane Küche. Hauptgerichte von € 24 bis € 39; Menüs von € 60 bis € 90; besondere Mittagskarte, vegetarisches Menü.

Mille-feuille: Blätterteig

Meran
Trentino-Südtirol

Kallmünz

Sandplatz 12 / 39012 / www.kallmuenz.it
T.: +39 0473 212917 / restaurant@kallmuenz.it

Mediterrane, weltoffene Küche. Hauptgerichte von € 15 bis € 32; vegetarisches Menü. Geschl.: Mo; So abends.

Restaurant Prezioso
Castel Fragsburg

Fragsburger Str. 3 / 39012 Ortsteil Labers
www.fragsburg.com / T.: +39 0473 244071
info@fragsburg.com

Südtiroler, mediterrane Küche. Menüs ab € 140. Geschlossen: Mo, So; Di-Sa mittags. Kochkurse.

Restaurant Sissi

Galileistr. 44 / 39012
www.sissi.andreafenoglio.com
T.: +39 0473 231062 / sissi@andreafenoglio.com

Italienische Küche. Hauptgerichte von € 25 bis € 35; Menüs von € 90 bis € 110; vegetarisches Menü. Geschlossen: Mo; Di mittags.

Escalope: Schnitzel

Montan
Trentino-Südtirol

Berggasthof Dorfner

Gschnon Nr. 5 / 39040
www.dorfner.it / info@dorfner.it
T.: +39 0471 819924

Gasthof mit Südtiroler, mediterraner Küche. Hauptgerichte von € 16 bis € 26. Geschlossen: Mo.
Ein Bergasthof mit Aussicht, Restaurant mit ökologischem Gewissen und eigenem Bauernhof, hausgemachte Spezialitäten auch zum Mitnehmen.
Das Haus empfiehlt: Rosa Gebratenes vom Ochsen auf Salatbeet mit Tomatenmayonnaise; Zweierlei vom hauseigenen Ochsen, geschmort und gebraten, mit Gemüse und Kartoffel; Topfenkuchen mit hausgemachtem Himbeereis

Luisa Gourmet

Manna Resort

Vicolo Klamm 3 / ✉ 39040 / www.mannaresort.it

T.: +39 0471 1430095 / info@mannaresort.it

Fine-Dining-Restaurant mit mediterraner, weltoffener Küche. Menüs von € 110 bis € 130; vegetarisches Menü. Geschlossen: Mo+Di, So; Mi-Sa mittags. Chef's Table.

Südlich von Bozen, in wunderschöner und erhabener Alleinlage, darf man im Manna Resort Natur, Abgeschiedenheit und individuellen Luxus gleichermaßen genießen. Das gilt auch für die Gastronomie des Hauses, vor allem für das erlesene Fine-Dining-Restaurant „Luisa Gourmet". Küchenchef Michele Iaconeta verarbeitet natürliche Produkte von nah und fern zu zwei beeindruckenden, kreativen Menüfolgen („Land" und „Wasser") – garniert mit Edelprodukten wie Trüffel und Kaviar. Seine jeweils sieben Gänge werden nicht zuletzt durch diverse Amuses, Pre-Desserts und Pralinés zu einem abendfüllenden Genusserlebnis, das auch und gerade die italienische Heimat des Küchenchefs widerspiegelt. Umrahmt wird das Ganze von tollen italienischen Weinen und einer top-professionell agierenden, sympathischen Service-Mannschaft.

Das Haus empfiehlt: Tintenfisch, Bernsteinmakrele, Erbsen und Ingwer; Fusillone, Seeigel, weiße Saubohnen, Heringskaviar; Gegrillter Steinbutt, wilder Fenchel-Ponzu, Mangold, Sonnenblumenkern-Risotto

Nals

Trentino-Südtirol

Restaurant Apollonia

St. Apolloniaweg 3 / ✉ 39010

www.restaurant-apollonia.it

T.: +39 0471 1550562

info@restaurant-apollonia.it

Südtiroler Küche. Hauptgerichte von € 15 bis € 29. Geschlossen: Mo.

Hoch über Nals gelegen, beeindruckt das mit Terrasse und Kinderspielplatz ausgestattete Restaurant mit typischen Gerichten und gutem Wein.

Das Haus empfiehlt: Saures Rindfleisch mit Gesternsalat, Apfelkren und Zwiebeln; Roggenschlutzkrapfen mit Almkäsefüllung, Apfelspalten und Haselnüssen; Dinkel-Topfenknödel auf Apfelmus mit Eis von der Zimtstange

Naturns

Trentino-Südtirol

Dolce Vita Stuben

Luxury DolceVita Resort Preidlhof

St. Zeno 13 / ✉ 39025

www.preidlhof.com

T.: +39 0473 666251

info@preidlhof.it

Mediterrane, Südtiroler Küche. Hauptgerichte von € 33 bis € 46; Menüs von € 95 bis € 130; vegetarisches Menü. Geschlossen: Sa+So; Mo-Fr mittags.

Der Preidlhof ist ein luxuriöses Resort, das voller Superlative steckt. Der Hotelgast gerät leicht ins Schwärmen bei einem Hotel, das dem Gast ein elegantes und komfortables Ambiente bietet, mit einem wunderschönen Spa-Bereich, vielfältigen Sportmöglichkeiten und einem erstklassigen Service. Die exponierte Lage des Hotels, inmitten von Obst- und Weingärten, mit Blick auf die umliegende Berglandschaft, würde schon ausreichen, um den Gast zum Lächeln zu bringen. Doch umschmeichelt die Lippen meist auch noch einen genüsslichen Zug, denn die Küche im Preidlhof hat ein hohes Niveau. Am Abend kann sich der Gast ein siebengängiges Gourmetdinner aus drei verschiedenen Menüs zusammenstellen. Frische Zutaten werden, vom Frühstück bis zum Fine Dining, aus der Region besorgt. Kein Geschmacksverstärker, Konservierungsmittel und anderer künstlicher Zusatzstoff soll die gesunde Saisonalität beeinträchtigen. Genießer erleben die guten Produkte Südtirols unverfälscht, nur mit Kräutern, Gewürzen und durch Kochkunst verfeinert.

Das Haus empfiehlt: Stundenei, Bärlauchcrème, Pilze, Graubrot-Croûtons; Glasierter Schweinebauch, Jakobsmuschel, Kartoffelcroissant, Saubohnen, schwarzer Knoblauch, Champignon; Kurz gebratenes Thunfisch-Tataki, Zuckerschoten, Kartoffel-Orangen-Espuma, Sesam

Carpaccio: rohes Fleisch/Fisch in hauchdünne Scheiben geschnitten, mariniert

Chambrieren: auf Zimmertemperatur bringen (18 °C), bei Rotweinen

Chateaubriand: doppeltes Rinderfiletstück häufig für mehrere Personen, am Gästetisch tranchiert

Cassolette: Räucherpfanne

Das Villnösstal mit der Ortschaft St. Magdalena zählt zu den Highlights eines Wanderurlaubs in Südtirol

© EdNurg/stock.adobe.com

Partschins
Trentino-Südtirol

Restaurant Hanswirt
Hotel Hanswirt

Geroldplatz 3 / ✉ 39020 / www.hanswirt.com

T.: +39 0473 967148 / info@hanswirt.com

Südtiroler, mediterrane Küche. Hauptgerichte von € 16 bis € 42; Menüs von € 36 bis € 85; vegetarisches Menü. Kochkurse.

Pfalzen
Trentino-Südtirol

Restaurant Schöneck

Schloss-Schöneck-Str. 11 / ✉ 39030 / www.schoeneck.it

T.: +39 0474 565550 / info@schoeneck.it

Mediterrane, italienische Küche. Hauptgerichte von € 26 bis € 38; Menüs ab € 82; vegetarisches Menü. Geschlossen: Mo+Di.

Restaurant Tanzer
Boutique Hotel Tanzer

Dorfstr. 1 / ✉ 39030 / www.tanzer.it

T.: +39 0474 565366 / info@tanzer.it

Südtiroler, weltoffene Küche. Hauptgerichte von € 35 bis € 40; Menüs von € 73 bis € 90; vegetar. Menü, vegane Hauptgerichte. Geschl.: Mo+Di; Mi-So abends. Kochkurse.

Ritten
Trentino-Südtirol

Restaurant 1908
Parkhotel Holzner

Dorf 18 / ✉ 39054

www.restaurant1908.com

T.: +39 0471 345232

info@restaurant1908.com

Südtiroler, mediterrane Küche. Hauptgerichte von € 22 bis € 45; Menüs von € 74 bis € 133; vegetarisches Menü, vegane Hauptgerichte. Geschlossen: Mo, So; Di-Sa mittags.
Nur wenige Minuten fährt die Seilbahn von Bozen aus nach Oberbozen hoch auf den Ritten. Direkt nebenan befindet sich das Parkhotel Holzner, ein luxuriöses und architektonisches

Kleinod, familiengeführt in vierter Generation. Das Restaurant 1908 ist Teil einer umfangreichen Genuss- und Entspannungswelt, welche neben Sport und Wellness auch Familien- und Kulturangebote beinhaltet. Die Küche unter der Leitung von Stephan Zippl besinnt sich auf regionale – oder besser lokale – Zutaten und kommt zum Beispiel mit einem feinen siebengängigen Degustationsmenü daher. Hotelgäste dürfen täglich ein Gourmetmenü mit vier oder fünf traumhaften Gängen wählen. Nachhaltigkeit hat einen hohen Stellenwert im Parkhotel Holzner. Dazu zählen kurze Transportwege und faire Zusammenarbeit mit Lieferanten und Produzenten.
Das Haus empfiehlt: Lachsforelle, Zitronengras, Buchweizen, Crosny; Kalbskutteln, Kartoffel, Waldmeister, Whisky-Korinthen; Weidehirsch, Topinambur, Blaukraut, Vogelbeere

Ansitz Kematen
Ansitz Kematen Hotel

Kematerstr. 29 / ✉ 39054 / www.kematen.it/de

T.: +39 0471 356356 / info@kematen.it

Mediterrane, weltoffene Küche. Hauptgerichte von € 10 bis € 40; Menüs von € 25 bis € 85; besondere Mittagskarte, vegetarisches Menü.

St. Martin in Passeier
Trentino-Südtirol

St. Kassian siehe Abtei
Trentino-Südtirol

Gasthaus Lamm Mitterwirt

Dorfstr. 36 / ✉ 39010

www.gasthaus-lamm.it

T.: +39 0473 641240

info@gasthaus-lamm.it

Südtiroler Küche. Hauptgerichte von € 12 bis € 22. Geschlossen: Mo; So abends.
Familienbetrieb und Dorfgasthaus, in dem Tradition gelebt und angeboten wird. Typische Gerichte mit Produkten aus der Region.
Das Haus empfiehlt: Hausgemachte Nudelgerichte mit saisonalen Zutaten aus dem Passeiertal; Rote-Bete-Knödel mit Passeier Bio-Blauschimmelkäse auf Lauchrahmsauce; Geschmorte Gerichte mit regionalen Beilagen

Die **ursprüngliche Südtiroler Küche** ist mehr den Traditionen Tirols zugewandt als jenen der Regionalküchen Italiens. Allerlei Knödelspezialitäten, Krapfen und Nocken zeugen von den einst engen Bindungen zur österreichischen Kochkultur.

Quellenhof Gourmetstube 1897

Quellenhof Luxury Resort Passeier

Pseirerstr. 47 / ✉ 39010
www.quellenhof-gourmetstube1897.it
T.: +39 0473 645474 / info@quellenhof.it

Fine-Dining-Restaurant mit Südtiroler, weltoffener Küche. Hauptgerichte von € 36 bis € 38; Menüs von € 105 bis € 135; vegetarisches Menü, vegane Hauptgerichte. Geschlossen: Mo, So; Di-Sa mittags. Chef's Table.
Nördlich von Meran erstreckt sich zwischen Ötztaler und Sarntaler Alpen das Passeiertal. Hier befindet sich das Quellenhof Luxury Resort Passeier, ein absolutes Luxushotel und vielseitiges Urlaubsparadies. Was vor über 120 Jahren mit einer Poststation und einfachen Forellengerichten begann, ist heute eine Stätte des triumphalen Genusses, vor allem in puncto Kulinarik. Die Rede ist vom Restaurant „Quellenhof Goumetstube 1897". Allein der Weinvorrat mit 1.200 Positionen spricht Bände. Vier bis sieben Gänge stehen zur Auswahl. Küchenchef Michael Mayr, ein großer Liebhaber der Gourmet-Cuisine, kreiert wahre Genuss-Symphonien. Er versteht es in perfekter Weise, absolute Harmonien zwischen regionalen Produkten und edlen internationalen Komponenten herzustellen. Ein weiteres Highlight in Sachen Essgenuss ist das „Sky Restaurant Teppanyaki", hier wird vor aller Gäste Augen auf japanisch „gezaubert", was das Zeug hält.
Das Haus empfiehlt: Beuscherl, Kukuruz (Mais), Schwarzwurzel, Schwarzer Trüffel; Bachsaibling, Kokos-Ceviche, grüner Klee, Bambus; Kaiserbirne, Zitronenthymian, Pekannuss

Sky Restaurant Teppanyaki

Quellenhof Luxury Resort Passeier

Passeirerstr. 47 / ✉ 39010 / www.quellenhof.it
T.: +39 0473 645474 / info@quellenhof.it

Japanische Küche. Hauptgerichte von € 20 bis € 45; Menüs zu € 95. Geschlossen: Mo+Di, So; Mi-Sa mittags. Chef's Table.
Vor den Augen der Gäste werden die Speisen am Teppanyaki Grill frisch und auf original japanische Art zubereitet. Es gibt auch ein Sechsgangmenü.

Das Haus empfiehlt: Lachs Sashimi „New style"; Wolfsbarsch, Pak Choi, Sesam; Ocean Premium Beef mit Pak Choi

Madeira: Dessertwein von der gleichnamigen Insel

Magnum: Große Weinflasche mit ca. 1,5 l Inhalt

Matelote: Ragout aus Flussfischen in Wein geschmort

St. Ulrich in Gröden

Trentino-Südtirol

Anna Stuben

Hotel Gardena Grödnerhof

Vidalong Str. 3 / ✉ 39046 / www.gardena.it
T.: +39 0471 796315 / info@gardena.it

Fine-Dining-Restaurant mit italienischer Küche. Hauptgerichte von € 48 bis € 55; Menüs von € 125 bis € 150. Geschlossen: So; Mo-Sa mittags.

Tubladel

Via Trebinger 22 / ✉ 39046 / www.tubladel.com
T.: +39 0471 796879 / info@tubladel.com

Südtiroler, italienische Küche. Hauptgerichte von € 22 bis € 40; Menüs von € 40 bis € 65; vegetarisches Menü.

Sarntal

Trentino-Südtirol

Restaurant Alpes

Hotel Bad Schörgau

Bad Schörgau / ✉ 39058 / www.bad-schoergau.com
T.: +39 0471 623048 / info@bad-schoergau.com

Mediterrane, Südtiroler Küche. Hauptgerichte von € 27 bis € 33; Menüs von € 68 bis € 78. Geschlossen: Mo+Di.

Terra Restaurant

Auen 21 / ✉ 39058 / www.auenerhof.it
T.: +39 0471 623055 / info@auenerhof.it

Fine-Dining-Restaurant mit italienischer, Südtiroler Küche. Menüs zu € 179. Geschlossen: Mo, So; Di-Sa mittags.

Schenna

Trentino-Südtirol

Restaurant Schlosswirt

Hotel Schlosswirt

Schlossweg 2 / ✉ 39017 / www.schlosswirt.it
T.: +39 0473 945620 / info@schlosswirt.it

Mediterrane, italienische Küche. Hauptgerichte von € 15 bis € 32; Menüs von € 20 bis € 50. Geschlossen: Mo.

Sterzing
Trentino-Südtirol

Restaurant „arbor"

Geizkoflerstr. 15 / ✉ 39049
www.arbor.bz.it / info@arbor.bz.it
T.: +39 0472 764241

Südtiroler, mediterrane Küche. Hauptgerichte von € 20 bis € 32; Menüs von € 68 bis € 80; vegetarisches Menü. Geschlossen: Mi+Do; Di, Fr mittags.
Armin und Doris Siller verwöhnen nun schon seit 2002 ihre Gäste mit einer Kombination aus regionalen und mediterranen Speisen. Südtirol ist bekannt für seine gute Küche und seine guten Weine. Doris, nicht nur Gastgeberin sondern auch Sommelière, hat erlesene Südtiroler und italienischen Weine anzubieten, die sie gekonnt und passend zu den Speisen und auf den individuellen Wunsch des Gastes abstimmt. Natürlich gehören auch Südtiroler Sekt und Champagner in ihrer Angebotsliste, denn schließlich gibt es immer mal etwas zu feiern. Und sei es nur der Beginn eines wunderbaren Abends, wenn der prickelnde Genuss als Aperitif gereicht wird. Vor der Wahl der Speisen und Getränke steht freilich die Wahl des Ambientes. Der Gast kann sich für den modernen Saal oder die historische Zirmstube entscheiden. Küchenchef Armin Siller hält die Speisekarte bewusst klein, denn sein Anspruch ist es, stets frisch zu kochen. Einheimisches Gemüse und Fleisch bevorzugt. Im Sommer werden die Kräuter aus dem eigenen Garten geerntet, Brot und Grissini sind hausgemacht. Übrigens: Mittags kann bei Reservierung auch die gute Küche genossen werden.
Das Haus empfiehlt: Tagliatelle, Steinpilze, Villnösser Brillenschaf, Zitronenthymian; Saibling, Wildspargeln, Gerste, Kalbskopf; Filet vom Simmentaler Rind, Knollengemüse-Strudel

Restaurant Kleine Flamme

Neustadt 31 / ✉ 39049 / www.kleineflamme.com
T.: +39 0472 766065 / info@kleineflamme.com

Mediterrane, italienische Küche. Hauptger. ab € 27; Menüs von € 59 bis € 105. Geschl.: Mo+Di; So abends. Kochkurse.

Tisens
Trentino-Südtirol

Restaurant Zum Löwen

Hauptstr. 72 / ✉ 39010 / www.zumloewen.it
T.: +39 0473 920927 / info@zumloewen.it

Mediterrane Küche. Hauptgerichte von € 25 bis € 35; Menüs von € 89 bis € 118. Geschlossen: Mo+Di. Kochkurse.

Toblach
Trentino-Südtirol

Restaurant Tilia

Dolomitenstr. 31 b / ✉ 39034
www.tilia.bz / info@tilia.bz
T.: +39 0335 8127783

Südtiroler, weltoffene Küche. Hauptgerichte ab € 45; Menüs ab € 68. Geschlossen: Mo; So abends; Di-Do mittags.

Villanders
Trentino-Südtirol

Ansitz zum Steinbock
Ansitz zum Steinbock

F.-v.-Defregger-Gasse 14 / ✉ 39040
www.ansitzsteinbock.com
T.: +39 0472 843111
info@ansitzsteinbock.com

Mediterrane, Südtiroler Küche. Hauptgerichte von € 25 bis € 54; Menüs von € 85 bis € 116; besondere Mittagskarte, vegetarisches Menü, vegane Hauptgerichte. Chef's Table, Kochkurse.
Der Innenhof des historischen Schlosses aus dem 16. Jahrhundert wird in Teilen als Gastronomiebetrieb genutzt. Vor romantisch-mittelalterlicher Kulisse der idyllischen Terrasse werden den Gästen hausgemachte italienische Spezialitäten und Südtiroler Weine serviert. Die Zirbelkiefer, die von so mancher historischen Begebenheit zu erzählen weiß, täfelt die Wände in den Stuben. Von der Von-Neuhaus-Stube bis in die Herrenstube befindet man sich schließlich in einem Etablissement, in dem die Herren und Grafen zu speisen pflegten. Den Gast in Gastfreundschaft und Genuss eintauchen zu lassen, ihm für die Zeit seines Aufenthaltes ein Erlebnis für alle Sinne zu offerieren, dafür ist das Steinbock-Team bekannt. Das Fleisch von Angus und Brillenschaf stammt vom familieneigenen Hof und ist Garant für allerbeste Qualität. Auf dem hauseigenen Acker gedeihen Salate, Gemüse und Kräuter. Auch einige Bauern in der Umgebung liefern frische Genüsse, den Käse bezieht man von kleinen Sennereien.
Das Haus empfiehlt: Tatar vom heimischen Rind, Trüffelmayonnaise, Bauernbutter, Bauernbrot; Zwiebelrost vom Weideochsen - Filet und Bäckchen, Pustertaler Kartoffel, Zwiebelvariation; Crème brûlée von der Stopfleber, Staudensellerie, Kirschsorbet

À choix: Auswahl, der Gast hat die Wahl zwischen verschiedenen Varianten zum Beispiel zwischen zwei Hauptgängen

Vintl
Trentino-Südtirol

La Passion
St. Nikolausweg 5 b / 39030
www.lapassion.it / info@lapassion.it
T.: +39 0472 868595

Mediterrane Küche. Hauptgerichte von € 28 bis € 32; Menüs von € 54 bis € 71; vegetarisches Menü. Geschl.: Mo.

Völs am Schlern
Trentino-Südtirol

Romantik Hotel Turm
Romantik Hotel Turm
Kirchplatz 9 / 39050
www.hotelturm.it / info@hotelturm.it
T.: +39 0471 725014

Italienische, Südtiroler Küche. Hauptgerichte von € 25 bis € 30; Menüs von € 48 bis € 73; vegetarisches Menü. Kochkurse.
Seit jeher ist Völs am Schlern als Urlaubsdestination in den Dolomiten beliebt. Hier im Zentrum des Ortes befindet sich das von Familie Pramstrahler geführte Romantik Hotel Turm, ein historisches Gebäudeensemble mit modernem Design, Wellnessbereich, elegantem Restaurant mit Innenarkaden und einem Rosengarten mit herrlichem Schlern-Blick. Für den Spitzengenuss sorgen Küchenchef Mathieu Domagala und Hausherr Stefan Pramstrahler. Der Feinschmecker hat die Qual der Wahl zwischen dem „Romantik Menü", dem „1001 Kalorien Menü" oder den À-la-carte-Speisen. Im Sommer im Rosengarten, im Winter in der holzvertäfelten Stube – der Genuss ist zu jeder Jahreszeit garantiert. Dazu gibt es Weine vom eigenen Weingut. Das Hotel ist nicht nur ein Haus mit Geschichte, sondern eben auch mit Kultur. Die Kunstwerke, die im ganzen Haus zu bestaunen sind, spiegeln diesen Eindruck. Der Gast befindet sich an einem besonderen Ort, der Ästhetik, der Schönheit und der Lebensfreude.
Das Haus empfiehlt: Tatar vom heimischen Rind mit Burrata, Tomatenconfit und Basilikumsorbet; Kalbstournedos „Rossini"; Filet vom Völser Rind mit frittiertem Gemüse und Sauce hollandaise

Restaurant St. Anton
St.-Anton-Str. 7 / 39050 / www.st-anton.it
T.: +39 0471 725062 / info@st-anton.it

Italienische, Südtiroler Küche. Hauptgerichte von € 16 bis € 25; vegetarisches Menü, vegane Hauptgerichte.

Welschnofen
Trentino-Südtirol

Johannesstube
Engel Spa & Resort
Gummerer Str. 3 / 39056
www.johannesstube.com
T.: +39 0471 613131 / resort@hotel-engel.com

Fine-Dining-Restaurant mit mediterraner, Südtiroler Küche. Hauptgerichte von € 20 bis € 40; Menüs von € 130 bis € 172. Geschlossen: Mo+Di, So; Mi-Sa mittags.

Rechenmachers Rosengarten
Rechenmachers Rosengarten
Rosengartenstr. 43 / 39056
www.hotelrosengarten.it
T.: +39 0471 613262 / info@hotelrosengarten.it

Südtiroler, italienische Küche. Hauptgerichte von € 10 bis € 35; Menüs von € 25 bis € 85; vegetarisches Menü. Geschlossen: Mo-Fr mittags. Kochkurse.

Wolkenstein in Gröden
Trentino-Südtirol

Alpenroyal Gourmet-Restaurant
Alpenroyal Grand Hotel
Meisulesstr. 43 / 39048
www.alpenroyal.com
T.: +39 0471 795555 / info@alpenroyal.com

Mediterrane, weltoffene Küche. Hauptgerichte von € 37 bis € 52; Menüs von € 100 bis € 150. Geschlossen: So; Mo-Sa mittags.

Radicchio: weinroter, weißgerippter Salat mit relativ bitterem Geschmack

Rôtisserie: Restaurant, das auf Grillspezialitäten setzt

Wagyu: japanische Rinderrasse, die hochwertiges Fleisch liefert

Restaurant-Tipps
Schweiz

©JFL Photography - Fotolia.com

Basel
Basel-Stadt

Cheval Blanc by Peter Knogl
Grand Hotel Les Trois Rois

Blumenrain 8 / 4001 / www.chevalblancbasel.com
T.: +41 61 2605007 / chevalblanc@lestroisrois.com

Französische, mediterrane Küche. Hauptgerichte von SFr. 78 bis SFr. 98; Menüs von SFr. 260 bis SFr. 290; vegetarisches Menü. Geschlossen: Mo, So.
Das legendäre Grand Hotel Les Trois Rois ist eines der ältesten Stadthotels Europas, mitten in exklusiver Altstadtlage von Basel, direkt am Rhein. Sehr behutsam wurde das Grand Hotel mit seiner über 300-jährigen Geschichte in die heutige Zeit überführt, so dass Gäste sich inmitten einer wahren, ungekünstelten, herrschaftlichen Kulisse befinden. Im raffinierten Mix aus Tradition und Noblesse, edlen Materialien, antiken Möbeln und einer Hightech-Infrastruktur werden die Besucher angezogen. Selbstverständlich überzeugt das Baseler Grand Hotel auch mit einer entsprechenden Gastronomie. Peter Knogl, der Küchenchef des Gourmet-Restaurants Cheval Blanc, spielt in der obersten Liga der Küchenmeister in Europa. Vom Feinsten wandelt er marktfrische Qualität in eine Haute Cuisine à la française mit mediterranen und asiatischen Zwischentönen. Er und sein Küchenteam tüffteln solange an einem Menü herum, bis jeder Bissen ein Geschmackserlebnis ist.
Das Haus empfiehlt: Taschenkrebs, Tomate und Jalapeño; Bresse Taube, marokkanische Aromen, Salzzitrone und Karotten-Mousseline; Rotbarbenfilet, knusprige Schuppen, Safran und schwarzer Knoblauch

Stucki - Tanja Grandits

Bruderholzallee 42 / 4059 / www.tanjagrandits.ch
T.: +41 61 3618222 / info@stuckibasel.ch

Französische, weltoffene Küche. Hauptgerichte von SFr. 42 bis SFr. 65; Menüs von SFr. 210 bis SFr. 260; besondere Mittagskarte, vegetarisches Menü. Geschlossen: Mo, So.

Bern
Bern

Zum Äusseren Stand

Zeughausgasse 17 / 3011 / aeusserstand.ch
T.: +41 31 32950-50 / info@aeussererstand.ch

Mediterrane, französische Küche. Hauptgerichte von SFr. 34 bis SFr. 58; Menüs von SFr. 95 bis SFr. 154; Mittagskarte, vegetarisches Menü. Geschl.: Mo, So; Di abends.

Crissier
Vaud

Restaurant de l'Hôtel de Ville

Rue d' Yverdon 1 / 1023 / www.restaurantcrissier.com
T.: +41 21 6340505 / reservation@restaurantcrissier.com

Französische Küche. Hauptgerichte von SFr. 60 bis SFr. 140; Menüs von SFr. 295 bis SFr. 375. Geschlossen: Mo, So. Kochkurse.

Flims
Graubünden

EPOCA by Tristan Brandt
Waldhaus Flims Wellness Resort

Via dil Parc 3 / 7018
www.waldhaus-flims.ch
T.: +41 81 9284848 / info@waldhaus-flims.ch

Fine-Dining-Restaurant mit französischer, asiatischer Küche. Menüs von SFr. 179 bis SFr. 219; vegetarisches Menü. Geschlossen: Mo+Di, So; Mi-Sa mittags.

Fribourg
Freiburg

Des Trois Tours

Route de Bourguillon 15 / 1722
www.troistours.ch / T.: +41 26 3223069

Fanzösische Küche. Hauptgerichte von SFr. 45 bis SFr. 68; Menüs von SFr. 150 bis SFr. 182; besondere Mittagskarte. Geschlossen: Mo, So.

Fürstenau
Graubünden

Schloss Schauenstein
Hotel Schloss Schauenstein

Schlossgass 77 / 7414
www.andreascaminada.com
T.: +41 81 6321080 / kontakt@schauenstein.ch

Weltoffene, französische Küche. Hauptgerichte von SFr. 85 bis SFr. 98; Menüs von SFr. 240 bis SFr. 280. Geschlossen: Mo+Di; Mi mittags.
Im historischen Schloss Schauenstein sind Restaurant und Hotel ein Gesamtkunstwerk aus Geschmack und Kreativität, die auf die nachhaltigen genüssliche Wirkung auf alle Sinne abzielt. Das kleine, mediterrane Schloss erfüllt alles, was man sich nur wünschen kann. Es hat Eleganz, es umhüllt mit Gemütlichkeit, es lässt Tradition und Geschichte erahnen, es duftet nach Besonderheit – und nach leckerem Essen. Andreas Caminada bringt alle Texturen und alle Geschmacksrichtungen zusammen, um sie dann wohl durchdacht zu einem aufregenden und ästhetischen Ensemble auf den Teller zu bringen. Ein Menü, mittags und abends mit derselben Karte, ist für den feinschmeckenden Gast ein unvergessliches Erlebnis. Andreas Caminada ist ein Mann mit vielen Ideen: Zu seinem Imperium gehören auch ein Catering-Service, entsprechende Räumlichkeiten, eine Bäckerei, ein Laden und, mit Blick in die Zukunft, eine Stiftung, um Kochtalente zu fördern. Seit 2021 im Restaurant-Portfolio ist das vegetarische Restaurant „Oz - from garden to table", in dem das aufgetischt wird, was im Garten gerade herangereift ist. Die Ernte wird in einem neun- oder zwölfgängigen Menü unter der Leitung von Küchenchef Timo Fritsche verarbeitet. Überaus kunstvoll und erlebnisreich versteht sich.

Gobelet: fußloses Glas für Westschweizer Weißweine

Genève
Genf

Bayview by Michel Roth
Hotel President Wilson

47, Quai Wilson / 1211
www.restaurantbayview.com
T.: +41 22 9066552 / bayview@hotelpwilson.com

Französische, Schweizer Küche. Hauptgerichte von SFr. 72 bis SFr. 165; Menüs von SFr. 135 bis SFr. 175; besondere Mittagskarte. Geschlossen: Mo, So.

Le Chat-Botté
Beau-Rivage

13, quai du Mont-Blanc / 1201 / www.beau-rivage.ch
T.: +41 22 7166920 / reservation@beau-rivage.ch

Französische Küche. Hauptgerichte von SFr. 65 bis SFr. 95; Menüs von SFr. 140 bis SFr. 220; besondere Mittagskarte, vegetarisches Menü. Geschlossen: Mo, So; Sa mittags. Chef's Table.

Grindelwald
Bern

La Marmite
Hotel Kirchbühl

Kirchbühlstr. 23 / 3818
www.kirchbuehl.ch
T.: +41 33 8544080
hotel@kirchbuehl.ch

Französische, Schweizer Küche. Hauptgerichte von SFr. 28 bis SFr. 72; besondere Mittagskarte, vegetarisches Menü, vegane Hauptgerichte.
Im alpin gestylten „Kochtopf" erlebt der Gast feinste Küche mit schick angerichteten Tellern, das Ganze in exponierter Lage auf 1.100 Metern.
Das Haus empfiehlt: Leicht geräuchertes Lammcarpaccio mit Alpenkräutern, Bio-Olivenöl und Grindelwalder Hobelkäse; Coq au vin vom Alpsteinpoulet mit Perlzwiebeln und Champignons; Rindsfilet mit gebratener Gänseleber und Belper Knolle, umrandet von einer kräftigen Merlotsauce

Küsnacht
Zürich

Rico's

Seestr. 160 / 8700 / www.ricozandonella.ch
T.: +41 44 9100715 / contact@ricozandonella.ch

Mediterrane, französische Küche. Menüs von SFr. 135 bis SFr. 265; besondere Mittagskarte, vegetarisches Menü. Geschlossen: Mo, So. Kochkurse.

Lausanne
Vaud

Restaurant Anne-Sophie Pic
Beau-Rivage Palace

Chemin de Beau-Rivage 21 / 1006
www.brp.ch / asp@brp.ch
T.: +41 21 6133339

Französische Küche. Hauptgerichte von SFr. 110 bis SFr. 120; Menüs von SFr. 210 bis SFr. 350; besondere Mittagskarte. Geschlossen: Mo, So.

Le Noirmont
Jura

Maison Wenger

Rue de la Gare 2 / 2340
www.maisonwenger.ch
T.: +41 32 9576633 / info@maisonwenger.ch

Französische, Schweizer Küche. Hauptgerichte von SFr. 65 bis SFr. 80; Menüs von SFr. 140 bis SFr. 220; vegetarisches Menü. Geschlossen: Mo+Di. Chef's Table, Kochkurse.

Lugano
Tessin

I Due Sud
Splendide Royal

Riva Antonio Caccia 7 / 6900
www.robertonaldicollection.com/ristorante-i-due-sud
T.: +41 91 9857711 / welcome@splendide.ch

Italienische Küche. Hauptgerichte von SFr. 40 bis SFr. 56; Menüs von SFr. 98 bis SFr. 230. Geschlossen: Mo-Mi, So; Do-Sa mittags.

Restaurant Principe Leopoldo
Villa Principe Leopoldo

Via Montalbano 5 / 6900
www.leopoldohotel.com
T.: +41 91 9858855 / info@leopoldohotel.com

Fine-Dining-Restaurant mit französischer, mediterraner Küche. Hauptgerichte von SFr. 56 bis SFr. 76; Menüs von SFr. 125 bis SFr. 140. Geschlossen: mittags.

Montreux
Vaud

Le Pont de Brent

1817 / www.lepontdebrent.ch
T.: +41 21 9645230
info@lepontdebrent.ch

Mediterrane, französische Küche. Hauptgerichte von SFr. 32 bis SFr. 72; Menüs von SFr. 160 bis SFr. 190; besondere Mittagskarte. Geschlossen: Mo, So.

Bad Ragaz
Sankt Gallen

IGNIV by Andrea Caminada
Grand Resort Bad Ragaz

Bernard-Simon-Str. 2 / 7310 / www.resortragaz.ch
T.: +41 81 3033035 / reservation@igniz.com

Fine-Dining-Restaurant mit weltoffener, französischer Küche. Menüs von SFr. 52 bis SFr. 158. Geschlossen: Mo+Di; Mi-Sa mittags.

Rehetobel
Appenzell Ausserrhoden

Gasthaus zum Gupf

Gupf 21 / 9038 / www.gupf.ch
T.: +41 71 8771110 / info@gupf.ch

Mediterrane, französische Küche. Hauptgerichte von SFr. 38 bis SFr. 75; Menüs von SFr. 118 bis SFr. 174. Geschlossen: Mo+Di.

St. Gallen
Sankt Gallen

Einstein Gourmet
Einstein St. Gallen

Berneggstr. 2 / 9000 / www.einstein.ch
T.: +41 71 2275555 / info@einstein.ch

Französische, weltoffene Küche. Menüs zu SFr. 285. Geschlossen: Mo+Di, So; Mi-Sa mittags.

St. Moritz
Graubünden

IGNIV by Andreas Caminada
Badrutt's Palace Hotel

Via Serlas 27 / 7500
www.badruttspalace.com
T.: +41 81 8372638 / culinary@badruttspalace.com

Fine-Dining-Restaurant mit weltoffener, französischer Küche. Menüs ab SFr. 240. Geschlossen: Do; Mo-Mi, Fr-So mittags.

Satigny
Genf

Domaine de Châteauvieux
Domaine de Châteauvieux

Chemin de Châteauvieux 16 / 1242
www.chateauvieux.ch / T.: +41 22 7531511
info@chateauvieux.ch

Französische Küche. Hauptgerichte von SFr. 78 bis SFr. 110; Menüs von SFr. 190 bis SFr. 320; besondere Mittagskarte. Geschlossen: Mo, So.

Vaz/Obervaz
Graubünden

La Riva
Voa davos Lai 27 / ✉ 7078
www.lariva.ch / genuss@lariva.ch
T.: +41 81 3842600

Französische, asiatische Küche. Hauptgerichte von SFr. 59 bis SFr. 66; Menüs von SFr. 133 bis SFr. 240; besondere Mittagskarte, vegetarisches Menü. Geschlossen: Mo+Di; So abends. Kochkurse.

Das Restaurant „La Riva" liegt im Örtchen Lenzerheide direkt am grün-blau schimmernden Heidsee im Kanton Graubünden in der Ostschweiz. Diese Region, südlich von Chur auf etwa 1.500 Metern Höhe, ist wegen ihrer landschaftlichen Reize besonders beliebt. Hier sind im Sommer Biken, Wassersport und Wandern angesagt, im Winter stehen Rodeln und Schlittschuhlaufen hoch im Kurs. Für Gipfelgenüsse der kulinarischen Art wiederum sorgt man im La Riva. Vom Gastraum des mit seinen fein eingedeckten Tischen oder von der Terrasse hat man schon einmal den See und die Berge bestens im Blick. Chef de Cuisine Dominique Schrotter und sein Team bieten ein Menü mit solidem Fundament à la française, das obendrein gespickt ist mit Raffinesse und Fantasie. Darüber hinaus gibt es eine saisonal ausgerichtete vegetarische Option. Beide Speisefolgen sind in Begleitung erlesener Weine zu haben. Am Mittag darf sich der Gast auf zwei bis drei Gänge am Stück (ab 39 CHF) freuen, die er sich frei aus dem wechselnden Wochenmenü zusammenstellen kann. Und am Wochenende kommen Liebhaber der fernöstlichen Küche im zur Restauration gehörenden „Asia Stübli" auf ihre Kosten.
Das Haus empfiehlt: Ochsenschwanz-Essenz, Tortellini, Meerrettich, Rande, Senf; Im Ofen gegarter Heilbutt, Pak Choi, Blumenkohl, Mandel; Orientalischer Lammrücken, Kichererbse, Paprika, Aubergine

Farce: Füllung, eine kleingehackte Mischung aus Fleisch oder Fisch mit anderen Zutaten

Vevey
Vaud

Restaurant Denis Martin
Rue du Château 2 / ✉ 1800 / www.denismartin.ch
T.: +41 219 211210 / info@denismartin.ch

Französische Küche. Menüs von SFr. 195 bis SFr. 360; besondere Mittagskarte, vegetarisches Menü. Geschlossen: Mo+Di; So abends; Mi-Fr mittags.

Vufflens-le-Château
Vaud

L'Ermitage des Ravet
L'Ermitage des Ravet
Rue du village 26 / ✉ 1134
www.ravet.ch / ermitage@ravet.ch
T.: +41 21 8046868

Französische Küche. Hauptgerichte ab SFr. 40; Menüs von SFr. 205 bis SFr. 295; besondere Mittagskarte.

Wigoltingen
Thurgau

Taverne zum Schäfli
Oberdorfstr. 8 / ✉ 8556
www.schaefli-wigoltingen.ch
T.: +41 52 7631172 / kontakt@schaefli-wigoltingen.ch

Französische Küche. Hauptgerichte von SFr. 48 bis SFr. 75; Menüs von SFr. 150 bis SFr. 300; besondere Mittagskarte. Geschlossen: Mo+Di, So. Kochkurse.

Zermatt
Wallis

After Seven
Backstage Hotel
Hofmattstr. 4 / ✉ 3920
www.backstagehotel.ch
T.: +41 27 9666970 / info@backstagehotel.ch

Fine-Dining-Restaurant mit französischer, Schweizer Küche. Menüs von SFr. 159 bis SFr. 199. Geschlossen: Mo, So; Di-Sa mittags.

Zürich
Zürich

Restaurant Pavillon
Baur au Lac
Talstr. 1 / ✉ 8001 / www.aupavillon.ch
T.: +41 44 2205022 / info@aupavillon.ch

Weltoffene Küche. Hauptgerichte von SFr. 82 bis SFr. 118; Menüs von SFr. 248 bis SFr. 295; besondere Mittagskarte, vegetarisches Menü. Geschlossen: Mo, So; Sa mittags.

The Restaurant
The Dolder Grand
Kurhausstr. 65 / ✉ 8032
www.thedoldergrand.com
T.: +41 44 4566000 / info@thedoldergrand.com

Weltoffene, französische Küche. Hauptgerichte von SFr. 68 bis SFr. 108; Menüs von SFr. 218 bis SFr. 298; besondere Mittagskarte, vegetarisches Menü. Geschlossen: Mo+Di, So; Mi, Sa mittags.

Restaurant-Tipps
Elsass

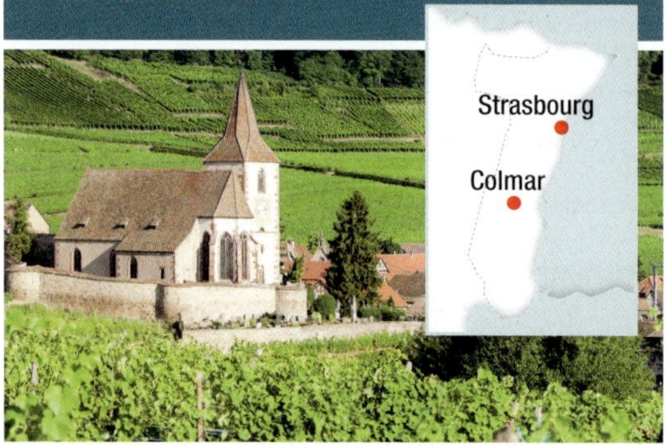

Foto: Hunawihr © panthermedia.net/phbcz

Colmar
Grand Est

À l'Echevin
Hotel Le Maréchal

4-6, place des Six-Montagnes-Noires / ✉ 68000
www.le-marechal.com
T.: +33 389 416032
info@le-marechal.com

Fine-Dining-Restaurant mit französischer Küche. Hauptgerichte von € 22 bis € 33; Menüs von € 50 bis € 100; besondere Mittagskarte, vegetarisches Menü. Geschlossen: Di+Mi.
Colmar und sein idyllisches Stadtviertel Klein-Venedig sind sehenswert. Mittendrin steht das denkmalgeschützte Hotel Le Maréchal, das im 16. Jahrhundert auf den Befestigungsanlagen der Stadt gebaut wurde. 30 romantische Zimmer entführen den Gast in eine prunkvolle Vergangenheit. Im Restaurant A l'Echevin kann der Gast den Postkartenblick auf den Fluss und die seit Jahren anerkannt guten Speisen des Küchenchefs Thierry Chefdeville genießen. Er kocht kreativ und fein, weiß aber auch die klassische, französische Küche zu bedienen. Mit Produkten der Region und der Jahreszeiten hat er nicht nur die Hotelgäste für sich eingenommen. Der Business Lunch ist allseits beliebt. Doch wer ein romantisches Stelldichein ins Auge fasst, sollte einen Abendtisch im „A l'Echevin" reservieren.
Das Haus empfiehlt: Entenleberterrine mit Muskatgelee und Zitrone; Perlhuhn mit Morcheln, Gnocchi mit Knoblauch und grünem Spargel; Orangenkuchen, Karotten und Orangenmus, dazu Orangensorbet

Restaurant Gimbelhof

✉ 67510 / www.gimbelhof.com
T.: +33 388 944358 / info@gimbelhof.com

Französische Küche. Hauptgerichte von € 9 bis € 27. Geschlossen: Mo+Di.
Abseits in waldreicher Natur gelegenes Fachwerk-Anwesen im urig-gemütlichen Landhausstil mit Anschluss an das Wanderwegenetz.
Das Haus empfiehlt: Hausgemachte Schnecken; Lendensteak mit Morcheln; Riesengarnelen vom Grill

Sierentz
Grand Est

Auberge St. Laurent

1, rue de la Fontaine / ✉ 68510
www.auberge-saintlaurent.fr / T.: +33 389 815281
contact@auberge-saintlaurent.fr

Französische Küche. Hauptgerichte von € 32 bis € 48; Menüs von € 57 bis € 100; besondere Mittagskarte. Geschlossen: Mo+Di.
Sierentz ist eine kleine Gemeinde mit nur knapp 4.000 Einwohnern. Einst muss es ein strategischer Knotenpunkt für den Handel von Ost nach West und von Süd nach Nord gewesen sein. Wege, die einst die Römer nutzten. Noch heute ist die Lage des Ortes und seine Verkehrsanbindung von wirtschaftlicher Bedeutung. Kein Wunder also, dass hier Hotels und Gasthöfe mit langer Tradition ansässig sind. So auch die Auberge St. Laurent, die schon seit Jahrhunderten Gäste beherbergt und bewirtet. Die Hotelzimmer im Landhausstil, das Restaurant im gediegenen Ambiente und „À côté", nebenan, eine kleine, moderne Weinstube mit den guten Weinen und einfachen Gerichten aus der Region. Die fein eingedeckten Tische im Restaurant weisen die Richtung: Hier wird ganz fein gekocht. Marco und Lauren Arbeit kochen mit Leidenschaft, was die Region hergibt. Anne Arbeit sorgt sich derweil um den passenden Tropfen zu den kunstvoll hergerichteten Speisen.
Das Haus empfiehlt: Entenleberpastete, Sauerkraut, Kompott und Kugelhopf; Seesaibling in der Brezelkruste und Froschschenkel mit Liebstöckel-Sauce; Whisky-Hot-Soufflé - Kaffeeeis, Kakao, Schlagsahne

Sot-l'y-laisse: filetartige Fleischstücke vom Geflügel

Kaysersberg Vignoble im Elsass,
Geburtsort von Albert Schweitzer (*1875)

© Friedberg/stock.adobe.com

Mein Restaurant-Erlebnis

Restaurant:

Ort/Datum:

Meine Menüwahl:

Mir hat gut gefallen:

Mir hat weniger gefallen:

Qualität / Leistung / Preis:

Mein Restaurant-Erlebnis

Restaurant:

Ort/Datum:

Meine Menüwahl:

Mir hat gut gefallen:

Mir hat weniger gefallen:

Qualität / Leistung / Preis:

Mein Restaurant-Erlebnis

Restaurant:

Ort/Datum:

Meine Menüwahl:

Mir hat gut gefallen:

Mir hat weniger gefallen:

Qualität / Leistung / Preis:

Mein Restaurant-Erlebnis

Restaurant:

Ort/Datum:

Meine Menüwahl:

Mir hat gut gefallen:

Mir hat weniger gefallen:

Qualität / Leistung / Preis:

Mein Restaurant-Erlebnis

Restaurant:

Ort/Datum:

Meine Menüwahl:

Mir hat gut gefallen:

Mir hat weniger gefallen:

Qualität / Leistung / Preis:

Mein Restaurant-Erlebnis

Restaurant:

Ort/Datum:

Meine Menüwahl:

Mir hat gut gefallen:

Mir hat weniger gefallen:

Qualität / Leistung / Preis: